Zukünftige Arbeitswelten

Thomas Freiling · Ralph Conrads
Anne Müller-Osten · Jane Porath
Hrsg.

Zukünftige Arbeitswelten

Facetten guter Arbeit, beruflicher Qualifizierung und sozialer Sicherung

Hrsg.
Thomas Freiling
Berufs- und Wirtschaftspädagogik
HdBA Schwerin
Schwerin, Deutschland

Ralph Conrads
Arbeitsmarktintegration
HdBA Mannheim
Mannheim, Deutschland

Anne Müller-Osten
Betriebswirtschaftslehre
HdBA Schwerin
Schwerin, Deutschland

Jane Porath
Berufs- und Wirtschaftspädagogik
HdBA Schwerin
Schwerin, Deutschland

ISBN 978-3-658-28262-2   ISBN 978-3-658-28263-9 (eBook)
https://doi.org/10.1007/978-3-658-28263-9

Die Deutsche Nationalbibliothek verzeichnet diese Publikation in der Deutschen Nationalbibliografie; detaillierte bibliografische Daten sind im Internet über http://dnb.d-nb.de abrufbar.

Springer
© Springer Fachmedien Wiesbaden GmbH, ein Teil von Springer Nature 2020
Das Werk einschließlich aller seiner Teile ist urheberrechtlich geschützt. Jede Verwertung, die nicht ausdrücklich vom Urheberrechtsgesetz zugelassen ist, bedarf der vorherigen Zustimmung des Verlags. Das gilt insbesondere für Vervielfältigungen, Bearbeitungen, Übersetzungen, Mikroverfilmungen und die Einspeicherung und Verarbeitung in elektronischen Systemen.
Die Wiedergabe von allgemein beschreibenden Bezeichnungen, Marken, Unternehmensnamen etc. in diesem Werk bedeutet nicht, dass diese frei durch jedermann benutzt werden dürfen. Die Berechtigung zur Benutzung unterliegt, auch ohne gesonderten Hinweis hierzu, den Regeln des Markenrechts. Die Rechte des jeweiligen Zeicheninhabers sind zu beachten.
Der Verlag, die Autoren und die Herausgeber gehen davon aus, dass die Angaben und Informationen in diesem Werk zum Zeitpunkt der Veröffentlichung vollständig und korrekt sind. Weder der Verlag, noch die Autoren oder die Herausgeber übernehmen, ausdrücklich oder implizit, Gewähr für den Inhalt des Werkes, etwaige Fehler oder Äußerungen. Der Verlag bleibt im Hinblick auf geografische Zuordnungen und Gebietsbezeichnungen in veröffentlichten Karten und Institutionsadressen neutral.

Springer ist ein Imprint der eingetragenen Gesellschaft Springer Fachmedien Wiesbaden GmbH und ist ein Teil von Springer Nature.
Die Anschrift der Gesellschaft ist: Abraham-Lincoln-Str. 46, 65189 Wiesbaden, Germany

Vorwort

Die voranschreitende internationale Verflechtung von ökonomischen Beziehungen in der globalisierten Wirtschaftswelt sowie internationale Migrationsbewegungen, der beginnende Technologiezyklus der Digitalisierung und der demografische Wandel verändern gegenwärtig die Arbeitswelt tief greifender als in den Jahrzehnten zuvor. Es stellt sich die Frage, wie zukünftige Arbeitswelten wohl aussehen werden. Die Arbeitsorganisation in Unternehmen, verbunden mit Auswirkungen auf die Arbeitsweise der Beschäftigten, ändert sich in einem dynamischen Umfeld technischer Innovationen, die im Kontext der Digitalisierung eine weitere Ausdifferenzierung erfahren.

Die einzelnen thematischen Bezüge des Sammelbandes werden nachfolgend näher skizziert und beschreiben somit den inhaltlichen Rahmen. Aus den erläuterten Megatrends sind einzelne Fragestellungen ableitbar, deren Beantwortung das zentrale Anliegen dieses Sammelbandes darstellt.

Globalisierung und Migration: Die Arbeitswelt wird geprägt von zunehmenden internationalen Austauschprozessen, verbunden mit der Mobilität von Gütern und Dienstleistungen, Menschen und Kapital. Auswertungen des IAB-Betriebspanels zeigen, dass im verarbeitenden Gewerbe mit steigender Tendenz fast ein Drittel der Betriebe in Deutschland Produkte ins Ausland exportiert und mehr als zwei Drittel aller Arbeitnehmer/-innen der Branche beschäftigt (Capuano et al. 2017, S. 1). Menschen entwickeln weltweit gemeinsam Produkte und digitale Lösungen zur Bewältigung von Alltagsfragen. Gleichzeitig gilt es, als Arbeitgeber auch für die familien- und freizeitbewussten Generationen attraktiv zu sein. Denn trotz zunehmenden Zeitwohlstands steigt der „gefühlte" Zeitstress bei den Beschäftigten. Es gilt, dieses Paradoxon durch neue Handlungsansätze (u. a. Flexibilisierung von Arbeitszeit und -ort) aufzulösen. Dabei stellt sich die Frage, wie global agierende Unternehmen die Gestaltung von Arbeitsprozessen über mehrere Kontinente und Zeitzonen hinweg bewältigen und damit auch zu einer verbesserten Zeitsouveränität der Beschäftigten beitragen können (Hauptmann et al. 2019). Dabei sind zunehmend flexible Arbeitszeitmodelle (z. B. Gleitzeit, Vertrauensarbeitszeit, Arbeitszeitkonten und Sabbaticals) sowie Formen der Arbeitsstrukturierung wie Remote Work (u. a. Telearbeit oder Home-Office) von Bedeutung (Eichhorst und Tobsch 2014, S. 29). Insbesondere Formen von Remote Work sind in Deutschland noch selten anzutreffen: So arbeiten beispielsweise nur 12 % aller abhängig Beschäftigten in Deutschland im Home-Office, was unter dem EU-Durchschnitt und v. a. geringer ausgeprägt ist als in Ländern wie Frankreich, Vereinigtes Königreich und den skandinavischen Ländern (Brenke 2016, S. 95). Darüber hinaus gilt es, über flankierende Weiterbildungsangebote die technischen und organisatorischen Veränderungen bewältigbar werden zu lassen (Capuano et al. 2017, S. 2).

Auch die geänderten Anforderungen im Zuge der Globalisierung und die damit einhergehende Digitalisierung stellen eine besondere Herausforderung für den Arbeitsmarkt dar. Die deutsche Bevölkerung altert, das Erwerbspersonenpotenzial hat 2019 bereits mit 58,9 Mio. Menschen im erwerbsfähigen Alter seinen Höchststand erreicht und wird in den kommenden 15 Jahren auf 55,4 Mio. sinken (Zika et al. 2019, S. 29). Eine günstige Entwicklung in diesem Kontext sind die beobachteten, auch im Saldo, großen Zahlen zugewanderter Menschen nach Deutschland der vergangenen Jahre, resultierend in steigenden Beschäftigungs- und fallenden Arbeitslosigkeitsquoten, insbesondere auch der deutliche Anstieg der Beschäftigung von Geflüchteten aus Kriegs- und Krisenländern (80,1 % Erwerbsbeteiligung) (Brücker et al. 2019, S. 3). Vor allem die Zuwanderung junger Menschen birgt ein großes Erwerbspersonenpotenzial für den deutschen Arbeitsmarkt mit einer Steigerung um 3,1 % innerhalb der letzten 15 Jahre (Buslei et al. 2018, S. 9). Durch die hohen Migrationsbewegungen der vergangenen Jahre ist davon auszugehen, dass dieser Anteil zukünftig nochmals steigen wird (Buslei et al. 2018, S. 18 f.). Demgegenüber steht, dass laut Befunden des IAB-Betriebspanels 2016 nur 40 % der Betriebe mit ausländischen Arbeitskräften in Deutschland Integrationsmaßnahmen zur Eingliederung ausländischer Arbeitskräfte im Allgemeinen primär in Form von Praktikums- und Traineeplätzen (23 %) bereitstellen (Bellmann et al. 2017, S. 2). Ausbildungsplätze (18 %) als auch spezifische Nach- oder Teilqualifikationen oder die Beachtung kultureller Besonderheiten werden hingegen nur selten für diese Zielgruppe angeboten (Bellmann et al. 2017). Entsprechend zeigt sich zwar, dass Betriebe die Integrationen ausländischer Arbeitskräfte zwar als wichtige Integrationsaufgabe betrachten, sich jedoch noch eher zurückhalten und eine erfolgreiche Arbeitsmarktintegration nicht zuletzt aufgrund von Sprach- und Qualifikationseinschränkungen sowie rechtlicher und institutioneller Restriktionen erschwert wird (Bellmann et al. 2017, S. 10; Brücker et al. 2019, S. 3).

Es bleibt zu klären, wie zugewanderte Menschen in aufnehmende Arbeitsmärkte integriert werden und wie nachfolgende Generationen besser auf die Anforderungen einer globalisierten Ökonomie vorbereitet werden können.

Demografischer Wandel: Das Erwerbspersonenpotenzial in Deutschland altert und schrumpft zugleich. Unabhängig der Entwicklungsszenarien für Deutschland, beeinflusst durch Geburtenzahlen, Sterblichkeit und Wanderungen, wird eine nahezu vollständige Ausschöpfung des Erwerbspersonenpotenzials bis 2035 prognostiziert, mit Ausnahme des Erwerbspersonenpotenzials junger Frauen im Alter von 25–45 Jahren (Zika et al. 2019, S. 30). Eine verstärkte Zuwanderung erzeugt allerdings neue Herausforderungen. So verweisen aktuelle Daten darauf, dass der Bevölkerungshöchststand in Deutschland nicht wie bisher angenommen in der Vergangenheit liegt, sondern voraussichtlich im Jahr 2027 einen Höchststand von 84,4 Mio. Menschen erreicht und dabei primär durch Zuwanderung beeinflusst wird (Zika et al. 2019, S. 23). Zwar spielt die Zuwanderung eine zentrale Rolle für das (zukünftige) Erwerbspersonenpotenzial in Deutschland, und eine überdurchschnittlich hohe Beschäftigungsquote zugewanderter Menschen zeichnet sich bereits jetzt ab, jedoch erfolgt die Arbeitsmarktintegration Geflüchteter aufgrund von Sprachbarrieren, rechtlichen Restriktionen sowie institutioneller Hürden deutlich langsamer als bei anderen Gruppen (Brücker et al. 2019, S. 3). Dieses ist insofern eine Herausforderung, da die fortschreitende Digitalisierung und der Wandel der Arbeitswelt die Nachfrage nach qualifizierten, flexiblen Fachkräften nochmals erhöht (vgl. Homrighausen und Wolf 2018, S. 4).

Die Folgen werden zudem auch gesamtgesellschaftlich deutlich, u. a. durch eine erhöhte Nachfrage nach Pflegeplätzen und -personal aufgrund der demografischen Alterung. Bereits 2035 wird das Gesundheits- und Sozialwesen der zentrale Arbeitgeber sein, mit einem geschätzten Erwerbstätigenanteil von 15,4 % (Zika et al. 2019, S. 29). Aber auch vor dem Hintergrund des erwarteten deutlichen Zuwachses älterer Arbeitnehmer/-innen gilt es, ein besonderes Augenmerk auf die Sicherstellung der Beschäftigungsfähigkeit älterer Menschen im Unternehmen zu legen, nicht zuletzt auch, um einer potenziellen Pflegebedürftigkeit im Alter vorzubeugen (vgl. Buslei et al. 2018). Denn trotz des Anstiegs des Anteils Älterer wird in Betrieben kein ansteigendes Engagement für altersgerechte Arbeitsbedingungen sowie ein Mangel an spezifischen Integrationsleistungen beobachtet (Kistler et al. 2019, S. 89). Im Jahr 2015 haben nach Daten des IAB-Betriebspanels erst 17 % der Betriebe in Deutschland alter(n)sgerechte Maßnahmen durchgeführt (z. B. Altersteilzeitregelungen, Weiterbildungen für ältere Beschäftigte, Arbeitsplatzbedingungen), wobei spezifische Weiterbildungsangebote nur marginal (1 %) für Ältere angeboten werden – einerseits aufgrund individueller Gründe (Lernhemmungen; fehlendes Interesse Älterer), andererseits aufgrund betrieblicher Gründe, da Unternehmen hierbei den Fokus auf Beschäftigte mit höherem Entwicklungspotenzial legen (Bellmann et al. 2018, S. 49). Vielmehr wird in neuesten Studien deutlich, dass Betriebe generell weniger spezifische Maßnahmen für Ältere anbieten, sondern diese in allgemeine Maßnahmen mit einbinden (Bellmann et al. 2018, S. 9), trotz deutlicher Zunahme an Arbeitsbelastungen, welche sich insbesondere bei älteren Beschäftigten (40–65 Jahre) negativ auf die funktionale Gesundheit auswirken (Kistler et al. 2019, S. 92). Dies ist laut Vermittlungsfachkräften unter anderem auch ein Grund dafür, warum Unternehmen Vorbehalte gegenüber der Einstellung Älterer haben, neben mangelnder Flexibilität und räumlicher Mobilitätsbereitschaft (vgl. Homrighausen und Wolf 2018, S. 4). Aber auch persönliche Aspekte sind für die Wiederaufnahme einer Tätigkeit zentral, sowohl seitens Älterer als auch der Unternehmen, v. a. aufgrund gesundheitlicher Einschränkungen (89 % Frauen, 90 % Männer) und geringer oder veralteter EDV-Kenntnisse (89 % Frauen, 80 % Männer) (Homrighausen und Wolf 2018, S. 3). Diese Einschränkungen und Vorbehalte sind insofern limitierend, als dass in Zeiten eines zunehmenden Fachkräftebedarfs ein großes Beschäftigungspotenzial ungenutzt bleibt: Lediglich 35 % der 55-64-Jährigen sind innerhalb von zwei Jahren nach Beginn der Arbeitslosigkeit wieder sozialversicherungspflichtig beschäftigt, und dieser Trend verstärkt sich nochmals mit zunehmendem Alter (61–62 Jahre: 14 % vs. 47–49 Jahre, S. 80 %) (Homrighausen und Wolf 2018, S. 2).

Zu fragen ist, wie sich Betriebe darauf einstellen, für ältere Beschäftigte alter(n)sgerechte Arbeitssituationen zu schaffen sowie rechtzeitig Maßnahmen zu Nachfolgeregelungen und zum Wissenstransfer zu initiieren.

Atypische Beschäftigungsformen: Der Anstieg von Beschäftigungsformen wie Mini-Jobs, Soloselbstständigkeit, Zeitarbeit, Crowd-Working erschwert eine ausreichende Partizipation am Arbeitsmarkt und befördert prekäre Lebenssituationen. Ein Achtel der deutschen Bevölkerung lebt und arbeitet heutzutage dauerhaft oder zumindest über lange Zeiträume hinweg unter prekären Bedingungen, gekennzeichnet durch mangelnde soziale Absicherung, Arbeitsplatzunsicherheit und ein niedriges Einkommen (Stuth et al. 2018, S. 40). Dabei stellen atypische Beschäftigungsformen und die Anforderung an eine hohe Flexibilität weitere psychische Belastungen für Beschäftigte dar. So leistete 2016 bereits rund jeder Vierte in Deutschland Spät- (18–23 Uhr: 25,2 %) oder Samstagsarbeit (25,3 %) (Kistler et al. 2019, S. 110). Aber auch weitverbreitete Beschäftigungsformen wie zum Beispiel Mini-Jobs schränken die Aufnahme einer Vollzeittätigkeit ein, vor allem bei Frauen, und führen zu beruflichen Sackgassen. Dabei sind Frauen im Haupterwerbsalter mit 6,7 % am häufigsten von Prekarität betroffen (Stuth et al. 2018, S. 32). Atypische Beschäftigungsformen sind hier vor allem bei Müttern dominant (56 %) (Stuth et al. 2018, S. 37). Insbesondere Alleinerziehende sind auf atypische Beschäftigungsformen angewiesen, erleiden dabei aber ein deutlich erhöhtes Armutsrisiko. Männer sind hingegen deutlich häufiger in Normalarbeit vertreten (88 %) (Stuth et al. 2018, S. 37). Neben dem Geschlecht sind weitere soziodemografische Aspekte relevant wie zum Beispiel ein hohes Alter (über 65 Jahre: 40,9 %; vgl. 13,6–19,4 % der 30–65-Jährigen), Migrationshintergrund (25,6 %; vgl. 16,2 % ohne Migrationshintergrund) und geringe Qualifikation (25,2 %; vgl. 11 % Studium).

Aufgrund des zunehmenden Trends atypischer Beschäftigungsformen bleibt zu klären, wie zukünftig bestehende Risikofaktoren abgemildert und Systeme der sozialen Sicherung wirkungsvoll und finanzierbar angepasst werden können.

Individualisierung von Erwerbsbiografien: Die sich verändernde Arbeitswelt führt zu weniger stabilen Erwerbsbiografien. Innerhalb der vergangenen zwei Dekaden hat sich der Beschäftigtenanteil jenseits des Normalarbeitsverhältnisses verdoppelt (Jürgens et al. 2017, S. 20). Vor allem Frauen finden sich hier wieder (25 %), wovon die Hälfte teilzeitbeschäftigt ist, unter anderem bedingt durch ein Ungleichgewicht in der Sorgearbeit und fehlender Betreuungsstrukturen für (junge) Familien (Jürgens et al. 2017, S. 21). Weitere Faktoren für die zunehmende Individualisierung sind die vergleichsweise erhöhte Zahl an befristeten Arbeitsverhältnissen (13 % aller Stellen), vor allem bei einem Neueinstieg (45 %), sowie die eingeschränkte Flexibilität auf dem Arbeitsmarkt, resultierend in einem deutlichen Anstieg von Teilzeit-Arbeitsverhältnissen sowie Soloselbstständigkeit (Jürgens et al. 2017, S. 20). Letzteres ist auch bedingt durch den technologischen Fortschritt, welcher zunehmend zu einer „Verflüchtigung" des normalen Arbeitsverhältnisses und der Ausweitung von Auftragsarbeit (z. B. Crowd-Working, Fremdbeschäftigung) führt

(Jürgens et al. 2017, S. 25). Ferner scheint die Karriere von der Schule zum Ausbildungsberuf und schließlich zur Fachkraft mit Verbleib in demselben Tätigkeitsfeld und in demselben Unternehmen nicht mehr im zentralen Fokus zu stehen. Die durchschnittliche Übernahmequote der Ausbildungsbetriebe liegt bei 68 % (Deden et al. 2018, S. 299), jedoch deutlich variierend zwischen 47–60 % in Kleinstbetrieben (1–9 Beschäftigte) und bis zu 76–78 % in Großbetrieben (500+ Beschäftigte; Deden et al. 2018, S. 299). Daneben zeigt sich, dass jede/r vierte Ausbildungsabsolvent/-in (27 %) nach Verlassen des Ausbildungsbetriebs die Berufsgruppe wechselt (Seibert und Wydra-Somaggio 2017, S. 3). Insbesondere das Verlassen des Ausbildungsbetriebs mündet für viele junge Menschen in einer Diskontinuität an der „zweiten Schwelle" (beim Übergang aus der Ausbildung in den Beruf), was zu einer Zunahme von Fluktuationen, Phasen der Arbeitslosigkeit, beruflichen Umorientierungen, atypischen Beschäftigungsverhältnissen und Projektarbeit (Schlagwort „Arbeitskraftunternehmer") führt. Derzeitig liegt der Anteil Erwerbsloser nach beruflichem Abschluss bei 5,8 % (Deden et al. 2018, S. 304). Brüche in den Erwerbsbiografien bergen weitreichende Gefahren wie Altersarmut, Dequalifikation und erneut wiederkehrender Arbeitslosigkeit. Vor allem für Ausbildungsabsolventinnen und -absolventen an der zweiten Schwelle führen Brüche durch längere Arbeitslosigkeit (≥4 Monate nach Abschluss der Ausbildung) zu einem deutlich niedrigeren Einstiegsgehalt (Seibert und Wydra-Somaggio 2017, S. 3). Zudem erhöht sich dadurch auch die Wahrscheinlichkeit, in einer anderen Berufsgruppe als der erlernten zu arbeiten (71 %), verglichen zu jenen, die nach Verlassen des Ausbildungsberufs direkt einen Job in einer anderen Berufsgruppe aufnehmen (42 %) (Seibert und Wydra-Somaggio 2017). Entsprechend sind insbesondere die Übergangserfahrungen an der zweiten Schwelle (Übernahme durch den Ausbildungsbetrieb oder Phase der Arbeitslosigkeit) signifikante Einflussfaktoren für das spätere (potenzielle) Armuts- und Dequalifikationsrisiko (Seibert und Wydra-Somaggio 2017, S. 6 f.).

Es ist der Frage nachzugehen, wie sich Übergänge in der Erwerbsbiografie vor dem Hintergrund bestehender Risikofaktoren absichern lassen.

Wandel zur Wissensgesellschaft: Der Übergang von industriell geprägten Wirtschaftsstrukturen hin zu dienstleistungsorientierten Erwerbsgesellschaften (Tertiarisierung) verändert die Arbeitswelt. Mit diesem Trend geht die Entstehung der Informations- oder Wissensgesellschaft einher. Die Auswirkungen werden durch veränderte Qualifikationsanforderungen sichtbar, vor allem durch gestiegene Anforderungen an digitale und soziale Kompetenzen der Beschäftigten (Kruppe et al. 2019, S. 5). Unternehmen fokussieren bereits jetzt zunehmend die Förderung überfachlicher Kompetenzen (88 %) sowie von Informations- und Kommunikationstechniken (Janssen et al. 2018, S. 4). Zudem findet ein Wandel der Ausbildungsstruktur hin zu einem anderen, auf die Digitalisierung reagierenden bzw. integrierenden Berufsangebot statt, um den Umgang mit modernen Technologien bereits frühzeitig zu erlernen und zu fördern (Janssen et al. 2018, S. 4). Dies ist insofern von Bedeutung, da bereits heute jeder vierte Betrieb angibt, dem aktuellen Angebot an betrieblicher Ausbildung, v. a. hinsichtlich vermittelter Kompetenzen, den sich schnell ändernden Bedingungen und der damit einhergehenden Modernisierung der Arbeitswelt nicht mehr gerecht werden zu können, unabhängig der Investitionen der Betriebe in Digitalisierung (Janssen et al. 2018, S. 3 f.). Hiervon ist in erster Linie das verarbeitende Gewerbe mit einem besonders hohen Substituierbarkeitspotenzial betroffen (53,7 %) (Kruppe et al. 2019, S. 13). In diesem Kontext wird auch von einem sog. „skill-biased technological change" gesprochen, da insbesondere Prozess- und organisatorische Innovationen, v. a. die Substitution einfacher Routinetätigkeiten durch Automatisierung, sich eher nachteilig für die Beschäftigungsentwicklung nicht formal qualifizierter Arbeitskräfte auswirken (Jaehrling et al. 2018, S. 4). Dienstleistungsberufe, insbesondere soziale, kulturelle sowie (nicht-)medizinische Gesundheitsberufe, sind demgegenüber eher weniger davon betroffen, da diese nur in sehr geringem Maße substituierbar sind (Kruppe et al. 2019, S. 9). Entsprechend wird sich der Mensch im Zuge dieser technologischen Entwicklung auf seine Kernkompetenzen – die Wissensarbeit – konzentrieren. Dabei gewinnen Weiterbildungen und lebenslanges Lernen zunehmend an Bedeutung, neben der beruflichen Ausbildung oder einem Hochschulstudium als Basis (Kruppe et al. 2019, S. 37). Vor allem der Umgang mit IKT-Technologien ist zentral, nicht nur für den Verbleib in einer sich wandelnden Arbeitswelt, sondern auch zur Bewältigung von weiterführenden Anforderungen, da bereits heutzutage 40 % der Betriebe digitale Medien im Kontext der Qualifizierung der Beschäftigten nutzen (Janssen et al. 2018, S. 6). Das führt wiederum dazu, dass die Erwerbschancen von Geringqualifizierten und älteren Menschen weiter sinken können, vor allem aufgrund einer reduzierten Technikaffinität und steigender Anforderungen an die Selbstdisziplin/-organisation der Lernenden (Janssen et al. 2018, S. 7).

Es stellt sich die Frage, wie Erwerbschancen durch lebenslanges Lernen als ein Schlüssel zur Vorbereitung auf die zukünftig erwartbaren Herausforderungen erhöht werden können. Wie kann der Bedarf an (beruflicher) Orientierung mit Beratungsdienstleistungen zur Bewältigung zukünftiger Herausforderungen entlang der Berufsbiografie gedeckt werden?

Arbeit 4.0: Die Verwendung cyber-physischer Systeme einschließlich Innovationen in der Robotik und Sensorik sowie neuere Entwicklungen in der Informationstechnologie, künstlichen Intelligenz und bei Softwareanwendungen erlauben völlig neuartige Arbeitsmethoden, Herstellungsverfahren, Geschäftsmodelle und Dienstleistungen (vgl. BMWi et al. 2017). Roboter können inzwischen Menschen auf engstem Raum in der Arbeitsteilung bei komplexen Aufgaben unterstützen oder Tätigkeiten ganz übernehmen, und die vollautomatisierte Fabrik kann sich selbst warten. Chat Bots übernehmen Beratungsleistungen von sozialen Dienstleistern oder Fachberaterinnen und Fachberatern. Die fortschreitende Robotisierung verändert die Nachfrage nach Arbeits- und Fachkräften. Insbesondere die Automatisierung von Arbeitsprozessen führt zu einer Zunahme einfacher Routinetätigkeiten, ein sog. „downgrading" der Anforderungen an das Wissen und die Kompetenzen der Beschäftigten, mündend in eine „digitalisierte Einfacharbeit" mit geringer Abwechslung, repetitiveren Abläufen und einem von Arbeitsabschnitten vorgegebenen Arbeitstempo (Jaehrling et al. 2018, S. 8). Es ist jedoch unklar, wie genau und welche Berufe besonders davon betroffen sind (Buslei et al. 2018, S. 32). Zwar zeigen neueste Studien, dass die Substitution von Mensch durch Maschine bis 2035 zu einem Abbau von

4 Mio. Arbeitsplätzen führt, jedoch gleichzeitig annähernd viele neue, 2018 noch nicht vorhandene Arbeitsplätze (3,3 Mio.) geschaffen werden (vgl. Zika et al. 2019a, S. 8). Entsprechend findet vielmehr ein Wandel als eine Substitution in den Berufs- und Branchenstrukturen statt, hin zu einer wissensintensiveren Arbeitsweise, d. h. einer zunehmenden Akademisierung des Arbeitsangebots (Deden et al. 2018, S. 312). Allerdings muss dabei berücksichtigt werden, dass Maschinen zwar einige, jedoch nicht alle Aufgaben kostengünstiger erledigen können. Das rasante Wachstum des Onlinehandels erfordert fortwährend auch gering qualifizierte Arbeitskräfte, die die Arbeit bewältigen können, und das auch bzw. vor allem im Zuge der zunehmenden digitalisierten Bedingungen (u. a. Robotik, vollautomatisierte Förderanlagen; Jaehrling et al. 2018). Dies zeigt sich in der Nachfrage nach Lager- und Transportfachkräften, die trotz der Annahme hoher Automatisierbarkeit in den vergangenen fünf Jahren um rund 20 % gestiegen ist, was deutlich höher ist als die Gesamtzahl der Beschäftigten (+7,9 %) sowie anderer, für die Digitalisierung bedeutsamer Berufe (+9,5 % Programmierer/-innen; −17,1 % Gamedesigner/-innen; Jaehrling et al. 2018, S. 6).

Entsprechend erfordert der Wandel eine gute Aus- und Weiterbildungsstruktur sowie eine hohe Flexibilität auf dem Arbeitsmarkt, um dem Trend Folge leisten zu können und Erfahrungswissen zu sichern (vgl. Buslei et al. 2018; Jaehrling et al. 2018; Zika et al. 2018). Denn diese technologische Entwicklung ist nicht allein durch junge Berufsanfänger/-innen tragbar, sondern erfordert auch von bereits im Unternehmen befindlichen Beschäftigten die Bereitschaft für ein lebenslanges Lernen (Kruppe et al. 2019). Hinzu kommt jedoch die zunehmende Schwierigkeit, qualifiziertes Personal zu rekrutieren, vor allem in den Berufsgruppen, die spezifisch für die Umsetzung der Digitalisierung vonnöten sind (u. a. Softwareentwicklung, Programmierung, IT-Netzwerktechnik-Koordination/-Administration/-Organisation) (Kruppe et al. 2019, S. 15).

Entsprechend gilt es, den Fragen nachzugehen, welche Veränderungen mit Blick auf die Entwicklung der Arbeitsplätze und beruflicher Tätigkeiten zu erwarten sind, welche Relevanz die Facharbeit zukünftig einnehmen wird und welche veränderten Anforderungen der erwartbare Wandel an die menschengerechte Gestaltung von Arbeit stellt.

Entlang eines der folgenden Themenfelder werden in dem Sammelband die zuvor aufgeworfenen Fragestellungen konkretisiert:

- **Arbeit:** Kern ist die Veränderung der Arbeit, insbesondere der Arbeitsorganisation, Arbeitsgestaltung und Arbeitsformen einschließlich übergreifender ökonomischer und rechtlicher Aspekte. Einbezogen sind ebenfalls Themen zum Arbeits- und Gesundheitsschutz.
- **Bildung:** Im Fokus steht die Relevanz von Bildungsprozessen zur Anpassung an fachliche Veränderungen der Arbeitswelt einschließlich veränderter Kompetenzen, Bewältigung von Transitionen in der Bildungslaufbahn, Aspekte der Kompetenzfeststellung sowie die Veränderung von Lehr-/Lernformen und Lernsettings.
- **Beschäftigung:** Fokussiert wird auf die Entwicklung des Arbeitsmarktes, der benötigten Qualifikationen und besonderer Zielgruppen wie ältere Beschäftigte. Das

Themenfeld subsumiert ebenfalls Fragestellungen zur Substitution beruflicher Tätigkeit u. a. im Kontext der Automatisierung.
- **Beratung:** Im Blick stehen Ausführungen zur Relevanz und den vielfältigen Aufgaben von Beratung vor dem Hintergrund der Diversifizierung von Beratungsanlässen, -formen und -methoden.

Mit der fachgebietsübergreifend vorgenommenen Systematisierung entlang wesentlicher Megatrends werden in einem ersten Schritt konkretisierende Fragestellungen im Hinblick auf „Zukünftige Arbeitswelten" aufgeworfen. Sie sollen in einem zweiten Schritt dazu anregen, Fragen in einem Themenfeld zu fokussieren und zu konkretisieren. Je nach Fachgebiet werden dabei andere inhaltliche und begriffliche Einordnungen sowie Bewertungen der Phänomene existieren. Durch eine verschiedenartige Herangehensweise der unterschiedlichen Fachgebiete soll der Vielschichtigkeit der Veränderungen und Auswirkungen auf die Arbeitswelt Rechnung getragen werden.

Der vorliegende Sammelband diskutiert in den Themenfeldern Arbeit, Bildung, Beschäftigung und Beratung konkrete Problemstellungen (vom Status quo ausgehend) aus disziplinübergreifender oder disziplinverbindender Sicht. Er richtet sich an die interessierte Fachöffentlichkeit, das wissenschaftliche Fachpublikum sowie an Studierende.

Ein wesentliches Motiv zur Erstellung des vorliegenden Sammelbandes ist für uns die Erinnerung an unsere Kollegin, Frau Prof. Dr. Monika Müller, Professorin für Berufs- und Wirtschaftspädagogik, die 2014 plötzlich und unerwartet starb. Als eine der ersten Professorinnen an der Hochschule der Bundesagentur für Arbeit hat sie den Aufbau der Hochschule mit großem Einsatz vorangetrieben. Die Erhöhung der Studierendenzahl und den damit einhergehenden Weiterentwicklungsprozess der Hochschule konnte sie leider nicht mehr miterleben und mitgestalten. Dieser Prozess soll durch den vorliegenden Sammelband weiterbefördert werden. Wir sind davon überzeugt, dass die disziplinübergreifende Zusammenarbeit an einem gemeinsamen Buchprojekt auch in ihrem Sinne gewesen wäre. Wir hätten sie gerne dabeigehabt.

Mecklenburg-Vorpommern, Deutschland   Thomas Freiling
Mannheim und Schwerin, Deutschland   Ralph Conrads
                                                Anne Müller-Osten
                                                     Jane Porath

Literatur

Bellmann, L., Brandl, S., Dummert, S., Guggemos, P., Leber, U. & Matuschek, I. (2018): Altern im Betrieb: Alterung und Alter(n)smanagement in kleineren und mittleren Unternehmen vom Einzelfall zur professionalisierten Systematik (No. 393). Düsseldorf: Hans-Böckler-Stiftung (Hrsg.).

Bellmann, L., Dummert: & Leber, U. (2017): Wie stark engagieren sich Betriebe bei der Qualifizierung von Migranten? Online unter: https://www.iab-forum.de/wie-stark-engagieren-sich-betriebe-bei-der-qualifizierung-von-migranten/.

Brenke, K. (2016): Home-Office: Möglichkeiten werden bei weitem nicht ausgeschöpft. In: *DIW-Wochenbericht*, 83(5), 95–105.

Brücker, H., Hauptmann, A. & Vallizadeh, E. (2019): IAB-Zuwanderungsmonitor Mai 2019. Institut für Arbeitsmarkt- und Berufsforschung der Bundesagentur für Arbeit (Hrsg.), Nürnberg. Online unter: http://doku.iab.de/arbeitsmarktdaten/Zuwanderungsmonitor_1905.pdf.

Bundesministerium für Wirtschaft und Energie (BMWi), Bundesministerium für Arbeit und Soziales (BMAS) & Bundesministerium für Justiz und für Verbraucherschutz (BMJV) (2017): Digitalpolitik für Wirtschaft, Arbeit und Verbraucher. Trends – Chancen – Herausforderungen. Berlin.

Buslei, H., Haan, P., Kemptner, D., Weinhardt, F. & Deutsches Institut für Wirtschaftsforschung (2018): Arbeitskräfte und Arbeitsmarkt im demographischen Wandel. Gütersloh: Bertelsmann Stiftung (Hrsg.).

Capuano, S., Rhein, T. & Stepanok, I. (2017): Exportierende und nicht exportierende Betriebe: Unterschiede der Betriebe zeigen sich auch beim Weiterbildungsengagement (No. 7/2017). IAB-Kurzbericht, Nürnberg.

Deden, D., Maier, T. & Zika, G. (2018): Qualifikationen und Berufsfeldprojektionen. In: Bundesinstitut für Berufsbildung (Hrsg.): Datenreport zum Berufsbildungsbericht 2018. Informationen und Analysen zur Entwicklung der beruflichen Bildung (305–312). Bonn.

Eichhorst, W. & Tobsch, V. (2014): Flexible Arbeitswelten. Bericht an die Expertenkommission „Arbeits- und Lebensperspektiven in Deutschland". Gütersloh: Bertelsmann Stiftung (Hrsg.).

Hauptmann, A., Sirries: & Stepanok, I. (2019): Arbeitskräftefluktuation im Verarbeitenden Gewerbe. In exportierenden Betrieben ist die Beschäftigung stabiler (No. 04/2019). IAB-Kurzbericht. Nürnberg.

Homrighausen, P. & Wolf, K. (2018): Wiederbeschäftigungschancen Älterer. Wo Vermittlungsfachkräfte Handlungsbedarf sehen (No. 11/2018). IAB-Kurzbericht. Nürnberg.

Jaehrling, K., Obersneider, M. & Postels, D. (2018): Digitalisierung und Wandel von Arbeit im Kontext aktueller Marktdynamiken. Empirische Befunde zum Zusammenspiel von Innovationen, Beschäftigung und Arbeitsqualität (No. 03/2018). IAQ Report. Duisburg-Essen.

Janssen, v. S., Leber, U., Arntz, M., Gregory, T. & Zierahn, U. (2018): Betriebe und Arbeitswelt 4.0. Mit Investitionen in die Digitalisierung steigt auch die Weiterbildung (No. 26/2018). IAB-Kurzbericht. Online unter: http://doku.iab.de/kurzber/2018/kb2618.pdf.

Jürgens, K., Hoffmann, R. & Schildmann, C. (2017): Arbeit transformieren! Denkanstöße der Kommission Arbeit der Zukunft. Hans-Böckler-Stiftung (Hrsg.). Bielefeld: Transcript Verlag.

Kistler, E., Holler, M. & Schneider, D. (2019): Alter(n)sgerechte Arbeitsbedingungen und Lebenslagen – Fiktionen und Fakten. In: Schneider, W. & Stadelbacher: (Hrsg.): Der Altersübergang als Neuarrangement von Arbeit und Leben (89–113). Wiesbaden: Springer.

Kruppe, T., Leber, U., Matthes, B., Dengler, K., Dietrich, H., Janitz, H., Janssen, S., Jaschke, P., Jost, O., Kosyakova, Y., Lehmer, F., Lietzmann, T., Osiander, C., Schreyer, F., Seibert, H., Wiethölter, D., Wolf, K. & Zika, G. (2019): Digitalisierung: Herausforderungen für die Aus- und Weiterbildung in Deutschland (No. 01/2019). IAB-Stellungnahme. Online unter: http://doku.iab.de/stellungnahme/2019/sn0119.pdf.

Seibert, H. & Wydra-Somaggio, G. (2017): Berufseinstieg nach der betrieblichen Ausbildung. Meist gelingt ein nahtloser Übergang (No. 20/2017). IAB-Kurzbericht. Nürnberg.

Stuth, S., Schels, B., Promberger, M., Jahn, K. & Allmendinger, J. (2018): Prekarität in Deutschland?! (No. 2018-004). WZB Discussion Paper. Berlin.

Zika, G., Helmrich, R., Maier, T., Weber, E. & Wolter, M. I. (2018): Arbeitsmarkteffekte der Digitalisierung bis 2035: Regionale Branchenstruktur spielt eine wichtige Rolle (No. 09/2018). IAB-Kurzbericht. Nürnberg.

Zika, G., Schneemann, C., Grossman, A., Kalinowski, M., Maier, T., Mönnig, A., Parton, F., Winnige: & Wolter, M. I. (2019): BMAS-Prognose „Digitalisierte Arbeitswelt" (No. 201905). Institut für Arbeitsmarkt-und Berufsforschung (IAB). Nürnberg.

Zika, G., Schneemann, C., Kalinowski, M., Maier, T., Winnige, S., Mönnig, A. & Wolter, M. I. (2019a): Folgen von beruflichen Passungsproblemen und Weiterbildungsbedarfe in einer digitalisierten Arbeitswelt (No. 526/1W). IAB-Forschungsbericht. Nürnberg.

Inhaltsverzeichnis

Teil I Arbeit

1 **Gute Arbeit 4.0 – Was könnte „gute Arbeit" unter Bedingungen des Arbeitens 4.0 bedeuten?** 3
Ralph Conrads, Peter Guggemos und Gert-Holger Klevenow

2 **Mitbestimmung per Videokonferenz?** 41
Holger Brecht-Heitzmann

3 **Der Arbeitnehmerbegriff und die neue Arbeitswelt in Rechtsdogmatik, betrieblicher Praxis und Arbeitsrechtslehre** 59
Uwe Meyer

4 **Neuroenhancement in der Arbeitswelt – Wirksamkeit, Nebenwirkungen und Verbreitung der verfügbaren Neuroenhancer** 77
Andreas G. Franke

Teil II Beschäftigung

5 **Dynamik der Arbeitslosenquote unter Berücksichtigung formaler Qualifikation und Alter** 97
Carsten Ochsen

6 **Altern in Betrieben als Herausforderung von Personalmanagement, Betriebsräten, Tarifparteien und Fachberatungsstellen** 117
Sebastian Brandl, Peter Guggemos und Ingo Matuschek

7 **Personalmanagement in den Arbeitswelten der Zukunft: 4.0 oder Adieu?** 137
Paulina Jedrzejczyk

8 **Arbeit 4.0 – Folgerungen für die Berufsorientierung** 159
Gert-Holger Klevenow

Teil III Bildung

9 Gelingenskompetenzen in der dualen Berufsausbildung 179
Angela Ulrich, Nicole Wiench, Andreas Frey und Jean-Jacques Ruppert

10 Digitalisierung des Lernens – Implikationen für die berufliche Bildung ... 205
Thomas Freiling und Jane Porath

11 Bildungskapital, Bildungsaspiration und Bildungspotenziale von Menschen mit Fluchterfahrungen – Entwicklungen und Beratungsansätze 227
Ralph Conrads, Karl-Heinz P. Kohn und Peter C. Weber

Teil IV Beratung

12 Zunehmende Individualisierung der Arbeitswelt: Beraterische Perspektiven im Human Resource Management 255
Peter C. Weber

13 Handlungsbereitschaft, Zuversicht und subjektives Belastungserleben – Zur Bedeutung psychologischer Laufbahnfaktoren bei der Bewältigung von Arbeitslosigkeit 281
Matthias Rübner und Stefan Höft

14 Konzeptionelle Grundlagen für ein Controlling leistungsrechtlicher Beratung 297
Anne Müller-Osten und Bettina Weinreich

Teil V Ausblick

15 Zukünftige Arbeitswelten – Zusammenfassung, Ausblick und Kommentierung 319
Jürgen Kühl

Stichwortverzeichnis 341

Die Herausgeber und Autoren

Prof. Dr. Sebastian Brandl ist Professor für Soziologie mit dem Schwerpunkt Arbeits- und Berufssoziologie sowie Sozialpolitik an der Hochschule der Bundesagentur für Arbeit (HdBA). Forschungsschwerpunkte: interaktive Arbeit in Netzwerken, Beraterarbeit, Demografie und Beschäftigungsfähigkeit, nachhaltige Arbeit.
 Kontakt: Sebastian.Brandl@hdba.de

Prof. Dr. Holger Brecht-Heitzmann ist seit 2011 Professor für Arbeits- und Sozialrecht an der Hochschule der Bundesagentur für Arbeit (HdBA), zuvor war er Juniorprofessor für Arbeits- und Zivilrecht an der Universität Hamburg. Seine Forschungsschwerpunkte liegen im Bereich des Tarifrechts, des besonderen Kündigungsschutzes, des Arbeitsrechts im öffentlichen Dienst sowie der Arbeitsförderung bei Berufswahl und Berufsausbildung. Bereits in seiner Dissertation hat er sich mit Fragen der betrieblichen Mitbestimmung auseinandergesetzt. Die Situation von Personalräten kennt er als Personalratsvorsitzender der HdBA aus eigener Erfahrung. Auch die Vor- und Nachteile von Videokonferenzen hat er als Angehöriger einer Hochschule, deren beide Standorte fast 700 km auseinanderliegen, schon oftmals erleben können.
 Kontakt: Holger.Brecht-Heitzmann@arbeitsagentur.de

Prof. Dr. Ralph Conrads besetzt seit November 2016 die Professur „Integration in Arbeit" an der Hochschule der Bundesagentur für Arbeit (HdBA). Er lehrt zu den Themen Integration bei Personengruppen in bestimmten Lebenslagen (wie Fluchterfahrung, Gesundheitseinschränkungen, Langzeitarbeitslosigkeit), demografischer Wandel oder Zukunft der Arbeit. Ralph Conrads studierte Sozialgeografie und war über 12 Jahre wissenschaftlicher Projektleiter am sozialwissenschaftlichen Internationalen Institut für Empirische Sozialökonomie (INIFES) in Stadtbergen. Zu seinen Forschungsfeldern gehören Arbeiten 4.0, demografischer Wandel, Integration von Menschen mit Fluchterfahrung und der Übergang von Schule in den Beruf.
 Kontakt: Ralph.Conrads@hdba.de

Prof. Dr. med. Dr. disc. pol. Andreas G. Franke, M.A., ist Sozialwissenschaftler und Mediziner. Als Facharzt für Psychiatrie und Psychotherapie hat er sich langjährig mit dem Thema des Cognitive Enhancement beschäftigt und im Rahmen mehrerer Drittmittelprojekte zahlreiche Daten in Deutschland erhoben. Daraus sind während der Zeit an der Klinik für Psychiatrie und Psychotherapie der Universitätsmedizin Mainz unzählige wissenschaftliche Artikel in hochrangigen internationalen sowie teilweise nationalen (Fach-)Zeitschriften entstanden. 2014 ist Prof. Franke einem Ruf auf die Professur für Medizin in Sozialer Arbeit, Bildung und Erziehung an die Hochschule Neubrandenburg gefolgt, wo er zwei Jahre den Fachbereich Soziale Arbeit, Bildung und Erziehung als Dekan geleitet hat, bis er 2018 einem Ruf auf die Professur für Case Management an die Hochschule der Bundesagentur für Arbeit nach Mannheim folgte.
Kontakt: Andreas.Franke@arbeitsagentur.de

Prof. Dr. Thomas Freiling studierte nach Abschluss einer Verwaltungsausbildung Sozialarbeit/Sozialpädagogik am Fachbereich Sozialwesen der Universität Kassel, bevor er sein Zweitstudium der Erziehungswissenschaft an der Johann Wolfgang Goethe-Universität Frankfurt am Main anschloss. Er war als wissenschaftlicher Mitarbeiter und Projektleiter am Institut für Arbeitswissenschaft der Universität Kassel beschäftigt, in der anwendungsorientierten Berufsbildungsforschung am Forschungsinstitut Betriebliche Bildung (f-bb) in Nürnberg sowie bei den Beruflichen Fortbildungszentren der Bayerischen Wirtschaft (bfz), Abteilung Bildungsforschung, als Abteilungsleiter tätig. Seit Juli 2017 ist er Professor für Pädagogik, insbesondere Berufs- und Wirtschaftspädagogik, an der Hochschule der Bundesagentur für Arbeit am Campus Schwerin.
Kontakt: thomas.freiling@hdba.de

Prof. Dr. Andreas Frey lehrt als Professor an der Hochschule der Bundesagentur für Arbeit (HdBA) am Campus in Mannheim. Seit 2012 ist er ebenfalls als Rektor der Hochschule tätig. An der Universität Koblenz-Landau studierte er Erziehungswissenschaften. In Landau promovierte er zum Dr. phil. und habilitierte sich in „Allgemeine Erziehungswissenschaften unter besonderer Berücksichtigung der empirischen Bildungsforschung". An der HdBA leitet er u. a. seit 2010 das Forschungs- und Praxisprojekt Prävention von Studien- und Ausbildungsabbrüchen.
Kontakt: andreas.frey@hdba.de

Prof. Dr. Peter Guggemos ist Professor für Arbeitsmarkt- und Sozialpolitik an der HdBA. Schwerpunktthemen sind Personalentwicklungsfragen zu Älteren, Frauen, dicken Menschen und Personen mit Schwerbehinderung, Veränderungen der Arbeitswelt sowie Vergleich der Arbeitsmarktpolitik europäischer Wohlfahrtsregime.
Kontakt: Peter.Guggemos@arbeitsagentur.de

Prof. Dr. Stefan Höft ist promovierter Diplom-Psychologe und seit 2007 Professor für Personalpsychologie und Eignungsdiagnostik an der Hochschule der Bundesagentur für

Arbeit (HdBA). Zuvor arbeitete er als wissenschaftlicher Mitarbeiter am Institut für Sozialwissenschaften der Universität Stuttgart-Hohenheim sowie als Fachkoordinator für verhaltensorientierte Diagnostik in der Abteilung Luft- und Raumfahrtpsychologie des Deutschen Zentrums für Luft- und Raumfahrt e. V. (DLR). Seine Lehr-, Arbeits- und Publikationsschwerpunkte umfassen: Berufliche Eignungsdiagnostik sowie Einsatzmöglichkeiten von Diagnostik in der beruflichen Beratung.
Kontakt: Stefan.Hoeft@arbeitsagentur.de

Prof. Dr. Paulina Jedrzejczyk, eine gebürtige Polin, kam 1994 nach Deutschland, wo sie Wirtschaftspädagogik studierte und anschließend am Lehrstuhl für Allgemeine Betriebswirtschaftslehre und Organisation von Professor Dr. Rolf Bronner promovierte. Dr. Jedrzejczyk lehrt seit 2007 Human Resource Management und Diversity Management, zunächst an der Wiesbaden Business School und anschließend an der Hochschule Koblenz. Zuletzt war sie Dozentin für International Human Resource Management im Rahmen eines Kooperationsstudiengangs der Hochschule Mainz und der London South Bank University. Sie war mehrere Jahre als Projektleiterin und Beraterin mit Themenschwerpunkten HRM, Personalentwicklung, Wissensmanagement, Kreativität sowie Karrierecoaching für weibliche Nachwuchskräfte sowohl für große als auch kleine und mittelständische Unternehmen tätig, zuletzt im Rahmen des Projektes unternehmensWert: Mensch. Dr. Jedrzejczyk ist seit 2017 Professorin für Betriebswirtschaftslehre mit den Schwerpunkten Personalmanagement und Arbeitgeberberatung an der Hochschule der Bundesagentur für Arbeit in Mannheim.
Kontakt: Paulina.Jedrzejczyk@arbeitsagentur.de

Prof. Dr. Gert-Holger Klevenow besetzt seit 2017 die Professur „Beratungswissenschaft und Eignungsdiagnostik" an der Hochschule der Bundesagentur für Arbeit (HdBA) und unterrichtet zu den Themen Beratungsprozesse, Theorien der Berufswahl, Eignungsdiagnostik und Fallmanagement. Er studierte Psychologie. Von 1988–1994 entwickelte er in einem software-Unternehmen zunächst als Projekt-, später als Forschungsleiter Expertensysteme zur Berufsorientierung, bis er an den Fachbereich Arbeitsverwaltung der Fachhochschule des Bundes wechselte. Seit etwa 30 Jahren lehrt und forscht er im Bereich der Berufsorientierung, bis Arbeitsvermittlung und interessiert sich vor allem für die Schnittstellen zu den angrenzenden Feldern.
Kontakt: Gert-Holger.Klevenow2@arbeitsagentur.de

Karl-Heinz P. Kohn, Politologe, lehrt und forscht seit 2001 an der Hochschule der Bundesagentur für Arbeit. Er arbeitete für den Sachverständigenrat der Bundesregierung für Zuwanderung und Integration und beschäftigt sich im Schwerpunkt mit den spezifischen Herausforderungen, Themen und Bedarfen in der beschäftigungsorientierten Beratung von Ratsuchenden mit Migrationshintergrund und Fluchterfahrung. Von 2016 bis 2019 leitete er das europäische Forschungsprojekt „Counselling for Refugee and Migrant

Integration into the Labour Market – Development of Courses for Higher Education and Public Employment Services (CMinaR)".
Kontakt: K.Kohn@hdba.de

Jürgen Kühl arbeitete als Diplom-Volkswirt von 1969–1997 im Institut für Arbeitsmarkt- und Berufsforschung, zuletzt an Konzept, Aufbau und Leitung des IAB-Betriebspanels, dann als Abteilungsleiter Arbeitsmarkt und Berufliche Bildung erst im Thüringer Sozial-, dann im Wirtschafts- und Arbeitsministerium.
Kontakt: juergen.w.kuehl@gmx.de

Prof. Dr. Ingo Matuschek Professor für Soziologie mit dem Schwerpunkt Soziologie der Arbeit und Sozialstruktur an der HdBA. Arbeitsschwerpunkte sind der Einfluss des demografischen Wandels auf Arbeit, Subjektivierungsprozesse und Digitalisierung von Arbeit, Nachhaltigkeit von Arbeit und qualitative Methoden der Sozialforschung.
Kontakt: Ingo.Matuschek@hdba.de

Prof. Dr. iur. Uwe Meyer war Rechtsanwalt in einer internationalen Anwaltskanzlei in Berlin und Professor für Bürgerliches Recht, Wirtschafts- und Arbeitsrecht und International Economic Law an der Hochschule Offenburg. Daneben war er als Lehrbeauftragter an der Technischen Universität München tätig. Er lehrt seit 2007 Bürgerliches Recht und Arbeitsrecht an der Hochschule der Bundesagentur für Arbeit in Schwerin. Seine Forschungsschwerpunkte liegen im deutschen und internationalen Wirtschafts- und Arbeitsrecht, im Europäischen Recht und im englischen Recht.
Kontakt: uwe.meyer3@arbeitsagentur.de

Prof. Dr. Anne Müller-Osten ist seit 2011 Professorin an der Hochschule der Bundesagentur für Betriebswirtschaftslehre mit dem Schwerpunkt Controlling und Rechnungswesen in öffentlichen Organisationen. Zuvor war sie Gastprofessorin für Öffentliches Management mit dem Schwerpunkt Controlling und Finanzmanagement im öffentlichen Sektor an der Hochschule für Wirtschaft und Recht Berlin. Nach dem Studium der Betriebswirtschaftslehre mit dem Schwerpunkt Öffentliche Wirtschaft und der Promotion zum öffentlichen Haushaltswesen an der Universität Hamburg war sie über fünf Jahre Unternehmensberaterin bei IBM Deutschland GmbH im Bereich Public Resource Solutions. Im Rahmen eines Jobenrichments wurde ihr für ein Jahr die Aufgabe der Bereichsleiterin Controlling und Finanzen (CF1) in der Zentrale der Bundesagentur für Arbeit übertragen.
Kontakt: Anne.Mueller-Osten@arbeitsagentur.de

Prof. Dr. habil. Carsten Ochsen studierte Ökonomie in Hamburg und Oldenburg. Während seiner Tätigkeit als wissenschaftlicher Mitarbeiter an der Universität Oldenburg promovierte er 2003 und erhielt 2004 den Ruf auf die Juniorprofessur für Empirische Wirtschaftsforschung an der Universität Rostock. In dieser Funktion wurde Herr Ochsen 2007 positiv evaluiert. 2010 folgte er dem Ruf auf die Professur für Volkswirtschaftslehre mit dem Schwerpunkt Arbeitsmarkt und Arbeitsmarktpolitik an der Hochschule der Bundesagentur für Arbeit. 2011 habilitierte sich Prof. Ochsen an der Universität Rostock. Seine Forschungsschwerpunkte sind neben verschiedenen bildungs- und arbeitsmarktökonomischen Themen insbesondere die Dynamik der Arbeitslosigkeit in Deutschland.

Kontakt: Carsten.Ochsen@arbeitsagentur.de

Prof. Dr. Jane Porath absolvierte nach einer Ausbildung zur Bankkauffrau ein Studium der Wirtschaftspädagogik an den Universitäten Rostock, Umeå (Sweden) und der HU Berlin. Sie war von 2008 bis 2013 als wissenschaftliche Mitarbeiterin und anschließend als Lehrkraft für besondere Aufgaben an der Universität Oldenburg tätig, wo sie im Jahr 2013 auch promovierte. Im Wintersemester 2015/2016 übernahm sie eine Vertretungsprofessur für Wirtschaftsdidaktik an der Universität zu Köln. Seit September 2017 ist sie Professorin für Pädagogik, insbesondere Berufs- und Wirtschaftspädagogik, an der Hochschule der Bundesagentur für Arbeit am Campus Schwerin.

Kontakt: jane.porath@hdba.de

Prof. Dr. Matthias Rübner ist promovierter Soziologe und seit 2012 Professor für Integrationsmanagement an der Hochschule der Bundesagentur für Arbeit in Mannheim. Zuvor war er als wissenschaftlicher Mitarbeiter am Institut für Soziologie der Universität Jena, als Berufsberater für Abiturienten und Hochschüler der Agentur für Arbeit Ingolstadt und als wissenschaftliche Lehrkraft an der Hochschule der Bundesagentur für Arbeit tätig. Seine Lehr-, Arbeits- und Publikationsschwerpunkte umfassen: berufliche Beratung, Berufswahl- und Laufbahnforschung sowie Fall- und Integrationsmanagement.

Kontakt: Matthias.Ruebner@arbeitsagentur.de

Jean-Jacques Ruppert studierte Psychologie und Erziehungswissenschaft in Schottland, Frankreich und Polen. Er arbeitet im Auftrag des luxemburgischen Bildungsministeriums im „Lycée classique de Diekirch" als Schulpsychologe und Berufsberater. Darüber hinaus leitet er mit der „Applied Vocational Psychology and Policy research unit" (AVOPP) eine wissenschaftliche Forschungseinrichtung. Er ist zudem Lehrbeauftragter an der HdBA.

Kontakt: jean-jacques.ruppert@education.lu

Angela Ulrich hat an den Universitäten Gießen und Mannheim studiert und als Diplom-Sozialwissenschaftlerin abgeschlossen. Nach dem Studium absolvierte sie zunächst das Traineeprogramm bei der Bundesagentur für Arbeit. Seit Juli 2014 verstärkt sie das Team Prävention von Studien- und Ausbildungsabbrüchen als wissenschaftliche Mitarbeiterin am Campus Mannheim. Darüber hinaus arbeitet sie in verschiedenen anderen Projekten der HdBA im Forschungsfeld Übergang Schule-Beruf. Zudem betreut sie Lehrveranstaltungen an der Hochschule.

Kontakt: angela.ulrich@hdba.de

Prof. Dr. Peter Weber, Erziehungswissenschaftler, Inhaber der Professur für Beratungswissenschaften an der Hochschule der Bundesagentur für Arbeit in Mannheim seit 2016. Schwerpunkt von Lehre und Forschung ist die beratungswissenschaftliche Fundierung beruflicher- und arbeitsmarktbezogener Beratung entlang des Lebenslaufs und in unterschiedlichen institutionellen Kontexten. Er studierte Erziehungswissenschaft, Soziologie und Wirtschaftswissenschaft an den Universitäten Bremen und Leiden (NL) und lehrte und forschte an den Universitäten Bremen und Heidelberg. Peter Weber ist aktuell an den europäischen Forschungsprojekten „Counselling for Refugee and Migrant Integration into the Labour Market – Development of Courses for Higher Education and Public Employment Services (CMinaR)" und „Social Self-I", das sich ebenfalls mit Fragen der Migration und Beratung beschäftigt, beteiligt.

Kontakt: Peter.Weber10@arbeitsagentur.de

Prof. Dr. Bettina Weinreich ist seit 2018 Professorin an der Hochschule der Bundesagentur für Sozialrecht mit dem Schwerpunkt auf die Grundsicherung für Arbeitsuchende. Zuvor war sie bereits mehrere Jahre als wissenschaftliche Mitarbeiterin in diesem Bereich an der Hochschule tätig. Nach dem Studium der Rechtswissenschaften und der Promotion an der Europa-Universität Frankfurt (Oder) absolvierte sie ihr Referendariat im Landgerichtsbezirk Frankfurt (Oder) und arbeitete dann im Verwaltungsbereich der Bundesagentur für Arbeit.

Kontakt: bettina.weinreich3@arbeitsagentur.de

Nicole Wiench ist seit Anfang Oktober 2013 als wissenschaftliche Mitarbeiterin im Team Prävention von Studien- und Ausbildungsabbrüchen am HdBA-Campus Mannheim tätig. Bereits zuvor war sie als studentische Mitarbeiterin in das Projekt eingebunden. Im Sommer 2013 hat sie ihren Abschluss als Diplom-Pädagogin an der Johann Wolfgang Goethe-Universität in Frankfurt a. M. erlangt. Seit 2018 betreut sie als Spezialistin für Weiterbildung die wissenschaftliche Weiterbildung „Prävention von Ausbildungsabbrüchen" an der Hochschule der Bundesagentur für Arbeit.

Kontakt: nicole.wiench@hdba.de

Teil I
Arbeit

Gute Arbeit 4.0 – Was könnte „gute Arbeit" unter Bedingungen des Arbeitens 4.0 bedeuten?

1

Ralph Conrads, Peter Guggemos und Gert-Holger Klevenow

> *„Und die Frage ist nicht: Wie werden wir leben? Sondern: Wie wollen wir leben?"*
> *Precht 2018, S. 15*

Inhaltsverzeichnis

1.1 Gute Arbeit 4.0 4
1.2 Entwicklungen der Arbeitswelt 9
    1.2.1 Organisatorische Ebene: Konzepte, Möglichkeiten und Grenzen der Arbeitsgestaltung im Betrieb 9
    1.2.2 Individuelle Ebene: Dynamik in Berufsfeldern – Trends und prototypische Berufe 15
    1.2.3 Sozialpolitische Ebene: politische Rahmenbedingungen 23
1.3 Fazit 32
Literatur 34

R. Conrads · P. Guggemos · G.-H. Klevenow (✉)
Hochschule der Bundesagentur für Arbeit, Mannheim, Deutschland
E-Mail: ralph.conrads@hdba.de; Peter.Guggemos@arbeitsagentur.de; Gert-Holger.Klevenow2@arbeitsagentur.de

© Springer Fachmedien Wiesbaden GmbH, ein Teil von Springer Nature 2020
T. Freiling et al. (Hrsg.), *Zukünftige Arbeitswelten*,
https://doi.org/10.1007/978-3-658-28263-9_1

Zusammenfassung

Der nachstehende Aufsatz befasst sich mit den diskutierten Entwicklungen der Arbeitswelt in Richtung 4.0 und betrachtet das Phänomen auf drei Ebenen (organisatorisch, individuell, sozialpolitisch). Zu Beginn wird die Janusköpfigkeit der Digitalisierung mit Blick auf Fragen der Arbeitsgestaltung beschrieben. Auf der organisatorischen Ebene sind ganzheitliche und systemische Konzepte für eine zukunftsfähige Arbeitsgestaltung notwendig. Betriebe, insbesondere KMU, benötigen Unterstützung für den Transfer erforschter Konzepte guter Arbeitsqualität in die Praxis. Mit der Digitalisierung können gesundheitliche Beeinträchtigungen wie Arbeitserleichterungen einhergehen. Gute Arbeit 4.0 erfordert hierbei das reibungsfreie Zusammenspiel von organisatorischer und individueller Ebene und ist auf der individuellen Ebene als vollständig gestaltete Arbeit, die die Entwicklung der Persönlichkeit unterstützt, zu verstehen. Dies wird anhand der Prototypentheorie mithilfe des RIASEC-Modells am Beispiel der Berufe Erzieher/-in und Industriemechaniker/-in heuristisch untersucht. Digitalisierungsprozesse können Berufsbilder verändern und dadurch mehr oder weniger attraktiv für die Beschäftigten machen. Hier zeigen sich Gestaltungsfelder zur Bekämpfung eines etwaigen Fachkräftemangels. Auf der sozialpolitischen Ebene schafft ein Mindestmaß an sozialem Ausgleich und Schutz vor Selbstvermarktungszwang auch bei digitalem Wirtschaften Legitimation für parlamentarisch-demokratische Systeme. Die künftige Arbeitswelt sollte sich stärker für Arbeitsbeiträge unterhalb einer Vollzeittätigkeit öffnen. Stärker digitalisierte und neue Arbeitsformen erfordern nicht die Abschaffung von Sozialversicherungssystemen, sondern brauchen eine diskursive wie ganzheitliche Überarbeitung. Sozialpolitische Reformprozesse benötigen künftig elektronische Beteiligungsformen und sollten antizipierend auf Reaktionen in neuen Medien eingehen.

Schlüsselwörter

Arbeit 4.0 · Gute Arbeit · Digitalisierung · Sozialstaat · Arbeitsbedingungen · Arbeitswelt · RIASEC-Modell · Modell der Arbeitsfähigkeit · Differenzielle Arbeitsgestaltung · Prototypentheorie

1.1 Gute Arbeit 4.0

Die Janusköpfigkeit der Digitalisierung und Arbeitsqualität

Diskurse zur digitalisierten Wirtschafts- und Arbeitswelt weisen Hoffnungen und Befürchtungen auf, die in der Traditionslinie utopischer Schlaraffenland-Vorstellungen wie dystopischer Technikherrschaft mit hohen Entfremdungspotenzialen stehen und die nicht getrennt von den jeweiligen politisch-philosophischen *Frames* der jeweiligen Autoren zu sehen sind. Die beiden Arten und Blickwinkel des Herangehens an neue Möglichkeiten EDV-gestützter Technologien begegnen uns heute bereits an unzähligen, hier nicht abschließend aufzuzählenden Stellen. Die Bandbreite reicht vom *Smart Home* als einer technischen Verwöhnwelt, die in fragilem geistigem und körperlichem Zustand ein Mindestmaß an Autonomie bewahrt, über technische Assistenzsysteme am Arbeitsplatz bis hin zur *Remote*-Beratung durch den Arzt. Auf der anderen Seite befinden sich die Mahner, die vor neuer und unkontrollierter Machtballung durch Datenverfügung in der Hand staatlicher oder kommerzieller Kontrolleure warnen (so z. B. Precht 2018). Dieses Janusgesicht der neuen Möglichkeiten begegnet uns permanent, etwa bei der Diskussion um elektronische Bezahlmöglichkeiten (kein Problem bei Bahn und Bus, eher unerwünscht beim Erwerb von Drogen oder sexuellen Dienstleistungen), beim fahrerlosen Fahren, beim Einsatz von Avataren und Konsumentenprofilen und irgendwann vielleicht auch beim autonomen Fliegen. Fortschrittsskeptiker lassen sich jedoch durch derlei Glücksversprechen nicht überzeugen. Bereits der edle Wilde John in „Brave New World" beharrte auf seinem Recht, unglücklich sein zu dürfen. Das Gut einer freien Wahl- und Selbstbestimmungsoption schien er selbst bei tragischen Fehlentscheidungen mit entsprechenden Folgen gegenüber einem in der Retorte zusammengebastelten, risikoarmen und dadurch vermeintlich glücklichen Leben vorzuziehen. Das Phänomen der Arbeit kann, wie in den nachfolgenden Passagen zu zeigen sein wird, ebenso optimistisch wie kritisch aus vielen Perspektiven betrachtet werden.

▶ Die Digitalisierung ist nicht per se heilsbringend und kann je nach Art der Gestaltung auch unerwünschte Effekte zeigen.

Einst war es eine utopische Vision, eine Arbeitswelt zu haben, in der Maschinen und technische Verfahren das Beschwerliche des täglichen Arbeitens dem Menschen von der Schulter nehmen: Losgelöst von lästigen Pflichten könne der Mensch sich nun neben der „guten Arbeit" der Muse, Kunst, Kultur oder einfach der freien wie beliebigen Gestaltung des Tages widmen – sowohl zum Wohle des Einzelnen als auch zum Wohle aller (siehe u. a. bei Reich 2017). Glaubt man manchen begeisterten Darstellungen, so wird uns eine „networked economy" diesen Traum bald servieren können: Die digital vernetzte Wirtschaft ermögliche vermeintlich eine verbesserte Integration von Privat- und Arbeitssphäre und das Leben beider Bereiche werde effizienter (Matuschek 2016, S. 7). Unklar ist, ob uns die Arbeitswelt 4.0 tatsächlich ein „flüssiges" gutes Leben von Arbeit, Müßiggang und Freizeit in gutem Einklang bescheren wird und wir das Versprechen einer *Humanisierung der Arbeitswelt* (Kern 1979) als Antwort auf die technischen Fortschritte für die gesamte Bevölkerung – und noch dazu möglichst weltweit – einlösen können.

Es ist nicht zu übersehen, dass die Digitalisierung und das Disruptive des heutigen technischen Fortschritts der Motor für dynamische Umbrüche in der Arbeitswelt sind. Dies geht gleichwohl einher mit dabei sich gegenseitig überlagernden oder verstärkenden Makrotrends (wie demografische Entwicklung, Globalisierung oder Übergang zur dienstleistungsorientierten Wissensgesellschaft). Technische Innovationen und der Einsatz digitaler Arbeitsmittel prägen in diesem Setting in ansteigendem Maße den Arbeitsalltag vieler Beschäftigter: 98 % der Betriebe nutzen das Internet und 88 % das Diensthandy, während in 14 % der Betriebe Roboter als Unterstützung zum Einsatz kommen und 30 % Apps für den dienstlichen Gebrauch einsetzen (Ahlers 2018, S. 5). Da mag es nicht verwundern, wenn 60 % der Beschäftigten angeben, dass Methoden digitaler Arbeit bei ihnen in (sehr) hohem Maße zur Anwendung kommen, wobei sich das stark nach Branchen und

Betriebsgrößen differenziert. Weite Verbreitung ist im „Fahrzeugbau" (76 %), im „Maschinenbau" (75 %) oder in der „IKT-Branche" (93 %) zu finden, weniger dagegen im „Baugewerbe" (38 %) oder „Sozialwesen" (39 %) (Holler 2017, S. 18–19). An diesem Punkt stellt sich schließlich die Gretchenfrage, ob es tatsächlich die Techniknutzung mit ihrem verführerischen Effizienzversprechen ist, die darüber entscheidet, wie die Arbeit konkret organisiert wird. Oder ist eher von Bedeutung – wie es Buntenbach und Schmucker (2017) formulieren –, zu welchen Zeiten sie ausgeführt wird und welchen Belastungen die Beschäftigten dabei ausgesetzt sind? Schließlich findet Arbeiten fortwährend in einem Zusammenwirken von Menschen, Technik und Organisation statt (Hirsch-Kreinsen et al. 2015), dessen konkrete Ausgestaltung von Abmachungen auf betrieblicher und gesellschaftlicher Ebene abhängt (Buntenbach und Schmucker 2017, S. II). Aus diesen Umständen leiten die Autoren das Erfordernis ab, die Frage nach guter Arbeitsqualität unter Maßgaben des Arbeitens 4.0 (also nach der *Guten Arbeit 4.0*) nachfolgend über mehrere Ebenen hinweg anhand relevanter Modelle und Konzepte zu beleuchten: auf der gesellschaftlichen (meist sozialstaatlichen) Ebene, der organisatorischen (meist betrieblichen) und auch der individuellen Ebene der Erwerbstätigen oder Erwerbssuchenden.

Diese Ebenen sind jedoch in keiner Weise prästabilisiert aufeinander bezogen, so wie es bspw. auch im Weißbuch *Arbeiten 4.0* (Bundesministerium für Arbeit und Soziales 2017b) deutlich wird. Die Autoren vertreten die Überzeugung, dass aufgrund der beschriebenen Janusköpfigkeit der Digitalisierung das Konzept *Guter Arbeit* heute genauso drängend daseinsberechtigt und in der Traditionslinie der *Humanisierung der Arbeit* weiterzuverfolgen ist wie an seinem Startpunkt in den 1970er-Jahren (Sauer 2011). Das Konzept der *Guten Arbeit* beruht auf dem Decent-Work-Ansatz der International Labour Organization (ILO) und der intensiven Diskussion zur *Humanisierung des Arbeitslebens* seit den 1970er-Jahren mit dem Ausgangspunkt eines breit und disziplinübergreifend angelegten gleichnamigen staatlichen Forschungsprogramms in Deutschland. Es formuliert im Wesentlichen die Anforderungen an die Qualität der Arbeit, dass die Merkmale guter Entlohnung, hoher Bestandssicherheit, mitbestimmter und menschengerechter Arbeitsbedingungen und guter Möglichkeiten zu Ausbildung und Qualifizierung gewährleistet sein müssen (ebd.). Das historisch gewachsene Wissen und Lernpotenzial seit dieser Zeit sind zu bewahren und im Sinne einer *Humanisierung des Arbeitslebens 4.0* in Wert zu setzen. Denn vielfältige Befunde sprechen dafür, dass die Arbeitswelt 4.0 neben Fortschritt und Erleichterungen auch Belastungen, Gefährdungen und Risiken in sich trägt, welchen man sich potenziell zu stellen hat.

▶ Aufgrund der ungewissen Gestaltung der Arbeitswelt 4.0 ist das Konzept Gute Arbeit 4.0 aktueller denn je.

Auf der gesellschaftlichen und sozialstaatlichen Ebene wären an Herausforderungen exemplarisch zu nennen (Becker 2019; Lange und Santarius 2018; Brynjolfsson 2017):

- Wachsende Ungleichheiten bei der Wohlstandsverteilung,
- Sinkende Lohnquote und drohende technologie-induzierte Massenarbeitslosigkeit durch erhebliche Automatisierungen,

- Finanzierungsprobleme des Sozialstaats bei hoher Arbeitslosigkeit, geringer werdender Erwerbsbeteiligung der Bevölkerung und ungenügender Besteuerung der Digitalisierungsgewinne,
- Starke Steigerung des Energieverbrauchs (z. B. durch die Blockchain-Technologie).[1]

Auf der organisatorischen Ebene treten u. a. folgende exemplarische Herausforderungen auf (s. bspw. Boes und Langes 2017, S. 6; Öz 2019; Bräutigam et al. 2017):

- Rekrutierung und Ausbildung geeigneter Arbeitskräfte,
- Fehlende Kompetenz im Betrieb und Aufwand für Fort- und Weiterbildung der Beschäftigten,
- Hohe Anschaffungskosten für die technischen Innovationen,
- Schaffung von effizienteren Arbeitsprozessen zulasten von nachhaltigeren und effektiveren Vorgehensweisen,
- Hoher Aufwand zur Reorganisation von Produktionsmodellen und Wertschöpfungssystemen (Plattformökonomie, Internet of Things),
- Hoher Aufwand zur Reorganisation von Arbeitsprozessen durch Outsourcing (z. B. Cloudworking) und Kundenintegration (User Innovation, Crowdwork, agile Unternehmensorganisation oder „Working in the open"),
- Sicherstellung von störungsfreien Abläufen, Datengüte und Datensicherheit bei der Nutzung von digitalen Arbeitstechniken,
- Fehlende Akzeptanz bei den Beschäftigten,
- Fehlender Zugang zu Förderleistungen bei der Digitalisierung.

Auf der individuellen Ebene sind u. a. folgende Aspekte zu nennen (Holler 2017; Matuschek et al. 2018):

- Steigende Arbeitsintensität und Aufgabenvielfalt, Gleichzeitigkeit von Aufgaben, zunehmende Komplexität und wachsender Leistungsdruck,
- Damit einhergehend Überforderung bei den Beschäftigten und mangelnde Kompetenz,
- Zunehmende „unbezahlte" Arbeit,
- Polarisierende Wirkung bei der Vereinbarkeit von Beruf und Familie,
- Substitution von Tätigkeiten, Werkzeugen und damit verbundenen Kompetenzen,
- Geringere Entscheidungsspielräume, zunehmende Kontrolle und Fremdbestimmung bei der Arbeit,
- Fehlende Einbindung der Belegschaften bei der Einführung digitaler Techniken,

---

[1] Lange und Santarius 2018 zeigen, wie stark sich die Digitalisierung auf einen steigenden Energie- und Ressourcenverbrauch auswirkt. Allein das Bitcoin-Netzwerk für Kryptowährungen kann auf einen jährlichen Stromverbrauch der energieintensiven Blockchain-Technologie von derzeit 2,55 Gigawatt und künftig von potenziell 7,67 Gigawatt geschätzt werden (zum Vergleich: Das gesamte Irland liegt bei 3,1 Gigawatt pro Jahr; vgl. u. a. Ausführungen bei Vries 2018).

- Veränderungen von Aufgabenzuschnitten, die berufsfachliche Standards infrage stellen und die Akzeptanz und Arbeitsmotivation senken.

Aus dieser Übersicht wird vor allem eines deutlich: *Gute Arbeit 4.0* muss sich heutigen Herausforderungen stellen, die mitnichten mit Fortschrittsgläubigkeit allein zu meistern sind. Aber unter den nun aufkeimenden neuen Voraussetzungen und Konstellationen sind auch aussichtsreiche Aspekte zu erkennen, die ein gesellschaftlich notwendiges Ringen um eine humanere Arbeitswelt unterstützen können.

Die Arbeitswissenschaft beschäftigt sich als interdisziplinäre Wissenschaft originär mit den oben skizzierten Aspekten. Sie hat vornehmlich zum Ziel, unter diesen Voraussetzungen gute Arbeit herbeizuführen, mitunter auch körperlichen Aufwand zu reduzieren, aber weder eine allzu simplifizierte Arbeitswelt noch eine Wegrationalisierung von Arbeitsplätzen und damit -kräften im großen Stil zu befördern. Aus einer betriebs- und volkswirtschaftlichen Perspektive sind Veränderungsprozesse gleichsam der Normalzustand, weshalb es müßig ist, diese aufhalten zu wollen. Arbeitswissenschaftlich und aus der Warte der Arbeitsverwaltung gesehen, ergibt sich zumindest mit Blick auf humane Arbeitsbedingungen sowie die angesprochene Mehrdimensionalität der Aufgaben u. a. folgender vielschichtiger Handlungsbedarf:

- *Erkennen* und frühzeitiges *Mitgestalten neuer und modifizierter Berufsbilder* und Ausbildungsgänge (inkl. Matching-Unterstützung) sowie Gründungsunterstützungen.
- Unterstützung von Betrieben zur *digitalen Gestaltung* der Betriebsorganisation, des Produktportfolios, Marketings, Vertriebs und nicht zuletzt des Personalmanagements.
- Mitwirken an *zeitgemäßen sozialen Absicherungssystemen*, Mitbestimmungsformen sowie Arbeitsschutzkonfigurationen für losere Erwerbszusammenhänge (Arbeitskraftunternehmer, Plattformarbeiter, Dienstleistungserbringende für Privatfamilien usw.).
- *Identifikation von Gesundheitsrisiken* bei neuen wie alten oder modifizierten Jobs und Mitwirken bei proaktiver *Risikominimierung* und dem Herstellen möglichst guter Arbeitsqualität.
- *Diskursanregungen* hinsichtlich zusammen gedachter *Chancen und Gefahren*, politischer Festlegungen und Rahmensetzungen, ohne dass die Waagschale einseitig nur die Chancen oder nur die Risiken digital unterstützten Arbeitens beinhalten würde, und in einer Weise, die den Einzelmenschen als handlungs- und gestaltungsfähigen Akteur ernst nimmt.
- *Wirkungsabschätzungen und Gestaltungsmöglichkeiten sowie beschäftigungsorientierte Beratung* für unterschiedliche *Bevölkerungsgruppen* wie Frauen, Männer, Menschen mit Schwerbehinderung oder Personen mit Migrationshintergrund.

Überlegungen zur Gestaltung dieses Handlungsbedarfs für die genannten Aufgaben des Identifizierens von Risiken wie Chancen, des Aufzeigens der Diskursfacetten oder des Abschätzens von Wirkungen wie Gestaltungsmöglichkeiten werden nachfolgend über die beschriebenen drei Betrachtungsebenen vorgestellt.

1.2 Entwicklungen der Arbeitswelt

1.2.1 Organisatorische Ebene: Konzepte, Möglichkeiten und Grenzen der Arbeitsgestaltung im Betrieb

Die Arbeitswelt 4.0 stellt Unternehmen und Organisationen vor beträchtliche Herausforderungen. Für europäische Unternehmen und Betriebe besteht der Eindruck, in einer „Sandwich"-Position zwischen innovativen Digitalgiganten aus Nordamerika (Google, Oracle oder Microsoft) und den im Preiskampf in günstiger Konstellation befindlichen asiatischen Technologiekonzernen (Sony, Huawei oder Samsung) „eingeklemmt" zu sein und sich dringend für die Konkurrenz mit diesen Playern rüsten oder zumindest bestimmte von diesen etablierte wettbewerbssteigernde Verfahren anwenden zu müssen. Die an vielen Stellen auf Weiterentwicklung und Spezialisierung getrimmte deutsche Industrie, z. B. beim Maschinenbau, scheint hierbei ins Hintertreffen zu geraten. Doch die Reorganisationen für die „digitale Wende" eines Betriebs oder einer Behörde sind immens aufwändig, und dort fehlen gerade kleineren und mittleren Unternehmen Kapazitäten, Ressourcen und auch das Wissen über Organisationsentwicklung, um ein geeignetes Vorgehen mit den gewünschten Effekten durchzuführen (Öz 2019), ohne dabei die Arbeitsqualität aus den Augen zu verlieren. Die Erfahrungen in der Praxis zeigen, dass Konzepte der ganzheitlichen und systemisch organisierten Arbeitsgestaltung hierbei am ehesten erfolgreich sind (Giesert et al. 2017). Diesen Anforderungen entsprechen das Konzept der Arbeitsfähigkeit nach Tempel und Ilmarinen (2013) sowie die differenzielle oder auch prospektive Arbeitsgestaltung (Ulich 2016).

▶ Ganzheitliche und systemische Konzepte sind für eine zukunftsfähige Arbeitsgestaltung notwendig.

Der rapide technische Wandel und komplexe Neuerungen in den Arbeitsstrukturen bringen bislang nicht gekannte Anforderungen für die betrieblichen Akteure – Unternehmensleitungen, Belegschaftsvertretungen, Führungskräfte und Beschäftigte – mit sich. Zugleich stellen sich die Unternehmen zum Teil dem demografischen Wandel, um mit deutlich alternden Belegschaften weiterhin innovativ wie erfolgreich am Markt zu bleiben (Conrads et al. 2016, S. 17; vgl. zur Problematik des fehlenden Praxistransfers relevanter Konzepte die Ausführungen von Brandl et al. in diesem Sammelband). Ziel einer ganzheitlichen Arbeitsgestaltung ist unter den beschriebenen Rahmenbedingungen die Erhaltung und Förderung der Fähigkeit von Beschäftigten, die die an sie gestellten Anforderungen optimal bewältigen können (Giesert et al. 2014). Wird dieses Ziel erreicht, entsteht eine Win-win-Situation für Unternehmen und Mitarbeiter/-innen. Beispielgebend kann hier etwa der Ansatz eines betrieblichen Gesundheitsmanagements mit einem altersgruppenbezogenen wie ganzheitlichen Ablauf genannt werden (Bundesministerium für Arbeit und Soziales 2017a, S. 60). Neben übergreifenden Gesundheitsangeboten bieten mancherorts Unternehmen Aktivitäten für unterschiedliche Altersgruppen und Lebensphasen an. Ein derart systemischer holistischer Ansatz ist für viele Unternehmen eine (zu) große Herausforderung, die Erfahrung lehrt vielmehr, dass eher einzelne Maßnahmen(felder) durch die Akteure bearbeitet werden, mit meist geringeren Erfolgsaussichten als bei einem Gesamtkonzept (Brandl et al. 2018; Bellmann et al. 2018). Das bereits in den 1980er-Jahren entwickelte Modell der Arbeitsfähigkeit bietet hierfür eine wissenschaftlich fundierte Konzeption, die entsprechende Untersuchungsverfahren, Langzeitstudien, Umsetzungsinstrumente und Leitfäden für die betriebliche Planung und Praxis beinhaltet (s. Beiträge im Sammelband Arbeitsfähigkeit 4.0 von Giesert et al. 2017).

▶ Betriebe, insbesondere KMU, benötigen Unterstützung beim Transfer erforschter Konzepte guter Arbeitsqualität in die Praxis.

Exkurs: Arbeitsfähigkeit
Arbeitsfähigkeit definiert das *Verhältnis* der individuellen *Leistungsfähigkeit* zur tatsächlichen, vom Unternehmen gestellten *Arbeitsanforderung*. Im Mittelpunkt steht das Potenzial (Stärken und Schwächen) der Mitarbeiter/-innen, eine bestimmte Arbeitsaufgabe zu einem gegebenen Zeitpunkt zu bewältigen (Giesert et al. 2017). Sind die vom Unternehmen gestellten Arbeitsanforderungen mit den individuellen Leistungsvoraussetzungen im Gleichgewicht, liegt eine gute Arbeitsfähigkeit und eine gute Produktivität und Qualität der Arbeit vor. Bei einem Ungleichgewicht ist die Arbeitsfähigkeit beeinträchtigt. Langfristig führen schlechte Arbeitsbedingungen und die daraus resultierenden Gesundheitsgefährdungen zu einem dauerhaften Ungleichgewicht und infolgedessen zu einer erhöhten Wahrscheinlichkeit ausfallender bzw. längerfristig erkrankter Beschäftigter. Das ist ein Grund, frühzeitig und vorbeugend gegenzusteuern, damit die Arbeitsfähigkeit der Beschäftigten, die Produktivität sowie die Qualität der Arbeit nicht gefährdet werden. So können einerseits die Arbeitsanforderungen bzw. Belastungen angepasst werden (*Verhältnisprävention*) und andererseits der Mensch gestärkt werden (*Verhaltensprävention*). Dies kann durch den Abbau von bestimmten Belastungen und/oder durch den Aufbau von betrieblichen oder individuellen Ressourcen geschehen (Giesert et al. 2014). Die Effekte der Digitalisierung auf die Gesundheit von Berufstätigen sind dabei besonders zu beachten. Der individuelle Ansatz der Arbeitsfähigkeit kann gut mit dem RIASEC-Konzept (Holland 1997; ver.di 2019) in Einklang gebracht werden, weswegen die Autoren der Auffassung sind, dass in der Frage der Gelingensbedingungen von *Guter Arbeit 4.0* die Kombination beider Konzepte hilfreich ist (s. Abschn. 1.3).

Die Balance im Haus der Arbeitsfähigkeit herstellen
Eine wirksame und nachhaltige Handlungshilfe in diesem Gebiet ist das *Haus der Arbeitsfähigkeit*. Es richtet den Blick auf die wesentlichen Faktoren, um Arbeitsfähigkeit wiederherzustellen, zu erhalten und zu fördern. Es besteht aus vier „Stockwerken" und ist in eine rahmende Umwelt (gesellschaftliche Entwicklungen, regionale Strukturen, Familienverhältnisse, politische und rechtliche Rahmenbedingungen etc.) eingebunden; diese sind zu analysierende und miteinander verzahnte Systemebenen wie auch mögliche

1 Gute Arbeit 4.0 – Was könnte „gute Arbeit" unter Bedingungen des Arbeitens 4.0 ...   11

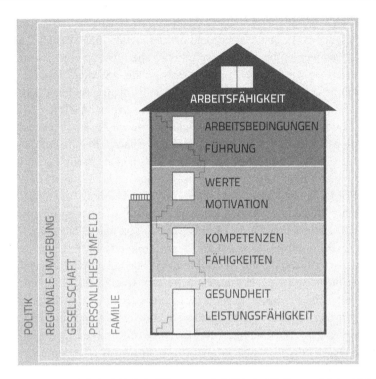

Abb. 1.1 Das Haus der Arbeitsfähigkeit (Giesert et al. 2014, S. 15, Entwurf Schmid, M. 2019 in Anlehnung an Tempel und Ilmarinen 2013)

Handlungsfelder der Anforderungs-Bewältigungskonstellation, um ganzheitlich und systemisch *Gute Arbeit 4.0* zu gestalten (vgl. Abb. 1.1).

Man kann für jedes Handlungsfeld fragen, welche Belastungen, Beanspruchungen und Gefährdungen, aber auch welche Ressourcen für Beschäftigte existieren und welche davon im Zusammenhang mit Faktoren der *Arbeitswelt 4.0* stehen (s. Abschn. 1.1). Daraus lässt sich im Anschluss die Frage ableiten, wie Gefährdungen vermieden und frühzeitig beseitigt werden können, um für jede Systemebene ein gutes „stabiles" Stockwerk für eine gute Statik des Gebäudes der Arbeitsfähigkeit sicherzustellen. Hierbei kann jede Ebene eine Gefährdung der Gesamtstabilität hervorrufen. Für alle Systemfelder liegt die Gestaltungsverantwortung beim Unternehmen *und* bei den Beschäftigten.

1) Gesundheit
Das erste Stockwerk *Gesundheit* bildet die Grundlage für alle weiteren Systemebenen. Veränderungen der physischen, psychischen und sozialen Gesundheit der einzelnen Beschäftigten wirken sich unmittelbar auf ihre Arbeitsfähigkeit aus. Gesundheit wird nicht als binäres Gegenstück zu Krankheit verstanden, sondern als gestaltbares Kontinuum von sehr krank bis sehr gesund. Unternehmen müssen lernen, mit Einschränkungen und Krankheit umzugehen und für Rahmenbedingungen sowie Ressourcen zu sorgen, sodass

alle Beschäftigten die an sie gestellten Arbeitsanforderungen bewältigen können. Dies gewinnt insbesondere vor dem Hintergrund des demografischen Wandels an Bedeutung: Die Belegschaften werden im Durchschnitt immer älter, was zu einer Zunahme der Einschränkungen führen wird. Generell bestätigen vielfältige Studien, dass die empfundene Digitalisierung des eigenen Arbeitsumfeldes auf individuell-gesundheitlicher Ebene mit Belastungen für die Gesundheit von Berufstätigen verbunden ist (Holler 2017; Roth und Müller 2017; Boes et al. 2016). Der gesundheitsbelastende Zusammenhang lässt sich dabei für emotionale Erschöpfung oder generell psychische Beschwerden meist stärker nachweisen als für die Anzahl an Krankentagen (Böhm et al. 2016). Häufig ist ein hohes Maß an Digitalisierung (Anteil an Arbeitsaufgaben unter der Verwendung digitaler Arbeitsmittel oder Inhalte) auch mit einer stärkeren Häufung von Arbeits-Familien-Konflikten, einer Einengung von Handlungsspielräumen, weniger ganzheitlicher Arbeitsweise sowie einer ausgeprägten Arbeitsplatzverlustangst durch Technologie verbunden. Die Flexibilisierung der Arbeitssituation Beschäftigter steht hingegen in einem teilweise belastungsmindernden und teilweise belastungssteigernden Zusammenhang im individuell-gesundheitlichen wie familiären Bereich (Holler 2017; Böhm et al. 2017, S. 30). Im Setting eines Betriebs kann die Gesundheit des Einzelnen durch entsprechende gesundheitsgerechte Angebote Unterstützung erfahren: Ernährungs- und Bewegungsangebote, Untersuchungen, Behandlungen und Beratung durch arbeitsmedizinische Dienste, Vorsorgeimpfungen oder Gesundheits- oder Aktionstage. Hierfür können auch digitale Angebote und Verfahren zur Anwendung kommen, wie z. B. ein plattformbasiertes Ideenmanagementsystem, welches u. a. zur Entlastung von Beschäftigen durch einen gezielteren Einsatz von Fahrrädern bei Flughafen-Arbeitsplätzen geführt hat (hierzu und zu weiteren Beispielen s. Bundesministerium für Arbeit und Soziales 2017a). Auf der Seite des arbeitenden Menschen stellt sich – wieder mit Bezug auf die technischen Utopien à la Orwell, Huxley & Co – die Frage, wie sich der moderne Mensch im Digitalzeitalter (*Sapiens 2.0*, s. Stengel 2017, S. 63) verhalten wird, um Anforderungen der Arbeit oder gesellschaftlichen Normen standzuhalten. Neben einem achtsamen, Gesundheit und Resilienz stärkenden Verhalten wird auch die Erweiterung der körperlichen wie geistigen Fähigkeiten – *Enhancement* – durch technische oder pharmazeutische Mittel bzw. Methoden in den Vordergrund rücken (Schlagworte wären *Augmented Reality, Implantate* oder *Exoskelette*) (zur Diskussion des *pharmazeutischen Neuroenhancements* siehe den Beitrag von Franke in diesem Sammelband).

▶ Mit der Digitalisierung gehen gesundheitliche Beeinträchtigungen wie Arbeitserleichterungen einher.

2) Kompetenz

Das zweite Stockwerk beinhaltet die *Kompetenzen, das Wissen, die Erfahrungen sowie die Fähigkeiten und Fertigkeiten* einer Person. Gemeint sind fachliche, methodische, personale und soziale Kompetenzen. Überfachliche Kompetenzen sind hierbei im Zuge der Digitalisierung ansteigend von Belang (siehe hierzu ausführlich die Beiträge von Ulrich et al. sowie Freiling und Porath in diesem Sammelband). In einer sich fortlaufend verändernden Arbeitswelt ist gleichermaßen lebenslanges Lernen notwendig und eine lernförderliche Gestaltung der Arbeit zum Erhalt und zur Förderung gesundheitsgerechter Arbeitsbedingungen unabdingbar. In der Anforderungs-Bewältigungs-Konstellation muss die Passung der Kompetenzen zur Aufgabe im Zuge der technologischen Weiterentwicklung unbedingt in den Blick genommen werden, sonst drohen Überforderung, Fehlverhalten und Produktivitätsausfälle. Die Missachtung nicht ausgeprägter Kompetenzen beim Arbeitseinsatz kann zur Beeinträchtigung des individuellen Potenzials bis hin zur Erkrankung führen (Giesert et al. 2014). Dem ist mit entsprechendem Weitblick in der Kompetenzentwicklung zu begegnen; hierbei steht das Stockwerk in starkem Zusammenhang mit dem Handlungsfeld „Arbeitsbedingungen und Führung".

3) Werte, Einstellungen und Motivation
Im dritten Stockwerk sind *Werte, Einstellungen und Motivation* untergebracht. Werte und Einstellungen prägen das Verhalten eines Menschen sowie seine Motivation. Dabei ist eine wertschätzende Führung im Unternehmen eine wichtige Unterstützung, und Kommunikationsherausforderungen werden im Zuge der Digitalisierung bedeutsamer (Schwarzmüller und Brosi 2017; Kuhlmann et al. 2018). Aktive Beteiligung spielt in agilen oder evolutionären Organisationskonzepten eine zunehmend wichtige Rolle, wobei Beschäftigte und Unternehmen durch möglichst partizipative oder demokratische Verfahren (s. hierzu Beitrag von Jedrzejczyk in diesem Sammelband) ihre – möglicherweise sehr unterschiedlichen – Sichtweisen austauschen. Das Klinikum Augsburg setzt beispielsweise für die Mitarbeiter/-innen neben „Klassikern" wie Kinästhetiktraining auf Schulungsangebote für Führungskräfte zu alters- und gesundheitsgerechter Mitarbeiterführung (Bundesministerium für Arbeit und Soziales 2017a, S. 89). Die Beschäftigten reflektieren dadurch zunehmend die Arbeitsgestaltung und nehmen die Projektarbeit als Wertschätzung ihrer Arbeit wahr. Dazu gehört auch das Hinterfragen, auf welche Weise sich bestimmte Arbeitsmittel oder -verfahren in der aufkeimenden Digitalisierung mit dem Wertekonzept eines Berufsbildes in Einklang bringen lassen (s. Abschn. 1.3. zum RIASEC-Modell, das das Werte-Teilsystem explizit anspricht). Zum Beispiel ist eine gelungene Sprach-Applikation am Smartphone, die die Kommunikation mit fremdsprachigen Patienten oder Pflegebedürftigen erleichtert, sehr gut mit dem Wertekonzept vieler Beschäftigter des sozialen „S"-Typs in Einklang zu bringen. Andere denkbare Hilfsmittel (komplexe elektronische Dokumentationssysteme, ein in den Intimbereich eingreifender waschender Pflegeroboter) stoßen dagegen eher auf Ablehnung. Der partizipative Ansatz des Klinikums Augsburg ist im Krankenhausbereich aber offenbar nicht die Regel, sondern eher die Ausnahme:

> „Insgesamt erscheint die Partizipation der Beschäftigten im Digitalisierungsprozess am eigenen Arbeitsplatz aus ihrer Perspektive nur gering ausgeprägt zu sein. Dies schließt nicht aus, dass die Krankenhäuser die Beschäftigten beispielsweise per Arbeitsgruppen an der Entwicklung, Auswahl und Bewertung technischer Neuerungen beteiligen. Durch solche Beteiligungsmethoden fühlen sich allerdings offenbar die Beschäftigten in ihrer Mehrheit nicht hinreichend einbezogen." (Bräutigam et al. 2017, S. 49)

4) Arbeitsbedingungen und Führung

Das vierte und in vielen Fällen auch bedeutendste Stockwerk des Hauses sind die *Arbeitsbedingungen* und die *Führung*. Darunter fallen alle körperlichen, psychischen und sozialen Arbeitsanforderungen bzw. -bedingungen (z. B. Arbeitsinhalte, Arbeitszeit, Betriebsklima). Dies umfasst in der digitalen Arbeitswelt Schlagworte wie *Künstliche Intelligenz, Virtual Reality, Augmented Reality, Robotik* oder *Sensorik* (Vowinkel 2017). Die größte Verantwortung in dieser Systemebene trägt das Unternehmen mit seinen Führungskräften, da diese schon allein aus ihrer Rolle heraus für eine gute Arbeitsgestaltung und gesundheitsgerechte Führung verantwortlich sind. Das *Konzept der differenziellen Arbeitsgestaltung* (Ulich 2016) meint das Angebot verschiedener Arbeitsstrukturen, zwischen denen die Beschäftigten wählen können, und die Abkehr vom Prinzip des „one best way". Denn das Prinzip der Wahlmöglichkeit zwischen Alternativen und auch die Chance auf eine Korrektur dieser bietet Beschäftigten eine Autonomiesteigerung und einen Kontrollgewinn über die eigenen Arbeitsbedingungen, die gerade bei der technischen Entwicklung und im demografischen Wandel eine bedeutende Ressource darstellen könnten, um eine gestärkte Arbeitsfähigkeit sicherzustellen (Ulich 2016, S. 167). Schließlich verändern sich Erwerbstätige in der Auseinandersetzung mit ihren Arbeitsaufgaben und erfahren Entwicklungen; daher sollten Wechsel zwischen verschiedenen Arbeitsstrukturen möglich und diese Strukturen selbst gestaltbar sein.

> „Dass die Berücksichtigung interindividueller Unterschiedlichkeit durch differenzielle Arbeitsgestaltung nicht nur zu einer Verbesserung der Motivation und einer Verminderung einseitiger Beanspruchungen führen, sondern auch den wirtschaftlichen Erfolg deutlich verbessern kann, konnte mehrfach belegt werden." (Ulich 2016, S. 163)

Ein gelungenes Gestaltungsbeispiel zeigen die Rettungsdienste der Johanniter-Unfall-Hilfe mittels der Verknüpfung von Technik und Gesundheitsschutz: Viele Tätigkeiten im Rettungsdienst sind mit dem Tragen und Heben schwerer Lasten in ungünstigen Körperhaltungen verbunden. Gerade unter Zeitdruck oder bei emotionaler Anspannung blenden Rettungskräfte nicht selten vorübergehende Extrembelastungen aus; die Belastungen können aber auf Dauer zu körperlichen Schädigungen wie Bandscheibenvorfällen führen. Für die langfristige Bindung von alternden Fachkräften und den Erhalt der Beschäftigungsfähigkeit wird es deshalb immer unerlässlicher, die Arbeit so auszurichten, dass Beschäftigte im Rettungsdienst auch bei längerer Beschäftigungs- und damit Belastungsdauer kein hohes Gesundheitsrisiko tragen (Bundesministerium für Arbeit und Soziales 2017a, S. 20). Eine Organisation der Unfallhilfe beteiligt sich zum Beispiel an der Entwicklung intelligenter Arbeitskleidung, um mithilfe derer *individuelle* Arbeitsbelastungen erfassen zu können (Budelmann et al. 2014, S. 2–5). Zugleich können Kosten durch krankheitsbedingte Fehlzeiten reduziert und den Beschäftigten ein längerer Verbleib im Rettungsdienst und somit auch im Erwerbsleben ermöglicht werden. Nicht mehr die Beschäftigten selbst schätzen rückblickend – und meist zu unkritisch – ihre Belastungen ein. Stattdessen werden mithilfe von Sensoranzügen Messdaten in Echtzeit während der Arbeit erhoben und am Ende der Schicht von den Beschäftigten zur Selbstkontrolle genutzt und im Bedarfsfall zur Auskunft an die Betriebsärzte/-innen und Physiotherapeuten/-innen weitergegeben. Die Messungen lassen beizeiten erkennen, ob Schwellenwerte überschritten werden. Infolgedessen können Schicht- und Einsatzpläne angepasst und therapeutische Maßnahmen eingesetzt werden. Die gespeicherten Daten aller Beschäftigten im Rettungsdienst können – bei Beachtung des Datenschutzes – außerdem für das Betriebliche Gesundheitsmanagement genutzt werden. Die speziell designten Sensoranzüge erfassen flexible Bewegungsabläufe. Die Entwicklung fand im Rahmen des SIRKA-Projektes statt (Sensoranzug für Rettungsdienst – in Berufskleidung integrierte Sensoren erfassen kritische Bewegungsabläufe) (Bundesministerium für Arbeit und Soziales 2017a, S. 20).

5) Außerbetriebliche Faktoren
Das Umfeld des Hauses der Arbeitsfähigkeit bilden *außerbetriebliche Faktoren* wie Familie, persönliche Beziehungen und gesellschaftliche Rahmenbedingungen, aber gleichermaßen auch die Infrastrukturausstattung (Beispiele wären der Glasfaserkabelausbau im ländlichen Raum oder die Abdeckungsreichweite des neuen Mobilfunkstandards 5G). All diese Faktoren haben ebenfalls Einfluss auf die Arbeitsfähigkeit. Neben Gesetzen und Normen (s. Beitrag von Brecht-Heitzmann zur digitalen Mitbestimmung) beeinflusst auch die (fehlende) Technikakzeptanz die Wirkmacht neuer Technologien im (Arbeits-)Alltag, wenn z. B. Kleinbetriebe neue Technologien einsetzen wollen (Öz 2019). Während Prototypen von autonomen Lagerfahrzeugen aus Angst vor Substitution abgelehnt und sabotiert werden, findet gleichzeitig digitaler Konsum von Gütern, Medienangeboten und Dienstleistungen Anklang und Akzeptanz. Diese Spreizung ist wiederum typisch für die Janusköpfigkeit der Digitalisierung (s. Abschn. 1.1) und schlägt sich z. B. in der Diskussion um die Digitalisierung der (Schul-)Bildung deutlich nieder. Während Skeptiker vor der *Digitalen Demenz* warnen (Spitzer 2014), erwarten Befürworter positive Effekte durch die *Digitale Dividende* (Burow 2014).

Im Sinne der beschriebenen holistischen Vorgehensweise sind möglichst alle Handlungsfelder („Stockwerke") für die Sicherstellung einer guten Arbeitsqualität im Fokus. Hierbei ist die Parallelität von betrieblicher wie individueller Gestaltungsverantwortung zu betonen. Nur wenn das „Gelenk" zwischen organisatorischer und individueller Ebene funktioniert, können auch künftig die Anforderungen an eine *Gute Arbeit 4.0* gewährleistet werden.

▶ *Gute Arbeit 4.0* erfordert ein synergetisches, möglichst reibungsarmes Zusammenspiel von organisatorischer und individueller Ebene.

1.2.2 Individuelle Ebene: Dynamik in Berufsfeldern – Trends und prototypische Berufe

Die Betrachtung von Indikatoren der Arbeitsqualität in einer holistischen wie systemischen Sichtweise hat auf der organisatorischen Ebene gezeigt, dass an vielen Stellen der Arbeitsgestaltung die individuelle Ebene bedeutsam wird, um wirkungsvolle Gestaltungen umzusetzen (exempl. Ulich 2016). Dies wird nachfolgend beispielhaft unter einer heuristischen Perspektive (Gigerenzer 2000) und anhand des RIASEC-Modells von Holland (1997) untersucht.

Da Begriffe oder Konzepte wie Arbeit 4.0 oft genug einen einheitlichen, homogenen Gegenstand assoziieren lassen, soll zunächst der Gegenstandsbereich umrissen werden, auf den sich die Schlagworte von Industrie 4.0 und Arbeit 4.0 in der Berufswelt beziehen: Laut Statistik der Bundesagentur für Arbeit 2019a gibt es derzeit in Deutschland etwa 45.000.000 Arbeitsplätze mit verschiedensten Aufgaben und Funktionen, die durch etwa 4000 Kompetenzprofile im BERUFENET der Bundesagentur für Arbeit beschrieben sind (Bundesagentur für Arbeit 2011, S. 22), so dass Aussagen über Veränderungen der Arbeitswelt durch die Digitalisierung für alle 4000 Berufe, genau genommen 45 Mio. Arbeitsplätze, untersucht werden müssten. Da dies forschungspraktisch kaum realisierbar ist und wenn doch, dann sehr viel Zeit in Anspruch nähme, wird für diesen Beitrag ein heuristischer Zugang gewählt, der auf zwei Voraussetzungen basiert:

- Dass sich Berufsfelder derart bilden lassen, dass einander ähnliche Berufe in einem – möglichst homogenen – Berufsfeld zusammengeführt und einander unähnliche verschiedenen Berufsfeldern zugeordnet werden. Aus kognitionspsychologischer Sicht lässt sich als wünschenswerte Forderung benennen, dass die Anzahl der Berufsfelder nicht mehr als 7+/− 2 Einheiten umfassen sollte, um einen Überblick zu ermöglichen, da diese Anzahl als Größe des „Arbeitsspeichers" des menschlichen Gehirns gilt.
- Innerhalb eines jeden Berufsfeldes werden anschließend solche Berufe identifiziert, die als „Prototypen", als repräsentative Vertreter ihres Feldes, gelten können (Eckes 1991, S. 32).

Heuristische Zugänge
Um die Frage nach den Veränderungen von Arbeit durch Digitalisierung zu erörtern, wird ein explorativer Zugang (Glaser und Strauss 1979, S. 32) gewählt. Dazu werden prototypische Repräsentanten zweier kontrastierender Berufsfelder ausgewählt, in dem zwei Modelle heuristisch kombiniert werden:

- das RIASEC-Modell (Holland 1997) (s. Exkurs-Kasten unten) und
- das Konzept prototypischer Berufe (Klevenow 2000), das auf der Prototypentheorie in der Psychologie (Rosch 1975) aufsetzt.

Werden die gedanklichen Grundlagen und Werkzeuge der Digitalisierung dem Studienfach der Informatik (Joerin Fux und Holland 2012, S. 26) zugeschrieben, so lässt sich das im RIASEC-Zirkumplex, der idealisiert als Hexagon abgebildet wird, als Aufgabenbereich fassen, der die Ecken „I" (= investigativ; forschend), „R" (= realistisch) und „C" (= konventionell) miteinander verbindet.

Innerhalb dieses Segmentes des RIASEC-Zirkumplexes, mit dem Fokus auf Ausbildungsberufen, wurde der/die Industriemechaniker/-in, Fachrichtung Maschinen- und

Systemtechnik (RCI-Code, EXPLORIX: 26) als Beruf (Klevenow 2000, S. 140, 142) ausgewählt, weil für ihn die größte Nähe zum Prototypen der Metall- und Elektroberufe errechnet worden war.

Exkurs: Das RIASEC-Modell von John Holland
Holland (1997) entwickelte pragmatisch eine (strukturelle) Berufswahltheorie. Auf verschiedenen psychologischen Modellen aufbauend, formuliert er vier Annahmen (Holland 1997, S. 2–4, übersetzt von Gert-Holger Klevenow):

1. In unserer Kultur können die meisten Personen einem von sechs Persönlichkeitstypen zugeordnet werden (realistisch, forschend, künstlerisch, sozial, unternehmerisch, konventionell).
2. Es gibt sechs (entsprechende) Berufsumwelten.
3. Personen suchen die Umgebungen auf, die es ihnen ermöglichen, ihre Fertigkeiten und Fähigkeiten auszuleben, ihre Einstellungen und Werthaltungen auszudrücken sowie akzeptable Probleme an- und Rollen einzunehmen.
4. Verhalten ist bestimmt durch eine Interaktion zwischen Persönlichkeit und Umgebung.

Die Persönlichkeitstypen beschreibt Holland mittels Adjektivlisten in vier Bereichen: Nach ihren beruflichen und nebenberuflichen *Präferenzen*, ihren Lebenszielen und *Werthaltungen*, ihren *Selbst-Überzeugungen* sowie ihrem *Problemlösestil*. Beispielhaft werden der realistische und der soziale Typ wiedergegeben (Holland 1997, S. 21–28):

- Realistischer Typ („R"): konform, dogmatisch, aufrichtig, nüchtern, unflexibel, materialistisch, natürlich, „normal", ausdauernd, praktisch, realistisch, reserviert, robust, wenig Aufhebens machend, wenig introspektiv.
- Sozialer Typ („S"): übereinstimmend, kooperativ, empathisch, großzügig, hilfsbereit, idealistisch, gütig/freundlich, geduldig, überzeugend, verantwortlich, sozial, taktvoll, verstehend, warmherzig.

Die Persönlichkeitstypen lassen sich idealisiert in einem Hexagon abbilden: Dabei ähneln sich die Typen, die nebeneinander liegen; je weiter sie auseinander liegen, um so unähnlicher werden sie, bis zu ihrem „Gegenteil" auf der gegenüberliegenden Seite.

Da jede Person Anteile dieser Typen in unterschiedlichem Ausmaß in sich trägt, kann das Modell verschiedene Persönlichkeitsprofile modellieren (6! = 720). Personen mit gleichem Profil können sich in den Ausprägungshöhen hinsichtlich der Bedeutsamkeit des einzelnen Typs unterscheiden, wodurch weitere Differenzierungen entstehen.

Für die Bewertung der individuellen Profile und ihren Grad der „Passung" zu verschiedenen Berufen hat Holland (1997, S. 4–5) vier Kriterien entwickelt: So können gelingende bis misslingende Wahlen mit ihren Folgen beschrieben werden.

Im Zirkumplex (siehe Abb. 1.2) bildet das „Soziale" („S") den Kontrastpol zu „R". Typische Berufe für diesen Bereich auf der Ebene der Ausbildungsberufe sind (nach Klevenow 2000, S. 139) u. a.: Krankenschwester/-pfleger (heute: Gesundheits- und Krankenpfleger/-in), Arzthelfer/-in (heute: Med. Fachangestellte/-r), Erzieher/-in. Von den „typischen" Berufen wurde hier der/die Erzieher/-in ausgewählt, weil innerhalb des Berufsfeldes der sozialen Berufe die Distanz zum Prototypen (Klevenow 2000, S. 139–142) minimal ist und da der Beruf mit dem RIASEC-Code „SEA" (Joerin Fux und Holland 2012, S. 23) den „RCI"-Code des Industriemechanikers/der Industriemechanikerin vollständig kontrastiert.

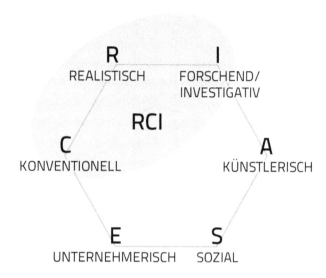

Abb. 1.2 Das RIASEC-Modell Hinweise Verlag/Setzerei: (Entwurf Schmid, M. 2019 in Anlehnung an Holland 1997)

Die beiden repräsentativ ausgewählten Berufe, mit jeweils größter Nähe zum Prototypen ihres Berufsfeldes, werden im Weiteren als Indikatorenbündel genutzt, an denen sich Hinweise auf Veränderungen erkennen lassen.

Beschreibung Industriemechaniker/-in in der Klassifikation der Berufe 2010
Der Ausbildungsberuf Industriemechaniker/-in ist in der Klassifikation der Berufe 2010 (Bundesagentur für Arbeit 2011, Systematikposition 25102: 299) konkreter beschrieben. Unter der Überschrift „Aufgaben, Tätigkeiten, Kenntnisse und Fertigkeiten" lassen sich in drei von acht Unterpunkten Formulierungen finden, die explizit auf „Systeme", ihre „Steuerung", „Prozesse" oder Elektronik verweisen, sowie ihre „Montage", „Einrichtung", „Wartung", „Reparatur" oder „Inbetriebnahme".

Schon diese Skizze der Aufgaben und Tätigkeiten lässt erahnen, wie fundamental Personen, die diesen Beruf ausüben, von Veränderungen durch Digitalisierungsprozesse betroffen sind bzw. sein können. Aus der Sicht von Hollands Modell muss jedoch ergänzt werden, dass die inhaltlichen Veränderungen mehr oder minder kompatibel sind mit den eigenen Präferenzen, Werthaltungen und Problemlösestilen der Beschäftigten, so dass mit differenziellen Effekten zu rechnen ist.

Für die Bundesrepublik ist auf der Basis einer Projektion des IAB für das Jahr 2035 (Zika et al. 2018, S. 5) mit einem Stellenzuwachs um 5,6 % in IT- und naturwissenschaftlichen Berufen zu rechnen, wovon Personen mit starken „I"-Anteilen der Persönlichkeit (nach Holland 1997, S. 23 [Auszug]: analytisch, komplex, rational, neugierig, intellektuell etc.) profitieren werden. Dem gegenüber müssen Personen mit ausgeprägten „R"-Anteilen ihrer Persönlichkeit sich mit einem um 6,5 % verkleinerten Stellenangebot bei be- und verarbeitenden und instand setzenden Berufen auseinandersetzen (ebd.: 5).

Wie sich solche anteiligen Verschiebungen auf der Ebene von Arbeitsplätzen darstellen und von Betroffenen (hier: Industriemechaniker mit einem hohen „R"-Anteil) wahrgenommen werden, zeigt exemplarisch die Studie von Matuschek et al. (2018, S. 2), in der 49 Beschäftigte aus drei Branchen sowie Betriebsräte, Manager und externe Experten befragt wurden. Danach erleben Beschäftigte die Umgestaltung der Arbeit oft genug als Reduzierung des eigenen Tätigkeitsbildes und damit als „Degradierung" (ebd.: 94), die zu einem „schleichenden Identitätsverlust" (ebd.: 98) führt, weil ihre handwerklichen Kernkompetenzen obsolet werden, die sie als Teil ihrer Persönlichkeit über Jahrzehnte ausgebaut und entwickelt haben:

> „Ein gelernter Industriemechaniker aus Fallunternehmen F, der dort lange Instandhaltungsarbeiten ausführte, die ihm nun sukzessive entzogen werden, bringt beide Aspekte zusammen pointiert zum Ausdruck: ‚Und äh leider Gottes ist es dann halt auch so, dass die Firma nicht zusieht, dass man das auch lebt, was man gelernt hat, sondern eigentlich nur noch ein Knöpfchendrücker ist. Die wollen eigentlich nur noch, dass man 'ne Maschine betreut. So wenig wie möglich – alles selbst läuft. Und dann wieder nach Hause geht.'" (Matuschek et al. 2018, S. 98)

Solche Erfahrungen und Befürchtungen werden jedoch kontrastiert durch „Erwartungen an verbesserte Arbeitssituationen" (ebd.: 83). Viele Beschäftigte kennen Rationalisierungsprozesse. „Die Aneignung von neuen Technologien wird an sich als eine eher positive Herausforderung begriffen, die in der Grundlage des Menschen, lernen zu wollen, aufgehoben ist." (Matuschek et al. 2018, S. 84).

Nach Reorganisationen erleben nicht wenige Fachkräfte, dass ihre bisherige, als ganzheitlich empfundene Tätigkeit zerlegt wurde, und sie sich auf geringer bewerteten Arbeitsplätzen wiederfinden (vgl. Matuschek et al. 2018, S. 100 f.). Die Art der Arbeitsgestaltung, arbeitsteilig oder -zerlegend, ist jedoch keine Frage der Digitalisierung, sondern eine der Organisation, eine Managemententscheidung.

▶ Gute Arbeit ist vollständig gestaltete Arbeit, die die Entwicklung der Persönlichkeit unterstützt.

Die Autoren selbst (Matuschek et al. 2018, S. 107) bilanzieren den technischen Wandel so:

> „Ein allgemeiner Fluchtpunkt der Kritik, (…) ist, dass organisatorische wie qualifikationsbezogene Aspekte vom Management ausgeblendet werden und der mit dem Leitbild Industrie 4.0 verbundene Modernisierungsprozess weitgehend auf die Beschaffung und Anwendung neuer Technik reduziert wird. Stark gemacht wird demgegenüber, dass es einerseits adäquater Weiterbildung bedarf wie auch arbeitsbezogener Expertise, um digitalisierte Prozesse sowohl produktions- wie arbeitsbezogen funktional zu gestalten."

Die Notwendigkeit einer an die Digitalisierung mit ihren Folgen und Implikationen angepassten Qualifizierung bestätigt eine Online-Befragung des Bundesinstituts für Berufsbildung von etwa 2000 Ausbildern/-innen, Fachvorgesetzten und Fachkräften (Zinke 2018, S. 12) in 15 ausgewählten Ausbildungsberufen (ebd.: 11), von denen 72 % der Kategorie „Prozess- und Systemverständnis" eine zunehmende Bedeutung zusprechen. Mit dieser Häufigkeit liegt sie an zweiter Stelle hinter der Kategorie „Digitale Technologien /

IT" mit 80 %. Relativ am unwichtigsten (10. Stelle) wird die Kategorie „Programmierkenntnisse" mit 37 % eingeschätzt (ebd.: 17).

Einer der Interviewpartner in der Studie von Matuschek et al. 2018 (107), ein Ingenieur, der in seinem Unternehmen für die Digitalisierung der Produktion zuständig ist, formuliert das folgendermaßen:

> „Es ist alles digital, die Informationen kommen ja, und und und … Und das passiert: letztendlich funktionierts nicht, Teile sind nicht rechtzeitig da, die Mitarbeitersteuerung hat nicht wirklich geklappt, irgendein Auftrag ist nicht rausgegangen, oder oder oder. Also das bedarf schon noch 'n bisschen Zeit, bis das alles funktioniert."

Beschreibung Erzieher/-in in der Klassifikation der Berufe 2010

Unter der Systematikposition 83112 der Klassifikation der Berufe 2010 (Bundesagentur für Arbeit 2011, S. 1345) ist der Beruf „Erzieher/-in" hinsichtlich seiner Aufgaben, Tätigkeiten, Kenntnisse und Fertigkeiten beschrieben. Darin heißt es u. a., dass durch „Einzel- und Gruppenaktivitäten" die „motorischen, kooperativen und sozialen Fähigkeiten von Kindern" gefördert werden sollen sowie ihr „Selbstbewusstsein und Verständnis". Durch „malen, basteln, werken oder musizieren" soll ihre „Kreativität" wie auch ihr „naturwissenschaftlich-technisches Verständnis" gefördert werden. „Altersgemäße Lernprozesse" sollen initiiert werden und ebenso die „Beilegung von Konflikten".

Auf dieser beschreibenden Ebene hinsichtlich der Berufskategorien „Objekt", „Autonomie" und „Arbeitsmittel" (Dostal et al. 1998, S. 440) lässt sich erkennen, dass die Kerntätigkeiten direkt nur wenig von Prozessen der Digitalisierung betroffen sind, da die berufliche Expertise nicht durch technische Kenntnisse und Fertigkeiten geprägt ist, sondern durch pädagogisch-psychologische Kompetenzen; ein denkbarer Einsatz von Lernsoftware – deren Nützlichkeit für Vorschulkinder noch zu belegen ist – erweitert potenziell den didaktischen Handlungsspielraum, macht die Kerntätigkeiten jedoch nicht obsolet.

Der skizzierte, sehr begrenzte direkte Einfluss auf die Kernkompetenzen schließt nicht aus, dass der Beruf indirekt, durch gesellschaftliche Kontexte oder organisationale Momente verändert werden kann, beispielsweise durch Erwartungen von Eltern hinsichtlich einer frühkindlichen Computerbildung oder EDV-gestützte Organisationsabläufe und Dokumentationsvorgaben. Des Öfteren ist von Erziehern/-innen zu erfahren, dass die Elternarbeit eines Kindergartens verringert worden sei, um den Dokumentationsverpflichtungen nachkommen zu können, die oft genug legitimatorischen Zwecken dienen und weniger eine pädagogisch-psychologische-soziale Reflexions- und Arbeitshilfe für die Erzieher/-innen darstellen.

Im RIASEC-Zirkumplex gedeutet, führen starke Veränderungen solcher Art zu einer Verringerung von „S"- und „A"-Anteilen zugunsten eines höheren „C"-Anteils, womit Erzieher/-innen als „SEA"-Persönlichkeiten die berufliche Aufgabe als weniger interessant, im Extremfall gar als belastend wahrnehmen werden, was Ausstiegsüberlegungen sowie die Suche nach attraktiveren Alternativen befördern würde. Gleichzeitig würden diese Veränderungen dazu führen, dass Personen auf diesen Beruf aufmerksam werden, die gerne „C"-Aufgaben (nach Holland 1997, S. 28 [Auszug]: sorgsam, gründlich, methodisch, unbeweglich, geordnet, fantasiearm etc.) verrichten.

Zusammenschau

Berufe wurden im Institut für Arbeitsmarkt- und Berufsforschung (IAB) über viele Jahre als multikategoriale Konstrukte (Dostal et al. 1998, S. 440) gefasst, die ein Netz bilden: Im Zentrum ist die Kategorie „Aufgabe" angeordnet, die mit weiteren, umgebenden Kategorien („Objekt", „Autonomie", „Status", „Funktionsbereich", „Arbeitsmilieu" „Arbeitsmittel") verbunden ist. Diese Kategorien dienen als Indikatoren, um Veränderungen der Berufe durch Digitalisierungsprozesse erkennen zu können. Entscheidend ist für unseren Beitrag, hinsichtlich einer Bewertung, was „gute" oder „schlechte" Arbeit kennzeichnet, wie diese Veränderungen in den einzelnen berufsbezogenen Kategorien von den Betroffenen wahrgenommen, gedeutet und bewertet werden.

Auf der Basis der Klassifikation der Berufe 2010 (Bundesagentur für Arbeit 2011, S. 299 und 1345) lassen sich die beiden ausgewählten Berufe stichwortartig skizzieren (Tab. 1.1).

Die oben angeführten empirischen Untersuchungen signalisieren für den Beruf „Industriemechaniker/-in" Veränderungen in den Kategorien „Tätigkeit/Aufgabe", „Objekt", „Arbeitsmittel" sowie „Autonomie". Auch wenn diese in mancherlei Hinsichten kompatibel sind mit Wertvorstellungen und Präferenzen von „RCI"-Persönlichkeiten, so sind die Differenzen zum Kern der Digitalisierung, der Mathematik, mit dem RIASEC-Code „ICR", unübersehbar: Im Code zeigt sich das darin, dass zwar die drei Buchstaben identisch sind, aber „I" und „R" an deutlich unterschiedlichen Positionen stehen, die die erste bzw. dritte Präferenz abbilden.

Tab 1.1 Kategorien des Berufskonzepts

Berufskategorien	Industriemechaniker/-in	Erzieher/-in
Tätigkeit/ Aufgabe	u. a. herstellen, montieren, warten von Bauteilen, Montage von Anlagen, Funktionsprüfungen, Steuerung von Maschinen und Anlagen	u. a. betreuen, erziehen und fördern der sozialen, geistigen und körperlichen Entwicklung von Kindern und Jugendlichen
Objekt	Maschinen und Anlagen	Kinder und Jugendliche
Autonomie	u. a. handwerklich-technische Kompetenzen, mechanisches, elektrisches, elektronisches Verständnis, Prozessverständnis etc.	u. a. pädagogisch-didaktische Kompetenzen, Einfühlungsvermögen in verschiedenartige Kinder und unterschiedliche Situationen etc.
Status	Verschiedene Einordnungen möglich, je nachdem, ob „Status" qualifikatorisch oder arbeitsrechtlich gedeutet wird.	
Funktionsbereich	Montage, Wartung, Produktion etc.	Erziehung, Bildung
Arbeitsmilieu	Fabrikhallen, Werkstätten	Gruppenräume, Außenanlagen etc.
Arbeitsmittel	Von Handwerkzeugen bis zu Hilfsmitteln zur Steuerung von Computern, Pläne, Messgeräte etc.	Spiel-, Bastel-, Lernmaterialien etc.

Da das Segment „R-I-C" im RIASEC-Zirkumplex den beruflichen Bereich beschreibt, der die Basis der industriellen Produktion in Deutschland bildet, lässt sich generalisierend vermuten, dass alle Berufstätigen dieses Segments durch die Digitalisierung vor mehr oder weniger deutlichen Veränderungen stehen (vgl. Zika et al. 2018).

Veränderte Aufgaben, Arbeitsgegenstände und Arbeitsmittel erfordern anderes Wissen, andere Kompetenzen. Je nach Umfang der Veränderungen wird der dafür notwendige Kompetenzerwerb unterschiedlich lange Zeiten der Auseinandersetzung erfordern. Neben dem Umfang ist sowohl aus lerntheoretischer Sicht wie aus der Perspektive Hollands (1997) die Persönlichkeit bedeutsam, da die Schnelligkeit des Lernens eng mit den Selbstbildern und -verständnissen einer Person verbunden ist: Während sich Personen mit markanten „I"-Anteilen der Persönlichkeit idealtypisch gerne „analytisch" mit „komplexen" Problemen beschäftigen (ebd.: 23) und solche Aufgaben und Herausforderungen aktiv suchen, lösen Menschen mit starken „R"-Anteilen idealtypisch Probleme lieber „praktisch" (ebd.: 22) und suchen nach dazu passenden Umwelten, so dass die von den Betroffenen bisher entwickelte Persönlichkeit besser oder schlechter zu den durch die Digitalisierung veränderten Anforderungen passen kann. Entwicklungspsychologische Langzeitstudien (Conley 1984) belegen für das Erwachsenenalter eine hohe Stabilität berufsdiagnostisch wichtiger persönlicher Eigenschaften (bspw. für das Merkmal der Extraversion eine wahre Jahresstabilität von .98). Bei deutlichen persönlichkeitsdiskrepanten Umweltveränderungen ist daher nicht mit schnellen Anpassungen zu rechnen.

Für den Beruf „Erzieher/-in" wurde argumentiert, dass die Veränderungen durch Digitalisierungsprozesse begrenzt sein werden, da sie im RIASEC-Hexagon durch die Ecken „I" und „R" repräsentiert sind, die zum einen mit den, den Beruf des/der Erziehers/-in charakterisierenden Ecken „S", „A" und „E" nichts zu tun haben und zum anderen im Zirkumplex den Gegenpol bilden. Trotzdem ist mit mittelbaren Beeinflussungen zu rechnen, die sich den Kategorien „Arbeitsmittel" und „Objekt" zuordnen lassen. Beispielhaft wurde für Erstere Lernsoftware für Kleinkinder angeführt, die das Repertoire der didaktischen Hilfsmittel erweitern würde. Auch das „Objekt", Kinder und Jugendliche, kann bspw. durch intensive Nutzung digitaler Medien verändert sein, so dass die Aufgabe, deren motorische, soziale und emotionale Entwicklung zu fördern, Erzieher/-innen vor Herausforderungen oder gar völlig neuartige Probleme (Zimbardo und Coulombe 2016) stellt, die durch die Digitalisierung induziert sind, sich aber nicht mit deren Mitteln lösen lassen.

Aus der Sicht Hollands (1997) ist generell zu erwarten: Wertkonforme Veränderungen der Berufs- und Arbeitswelt werden von den Beschäftigten positiv bewertet werden, wertdiskrepante werden dagegen Spannungen und Dissonanzen induzieren, die unbearbeitet die Wahrscheinlichkeit von Symptombildungen steigen lassen. Je nach den persönlichen und beruflichen Umständen können diese auch Krankheitswert (s. aus therapeutischer Perspektive bspw. Sachse et al. 2008 oder Schmidt 2018) erreichen.

Deutet man die qualitativen und quantitativen Aussagen von Betroffenen zum Prozess- und Systemlernen lern- und kognitionspsychologisch, dann entsteht der Eindruck, dass in vielen Organisationen noch kein angemessenes Verständnis dafür entwickelt worden ist, wie Prozess- und Systemkompetenz bei Beschäftigen entwickelt und gefördert (Dörner

1989, S. 302) werden kann. Eine implizite Erwartung, dass Beschäftigte eine komplexe Technik mittels „Knöpfchendrückens" (vgl. Matuschek et al. 2018, S. 98) wie eine „triviale" Technik (Foerster und Pörksen 1999) werden bedienen und steuern können und dass das notwendige Wissen durch einfache Instruktionen vermittelbar ist, kann nur enttäuscht werden und wird unter Bedingungen „enger Kopplung" (Perrow 1992, S. 131) zu „normalen Katastrophen" führen.

Viele Laufbahnentscheidungen prägen auf individueller Ebene auch das Ausmaß an Arbeitsqualität, Arbeitsplatzsicherheit oder sozialer Absicherung (zum Beispiel bei der Berufswahl zwischen einem erzieherischen Beruf oder einem Metallindustrieberuf). Somit kann weder die individuelle noch die organisatorische Ebene losgelöst von der sozialpolitischen Ebene betrachtet und diskutiert werden. Welche Konzepte hierbei mit Blick auf die *Arbeit 4.0* zu analysieren sind, wird in den nachfolgenden Passagen erläutert.

1.2.3 Sozialpolitische Ebene: politische Rahmenbedingungen

Der im engeren Sinne auf politisch-institutionelle Regulierungen bezogene, dritte Teil dieses Aufsatzes befasst sich mit der Frage nach den sozialpolitischen Herausforderungen im Zusammenhang mit der Digitalisierung und den durch sie entstehenden bzw. modifizierten Arbeitsplätzen. Diese Betrachtung lässt sich nicht ganz trennen von weiteren Makrotrends wie Globalisierung und Migration, demografischem Wandel und Veränderungen der Geschlechterverhältnisse. Die Herausforderungen sind weder alle neu, noch unterscheiden sie sich strukturell in jedem Fall von Regelungsfragen der Vergangenheit. Sucht man nach Parallelen, so zeigen sich Rahmenbedingungen des alten Verlagswesens und der Heimarbeit, befristete Arrangements von übers Land und von Bauernhof zu Bauernhof ziehenden Handwerkern, Knechten und Mägden. Grundfragen nach befriedigenden Lebensentwürfen, fairer Bezahlung und dem Schutz vor Ausbeutung jeglicher Art, der Bildung und Qualifizierung und der Absicherung bei Alter, Krankheit und Invalidität sind uralt, erscheinen jedoch nach einer Phase jahrzehntelanger, mehrheitlich auf Dauer gerichteter, sozialversicherungstechnisch und tarifpartnerschaftlich abgesicherter Arbeitsplätze im sog. fordistischen Produktionsregime erst einmal wieder ungewohnt und neu, und in diesem Gefühl neuer Unsicherheit schwingt die Sehnsucht nach politischem Schutz bei gleichzeitig schwachem Zutrauen in die Steuerungsfähigkeit politischer Institutionen mit. Wir können damit als erste politikwissenschaftliche Erkenntnis festhalten, dass – gefühlte wie reale – sozioökonomische Verunsicherung nicht selten mit politischer Entfremdung und Destabilisierung einhergeht. Ebenso festzustellen ist, dass soziale Unsicherheit und Regulierungsbedarf auch in nicht oder kaum digitalisierten Tätigkeitsfeldern ersichtlich werden, wenn man beispielsweise an ausländische Pflegekräfte in Privathaushalten (analysiert von Russell Hochschild 1990 und 2010) oder Saisonarbeitskräfte im Tourismus denkt.

Theoretische Grundlagen für das folgende Teilkapitel sind neben den oben ausgeführten Konzepten zur Arbeits- und Beschäftigungsfähigkeit nach Tempel and Ilmarinen

(2013) systemvergleichende Betrachtungen in Anlehnung an die klassische Wohlfahrtsstaatstypologie von Esping-Andersen (1990/2006), die zwar immer mal wieder kritisch diskutiert, aber bis dato nicht durch ein besseres Modell ersetzt wurde. Eingängig an der Typologie ist, dass sie Wirtschafts- und Sozialpolitik jeweils zusammen denkt und mit den Kriterien der Dekommodifizierung (als Schutz der Einzelperson vor dem Zwang zur Selbstvermarktung zu jedem Preis, etwa im Falle von Erwerbslosigkeit) und Destratifizierung (als Möglichkeit des jeweilgen Systems zur Nivellierung schichtspezifischer Chancenunterschiede hinsichtlich des Erwerbs von Bildung und Erwerbseinkommen) wichtige sozialpolitische und auch gerechtigkeitsbezogene Kriterien zur Systembetrachtung und zum Systemvergleich liefert. Das Mitdenken der unternehmerischen Seite beim Blick auf die jeweilige Sozialpolitik verweist auf das je spezifische Machtgleichgewicht zwischen der Arbeitgeber- und Arbeitnehmerseite. Da die Politik in manchen Ländern verbriefte Rechte hat oder zumindest hätte, sich in tarifpartnerschaftliche Auseinandersetzungen einzumischen, und damit als dritter Partner neben Gewerkschaften und Unternehmensverbänden mit am Verhandlungstisch sitzt, gilt es nachstehend im Lichte der Veränderungen hin zu einer stärker digitalisierten Wirtschaft jeweils auch das sog. tripartistische Zusammenspiel zwischen dem Staat, den Arbeitgeber- und Arbeitnehmerorganisationen sowie diesbezüglichen Menschen- und Leitbildern zu diskutieren (zu neokorporatistischen Verhandlungssystemen siehe Klenk et al. 2012).

Leitfragen sind dabei:

a) Wie lässt sich ein Sozialstaatskonzept konfigurieren, bei dem Institutionen nicht erst im Problem- oder Leistungsfall tätig werden, sondern bereits präventiv in Humanressourcen investieren, um Menschen möglichst lebenslang gesund, qualifiziert und mindestens im Erwerbsalter arbeitsmotiviert zu erhalten? Und ergänzend dazu: Welches Menschenbild und Sozialstaatsverständnis legen wir heute unseren Sozialversicherungen zugrunde, und was daran sollte ggf. überdacht werden?
b) Wie kann allen Bevölkerungsgruppen eine soziale Mindestabsicherung für den Fall von fehlendem Erwerbseinkommen, Erwerbsminderung bzw. -unfähigkeit wegen Krankheit/Schwerbehinderung und Alter sowie sonstiger Wechselfälle des Lebens zuteilwerden – auch dann, wenn sich herkömmliche Kriterien wie „Selbstständigkeit" und „abhängige Beschäftigung" zumindest teilweise entgrenzen oder auflösen (vgl. Kratzer 2003; Pongratz und Voß 2003) und atypische Beschäftigungsverhältnisse zunehmen?
c) Wie lässt sich unter Aspekten guter Arbeit die Arbeitswelt so gestalten, dass ein möglichst großer Bevölkerungsanteil gerne arbeitet und dabei intrinsische Sinnstiftung und Erfüllung findet und nicht durch schlichte Not zur Arbeit motiviert wird?
d) Ist ein neues universalistisches Modell für alle Bevölkerungsgruppen nötig oder reicht ein Paradigmenwandel noch innerhalb des Bismarck'schen versicherungsgestützten Sozialsystems aus, ggf. mit ergänzenden Finanzierungsquellen (z. B. Pro-Kopf-Steuern, Verbrauchssteuern, Finanztransaktionsabschöpfungen, Vermögenssteuern)?
e) Wie gelangen wir auch international zu einem Maß an Arbeitsplatzqualität und Absicherung mit sozialen, ökonomischen und ökologischen Mindeststandards?

a) das präventive Sozialstaatskonzept

Bei Esping-Andersen (2010), aber auch bei Giddens (1997, 2007) liegt der Gedanke zugrunde, dass eine präventive Investition in Humanressourcen kostengünstiger ist und eine bessere menschliche Leistungsfähigkeit hervorbringt, als dies kurative und a posteriori an Problemen ansetzende Maßnahmen könnten. Defizite im Bereich von Gesundheit, Qualifikation und Motivation erscheinen hierbei zumindest auch als Ergebnis mangelnder vorhergehender Investition in die diesbezüglichen Kompetenzen der jeweiligen Person. Je früher und je stärker in obige Ressourcen investiert wird, umso mehr *Return on investment* könne dabei erzielt werden (Esping-Andersen 2010). Das präventive Sozialstaatskonzept stellt dabei idealerweise eine Win-win-Situation für alle drei o. g. Interessenvertretungen dar: Den Unternehmen stehen dadurch gut qualifizierte und produktive, dynamische und flexibel einsetzbare Mitarbeiter zur Verfügung. Der Staat erhält ob guter Arbeitserträge hohe Steuern und Abgaben, und Beschäftigte verdienen gut und können ob wertvolleren Humankapitals leichter neue Jobs finden. Beim dänischen System spricht die Literatur oftmals vom sog. „Goldenen Dreieck" als Interessenausgleich zwischen Arbeitgebern, Arbeitnehmern und dem Staat (siehe z. B. Bogedan 2011; Dingeldey 2011; Schmid 2010; Horn 2019).

Der Blick in skandinavische Systeme zeigt zwar einerseits hohe Steuersätze und ein hohes Maß an lebensweltlicher Regulierung durch die Übertragung von Aufgaben, die in anderen Systemen der Markt oder die Familie lösen, an den Staat, aber dafür sind einige Desiderate digitalen Wirtschaftens besonders gut realisiert:

- Lebenslanges Lernen ab der Kita greift unabhängig von der sozialen Herkunft für die gesamte Bevölkerung. Auf Noten in unteren Stufen und auf eine frühe Schülerselektion wird verzichtet zugunsten individueller Förderung in Ganztagsschulen mit kleinen Klassen und mittels Gelenkklassen für diejenigen, die noch etwas mehr pädagogische Unterstützung brauchen, ehe sie auf weiterführende Schulen wechseln.
- Eine hochflexible Wirtschaft geht einher mit einem Sozialstaat, der durch präventiv ausgerichtete Gesundheits- und Bildungsausgaben in die Produktivität der Bürger/innen investiert. Dieses sog. „Flexicurity"-Modell erleichtert wiederum den Wechsel zwischen den Arbeitsplätzen und schützt und erhält zumindest die Arbeits- und Beschäftigungsfähigkeit der Person, wenn auch nicht den einzelnen Arbeitsplatz.
- Existenzgründungen im digitalen Bereich werden stark gefördert und sind dank guter Bildungsvoraussetzungen leichter möglich als anderswo.
- Mechanismen des sozialen Ausgleichs minimieren eine Dichotomisierung in (auch digitale) Gewinner und Verlierer und verhindern eine Gesellschaft aus „Eliten und Heloten" (Kistler und Schönwälder 1998).

Was so einfach klingt, hat jedoch wertemäßige und institutionelle Voraussetzungen: In Dänemark gibt es keine Vorstellung vom patriarchalischen „Vater Staat", sondern der Staat gilt als Realisierung des gesellschaftlichen Willens. Eine zweite Voraussetzung ist ein starkes Vertrauen darauf, dass der Staat das abgeschöpfte Geld sinnvoll ausgeben werde, gepaart mit einem hohen Zutrauen in die Mitbürger und Mitbürgerinnen, Sozialleistungen nicht auszunutzen und keine Steuern zu hinterziehen. Ein drittes Kriterium in Dänemark ist, dass Beschäftigten, die die Firma wechseln, hierdurch keine Nachteile entstehen, etwa im Sinne verlorener Jahresringe bei der Bezahlung nach Seniorität oder auch hinsichtlich eines wechselbedingt geringeren Kündigungsschutzes und niedrigerer etwaiger Abfindungen durch die Arbeitgeberseite. Eine vierte Bedingung ist das Vertrauen auf einen dynamischen Arbeitsmarkt, bei dem immer wieder interessante Stellen frei werden – laut Henningsen 2011 sind Jobwechsel in Dänemark dreimal so häufig wie in Deutschland. Trotz geringen Kündigungsschutzes herrscht ein hohes Zutrauen, zeitnah wieder eine adäquate Stelle zu finden. Für die Arbeitgeberseite bedeutet dies zwar hohe Löhne zum Ausgleich hoher Abgaben, im Gegenzug aber relativ frei in der Personalpolitik zu sein und kaum Abfindungen zahlen zu müssen, da die Beschäftigten in Dänemark zumindest in den unteren Einkommensgruppen hohe Lohnersatzleistungen bis zu 90 % des vorherigen Einkommens erhalten. Der Staat kann sich in diesem System nicht zurücklehnen, da seine Achillesferse eine hohe und länger anhaltende Erwerbslosigkeit ist. Er benötigt somit ein flexibles Beratungs-, Vermittlungs- und Aus- und Weiterbildungssystem, auch mit originellen Konzepten wie *„job rotation"* und *„sabbaticals"*, um möglichst rasch und nachhaltig steigender Erwerbslosigkeit, die auch exogen induziert sein kann, entgegenzuwirken. Das Beispiel zeigt, dass es möglich ist, wohlfahrtsstaatliche Regulierungen zu finden, die einen Kompromiss aus unternehmerischen, gewerkschaftlichen und staatlichen Interessen darstellen, der zugleich auch noch möglichst viel gute Arbeit und produktive wie gesunde Beschäftigte hervorbringt (zum dänischen System vgl. Henningsen 2011, Kap. 4; Dingeldey 2011; Schmid 2010; Kvist et al. 2008; Green-Pedersen und Klitgaard 2008; Horn 2019).

Für (nicht nur) konservative Wohlfahrtsstaaten wie Deutschland und Frankreich mit geringerer Arbeitsmarktdynamik und damit mehr Schwierigkeiten für Arbeitsuchende, neue adäquate Stellen zu finden, wurde das Konzept des sog. „sozialen Geleitschutzes" als Mischung aus Coaching und Job-to-job-Service entwickelt (Kieselbach und Kuhn 2009), um organisationale Verwerfungen und gesundheitliche Beeinträchtigungen bei Umstrukturierungen und Entlassungen (auch bei den dafür verantwortlichen Vorgesetzten) zu minimieren.

b) Absicherung für alle
Dänemark wie auch das Vereinigte Königreich sind nach einem Bedarfsprinzip entsprechend dem Modell von William Henry Beveridge (vgl. Dietz et al. 2015) organisiert. Letzteres gibt es in der Variante einer sehr niedrigen Mindestversorgung mit rigider Bedarfs- und Vermögensprüfung *(„means test")* wie im Vereinigten Königreich, aber auch in einer generöseren und investitionsorientierten Variante wie in skandinavischen Ländern.

Statusdifferenzierende und erwerbsbezogene Systeme wie Deutschland mit gruppenspezifischen Spartenabsicherungen und sozialversicherungsrechtlichen Unterscheidungen nach Beamten, Arbeitern und Angestellten, Freiberuflern und Selbstständigen, Landwirten, Seeleuten usw. tun sich schwer damit, für alle Bevölkerungsgruppen eine hinreichende soziale Absicherung zu schaffen (beispielsweise für geschiedene Hausfrauen, Ein-Personen-Unternehmen, Studierende oder auch Künstler) und ggf. hierzu Unterschiede zwischen unterschiedlichen Statusgruppen zugunsten eines universalistischen Absicherungsmodells einzuebnen.

Erwerbsarbeitszentrierten Bismarck-Systemen fällt es überdies schwer, diejenigen abzusichern, die aktuell oder in der Vergangenheit über keine hinreichenden eigenen einkommenszentrierten Anspruchsrechte verfügen. Für diese Fälle könnte ein erwerbsbezogenes Anspruchsmodell mit einem Mindestabsicherungsmodell kombiniert werden, wie dies beispielsweise Schweden für sein reformiertes Rentenmodell eingeführt hat. Die deutsche Kombination aus SGB II und III ist ein derartiger Ansatz, der jedoch vielen missfiel, weil er einen Pfadbruch zum Bismarck'schen Statusentsprechungsprinzip darstellte (Sesselmeier et al. 2008; Yollu-Tok 2010); zudem mochten viele, die durch die Hartz-Reformen in ihren Ansprüchen schlechter gestellt wurden, nicht erkennen, dass gleichzeitig mehr Gruppen als vorher in den Genuss einer Basissicherung gelangten, beispielsweise erwerbslose und zugleich bedürftige Berufsanfänger ohne vorherige Einzahlleistungen in die Sozialsysteme. Das Hartz-System steht in der Gerechtigkeitstradition des Beveridge-Modells, also eines reinen Bedarfsprinzips ohne Berücksichtigung vormaliger Einzahlhöhe. Das ist nicht per se ungerecht, basiert jedoch auf einer anderen Gerechtigkeitsvorstellung und einem anderen Menschen- und Gesellschaftsbild. Im liberalen, auf Marktkräfte setzenden anglo-amerikanischen Wohlfahrtsstaatstypus würde hier noch die Option dazugehören, sich ggf. privat gegen das Risiko Erwerbslosigkeit abzusichern – wohl wissend, dass sich das nicht alle leisten können.

Mittelfristig und perspektivisch wäre es sinnvoll, mit einer Kategorie „Beschäftigte" auch all diejenigen zu erreichen und abzusichern, die bislang in Grauzonen zwischen selbstständig/freiberuflich, scheinselbstständig und Arbeitskraftunternehmer tätig und zudem gewissen Prekaritätsrisiken unterworfen sind (was nicht per se für alle atypisch Beschäftigten gilt).[2] Ähnlich wie bei den Industriearbeitern zu Zeiten von Marx und Engels, deren Arbeitsrelationen zwar neu waren, aber insgesamt Mitte des 19. Jahrhunderts erst mal nur unter 10 % aller Beschäftigten ausmachten (Rivinius 1978), ist auch heute nur eine Minderheit als Crowdworker, Influencer, haupt- und nebenberufliche oder ganz schwarzarbeitende Kleinstanbieter von Waren und Dienstleistungen übers Internet, teils freiberuflich und teils parallel abhängig beschäftigt, tätig (Bührmann et al. 2018). Wiewohl Diskussionen um ein bedingungsloses Grundeinkommen für alle mitunter suggerieren, dass das alte Bismarck-Modell tot sei und es eines neuen One-size-fits-all-Modells bedürfe (vgl. die Beiträge in Hornemann und Steuernagel 2017), ist auch die Gegenargumentation zu berücksichtigen, dass die ganz überwiegende Mehrheit der Beschäftigten mit dem herkömmlichen Bismarck-System einigermaßen zurechtkommt – ungeachtet berechtigter Kritik an stagnierenden bis rückläufigen Reallöhnen im Niedriglohnbereich und sinkenden Rentenhöhen, zunehmenden Leiharbeiterzahlen usw.

---

[2] Längst nicht alle neuen Medienarbeiter sehen das als quasi unternehmerische Freiheit und Selbstbestimmung wie Friebe und Lobo (2008); vgl. Crouch (2019).

Nicht von der Hand zu weisen ist, dass der Staat Niedrigeinkommensbeziehern/-innen die Löhne aufstocken muss und dass dadurch eine Subventionierung der Anbieter schlecht bezahlter Jobs erfolgt. Marktwirtschaftler werden hier darauf vertrauen, dass bei hinreichender Verfügbarkeit guter Stellen (im Sinne der „guten Arbeit" dieses Aufsatzes) schlechte Arbeitsplätze entweder unbesetzt bleiben oder aber hinreichend aufgewertet werden, um wieder Bewerber zu finden. Mit einem skeptischeren Menschenbild betrachtet, wird man hingegen konstatieren müssen, dass es immer wieder Personenkreise gibt, die z. B. wegen Einschränkungen bei Qualifikation, Sprachkenntnissen, Aufenthaltsstatus oder zeitlicher Verfügbarkeit oder, weil sie schlicht dazu gezwungen werden (z. B. als Opfer von Menschenhandel), prekäre Beschäftigungsverhältnisse eingehen (vgl. Russell Hochschild 1990 und 2010). Zählen Arbeitsschutzvorschriften und amtliche Kontrollen zu *„Old Politics"*, werden neuere Verfahren wie *„Nudging"* (im Sinne von „Draufstupsen", kleine Anstöße geben), *„Blaming"/„Naming & Shaming"* auch unter Zuhilfenahme von Shitstorms und des Prangers im Internet die Kosten ausbeuterischer Arbeitsverhältnisse erhöhen können. Derartige Kampagnen begrenzen sich punktuell auf einzelne Praktiken, Strukturen und Firmen, schalten aber globale Macht- und Nachfrage-Konkurrenzen kaum aus (Hartmann 2018; Malet 2018). Crouch (2017) hat zwar vor dem englischen Hintergrund kaum mehr Zutrauen zur Bewältigungskapazität des etablierten Politikbetriebes ob dessen Verstrickung in Interessengruppenrelationen und erwartet Änderungen eher durch zivilbürgerschaftliche Engagements, doch sind die Steuerungskapazitäten des etablierten politischen Systems im kontinentaleuropäisch-konservativen und im sozialdemokratisch-skandinavischen Modell größer einzuschätzen und bieten Chancen im Sinne von sozialer Sicherheit, die laut DGB-Index einen wichtigen Pfeiler guter Arbeit darstellt. Inwiefern sich hier mit Aufweichen des Fordismus (vgl. z. B. Rosin 2013 mit ihrem Verweis auf veränderte Geschlechtsrollen im Zuge des Niedergangs der US-amerikanischen männlich geprägten Auto-Industriearbeiterkultur) gewerkschaftliche Organisationsmöglichkeiten verschlechtern oder ob es Arbeitnehmerorganisationen trotz Mitgliederrückgangs gelingt, geschickt neue Medien für ihre Belange zu nutzen, ist noch ungewiss. Die überproportionalen Wählerstimmenverluste sozialdemokratischer Parteien in den letzten Jahren und das Wechseln erheblicher Wählersegmente aus der unteren Arbeiterschicht und dem Kleinbürgertum zu nationalistisch-rechtspopulistischen Parteien geben einerseits Grund zur Desillusionierung. Zugleich ist die Frage, inwiefern es gelingt, den Zusammenhang zwischen politischer Rahmensetzung, betrieblich-organisatorischem Handeln und gelingendem individuellem Lebensentwurf auch unter Bedingungen von Arbeiten 4.0 einer breiten Bevölkerung zu verdeutlichen, ein wesentlicher Beitrag zur Bekämpfung politischer Entfremdung und zum Erhalt parlamentarischer Demokratie.

Wenngleich bei manchen Zielgruppen unbeliebt, ist mehr Fairness, gerade auch im internationalen Kontext und in randständigen Arbeitsmarktsegmenten, nur mit einem altruistischeren Menschenbild zu haben, das soziale Grundrechte ausnahmslos allen – also auch Ausländern und Geflüchteten – zubilligt und dabei zunächst einmal weder nach der Finanzierbarkeit noch nach der Anspruchsberechtigung qua erbrachter Eigen- und Vorleistungen fragt. Wie weit wir hiervon entfernt sind, zeigen die Rückkehr neoimperialistischer Denkfiguren (Mbembe 2017) und ein ethnisch begründeter Wohlstandschauvinismus nicht nur in Deutschland.

▷ Ein Mindestmaß an sozialem Ausgleich und Schutz vor Selbstvermarktungszwang schafft auch bei digitalem Wirtschaften Legitimation für parlamentarisch-demokratische Systeme. Neue Arbeitsformen in bisherigen rechtlichen Grauzonen bedürfen sozialversicherungsrechtlicher Regulierung.

c) Für eine Arbeit aus intrinsischer Motivation
Im Abschnitt zum „Haus der Arbeitsfähigkeit" konnten Bedingungen guter Arbeit auch unter den Konditionen zunehmender Digitalisierung herausgearbeitet werden. So lassen sich beispielsweise bei Richard Floridas Beschreibung der Wünsche der „kreativen Klasse" (2003) an ihren Arbeitsplatz wichtige Punkte festmachen wie angenehme Arbeitsbedingungen und interessante Aufgaben, inhaltlich und von der zeitlichen Lage her demokratisch-selbstbestimmtes und vernetztes Arbeiten, ansprechende Aufenthaltsräume und Büros, Lerngelegenheiten und Chancen auf persönliche Weiterentwicklung. Diese Punkte rangieren größtenteils noch vor dem Gehalt, dem vor allem eine sozialhygienische Funktion zukommt.

Zum Erreichen und Bewahren intrinsischer Motivation sollten Veränderungen von Berufskonfigurationen und damit einhergehende etwaige Entfernungen (um nicht zu sagen: Entfremdungen) von ursprünglichen Aufgabenzuschnitten mit entsprechenden Attraktivitätsfaktoren berücksichtigt werden, wie sich beispielsweise für eine Zunahme an bürokratischer Erfassung und Dokumentation in Pflegeberufen zeigen lässt. Hier liegen nach Meinung der Autoren wichtige Ursachen für hohe Berufsfluktuation und Exit-Quoten, und in deren Folge auch Fachkräftemangel. Wohlmeinende Überlegungen, im Gegenzug kompensatorische Besserstellungen einzuführen bzw. „sozial erwünschte" Jobs wie z. B. Pflegetätigkeiten steuerlich und/oder abgabentechnisch günstiger zu stellen, sind ob diffiziler Abgrenzungsprobleme technisch schwer machbar. Sie eignen sich aber als Diskussionsanregung und für Rechenspiele.

▷ Digitalisierungsprozesse können Berufsbilder verändern und dadurch mehr oder weniger attraktiv für die Beschäftigten machen. Hier zeigen sich Gestaltungsfelder zur Bekämpfung eines etwaigen Fachkräftemangels.

d) Work-Life-Fragen und Arbeitszeitvariationen im Lebenszyklus
Die auf die Babyboomer folgenden Generationen X und Y legen durchschnittlich mehr Wert auf eine bessere Vereinbarkeit beruflicher und privater Belange (Absolventa GmbH o. J.). Gleiches gilt für erwerbstätige Eltern, Personen, die sich flankierend zur Erwerbsarbeit weiterbilden wollen, Menschen mit Pflegeverantwortung, Auszubildende in Teilzeit, Personen mit dem Wunsch nach einem Sabbatical zum Hausbau oder für eine Weltreise oder auch Beschäftigte 60+ mit und ohne gesundheitliche Einschränkungen, engagierte Ehrenamtliche usw. In Deutschland zögerliches Engagement von Großunternehmen bei der Arbeitszeitflexibilisierung selbst dann, wenn dieselben Konzerne in skandinavischen

Ländern Familienfreundlichkeitspreise gewinnen (Fischer 2007), könnte staatlicherseits befördert werden. Allerdings bedürfen gesetzliche Vorgaben wie auch tarifvertragliche Rahmenregelungen der einzelbetrieblichen Anpassung und Aushandlung und eignen sich nicht immer gleichermaßen für kleine und große Unternehmen (Bellmann et al. 2018).

Warnungen seien ausgesprochen an die Adresse all derjenigen, die der irrigen Annahme sind, Erziehende könnten ja per Online-Kommunikation parallel zur Kinderbetreuung und ggf. auch noch am Abend für die Firma tätig werden oder gleich ganz im Homeoffice arbeiten. Als gute Arbeit gilt maximal eine alternierende Telearbeit, aber mit klaren räumlichen und zeitlichen Grenzen. Je geringer die Hierarchieebene und das Gehalt und je rigider die Arbeitsvorgaben, umso eher sind formale Regulierungen erforderlich. Inwieweit Führungskräfte und Wissenschaftler/innen politisch vor Selbstausbeutung geschützt werden sollten und können, mag dahingestellt sein (Schrenk 2007).

▸ Die künftige Arbeitswelt sollte sich stärker für Arbeitsbeiträge unterhalb einer Vollzeittätigkeit öffnen. Technische Optionen des Arbeitens von zu Hause reichen als Vereinbarkeitsarrangement von Beruf und Familie keinesfalls aus.

e) Universalistische Modelle wie das Bedingungslose Grundeinkommen und Alternativen

Das Konzept einer nicht konditionierten Mindestabsicherung für alle klingt nach der Verheißung einer völligen Dekommodifizierung. Deren Verfechter verfolgen jedoch heterogene Motive und gelangen zu unterschiedlichen Mindestalimentierungen. Während der Philosoph Richard David Precht (2018) etwa 1700 € monatlich erwartet, finden sich am anderen Pol projektierte Auszahlbeträge in der Höhe der deutschen Grundsicherung, und in angloamerikanischen Ländern auch noch darunter – womit wir vom Bezugsniveau her wieder in der Nähe der Beveridge'schen Armenfürsorge wären.

Kritische Punkte beim Bedingungslosen Grundeinkommen liegen nach Meinung der Autoren in den Feldern

- Menschenbild (der Annahme, jeder habe, so er frei und ohne materielle Not wählen könne, ein Interesse an sinnstiftender Beschäftigung, vgl. Bohmeyer und Cornelsen 2019),
- ausgeblendeter Vermögensungleichheit (die in Deutschland noch deutlich ungleicher ist als die Einkommensungleichheit, vgl. Niehues 2018; Grabka und Westermeier 2014),
- mangelnder Bereitschaft diverser Statusgruppen, sich auf ein Einheitsmodell einzulassen und hierfür tatsächliche oder vermeintliche Privilegien aufzugeben sowie
- schwierigem Aufbringen der hierzu nötigen Finanzierungsgrundlagen, vor allem wenn es sich um ein Inselmodell (z. B. nur in Deutschland) handeln würde, mit entsprechend ungewissen und möglicherweise nicht intendierten Lenkungswirkungen.

Bei einem niedrigen Niveau des Bedingungslosen Grundeinkommens blieben als etwaige Vorteile gegenüber der Grundsicherung nur mehr der Verzicht auf die Bedürftigkeitsprüfung und Einsparungen beim administrativen Aufwand. Dafür fielen das Fördern (im Sinne von Weiterbildungsangeboten u. Ä.) wie das Fordern (im Sinne eines Drucks zur Mitwirkung) weg.[3]

Als Alternative zum Bedingungslosen Grundeinkommen wäre eine negative Einkommensteuer für bestimmte Gruppen (z. B. Alleinerziehende) denkbar, ggf. kombiniert mit Bildungsgutscheinen – also letztlich ein System gruppenspezifisch differenzierter und modularisierter Unterstützungsangebote nach Diversity-Prinzipien (jede Gruppe bekommt, was sie benötigt, um eine gute Arbeit leisten zu können). Ein Lebensentwurf ohne Erwerbsarbeit bliebe damit auf Wohlhabende begrenzt.

Eine niedrige und nicht konditionierte Grundsicherung wäre denkbar, hätte jedoch das Risiko, bestimmte Gruppen dauerhaft nicht in Erwerbsarbeit zu bringen und somit auszugrenzen. Allerdings zeigen manche Langzeitarbeitslosenbiografien, dass diese Ausgrenzung auch im bisherigen System stattfindet. Nach BA-Zahlen konnten binnen 10 Jahren nach Einführung der Gesetze für moderne Dienstleistungen am Arbeitsmarkt etwa 500.000 Personen trotz aller Instrumente des Förderns und Forderns keinen einzigen Tag in reguläre Beschäftigung gebracht werden (Statistik der Bundesagentur für Arbeit 2019b). Derzeit wird daher mit neuen Ansätzen einer intensiveren und ganzheitlicheren, u. a. auch mehr gesundheitliche Förderangebote beinhaltenden Betreuung operiert (vgl. Bundesagentur für Arbeit 2019; zu diesbezüglichen Projektevaluationsbefunden Guggemos und Milles 2016). Zumindest im Bereich der Gesundheitsförderung (Langzeit)erwerbsloser konnte der Paradigmenwandel bereits verankert werden.

▷ Stärker digitalisierte und neue Arbeitsformen erfordern nicht die Abschaffung von Sozialversicherungssystemen, sondern einen diskursiven wie ganzheitlichen Überarbeitungsprozess.

Abschließend beleuchtet wird noch die Frage, wie sich der politische Handlungsraum unter den Bedingungen der Digitalisierung bzw. neuer Medien ändert.

a) Mediale politische Kommunikation wird wichtiger und erfordert den Einbezug entsprechender Fachleute zumindest für die *Digital Immigrants*. Eine schlechte Krisenkommunikation kann einen Rücktritt stärker bedingen als der inkriminierte Ausgangssachverhalt.
b) Politiker/-innen und ihre Angehörigen müssn auch schmutzige und unfaire mediale Kampagnen aushalten, ungeachtet deren Wahrheitsgehalt *("Fake News")*, und sich umfassende Durchleuchtungen ihres bisherigen Lebens bis hin zu dürftigen Doktorar-

---

[3] Das aktuelle finnische Beispiel mit 2000 Erwerbslosen, die ein Bedingungsloses Grundeinkommen bekamen, kann hier leider nicht vertieft werden. Neben einer psychischen Besserstellung dieses Personenkreises scheint sich die Arbeitsmotivation der Begünstigten Personen nicht verändert zu haben. (vgl. Glücklich dank Grundeinkommen? In: Augsburger Allgemeine vom 13.02.2019). Zu einer deutlich positiveren Einschätzung gelangten Bohmeyer und Cornelsen 2019 auf der Basis mehrjähriger Erfahrungen mit verlosten Grundeinkommen in Höhe von je 1000 € für eine Dauer von 12 Monaten. Hier zeigte sich oftmals eine Bereitschaft, sich aus widrigen Lebens- und Arbeitsumständen zu befreien, wie auch beruflich Neues anzufangen.

beiten gefallen lassen. Mediale Zusammenrottung und Verurteilung im Sinne negativer Schwarmintelligenz kann Karrieren zerstören, Feindbilder produzieren und politisch motivierte wie psychisch kranke Attentäter auf den Plan rufen.

c) Wahrscheinlich ist, dass seitens der Politik komplexe Sachverhalte mit hohem Risiko medialer Ausschlachtung eher nicht oder nur verzögert aufgegriffen werden, vor allem, wenn sie Pfadbrüche bedingen würden. Ein Beispiel hierfür wäre die Überwindung des Ehegattensplittings (das auch kinderlosen Paaren mit ungleichem Partnereinkommen Vorteile bietet) zugunsten einer Individualbesteuerung (nach skandinavischem Modell) inklusive einer höheren Kinderberücksichtigung, oder ein Familiensplitting nach französischem Modell. Hier gäbe es die Möglichkeit, ab einem bestimmten Geburtsjahr einen Paradigmenwechsel einzuleiten und das bisherige System bei den älteren Kohorten beizubehalten oder aber Wahlmöglichkeiten zuzulassen.

d) An mutmaßlichen neuen politischen Regulierungsaufgaben finden sich in der Literatur fraktale grenzüberschreitende Auftraggeber- und -nehmerbeziehungen beim Arbeiten übers Internet, Produktionszusammenhänge, die eher losen Netzwerken als festen Firmenorganisationen gleichen und bei denen es schwierig wird, Verantwortungskerne und klassische Arbeitgeberrollen zu identifizieren, formal selbstständige Plattformarbeiter unterhalb des gesetzlichen Mindestlohns, aber auch generelle Divergenzen über die Frage, wo und wie stark die Politik ins Wirtschaftsgeschehen steuernd eingreifen soll. Damit involviert sind auch Fragen der Wirtschaftsförderung und Subvention strategisch wichtiger Produktionssegmente, einer aktiven Struktur- und Clusterpolitik, strategischer Erwägungen, den Verkauf von Flaggschiffen an ausländische Investoren zuzulassen oder auch nicht, sowie nicht zuletzt die Regulierung der Vermarktung von Big Data bei Kunden-, Kommunikations- und Nutzerprofilen sozialer Medien, elektronischer Einkäufe u. Ä. (Precht 2018; Nida-Rümelin und Weidenfeld 2018; Crouch 2019).

Aus Personalwirtschaftssicht wird es vor allem darum gehen, Qualifizierungsbedarfe zu antizipieren und auf eine rechtzeitige Aus- und Weiterbildung des benötigten Personals zu achten, Risiken zu erkennen und diese zusammen mit diversen politischen Stakeholdern zu analysieren und möglichst einzuhegen sowie die Marktchancen verantwortungsbewusst zu nutzen (vgl. diverse Beiträge in Werther und Bruckner 2018).

▶ Sozialpolitische Reformprozesse benötigen künftig elektronische Beteiligungsformen und sollten antizipierend auf Reaktionen in neuen Medien eingehen.

1.3 Fazit

Aufgezeigt werden sollte, dass weitere Digitalisierungsprozesse einige, aber lange nicht alle Variablen der Arbeitswelt und ihrer Rahmenbedingungen verändern. Berufe werden nicht nur wegfallen, modifiziert oder durch andere ersetzt werden, sondern sie werden sich vor allem in ihrem Profil und in ihrer Ausrichtung verändern, wie mit Bezügen zum

RIASEC-Modell gezeigt wurde. Durch Tätigkeitsveränderungen werden Berufe für manche Personengruppen attraktiver und für andere weniger. **Hier sind möglicherweise noch wenig beachtete Ursachen für eine kurze Verweildauer und auch für Fachkräftemangel in einigen Berufen zu finden, aber auch Stellschrauben, wie z. B. Pflegeberufe wieder attraktiver gemacht werden können.** Orientierungswerte dessen, was gute Arbeit ausmacht, bleiben im Kern ebenso erhalten wie der individuelle Bedarf an sozialstaatlicher Absicherung, aber auch das Grundmuster gemeinsamer Verantwortung für die Dimensionen der Arbeits- und Beschäftigungsfähigkeit von Staat, Betrieben und Einzelpersonen.

Über die benannten drei Dimensionen wurde aufgezeigt, dass gute Arbeit auch unter den Bedingungen stärkerer Digitalisierung möglich und machbar ist, ebenso wie das Aufrechterhalten und Weiterentwickeln dekommodifizierender und destratifizierender Wohlfahrtsregime und Sozialversicherungssysteme, die neue Berufe genauso integrieren können wie modifizierte alte. Ansätze wie gute Arbeit, differenzielle Arbeitsgestaltung oder auch das arbeitswissenschaftliche Leib-und-Magen-Modell der „Arbeitsfähigkeit" bieten ein breites Reservoir an Handlungsfeldern und Gestaltungsmöglichkeiten mit Gültigkeit auch in der digitalisierten Welt.

Damit sind jedoch noch nicht alle Fragen gelöst; Hybridstrukturen zwischen Unternehmen und Netzwerk, selbstkoordinierende Arbeitszusammenhänge ohne Klarheit darüber, wer denn hier weisungsbefugt, wer Arbeitgeber und wer Arbeitnehmer ist, wo besteuerbarer Mehrwert anfällt und wer Steuern und Sozialversicherungsabgaben wohin entrichten sollte und die Frage, über welche Arrangements Steuern und Abgaben eingezogen werden, um wohlfahrtsstaatliche Leistungen auch künftig finanzieren zu können, werden Dauerbaustellen von Regierungen, Ministerien und Behörden bleiben, zugleich aber auch Fachjuristen auf Seiten von Unternehmen und Gewerkschaften beschäftigen, um je nach politischer Ausrichtung Abgaben zu minimieren oder zu sichern.

Unterschiedliche Denklogiken und *Frames* zeigen sich nicht nur zwischen *Digital Natives* und Computerfachleuten auf der einen und *Digital Immigrants* und Verwaltungsfernen auf der anderen Seite, sondern auch zwischen den Berufen und Beschäftigten innerhalb einer Firma. **Dies bedeutet, wie am Beispiel des Modells „Haus der Arbeitsfähigkeit" aufgezeigt, einen entsprechenden Differenzierungsbedarf für die Personalentwicklung, der über klassische Diversity-Kriterien wie Geschlecht, Alter, Kultur/Religion, Behinderung, sexuelle Orientierung und Verantwortung für abhängige Angehörige hinausgeht.** Das könnte auch bedingen zuzulassen, dass unterschiedliche Beschäftigtengruppen je nach beruflichem Werdegang und Expertise ähnliche Aufgaben unterschiedlich angehen und erledigen und sich genau das für sie jeweils gut anfühlt, während ein von oben verordnetes *One-size-fits-all*-Vorgehen möglicherweise für vielseitige Frustrationen sorgen würde. **Dies ist auch ein Plädoyer dafür, dass selbst unter 4.0-Bedingungen weiterhin die Arbeitsweise den Menschen angepasst werden sollte und nicht die Menschen einseitig den Maschinen.**

Gezeigt wurde auch, dass das Bismarck-Modell nicht nur durch die Digitalisierung und in deren Zuge mehr atypische Beschäftigungsverhältnisse unter Druck gerät, sondern sich ob seiner Familien- und systemimmanenten Geschlechtsrollendifferenzierung auch zuvor schon schwertat mit präventiven Humanressourcen-Investitionen und mit Personen, deren soziale Absicherung nicht über ein eigenes Erwerbseinkommen möglich war. Für den Umbau der Sozialversicherungssysteme konnten zumindest Empfehlungen hinsichtlich Leitplanken gegeben werden.

Aus Sicht der Autoren bleibt die Schaffung von Mindeststandards guter Arbeit für alle Menschen auch weiterhin Ziel und philosophische Messlatte arbeitswissenschaftlicher und arbeitspolitischer Bemühungen, ohne dass auszuschließen ist, dass für ärmere Teile der (Welt)Bevölkerung soziale Mindeststandards auf niedrigem Niveau bereits einen Fortschritt darstellen würden, egal ob diese nun Bedingungsloses Grundeinkommen heißen oder Weltsozialpolitik.

Die Autoren plädieren dafür, das Bismarck-Modell nicht per se zur Disposition zu stellen, sondern inkrementell weiterzuentwickeln unter Einflechtung skandinavischer Ideen der Investition in Humanressourcen und des Ausgleichs tarifpartnerschaftlicher Interessen in Form intelligenter institutioneller Arrangements, die neben guter Arbeit auch mehr Geschlechterparität versprechen. Auf entsprechende Voraussetzungen im politischen Handeln, Welt- und Menschenbild (und damit auch der politischen Bildung) wurde hingewiesen.

Politische Risiken bestehen insofern, als derzeit über rechtspopulistische Strömungen, die im Kern zugleich neoliberal sind, Standards guter Arbeit verwässert und Schutzrechte dereguliert werden, auch um hierüber Anreize für die Zuwanderung ressourcenschwächerer Personen zu reduzieren. **Damit bleibt die Aufgabe der Politik, mithilfe der Arbeitswissenschaft aufzuzeigen, dass gute Arbeit auch im digitalen Zeitalter für alle machbar ist, um Ängste vor strukturellen Veränderungen abzumildern, Unterstützung für die Weiterentwicklung des Sozialstaates zu bekommen und um die parlamentarisch-demokratischen Systeme zu erhalten.**

Unser Aufsatz versteht sich denn auch als ein Plädoyer für eine gewisse Gelassenheit, aber auch als Einladung zum Mitdiskutieren und Mitgestalten künftiger Regulationsregime und Sozialversicherungssysteme.

Literatur

Absolventa GmbH (o.J.): XYZ – Generationen auf dem Arbeitsmarkt. Online unter: https://www.absolventa.de/karriereguide/berufseinsteiger-wissen/xyz-generationen-arbeitsmarkt-ueberblick [23.04.2019].

Ahlers, E. (2018): Die Digitalisierung der Arbeit. Verbreitung und Einschätzung aus Sicht der Betriebsräte. Düsseldorf: Hans-Böckler-Stiftung (WSI Report, Nr. 40).

Becker, S. (2019): Digitaler Strukturwandel und der Sozialstaat im 21. Jahrhundert (Deutsche Bank Research – EU-Monitor Digitale Ökonomie und struktureller Wandel).

Bellmann, L., Brandl, S., Dummert, S., Guggemos, P., Leber, U. & Matuschek, I. (2018): Altern in Betrieb. Alterung und Alter(n)smanagement in kleineren und mittleren Unternehmen – vom Einzelfall zur professionalisierten Systematik. Düsseldorf: Hans-Böckler-Stiftung (Study der Hans-Böckler-Stiftung, Nr. 393).

Boes, A., Bultemeier, A., Kämpf, T. & Lühr, T. (2016): Arbeitswelt der Zukunft – zwischen digitalem Fließband und neuer Humanisierung. Neue Herausforderungen für eine nachhaltige Gestaltung von Wissensarbeit (227–240). In: Digitale Arbeitswelt: Trends und Anforderungen. Frankfurt am Main: Bund-Verlag GmbH.

Boes, A. & Langes, B. (2017): Herausforderung Cloud und Crowd – Literaturreport. ISF München. München [29.01.2019].

Bogedan, C. (2011): Unterschiedliche Pfade – gleiche Herausforderungen. Deutsche und dänische Wohlfahrtskapitalismen im Wandel. In: *WSI-Mitteilungen* 12/2011, 659–666.

Bohmeyer, M. & Cornelsen, C. 2019: Was würdest Du tun? Wie uns das Bedingungslose Grundeinkommen verändert. Berlin: Econ bei Ullstein (2. Aufl.).

Böhm, S. A., Baumgärtner, M. K., Breier, C., Brzykcy, A. Z., Kaufmann, F., Kreiner, P. G. & Kreissner, L. M. (2017): Lebensqualität und Lebenszufriedenheit von Berufstätigen in der Bundesrepublik Deutschland: Ergebnisse einer repräsentativen Studie der Universität St. Gallen. St. Gallen [28.02.2019].

Böhm, S. A., Bourovoi, K., Brzykcy, A. Z., Kreissner, L. M. & Breier, C. (2016): Auswirkungen der Digitalisierung auf die Gesundheit von Berufstätigen: Eine bevölkerungsrepräsentative Studie in der Bundesrepublik Deutschland. St. Gallen.

Brandl, S., Guggemos, P. & Matuschek, I. (2018): Vom Einzelfall zum systematischen Alter(n)smanagement in KMU. In: *WSI-Mitteilungen* 1/2018, 51–58.

Bräutigam, C., Enste, P., Evans, M., Hilbert, J., Merkel, S. & Öz, F. (2017): Digitalisierung im Krankenhaus. Mehr Technik – bessere Arbeit? Düsseldorf: Hans-Böckler-Stiftung (FF Forschungsförderung, Nr. 364). Online unter: http://hdl.handle.net/10419/173275.

Brynjolfsson, E. (2017): Das nächste Maschinenzeitalter. Die Auswirkungen von Maschinen-Intelligenz auf unsere Wirtschaft (41–49). In: Hornemann, B. & Steuernagel, A. (Hrsg.): Sozialrevolution! Frankfurt/New York: Campus Verlag.

Budelmann, C., Zalpour, C., Eichelberg, M., Frese, U., Kiewitt, S., Timmermanns, S. & Witolla, S. (2014): Intelligente Arbeitskleidung zur Detektion körperlicher Überbelastungen im Arbeitsumfeld. Münster: Budelmann Elektronik.

Bührmann, A. D., Fachinger, U. & Wleskop-Deffaa, E. M. (Hrsg.) (2018): Hybride Erwerbsformen. Digitalisierung, Diversität und sozialpolitische Gestaltungsoptionen. Wiesbaden: Springer.

Bundesagentur für Arbeit (2019): Leitgedanken unserer Strategie zur Reduzierung der Langzeitarbeitslosigkeit und der Hilfebedürftigkeit. Vorbeugen, Perspektiven eröffnen, Teilhabe schaffen. Nürnberg: BA, Fachbereich Arbeitsmarkt 33.

Bundesagentur für Arbeit (Hrsg.) (2011): Klassifikation der Berufe. Bd. 1 und 2. Bundesagentur für Arbeit. Nürnberg.

Bundesministerium für Arbeit und Soziales (Hrsg.) (2017a): Gute Praxis. Gesundheit und Teilhabe in der Arbeitswelt 4.0: Sammlung betrieblicher Gestaltungsbeispiele. Stand: Juli 2017. Berlin.

Bundesministerium für Arbeit und Soziales (Hrsg.) (2017b): Weißbuch Arbeiten 4.0. Arbeit weiter denken. Deutschland. Online unter: http://www.bmas.de/SharedDocs/Downloads/DE/PDF-Publikationen/a883-weissbuch.pdf;jsessionid=2C8D9485FE12E422DF03259FC9D96A9D?__blob=publicationFile&v=9.

Buntenbach, A. & Schmucker, R. (2017): Die Digitalisierung der Arbeitswelt gestalten. In: Institut DGB-Index Gute Arbeit (Hrsg.): Verbreitung, Folgen und Gestaltungsaspekte der Digitalisierung in der Arbeitswelt. Auswertungsbericht auf Basis des DGB-Index Gute Arbeit 2016, I–III.

Burow, O. (2014): Digitale Dividende. Ein pädagogisches Update für mehr Lernfreude und Kreativität in der Schule. Weinheim: Beltz.

Conley, J. (1984): The hierarchy of consistency: A review and model of longitudinal findings on adult individual differences in intelligence, personality and self-opinion. In: *Personality and Individual Differences* 5 (1), 11–25. https://doi.org/10.1016/0191-8869(84)90133-8.

Conrads, R., Holler M. & Schneider, D. (2016): Altersübergang – Chancen und Risiken für Ältere. In: *forum arbeit* (03). 16–24.

Crouch, C. (2017): Postdemokratie (13. Aufl.). Frankfurt a. M.: Suhrkamp.

Crouch, C. (2019): Gig Economy. Prekäre Arbeit im Zeitalter von Uber, Minijobs & Co. Berlin: Suhrkamp.

Dietz, B., Frevel, B. & Toens, K. (2015): Sozialpolitik kompakt (3. Aufl.). Wiesbaden: Springer.

Dingeldey, I. (2011): Der aktivierende Wohlfahrtsstaat. Governance der Arbeitsmarktpolitik in Dänemark, Großbritannien und Deutschland. (Schriften des Zentrums für Sozialpolitik, Bremen, 24). Online unter: http://search.ebscohost.com/login.aspx?direct=true&scope=site&db=nlebk&db=nlabk&AN=833039.

Dörner, D. (1989): Die Logik des Misslingens. Strategisches Denken in komplexen Situationen. Reinbek bei Hamburg: Rowohlt.

Dostal, W., Stooß, F. & Troll, L. (1998): Beruf – Auflösungstendenzen und erneute Konsolidierung. Hrsg. v. Institut für Arbeitsmarkt- und Berufsforschung (Mitteilungen aus der Arbeitsmarkt- und Berufsforschung, 31).

Eckes, T. (1991): Psychologie der Begriffe. Strukturen des Wissens und Prozesse der Kategorisierung. Zugl.: Saarbrücken, Univ., Habil.-Schrift, 1989. Göttingen: Hogrefe Verl. für Psychologie.

Esping-Andersen, G. (1990): The three worlds of welfare capitalism. Nachdruck 2006. Princeton New Jersey: Princeton Univ. Press.

Esping-Andersen, G. (2010): The incomplete revolution. Adapting to women's new roles. Reprinted. Cambridge: Polity Press.

Fischer, E. (2007): Managing Diversity am Beispiel von Gender Politics. Frauen und Karriere bei Siemens. Saarbrücken: VDM Verlag (Diss.).

Florida, Richard L. (2003): The rise of the creative class. And how it's transforming work, leisure, community and everyday life. North Melbourne, Vic.: Pluto Press.

Foerster, H. von & Pörksen, B. (1999): Wahrheit ist die Erfindung eines Lügners. Gespräche für Skeptiker (3. Aufl.). Heidelberg: Carl Auer Verlag.

Friebe, H. & Lobo, S. (2008): Wir nennen es Arbeit. Die digitale Bohème oder: Intelligentes Leben jenseits der Festanstellung. Aktual. Taschenbuchausg. München: Heyne.

Giddens, A. (1997): Jenseits von Links und Rechts. Die Zukunft radikaler Demokratie (2. Aufl.). Frankfurt am Main: Suhrkamp (Edition Zweite Moderne).

Giddens, A. (2007): Over to you, Mr Brown. How Labour can win again. Reprinted. Cambridge: Polity.

Giesert, M., Conrads, R., Reuter, T. & Liebrich, A. (2014): Arbeitsfähigkeitsmanagement im Demographischen Wandel. Ein Leitfaden für Unternehmen und Beschäftigte im Demographischem Wandel. Stadtbergen.

Giesert, M., Reuter, T. & Liebrich, A. (Hrsg.) (2017): Arbeitsfähigkeit 4.0 : eine gute Balance im Dialog gestalten. Hamburg: VSA.

Gigerenzer, G. (2000): Adaptive thinking. Rationality in the real world. Oxford: Oxford Univ. Press (Evolution and cognition). Online unter: http://www.loc.gov/catdir/enhancements/fy0605/99052833-d.html.

Glaser, B. G. & Strauss, A. L. (1979): Die Entdeckung gegenstandsbezogener Theorie: Eine Grundstrategie qualitativer Sozialforschung (91–111). In: Hopf, C. & Weingarten, E. (Hrsg.): Qualitative Sozialforschung. Stuttgart: Klett-Cotta.

Grabka, M. M. & Westermeier, C. (2014): Anhaltend hohe Vermögensungleichheit in Deutschland. In: *DIW Wochenbericht* Nr. 9/2014, Online unter: https://www.diw.de/documents/publikationen/73/diw_01.c.438710.de/14-9-1.pdf.

Green-Pedersen, C. & Klitgaard, M. B. (2008): Im Spannungsfeld von wirtschaftlichen Sachzwängen und öffentlichem Konservatismus: Das dänische Wohlfahrtssystem (149–168). In: Schubert,

K., Hegelich, S. & Bazant, U. (Hrsg.): Europäische Wohlfahrtssysteme. Ein Handbuch. Wiesbaden: VS Verl. für Sozialwissenschaften.

Guggemos, P. & Milles, R. (2016): Die interinstitutionelle Kooperation – der Begleitforschungsbericht der HdBA zum Projekt „Gesundheitsförderung für Langzeitarbeitslose" der GKV und der BA. Mannheim: (Kurzbericht). Mannheim: HdBA.

Hartmann, E. (2018): Wie viele Sklaven halten Sie? Unter Mitarbeit von Claudia Burges. Ungekürzte Lesefassung. München: ABOD Verlag.

Henningsen, B. (2011): Dänemark. München: Beck.

Hirsch-Kreinsen, H., Ittermann, P. & Falkenberg, J. (Hrsg.) (2015): Digitalisierung industrieller Arbeit. Die Vision Industrie 4.0 und ihre sozialen Herausforderungen. Baden-Baden: Nomos edition sigma. Online unter: http://Nomos EBook.

Holland, J. L. (1997): Making vocational choices. A theory of vocational personalities and work environments (3. ed.). Odessa Fla.: Psychological Assessment Resources.

Holler, M. (2017): Verbreitung, Folgen und Gestaltungsaspekte der Digitalisierung in der Arbeitswelt. Auswertungsbericht auf Basis des DGB-Index Gute Arbeit 2016. Hrsg. v. Institut DGB-Index Gute Arbeit. Online unter: https://index-gute-arbeit.dgb.de/++co++1c40dfc8-b953-11e7-8dd1-52540088cada.

Horn, A. (2019): Das politische System Dänemarks. Politik, Wirtschaft und Wohlfahrtsstaat in vergleichender Perspektive. Wiesbaden: Springer VS.

Hornemann, B., Steuernagel, A. (Hrsg.) (2017): Sozialrevolution! Frankfurt/New York: Campus Verlag. Online unter: http://www.content-select.com/index.php?id=bib_view&ean=9783593435756.

Joerin Fux, S. & Holland, J. L. (2012): EXPLORIX. Das Werkzeug zur Berufswahl und Laufbahnplanung; deutschsprachige Adaption und Weiterentwicklung des Self-Directed Search (SDS) nach John L. Holland. 4., vollständig überarbeitete Aufl., Test-Set Ausg. Dt. Bern, Göttingen: Huber.

Kern, H. (1979): Kampf um Arbeitsbedingungen. Materialien zur ‚Humanisierung der Arbeit'. Frankfurt am Main: Suhrkamp (Edition Suhrkamp, 966).

Kieselbach, T. & Kuhn, K. (2009): Gesundheit und Restrukturierung. Innovative Ansätze und Politikempfehlungen. München: Hampp.

Kistler, E. & Schönwälder, T. (1998): Eliten und Heloten – herrschen und dienen. Die rechtskonservativen Ideen der bayerisch-sächsischen Zukunftskommission. In: *Soziale Sicherheit*, 47. Jg., Heft 4. 121–133.

Klenk, T., Weyrauch, P., Haarmann, A. & Nullmeier, F. (2012): Abkehr vom Korporatismus? Der Wandel der Sozialversicherungen im europäischen Vergleich. Schriften des Zentrums für Sozialpolitik, 21.

Klevenow, G.-H. (2000): Klassifikation von Ausbildungsberufen als Basis für Berufsorientierung. Zugl.: Hamburg, Univ., Diss., 2000. Nürnberg: Institut für Arbeitsmarkt- und Berufsforschung der Bundesanstalt für Arbeit (Beiträge zur Arbeitsmarkt- und Berufsforschung, 235). Online unter: http://www.iab.de.

Kratzer, N. (2003): Arbeitskraft in Entgrenzung. Grenzenlose Anforderungen, erweiterte Spielräume, begrenzte Ressourcen. Berlin: Ed. Sigma (Forschung aus der Hans-Böckler-Stiftung, 48).

Kuhlmann, M., Splett, B. & Wiegrefe, S. (2018): Montagearbeit 4.0? Eine Fallstudie zu Arbeitswirkungen und Gestaltungsperspektiven digitaler Werkerführung. In: *WSI Mitteilungen* (3), 182–188. Online unter: https://www.boeckler.de/11145.htm?projekt=S-2015-925-1#veroeffentlichungen.

Kvist, J., Pedersen, L. & Köhler, P. A. (2008): Making All Persons Work: Modern Danish Labour Market Policies. In: Werner Eichhorst, Otto Kaufmann und Regina Konle-Seidl (Hrsg.): Bringing the Jobless into Work? Experiences with Activation Schemes in Europe and the US (221–256). Berlin, Heidelberg: Springer-Verlag.

Lange, S. & Santarius, T. (2018): Smarte grüne Welt? Digitalisierung zwischen Überwachung, Konsum und Nachhaltigkeit. München: Oekom-Verlag.

Malet, J.-B. (2018): Das Tomatenimperium. Ein Lieblingsprodukt erklärt den globalen Kapitalismus. Köln: Eichborn.
Matuschek, I. (2016): Industrie 4.0, Arbeit 4.0 – Gesellschaft 4.0? Eine Literaturstudie. Studie im Auftrag der Rosa-Luxemburg-Stiftung. Berlin.
Matuschek, I., Kleemann, F. & Haipeter, T. (2018): Industrie 4.0 und die Arbeitsdispositionen der Beschäftigten. Zum Stellenwert der Arbeitenden im Prozess der Digitalisierung der industriellen Produktion. Hrsg. v. FGW – Forschungsinstitut für gesellschaftliche Weiterentwicklung e.V. Düsseldorf (FGW-Studie Digitalisierung von Arbeit, 11).
Mbembe, A. (2017): Kritik der schwarzen Vernunft. Berlin: Suhrkamp (suhrkamp taschenbuch wissenschaft, 2205).
Nida-Rümelin, J. & Weidenfeld, N. (2018): Digitaler Humanismus. Eine Ethik für das Zeitalter der künstlichen Intelligenz (2. Aufl.). München: Piper.
Niehues, J. (2018): Die Einkommens- und Vermögensungleichheit Deutschlands im internationalen Vergleich. IW-Kurzbericht Nr. 29 v. 11. Mai 2018. Online unter: https://www.iwkoeln.de/studien/iw-kurzberichte/beitrag/judith-niehues-die-einkommens-und-vermoegensungleichheit-deutschlands-im-internationalen-vergleich-387559.html.
Öz, F. (2019): Digitalisierung in Kleinbetrieben – Ergebnisse aus Baugewerbe, Logistik und ambulanter Pflege. In: *Forschung Aktuell*. Online unter: http://www.iat.eu/forschung-und-beratung/publikationen/forschungaktuell.html.
Perrow, C. (1992): Normale Katastrophen. Die unvermeidlichen Risiken der Großtechnik (2. Aufl.). Frankfurt/Main, New York: Campus-Verlag (Reihe Campus, Bd. 1028).
Pongratz, H. J. & Voß, G. G. (2003): Arbeitskraftunternehmer. Erwerbsorientierungen in entgrenzten Arbeitsformen. Forschung aus der Hans-Böckler-Stiftung, 47.
Precht, R. D. (2018): Jäger, Hirten, Kritiker. Eine Utopie für die digitale Gesellschaft. München: Goldmann.
Reich, R. B. (2017): Wie kann der Kapitalismus überleben? Über technologischen Wandel und bedingungsloses Grundeinkommen (87–100). In: Hornemann, B. & Steuernagel, A. (Hrsg.): Sozialrevolution! Frankfurt/New York: Campus Verlag.
Reiswich, E., Köster, F. & Nitschke, J. (2016): Touch-down im Hamburger Hafen – Entwicklung eines digitalen Peiltisches als Baustein des smartPORT-Konzeptes im Hamburger Hafen. In: zfv – Zeitschrift für Geodäsie, Geoinformation und Landmanagement, 5. Online unter: www.geodaesie.info.
Rivinius, K. J. (1978): Die Soziale Bewegung im Deutschland des neunzehnten Jahrhunderts. München: Verlag Heinz Moos.
Rosch, E. (1975): Cognitive representations of semantic categories. In: *Journal of Experimental Psychology: General* 104 (3). 192–233. https://doi.org/10.1037/0096-3445.104.3.192.
Rosin, H. (2013): Das Ende der Männer. Und der Aufstieg der Frauen (2. Aufl). Berlin: Bloomsbury.
Roth, I. & Müller, N. (2017): Digitalisierung und Arbeitsqualität. Eine Sonderauswertung auf Basis des DGB-Index Gute Arbeit 2016 für den Dienstleistungssektor. Studie im Auftrag der ver.di Bundesverwaltung Ressort 13, Bereich Innovation und Gute Arbeit.
Russell Hochschild, A. (1990): Das gekaufte Herz: Die Kommerzialisierung der Gefühle. Frankfurt: Campus Verlag.
Russell Hochschild, A. (2010): The Back Stage of a Global Free Market - Nannies and Surogates (23–29). In: Apitzsch, U. & Schmidbaur, M. (Hrsg.): Care und Migration. Die Ent-Sorgung menschlicher Reproduktionsarbeit entlang von Geschlechter- und Armutsgrenzen. Opladen u. a.: Budrich.
Sachse, R., Püschel, O., Fasbender, J. & Breil, J. (2008): Klärungsorientierte Schemabearbeitung. Dysfunktionale Schemata effektiv verändern. Göttingen: Hogrefe.
Sauer, D. (2011): Von der „Humanisierung der Arbeit" zur „Guten Arbeit". In: *Aus Politik und Zeitgeschichte* (15). 18–24.
Schmid, J. (2010): Wohlfahrtsstaaten im Vergleich (3. erw. und aktual. Aufl.). Wiesbaden: Springer.

Schmidt, G. (2018): Einführung in die hypnosystemische Therapie und Beratung (8. Aufl.). Heidelberg: Carl-Auer (Carl-Auer Compact).

Schrenk, J. (2007): Die Kunst der Selbstausbeutung. Wie wir vor lauter Arbeit unser Leben verpassen. Köln: DuMont.

Schwarzmüller, T. & Brosi, P. (2017): Führung 4.0 – Wie die Digitalisierung Führung verändert. In: Hildebrandt, A. & Landhäußer, W. (Hrsg.): CSR und Digitalisierung. Der digitale Wandel als Chance und Herausforderung für Wirtschaft und Gesellschaft. Berlin, Heidelberg: Springer Gabler (Management-Reihe Corporate Social Responsibility).

Sesselmeier, W., Eichhorst, W. & Yollu-Tuk, A. (2008): Akzeptanz von Arbeitsmarktreformen (14–45). In: Sesselmeier, W. & Schulz-Nieswandt, F. (Hrsg.): Normative Grundlagen des Sozialstaates – Sozialpolitische Grundlagendiskurse. Berlin.

Spitzer, M. (2014): Digitale Demenz. Wie wir uns und unsere Kinder um den Verstand bringen. Vollst. Taschenbuchausg (Droemer Taschenbuch).

Statistik der Bundesagentur für Arbeit (Hrsg.) (2019a): Berichte: Analyse Arbeitsmarkt, Arbeitsmarkt in Deutschland. Nürnberg.

Statistik der Bundesagentur für Arbeit (Hrsg.) (2019b): Berichte: Analyse Arbeitsmarkt, Zeitreihen. Deutschland. Nürnberg.

Stengel, O. (2017): Der Mensch im Digitalzeitalter: Sapiens 2.0 (63–88). In: Stengel, O., van Looy, A. & Wallaschkowski, S. (Hrsg.): Digitalzeitalter – Digitalgesellschaft. Das Ende des Industriezeitalters und der Beginn einer neuen Epoche. Wiesbaden: Springer.

Strittmatter, K. (2018): Die Neuerfindung der Diktatur. Wie China den digitalen Überwachungsstaat aufbaut und uns damit herausfordert. München: Piper.

Tempel, J. & Ilmarinen, J. (Hrsg.) (2013): Arbeitsleben 2025. Das Haus der Arbeitsfähigkeit im Unternehmen bauen. Hamburg: VSA.

Ulich, E. (2016): Differenzielle Arbeitsgestaltung – ein zukunftsfähiges Konzept (159–175). In: Institut für Arbeitsforschung und Organisationsberatung (Hrsg.): Unternehmensgestaltung im Spannungsfeld von Stabilität und Wandel. Zürich: vdf Hochschulverlag AG an der ETH Zürich.

ver.di (Hrsg.) 2019: Arbeitsintensität. Perspektiven, Einschätzungen, Positionen aus gewerkschaftlicher Sicht. Innovation und gute Arbeit. ver.di. Berlin.

Vowinkel, B. (2017): Digitale Intelligenz: KI. (89–108). In: Stengel, O., van Looy, A. & Wallaschkowski, S. (Hrsg.): Digitalzeitalter – Digitalgesellschaft. Das Ende des Industriezeitalters und der Beginn einer neuen Epoche. Wiesbaden: Springer.

Vries, A. de (2018): Bitcoin's Growing Energy Problem. In: *Joule* 2 (5). 801–805. https://doi.org/10.1016/j.joule.2018.04.016.

Werther, S. & Bruckner, L. (2018): Arbeit 4. 0 Aktiv Gestalten. Die Zukunft der Arbeit zwischen Agilität, People Analytics und Digitalisierung. Online unter: https://ebookcentral.proquest.com/lib/gbv/detail.action?docID=5356840.

Yollu-Tok, A. (2010): Die fehlende Akzeptanz von Hartz IV. Eine Realanalyse individuellen Verhaltens jenseits des Homo oeconomicus Modells. Baden-Baden: Nomos. Online unter: https://doi.org/10.5771/9783845222752.

Zika, G., Helmrich, R., Maier, T., Weber, E. & Wolter, M. I. (2018): Arbeitsmarkteffekte der Digitalisierung bis 2035: Regionale Branchenstruktur spielt eine wichtige Rolle. In: *IAB-Kurzbericht*, 09/2018.

Zimbardo, P. & Coulombe, N. D. (2016): Man, Interrupted. Why Young Men are Struggling & What We Can Do About It. Berlin: Red Wheel Weiser. Online unter: https://ebookcentral.proquest.com/lib/gbv/detail.action?docID=4415494.

Zinke, G. (2018): Berufsbildung 4.0. Erste Ergebnisse und Kernbotschaften zum veränderten Fachkräftebedarf aus dem Berufescreening. BIBB-Kongress, „Für die Zukunft lernen: Berufsbildung von morgen – Innovationen erleben". Bundesinstitut für Berufsbildung. Berlin, 07.06.2018. Online unter: https://kongress2018.bibb.de/.

Mitbestimmung per Videokonferenz?

Holger Brecht-Heitzmann

Inhaltsverzeichnis

2.1 Einleitung 42
2.2 Ordnungsgemäße Beschlussfassung im Rahmen von Videokonferenzen 43
    2.2.1 Betriebsräte 43
    2.2.2 Europäische Betriebsräte 46
    2.2.3 Personalräte 48
    2.2.4 Aufsichtsräte 50
2.3 Bewertung 52
2.4 Perspektiven 54
    2.4.1 Gesetzliche Änderungen 54
    2.4.2 Handhabungen nach geltendem Recht 55
2.5 Fazit 56
Literatur 57

Zusammenfassung

Veränderungen in Organisationsstrukturen sowie eine Zunahme des zeit- und ortsunabhängigen Arbeitens führen dazu, dass moderne Kommunikationsmittel eine gewachsene Bedeutung im betrieblichen Alltag erlangt haben. Der Beitrag fokussiert auf die rechtlichen Konsequenzen, die sich im Bereich der Mitbestimmung aus der zunehmend zu beobachtenden Nutzung von Videoübertragungen ergeben, und stellt das Meinungsspektrum hinsichtlich der Zulässigkeit einer Nutzung von Videokonferenzen dar. Während dies für Aufsichtsratssitzungen gesetzlich geregelt ist, verneint die derzeit herrschende Meinung eine ordnungsgemäße Beschlussfassung bei Betriebs- und Per-

H. Brecht-Heitzmann (✉)
Hochschule der Bundesagentur für Arbeit, Schwerin, Deutschland
E-Mail: holger.brecht-heitzmann@arbeitsagentur.de

sonalratssitzungen. Dem liegt zugrunde, dass sich bei Nutzung von Videoanlagen eine Reihe von Besonderheiten in der Sitzungsdurchführung ergeben. Der generelle Ausschluss von Videokonferenzen wird durch die vorgebrachten Argumente jedoch nicht gerechtfertigt. Vielmehr kann in Ausnahmefällen eine Videoübertragung zugelassen werden, wenn technisch die Nichtöffentlichkeit der Sitzung sichergestellt ist, das Gremium eigenständig über ihre Durchführung entscheidet und einzelnen Mitgliedern ein Vetorecht hinsichtlich der Beschlussfassung während einer Videokonferenz eingeräumt wird. Eine moderate Gesetzesreform erscheint daher sinnvoll. Darüber hinaus wird dargestellt, wie auch bereits nach geltendem Recht unter Nutzung von Videoübertragungen rechtssichere Beschlüsse herbeigeführt werden können.

Schlüsselwörter
Mitbestimmungsrecht · Videokonferenzen · Beschlussfassung · Gesetzesreform · Kommunikationsmittel

2.1 Einleitung

Das deutsche Mitbestimmungsrecht ist vom klassischen Betriebsbegriff geprägt, wonach der Betrieb als organisatorische Einheit verstanden wird, in der Personen mit Hilfe persönlicher, sachlicher oder immaterieller Mittel bestimmte arbeitstechnische Zwecke fortgesetzt verfolgen (so die ständige Rechtsprechung, siehe zuletzt etwa BAG 17.5.2017, 7 ABR 21/15, AP Nr. 21 zu § 4 BetrVG 1972). Dies geschah früher typischerweise an einem gemeinsamen Ort. Heutzutage ist es aber sehr wohl möglich, dass Menschen an unterschiedlichen Orten zusammenwirken, ohne dass es an diesen Orten jeweils eine eigenständige Leitungsmacht geben muss. In seiner Extremform, die derzeit unter dem Stichwort „Mitbestimmung in Matrixstrukturen" in der Fachliteratur diskutiert wird, hat dies die Konsequenz, dass mitbestimmungspflichtige Entscheidungen tatsächlich an einer anderen Stelle von einem anderen Unternehmen getroffen werden als von dem Arbeitgeber, in dessen Betrieb sich die Entscheidung auswirkt (instruktiv hierzu Wisskirchen und Block 2017, S. 91).

In diesem Beitrag sollen jedoch nicht rechtliche Fragen der Organisationsstruktur beleuchtet werden, sondern der Blick wird vielmehr auf konkrete praktische Probleme gerichtet, die sich aus der zunehmend zu beobachtenden räumlichen Verteilung von organisatorischen Einheiten auf unterschiedliche Standorte ergeben. Die Nutzung moderner Kommunikationsmittel bekommt so gesteigerte Bedeutung. Dies ist auch an der Hochschule der Bundesagentur für Arbeit (HdBA) zu beobachten, deren beide Campus mehr als 700 Kilometer auseinanderliegen. Ein häufig gewählter Ausweg zur Begrenzung von Reisezeiten ist die Nutzung von Videoübertragungen. Gerade im Bereich der Mitbestimmung, in der besondere Anforderungen an die Wirksamkeit von Beschlüssen bestehen, wirft die Nutzung von Videokonferenzen weitreichende rechtliche Fragen auf. Die

Nutzung von Videoübertragungen im Rahmen von Gremiensitzungen ist jedoch trotz der steigenden Anwendung rechtlich bislang nur partiell geklärt.

Daher soll im Rahmen dieses Beitrags untersucht werden, welche Rechtsauffassungen derzeit zur Nutzung von Videokonferenzen im Bereich der Mitbestimmung vertreten werden, wie das geltende Recht sinnvoll angewendet wird und welche Änderungen anzustreben wären. Dazu wird zunächst ein Überblick zum rechtlichen Rahmen für Betriebs-, Personal- und Aufsichtsräte gegeben und das hierzu vertretene Meinungsspektrum dargestellt. Es schließt sich eine bewertende Betrachtung an, in der auch unter Einbeziehung der Besonderheiten von Videokonferenzen die derzeit herrschende Meinung in der Rechtswissenschaft in Frage gestellt werden soll. Dies lenkt den Blick sowohl auf mögliche Gesetzesänderungen als auch auf Gestaltungsmöglichkeiten nach derzeit bereits geltendem Recht. Im abschließenden Fazit soll schließlich ein Ausblick auf zukünftige empirische Erkenntnisinteressen vorgenommen werden.

2.2 Ordnungsgemäße Beschlussfassung im Rahmen von Videokonferenzen

▷ Es ist rechtlich umstritten, ob Mitbestimmungsgremien Sitzungen im Rahmen von Videokonferenzen durchführen dürfen und inwiefern in diesem Rahmen getroffene Beschlüsse wirksam sind.

Die gesetzlichen Regelungen für Betriebs-, Personal- und Aufsichtsräte sind nicht einheitlich und sollen daher nachfolgend dargestellt werden. Außerdem wird ein Überblick zu den zu diesen Regelungen vertretenen Auffassungen gegeben.

2.2.1 Betriebsräte

Die Interessen von Arbeitnehmerinnen und Arbeitnehmern in Betrieben der Privatwirtschaft werden von Betriebsräten vertreten. Regelungen zu Sitzungen und Beschlüssen des Betriebsrats sind vor allem in den §§ 29 ff. Betriebsverfassungsgesetz (BetrVG) zu finden. Geregelt sind insofern insbesondere die Form der Einladung, die Sitzungsleitung, Teilnahmerechte, Beschlussfähigkeit und Anforderungen an die Sitzungsniederschrift. Von besonderer Bedeutung ist insofern § 30 BetrVG, dieser lautet:

> § 30 Betriebsratssitzungen
>
> Die Sitzungen des Betriebsrats finden in der Regel während der Arbeitszeit statt. Der Betriebsrat hat bei der Ansetzung von Betriebsratssitzungen auf die betrieblichen Notwendigkeiten Rücksicht zu nehmen. Der Arbeitgeber ist vom Zeitpunkt der Sitzung vorher zu verständigen. Die Sitzungen des Betriebsrats sind nicht öffentlich.

Für Videokonferenzen wird insoweit vor allem die Frage der Nichtöffentlichkeit in der Literatur problematisiert. Der Ausschluss der Öffentlichkeit soll sicherstellen, dass die

Beratung nicht beeinflusst und sachlich geführt wird (Thüsing, in: Richardi 2018, § 30 Rn. 10).

Teilweise wird die Befürchtung geäußert, dass bei Einschaltung technischer Möglichkeiten eine Nichtöffentlichkeit und die Vertraulichkeit der Sitzung nicht mehr gewährleistet wären (Jesgarzewski und Holzendorf 2012a, S. 4; Jesgarzewski und Holzendorf 2012b, S. 1022; Wedde, in: Däubler et al. 2018, § 30 Rn. 12; Thüsing, in: Richardi 2018, § 33 Rn. 3). Es bestünden die Gefahren zum einen der unbemerkten Anwesenheit Dritter im Raum der Übertragung, zum anderen des Abfangens der Kommunikation auf dem Übertragungsweg (Jesgarzewski und Holzendorf 2012a, S. 4; Wedde, in: Däubler et al. 2018, § 33 Rn. 11). Deswegen wird teilweise die Unzulässigkeit der Durchführung von Betriebsratssitzungen unter Nutzung von technischen Übertragungsmitteln vertreten (Jesgarzewski und Holzendorf 2012a, S. 4; Wedde, in: Däubler et al. 2018, § 30 Rn. 12; widersprüchlich Wolmerath, in: Düwell 2018, § 30 Rn. 12, der in § 33 Rn. 4 eine wirksame Beschlussfassung für möglich hält; grundsätzlich zurückhaltend auch Fitting et al. 2018, § 33 Rn. 21b, die dennoch Ausnahmen zulassen wollen).

Dem wird allerdings die Auffassung entgegengehalten, dass allein die potenzielle Gefahr einer Verletzung der Nichtöffentlichkeit nicht ausreichend sei. Sofern die technischen Voraussetzungen für sämtliche an der Konferenz teilnehmenden Betriebsratsmitglieder gleich seien und die notwendigen Vorkehrungen gegen das Mithören unbefugter Dritter getroffen wurden, könnten Konferenzschaltungen als zulässig angesehen werden (Butz und Pleul 2011, S. 214; Fündling und Sorber 2017, S. 556; Fütterer 2011, S. 16 f.; Jansen 2006, S. 84 f.).

Umstritten ist allerdings nicht allein die Frage, ob die Nutzung technischer Übertragungsmittel überhaupt zulässig sein kann, sondern die aus einem möglichen Verstoß resultierenden Konsequenzen. Die Vorgabe der Nichtöffentlichkeit stellt nach der Rechtsprechung eine Ordnungsvorschrift dar, bei deren Verstoß im Regelfall die getroffenen Beschlüsse wirksam bleiben (BAG 28.2.1958, 1 ABR 3/57, AP Nr. 1 zu § 29 BetrVG). Ausnahmen gelten allerdings, wenn ein Betriebsratsmitglied vergeblich die Anwesenheit einer nicht teilnahmeberechtigten Person gerügt hat (Fitting et al. 2018, § 30 Rn. 22) oder beim Nachweis, dass bei Einhaltung der Nichtöffentlichkeit der Beschluss anders ausgefallen wäre (Fitting et al. 2018, § 30 Rn. 22a; Koch, in: Müller-Glöge et al. 2020, § 30 BetrVG Rn. 1; Mauer, in: Rolfs et al. 2018, § 30 BetrVG Rn. 3; Thüsing, in: Richardi 2018, § 30 Rn. 18). Da die Kausalität eines Verstoßes gegen die Nichtöffentlichkeit auf das Abstimmungsergebnis praktisch kaum nachgewiesen werden kann (dies sehen auch Jesgarzewski und Holzendorf 2012a, S. 5), ist ein derartiger Ausnahmefall typischerweise nicht gegeben. Lediglich von einer Minderheit wird dementsprechend die Auffassung vertreten, dass ein Verstoß gegen das Prinzip der Nichtöffentlichkeit zur Nichtigkeit der getroffenen Beschlüsse führe (Jesgarzewski und Holzendorf 2012a, S. 4; Jesgarzewski und Holzendorf 2012b, S. 1022). Überwiegend wird hingegen die Auffassung vertreten, dass selbst wenn infolge der Videoübertragung ein Verstoß gegen das Gebot der Nichtöffentlichkeit eingetreten sein sollte, allein dadurch die Wirksamkeit getroffener Beschlüsse noch nicht in Frage gestellt wird (Butz und Pleul 2011, S. 214; Fütterer 2011, S. 17; Fündling und Sorber 2017, S. 556 f.; Wolmerath, in: Düwell 2018, § 33 Rn. 4).

Dies lenkt den Blick auf die grundsätzliche Zulässigkeit von Beschlussfassungen, wofür § 33 BetrVG die zentrale Vorschrift darstellt:

§ 33 Beschlüsse des Betriebsrats

(1) Die Beschlüsse des Betriebsrats werden, soweit in diesem Gesetz nichts anderes bestimmt ist, mit der Mehrheit der Stimmen der anwesenden Mitglieder gefasst. Bei Stimmengleichheit ist ein Antrag abgelehnt.

(2) Der Betriebsrat ist nur beschlussfähig, wenn mindestens die Hälfte der Betriebsratsmitglieder an der Beschlussfassung teilnimmt; Stellvertretung durch Ersatzmitglieder ist zulässig.

(3) Nimmt die Jugend- und Auszubildendenvertretung an der Beschlussfassung teil, so werden die Stimmen der Jugend- und Auszubildendenvertreter bei der Feststellung der Stimmenmehrheit mitgezählt.

Für einen wirksamen Beschluss bedarf es somit der (gleichzeitigen) Anwesenheit der Betriebsratsmitglieder (Wedde, in: Däubler et al. 2018, § 33 Rn. 10). Deswegen wird fast einhellig in der Rechtsprechung (BAG 4.8.1975, 2 AZR 266/74, AP Nr. 4 zu § 102 BetrVG 1972) und Literatur (Butz und Pleul 2011, S. 213; Fündling und Sorber 2017, S. 555; Fitting et al. 2018, § 33 Rn. 20; Fütterer 2011, S. 16; Hayen 2017b, S. 39; Koch, in: Müller-Glöge et al. 2020, § 33 BetrVG Rn. 3; Mengel 2009, Kapitel 12 Rn. 18; Neu, in: Kramer 2017, Kapitel C Rn. 97 und 143; Schulze und Ratzesberger 2016, S. 348; Thüsing, in: Richardi 2018, § 33 Rn. 3; Wolmerath, in: Düwell 2018, § 33 Rn. 4) davon ausgegangen, dass eine Beschlussfassung im Umlaufverfahren nicht zulässig ist. Die gewünschte gemeinsame Diskussion, die einem Beschluss vorangehen soll, kann nämlich so nicht erreicht werden (Butz und Pleul 2011, S. 213). Dies gilt selbst dann, wenn alle Betriebsratsmitglieder ihr Einverständnis mit dieser Form der Beschlussfassung erklären (Butz und Pleul 2011, S. 213; Fitting et al. 2018, § 33 Rn. 21). Nur vereinzelt wird hingegen die Ansicht vertreten, dass nach einer bereits stattgefundenen Aussprache oder bei einfach gelagerten Sachverhalten Beschlüsse im Umlaufverfahren zugelassen werden sollten (Koch, in: Ascheid, Preis und Schmidt, § 102 BetrVG Rn. 142; LAG München 8.6.1974, 5 Sa 395/74, DB 1975, 1228).

Die herrschende Meinung in der Literatur überträgt den Gedanken der fehlenden gemeinsamen Diskussion am selben Ort auf Videokonferenzen und nimmt die Unzulässigkeit von auf diese Weise getroffenen Betriebsratsbeschlüssen an (Hayen 2017b, S. 39; Mengel 2009, Kap. 12 Rn. 18; Neu, in: Kramer 2017, Kap. C Rn. 97 und 143; Schulze und Ratzesberger 2016, S. 348; Thüsing, in: Richardi 2018, § 33 Rn. 3). Hier fehlten wesentliche Elemente des persönlichen Austausches, da in der Videokonferenz die Vielfalt menschlicher Kommunikation wie Körpersprache, Mimik und Gestik nicht in vollem

Umfang sinnlich wahrnehmbar abgebildet werde (Hayen 2017b, S. 39). Von einzelnen Stimmen wird die Unwirksamkeit hingegen auf Telefonkonferenzen beschränkt und nicht auf Videokonferenzen übertragen (Butz und Pleul 2011, S. 214; Schulze und Schreck 2014, S. 12). Ein qualitativer Unterschied bestehe darin, dass sich die Mitglieder nicht gegenseitig visuell wahrnehmen könnten. Eine Mindermeinung hält schließlich eine durch Videoübertragung vermittelte Anwesenheit für möglich und erachtet so gefasste Betriebsratsbeschlüsse als zulässig (Butz und Pleul 2011, S. 214; Fütterer 2011, S. 16 f.; Jansen 2006, S. 84 f.; Schulze und Schreck 2014, S. 12).

Außerdem ergibt sich aus § 34 Abs. 1 Satz 3 BetrVG, dass dem Sitzungsprotokoll eine Anwesenheitsliste beizufügen ist, in die sich alle Personen, die an der Sitzung teilnehmen, „eigenhändig einzutragen" haben. Dies kann bei einer Übertragung per Videokonferenz nicht während der Sitzung auf der gleichen Urkunde erfolgen. Das steht jedoch der Wirksamkeit von Beschlüssen bei Videokonferenzen keinesfalls entgegen, denn Sitzungsprotokoll und Anwesenheitsliste dienen lediglich dem Nachweis korrekter Beschlussfassung. Sie sind jedoch – abgesehen von Sonderfällen, in denen (wie etwa beim Erlass einer Geschäftsordnung gemäß § 36 BetrVG) ausnahmsweise die Schriftform angeordnet ist – grundsätzlich nicht Wirksamkeitsvoraussetzung für Betriebsratsbeschlüsse (allgemeine Auffassung, vgl. nur BAG 8.2.1977, 1 ABR 82/74, AP Nr. 10 zu § 80 BetrVG 1972; Koch, in: Müller-Glöge et al. 2020, § 34 BetrVG Rn. 1; Thüsing, in: Richardi 2018, § 34 Rn. 23 f.). Darüber hinaus ist nicht zwingend vorgeschrieben, dass die eigenhändige Unterzeichnung während der Sitzung erfolgt (Jansen 2006, S. 99). Denkbar ist auch die Versendung der Anwesenheitsliste an die per Videokonferenz zugeschalteten Personen, damit diese ihre Anwesenheit nachträglich mit ihrer Unterschrift bestätigen (so Butz und Pleul 2011, S. 214). Noch besser dürfte es allerdings sein, an den unterschiedlichen Orten der Videokonferenz Teillisten der Anwesenden zu erstellen, die anschließend bei der Anfertigung des Sitzungsprotokolls zusammengeführt werden (Jansen 2006, S. 99).

▶ Die Nutzung von Konferenzschaltungen bei Beratungen des Betriebsratsgremiums verstößt nach überwiegender Auffassung zwar nicht gegen das Prinzip der Nichtöffentlichkeit, dennoch wird eine wirksame Beschlussfassung mangels gleichzeitiger Anwesenheit abgelehnt.

▶ Die nachträgliche Erstellung oder Zusammenfügung der Anwesenheitsliste steht der Wirksamkeit von Beschlüssen in keinem Fall entgegen.

2.2.2 Europäische Betriebsräte

Europäische Betriebsräte werden in gemeinschaftsweit tätigen Unternehmen mit mindestens 1000 Arbeitnehmerinnen und Arbeitnehmern in den Mitgliedstaaten der Europäischen Union und mit jeweils zumindest 150 Arbeitnehmerinnen und Arbeitnehmern in mindestens zwei Mitgliedstaaten gebildet (Koch, in: Schaub und Koch 2018, Stichwort

"Europäischer Betriebsrat"). Hier liegt es also bereits in der Natur des Gremiums, dass die Mitglieder örtlich weit voneinander entfernt sind.

Für die Sitzungen Europäischer Betriebsräte ist § 27 Europäische Betriebsräte-Gesetz (EBRG) maßgeblich:

§ 27 Sitzungen

(1) Der Europäische Betriebsrat hat das Recht, im Zusammenhang mit der Unterrichtung durch die zentrale Leitung nach § 29 eine Sitzung durchzuführen und zu dieser einzuladen. Das gleiche gilt bei einer Unterrichtung über außergewöhnliche Umstände nach § 30. Der Zeitpunkt und der Ort der Sitzungen sind mit der zentralen Leitung abzustimmen. Mit Einverständnis der zentralen Leitung kann der Europäische Betriebsrat weitere Sitzungen durchführen. Die Sitzungen des Europäischen Betriebsrats sind nicht öffentlich.

(2) Absatz 1 gilt entsprechend für die Wahrnehmung der Mitwirkungsrechte des Europäischen Betriebsrats durch den Ausschuss nach § 26.

Ähnlich wie in § 33 Abs. 1 Satz 1 BetrVG stellt § 28 EBRG hinsichtlich der Beschlussfassung ebenfalls auf die Anwesenheit der Mitglieder ab:

§ 28 Beschlüsse, Geschäftsordnung

Die Beschlüsse des Europäischen Betriebsrats werden, soweit in diesem Gesetz nichts anderes bestimmt ist, mit der Mehrheit der Stimmen der anwesenden Mitglieder gefasst. Sonstige Bestimmungen über die Geschäftsführung sollen in einer schriftlichen Geschäftsordnung getroffen werden, die der Europäische Betriebsrat mit der Mehrheit der Stimmen seiner Mitglieder beschließt.

Eine eng begrenzte Ausnahmevorschrift für Besatzungsmitglieder von Seeschiffen enthält der seit dem 10. Oktober 2017 geltende § 41a EBRG (eingehend und kritisch zu der Neuregelung Hayen 2017a; Wedde, in: Däubler et al. 2018, § 33 Rn. 11; zustimmend hingegen Wolmerath, in: Düwell 2018, § 33 Rn. 4; zur Herausarbeitung des Ausnahmecharakters siehe insbesondere Hayen 2017b, S. 39):

§ 41a Besondere Regelungen für Besatzungsmitglieder von Seeschiffen

(1) Ist ein Mitglied des besonderen Verhandlungsgremiums, eines Europäischen Betriebsrats oder einer Arbeitnehmervertretung im Sinne des § 19 oder dessen Stellvertreter Besatzungsmitglied eines Seeschiffs, so sollen die Sitzungen so angesetzt werden, dass die Teilnahme des Besatzungsmitglieds erleichtert wird.

(2) Befindet sich ein Besatzungsmitglied auf See oder in einem Hafen, der sich in einem anderen Land als dem befindet, in dem die Reederei ihren Geschäftssitz hat, und kann deshalb nicht an einer Sitzung nach Absatz 1 teilnehmen, so kann eine Teilnahme an der Sitzung mittels neuer Informations- und Kommunikationstechnologien erfolgen, wenn

1. dies in der Geschäftsordnung des zuständigen Gremiums vorgesehen ist und

2. sichergestellt ist, dass Dritte vom Inhalt der Sitzung keine Kenntnis nehmen können.

In der Gesetzesbegründung wird als vorrangiges Ziel die Ermöglichung einer persönlichen Teilnahme am Ort der Sitzung genannt. Ist dies jedoch nicht realisierbar, soll eine Teilnahme unter Nutzung der neuen Informations- und Kommunikationstechnologien ermöglicht werden. Zur Sicherung, dass Dritte vom Inhalt der Sitzung keine Kenntnis nehmen können, wird auf die nach dem Stand der Technik durchführbaren Maßnahmen wie die Verschlüsselung der Verbindung und organisatorische Maßnahmen wie das Zurverfügungstellen eines eigenen nichtöffentlichen Raumes für das Besatzungsmitglied während der Dauer der Sitzung verwiesen (BT-Drs. 18/11926: 24 f.).

▶ Für Europäische Betriebsräte gilt die persönliche Anwesenheit aller Mitglieder am selben Ort als Grundregel, die allerdings für eng begrenzte Ausnahmefälle bei Besatzungsmitgliedern von Seeschiffen durch Nutzung einer Videokonferenz durchbrochen werden kann.

2.2.3 Personalräte

Das für Dienststellen des öffentlichen Dienstes geltende Personalvertretungsrecht orientiert sich überwiegend an den Regelungen der Betriebsverfassung. Regelungen zur Geschäftsführung des Personalrats sind im 2. Kapitel, 3. Abschnitt des Bundespersonalvertretungsgesetzes (§§ 32–45 BPersVG) zu finden. § 34 BPersVG regelt dabei Einladung, Tagesordnung und Sitzungsleitung, in § 35 Satz 1 BPersVG ist festgelegt, dass die Sitzungen des Personalrates nicht öffentlich sind. Eine Besonderheit im Personalvertretungsrecht besteht darin, dass die Personalräte nicht allein Arbeitnehmerinnen und Arbeitnehmer vertreten, sondern auch Beamtinnen und Beamte. Die Repräsentation unterschiedlicher Gruppen führt zu besonderen Regelungen für die Beschlussfassung, die in §§ 37 und 38 BPersVG zu finden sind:

§ 37

(1) Die Beschlüsse des Personalrates werden mit einfacher Stimmenmehrheit der anwesenden Mitglieder gefaßt. Stimmenthaltung gilt als Ablehnung. Bei Stimmengleichheit ist ein Antrag abgelehnt.

(2) Der Personalrat ist nur beschlußfähig, wenn mindestens die Hälfte seiner Mitglieder anwesend ist; Stellvertretung durch Ersatzmitglieder ist zulässig.

§ 38

(1) Über die gemeinsamen Angelegenheiten der Beamten und Arbeitnehmer wird vom Personalrat gemeinsam beraten und beschlossen.

2 Mitbestimmung per Videokonferenz?

(2) In Angelegenheiten, die lediglich die Angehörigen einer Gruppe betreffen, sind nach gemeinsamer Beratung im Personalrat nur die Vertreter dieser Gruppe zur Beschlußfassung berufen. Dies gilt nicht für eine Gruppe, die im Personalrat nicht vertreten ist.

(3) Absatz 2 gilt entsprechend für Angelegenheiten, die lediglich die Angehörigen zweier Gruppen betreffen.

Wie in der Betriebsverfassung wird also auf die „anwesenden Mitglieder" abgestellt, ohne dass die Anwesenheit spezifiziert wird. In allen Fällen muss der Beschlussfassung eine gemeinsame Beratung vorausgehen. Hieraus wird analog zu § 33 BetrVG abgeleitet, dass Umlaufbeschlüsse unwirksam sind (LAG Hessen 21.2.1991, 12 Sa 598/90, ARST 1991: 228; Daniels 2012, S. 253; Grandjot und Schulz 2017, S. 394; Jacobs, in: Richardi et al. 2012, § 37 Rn. 7; Kröll, in: Altvater et al. 2019, § 37 Rn. 2; Richter 2017, S. 294). Eine Ausnahme gilt allerdings für das Bayerische Personalvertretungsgesetz (BayPVG), dass dem Vorsitzenden in „einfachen Angelegenheiten" die Möglichkeit einräumt, im schriftlichen Umlaufverfahren abstimmen zu lassen, wenn kein Mitglied des Personalrats diesem Verfahren widerspricht.

Von der herrschenden Meinung wird eine fernmündliche Beschlussfassung abgelehnt (LAG Hessen 21.2.1991, 12 Sa 598/90, ARST 1991: 228; Grandjot und Schulz 2017, S. 398; Jacobs, in: Richardi et al. 2012, § 37 Rn. 7; Kröll, in: Altvater et al. 2019, § 37 Rn. 2), ebenso eine Abstimmung im Rahmen von Videokonferenzen (Daniels 2012, S. 253; Kröll, in: Altvater et al. 2019, § 37 Rn. 2; Richter 2017, S. 293). Dabei wird wie bei Betriebsräten ebenfalls insbesondere auf einen Verstoß gegen den Grundsatz der Nichtöffentlichkeit abgestellt (Kröll, in: Altvater et al. 2019, § 37 Rn. 2; Richter 2017, S. 294). Allerdings gilt auch im Personalvertretungsrecht, dass ein Verstoß gegen die Nichtöffentlichkeit nicht grundsätzlich zur Unwirksamkeit eines getroffenen Beschlusses führt (Jacobs, in: Richardi et al. 2012, § 35 Rn. 16; Richter 2017, S. 294). Teilweise wird zur Begründung aber auch auf das Fehlen einer gemeinsamen Beratung verwiesen (Daniels 2012, S. 253).

Eine Mindermeinung hält demgegenüber Sitzungen und Abstimmungen des Personalrats grundsätzlich für zulässig (Grandjot und Schulz 2017, S. 393 ff.): Denn auch die Videotechnik vermittle eine Anwesenheit. Zwar könne der Personalrat nicht aus Kostengründen zur Abhaltung von Videokonferenzen gezwungen werden. Wenn er sich jedoch dazu entscheide, sei eine gemeinsame und gleichzeitige Diskussionsmöglichkeit gegeben, um so unmittelbar und gegenseitig auf die Willensbildung Einfluss zu nehmen, den wahren Willen des Personalrats zu ermitteln und diesen in einen Beschluss zu fassen.

▶ Die hinsichtlich des Personalvertretungsrechts bestehenden Auffassungen stellen ein Spiegelbild der kontroversen Diskussion im Rahmen der Betriebsverfassung dar.

2.2.4 Aufsichtsräte

Aufsichtsräte sind Kontrollorgane in Aktiengesellschaften, deren rechtliche Grundlagen vor allem in den §§ 95 bis 116 Aktiengesetz (AktG) zu finden sind. Die Beteiligung von Arbeitnehmerinnen und Arbeitnehmern an der Unternehmensmitbestimmung durch Ausübung von Aufsichtsratsmandaten richtet sich in erster Linie nach der Größe sowie der Rechtsform des Unternehmens. Dem Mitbestimmungsgesetz (MitbestG) unterliegen gemäß § 1 Abs. 1 Unternehmen mit in der Regel mehr als 2000 Arbeitnehmerinnen bzw. Arbeitnehmern in der Rechtsform einer Aktiengesellschaft (AG), einer Kommanditgesellschaft auf Aktien (KGaA), einer Gesellschaft mit beschränkter Haftung (GmbH) oder einer Genossenschaft (eG). § 7 Abs. 1 MitbestG sieht eine gleiche Anzahl an Aufsichtsratsmitgliedern der Anteilseigner- wie der Arbeitnehmerseite vor, wobei allerdings bei Stimmengleichheit nach § 29 Abs. 2 MitbestG die Stimme der bzw. des von der Anteilseignerseite bestimmten Aufsichtsratsvorsitzenden doppelt zählt. Das Drittelbeteiligungsgesetz (DrittelbG) findet gemäß § 1 Abs. 1 auf Unternehmen in der Rechtsform einer AG, GmbH, KGaA, eG oder eines Versicherungsvereins auf Gegenseitigkeit Anwendung. Der Aufsichtsrat muss hier gemäß § 4 Abs. 1 DrittelbG zu einem Drittel aus Vertreterinnen und Vertretern der Arbeitnehmerseite bestehen. Besondere Regeln gelten für Unternehmen der Montanindustrie, die im Montanmitbestimmungsgesetz sowie im Montanmitbestimmungsergänzungsgesetz zu finden sind. Bei grenzüberschreitenden Verschmelzungen sowie Gesellschaftsformen des europäischen Rechts sind ferner das „Gesetz über die Mitbestimmung der Arbeitnehmer bei einer grenzüberschreitenden Verschmelzung" (MgVG), das „Gesetz über die Beteiligung der Arbeitnehmer in einer Europäischen Gesellschaft" (SEBG) sowie das „Gesetz über die Beteiligung der Arbeitnehmerinnen und Arbeitnehmer in einer Europäischen Genossenschaft" (SCEBG) zu beachten.

Anders als bei Betriebsrats- oder Personalratsmitgliedern ist für Aufsichtsräte bei zeitweiliger Verhinderung keine Vertretung durch ein Ersatzmitglied vorgesehen (Wißmann, in: Wißmann et al. 2017, § 6 Rn. 96 f. mit Hinweis auf die Ausnahme bei Genossenschaften). Die Vertraulichkeit von Sitzungen ergibt sich aus § 109 Abs. 1 Satz 1 AktG, wonach an den Sitzungen des Aufsichtsrats und seiner Ausschüsse Personen, die weder dem Aufsichtsrat noch dem Vorstand angehören, nicht teilnehmen sollen. Allerdings kann die Satzung gemäß § 109 Abs. 3 AktG zulassen, dass Personen, die dem Aufsichtsrat nicht angehören, an Stelle von verhinderten Aufsichtsratsmitgliedern teilnehmen können, wenn diese sie hierzu in Textform ermächtigt haben. Dies wird in der Literatur übereinstimmend dahingehend verstanden, dass eine beauftragte dritte Person nicht in Stellvertretung, sondern lediglich in Botenschaft des verhinderten Aufsichtsratsmitglieds handelt (Habersack, in: Goette and Habersack 2019, § 109 Rn. 34; Hambloch-Gesinn und Gesinn, in: Hölters 2017, § 109 Rn. 19; Henssler, in: Henssler und Strohn 2019, § 109 AktG Rn. 12; Oetker, in: Müller-Glöge et al. 2020, § 109 AktG Rn. 6; Spindler, in: Spindler und Stilz 2019, § 109 Rn. 43 f.; Tomasic, in: Grigoleit 2013, § 109 Rn. 9), also lediglich die Stimmabgabe überbringt und keine eigene Entscheidungsfreiheit hat. Die Vorschrift ist im Zusammenspiel mit § 108 AktG zu verstehen, der seit 2001 folgende Fassung hat:

§ 108 Beschlußfassung des Aufsichtsrats

(1) Der Aufsichtsrat entscheidet durch Beschluß.

(2) Die Beschlußfähigkeit des Aufsichtsrats kann, soweit sie nicht gesetzlich geregelt ist, durch die Satzung bestimmt werden. Ist sie weder gesetzlich noch durch die Satzung geregelt, so ist der Aufsichtsrat nur beschlußfähig, wenn mindestens die Hälfte der Mitglieder, aus denen er nach Gesetz oder Satzung insgesamt zu bestehen hat, an der Beschlußfassung teilnimmt. In jedem Fall müssen mindestens drei Mitglieder an der Beschlußfassung teilnehmen. Der Beschlußfähigkeit steht nicht entgegen, daß dem Aufsichtsrat weniger Mitglieder als die durch Gesetz oder Satzung festgesetzte Zahl angehören, auch wenn das für seine Zusammensetzung maßgebende zahlenmäßige Verhältnis nicht gewahrt ist.

(3) Abwesende Aufsichtsratsmitglieder können dadurch an der Beschlußfassung des Aufsichtsrats und seiner Ausschüsse teilnehmen, daß sie schriftliche Stimmabgaben überreichen lassen. Die schriftlichen Stimmabgaben können durch andere Aufsichtsratsmitglieder überreicht werden. Sie können auch durch Personen, die nicht dem Aufsichtsrat angehören, übergeben werden, wenn diese nach § 109 Abs. 3 zur Teilnahme an der Sitzung berechtigt sind.

(4) Schriftliche, fernmündliche oder andere vergleichbare Formen der Beschlussfassung des Aufsichtsrats und seiner Ausschüsse sind vorbehaltlich einer näheren Regelung durch die Satzung oder eine Geschäftsordnung des Aufsichtsrats nur zulässig, wenn kein Mitglied diesem Verfahren widerspricht.

Anders als das Betriebsverfassungs- oder Personalvertretungsrecht stellt das Aktiengesetz also nicht auf die Anwesenheit, sondern auf die Teilnahme am Beschluss ab. Während Abs. 3 die Beschlussfassung während einer Sitzung betrifft, wird Abs. 4 als Regelung zur Stimmabgabe ohne Sitzung verstanden. Zulässig sind aber auch gemischte Beschlussfassungen, in denen Stimmabgaben während der Sitzung mit Stimmabgaben nach der Sitzung zusammengeführt werden (Habersack, in: Goette und Habersack 2019, § 108 Rn. 70 ff.; Hambloch-Gesinn und Gesinn, in: Hölters 2017, § 109 Rn. 19; Henssler, in: Henssler und Strohn 2019, § 109 AktG Rn. 12; Oetker, in: Müller-Glöge et al. 2020, § 108 AktG Rn. 6; Spindler, in: Spindler und Stilz 2019, § 109 Rn. 43 f.; Tomasic, in: Grigoleit 2013, § 109 Rn. 9).

§ 108 Abs. 4 AktG muss im Kontext der vor 2001 geltenden Regelung gesehen werden, die lediglich „schriftliche, telegrafische oder fernmündliche" Beschlussfassungen nannte. Mit der Gesetzesänderung sollten nach der Gesetzesbegründung die Formanforderungen gelockert werden, wobei auch auf die wünschenswerte verstärkte Internationalisierung deutscher Aufsichtsräte Bezug genommen wurde. Dies werde zwangsläufig Videokonferenzen erforderlich machen, wozu der Gesetzesentwurf den Betroffenen ermöglichen wolle, durch größere Satzungs- und Geschäftsordnungsautonomie auf künftige Bedürfnisse flexibel zu reagieren. Dennoch werde die Präsenzsitzung auch künftig die Regel sein, da der intensivere persönliche Austausch und der unmittelbare Eindruck nicht zu unterschätzen seien. Allerdings sei es nicht Aufgabe des Gesetzes, durch zwingende Regelungen den Handlungsspielraum zu beengen (BT-Drs. 14/4051: 12). Ein Jahr später trat zum 26.07.2002 eine weitere Gesetzesänderung in Kraft, welche die Regelung zur Mindestanzahl von Aufsichtsratssitzungen gemäß § 110 Abs. 3 AktG betraf. Während die alte Fassung davon sprach, der Aufsichtsrat müsse „zusammentreten", ist nach neuer Gesetzesfassung die Aufsichtsratssitzung „abzuhalten". Laut Gesetzesbegründung solle dies klarstellen, dass für die Sitzungen des Aufsichtsrats künftig nicht in allen Fällen zwingend die körperliche Anwesenheit aller Aufsichtsratsmitglieder erforderlich sein solle, sondern in begründeten Ausnahmefällen eine Sitzung in Form einer Telefon- oder Videokonferenz erlaubt und ausreichend sei. Das Ziel der Lockerung bestehe darin, den Aufwand, der sich für die Gesellschaften aus der Erhöhung der Sitzungsfrequenz des Aufsichtsrats ergebe, in Grenzen zu halten und eine Internationalisierung der Aufsichtsratsbesetzung nicht zu erschweren. Auch der Neufassung des § 110 Abs. 3 AktG liege allerdings die Erwägung zugrunde, dass die Aufsichtsratsmitglieder im Hinblick auf die Bedeutung ihres Amtes außer in begründeten Ausnahmefällen jedenfalls zu den Pflichtsitzungen persönlich erscheinen sollen (BT-Drs. 14/8769: 17).

▶ Die Zulässigkeit von Videokonferenzen bei Sitzungsdurchführung und Beschlussfassung von Aufsichtsräten wird aufgrund der eindeutigen gesetzgeberischen Intention allgemein akzeptiert.

Dies entspricht praktisch einhelliger Auffassung in der Literatur (Habersack, in: Goette und Habersack 2019, § 108 Rn. 16; Henssler, in: Henssler und Strohn 2019, § 108 AktG Rn. 16; Koch, in: Hüffer und Koch 2018, § 108 Rn. 22; Oetker, in: Müller-Glöge et al. 2020, § 108 AktG Rn. 5; Spindler, in: Spindler und Stilz 2019, § 108 Rn. 61; Wagner 2002, S. 63 f.; Weber 2001: 345; kritisch Tomasic, in: Grigoleit 2013, § 108 Rn. 8).

2.3 Bewertung

Zumindest formell wird das Problem der Nichtöffentlichkeit bei der Nutzung von Videokonferenzen in den beschriebenen Gremienformaten häufig in den Mittelpunkt gestellt. Da heutzutage jedoch gute Möglichkeiten zur Verschlüsselung bestehen, bleibt der größte Schwachpunkt der jeweilige Sitzungsraum, über den sich Unbefugte Kenntnis vom Inhalt der Sitzung verschaffen können. Durch eine Vervielfachung der Räume bei Videokonferenzen steigt dabei das Risiko, es ergibt sich aber kein struktureller Unterschied zu Sitzungen allein in einem Raum. Daher ist bei Beachtung der nach dem Stand der Technik üblichen Sicherungsmaßnahmen die Gefahr des unbefugten Abhörens kein tragfähiges Argument, um Videokonferenzen abzulehnen.

Inhaltlich sehr viel bedeutsamer ist die Befürchtung eines unangemessenen Kostendrucks auf Betriebs- oder Personalräte, der – manchmal lediglich angedeutet – ein wesentliches Motiv für angeführte rechtliche Bedenken sein dürfte (Hayen, 2017a, S. 397; Jesgarzewski

2 Mitbestimmung per Videokonferenz?

und Holzendorf 2012a, S. 1; Wedde, in: Däubler et al. 2018, § 33 Rn. 11). Bei Aufsichtsräten spielt dieser Aspekt hingegen eine deutlich geringere Rolle, da angesichts nicht selten hoher Aufsichtsratstantiemen die Reisekosten einen sehr viel kleineren Anteil an den Gesamtkosten haben und finanzielle Aufwendungen für Videokonferenzen typischerweise geringer sind als entstehende Reisekosten. Wer aber zum Schutz von Betriebs- und Personalräten die Videokonferenz verbietet, nimmt diesen Gremien zugleich eigene Gestaltungsmöglichkeiten. Es sind nämlich oftmals nicht Fragen der Bequemlichkeit (so aber Hayen, 2017a, S. 396), sondern enge zeitliche Fristen (bei außerordentlichen Kündigungen drei Tage gem. § 102 Abs. 2 Satz 3 BetrVG bzw. drei Arbeitstage gem. § 79 Abs. 3 Satz 3 BPersVG) in Kombination mit familiären Bindungen wie etwa der Kinderbetreuung, die eine Teilnahme an einem bestimmten Sitzungsort unmöglich machen können. Deswegen ist es sinnvoll, den Betriebs- und Personalräten wirksame Schutzmechanismen an die Hand zu geben, der ihnen die volle Entscheidungsfreiheit über die Art der Sitzungsdurchführung belässt.

Im Mittelpunkt der Debatte sollten sinnvollerweise die Aspekte stehen, die qualitative Unterschiede zwischen Sitzungen an einem Tagungsort und Videokonferenzen betreffen. Empirische Studien hierzu hat Jansen zusammengefasst (2006, S. 88 ff.): Eine Besonderheit von Videokonferenzen sei die aufwändigere Gesprächskoordination infolge fehlenden direkten Blickkontakts, Problemen hinsichtlich der Lautstärke sowie technischer Übertragungsverzögerungen. Ferner werde das Sitzungsgeschehen im anderen Übertragungsraum nur eingeschränkt transparent, wozu auch die deutlich geringere Wahrnehmung der Körpersprache beitrage. Des Weiteren komme es leicht zur Verlagerung der Diskussion auf einen Sitzungsraum. Außerdem führe die räumliche Trennung dazu, dass kaum informelle Gespräche zwischen Personen an unterschiedlichen Standorten geführt würden. Beobachtet worden sei darüber hinaus eine Tendenz zur Blockbildung entlang der jeweiligen Sitzungsräume. Schließlich sei eine Förderung und Polarisierung bei Unstimmigkeiten wahrgenommen worden, so dass sich Videokonferenzen für die Besprechung emotionaler und konfliktbeladener Themen weniger eigneten. Diese empirischen Beobachtungen stellen den Einsatz von Videokonferenzen nicht grundsätzlich in Frage. Diese müssen jedoch eine Ausnahme bleiben, um ein strukturelles Ungleichgewicht zwischen den Mitgliedern des jeweiligen Gremiums zu vermeiden und eine solide Basis für die gemeinsame Arbeit sicherzustellen. Zudem ergibt sich hieraus die Notwendigkeit, den Interessen einzelner Gremiumsmitglieder, die durch die Art der Sitzungsführung benachteiligt werden könnten, Rechnung zu tragen. Deswegen muss ein wirksamer Schutz von Minderheitspositionen in dem jeweiligen Gremium gewährleistet sein, einer Beschlussfassung im Rahmen einer Videokonferenz ggf. widersprechen zu können.

Vor dem Hintergrund dieser Aspekte muss die Rechtmäßigkeit derartiger Beschlussfassungen anders als von der herrschenden Meinung bewertet werden:

▶ Videokonferenzen können im Ausnahmefall für Diskussionen und Beschlüsse von Betriebs- oder Personalräten geeignet sein, wenn technisch die Nichtöffentlichkeit der Sitzung sichergestellt ist, das Gremium eigenständig über ihre Durchführung entscheidet und Mitgliedern ein Vetorecht bei der Beschlussfassung eingeräumt wird.

2.4 Perspektiven

Es stellt sich somit die Frage, in welcher Weise das geltende Recht weiterentwickelt werden sollte. Da aber nach derzeitigem Stand der Gesetze die Gültigkeit der im Rahmen von Videokonferenzen getroffenen Beschlüsse umstritten ist, muss darüber hinaus der Blick auf rechtssichere Vorgehensweisen nach geltendem Recht gerichtet werden.

2.4.1 Gesetzliche Änderungen

Schon im Rahmen der umfassenden BetrVG-Reform von 2001 war die fehlende Auseinandersetzung mit den Konsequenzen eines neuen Kommunikationszeitalters für die Betriebsverfassung – einschließlich etwa der Möglichkeiten von Videokonferenzen – kritisiert worden (Fischer 2000, S. 174). Im Weißbuch Arbeiten 4.0 erwägt nun das Bundesministerium für Arbeit und Soziales (BMAS), Videokonferenzen für Betriebsratssitzungen in Ausnahmefällen zu ermöglichen. Als Voraussetzungen werden insoweit genannt, dass es die Initiative und die einstimmige Entscheidung des Betriebsrats in eng definierten Ausnahmefällen sein müsse, in denen die Durchführung einer persönlichen Sitzung wegen besonderer Dringlichkeit erheblich erschwert würde. Der Arbeitgeber müsste zudem durch technische Maßnahmen sicherstellen, dass Dritte die Sitzung nicht mitverfolgen können (BMAS 2017, S. 160 f.; insofern zustimmend Hanau 2017, S. 216; ablehnend Klebe 2017, S. 84).

Diesen Überlegungen ist vom Grundsatz her zuzustimmen. Allerdings ist die besondere Dringlichkeit insofern ein wichtiges, jedoch nicht das alleinige Kriterium. So kann trotz besonderer Dringlichkeit ein Thema aufgrund einer besonderen Konfliktsituation innerhalb des Betriebsrats für eine Videokonferenz ungeeignet sein. Dies lässt sich von außen nicht vernünftig beurteilen, so dass es entscheidend auf die Selbststeuerung des Betriebsratsgremiums ankommt. Wichtig sind zudem Mechanismen, die den Ausnahmecharakter der Videokonferenz sicherstellen. Beispielsweise wäre vorstellbar, dass innerhalb eines Kalenderjahres die Anzahl von Präsenzsitzungen eine bestimmte Quote nicht unterschreiten darf. Um die Selbststeuerung des Betriebsratsgremiums zu stärken, sollte analog zu den Vorgaben für Europäische Betriebsräte sowie für Aufsichtsräte eine Regelung in der Geschäftsordnung zur Voraussetzung gemacht werden. Dies zwingt zu einer grundsätzlichen Auseinandersetzung des gesamten Betriebsrats mit der Problematik und strukturiert insofern die Vorgehensweise der bzw. des Vorsitzenden entsprechend den Vorstellungen des gesamten Gremiums. Entsprechende Regeln sollten auch für Personalräte gelten.

▶ Eine moderate Anpassung des Betriebsverfassungs- und Personalvertretungsrechts zur ausnahmsweisen Zulassung von Videokonferenzsitzungen erscheint sinnvoll.

2.4.2 Handhabungen nach geltendem Recht

Schon nach geltendem Recht können sich Mitglieder von Betriebs- und Personalräten für informelle Kommunikation untereinander aller zur Verfügung stehender technischer Möglichkeiten bedienen, soweit sie dabei ihrer Pflicht zur Verschwiegenheit gegenüber Dritten und dabei insbesondere zum Schutz personenbezogener Daten entsprechen (zur Schweigepflicht im Personalvertretungsrecht siehe Herget, in: Altvater et al. 2019, § 10 Rn. 1 ff.; zu den weiterreichenden Regelungen in der Betriebsverfassung Buschmann, in: Däubler et al. 2018, § 79 Rn. 1 ff. sowie Trümner, in: Däubler et al. 2018, § 120 Rn. 1 ff.). Folglich wäre es vorstellbar, dass – beispielsweise aufgrund eines aus objektiven Beschränkungen resultierenden engen Zeitfensters für eine Präsenzsitzung – im Vorfeld einer Sitzung durch eine Konferenzschaltung aller Gremiumsmitglieder Informationen ausgetauscht und Fragen vorab geklärt werden. Hier läge es dann in der Verantwortung der Sitzungsleitung zu kanalisieren, welche Fragen einer Vorklärung zugänglich sein sollten und ab welchem Punkt eine Verlagerung der Diskussion in die Präsenzsitzung geboten erscheint.

Ein solches Vorgehen stößt allerdings an seine Grenzen, wenn aufgrund von Fristen Beschlussfassungen notwendig werden, die nicht im Rahmen eines informellen Austauschs erfolgen können. Wie dargestellt wurde, sprechen gute Gründe für die Zulässigkeit von Betriebs- oder Personalratssitzungen in der Form einer Videokonferenz. Für die jeweiligen Gremien verbleibt jedoch die Unsicherheit, dass die Rechtmäßigkeit getroffener Beschlüsse in Zweifel gezogen werden könnte. Es besteht aber die Möglichkeit, dass in einer Präsenzsitzung ein vorheriger Beschluss in einer Videokonferenz erneut getroffen wird. Allerdings muss dabei beachtet werden, dass es hinsichtlich der Möglichkeit zur Heilung unwirksamer Beschlüsse unterschiedliche Auffassungen gibt. Ursprünglich trat das Bundesarbeitsgericht dafür ein, dass ein unwirksamer Beschluss in einer späteren Betriebsratssitzung rechtswirksam gebilligt werden kann (BAG, 28.10.1992, 7 ABR 14/92, NZA (1993), S. 466, 468). An dieser Möglichkeit einer ausdrücklichen oder konkludenten Billigung hielt das Gericht in einer späteren Entscheidung ausdrücklich nicht mehr fest (BAG, 8.3.2000, 7 ABR 11/98, NZA (2000), S. 838, 839; kritisch hierzu Reitze 2002). In einer weiteren Entscheidung wurde jedoch klargestellt, dass die Unwirksamkeit eines Betriebsratsbeschlusses über die Einleitung eines Beschlussverfahrens und die Beauftragung eines Rechtsanwalts durch einen ordnungsgemäßen späteren Beschluss geheilt werden kann, wenn dieser noch vor Abschluss der ersten Instanz gefasst wurde (BAG 18.2.2003, 1 ABR 17/02, NZA (2004), S. 336, 339). Damit kommt es also entscheidend auf den Zeitpunkt der erneuten Beschlussfassung je nach Gegenstand des Beschlusses an; so muss etwa ein Beschluss zur Teilnahme an einer Schulungsmaßnahme ordnungsgemäß vor Beginn der Schulung getroffen worden sein (Grosjean 2005, S. 120). Der erneute Beschluss bewirkt demnach keine Heilung der Unwirksamkeit für die Vergangenheit, sondern wirkt lediglich für die Zukunft (Thüsing, in: Richardi 2018, § 33 Rn. 47a; noch weitergehender Wedde, in: Däubler et al. 2018, § 33 Rn. 36). Auch für Personalratsbeschlüsse wird angenommen, dass eine erneute Beschlussfassung möglich ist (dies gilt auch abändernd, solange der Beschluss noch keine Wirkung nach außen erlangt hat, vgl. hierzu Jacobs, in: Richardi et al. 2012, § 37 Rn. 32 und Kröll, in: Altvater et al. 2019, § 37 Rn. 22).

Möglich ist somit, im – ggf. unmittelbaren – Anschluss an eine Videokonferenz eine Präsenzsitzung zur Bestätigung der getroffenen Beschlüsse an einem Ort durchzuführen, an dem zumindest die Beschlussfähigkeit des Gremiums sichergestellt werden kann. Dabei ist unbedingt darauf zu achten, dass eine ordnungsgemäße Einladung zu dieser Sitzung mit konkreter Benennung der zu beschließenden Punkte erfolgt. Das Risiko einer solchen Vorgehensweise besteht darin, dass durch die veränderte Zusammensetzung andere Mehrheitsverhältnisse entstehen können. Es bedarf daher eines Konsenses aller Gremiumsmitglieder, dass die Bestätigung der getroffenen Beschlüsse von allen mitgetragen wird, selbst wenn in der Videokonferenz zuvor einzelne Mitglieder gegenteilig gestimmt haben. Würde dieser Konsens aufgekündigt, könnte in den meisten Fällen durch Herbeiführung der Beschlussunfähigkeit ein abändernder Beschluss noch verhindert werden. Denn da mindestens die Hälfte der Gremiumsmitglieder zuvor für den Beschluss gestimmt haben muss (§ 33 Abs. 1 BetrVG bzw. § 37 Abs. 1 BPersVG), ist ohne deren Anwesenheit keine Beschlussfähigkeit mehr gegeben (vgl. § 33 Abs. 2 BetrVG bzw. § 37 Abs. 2 BPersVG). Durch Teilnahmemöglichkeit anderer Ersatzmitglieder kann es theoretisch allerdings zu Konstellationen kommen, in denen eine beschlussfähige Anzahl von Mitgliedern einen abändernden Beschluss herbeiführen kann. In derartigen Konstellationen wird sich aber die Frage stellen, ob die Durchführung der Videokonferenz tatsächlich zwingend notwendig war. Darüber hinaus liegt es in der Verantwortung des Gremiums abzuwägen, ob eher das Risiko eines Beschlussmangels im Rahmen der Videoübertragung oder die Gefahr eines abändernden Beschlusses in Kauf genommen werden soll.

▶ Durch eine Präsenzsitzung im Anschluss an eine Videokonferenz zur Bestätigung der zuvor getroffenen Entscheidungen kann Rechtssicherheit hinsichtlich der erfolgten Beschlüsse herbeigeführt werden.

Es bleibt jedoch in der Verantwortung des Gremiums zu entscheiden, ob ein solches Vorgehen erforderlich und opportun erscheint.

2.5 Fazit

Während die Durchführung von Sitzungen und Beschlussfassungen im Rahmen von Videokonferenzen für Aufsichtsräte vom Gesetzgeber geregelt wurde, existiert in den Bereichen der Betriebsverfassung und des Personalvertretungsrechts – mit Ausnahme einer Sonderregelung für Europäische Betriebsräte hinsichtlich der Besatzungsmitglieder von Seeschiffen – keine eindeutige gesetzliche Kodifikation. Angesichts der Besonderheiten von Videoübertragungen muss die gemeinsame Präsenz der Gremiumsmitglieder an einem Tagungsort die Grundregel bleiben. In eng definierten Ausnahmefällen ist jedoch eine moderate Gesetzesreform vorstellbar. Dabei müssen die technischen Möglichkeiten zum

Schutz der Nichtöffentlichkeit von Sitzungen genutzt, die Entscheidungsfreiheit des Gremiums über die Durchführung von Videokonferenzen sichergestellt und einzelnen Mitgliedern ein Vetorecht eingeräumt werden. Voraussetzung sollte ferner eine generelle Regelung in der Geschäftsordnung des Gremiums sein.

Entgegen der Auffassung der derzeit noch herrschenden Meinung sprechen bereits nach geltendem Recht gute Argumente für eine zulässige Beschlussfassung bei Videoübertragungen. Zusätzliche Rechtssicherheit kann mit der Durchführung einer Präsenzsitzung mit einer beschlussfähigen Anzahl von Gremiumsmitgliedern im Anschluss an die Videokonferenz herbeigeführt werden, in der die zuvor getroffenen Beschlüsse erneut bestätigt werden.

Perspektivisch wäre es sinnvoll, die Nutzung moderner Kommunikationsmittel in der Arbeitsweise von Betriebs-, Personal- und Aufsichtsräten empirisch näher zu untersuchen. Insbesondere für den Fall einer Gesetzesänderung wäre es wichtig zu beobachten, ob den Gremien eine verantwortungsvolle Nutzung der technischen Möglichkeiten gelingt und die Sicherungsmechanismen sowohl gegenüber der Arbeitgeberseite als auch zum Schutz Einzelner innerhalb des Gremiums wirken.

Literatur

Altvater, L., Baden, E., Baunack, S., Berg, P., Dierßen, M., Herget, G., Kröll, M., Lenders, D. & Noll, G. (2019): Bundespersonalvertretungsgesetz (10. Aufl.).
Bundesministerium für Arbeit und Soziales (2017), Weißbuch Arbeiten 4.0.
Butz, B. & Pleul, K. (2011): Elektronische Betriebsratsbeschlüsse: Was ist zulässig? In: *Arbeit und Arbeitsrecht*, 66, 213–215.
Daniels, W. (2012): Der ordnungsgemäße Beschluss des Personalrats. In: *Der Personalrat*, 28, 253–257.
Däubler, W., Kittner, M., Klebe, T. & Wedde, P. (2018): Betriebsverfassungsgesetz (16. Aufl.).
Düwell, F. (2018): Betriebsverfassungsgesetz (5. Aufl.).
Fischer, U. (2000): Die Vorschläge von DGB und DAG zur Reform des Betriebsverfassungsgesetzes. In: *Neue Zeitschrift für Arbeitsrecht*, 17, 167–175.
Fitting, K., Engels, G., Schmidt, I., Trebinger, Y., Linsenmaier, W. (2018): Betriebsverfassungsgesetz (29. Aufl.).
Fütterer, M. (2011): Zulässig oder nicht? Die elektronische Beschlussfassung des Betriebsrats. In: *Der Betriebsrat*, 2/2011, 16–17.
Fündling, C. & Sorber, D. (2017): Arbeitswelt 4.0 – Benötigt das BetrVG ein Update in Sachen digitalisierte Arbeitsweise des Betriebsrats? In: *Neue Zeitschrift für Arbeitsrecht*, 34, 552–558.
Goette, W. & Habersack, M. (2019): Münchener Kommentar zum Aktiengesetz: Bd. 2 (5. Aufl.).
Grandjot, R. & Schulz, G. (2017): Die virtuelle Personalratssitzung – Zulässigkeit von Videokonferenzen nach dem Bundespersonalvertretungsgesetz. In: *Neue Zeitschrift für Arbeitsrecht-Rechtsprechungs-Report*, 22, 393–398.
Grigoleit, H. C. (2013): Aktiengesetz.
Grosjean, S. (2005): Die Rechtsprechung zur formellen (Un-) Wirksamkeit von Betriebsratsbeschlüssen. In: *Neue Zeitschrift für Arbeitsrecht-Rechtsprechungs-Report*, 10, 113–123.
Hanau, P. (2017): Arbeits- und Sozialversicherungsrecht 4.0 im Weißbuch des BMAS. In: *Recht der Arbeit*, 70, 213–216.

Hayen, P. (2017a): Änderung des EBRG für Seeleute – Sitzungsteilnahme per Videokonferenz möglich! In: *Arbeit und Recht*, 65, 394–397.

Hayen, P. (2017b): Sitzungsteilnahme per Videokonferenz. In: *Arbeitsrecht im Betrieb*, 38, 38–39.

Henssler, M. & Strohn, L. (2019): Gesellschaftsrecht (4. Aufl.).

Hölters, W. (2017): Aktiengesetz (3. Aufl.).

Hüffer, U. & Koch, J. (2018): Aktiengesetz (13. Aufl.).

Jansen, J. (2006): Die elektronische Kommunikation in der Betriebsverfassung. Berlin: Duncker & Humblot.

Jesgarzewski, T. & Holzendorf, T. (2012a): Zulässigkeit virtueller Betriebsratssitzungen. In: *Neue Zeitschrift für Arbeitsrecht,* 29, Online-Aufsatz 5/2012, 1–5. Online unter: https://rsw.beck.de/rsw/upload/NZA/NZAOnlineAufsatz_2012_05.pdf.

Jesgarzewski, T. & Holzendorf, T. (2012b): Zulässigkeit virtueller Betriebsratssitzungen. In: *Neue Zeitschrift für Arbeitsrecht*, 29, 1021–1022.

Klebe, T. (2017): Betriebsrat 4.0 – Digital und global? In: *Neue Zeitschrift für Arbeitsrecht*-Beilage, 34, 77–84.

Kramer, S. (2017): IT-Arbeitsrecht.

Mengel, A. (2009): Compliance und Arbeitsrecht.

Müller-Glöge, R., Preis, U. & Schmidt, I. (2020): Erfurter Kommentar zum Arbeitsrecht (20. Aufl.).

Reitze, S. (2002): Rückwirkende „Billigung" unwirksamer oder fehlender Entscheidungen des Betriebsrats? In: *Neue Zeitschrift für Arbeitsrecht*, 19, 492–495.

Richardi, R. (2018): Betriebsverfassungsgesetz (16. Aufl.).

Richardi, R., Dörner, H. & Weber, C. (2012): Personalvertretungsrecht (4. Aufl.).

Richter, J. (2017): Die Nichtöffentlichkeit von Personalratssitzungen. In: *Die Personalvertretung*, 60, 288–294.

Rolfs, C., Giesen, R., Kreikebohm, R. & Udsching, P. (2018): BeckOK Arbeitsrecht, 50. Edition, Stand: 01.12.2018.

Schaub, G. & Koch, U. (2018): Arbeitsrecht von A–Z (22. Aufl.).

Schulze, M. & Ratzesberger, E. (2016): Betriebsratsarbeit – So werden wirksame Beschlüsse gefasst. In: *Arbeitsrecht Aktuell*, 8, 348–350.

Schulze, M. & Schreck, C. (2014): Formwirksamer Betriebsratsbeschluss: Unüberwindbares Hindernis? In: *Arbeitsrecht Aktuell*, 6, 11–14.

Spindler, G. & Stilz, E. (2019): Aktiengesetz (4. Aufl.).

Wagner, J. (2002): Aufsichtsratssitzung in Form der Videokonferenz – Gegenwärtiger Stand und mögliche Änderungen durch das Transparenz- und Publizitätsgesetz. In: *Neue Zeitschrift für Gesellschaftsrecht*, 5, 57–64.

Weber, M. (2001): Der Eintritt des Aktienrechts in das Zeitalter der elektronischen Medien – Das NaStraG in seiner verabschiedeten Fassung. In: *Neue Zeitschrift für Gesellschaftsrecht*, 4, 337–346.

Wisskirchen, G. & Block, J. (2017): Auf der Suche nach dem Arbeitgeber, Mitbestimmung in komplexen Organisationsformen. In: *Neue Zeitschrift für Arbeitsrecht*-Beilage, 34, 90–95.

Wißmann, H., Kleinsorge, G. & Schubert, C. (2017): Mitbestimmungsrecht (5. Aufl.).

Der Arbeitnehmerbegriff und die neue Arbeitswelt in Rechtsdogmatik, betrieblicher Praxis und Arbeitsrechtslehre

3

Uwe Meyer

Inhaltsverzeichnis

3.1	Einleitung	60
3.2	Der rechtsdogmatische Arbeitnehmerbegriff	62
	3.2.1 Der Begriff des Arbeitnehmers in § 611a BGB	63
	3.2.1.1 Drei Voraussetzungen	63
	3.2.1.2 Weitere Regelungen	66
	3.2.2 Arbeitnehmerbegriff und die neue Arbeitswelt	66
	3.2.3 Arbeitnehmerbegriff und Legal Tech	67
3.3	Die betriebliche Praxis	68
	3.3.1 Neue Arbeitsformen in der neuen Arbeitswelt	69
	3.3.1.1 Home Office und mobile Arbeit	69
	3.3.1.2 Plattformökonomie und Crowdworking	70
	3.3.2 Auswirkungen auf den Arbeitnehmerbegriff	70
3.4	Der Arbeitnehmerbegriff in der Arbeitsrechtslehre	72
	3.4.1 Die Voraussetzungen des Arbeitnehmerbegriffs und Fallbeispiele	72
	3.4.2 Die Probleme des Arbeitnehmerbegriffs in der neuen Arbeitswelt	73
	3.4.3 Der Arbeitnehmerbegriff und Legal Tech	73
3.5	Fazit	74
Literatur		75

U. Meyer (✉)
Hochschule der Bundesagentur für Arbeit, Schwerin, Deutschland
E-Mail: uwe.meyer3@arbeitsagentur.de

© Springer Fachmedien Wiesbaden GmbH, ein Teil von Springer Nature 2020
T. Freiling et al. (Hrsg.), *Zukünftige Arbeitswelten*,
https://doi.org/10.1007/978-3-658-28263-9_3

Zusammenfassung

Vor zwei Jahren ist der traditionelle Arbeitnehmerbegriff des Industriezeitalters, der den Anwendungsbereich des Arbeitsrechts beschreibt, in Deutschland kodifiziert worden. Die Veränderungen der neuen Arbeitswelt durch die Digitalisierung und Internationalisierung der Wirtschaft hat der Gesetzgeber bei der gesetzlichen Regelung nicht berücksichtigt. Es stellt sich deshalb die Frage, ob dieser traditionelle Arbeitnehmerbegriff die Probleme, die die neuen Beschäftigungsformen wie beispielsweise mobile Arbeit oder Crowdworking in der betrieblichen Praxis mit sich bringen, adäquat lösen kann. Dieser nunmehr gesetzlich definierte traditionelle Arbeitnehmerbegriff und die neuen Beschäftigungsformen haben auch Konsequenzen für die Hochschullehre. Zusätzlich werden die durch die Digitalisierung geschaffenen Legal Tech-Instrumente (IT-Programme, die Rechtsfragen selbstständig beantworten, Dokumente ordnen oder Verträge und andere Texte erstellen können) zukünftig die Rechtsanwendung und die Hochschullehre maßgeblich prägen.

Schlüsselwörter

Arbeitnehmerbegriff · Persönliche Abhängigkeit · Weisungsgebundenheit · Digitalisierung · Plattformökonomie · Mobile Arbeit · Arbeitsrechtslehre · Legal Tech

3.1 Einleitung

Digitalisierung und Flexibilisierung der Arbeit und auch die Globalisierung sind die unter der Überschrift „Arbeit 4.0" diskutierten zentralen Themen. Die Flexibilisierung betrifft dabei vor allem die Arbeitszeit und auch den Arbeitsort, die Digitalisierung darüber hinaus den Arbeitsinhalt und die Durchführung der Arbeit. Dieser Beitrag geht der Frage nach, unter welchen Voraussetzungen ein Beschäftigter ein Arbeitnehmer ist und damit das Arbeitsrecht auf ihn oder sie Anwendung findet, welche Auswirkungen die neue Arbeitswelt, insbesondere die Digitalisierung und die Internationalisierung, auf den Arbeitnehmerbegriff haben kann und schließlich, welche Konsequenzen daraus für die Hochschullehre im Arbeitsrecht zu ziehen sind.

Der aus dem Industriezeitalter stammende Arbeitnehmerbegriff ist für das Arbeitsrecht von grundlegender Bedeutung, da er den Anwendungsbereich des arbeitsrechtlichen Schutzes für einen Beschäftigten überhaupt erst eröffnet. Trotz erheblicher Veränderungen auf dem Arbeitsmarkt und in der betrieblichen Praxis durch die Digitalisierung und Globalisierung der Arbeit hat der Gesetzgeber an dem traditionellen, von der Industriearbeit geprägten Arbeitnehmerbegriff festgehalten.

Der bisherige Arbeitnehmerbegriff des Bundesarbeitsgerichts (BAG) ist erst seit dem Jahr 2017 in § 611a Bürgerliches Gesetzbuch (BGB) gesetzlich geregelt (Gesetz vom 21.02.2017, BGBl. I S. 258). Arbeitnehmer ist danach, wer aufgrund eines privatrechtlichen Vertrages im Dienste eines anderen in persönlicher Abhängigkeit arbeitet. Entscheidend sowohl in der Rechtsdogmatik als auch in der betrieblichen Praxis ist dabei die persönliche Abhängigkeit und damit die Frage, ob der Beschäftigte Arbeitsort, Arbeitszeit und Arbeitsinhalt im Wesentlichen selbst bestimmen kann oder nicht. Der Gesetzgeber hat bei der Kodifizierung des Arbeitnehmerbegriffs vor zwei Jahren darauf verzichtet, den Begriff den veränderten betrieblichen Rahmenbedingungen in der modernen Arbeitswelt anzupassen. Er hat stattdessen den von der Rechtsprechung der Arbeitsgerichte seit 50 Jahren geprägten traditionellen Arbeitnehmerbegriff vollumfänglich übernommen.

> Die Erbringung von Arbeitsleistungen hat sich in den letzten Jahren erheblich verändert und wird sich aller Wahrscheinlichkeit nach in den nächsten Jahren weiterhin verändern (BMAS 2017, S. 18 ff.).

Die in der modernen Arbeitswelt etablierten neuen Kommunikationsmedien ermöglichen weitaus mehr als in der Vergangenheit die Arbeit außerhalb des Betriebs (Home Office und mobile Arbeit), so dass der Beschäftigte selbst entscheiden kann, wann und wo er arbeitet. Besonders grundlegende arbeitsrechtliche Fragen wirft dabei das sogenannte Crowdworking auf (BMAS 2017, S. 55 ff.). Da Crowdworker in der Regel Arbeitsort und -zeit selbst bestimmen können, sind sie nach der zurzeit gültigen Definition grundsätzlich keine Arbeitnehmer. Es ist allerdings davon auszugehen, dass Crowdworking bislang zum großen Teil nur in Nebentätigkeit ausgeübt wird, Crowdworking als Haupttätigkeit wird eher selten gegeben sein, dies kann sich jedoch in Zukunft ändern (vgl. Krause 2016, S. 102 f.).

Gleichzeitig verändert die Digitalisierung auch durch den zunehmenden Einsatz von IT-Programmen (Legal Tech) die juristische Arbeit selber. Es verändern sich die Beschäftigungsformen der Beschäftigten im juristischen Arbeitsumfeld durch mobiles Arbeiten etc., und auch der Inhalt der juristischen Arbeit, zum Beispiel eben die Prüfung des Arbeitnehmerbegriffs. Datenbanken und selbstlernende Internetanwendungen können zunehmend einfache und mittelschwere juristische Probleme selbstständig lösen. Juristen mit speziellen IT-Kenntnissen müssen nur noch die Arbeit dieser IT-Systeme überwachen und als Ansprechpartner bei auftretenden Problemen per Mail oder am Telefon zur Verfügung stehen.

Internetplattformen für Crowdworking im Anwaltsbereich existieren in Deutschland bereits (zum Beispiel edicted.de), so dass auch das Crowdworking außerhalb des Schutzes durch das Arbeitsrecht in diesem Bereich betriebliche Realität ist. Schließlich gibt es bereits IT-Programme, die nach Eingabe der relevanten Fakten selbstständig beurteilen können, ob ein Beschäftigter Arbeitnehmer ist oder nicht. Die Lehre im Arbeitsrecht muss also zukünftig nicht nur die rechtsdogmatische Definition des Arbeitnehmerbegriffs und die betriebliche Praxis unter Berücksichtigung der neuen Bedingungen der Digitalisierung (Arbeit 4.0) umfassen. Darüber hinaus sind die juristischen IT-Anwendungen und die Internetplattformen, die bei der Anwendung und Prüfung des Arbeitnehmerbegriffs relevant sind, zu berücksichtigen.

Im Folgenden soll zunächst der rechtsdogmatische Arbeitnehmerbegriff, wie ihn die Rechtsprechung der Arbeitsgerichte und nunmehr der Gesetzgeber in § 611a BGB definiert haben, dargestellt werden. Sodann sollen die Herausforderungen für den Arbeitnehmerbegriff in der betrieblichen Praxis aufgrund der Veränderungen der Arbeitswelt durch Digitalisierung und Internationalisierung erörtert werden, und schließlich soll der Frage nachgegangen werden, welche Konsequenzen all dies für die Arbeitsrechtslehre haben kann.

3.2 Der rechtsdogmatische Arbeitnehmerbegriff

Das Arbeitsrecht findet nur Anwendung, wenn ein Arbeitsverhältnis vorliegt, also ein Arbeitsvertrag zwischen einem Arbeitgeber und einem Arbeitnehmer geschlossen wurde. Dies ist nunmehr in § 611a BGB ausdrücklich festgehalten. Arbeitgeber ist, wer mindestens einen Arbeitnehmer beschäftigt, so dass die entscheidende Voraussetzung für das Vorliegen eines Arbeitsverhältnisses der Arbeitnehmer ist.

> ▶ Der Arbeitnehmerbegriff ist deshalb der zentrale Begriff des Arbeitsrechts, da der den Anwendungsbereich des Arbeitsrechts und folglich den sozialen Schutz, den das Arbeitsrecht gewährt, vorgibt.

Der Arbeitnehmer definiert sich nach der bisherigen Rechtsprechung des BAG und der Arbeitsrechtswissenschaft in erster Linie über die persönliche Abhängigkeit des Arbeitnehmers, das heißt, der Arbeitgeber ist hinsichtlich Arbeitsort, -zeit und -inhalt weisungsberechtigt gegenüber dem Arbeitnehmer (Dütz und Thüsing 2018: § 2 Rdn. 36; Junker 2018: Rdn. 91 ff.; Meyer 2016, S. 126 f.). Dieser Arbeitnehmerbegriff kommt aus der Industriegesellschaft des 20. Jahrhunderts, in dem die Arbeit nach Weisung des Arbeitgebers die weit überwiegend anzutreffende Form der Beschäftigung war. Dies ist in der Wissensgesellschaft des 21. Jahrhunderts nicht mehr der Fall. Die abhängige Beschäftigung nach Weisung ist nur noch eine von vielen möglichen Formen der Beschäftigung und nimmt zahlenmäßig ab. Daneben gibt es vielfältige Formen der Beschäftigung, die verschiedene Grade von Freiheiten für den Mitarbeiter mit sich bringen.

Es gibt neben dem Arbeitnehmer im deutschen Arbeitsrecht auch die arbeitnehmerähnliche Person. Der Selbstständige, der Arbeitsort, -zeit und -inhalt im Wesentlichen selbst bestimmen kann, aber wirtschaftlich von einem Auftraggeber abhängig ist, weil er mehr als die Hälfte seiner Arbeitszeit für diesen Auftraggeber aufwendet oder mehr als die Hälfte seiner Einnahmen von diesem bezieht, wird als „arbeitnehmerähnliche Person" bezeichnet. Für die wirtschaftlich abhängigen arbeitnehmerähnlichen Personen gilt das Arbeitsrecht jedoch grundsätzlich nicht, von ganz wenigen Ausnahmen, wie zum Beispiel das Bundesurlaubsgesetz mit dem gesetzlichen Mindesturlaub oder das Allgemeine Gleichbehandlungsgesetz mit seinen Diskriminierungsverboten und einigen anderen Regelungen, abgesehen (Dütz und Thüsing 2018: § 2, Rdn. 39; Junker 2018: Rdn. 97). Denn die arbeitnehmerähnliche Person ist eben kein Arbeitnehmer, sondern ein Selbstständiger. Für die Anwendbarkeit des Arbeitsrechts bleibt es also bei der Notwendigkeit, dass es sich bei dem Beschäftigten um einen Arbeitnehmer handeln muss.

3.2.1 Der Begriff des Arbeitnehmers in § 611a BGB

Der Begriff des Arbeitsverhältnisses und damit auch der des Arbeitnehmers wird seit dem 01.04.2017 in § 611a BGB normativ bestimmt (Gesetz vom 21.02.2017, BGBl. I: 258). Der Paragraf definiert den Arbeitsvertrag und damit auch den Arbeitnehmer (Preis 2018: § 611a BGB Rdn. 8). Mit dieser Definition hat der Gesetzgeber die bislang von der Rechtsprechung entwickelten Merkmale des Arbeitnehmerbegriffs übernommen, eine neue Definition des Arbeitnehmers sollte nicht erfolgen (RegE BT-Drs. 18/9232: 31 f.; Dütz und Thüsing 2018: § 2, Rdn. 33.; Preis 2019: § 611a BGB Rdn. 9).

▶ Der traditionelle Arbeitnehmerbegriff des Industriezeitalters, der von den Arbeitsgerichten und der Arbeitsrechtswissenschaft entwickelt wurde, ist vom Gesetzgeber übernommen worden.

Nach der Rechtsprechung der Arbeitsgerichte, dem die Arbeitsrechtswissenschaft zum großen Teil folgt und die nun in § 611a BGB kodifiziert ist, bestimmen drei Voraussetzungen den Arbeitnehmerbegriff: Arbeitnehmer ist, wer aufgrund eines privatrechtlichen Vertrages im Dienste eines anderen weisungsgebundene fremdbestimmte Arbeit in persönlicher Abhängigkeit leistet (Dütz und Thüsing 2018: § 2, Rdn. 33; Preis 2018: § 611a BGB Rdn. 10; Junker 2018: Rdn. 91; Schöne 2016: § 611 BGB Rdn. 58; Waltermann 2016: Rdn. 44). Danach müssen also drei Tatbestandmerkmale gegeben sein, damit es sich bei einem Beschäftigten um einen Arbeitnehmer handelt. In der Arbeitsrechtwissenschaft gibt es allerdings teilweise einige kleinere Modifikationen und auch abweichende Ansichten zum Arbeitnehmerbegriff (dazu unter 2.1.1.4). Die drei genannten Tatbestandsmerkmale können jedoch als allgemein anerkannte Grundvoraussetzungen für den Arbeitnehmerbegriff und damit als dessen Herzstück bezeichnet werden.

3.2.1.1 Drei Voraussetzungen

Für das Arbeitsverhältnis und damit für die Arbeitnehmereigenschaft müssen also drei Voraussetzungen vorliegen: Zum ersten muss überhaupt ein privatrechtlicher Vertrag gegeben sein, zum zweiten muss es gerade ein Dienstvertrag nach § 611 BGB sein und schließlich, und das ist die wesentliche Voraussetzung, muss der Beschäftigte persönlich abhängig, also fremdbestimmt und weisungsabhängig sein. Zusätzlich zu diesen drei Voraussetzungen werden teilweise auch andere Voraussetzungen für den Arbeitnehmerbegriff oder Modifizierungen zu den zuerst genannten Voraussetzungen diskutiert.

Privatrechtlicher Vertrag
Aus der Stellung des § 611a BGB im Gefüge des BGB und auch aus dem Wortlaut der Regelung ergibt sich, dass ein privatrechtlicher Vertrag unabdingbare Voraussetzung für die Arbeitnehmereigenschaft ist (Dütz und Thüsing 2018: § 2, Rdn. 34; Junker 2018: Rdn. 92; auch: Waltermann 2016: Rdn. 46). Keine Arbeitnehmer sind deshalb Beamte, Soldaten und Richter, Strafgefangene und Sicherungsverwahrte und auch nicht Leistungsberechtigte der

Arbeitsagentur, die Arbeitsgelegenheiten mit Mehraufwandsentschädigung (Ein-Euro-Jobber) wahrnehmen. Diese Personengruppen stehen in einem öffentlich-rechtlichen Rechtsverhältnis (Dütz und Thüsing 2018: § 2, Rdn. 34; Junker 2018: Rdn. 92 f.). Auch mithelfende Familienangehörige, die allein aufgrund der familienrechtlichen Verpflichtung ohne Arbeitsvertrag tätig werden, haben keinen privatrechtlichen Vertrag (Dütz und Thüsing 2018: § 2, Rdn. 34; Junker 2018: Rdn. 93; Waltermann 2016: Rdn. 46).

Dienstvertrag
Bei dem privatrechtlichen Vertrag muss es sich gerade um einen Dienstvertrag nach § 611 BGB handeln, da der Arbeitsvertrag nach § 611a BGB ein Unterfall des Dienstvertrages ist, was sich aus § 611a Abs. 1 BGB durch die Worte „im Dienste eines anderen" ergibt. Wird eine Person aufgrund eines Werkvertrages, eines Franchisevertrages, eines unentgeltlichen Auftrags, eines Gesellschaftsvertrages oder aufgrund einer Vereinsmitgliedschaft tätig (ausführlich: Vogelsang 2017: § 9 Rdn. 1 ff.), liegt kein Dienstvertrag vor, also auch kein Arbeitsvertrag (Dütz und Thüsing 2018: § 2, Rdn. 35; Junker 2018: Rdn. 94 f.; Schöne 2016: § 611 BGB Rdn. 61). Eine allzu große Bedeutung hat diese Voraussetzung jedoch nicht, da es für die Qualifizierung einer Beschäftigung als Dienstvertrag oder als ein anderes Vertragsverhältnis entscheidend auf die dritte Voraussetzung ankommt, die persönliche Abhängigkeit. Denn wer persönlich abhängig, also fremdbestimmt ist, kann keinen Erfolg garantieren, so dass zum Beispiel ein Werkvertrag gemäß § 631 BGB oder ein Franchisevertrag gar nicht vorliegen kann (Junker 2018: Rdn. 94 a.E.). Dies gilt im Ergebnis in der Regel genauso für andere Vertragsverhältnisse als dem Werkvertrag. Lediglich beim Berufsausbildungsvertrag nach dem Berufsbildungsgesetz (BBiG) besteht trotz persönlicher Abhängigkeit kein Dienstvertrag und damit auch kein Arbeitsvertrag, da hier die Ausbildung und nicht die Leistung von Diensten Gegenstand des Vertrages ist und die speziellen Regelungen des BBiG dem Arbeitsrecht vorgehen. Bei den anderen Vertragsverhältnissen führt der Schutz der abhängig Beschäftigten und die Gefahr der Umgehung dieses Schutzes aber dazu, dass bei Vorliegen einer persönlichen Abhängigkeit auch ein Dienstvertrag vorliegt und damit ein Arbeitsverhältnis besteht. Entscheidende Voraussetzung für die Arbeitnehmereigenschaft ist demnach die persönliche Abhängigkeit des Beschäftigten.

Persönliche Abhängigkeit
Satz 1 des ersten Absatzes von § 611a BGB spricht von persönlicher Abhängigkeit, Fremdbestimmtheit und Weisungsgebundenheit, wobei alle drei Begriffe wörtlich aus der Rechtsprechung des BAG zum Arbeitnehmerbegriff herrühren (Junker 2018: Rdn. 96.). Das Verhältnis dieser drei Begriffe und die Frage, ob und gegebenenfalls welche unterschiedlichen Bedeutungsinhalte die Begriffe haben, ist nicht unumstritten. Nach richtiger Ansicht ist die persönliche Abhängigkeit der Oberbegriff, der mit dem Begriff der Fremdbestimmtheit bedeutungsgleich ist. Ob ein Beschäftigter persönlich abhängig und fremdbestimmt ist, ist wiederum eine Frage der Weisungsgebundenheit (Hromadka und Maschmann 2018: § 1 Rdn. 27 f.; Junker 2018: Rdn. 96), denn sowohl eine persönliche

Abhängigkeit als auch eine Fremdbestimmtheit kann sich in einer durch die Grundrechte der Verfassung geprägten Rechtsordnung nur durch die Weisungsgebundenheit des Arbeitnehmers ergeben. Ein Bedeutungsunterschied zwischen persönlicher Abhängigkeit und Fremdbestimmtheit ist nicht erkennbar. Ebenso ist nicht erkennbar, wie sich die persönliche Abhängigkeit und damit die Fremdbestimmtheit anders als in einer Weisungsgebundenheit manifestieren sollen. Weisungsgebunden ist, wer im Wesentlichen Arbeitsinhalt und Durchführung, Arbeitszeit und Arbeitsort nicht selbst bestimmen kann, § 611a Abs. 1 S. 3 u. 4 BGB.

> Entscheidend für die persönliche Abhängigkeit ist demnach, ob der Beschäftigte den Inhalt seiner Arbeitstätigkeit und damit auch die Durchführung, den Ort der Leistungserbringung und die Arbeitszeit im Wesentlichen selbst bestimmen kann oder nicht.

Er muss nicht in allen drei Bereichen selbstbestimmt sein, sondern es ist eine Gesamtbetrachtung vorzunehmen, wobei insgesamt die Selbstbestimmung überwiegen muss, damit keine persönliche Abhängigkeit vorliegt.

Andere Ansichten
Preis (2018: § 611a BGB Rdn. 10) vertritt zwar die Ansicht, dass die persönliche Abhängigkeit den Oberbegriff darstellt, nach seiner Ansicht kann sich diese aber entweder aus der Weisungsgebundenheit oder aus der Fremdbestimmung ergeben. Im Ergebnis kommt Preis zu folgender Definition: „Ein Arbeitsvertrag liegt vor, wenn der Verpflichtete weisungsgebunden oder in anderer Weise fremdbestimmt und damit persönlich abhängig ist." (Preis 2018: § 611a BGB Rdn. 13). Die Frage, wie die Fremdbestimmtheit in anderer Weise konkret aussehen soll, bleibt sehr unbestimmt, so dass diese Definition im Ergebnis abzulehnen ist. Auch die Fremdbestimmung kann nur auf einer Weisungsgebundenheit beruhen. Nach einer anderen häufiger vertretenen Ansicht soll sich die persönliche Abhängigkeit neben der Weisungsgebundenheit aus der Eingliederung in den Betrieb ergeben können (Dütz und Thüsing 2018: § 2, Rdn. 36; Junker 2018: Rdn. 100). Dies ist jedoch nicht zutreffend, da die Eingliederung in einen Betrieb oder in eine Arbeitsorganisation gerade durch die Weisungsgebundenheit erfolgt, also damit gleichbedeutend ist (Hromadka und Maschmann 2018: § 1 Rdn. 29; Waltermann 2016: Rdn. 53, insb. Fn. 11 u. Rdn. 56). Nach noch anderer vertretener Ansicht soll sich die persönliche Abhängigkeit neben der Weisungsgebundenheit aus einem fehlenden unternehmerischen Risiko oder der fehlenden Möglichkeit, eigene Arbeitnehmer einzusetzen, ergeben können (Schöne 2016: § 611 BGB Rdn. 75 f.). Zusätzlich werden weitere Indizien oder Hilfskriterien genannt, die für oder gegen die persönliche Abhängigkeit sprechen können (Dütz und Thüsing 2018: § 2, Rdn. 37; Hromadka und Maschmann 2018: § 1 Rdn. 35; Schöne 2016: § 611 BGB Rdn. 78). Dazu zählen insbesondere umfassende Berichtspflichten, selbstständiges Anwerben von Kunden, Belastung mit Personalkosten, Verpflichtung zur Übernahme aller Arbeitsaufträge, Gewerbeanmeldung oder Zahlung von Gewerbe- und Umsatzsteuern.

Rechtstheoretisch schwierig ist auch die weit verbreitete Ansicht, der Arbeitnehmerbegriff habe keinen fest umrissenen Inhalt, sondern sei ein typologischer Begriff, der durch einen offenen Katalog von Kriterien ausgefüllt wird (BAG, Urteil vom 11.08.2015 – Az. 9 AZR 98/14, NZA-RR 2016: 288 (Rdn. 22); Junker 2018: Rdn. 100; ausführlich: Waltermann 2016: Rdn. 57 ff.; kritisch wohl: Dütz und Thüsing 2018: § 2, Rdn. 36).

▶ Es ist eher davon auszugehen, dass es sich bei dem Arbeitnehmerbegriff um einen unbestimmten Rechtsbegriff handelt, der sehr wohl fest umrissene Tatbestandsmerkmale hat.

Diese sind aber sehr weit gefasst, so dass die Frage, ob das Tatbestandsmerkmal im konkreten Einzelfall vorliegt oder nicht, sehr schwer zu beantworten sein kann. Dies sollte für den Rechtsanwender jedoch kein singuläres Problem sein (Schwacke 2003, S. 36 ff.; Thiel 2011, S. 234 ff.). Bei der rechtsdogmatischen Anwendung des Arbeitnehmerbegriffs kommt es aber weniger auf die begriffliche Einordnung als typologischer Begriff oder als Tatbestandsmerkmale an. Entscheidend ist vielmehr die oben genannte Unterscheidung zwischen Tatbestandsmerkmalen, also die oben genannten drei Voraussetzungen des Arbeitnehmerbegriffs, und den beispielhaft genannten Indizien, die für oder gegen das Vorliegen der Tatbestandsmerkmale sprechen können.

3.2.1.2 Weitere Regelungen

Neben den Voraussetzungen (oder Tatbestandsmerkmalen) des Arbeitnehmerbegriffs in Abs. 1 Satz 1, 2 und 3 enthält § 611a BGB in Abs. 1 Satz 4 bis 6 weitere Regeln für die Rechtsanwendung. Danach ist bei der Frage nach der persönlichen Abhängigkeit die Eigenart der jeweiligen Tätigkeit zu berücksichtigen (Satz 4), insgesamt sind bei der Entscheidung, ob ein Arbeitsvertrag vorliegt oder nicht, alle Umstände des Einzelfalles zu berücksichtigen (Satz 5), und zuletzt kommt es bei der Entscheidung über die Arbeitnehmereigenschaft auf die tatsächliche Durchführung des Vertrages, nicht auf die Bezeichnung im Vertrag an (Satz 6) (Junker 2018: Rdn. 99 ff.; Hromadka und Maschmann 2018: § 1 Rdn. 32 ff.).

▶ Für die neuen Beschäftigungsformen ist die Feststellung wichtig, dass die Eigenart der jeweiligen Tätigkeit zu berücksichtigen ist.

Dies gilt zum Beispiel dann, wenn die Tätigkeit als solche notwendigerweise bereits bestimmte Freiheiten oder Zwänge hinsichtlich Arbeitsort, Arbeitszeit oder Arbeitsinhalt mit sich bringt (Hromadka und Maschmann 2018: § 1 Rdn. 26).

3.2.2 Arbeitnehmerbegriff und die neue Arbeitswelt

Die Digitalisierung und die Internationalisierung der Wirtschaft und der Unternehmen bringen zahlreiche konkrete Veränderungen der Arbeitswelt und der Arbeitsplätze mit sich. Durch die fortschreitende Flexibilisierung der Arbeit werden den Arbeitnehmern zunehmend mehr Freiräume im Hinblick auf Arbeitszeit und Arbeitsort und in Bezug auf die immer zahlreicher werdenden höherwertigen Tätigkeiten, die vielfältige Spezialkenntnisse erfordern, auch mehr Freiräume im Hinblick auf den Arbeitsinhalt gegeben (Preis 2018: § 611 BGB Rdn. 13). Das Home Office wird für immer mehr Arbeitnehmer zur Selbstverständlichkeit, da ihre Arbeitsleistung problemlos von jedem Ort der Welt erbracht werden kann. Manche IT-Unternehmen planen ihre Bürogebäude im Wesentlichen ohne traditionelle Büroarbeitsplätze, die Arbeitnehmer können ihre Arbeitsumgebung soweit wie möglich selbst wählen. Ein weiteres Feld, das vielfältige Veränderungen der Arbeitswelt mit sich bringt, ist die sogenannte Plattformökonomie. Als bekannte Beispiele sind hier die Tätigkeit als selbstständige Fahrer bei Uber, Handwerksleistungen und haushaltsnahe Dienstleistungen auf Internetplattformen oder auch ganz neue Beschäftigungsformen, wie zum Beispiel bei dem Unternehmen Vodafone, das Vodafone-Kunden sucht, die für andere Vodafone-Kunden in der Nachbarschaft Beratung und technische Dienstleistungen nebenberuflich auf selbstständiger Basis erbringen. Besonders grundlegende arbeitsrechtliche Fragen wirft das sogenannte Crowdworking auf (Däubler 2018, S. 316 ff.; Däubler und Klebe 2015, S. 1032). Unternehmen schreiben immer mehr einzelne Aufgaben oder Projekte weltweit über Internetplattformen oder auf ihren eigenen Webseiten für Selbstständige aus (Krause 2016, S. 101 f.). Dies führt dazu, dass zum einen das Arbeitsrecht überhaupt keine Anwendung findet und, soweit der Selbstständige aus einem Nicht-EU-Land kommt, eventuell sogar eine ganz andere Rechtsordnung gilt.

Diese Änderungen der Arbeitswelt haben Auswirkungen auf den Arbeitnehmerbegriff. Unternehmen können zunehmend Selbstständige beschäftigen, da die Voraussetzungen für die Arbeitnehmereigenschaft für immer mehr Beschäftigte nicht vorliegen (Waltermann 2016: Rdn. 52 u. 59 a). Hier stellt sich dann die Frage, ob der Begriff des Arbeitnehmers, für den allein das schützende Arbeitsrecht gilt, in der bisherigen Abgrenzung zum Selbstständigen aufrechterhalten werden kann oder ob es zum Beispiel notwendig ist, viel stärker als bisher, die sozial und wirtschaftlich schwachen Selbstständigen auch mit unter den Schutzbereich des Arbeitsrechts zu nehmen. Grundsätzlich lassen die sehr offenen Tatbestandsmerkmale des Arbeitnehmers in § 611a Abs. 1 BGB durchaus die Möglichkeit zu, auf die Veränderungen in den Betrieben zu reagieren (Preis 2018: § 611a BGB Rdn. 13).

▷ Durch eine der neuen Arbeitswelt angepassten Gewichtung der einzelnen Aspekte der persönlichen Abhängigkeit kann der traditionelle Arbeitnehmerbegriff zumindest teilweise auch die neuen Beschäftigungsarten erfassen.

Damit könnte dem Bedeutungsverlust des Arbeitsrechts durch die vermehrte Beschäftigung Selbstständiger zumindest teilweise entgegengewirkt werden (siehe dazu unter 3).

3.2.3 Arbeitnehmerbegriff und Legal Tech

Die Digitalisierung verändert durch den zunehmenden Einsatz von IT-Programmen (Legal Tech) auch die juristische Arbeit selber. Es verändern sich die Beschäftigungsformen der juristischen Arbeitnehmer, und es ändert sich auch der Inhalt der juristischen Arbeit. Juristische Datenbanken und selbstlernende Internetanwendungen können zunehmend einfache und mittelschwere juristische Probleme selbstständig lösen. Es gibt bereits heute vielfältige Anwendungen solcher Systeme, die ohne Zutun menschlicher Akteure von rechtsratsuchenden Bürgern Informationen abfragen und eine rechtliche Bewertung abgeben können. Auch auf dem juristischen Arbeitsmarkt werden Home Office und mobiles Arbeiten in der Zukunft wahrscheinlich eine größere Rolle spielen. Bislang war es schon üblich, junge Rechtsanwälte in Anwaltskanzleien als freie Mitarbeiter, also als Selbstständige und nicht als Arbeitnehmer, zu beschäftigen. Dies könnte in Zukunft eine größere Zahl von Rechtsanwälten betreffen und über das Crowdworking grenzüberschreitend stattfinden, auch wenn dem durch das stark nationale bezogene deutsche Recht Grenzen gesetzt sind.

Eine viel größere Auswirkung auf die Beschäftigten im Rechtsbereich werden die eigentlichen Legal Tech-Anwendungen haben (Lorenz 2018; Mair 2016). Hier ist die Entwicklung in den letzten Jahren weit fortgeschritten. Eine Anwaltskanzlei wirbt deutschlandweit damit, dass sie durch ihre Datenbank Bescheide der Jobcenter, die der Bürger als Foto per WhatsApp übersenden kann, kostenlos überprüfen lässt. Findet das IT-System einen Fehler, kann ein Rechtsanwalt beauftragt werden. Eine ähnliche Datenbank gibt es für das Verkehrsrecht (geblitzt.de), für die Entschädigung bei Flügen (flightright) und Bahnreisen und für Fragen zum Mietrecht (wenigermiete.de). Durch die Klagen gegen die Volkswagen AG ist myright.de bekannt geworden (Römermann und Günther 2018, S. 551). Es gibt im Internet schon zahlreiche Datenbanken für individuell gefertigte Vertragsentwürfe (smart contracts) oder für die Beantwortung einfacher Rechtsfragen (fragrobin.de), die alle ohne eine menschliche Anwaltstätigkeit auskommen. Hinzu kommen Anwendungen bei komplexen Transaktionen, wie zum Beispiel die E-Discovery beim Unternehmenskauf oder die Dokumentenanalyse (Document Review) (Hartung, M. 2018b, S. 9 ff.). Diese Legal Tech-Anwendungen werden die Tätigkeit von Juristen erheblich verändern und ganz neue Berufsbilder auf dem juristischen Arbeitsmarkt hervorbringen (Hartung, D. 2018a, S. 237 ff.).

3.3 Die betriebliche Praxis

Die Flexibilisierung und die Digitalisierung der Arbeitswelt führen in den Unternehmen unter anderem dazu, dass die Arbeitsleistung nicht mehr nur innerhalb einer vorgegebenen Arbeitszeit an einem vorgegebenen Arbeitsort erbracht werden muss. Stattdessen stehen dem Arbeitgeber und dem Arbeitnehmer immer mehr Möglichkeiten offen, Arbeitsort und Arbeitszeit flexibel zu gestalten, insbesondere durch Home Office und mobile Arbeit (Meyer 2018, S. 136). Noch mehr Freiräume schaffen die durch die fortschreitende Digitalisierung entstehenden Arbeitsplätze in der Plattformökonomie und im Rahmen des Crowdworking. Da die Freiheitsgrade bei Arbeitszeit und Arbeitsort aber eine zentrale Rolle für den Begriff des Arbeitnehmers spielen, haben die genannten Flexibilisierungstendenzen erhebliche Rückwirkungen auf den Arbeitnehmerbegriff.

In der Praxis des Arbeitsrechts spielt die Frage, ob es sich bei einem Mitarbeiter um einen Arbeitnehmer handelt oder ob eine andere Beschäftigungsform gegeben ist, eine zentrale Rolle. Für den Arbeitgeber geht es darum, ob er den vielfältigen rechtlichen und finanziellen Restriktionen des Arbeitsrechts unterworfen ist oder ob er von der sehr viel größeren Vertragsfreiheit des Bürgerlichen Rechts profitieren kann. Für den Arbeitnehmer geht es um die Inhaltskontrolle, den Bestandsschutz und die finanziellen Absicherungen durch die Anwendung des Arbeitsrechts. Gleiches gilt für das Sozialrecht und Ähnliches für das Steuerrecht. In vielen Wirtschaftsbereichen greifen Unternehmen häufig auf andere Beschäftigungsformen zurück, so dass die Abgrenzung zwischen Arbeitnehmer und anderen Beschäftigten in der Praxis häufig zu schwierigen Rechtsfragen führt. Aktuell wird diese Abgrenzungsfrage zum Beispiel im Sportrecht diskutiert (Reinicke 2018, S. 2081 ff.), aber auch in zahlreichen anderen Bereichen gibt es diese Abgrenzungsprobleme (Vogelsang 2017: § 8 Rdn. 32 ff.).

3.3.1 Neue Arbeitsformen in der neuen Arbeitswelt

In der Praxis zeigen sich gegenwärtig insbesondere die Beschäftigung im Home Office und die Beschäftigung in der Form der mobilen Arbeit als Herausforderungen für das Arbeitsrecht. Hinzu kommen die Beschäftigungsformen in der Plattformökonomie, insbesondere das Crowdworking.

3.3.1.1 Home Office und mobile Arbeit

Das traditionelle Verständnis des Home Office ist das eigene Arbeitszimmer in der Wohnung des Arbeitnehmers, das dieser selbst oder der Arbeitgeber eingerichtet hat. Das häusliche Arbeitszimmer ist häufig mit der Hardware und Software des Arbeitgebers oder des Arbeitnehmers über das Internet mit dem IT-System des Arbeitgebers verbunden. Der Arbeitnehmer ist in diesem Fall verpflichtet, seine Arbeitsleistung im häuslichen Arbeitszimmer zu erbringen, wobei die Arbeitszeiten und die Pausenregelungen sehr unterschiedlich sein können (Däubler 2018, S. 402). Eine andere Form der Tätigkeit außerhalb des Betriebs ist die mobile Arbeit. Hier muss die Arbeitsleistung nicht im häuslichen Arbeitszimmer erbracht werden. Der Beschäftigte kann überall arbeiten, zum Beispiel aus einem vom Arbeitnehmer selbst angemieteten Büro, einem Arbeitsplatz in gemeinsamen Büros wie bei WeWork, in einem Restaurant genauso wie im Stadtpark oder am Strand in jedem beliebigen Land der Welt. Allerdings kann die Arbeit im eigenen häuslichen Arbeitszimmer erbracht werden, sie muss es jedoch nicht. Hier kann der Arbeitnehmer nicht nur über die Arbeitszeit frei bestimmen, sondern auch über den Arbeitsort (zum Ganzen: Meyer 2018, S. 133 f.).

▶ Während also beim Home Office der Mitarbeiter die Arbeitszeit mehr oder weniger frei bestimmen kann, ist der Arbeitsort vorgegeben, nämlich das eigene häusliche Arbeitszimmer.

Bei der mobilen Arbeit kann der Mitarbeiter sowohl die Arbeitszeit als auch den Arbeitsort selbst bestimmen. Die Begriffe Home Office und mobile Arbeit sind allerdings keine etablierten und auch keine vom Gesetz vorgegebenen Rechtsbegriffe, es existieren deshalb bislang sehr unterschiedliche Definitionen (Meyer 2018, S. 135 f.; siehe auch Däubler 2018, S. 401 f.). Abzugrenzen sind Home Office und mobile Arbeit von der klassischen Außendiensttätigkeit, denn hier erbringt der Arbeitnehmer seine Tätigkeit beim Kunden des Arbeitgebers, kann den Arbeitsort also nicht selbst bestimmen und grundsätzlich nicht im eigenen Arbeitszimmer oder an einem von ihm frei gewählten Ort arbeiten (ähnlich: Preis 2018: § 611a BGB Rdn. 59).

3.3.1.2 Plattformökonomie und Crowdworking

Das Crowdworking ist wie einige andere neue Beschäftigungsformen Teil der stetig wachsenden sogenannten Plattformökonomie. Über Internetplattformen werden Unternehmen oder Privatpersonen auf der einen Seite und selbstständige Dienstleister auf der anderen Seite zusammengebracht (Bayreuther 2018, S. 13 ff.; Däubler 2018, S. 438 ff.; Krause 2016, S. 99 ff.; Thüsing 2016, S. 87 ff.). Mögliche Dienstleistungen sind handwerkliche Tätigkeiten, haushaltsnahe Tätigkeiten, aber auch technischer Support bei Computern und Kommunikationsanlagen, komplexe Programmiertätigkeiten und kreative Aufgaben oder Beratungstätigkeiten (vgl. im Überblick bei Kocher und Hensel 2016, S. 984 ff.). Eine besondere Form der mobilen Arbeit ist das Crowdworking. Viele Unternehmen, gerade in der IT-Industrie und in der Kreativwirtschaft, gehen dazu über, immer mehr einzelne Aufgaben oder Projekte weltweit über das Internet auszuschreiben. Die Suche nach den passenden Dienstleistern erfolgt häufig über externe Internetplattformen, die teilweise als weiterer Vertragspartner dazwischengeschaltet werden und die ganze Vertragsabwicklung übernehmen (Däubler 2018, S. 449 ff.; Waas 2017, S. 142 ff.).

3.3.2 Auswirkungen auf den Arbeitnehmerbegriff

Sowohl die Tätigkeit im Home Office als auch die mobile Arbeit können durch (Solo-)Selbstständige erfolgen. In diesem Fall ist das Arbeitsrecht nicht anwendbar, die Vertragsbeziehungen zwischen Auftraggeber und Mitarbeiter richten sich grundsätzlich nach dem Bürgerlichen Recht, gegebenenfalls nach dem Handelsrecht. Gleiches gilt für das Crowdworking (Däubler 2018, S. 449 ff.; Waas 2017, S. 142 ff.; Däubler und Klebe 2015, S. 1032). Da der Crowdworker in der Regel Arbeitsort und Arbeitszeit selbst bestimmen kann, wird er regelmäßig als Selbstständiger tätig werden (Däubler 2018, S. 459 ff.; Preis 2018: § 611a BGB Rdn. 59; Meyer 2018, S. 136 f.). Das Arbeitsrecht gilt deshalb in der Regel für Crowdworker nicht. Wenn sie allerdings im Wesentlichen für einen Auftraggeber tätig sind und die übrigen Voraussetzungen erfüllt sind, können Crowdworker arbeitnehmerähnliche Personen sein, was in der Praxis jedoch nur sehr selten der Fall sein wird

(Bayreuther 2018, S. 25 ff.; Däubler 2018, S. 475; Meyer 2018, S. 136 f.). Das Schutzniveau der Regelungen zu den arbeitnehmerähnlichen Personen ist aber mangels Anwendbarkeit der allermeisten arbeitsrechtlichen Regelungen gering. Der Schutz der Crowdworker erfolgt deshalb im Wesentlichen durch das Bürgerliche Recht und insbesondere durch das Vertragsrecht (Däubler 2018, S. 477 ff.; Meyer 2018, S. 136 f.).

Die Beschäftigung selbstständiger Crowdworker führt dazu, dass das Arbeitsrecht überhaupt keine Anwendung findet und eventuell sogar eine ganz andere Rechtsordnung gilt, wenn der Crowdworker nicht in Deutschland arbeitet (Däubler 2018, S. 491 ff.). Zudem ist dann die Entlohnung abhängig von der Einkommenssituation des jeweils betroffenen Landes, in dem der Crowdworker ansässig ist, kann also wesentlich geringer sein als in Deutschland. Für das Arbeitsrecht stellen sich im Zusammenhang mit Crowdworking also völlig neue Fragen (Meyer 2018, S. 137 f.), zum Beispiel wie Crowdworker vor Niedriglöhnen, überlangen Arbeitszeiten und sonstigen nachteiligen Arbeitsbedingungen geschützt werden können. Kann dies mit Hilfe des Arbeitsrechts erfolgen oder wäre ein Schutz über das AGB-Recht denkbar? Oder bedarf es neuer Regelungen für arbeitnehmerähnliche Personen? Oder ist ein ganz neues Schutzkonzept, also ein neuer Arbeitnehmerbegriff, notwendig? Zunächst stellt sich die Frage, inwieweit der geltende traditionelle Arbeitnehmerbegriff die neuen Beschäftigungsformen im Home Office und bei der mobilen Arbeit und eventuell sogar in der Plattformökonomie erfassen kann, um die Schutzfunktion des Arbeitsrechts auch in diesem Bereich zu ermöglichen.

▶ Die dargestellten Möglichkeiten der Flexibilisierung von Arbeitsinhalt, Arbeitszeit und Arbeitsort, die durch die Digitalisierung entstehen, erfordern zumindest eine neue Gewichtung der einzelnen Voraussetzungen des Arbeitnehmerbegriffs, um den Anwendungsbereich des Arbeitsrechts nicht immer mehr einzuschränken.

Wenn die Arbeitsinhalte aufgrund der inhaltlichen Veränderungen der Arbeit insbesondere bei höherwertigen Tätigkeiten und der Arbeitsort durch die Digitalisierung immer flexibler werden, verlieren sie an Bedeutung für die Unterscheidung zwischen Arbeitnehmern und Selbstständigen. Entsprechend gewinnt dann die Weisungsabhängigkeit im Hinblick auf die Arbeitszeit an Bedeutung. Daraus folgt, dass bei einer Tätigkeit im Home Office und bei der mobilen Tätigkeit genauso wie im Bereich der Plattformökonomie die Fremdbestimmtheit der Arbeitszeit entscheidend ist, denn die Selbstbestimmung im Hinblick auf Arbeitsinhalt und Arbeitsort liegt ja in der Eigenart der Tätigkeit nach § 611a Abs. 1 S. 4 BGB und kann deshalb keine entscheidende Rolle spielen. Beim Crowdworking, das zum Teil sehr einfache exakt vorgegebene Tätigkeiten umfasst, die Arbeitszeit aber in der Regel selbstbestimmt ist, kann dagegen der Schwerpunkt auf die Weisungsabhängigkeit hinsichtlich des Arbeitsinhalts gelegt werden. Im Ergebnis können zumindest einige der Beschäftigten im Hinblick auf die neuen Beschäftigungsformen unter den Arbeitnehmerbegriff des § 611a BGB subsumiert werden.

3.4 Der Arbeitnehmerbegriff in der Arbeitsrechtslehre

In der Arbeitsrechtslehre an den Hochschulen, ob im juristischen Studium zur Vorbereitung auf das Staatsexamen oder als Wirtschaftsjurist an den Rechtsfakultäten, ob im Studium an den Verwaltungshochschulen oder als Nebenfach in den Studiengängen anderer Fakultäten, ist der Arbeitnehmerbegriff eines der relevanten Themen aus den Grundlagen des Arbeitsrechts, da er den Studierenden den Anwendungsbereich des Arbeitsrechts und die Abgrenzung zu anderen Beschäftigten, die nicht dem Schutz des Arbeitsrechts unterliegen, deutlich macht. Der rechtsdogmatische Arbeitnehmerbegriff und seine Bedeutung für die Rechtsanwendung und für die betriebliche Praxis sind deshalb in der Regel seit jeher fester Bestandteil der Arbeitsrechtslehre. Auch die Auswirkungen der neuen Beschäftigungsformen in der digitalisierten Arbeitswelt und schließlich die Auswirkungen der Digitalisierung auf die Rechtsanwendung selber müssen in Zukunft Bestandteil der Lehre im Arbeitsrecht sein.

3.4.1 Die Voraussetzungen des Arbeitnehmerbegriffs und Fallbeispiele

Zunächst und am Beginn der Beschäftigung mit dem Arbeitnehmerbegriff in der Arbeitsrechtslehre steht in einem auf Gesetzeskodifikationen beruhenden Civil Law-System wie in Deutschland die Definition des Arbeitsvertrages und des Arbeitnehmers in § 611a BGB, also die dort genannten drei Voraussetzungen für den Arbeitnehmer und die dort weiter geregelten Beurteilungsmaßstäbe. Diese Erörterung muss aber selbstverständlich im Rahmen der gesamten rechtsdogmatischen Diskussion um den Arbeitnehmerbegriff erfolgen. Dies heißt vor allem, die rechtshistorische Entwicklung, auf die sich die gesetzliche Regelung ja ausdrücklich bezieht, die systematische Bedeutung der Regelung des § 611a BGB im Gefüge des Arbeitsrechts und die rechtsdogmatische Diskussion in der Arbeitsrechtswissenschaft um die genannten Voraussetzungen, wie es oben in diesem Beitrag dargestellt wurde (unter 2), müssen in die Lehre mit einbezogen werden.

▷ Bei der Erarbeitung des Arbeitnehmerbegriffs und den dazugehörigen Grundlagen sollten konkrete praxisbezogene Fallbeispiele eine große Rolle in der Lehre spielen.

Die Falllösung als didaktisches Konzept ermöglicht es den Studierenden in großem Maße, die rechtsdogmatischen Grundlagen mit der konkreten Rechtsanwendung unter Bedingungen, die der beruflichen Praxis ähnlich sind, zu verbinden (Markesinis 2003, S. 120 ff.; Meyer 2012, S. 98 ff.). Zur zentralen Rolle, die die Falllösung im anglo-amerikanischen Common Law spielt, sagt der Hochschullehrer Markesinis, der sowohl in den Civil Law- als auch in den Common Law-Systemen zu Hause ist: „Lehrt man das Recht durch Fälle, so wird der Lehre Leben eingehaucht, und die Studenten werden mit analytischen Techniken ausgestattet, die ihnen für ihr zukünftiges Leben die unentbehrliche Fähigkeit geben, feine Unterscheidungen zwischen Sachverhaltsvarianten zu treffen" (Markesinis 2003, S. 126). Diese Fähigkeit für genaue Unterscheidungen ist gerade bei den Abgrenzungsfragen zum Arbeitnehmerbegriff unerlässlich und sollte deshalb auch im deutschen Arbeitsrecht anhand von Falllösungen unterrichtet werden.

3.4.2 Die Probleme des Arbeitnehmerbegriffs in der neuen Arbeitswelt

Die Anwendung des traditionellen Arbeitnehmerbegriffs in der neuen durch Digitalisierung und Internationalisierung geprägten Arbeitswelt führt zu den oben dargestellten Fragestellungen und Problemen bei der Rechtsanwendung in der betrieblichen Praxis.

▶ Die konkreten und aktuellen Fragen der Rechtsanwendung und die neuen Beschäftigungsformen müssen in den Lehrveranstaltungen zum Arbeitsrecht diskutiert werden, da diese Fragestellungen in der Berufspraxis der Rechtsanwender eine große Rolle spielen können.

Diese konkreten Rechtsfragen aus der betrieblichen Praxis sind deswegen bereits bei der rechtsdogmatischen Erörterung des Arbeitnehmerbegriffs mit einzubeziehen. Insbesondere sollten diese aktuellen Abgrenzungsfragen, die die neue Arbeitswelt hervorbringen, die Grundlage für Fallbeispiele sein. Hier sollten in der Lehre nicht mehr die traditionellen Branchen und Beschäftigungen (wie der Fernsehansager) im Vordergrund stehen, sondern die neuen Beschäftigungsformen der neuen Arbeitswelt.

3.4.3 Der Arbeitnehmerbegriff und Legal Tech

Neben den Auswirkungen, die Digitalisierung, Flexibilisierung und Internationalisierung auf den rechtsdogmatischen Arbeitnehmerbegriff und auf die betriebliche Praxis haben, sollte den Studierenden in den Lehrveranstaltungen zum Arbeitsrecht und zum Arbeitnehmerbegriff die Möglichkeiten, die die verschiedenen Anwendungen von Legal Tech in diesem Bereich bieten, nahegebracht werden.

▶ Die Lehrveranstaltungen sollten die Darstellung der verschiedenen bereits jetzt oder in naher Zukunft existierenden IT-Anwendungen und die Handhabung dieser Anwendungen beinhalten.

Für die Abgrenzung zwischen Arbeitnehmern und freien Mitarbeitern existiert bereits eine IT-Anwendung der Rechtsanwaltskanzlei Norton Rose Fulbright (Schleicht und Fiedler 2018, S. 103 ff.). Diese Anwendungen werden in nächster Zeit wahrscheinlich weiter verbessert und auch zahlreicher werden. Es spricht viel dafür, dass in Zukunft solche und ähnliche IT-Anwendungen fester Bestandteil der Rechtsanwendung und damit der Arbeit der Rechtsanwender werden.

Der Einbezug von IT-Anwendungen in die Arbeitsrechtslehre erfordert deshalb eine Darstellung der technischen Funktionsweise und der daraus resultierenden Chancen und gegebenenfalls Probleme für die Rechtsanwendung. Der Rechtsanwender, der IT-Systeme zur Lösung von Rechtsfällen nutzt, ohne zu verstehen, wie diese arbeiten, verliert die Kontrolle über die Rechtsfindung. Deshalb ist das Verständnis für die Funktionsweise solcher Legal Tech-Anwendungen für den Rechtsanwender unerlässlich. Zudem werden sich durch den Einsatz von Legal Tech die Tätigkeiten und somit Berufsbilder der Beschäftigten in allen juristischen Bereichen ändern und ganz neue Berufsbilder entstehen (Hartung, D. 2018a, S. 237 ff.). Die Vermittlung der informationstechnischen Grundlagen, des Aufbaus und der Funktionsweise von Legal Tech in der Rechtslehre ist daher unerlässlich (Hartung, D. 2018a, S. 242 ff.; Yuan 2018). An einigen deutschen und europäischen Rechtsfakultäten, insbesondere aber an den US-amerikanischen Universitäten wird damit bereits begonnen (Hartung, D. 2018a, S. 244). Für die deutschen Hochschulen wird es deshalb zukünftig eine wichtige Aufgabe und im Hinblick auf den Fachkräftemangel im IT-Bereich eine große Herausforderung werden, Lehrkräfte zu verpflichten, die sowohl über exzellente juristische als auch über IT-Fachkenntnisse verfügen und darüber hinaus die didaktischen Anforderungen, die an Hochschullehrer zu stellen sind, erfüllen.

3.5 Fazit

Die neue gesetzliche Regelung zum Arbeitsverhältnis und damit zum Arbeitnehmerbegriff in § 611a BGB hat keinen neuen Arbeitnehmerbegriff konstituiert, sondern lediglich den bislang von der Rechtsprechung des BAG entwickelten Arbeitnehmerbegriff übernommen und kodifiziert. Die Voraussetzungen, die vorliegen müssen, um einen Beschäftigten als Arbeitnehmer zu qualifizieren, sind dieselben geblieben. Insbesondere wurden bei der gesetzlichen Kodifikation des Arbeitnehmerbegriffs die Veränderungen der Arbeitswelt, die durch Flexibilisierung, Digitalisierung und Internationalisierung verursacht werden, nicht berücksichtigt. Allerdings bieten die Tatbestandsmerkmale des rechtsdogmatischen Arbeitnehmerbegriffs immer schon und auch heute noch einige Ansatzpunkte, die Veränderungen der Arbeitswelt und heute eben die Veränderungen durch die Arbeit 4.0 zu berücksichtigen.

Die neuen Beschäftigungsformen in der betrieblichen Praxis, insbesondere die Tätigkeit im Home Office, die mobile Arbeit, die neue Plattformökonomie und das Crowdworking stellen den Arbeitnehmerbegriff und damit die Frage der Anwendbarkeit des Arbeitsrechts als Arbeitnehmerschutzrecht vor große Herausforderungen. Inwieweit die betriebliche Praxis von der Möglichkeit, durch Flexibilisierung von Arbeitszeit und -ort und durch Gewährung von Freiheiten hinsichtlich des Arbeitsinhalts vermehrt Selbstständige anstelle von Arbeitnehmern zu beschäftigen, Gebrauch machen wird, ist noch offen. Und auch die Frage, wie die Rechtsdogmatik und insbesondere die Arbeitsgerichtsbarkeit die durch die technische Entwicklung möglich gewordenen Flexibilisierungen bei der Frage der Arbeitnehmereigenschaft berücksichtigen wird, ist noch nicht absehbar.

Die Auswirkungen, die diese aktuellen und zukünftig möglichen Entwicklungen auf die Arbeitsrechtslehre haben, sind bereits heute zahlreich. Neben den rechtsdogmatischen Voraussetzungen für den Arbeitnehmerbegriff und die Anwendung dieses Begriffs in der betrieblichen Praxis sind insbesondere die Abgrenzungsschwierigkeiten im Hinblick auf die Beschäftigungsformen der neuen Arbeitswelt darzustellen. Darüber hinaus müssen die arbeits- und sozialrechtlichen Konsequenzen der Anwendung des traditionellen Arbeitnehmerbegriffs auf die neuen Beschäftigungsformen erörtert werden.

Und schließlich müssen die Studierenden die neuen Instrumente im Bereich Legal Tech kennen, mit denen durch die Digitalisierung auch die Rechtsanwendung und die Rechtsberatung grundlegend verändert werden. Sie müssen lernen, die Rechtsfragen zum Arbeitnehmerbegriff mithilfe dieser Legal Tech-Instrumente zu bearbeiten und die dahinterstehenden IT-Prozesse zumindest dem Grunde nach zu verstehen. Hierfür ist eine Verzahnung der rechtsdogmatischen Fächer mit den Grundlagen der modernen IT-Systeme unabdingbar. Die Gewinnung von Rechtslehrern mit den nötigen IT-Kenntnissen wird für alle Hochschulen eine große Herausforderung.

Literatur

Bayreuther, F. (2018): Sicherung der Leistungsbedingungen von (Solo-) Selbstständigen, Crowdworkern und anderen Plattformbeschäftigten. Frankfurt am Main: Bund-Verlag.

BMAS – Bundesministerium für Arbeit und Soziales. (2017): Weißbuch Arbeiten 4.0. Berlin 2017. Online unter: https://www.bmas.de/SharedDocs/Downloads/DE/PDF-Publikationen/a883-weissbuch.pdf?__blob=publicationFile [19.02.2019].

Däubler, W. (2018): Digitalisierung und Arbeitsrecht (6. Aufl.). Frankfurt am Main: Bund-Verlag.

Däubler, W. & Klebe, T. (2015): Crowdwork: die neue Form der Arbeit – Arbeitgeber auf der Flucht? In: *NZA*, 2015, 1032–1041.

Dütz, W. & Thüsing, G. (2018): Arbeitsrecht (23. Aufl.). München: Beck.

Hartung, D. (2018a): Judex Calculat – neue Berufsbilder und Technologie in der juristischen Ausbildung. In: Hartung, M., Bues, M.-M. & Halbleib, G.: Legal Tech – Die Digitalisierung des Rechtsmarkts (237 ff.). München: Beck.

Hartung, M. (2018b): Gedanken zu Legal Tech und Digitalisierung. In: Hartung, M., Bues, M.-M. & Halbleib, G.: Legal Tech – Die Digitalisierung des Rechtsmarkts (5 ff.). München: Beck.

Hromadka, W. & Maschmann, F. (2018): Arbeitsrecht Band 1 – Individualarbeitsrecht (7. Aufl.). Berlin/ Heidelberg: Springer.

Junker, A. (2018): Grundkurs Arbeitsrecht (17. Aufl.). München: Beck.

Kocher, E. & Hensel, I. (2016): Herausforderungen des Arbeitsrechts durch digitale Plattformen – ein neuer Koordinationsmodus von Erwerbsarbeit. In: *NZA*, 2016, 984–990.

Krause, R. (2016): Digitalisierung der Arbeitswelt – Herausforderungen und Regelungsbedarf – Gutachten zum 71. Deutschen Juristentag. München: Beck.

Lorenz, P. (2018): Legal-Tech-Startups fordern Änderungen des RDG: Geschäftsmodelle für mehr Zugang zum Recht. In: lto – Legal Tribune Online. Online unter: https://www.lto.de/recht/zukunft-digitales/l/legal-tech-plattformen-fordern-aenderungen-rechtsdienstleistungsgesetz-inkasssodienstleistungen-bgb-abtretungsverbot/ [19.02.2019].

Mair, S. (2016): Ein Tabu bricht: Roboter ersetzen Rechtsanwälte. In: *Handelszeitung* vom 26.08.2016.

Markesinis, B. (2003): Zur Lehre des Rechts anhand von Fällen: Einige bescheidene Vorschläge zur Verbesserung der deutschen Juristenausbildung. In: Schwenzer, I. & Hager, G. (Hrsg.): Festschrift für Peter Schlechtriem (119–140). Tübingen: Mohr Siebeck.

Meyer, U. (2018): Homeoffice – alte und neue Beschäftigungsformen. In: *ZAT*, 2018, 133 ff.

Meyer, U. (2016): Aktuelle Entwicklungen im Arbeitsrecht – Die neue Unabhängigkeit und die neue Unübersichtlichkeit im Arbeitsrecht. In: Klaus, H. & Schneider, H. J. (Hrsg.): Personalperspektiven 2016 (12. Aufl., 115–133).

Meyer, U. (2012): Die Fallbearbeitung als didaktisches Konzept. In: Vereinigung deutscher Rechtslehrender (Hrsg.): Rechtslehre – Jahrbuch der Rechtsdidaktik 2011 (98–114). Berlin: BWV.

Preis, U. (2018): Kommentierung zu § 611a BGB. In: Müller-Glöge, R. & Preis, U. & Schmidt, I. (Hrsg.): Erfurter Kommentar zum Arbeitsrecht (18. Aufl.). München: Beck.

Reinicke, G. (2018): Die Begriffe Arbeitnehmer und Beschäftigter – Entwicklungslinien exemplarisch dargestellt im Sportrecht. In: *NJW*, 2018, 2081–2087.

Römermann, V. & Günther, T. (2018): Legal Rech als berufsrechtliche Herausforderung. In: *NJW*, 2018, 551–556.

Schleicht, K. & Fiedler, B. (2018): Norton Rose Fulbright ContractorCheck: Von der Entwicklung bis zur Nutzung eines online Tools zur Abgrenzung zwischen freien Mitarbeitern und Arbeitnehmern. In: Hartung, M., Bues, M.-M. & Halbleib, G. (Hrsg.): Legal Tech – die Digitalisierung des Rechtsmarkts (103 ff.). München: Beck.

Schöne, S. (2016): Kommentierung zu § 611a BGB. In: Boecken. W., Düwell, F. J., Diller, M. & Hanau, H. (Hrsg.): Nomos Kommentar Gesamtes Arbeitsrecht. München: Beck.

Schwacke, P. (2003): Juristische Methodik (4. Aufl.). Stuttgart: Kohlhammer.

Thiel, M. (2011): § 12 Recht und Sprache. In: Krüper, J. (Hrsg.): Grundlagen des Rechts. Baden-Baden: Nomos.

Thüsing, G. (2016): Digitalisierung der Arbeitswelt – Impulse zur rechtlichen Bewältigung der Herausforderungen gewandelter Arbeitsformen. In: *Soziales Recht*, 2016, 87–108.

Vogelsang, H. (2017): § 8 Arbeitnehmer u. § 9 Abgrenzung des Arbeitsvertrags. In: Schaub: Arbeitsrechts-Handbuch (17. Aufl.). München: Beck.

Waltermann, R. (2016): Arbeitsrecht (18. Aufl.). München: Beck.

Waas, B. (2017): Crowdwork in Germany. In: Waas, B., Liebman, W. B., Lyubarsky, A. & Kezuka, K.: Crowdwork – A Comparative Law Perspektive (142–186). Frankfurt am Main: Bund-Verlag.

Yuan, T. (2018): Eine moderne Juristenausbildung. In: lto – Legal Tribune Online. Online unter: https://www.lto.de/recht/studium-referendariat/s/eine-moderne-juristenausbildung-digitalisierung-legal-tech/ [19.02.2019].

Neuroenhancement in der Arbeitswelt – Wirksamkeit, Nebenwirkungen und Verbreitung der verfügbaren Neuroenhancer

4

Andreas G. Franke

Inhaltsverzeichnis

4.1	Einleitung	78
4.2	Stoffe und Präparate zum Neuroenhancement	80
4.3	Einnahme von Neuroenhancern im Arbeitskontext	86
4.4	Prävalenzen des pharmakologischen Neuroenhancements	88
4.5	Fazit	89
Literatur		90

Zusammenfassung

Im Fokus der Arbeitswelt steht heute mehr denn je die kognitive und nicht mehr die körperliche Leistungsfähigkeit. Somit ist die arbeitende Bevölkerung vielmehr auf gewisse kognitive (Teil-) Leistungen wie Vigilanz, Aufmerksamkeit, Konzentration und Gedächtnisleistungen angewiesen. Nicht wenige greifen angesichts der „neuen" Anforderungen auf Hilfsmittel zurück. Das Phänomen des sog. (pharmakologischen) Neuroenhancements zeigt daher eine steigende Verbreitung. Ziel dabei ist es, die eigene geistige Leistungsfähigkeit über das individuelle Maß hinaus mit der Einnahme von bestimmten Stoffen in Form von Tabletten oder in anderer Form zu steigern, ohne dass dafür eine medizinische Notwendigkeit vorliegt, um in der hochkomplexen und digitalisierten Arbeitswelt bestehen zu können.

Beim pharmakologischen Neuroenhancement kommen verschiedene Stoffe zum Einsatz, die man in frei verkäufliche Präparate, verschreibungspflichtige Medikamente und illegale Drogen unterteilen kann. Die Wirksamkeit der verfügbaren Stoffe ist je

A. G. Franke (✉)
Hochschule der Bundesagentur für Arbeit, Mannheim, Deutschland
E-Mail: andreas.franke@arbeitsagentur.de

nach eingenommenem Präparat und je nach Dosierung unterschiedlich. Die Effekte sind insgesamt hinsichtlich der kognitiven (Teil-) Leistungen für den Arbeitsprozess eher überschaubar, die Nebenwirkungen sind allerdings mitunter gefährlich. Dennoch ist die Verbreitung angesichts deutlich gestiegener Anforderungen an die Kognition hoch.

Schlüsselwörter
Neuroenhancement · Hirndoping · Kognition · Anforderungen · Arbeitswelt

4.1 Einleitung

Die Steigerung der geistigen Leistungsfähigkeit scheint ein der Menschheit ureigenes Ziel, das bereits seit Jahrtausenden verfolgt wurde. Schon in der griechischen Antike trainierten Athleten für die Olympischen Spiele und suchten nach Möglichkeiten, ihre körperliche Leistungsfähigkeit zu steigern.

Die Einnahme von diversen Stoffen zur körperlichen Leistungssteigerung wird als „Doping" bezeichnet (WADA). In Anlehnung an diesen Begriff wurde vor einigen Jahren der Begriff „Hirndoping" eingeführt, der die Einnahme von verschreibungspflichtigen Medikamenten und illegalen Drogen zur geistigen Leistungssteigerung durch Gesunde beschreibt (Forstl 2009; Franke und Lieb 2010, 2013; Simon et al. 2006; Striegel et al. 2010). Der deutlich wertneutralere Begriff dafür ist der des pharmakologischen „Cognitive Enhancement" (CE) oder des „pharmakologischen Neuroenhancements" (PN). Der Begriff PN beschreibt die Einnahme diverser Stoffe durch Gesunde mit dem Ziel der geistigen Leistungssteigerung bezüglich Vigilanz (Wachheit), Aufmerksamkeit, Konzentration, Gedächtnis, Motivation usw. über ein „normales Maß" hinaus. Daher stellt die Definition des PN eine breitere Definition als die des Hirndopings dar, wobei Letztere nur eine Teilmenge an Stoffen beschreibt.

> ▶ Pharmakologisches Neuroenhancement beschreibt die Einnahme diverser Stoffe durch Gesunde mit dem Ziel der geistigen Leistungssteigerung bezüglich Vigilanz, Aufmerksamkeit, Konzentration, Gedächtnis, Motivation usw. über ein „normales Maß" hinaus.

In den letzten Jahrzehnten hat sich der gesamtwirtschaftliche Produktionsprozess vor allem in den sog. „Industrienationen" immer stärker in Richtung des tertiären beziehungsweise quartären Sektors entwickelt, was als Tertiarisierung bezeichnet wird. Somit ist der Terminus Industrienation mittlerweile gewissermaßen überholt, da der Produktionsprozess unserer Gesellschaft vielmehr auf Dienstleistung und Information beruht. Die körperliche Leistungsfähigkeit ist weit weniger entscheidend als noch zu Zeiten der Dominanz des primären und sekundären Sektors. Viel entscheidender ist die

Kognition geworden. Das ist insofern gut zu erkennen, als dass wir im statistischen Mittel zunehmend Dienstleistungs- und Informationstätigkeiten nachgehen. Vor allem der Informationssektor stellt höchste Anforderungen an die kognitive Leistungsfähigkeit. Er verlangt ein Höchstmaß an Aufmerksamkeit und Konzentration über die gesamte Zeitspanne eines Arbeitstages. Zudem verlangt er die Fähigkeit, abstrakt und eben nicht gegenständlich zu denken: Es müssen gewaltige Datenmengen, die man nicht wie Saatgut und Autoteile anfassen und konkret begreifen kann, nach bestimmten, ebenso abstrakten Regeln beziehungsweise Vorgaben verarbeitet werden wobei sich die Regeln je nach Arbeitsschritt durchaus ändern. Somit ist geistige Flexibilität als kognitiver Leistungsaspekt gefragt. Hinzu kommt eine deutlich gestiegene Innovationsgeschwindigkeit, so dass Menschen im Arbeitsprozess beständig sich Neues aneignen oder umlernen müssen. Und das gilt vom Einstieg in den Beruf bis hin zum Renteneintritt, wobei die geistige Leistungsfähigkeit und vor allem die fluide Intelligenz im Verlauf des Alters abnehmen. Dies stellt eine zusätzliche Erschwernis für die alternde Bevölkerung im Arbeitsprozess dar.

Abgesehen von den o. g. Aspekten darf nicht vergessen werden, dass im primären und sekundären Sektor die Arbeitsprozesse kontinuierlich geleistet werden; im tertiären und vor allem im quartären Sektor aber ist eine zeitliche Flexibilität in Form ständiger Erreichbarkeit gefragt; dies geht einher beziehungsweise ist nur auf der Basis der Digitalisierung möglich.

Im vorangegangenen Absatz wurden bereits mehrere sog. kognitive Domänen genannt, also verschiedene kognitive (Teil-) Bereiche wie Vigilanz, Aufmerksamkeit, Konzentration, geistige Flexibilität und Gedächtnis, die zur Gesamtheit der Kognition zusammengesetzt werden. Diese kognitiven Bereiche lassen sich durch die Einnahme von bestimmten Stoffen beziehungsweise Mitteln zu einem gewissen Grad beeinflussen. Der Arbeitsmarkt der Zukunft wird sicherlich noch viel mehr denn je mit kognitiven Anforderungen assoziiert sein, so dass die Kognition ein immer höheres Gewicht bekommen wird, in dem derjenige besser besteht, der um eine besonders hohe kognitive Kompetenz verfügt. Diese Annahme resultiert vor allem daraus, dass kognitiv wenig anspruchsvolle Aufgaben bereits in den letzten Jahrzehnten automatisiert wurden und weiterhin zunehmend wegfallen, da sie durch Maschinen übernommen werden. Die kognitiv anspruchsvollen Tätigkeiten hingegen bleiben erhalten, so dass die Anforderungen an die kognitive Leistungsfähigkeit in der Arbeitswelt in der Vergangenheit schon angestiegen sind und weiter ansteigen werden.

▷ Die Bedeutung der kognitiven Leistungsfähigkeit wird steigen, da für die Arbeitstätigkeit immer mehr der Geist und immer weniger der Körper gebraucht wird.

Bereits heute wird von manchen versucht, dem hohen kognitiven Anforderungsprofil durch die Einnahme bestimmter Stoffe Rechnung zu tragen. Zu den PN-Stoffen zählen sowohl verschreibungspflichtige Medikamente als auch illegale Drogen und frei verkäufliche Stoffe, die sog. Over-the-Counter- (OTC-) Drugs (Franke und Lieb 2010, 2013;

Forstl 2009; Maher 2008; Soyka 2009; Mehlman 2004; de Jongh et al. 2008). Die Einnahme von OTC-Drugs wird mitunter als Soft-Enhancement bezeichnet und beinhaltet auch die Einnahme von homöopathischen Mitteln (DAK 2012). Wie geeignet diese Gruppen für die in der Arbeitswelt entscheidende Kognition sind, wird anhand einzelner Repräsentanten der jeweiligen Gruppe im Verlauf des Artikels demonstriert.

▶ Frei verkäufliche, verschreibungspflichtige und illegale Mittel versprechen die Steigerung der geistigen Leistungsfähigkeit.

Eine weitere Subdefinition stellt die des „Mood Enhancements" (ME) dar. Dies beschreibt die Einnahme von Stoffen wie vor allem Antidepressiva mit dem Ziel, die eigene Stimmung auf ein Normalmaß zu verbessern oder in Gesellschaft „gefälliger" und selbstsicherer aufzutreten (Franke und Lieb 2013; de Jongh et al. 2008). Genau dieser Aspekt ist in der heutigen Arbeitswelt in manchen Berufen sicherlich mindestens ebenso wichtig wie die Steigerung der geistigen Leistungsfähigkeit. Man denke einmal generell an Arbeitsbereiche mit direkten Kundenkontakten, aber auch an Tätigkeiten mit hohem Interaktionsgrad mit Kollegen und generell an das Arbeiten im Team.

4.2 Stoffe und Präparate zum Neuroenhancement

Generell unterteilt man die Stoffe zur geistigen Leistungssteigerung in drei Gruppen: die frei verkäuflichen Over-the-Counter-Drugs (OTC-Drugs), verschreibungspflichtige Medikamente und illegale Drogen.

Zu den OTC-Drugs zählen beispielsweise pflanzliche Mittel wie Ginkgo biloba (z. B. Tebonin®) und diverse Lifestyle- und Vitaminpräparate (z. B. Vita sprint®, Dextro Energy® etc.); aber auch Stoffe vom Methylxanthintyp wie Koffein mit diversen koffeinhaltigen Produkten und Präparaten (Kaffee, Energy Drinks). Koffeintabletten sind zwar frei verkäuflich, werden aber nur in Apotheken verkauft, so dass sie den Übergang zu den verschreibungspflichtigen Medikamenten darstellen.

Zu den verschreibungspflichtigen Medikamenten zum PN subsumiert man die Stimulantien vom Amphetamintyp wie Methylphenidat (MPH) (z. B. Ritalin®) und Amphetamine (AMPH) (z. B. Attentin®, Adderall®); hinzu kommt Modafinil (z. B. Vigil®). (Forstl 2009; Franke und Lieb 2010, 2013; Normann et al. 2010; Mehlman 2004; Soyka 2009; de Jongh et al. 2008). Darüber hinaus gehören verschreibungspflichtige Antidementiva und Antidepressiva dazu (Forstl 2009; Franke und Lieb 2010, 2013; Normann et al. 2010; Mehlman 2004; de Jongh et al. 2008).

Mitunter werden Betablocker und teilweise Beruhigungsmittel, vor allem Benzodiazepine (DAK 2009; Maher 2008), hinzugezählt und als „Downer" bezeichnet, da sie die Konsumenten wieder „runterbringen", die bedingt durch die hohen kognitiven Anforderungen übermäßig angetrieben und gestresst sind. Zudem wirken beide gegen Nervosität und Unruhe, so dass gut nachvollziehbar sein sollte, dass beide Substanzen von Personen in Berufen eingenommen werden, die mit Nervosität zu tun haben; in diesem Zusammenhang fällt das Stichwort des Lampenfiebers.

Als dritte Gruppe gibt es die illegalen Drogen, die größtenteils auf dem Molekulargerüst der Amphetamine aufbauen, beispielsweise Speed, Crystal Meth und Ecstasy.

Nach dieser Einteilung sollen die kurz genannten Stoffe und Präparate unter dem Aspekt der Steigerung bestimmter kognitiver Leistungsmerkmale einer genaueren Betrachtung unterzogen werden, um zu verstehen, warum sie eingenommen werden und ob beziehungsweise wie sie für die Steigerung der geistigen Leistungsfähigkeit zur Unterstützung des Arbeitsprozesses wirken. Referenzwerte sind dabei die Leistungsanforderungen der modernen Arbeitswelt im tertiären und insbesondere quartären Sektor. Vor allem der quartäre Sektor fordert wie oben bereits beschrieben eine besonders hohe und ausdauernde Vigilanz, ein beständiges und hohes Maß an Aufmerksamkeit sowie eine andauernde und sehr ausgeprägte Konzentrationsfähigkeit. Außerdem sind Gedächtnis, Merkfähigkeit beziehungsweise Lernfähigkeit von entscheidender Bedeutung, um immer wieder neue Dinge zu erlernen und neue Arbeitsprozesse einzustudieren und diese schließlich auf mehr oder weniger artverwandte Problemstellungen anzuwenden.

▶ Die Steigerung von Wachheit, Aufmerksamkeit und Konzentrationsfähigkeit sind Schlüsselelemente der kognitiven Leistungsfähigkeit.

Koffein
Der Konsum von Koffein in Form von Kaffee ist schon lange Bestandteil einer Art morgendlichen Rituals, um die Grundbedürfnisse der kognitiven Anforderungen der Arbeitswelt befriedigen zu können: Vigilanz ist dabei die Grundvoraussetzung im Arbeitstag und der grundlegende Aspekt, um sich auf sein Arbeitsgebiet konzentrieren zu können. Früher wurde das durch die Anforderung der Bewegung am Arbeitsplatz erledigt – wer geht, schläft nicht ein. Heutzutage bedarf es mitunter gewisser Mittel, um bei einer sitzenden Tätigkeit nicht einzuschlafen. Und am beliebtesten dazu ist sicherlich die Tasse Kaffee.

Der Koffeingehalt in einer Tasse Kaffee (ca. 150 ml) beträgt ca. 50–150 mg Koffein pro Tasse; andere Getränke mit Koffein oder artverwandten Wirkstoffen (Tee, Cola-Getränke) enthalten geringere Mengen (Franke und Lieb 2009). Das einzige in Deutschland zugelassene Koffeinpräparat (Coffeinum®) enthält 200 mg Koffein pro Tablette und ist indiziert zur Einnahme bei Ermüdungserscheinungen, wobei die Arzneimittelfachinformation keinen Kontext der Einnahme nennt. Dabei darf eine Tageshöchstdosis von 400 mg nicht überschritten werden. Der weitverbreitete Energy Drink, Red Bull®, enthält neben diversen weiteren Inhaltsstoffen in einer 250 ml fassenden Dose 80 mg Koffein und 1000 mg Taurin. Während Koffein seine Wirkung sicher über bestimmte Zwischenschritte entfaltet (Nehlig et al. 1992; Fisone et al. 2004; Ferre et al. 2008), wird die Effektivität von Taurin kontrovers diskutiert (McLellan und Lieberman 2012; Giles et al. 2012).

Eine ältere Übersichtsarbeit über klinische Wirksamkeitsstudien unter Verwendung von 50–600 mg Koffein (ein- bis mehrmalig) an gesunden Probanden zeigte, dass Vigilanz und

Aufmerksamkeit durch Koffein gegenüber Placebo bei Gesunden signifikant gesteigert werden können. Die Reaktionszeit in simplen Reiz-Reaktions-Tests wurde nur inkonsistent verringert; unter Schlafentzug traten die gezeigten Effekte deutlicher hervor, und auch Gedächtnisleistungen verbesserten sich gegenüber Placebo. Im Fall von Energy Drinks fielen die Ergebnisse auf die Kognition ähnlich aus. Einzelne Studien zeigten leicht betonte Effekte von Energy Drinks (Franke und Lieb 2009). Koffein verhindert somit das müdigkeitsbedingte Einschlafen vor dem Computer und steigert zudem Aufmerksamkeit und Konzentrationsfähigkeit, um Arbeitsaufgaben länger bewältigen zu können.

Im Arbeitskontext gibt es Studien zu bestimmten Szenarien, aber leider keine allgemeingültigen Aussagen. Ziel einer Metaanalyse der Cochrane Collaboration waren die Effekte von Koffein auf die Verletzungs- und Irrtumsgefahr von Schichtarbeitern. Während gezeigt werden konnte, dass Koffein über die Verbesserung von „concept formation", Urteilskraft, Aufmerksamkeit, Gedächtnis, Orientierung und Wahrnehmung die Anzahl von Fehlern insgesamt reduzierte, konnte ebenfalls herausgefunden werden, dass Koffeinkonsum gegenüber Kurzzeitschlaf („Naps") bei der Fehlerhäufigkeit bei Schichtarbeit überlegen war. Bedauerlicherweise konnten die Autoren keine Studien einschließen, die Koffeineffekte auf Verletzungen bei Schichtarbeitern untersucht hatten (Ker et al. 2010).

▶ Koffein verspricht eine Steigerung der geistigen Leistungsfähigkeit; dies dürfte allen vom morgendlichen Kaffee bekannt sein.

Die Untersuchung von am Beginn ihres Berufslebens stehenden Chirurgen zeigt anhand eines Laparoskopiesimulators, dass die kognitiv beeinträchtigenden Schlafentzugseffekte durch eine Kombination von Koffein und Taurin (Energy Drink) in puncto psychomotorische Performance, Reaktionszeit und subjektiver Maßstäbe insoweit verbessert werden können, als dass keine Unterschiede mehr zu einem ausgeruhten Zustand bestanden. Dennoch konnte die Fehlerquote durch den Einsatz von Energy Drinks nicht reduziert werden (Aggarwal et al. 2011).

Allerdings gibt es warnende Hinweise, dass der Konsum von Energy Drinks oftmals mit Alkohol gemischt zu einer Art „Einstiegsdroge" werden kann und Müdigkeit am darauffolgenden (Arbeits-)Tag sowie Schlafstörungen die Folge des Konsums sind (Ishak et al. 2012; Wesensten 2014).

Nebenwirkungen sind Zittern, Magen- und Darmbeschwerden, innere Unruhe und vieles mehr, so dass Koffein keineswegs nur ein harmloses Genussmittel darstellt, sondern durchaus ein Grund für Arbeitsunfähigkeiten im Sinne von Magenproblemen sein kann; allerdings ein seltener.

Ginkgo biloba
Die Einnahme von Ginkgo biloba dient meist dem Ziel der Prävention von etwaigen dementiellen Erkrankungen oder dem subjektiven Nachlassen der geistigen Leistungsfähigkeit, was auch als mild cognitive impairment (MCI) bezeichnet wird. Hinzu kommt die Einnahme bei Ohrgeräuschen. Die Verbreitung der Einnahme von Ginkgo zur Steigerung

der geistigen Leistungsfähigkeit beträgt in der Altersgruppe älterer noch im Arbeitskontext befindlicher Menschen (< 60. Lj.) und hochgebildeten Personen in Deutschland 15 % (Franke et al. 2014a, b). Da der Anteil älterer Arbeitnehmer durch den Anstieg des Renteneintrittsalters weiter ansteigt, ist Ginkgo keineswegs nur eine Arznei von Rentnern, sondern dient zunehmend einer Art „Durchhaltens" älterer Arbeitnehmer in den letzten Jahren der Erwerbsarbeit.

Der Arzneimittelfachinformation folgend ist die Einnahme von Ginkgo biloba neben der Therapie der peripheren arteriellen Verschlusskrankheit (pAVK), Vertigo vaskulärer und involutiver Genese sowie bei bestehendem Tinnitus auch beim sog. „dementiellen Syndrom" indiziert (Ginkgo-Präparate).

Eine große mehrfach aufgelegte Metaanalyse der Cochrane Collaboration zeigte mehrfach, dass Ginkgo biloba zur Therapie von Demenzen und leichten kognitiven Störungen, wie sie am Ende des Berufslebens durchaus vorkommen, wirkungslos ist, allerdings auch kein nennenswertes Nebenwirkungsprofil aufweist (Birks et al. 2002; Birks und Grimley Evans 2007, 2009). Eine aktuelle Metaanalyse schlussfolgert allerdings, dass die Einnahme von 240 mg Ginkgo biloba täglich bei mild cognitive impairment (MCI) und Demenz zu einer Stabilisierung oder einer verlangsamten Progredienz von nachlassenden kognitiven Leistungen und Verhaltensstörungen führen kann, so dass Betroffene länger im Arbeitsprozess der Erwerbsarbeit bleiben und eingesetzt werden können (Tan et al. 2015).

Übersichtsarbeiten zur Wirkung von Ginkgo biloba zum PN bei Gesunden zeigen keine pro-kognitiven Effekte (Solomon et al. 2002). Allerdings zeichnen sich auch keine besonders zu erwähnenden Nebenwirkungen ab, so dass aus diesem Grund keine Arbeitsunfähigkeiten zu erwarten sind.

▶ Ginkgo biloba scheint zum PN relativ wirkungslos zu sein, hat aber auch kaum/ keine Nebenwirkungen.

Methylphenidat und Amphetamine
Während Methylphenidat (MPH) ein verschreibungspflichtiges Medikament darstellt (z. B. Ritalin®), sind Amphetamine sowohl als verschreibungspflichtige Medikamente (z. B. Attentin®, Adderall® usw.) als auch als illegale Droge (z. B. Speed, Ecstasy usw.) erhältlich.

Indiziert und zugelassen sind MPH- und AMPH-Präparate u. a. zur Behandlung der Aufmerksamkeits-Defizit-Hyperaktivitäts-Störung (ADHS). Die Zulassung von MPH zur Behandlung von Erwachsenen mit ADHS (z. B. Medikinet adult®) sowie die Zulassung von AMPH bei Kindern und Jugendlichen mit ADHS (Attentin®) sind in Deutschland relativ neu. Insgesamt steigert die Einnahme der Präparate bei Patienten mit ADHS die Aufmerksamkeit sowie die Konzentration deutlich, so dass sie durch die Einnahme in die Lage versetzt werden, den kognitiven Anforderungen in Schule und Beruf zu entsprechen.

Bedingt durch die o. g. Wirkmechanismen steigern AMPH gemäß einer älteren Übersichtsarbeit bei Gesunden Vigilanz, Aufmerksamkeit, Konzentration und verkürzen die Reaktionszeiten in Reiz-Reaktions-Tests; dabei fielen die Effekte bei Schlafmangel der Probanden in den vorliegenden Studien deutlicher aus (Franke und Lieb 2009). Andere Studien weisen sogar auf positive Effekte hinsichtlich einzelner Bereiche des Gedächtnisses hin (Repantis et al. 2010a, b). Dies sind vermutlich, wie auch bei Koffein, mittelbare Effekte, die durch eine Vigilanz- und somit Aufmerksamkeits- und Konzentrationssteigerung erklärbar sein könnten. Speziellere Untersuchungsdesigns zeigen Verbesserungen von Arbeitsgedächtnis, Verarbeitungsgeschwindigkeit, verbalem Lernen und Gedächtnis, schlussfolgerndem Denken und Problemlösekompetenzen unter Stimulantieneinnahme (Linssen et al. 2014). Bagot und Kaminer wiesen 2014 auf eine verbesserte Informationskonsolidierung unter AMPH hin; das Vermögen, Neues zu erlernen, lässt sich also im Sinne der gestiegenen Innovationsgeschwindigkeit erhöhen.

Während die Möglichkeiten der geistigen Leistungssteigerung durch AMPH und MPH zwar zunächst gut klingen, so sind zahlreiche Nebenwirkungen in der Arzneimittelfachinformation zu beachten: von Magen- und Darmbeschwerden und Schwindel bis hin zu kardiovaskulären Störungen wie Herzklopfen, Herzrasen und Bluthochdruck(krisen) sind häufige Nebenwirkungen, die durchaus Arbeitsunfähigkeiten auslösen. Sogar Todesfälle durch die Einnahme sind bereits vorgekommen. Entscheidend für die Limitation des Einsatzes von AMPH und MPH ist aber sicherlich das Missbrauchs- und Suchtrisiko, dass im Falle des Auftretens zur Arbeits- oder sogar Leistungsunfähigkeit führen kann.

▶ AMPH und MPH scheinen effektiv zum PN zu sein; doch so effektiv sie sind, so bedeutsam sind auch die Nebenwirkungen.

Modafinil
Modafinil wird in Deutschland unter dem Präparatenamen Vigil® vermarktet und fällt nicht unter das Betäubungsmittelgesetz. In Deutschland ist die einzige zugelassene Indikation die pharmakologische Behandlung der Narkolepsie, einer Erkrankung, bei der die Betroffenen urplötzlich tief einschlafen. Dabei ist anzumerken, dass Modafinil die Zulassung für die Behandlung des sog. chronischen Schichtarbeitersyndroms und des Schlafapnoesyndroms mit exzessiver Tagesschläfrigkeit im Frühjahr 2011 eingebüßt hat. Grund war das nicht ausreichende Nutzen-Risiko-Profil von Modafinil bei den beiden zuletzt genannten Erkrankungen. Dieses Schichtarbeitersyndrom ist ein Symptom der Anforderungen der Arbeitswelt, auf die mit der Entwicklung beziehungsweise Anwendung eines Medikamentes reagiert wurde.

Eine ältere Übersichtsarbeit hat ergeben, dass Modafinil Vigilanz, Aufmerksamkeit sowie Konzentration ansteigen lässt, aber auch die Reaktionsgeschwindigkeit bei Gesunden verbessert (Franke und Lieb 2009). Darüber hinaus konnten einige Wissenschaftler zeigen, dass Modafinil positive Effekte auf einzelne Domänen des Gedächtnisses hat, ohne dass ein Schlafdefizit besteht, wobei bei deutlichem und langem Schlafdefizit selbst durch die wiederholte Gabe von Modafinil der müdigkeitsbedingte Abfall kognitiver Leistungen nicht mehr aufzuhalten war (Repantis et al. 2010a, b). Andere Wissenschaftler haben neben anderen pro-kognitiven Effekten kognitiver Teilbereiche insbesondere pro-kognitive Aspekte in den Bereichen Arbeitsgedächtnis und episodisches Gedächtnis nachweisen können (Minzenberg und Carter 2008).

Die Applikation von 200 mg Modafinil bei unbeeinträchtigten Chirurgen führten in neuropsychologischen Tests sowie unter Laparoskopiesimulation zu verbesserter Performance in den Bereichen Arbeitsgedächtnis, planendes Denken/ Verhalten, Problemlösekompetenzen, geistige Flexibilität. Psycho-motorische Aspekte wurden dabei nicht beeinflusst (Sugden et al. 2012).

Eine aktuelle systematische Übersichtsarbeit über die Effektivität von Modafinil zum PN weist auf eine Verbesserung von Reaktionszeit, logischem Schlussfolgern und Problemlösekompetenzen hin (Bagot und Kaminer 2014).

Doch auch hier treten diverse Nebenwirkungen auf, die beeinträchtigend auf die Konsumenten wirken und zu Arbeitsunfähigkeiten führen können.

▶ Modafinil ist ein bislang wenig untersuchter Neuroenhancer.

Antidementiva
Zur Gruppe der Antidementiva gehören einige wenige Vertreter; zugelassen sind sie zur Behandlung der Alzheimer-Demenz.

Eine systematische Literaturrecherche kommt aber zu dem Schluss, dass die vorliegenden Studien nicht geeignet seien, um Aussagen über die Wirksamkeit der Antidementiva zum PN zu treffen (Repantis et al. 2010a, b). Eine ältere Übersichtsarbeit zeigte ferner, dass von den verfügbaren Alzheimer-Präparaten keine Steigerung der Vigilanz, Aufmerksamkeit, Konzentration und Reaktionszeit ausgeht. Bei verschiedenen neuropsychologischen Gedächtnistests zeigten sich allerdings je nach Test widersprüchliche Ergebnisse von einer Verschlechterung bis hin zu einer Verbesserung (2009). Bei einer Untersuchung von Berufspiloten in Flugsimulatoren nach Applikation von Donepezil über einen Monat schien dieser Arzneistoff die Performance bei komplexen Flugsimulatoraufgaben aufrechtzuerhalten (Yesavage et al. 2002).

Hinzu kommt, dass die Nebenwirkungen der Antidementiva oft dazu führen, dass Patienten die Präparate wieder absetzen, da sie die Magen- und Darmstörungen sowie Schwindel und Blutdruckschwankungen nicht tolerieren; das gilt bereits für die Akzeptanz im Alltag und dürfte sich deutlich auf die Leistungsfähigkeit in der Arbeitswelt auswirken.

Letztendlich sind also Antidementiva wohl kaum zum PN geeignet.

Antidepressiva
Antidepressiva werden wie bereits beschrieben mitunter zum „Mood Enhancement" anstatt zum PN im engeren Sinne eingesetzt. Zusätzlich zu dem Ziel, die eigene Stimmung über ein „normales" Maß hinaus zu verbessern, werden sie deshalb eingenommen, selbstsicherer in der Gesellschaft aufzutreten und die eigene „soziale Funktionsfähigkeit" zu verbessern.

Während sie bei der Behandlung von Depressionen seit Jahrzehnten erfolgreich angewendet werden, ist ihr Einsatz zum PN deutlich limitiert: Eine ältere Übersichtsarbeit weist auf fehlende Effekte von Antidepressiva zum Mood Enhancement hin (Franke und Lieb 2009). In einer Metaanalyse aus dem Jahr 2008 wurde allerdings festgestellt, dass die

Einnahme von Antidepressiva bei Gesunden eine geringfügige Tendenz der Stimmungsverbesserung bewirkt, die allerdings erst zu beobachten war, wenn die Einnahme über eine längere Zeit erfolgte. Kognitive Domänen wie Vigilanz, Aufmerksamkeit und Gedächtnis wurden weder positiv noch negativ beeinflusst (Repantis et al. 2008).

Auch Nebenwirkungen vor allem hinsichtlich des Magen- und Darmtraktes, aber auch des Blutdrucks sind zu berücksichtigen, die aber zumindest bei Depressiven kaum zu Arbeitsunfähigkeiten führen. So scheinen Antidepressiva zum PN eher verzichtbar.

> Antidementiva sind hinsichtlich des Neuroenhancements am ehesten wirkungslos und haben zu beachtende Nebenwirkungen. Das Gleiche gilt für die Antidepressiva.

4.3 Einnahme von Neuroenhancern im Arbeitskontext

Insgesamt ist hinsichtlich der Wirkung der vorgestellten Präparate festzuhalten, dass ihre Einnahme hinsichtlich der kognitiven Leistungsfähigkeit nicht ohne Folgen auf kognitive Domänen bleibt, die für die heutigen Anforderungen in der Arbeitswelt von höchster Relevanz sind. Hinsichtlich der pro-kognitiven Effekte sind es eher einfache kognitive Domänen, die tatsächlich eine Verbesserung erfahren, und das auch eher unter suboptimalen Bedingungen wie Müdigkeit und Schlafdefizit. Diese Domänen sind zunächst einmal eine Grundvoraussetzung überhaupt, um eine Arbeits- beziehungsweise Leistungsfähigkeit zu erlangen. Bei Tätigkeiten aus dem primären und sekundären Sektor aber ist eine solche Steigerung weniger wichtig, da einfache kognitive Domänen wie Vigilanz und Aufmerksamkeit durch die körperliche Bewegung und Anstrengung aufrechterhalten werden. Der Kreislauf kommt bekanntermaßen durch Bewegung in Schwung und wird so auch in Schwung gehalten. Deshalb sind PN-Mittel hier hinsichtlich simpler kognitiver Domänen entbehrlich.

> Einfache kognitive Domänen wie Wachheit und Aufmerksamkeit sind der Schlüssel zu höheren kognitiven Domänen wie Lernfähigkeit und Gedächtnis.

Die durch den Menschen modifizierten Arbeitsbedingungen hinsichtlich Fließbandproduktion und damit vergesellschafteter Schichtarbeit vor allem im sekundären Sektor interagieren aber mit dem natürlichen Schlaf-Wach- beziehungsweise Tag-und-Nacht-Rhythmus des Menschen. Man arbeitet gegen die innere Uhr, so dass Schichtarbeit und besonders die Nachtschicht ein erstes wirkungsvolles Einsatzgebiet für PNs darstellen. Hier ist heutzutage nicht mehr nur der sekundäre Sektor maßgeblich, sondern man denke insbesondere an die zunehmende Schichtarbeit in der Lebensmittelbranche beziehungsweise im Einzelhandel. In den allermeisten Lebensmittel-Supermärkten wird mittlerweile in mindestens zwei Schichten gearbeitet, so dass die dort Beschäftigten variierende Schlaf- und Wachrhythmen haben müssen. Dabei brauchen sie einen hohen und variablen Vigilanzgrad nicht per se, um wach zu sein/ bleiben, sondern auch und gerade um ein ausreichend hohes Maß an Aufmerksamkeit und Konzentration aufweisen zu können, um im Arbeitsprozess keine oder zumindest möglichst wenige Fehler zu machen. Zum Einsatz erscheinen vor allem Mittel wie AMPH, MPH und Koffeinpräparate geeignet.

▸ Es rächt sich, gegen die innere Uhr zu arbeiten, wie es bei der Schichtarbeit der Fall ist. Neuroenhancer lassen gewisse Arbeiten gegen die innere Uhr einfacher möglich werden.

Darüber hinaus ist rasch nachvollziehbar, dass es vor allem der tertiäre und quartäre Sektor sind, für die der Einsatz von PN-Mitteln gewinnbringend scheint. Gerade hier sind anspruchsvolle kognitive Tätigkeiten gefragt, die auf einfachen kognitiven Domänen wie Aufmerksamkeit und Konzentrationsfähigkeit beruhen. Gedächtnis- und Lernprozesse sind bei einem beschleunigten Innovationstempo unabdingbar, und für das kognitiv so hoch anspruchsvolle Multitasking ist ein höchster Grad an Vigilanz und Aufmerksamkeit und Konzentrationsfähigkeit absolute Voraussetzung. Diese höheren kognitiven (Teil-) Leistungen sind unverzichtbar. Betrachtet man das Ziel des PN und bezieht sich auf die verschiedenen kognitiven Bereiche, so scheint die Steigerung der Kognition in diesen beiden Sektoren, vornehmlich im quartären Sektor, sinnvoll und vielleicht gar notwendig. Die heutzutage verfügbaren PN-Mittel sind hinsichtlich höherer kognitiver Domänen per se ziemlich wirkungslos. Einfache kognitive Domänen lassen sich hingegen durchaus steigern. Die referierten Studien haben bei hochkomplexen Aufgaben denen eines Chirurgen gezeigt, dass es pro-kognitive Effekte gibt, wobei sich aber keine Trennung zwischen einfachen kognitiven Domänen und höheren, komplexen kognitiven Domänen vornehmen lässt.

▸ Gerade der quartäre Sektor mit hohem Digitalisierungsgrad und hoher Innovationsgeschwindigkeit ist ein Feld, in dem Neuroenhancer Anwendung finden.

Zu berücksichtigen sind etwaige Nebenwirkungen, die den Einsatz der Neuroenhancer limitieren. Das heißt, dass alle PN-Mittel zu Nebenwirkungen führen, die die Arbeits- beziehungsweise Leistungsfähigkeit beeinflussen. Der Grad der Beeinträchtigung ist allerdings individuell sehr unterschiedlich. Voltaire und Balzac brauchten, so sagt man, für ihre Arbeit extrem hohe Koffeinmengen, die bei den allermeisten anderen Menschen zu Zittern, innerer Unruhe und weiteren Konzentrationsschwierigkeiten führen würden. So hält beziehungsweise macht Koffein zwar wach, dennoch führt eine besonders hohe Dosis zum Nachlassen von Aufmerksamkeit und Konzentrationsvermögen, da der Konsum unruhig und zittrig macht und störend wirkt. Gleiches gilt für AMPH und MPH. Eine geringe Dosis führt zu einer Steigerung der Fähigkeit, sich zu konzentrieren und sich auf eine Materie für eine gewisse Zeit zu fokussieren, die die Dauer einer Schulstunde deutlich überschreitet und mehrere Stunden anhalten kann. Eine zu hohe Dosis führt wiederum zu gegenteiligen Effekten. Paradox ist hierbei, dass AMPH und MPH hyperaktiven und aufmerksamkeits- sowie konzentrationsgestörten Menschen (ADHS) insofern helfen, als dass sie beruhigen, während sie Gesunde wacher und reger machen. Menschen mit ADHS werden mitunter unter der Einnahme von AMPH oder MPH überhaupt erst befähigt, in der Schule, der Berufsschule oder Hochschule erfolgreich bestehen und sich im Arbeitsalltag ausreichend lange konzentrieren zu können. Eine Hauptgefahr von AMPH und MPH sind allerdings die Nebenwirkungen; eine Studie von Gahr und Kollegen (2014) hat gezeigt, dass junge Menschen oft in Notaufnahmen eingeliefert werden, da sie im Rahmen von PN-Versuchen zu hoch dosiert haben. Aber nicht diese akutmedizinische Spielart der Arbeitsunfähigkeit ist anzumerken. Vielmehr können die Nebenwirkungen insgesamt zu krankheitsbedingten Arbeitsunfähigkeiten führen. Entscheidend ist dabei die Suchtgefahr von AMPH und MPH, die zu drastischen und langwierigen Suchterkrankungen führen kann. Aus diesen folgt oft ein mehrmonatiger Ausfall aus der Arbeitswelt mit der Notwendigkeit einer langwierigen Therapie.

4.4 Prävalenzen des pharmakologischen Neuroenhancements

Eine erste große und oft zitierte epidemiologische Übersicht über den Missbrauch von Stimulantien aus verschiedenen Gründen ist die systematische Übersichtsarbeit von Wilens und Kollegen, die eine Ein-Jahres-Prävalenzrate für die Einnahme von Stimulantien von 5–9 % unter Schülern im High-School-Alter und 5–35 % von Studierenden an Colleges zeigen. Diese Angaben beziehen sich allerdings auf Missbrauch von Stimulantien insgesamt und nicht ausschließlich zum Zweck des PN (Wilens et al. 2008).

Daten, die unter Berufstätigen in der Arbeitswelt erhoben wurden, sind nach wie vor nur sehr spärlich vorhanden; daher beziehen sich die verfügbaren Daten größtenteils auf Erhebungen unter Studenten. Dabei ist festzuhalten, dass frei verkäufliche PN-Mittel häufiger eingenommen werden als verschreibungspflichtige und illegale Mittel zum PN (Dietz et al. 2013; Franke et al. 2011a, b; Franke et al. 2012a, b; Middendorf et al. 2012).

▷   Die Einnahme von Neuroenhancern hat einen recht hohen Verbreitungsgrad, der je nach eingenommenem Mittel recht unterschiedlich ausfällt.

Eine neuere epidemiologische Studie aus der Schweiz zeigt, dass unter 6000 befragten jungen Schweizer Männern – hier wurden nicht nur Studenten befragt, sondern auch Berufstätige – eine Ein-Jahres-Prävalenz von 3 % bezüglich „neuroenhancement drugs" besteht (Deline et al. 2014).

Studien unter Berufstätigen liegen unter Lesern des Journals „Nature", den Versicherten der Deutschen Angestelltenkrankenkasse (DAK) und unter Chirurgen vor. Der Online-Survey von „Nature" zeigte 2008 eine Prävalenzrate von 20 % für die mindestens einmalige Einnahme von MPH, Modafinil oder ß-Blockern zum PN (Maher 2008). Die postalische Befragung der DAK aus dem Jahre 2009 zeigte, dass 17 % der Befragten angaben, bereits „Medikamente zur Verbesserung der geistigen Leistungsfähigkeit oder psychischen Befindlichkeit eingenommen" zu haben. 2 % gaben an, regelmäßig PN zu betreiben (DAK 2009). Eine Paper-and-Pencil-Befragung von 3300 Chirurgen ergab eine Lebenszeitprävalenz von verschreibungspflichtigen Medikamenten und illegalen Drogen von 9 %. Dem entgegen steht die Anwendung der Anonymisierungstechnik von Dietz und Kollegen (RRT) in der gleichen Befragung, die eine doppelt so hohe Prävalenz von 20 % zeigt (Franke et al. 2013). Für Energy Drinks konnte gezeigt werden, dass die Lebenszeitprävalenz beziehungsweise Ein-Jahres-Prävalenz unter Chirurgen in Deutschland 24 % beziehungsweise 15 % beträgt und für Koffeintabletten 13 % / 6 % (Franke et al. 2014a, b). Dies sind beachtlich hohe Prävalenzwerte von 1/5, sofern die Konsumenten erkennen, dass dies nicht herausgefunden wird.

Somit ist über die Verbreitung in der Arbeitswelt vor allem hinsichtlich einer Darstellung über verschiedene Branchen oder zumindest Branchenbereiche noch kaum etwas bekannt. Es liegen bislang nur „Inselbefunde" vor, die sich auf Chirurgen, in der Wirtschaft tätige Personen und unspezifische berufstätige Personen beziehen. Hier konnte aber gezeigt werden, dass in diesen kognitiv stark anfordernden Bereichen tendenziell hohe Prävalenzraten für alle Gruppen von Neuroenhancern vorliegen. Während die OTC-Drugs eine enorme Verbreitung aufweisen, so liegt die Verbreitung von Stimulantien sogar im zweistelligen Prozentbereich (ca. 20 %).

▶ Die Einnahme von verschreibungspflichtigen und illegalen Substanzen zum PN scheint bis zu 20 % Lebenszeitprävalenz zu betragen.

Um nun an Zukunftsszenarien zu denken, ist zu extrapolieren, wie sich diese Prävalenzraten erhöhen könnten, wenn von den Tätigkeiten im tertiären beziehungsweise quartären Sektor die simplen Tätigkeiten zunehmend durch Automatisierung wegfallen und prädominant die Bereiche übrig bleiben, die noch höhere Anforderungen an die Kognition aufweisen. Eine Folge könnte ein enormer Anstieg der Prävalenzraten des Neuroenhancements sein. Darüber hinaus ist zu ermessen, was passieren würde, wenn die heute noch ausgeprägten Nebenwirkungen reduziert werden könnten.

Ein weiteres Szenario wäre, wenn Arbeitgeber unter einer angestiegenen Konkurrenzsituation bedingt durch eine putative Steigerung der Arbeitslosenquote – die durch eine voranschreitende Automatisierung im tertiären und quartären Sektor prognostizierbar ist – Beschäftigten nahelegen würden, Neuroenhancer einzunehmen, um produktiver zu sein.

4.5 Fazit

Der Gebrauch von diversen Stoffen und Präparaten zum PN ist ein noch relativ junges Phänomen, das erst in den letzten Jahren an wissenschaftlicher Beachtung und Bedeutung gewonnen hat. Weit weniger Beachtung findet in diesem Kontext die Veränderung des Produktionsprozesses in unserer Dienstleistungs- und Informationsgesellschaft. Diese fordert von den Beschäftigten immer höhere kognitive Anstrengungen beziehungsweise

Leistungen. Der Bedarf an kognitiver (Höchst-) Leistung scheint mehr oder weniger unbegrenzt zu sein. Was passiert, wenn zudem die Tätigkeiten für weniger kognitiv fordernde Tätigkeiten der Automatisierung zum Opfer fallen, ist unklar.

Die zum Zweck des Neuroenhancements eingesetzten Stoffe und Präparate haben eine große Bandbreite und gehören teilweise zu den OTC-Drugs, sind aber zum Teil verschreibungspflichtig oder zählen zu den illegalen Drogen. Insgesamt ist ihre pro-kognitive Wirksamkeit begrenzt. Dennoch sind sie keinesfalls wirkungslos, sondern befördern vor allem simple kognitive Domänen wie Vigilanz, Aufmerksamkeit und die Konzentration. Darüber kann das Gedächtnis in Teilen verbessert werden. Somit können gewisse kognitive Leistungen durch Neuroenhancement modifiziert werden, was dem „Überleben" in der Arbeitswelt des quartären Sektors sicherlich förderlich ist. Gerade ein umso höherer Digitalisierungsgrad und die Reduktion kognitiv weniger anspruchsvoller Tätigkeitsbereiche könnten einen optimalen Nährboden für PN darstellen.

Die Verbreitung scheint hoch und sogar für verschreibungspflichtige Medikamente und illegale Drogen bei über 20 % zu liegen, so dass davon auszugehen ist, dass PN sowohl in der Welt der Studenten als auch am Arbeitsmarkt angekommen ist. Abgesehen von im Bereich der Wirtschaft Tätigen, Chirurgen und Naturwissenschaftlern gibt es jedoch noch keine systematischen Untersuchungen der arbeitenden Bevölkerung, so dass über bestimmte Branchen des Arbeitsmarktes bislang keine Aussage getätigt werden kann. Es ist aber naheliegend, dass in anderen kognitiv anspruchsvollen Arbeitsbereichen keine geringeren Prävalenzraten vorliegen dürften.

Sollten der tertiäre und quartäre Sektor sich so entwickeln, wie es der primäre und sekundäre Sektor in den letzten Jahrzehnten und Jahrhunderten getan haben, so ist mit einer weiteren Automatisierung und immer komplexeren Arbeitsabläufen zu rechnen; Innovationsgeschwindigkeit und der Digitalisierungsgrad werden die kognitiven Anforderungen für die arbeitende Masse auch zukünftig steigern. Ein solches Szenario könnte so manche Arbeitnehmer ins PN zwingen, bei denen von Natur gegebene kognitive Fähigkeiten nicht mehr ausreichen.

Literatur

Aggarwal, R., Mishra, A., Crochet, P., Sirimanna, P. & Darzi, A. (2011): „Effect of caffeine and taurine on simulated laparoscopy performed following sleep deprivation." Review of. In: *Br J Surg,* 98 (11):1666–1672. https://doi.org/10.1002/bjs.7600.

Bagot, K. S. & Kaminer, Y. (2014): „Efficacy of stimulants for cognitive enhancement in non-attention deficit hyperactivity disorder youth: a systematic review." Review of. In: *Addiction,* 109 (4):547–557.

Birks, J., Grimley, E. V. & Van Dongen, M. (2002): „Ginkgo biloba for cognitive impairment and dementia." Review of. In: *Cochrane Database Syst Rev,* (4):CD003120. doi: 10.1002/14651858.CD003120.

Birks, J. & Grimley Evans, J. (2007): „Ginkgo biloba for cognitive impairment and dementia." Review of. In: *Cochrane Database Syst Rev,* (2):CD003120. doi: 10.1002/14651858.CD003120.pub2.

Birks, J. & Grimley Evans, J. (2009): „Ginkgo biloba for cognitive impairment and dementia." Review of. In: *Cochrane Database Syst Rev,* (1):CD003120. doi: 10.1002/14651858.CD003120.pub3.

DAK (2009): Middendorf, E., Poskowsky, J. & Isserstedt, W. (2009): DAK-Gesundheitsreport (HIS, Hannover).

DAK (2012): Middendorf, E., Poskowsky, J. & Isserstedt, W. (2012): DAK-Gesundheitsreport (HIS, Hannover).

de Jongh, R., Bolt, I., Schermer, M. & Olivier, B. (2008): „Botox for the brain: enhancement of cognition, mood and pro-social behavior and blunting of unwanted memories." Review of. In: *Neurosci Biobehav Rev,* 32 (4):760–776. https://doi.org/10.1016/j.neubiorev.2007.12.001.

Deline, S., Baggio, S., Studer, J., N'Goran, A. A., Dupuis, M., Henchoz, Y., Mohler-Kuo, M., Daeppen, J. B. & Gmel, G. (2014): „Use of neuroenhancement drugs: prevalence, frequency and use expectations in Switzerland." Review of. In: *Int J Environ Res Public Health,* 11 (3):3032–3045. https://doi.org/10.3390/ijerph110303032.

Dietz, P., Striegel, H., Franke, A. G., Lieb, K., Simon, P. & Ulrich, R. (2013): „Randomized response estimates for the 12-month prevalence of cognitive-enhancing drug use in university students." Review of. In: *Pharmacotherapy,* 33 (1):44–50. https://doi.org/10.1002/phar.1166.

Ferre, S., Ciruela, F., Borycz, J., Solinas, M., Quarta, D., Antoniou, K., Quiroz, C. et al. (2008): „Adenosine A1-A2A receptor heteromers: new targets for caffeine in the brain." Review of. In: *Front Biosci,* 13:2391–9.

Fisone, G., Borgkvist, A. & Usiello, A. (2004): „Caffeine as a psychomotor stimulant: mechanism of action." Review of. In: *Cell Mol Life Sci,* 61 (7–8):857–872.

Forstl, H. (2009): „[Neuro-enhancement. Brain doping]." Review of. In: *Nervenarzt,* 80 (7):840–846. https://doi.org/10.1007/s00115-009-2801-6.

Franke, A. G., Bagusat, C., Dietz, P., Hoffmann, I., Simon, P., Ulrich, R. & Lieb, K. (2013): „Use of illicit and prescription drugs for cognitive or mood enhancement among surgeons." Review of. In: *BMC Med,* 11:102. https://doi.org/10.1186/1741-7015-11-102.

Franke, A. G., Bagusat, C., McFarlane, C., Tassone-Steiger, T., Kneist, W. & Lieb, K. (2014a): „The Use of Caffeinated Substances by Surgeons for Cognitive Enhancement." Review of. In: *Ann Surg.* doi: 10.1097/SLA.0000000000000830.

Franke, A. G., Bonertz, C., Christmann, M., Huss, M., Fellgiebel, A., Hildt, E. & Lieb, K. (2011a): „Non-medical use of prescription stimulants and illicit use of stimulants for cognitive enhancement in pupils and students in Germany." Review of. In: *Pharmacopsychiatry,* 44 (2):60–66. https://doi.org/10.1055/s-0030-1268417.

Franke, A. G., Christmann, M., Bonertz, C., Fellgiebel, A., Huss, M. & Lieb, K. (2011b): „Use of coffee, caffeinated drinks and caffeine tablets for cognitive enhancement in pupils and students in Germany." Review of. In: *Pharmacopsychiatry,* 44 (7):331–338. https://doi.org/10.1055/s-0031-1286347.

Franke, A. G., Heinrich, I., Lieb, K. & Fellgiebel, A. (2014b): „The use of Ginkgo biloba in healthy elderly." Review of. In: *Age (Dordr),* 36 (1):435–444. https://doi.org/10.1007/s11357-013-9550-y.

Franke A. G. & Lieb K. (2009): InFo Neurologie und Psychiatrie 11:7,8 42–51

Franke, A. G. & Lieb, K. (2010): „[Pharmacological neuroenhancement and brain doping: Chances and risks]." Review of. In: *Bundesgesundheitsblatt Gesundheitsforschung Gesundheitsschutz,* 53 (8):853–859. https://doi.org/10.1007/s00103-010-1105-0.

Franke, A. G., Lieb, K. & Hildt, E. (2012a): „What users think about the differences between caffeine and illicit/prescription stimulants for cognitive enhancement." Review of. In: *PLoS One,* 7 (6):e40047. https://doi.org/10.1371/journal.pone.0040047.

Franke, A. G., Schwarze, C. E., Christmann, M., Bonertz, C., Hildt, E. & Lieb, K. (2012b): „[Characteristics of university students using stimulants for cognitive enhancement: a pilot study]." Review of. In: *Psychiatr Prax,* 39 (4):174–180. https://doi.org/10.1055/s-0031-1298900.

Franke, A. G. & Lieb, K. (2013): Cognitive Enhancement. Heidelberg: Springer.

Gahr, M., Freudenmann, R. W., Hiemke, C., Kölle, M. A., Schönfeldt-Lecuona, C. (2014): Abuse of methylphenidate in Germany: data from spontaneous reports of adverse drug reactions. In: *Psychiatry Res,* 215(1):252–254.

Giles, G. E., Mahoney, C. R., Brunye, T. T., Gardony, A. L., Taylor, H. A. & Kanarek, R. B. (2012): „Differential cognitive effects of energy drink ingredients: caffeine, taurine, and glucose." Review of. In: *Pharmacol Biochem Behav,* 102 (4):569–577. https://doi.org/10.1016/j.pbb.2012.07.004.

Ishak, W. W., Ugochukwu, C., Bagot, K., Khalili, D. & Zaky, C. (2012): „Energy drinks: psychological effects and impact on well-being and quality of life-a literature review." Review of. In: *Innov Clin Neurosci,* 9 (1):25–34.

Ker, K., Edwards, P. J., Felix, L. M., Blackhall, K. & Roberts, I. (2010): „Caffeine for the prevention of injuries and errors in shift workers." Review of. In: *Cochrane Database Syst Rev,* (5):CD008508. doi: 10.1002/14651858.CD008508.

Linssen, A. M., Sambeth, A., Vuurman, E. F. & Riedel, W. J. (2014): „Cognitive effects of methylphenidate in healthy volunteers: a review of single dose studies." Review of. In: *Int J Neuropsychopharmacol,* 17 (6):961–977. https://doi.org/10.1017/S1461145713001594.

Maher, B. (2008): „Poll results: look who's doping." Review of. In: *Nature,* 452 (7188):674–675.

McLellan, T. M. & Lieberman, H. R. (2012): „Do energy drinks contain active components other than caffeine?" Review of. In: *Nutr Rev,* 70 (12):730–744. https://doi.org/10.1111/j.1753-4887.2012.00525.x.

Mehlman, M. J. (2004): „Cognition-enhancing drugs." Review of. In: *Milbank Q,* 82 (3):483–506, table of contents. https://doi.org/10.1111/j.0887-378X.2004.00319.x.

Middendorff, E., Poskowsky, J. & Isserstedt, W. (2012): Formen der Stresskompensation und Leistungssteigerung bei Studierenden. HISBUS-Befragung zur Verbreitung und zu Mustern von Hirndoping und Medikamentenmissbrauch. HIS (Hochschul Informationssystem GmbH, Hannover).

Minzenberg, M. J. & Carter, C. S. (2008): „Modafinil: a review of neurochemical actions and effects on cognition." Review of. In: *Neuropsychopharmacology,* 33 (7):1477–1502. https://doi.org/10.1038/sj.npp.1301534.

Nehlig, A., Daval, J. L. & Debry, G. (1992): „Caffeine and the central nervous system: mechanisms of action, biochemical, metabolic and psychostimulant effects." Review of. In: *Brain Res Brain Res Rev,* 17 (2):139–170.

Normann, C., Boldt, J., Maio, G. & Berger, M. (2010): „[Options, limits and ethics of pharmacological neuroenhancement]." Review of. In: *Nervenarzt,* 81 (1):66–74. https://doi.org/10.1007/s00115-009-2858-2.

Repantis, D., Schlattmann, P., Laisney, O. & Heuser, I. (2008): Antidepressants for neuroenhancement in healthy individuals: a systematic review. Poiesis Prax (2009) 6:139–174.

Repantis, D., Laisney, O. & Heuser, I. (2010a): „Acetylcholinesterase inhibitors and memantine for neuroenhancement in healthy individuals: a systematic review." Review of. In: *Pharmacol Res,* 61 (6):473–481. https://doi.org/10.1016/j.phrs.2010.02.009.

Repantis, D., Schlattmann, P., Laisney, O. & Heuser, I. (2010b): „Modafinil and methylphenidate for neuroenhancement in healthy individuals: A systematic review." Review of. In: *Pharmacol Res,* 62 (3):187–206. https://doi.org/10.1016/j.phrs.2010.04.002.

Simon, P., Striegel, H., Aust, F., Dietz, K. & Ulrich, R. (2006): „Doping in fitness sports: estimated number of unreported cases and individual probability of doping." Review of. In: *Addiction,* 101 (11):1640–1644. https://doi.org/10.1111/j.1360-0443.2006.01568.x.

Solomon, P. R., Adams, F., Silver, A., Zimmer, J. & DeVeaux, R. (2002): „Ginkgo for memory enhancement: a randomized controlled trial." Review of. In: *JAMA,* 288 (7):835–840.

Soyka, M. (2009): „Neuro-enhancement from an addiction specialist's viewpoint." Review of. In: *Nervenarzt,* 80 (7):837–839. https://doi.org/10.1007/s00115-009-2800-7.

Striegel, H., Ulrich, R. & Simon, P. (2010): „Randomized response estimates for doping and illicit drug use in elite athletes." Review of. In: *Drug Alcohol Depend,* 106 (2–3):230–232. https://doi.org/10.1016/j.drugalcdep.2009.07.026.

Sugden, C., Housden, C. R., Aggarwal, R., Sahakian, B. J. & Darzi, A. (2012): „Effect of pharmacological enhancement on the cognitive and clinical psychomotor performance of sleep-deprived doctors: a randomized controlled trial." Review of. In: *Ann Surg,* 255 (2):222–227. https://doi.org/10.1097/SLA.0b013e3182306c99.

Tan, M. S., Yu, J. T., Tan, C. C., Wang, H. F., Meng, X. F., Wang, C., Jiang, T., Zhu, X. C. & Tan, L. (2015): „Efficacy and adverse effects of ginkgo biloba for cognitive impairment and dementia: a systematic review and meta-analysis." Review of. In: *J Alzheimers Dis,* 43 (2):589–603. https://doi.org/10.3233/JAD-140837.

Wesensten, N. J. (2014): „Legitimacy of concerns about caffeine and energy drink consumption." Review of. In: *Nutr Rev,* 72 Suppl 1:78–86. https://doi.org/10.1111/nure.12146.

Wesnes, K. A., Barrett, M. L. & Udani, J. K. (2013): „An evaluation of the cognitive and mood effects of an energy shot over a 6h period in volunteers: a randomized, double-blind, placebo controlled, cross-over study." Review of. In: *Appetite,* 67:105–113. https://doi.org/10.1016/j.appet.2013.04.005.

Wilens, T. E., Adler, L. A., Adams, J., Sgambati, S., Rotrosen, J., Sawtelle, R., Utzinger, L. & Fusillo, S. (2008): „Misuse and diversion of stimulants prescribed for ADHD: a systematic review of the literature." Review of. In: *J Am Acad Child Adolesc Psychiatry,* 47 (1):21–31. https://doi.org/10.1097/chi.0b013e31815a56f1.

Yesavage, J. A., Mumenthaler, M. S., Taylor, J. L., Friedman, L., O'Hara, R., Sheikh, J., Tinklenberg, J. & Whitehouse, P. J. (2002): „Donepezil and flight simulator performance: effects on retention of complex skills." Review of. In: *Neurology,* 59 (1):123–125.

Teil II

Beschäftigung

Dynamik der Arbeitslosenquote unter Berücksichtigung formaler Qualifikation und Alter

5

Carsten Ochsen

Inhaltsverzeichnis

5.1	Einleitung	98
5.2	Forschungsstand	99
5.3	Dynamik der Arbeitslosigkeit	100
5.4	Daten und empirische Analyse	105
5.5	Fazit	114
Literatur		115

Zusammenfassung

Welche Chancen und Risiken lassen sich für den Arbeitsmarkt der Zukunft bezüglich des Alters und der formalen Bildung von Erwerbspersonen aus der aktuellen Arbeitsmarktlage heraus ableiten? Haben es Teile dieser Personengruppen schwerer, Arbeitslosigkeit zu vermeiden bzw. diese möglichst kurz zu halten? Zur Beantwortung dieser Fragen beschäftigt sich dieser Beitrag mit den Ursachen der Veränderung von Arbeitslosenquoten. Der gewählte formale Ansatz erlaubt es, die Arbeitslosigkeit und somit die Arbeitslosenquote ausschließlich durch Ströme am Arbeitsmarkt zu erklären. Neben der allgemeinen Arbeitslosenquote werden Quoten für verschiedene Altersgruppen und Gruppen mit unterschiedlichem formalen Bildungsstand analysiert. Die empirische Untersuchung wird anhand von Arbeitslosenzahlen für Deutschland im Zeitraum Januar 2007 bis Dezember 2017 vorgenommen. Sowohl die Übergangswahrscheinlichkeiten in und aus Arbeitslosigkeit als auch die Erklärungsbeiträge dieser Übergangswahrscheinlichkeiten an der Veränderung der Arbeitslosenquote unterschieden sich für

C. Ochsen (✉)
Hochschule der Bundesagentur für Arbeit, Schwerin, Deutschland
E-Mail: carsten.ochsen@arbeitsagentur.de

die berücksichtigten demografischen Gruppen erheblich. Das verwendete Instrumentarium belegt, dass ältere Erwerbspersonen und Personen ohne formale Berufsausbildung verhältnismäßig größere Schwierigkeiten auf zukünftigen Arbeitsmärkten haben werden.

Schlüsselwörter
Arbeitslosigkeit · Gleichgewichtige Arbeitslosenquote · Arbeitsmarkt · Qualifikation · Alter

5.1 Einleitung

Sowohl die Zahl der Arbeitslosen, als auch die Arbeitslosenquote sind regelmäßiger Bestandteil monatlich wiederkehrender Wirtschaftsdaten. Sie gelten gemeinhin als Indikatoren für die Entwicklung des Arbeitsmarktes. Für die Berechnung der Arbeitslosenquote wird die Zahl der Arbeitslosen durch die Zahl der Erwerbspersonen (Erwerbstätige plus Arbeitslose) dividiert. Unter Verwendung von Arbeitsmarktdaten der Bundesagentur für Arbeit ergibt sich beispielsweise für das Jahr 2017 in Deutschland eine Arbeitslosenquote bezogen auf alle zivilen Erwerbspersonen von 5,7 % (2.532.837 Arbeitslose und 44.435.737 Erwerbspersonen). Gemäß der amtlichen Statistik sind innerhalb des Jahres 2017 insgesamt 7.554.093 Personen arbeitslos geworden, und 7.737.411 Personen haben im gleichen Zeitraum die Arbeitslosigkeit verlassen. Die Informationen über Zu- und Abgänge sind für die hier beschriebene Arbeitslosenquote jedoch irrelevant. Mit Blick auf die Erwerbstätigkeit sind laut Statistik der Bundesagentur für Arbeit im Jahre 2017 insgesamt 10.892.323 Beschäftigungsverhältnisse begonnen und 10.276.641 beendet worden. Bezogen auf die Zahl der sozialversicherungspflichtig Beschäftigten ist das jeweils knapp ein Drittel. Dies zeigt, dass die Dynamik der Ströme am Arbeitsmarkt wertvolle Informationen bietet, die eine reine Betrachtung von Bestandsgrößen unzureichend erscheinen lässt. Die stetige und dynamische Veränderung von Tätigkeitsfeldern (etwa durch zunehmend global vernetzte Arbeitsmärkte) und fortlaufende demografische Veränderung des Arbeitsangebots (beispielsweise durch Alterung und Migration) lassen erkennen, dass der Arbeitsmarkt der Zukunft einem stetigen Wandel unterzogen ist, von dem bestimmte Personengruppen weniger profitieren als andere. Zwei demografische Merkmale der Erwerbspersonen stehen in diesem Beitrag im Vordergrund: Formale Bildung und Alter.

▶ Die Arbeitsmarktdynamik bleibt in der herkömmlichen Berechnung der Arbeitslosenquote unberücksichtigt.

In diesem Kapitel soll die Analyse der Zugänge in und Abgänge aus Arbeitslosigkeit im Vordergrund stehen, um zu erwartende Tendenzen zukünftiger Arbeitsmärkte herauszuarbeiten. Die Betrachtung dieser Stromgrößen erlaubt differenziertere Aussagen und zusätzliche Erkenntnisse über die Veränderung der Arbeitslosenquote. Aus der theoretischen

Analyse des Modells gleichgewichtiger Arbeitslosigkeit leiten wir in einem Modellrahmen mit drei Zuständen (Bestandsgrößen) interpretierbare Größen ab, die anschließend mittels Daten empirisch bestimmt und interpretiert werden sollen. Der Fokus soll auf der Betrachtung von Altersgruppen und formaler Qualifikationsunterschiede liegen.

5.2 Forschungsstand

In der Literatur werden im Allgemeinen zwei Ströme betrachtet: die Separation von Erwerbstätigen und das Finden einer neuen Tätigkeit (Job Finding). Empirische Studien beziehen sich zumeist auf den US-amerikanischen Arbeitsmarkt. Bezüglich der relativen Bedeutung dieser beiden Arbeitsmarktströme für die Dynamik der Arbeitslosigkeit finden Hall (2005); Shimer (2005, 2012); Petrongolo and Pissarides (2008); Elsby et al. (2009) und Elsby et al. (2013), dass Job Finding für den US-Arbeitsmarkt von größerer Bedeutung ist als die Separation von Erwerbstätigen. Darby et al. (1986) sowie Fujita und Ramey (2009) kommen hingegen zum gegenteiligen Ergebnis für den Arbeitsmarkt in den USA. Smith (2011) findet empirische Evidenz dafür, dass der Anstieg der britischen Arbeitslosenquote mit zunehmender Separation einherging. Petrongolo und Pissarides (2008) schließen aus ihrer Analyse des britischen Arbeitsmarktes, dass beide Stromgrößen gleichermaßen für die Arbeitsmarktdynamik wichtig sind. Für Spanien und Frankreich finden die Autoren heraus, dass Job Finding von relativ größerer Bedeutung ist. Elsby et al. (2013) haben eine Reihe von OECD-Staaten untersucht und für angloamerikanische Arbeitsmärkte ein Verhältnis von Separation zu Job Finding von 15:85 und für Kontinentaleuropa und die nordischen Länder ein relatives Verhältnis von 45:55 gefunden.

▷ International wird die Veränderung der Arbeitslosenquote überwiegend mit dem Wechsel von Arbeitslosigkeit in Beschäftigung erklärt.

Sofern jüngere und ältere Erwerbspersonen keine perfekten Substitute am Arbeitsmarkt darstellen, sind die jeweiligen Ergebnisse unter anderem durch eine bestimmte demografische Komposition zustande gekommen. Das ist insoweit von Bedeutung, als dass in allen OECD-Staaten der Prozess der Alterung in der Bevölkerung und der Erwerbsbevölkerung zu beobachten ist. Dies ist auf rückläufige Geburtenraten und eine relativ große Babyboomergeneration zurückzuführen. Jüngere Geburtenkohorten sind also relativ kleiner als ältere.

Die Bedeutung von unterschiedlichen Kohortengrößen für die Arbeitslosigkeit wurde bereits von Perry (1970) betrachtet. Seine Hypothese des *Cohort Crowding* basiert auf der Annahme, dass junge Erwerbspersonen und solche mittleren Alters (*Prime Age Worker*) perfekte Substitute darstellen. Sie unterscheiden sich demnach nicht in job- bzw. beschäftigungsrelevante Eigenschaften, lediglich die unterschiedliche Kohortengröße führt zu einer veränderten Arbeitsmarktanspannung.

Shimer (2001) argumentiert hingegen, dass ein relativ großer Anteil an jungen Erwerbspersonen einen Anreiz für Firmen darstellt, mehr neue Jobs zu schaffen. Er begründet dies damit, dass junge Erwerbspersonen mehr Suchanstrengungen unternehmen und dies negativ auf die Suchkosten von Firmen wirkt; weshalb diese dann mehr neue Jobs schaffen. Empirisch würde dieser Sachverhalt mit höheren Übergangswahrscheinlichkeiten der jungen Erwerbspersonen von Arbeitslosigkeit in Beschäftigung einhergehen. Burgess (1993) sowie Pissarides und Wadsworth (1994) finden Evidenz für Großbritannien, dass Jüngere eine höhere Separationsrate (Beendigung von Tätigkeiten im Verhältnis zu besetzten Stellen) aufweisen und stärker in der On-the-Job-Suche engagiert sind.

Bezüglich älterer Erwerbspersonen könnten geringere Übergangswahrscheinlichkeiten von Arbeitslosigkeit in Beschäftigung und höhere Separationsraten mit Altersdiskriminierung (Charness und Villeval 2009; Langot und Moreno-Galbis 2013) und geringerer Produktivität einhergehen (Haltiwanger et al. 1999; Hellerstein et al. 1999; Daniel und Heywood 2007). Die Produktivitätsunterschiede zu anderen Altersgruppen könnten höher sein, wenn beispielsweise die Berufserfahrung von wesentlicher Bedeutung ist (Autor et al. 2003; Nordström Skans 2008) oder geringer sein, wenn das Humankapital mit zunehmendem Alter ab einem gewissen Punkt abnimmt, weil neue Technologien zu komplex sind oder manuelle Fähigkeiten abnehmen (Börsch-Supan 2003; Autor und Dorn 2009). Negative Beschäftigungseffekte können ebenfalls durch Unterschiede im Alters-Einkommens-Profil und Alters-Produktivitäts-Profil auftreten, wofür Lazear (1979) und Hutchens (1987, 1989) empirische Evidenz bieten.

Vor diesem Hintergrund erscheint es sinnvoll, die Übergangswahrscheinlichkeiten in Arbeitslosigkeit und aus Arbeitslosigkeit heraus für verschiedene Alters- und Qualifikationsgruppen in Deutschland aktuell zu untersuchen. Darauf aufbauend wird die Bedeutung dieser Übergangswahrscheinlichkeiten für die Veränderung der Arbeitslosenquote insgesamt, aber auch für die einzelnen Teilgruppen, wie etwas Ältere oder formal nicht Qualifizierte, analysiert. Schließlich bieten die Ergebnisse eine Grundlage für die Übertragung auf zukünftige Arbeitsmärkte.

5.3 Dynamik der Arbeitslosigkeit

Wie wir bereits zu Beginn festgestellt haben, sind in einem Jahr durchschnittlich weniger Menschen arbeitslos, als innerhalb dieses Jahres Personen arbeitslos werden oder diesen Status verlassen. Im Folgenden betrachten wir nur die Ströme in und aus Arbeitslosigkeit. Abb. 5.1 verdeutlicht die Überlegungen. Jegliche Veränderungen des Bestandes an Ar-

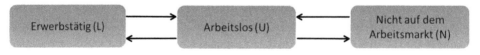

Abb. 5.1 Ströme am Arbeitsmarkt

beitslosen lassen sich durch Zu- und Abgänge erklären. Die Zugänge unterteilen sich in Separation und Aktivierung, die Abgänge in Einstellung und Inaktivierung. Die Ströme haben eine zentrale Bedeutung im Rahmen des Search und Matching-Ansatzes für die Berechnung der Arbeitslosenquote. Ströme zwischen dem Bestand an Erwerbstätigen und dem Bestand an Nicht-Erwerbspersonen sind für die folgende Analyse nicht von Bedeutung.

▶ Die Dynamik der Arbeitslosigkeit lässt sich durch die Betrachtung von Strom- und Bestandsgrößen analysieren.

Im ersten Schritt berechnen wir die Zu- und Abgangsrate. Wenn wir beispielsweise mit Monatsdaten arbeiten, ist der Monatsendbestand des Vormonats (t−1) gleichzeitig der Monatsanfangsbestand des betrachteten Monats (t). Die Zugänge im Laufe dieses Monats beziehen sich also auf einen Bestand zu einem Stichtag.

- Zugangsrate: Zugänge in die Arbeitslosigkeit (im Monat t) im Verhältnis zum Bestand der Erwerbstätigen (im Monat t−1):

$$zr_t = \frac{Zugänge_t}{Erwerbstätige_{t-1}}$$

Sofern es sich um Zugänge aus Beschäftigung handelt, ist der Nenner *Erwerbstätige* gut gewählt. Zugänge aus Nicht-Erwerbspersonen bedürfen formal allerdings eines anderen Nenners. Zu denken wäre beispielsweise an die Stille Reserve. Da die Zahl derer, die potenziell dem Arbeitsmarkt zur Verfügung stehen, nicht genau bekannt ist, weil sie sehr schwer exakt zu bestimmen ist, approximieren wir diese Zahl durch die Zahl der *Erwerbstätigen*. Auf der einen Seite unterschätzen wir damit die Zugangsrate etwas, auf der anderen Seite bietet der Bezug zu den Erwerbstätigen den Vorteil einer eindeutigen Vergleichbarkeit der Ströme; und um Letzteres geht es hier primär.

- Abgangsrate: Abgänge aus Arbeitslosigkeit (im Monat t) im Verhältnis zum Bestand der Arbeitslosen (im Monat t−1):

$$ar_t = \frac{Abgänge_t}{Arbeitslose_{t-1}}$$

Die Zugänge in Arbeitslosigkeit lassen sich in verschiedene Gruppen unterteilen. Wir unterteilen in zwei Gruppen; Zugang aus Erwerbstätigkeit und Zugang aus Nicht-Erwerbstätigkeit. Letztere Gruppe beinhaltet neben den Personen, die zuvor nicht auf dem Arbeitsmarkt aktiv waren, auch Personen, die aus einer Maßnahme oder nach längerer Krankheit wieder in die Gruppe der Arbeitslosen wechseln, und Personen, die nach einer Ausbildung arbeitslos werden.

Nachfolgend werden die Separationsrate und die Aktivierungsrate definiert. Es gilt: Zugangsrate = Separationsrate + Aktivierungsrate.

- Separationsrate: Zugänge aus Erwerbstätigkeit (im Monat t) im Verhältnis zum Bestand der Erwerbstätigen (im Monat t−1):

$$s_t = \frac{Zugänge\ aus\ Erwerbstätigkeit_t}{Erwerbstätige_{t-1}}$$

- Aktivierungsrate: Zugänge aus Nicht-Erwerbstätigkeit (im Monat t) im Verhältnis zum Bestand der Erwerbstätigen (im Monat t−1):

$$a_t = \frac{Zugänge\ aus\ Nicht - Erwerbstätigkeit_t}{Erwerbstätige_{t-1}}$$

Wie oben beschrieben, verwenden wir für die Aktivierungsrate im Nenner die Zahl der Erwerbstätigen, da die Zahl der Nicht-Erwerbspersonen, die dem Arbeitsmarkt potenziell zur Verfügung stehen, nicht bekannt ist.

Für die Abgänge aus Arbeitslosigkeit gehen wir ähnlich vor. Wir unterscheiden zwischen Abgängen in Erwerbstätigkeit und Abgängen in Nicht-Erwerbstätigkeit. Letztere Gruppe beinhaltet die gleichen Teilgruppen wie die Zugänge aus Nicht-Erwerbstätigkeit. Die nachfolgenden Einstellungs- und Inaktivierungsraten entsprechen der Abgangsrate: Abgangsrate = Einstellungsrate + Inaktivierungsrate.

▶ Die Zugangsrate setzt sich aus Separationsrate plus Aktivierungsrate zusammen.

▶ Die Abgangsrate setzt sich aus Einstellungsrate plus Inaktivierungsrate zusammen.

- Einstellungsrate: Abgänge in Erwerbstätigkeit (im Monat t) im Verhältnis zum Bestand der Arbeitslosen (im Monat t−1):

$$e_t = \frac{Abgänge\ in\ Erwerbstätigkeit_t}{Arbeitslose_{t-1}}$$

- Inaktivierungsrate: Abgänge in Nicht-Erwerbstätigkeit (im Monat t) im Verhältnis zum Bestand der Arbeitslosen (im Monat t−1):

$$i_t = \frac{Abgänge\ in\ Nicht - Erwerbstätigkeit_t}{Arbeitslose_{t-1}}$$

Für die Berechnung der Arbeitslosenquote nach dem Search und Matching-Ansatz benötigen wir die Übergangsraten. Der wesentliche Unterschied zur herkömmlichen Berechnung einer Arbeitslosenquote ist, dass wir anhand von Stromgrößen und nicht mit Bestandsgrößen agieren. Der Ausgangspunkt ist die Tatsache, dass der Bestand an Arbeitslosen in einer Periode dem Bestand in der Vorperiode zuzüglich Zugänge und abzüglich Abgänge entspricht.

5 Dynamik der Arbeitslosenquote unter Berücksichtigung formaler Qualifikation und …

Für die Zahl der Arbeitslosen im Monat t gilt damit:

$$U_t = U_{t-1} + s_t L_t + a_t L_t - e_t U_t - i_t U_t$$

Die Übergangswahrscheinlichkeit aus Beschäftigung in Arbeitslosigkeit s_t multipliziert mit der Zahl der Erwerbstätigen L_t entspricht genau dem Umfang an Personen, die in einem Monat die Beschäftigung in Richtung Arbeitslosigkeit verlassen. Spiegelbildlich verhält es sich mit den Personen, die aus der Nicht-Erwerbstätigkeit in die Arbeitslosigkeit wechseln ($a_t L_t$). Die Übergangswahrscheinlichkeit aus Arbeitslosigkeit in Beschäftigung e_t multipliziert mit der Zahl der Arbeitslosen U_t entspricht genau dem Umfang an Personen, die in einem Monat die Arbeitslosigkeit in Richtung Beschäftigung verlassen. Der Term $a_t L_t$ entspricht dem Abgang in die Nicht-Erwerbstätigkeit.

Wir dividieren nun die Gleichung durch die Zahl der Erwerbspersonen, um die Zahl der Arbeitslosen durch die Arbeitslosenquote zu ersetzen:

$$u_t = u_{t-1} + s_t(1-u_t) + a_t(1-u_t) - e_t u_t - i_t u$$

Aus L_t wird der Term in Klammern, da $\dfrac{Erwerbstäige}{Erwerbspersonen} + \dfrac{Arbeitslose}{Erwerbspersonen} = 1$. In einem Steady State Gleichgewicht entsprechen sich der Strom in Arbeitslosigkeit und der Strom aus Arbeitslosigkeit; es gilt dann: $u_t = u_{t-1}$. Diese Annahme ist zwar in den meisten Fällen empirisch nicht zu beobachten, dient aber als eine akzeptable Approximation, wie die Zahlen später zeigen werden. Zu bedenken ist auch, dass die Schwankungen im Mittel dieser Annahme entsprechen können.

Durch Umstellen erhalten wir die gleichgewichtige Arbeitslosenquote (im Steady State) u_t^*. Zunächst stellen wir die zwei gleichgroßen Ströme gegenüber.

$$s_t(1-u_t) + a_t(1-u_t) = e_t u_t + i_t u$$

Schließlich lösen wir die Gleichung nach der gleichgewichtigen Arbeitslosenquote auf:

$$u_t^* = \frac{s_t + a_t}{s_t + a_t + e_t + i_t} = \frac{zr_t}{zr_t + ar_t}$$

▶ Die gleichgewichtige Arbeitslosenquote wird durch die Zu- und Abgangsrate bestimmt, wobei sich die Zahl der Arbeitslosen in einem Steady State befindet.

Die gleichgewichtige Arbeitslosenquote wird ausschließlich durch Übergangsraten erklärt. Ein Anstieg in s_t oder a_t bzw. zr_t erhöht die gleichgewichtige Arbeitslosenquote. Ein Anstieg in e_t und i_t bzw. ar_t senkt sie.

Wenn sich die Arbeitslosenquote verändert, ist von Interesse, in welchem Maße diese Änderung durch die Zugänge oder Abgänge erklärt werden kann. Um einen prozentualen Wert für den relativen Beitrag an der prozentualen Veränderung der gleichgewichtigen Arbeitslosenquote messen zu können, müssen wir die Gleichung modifizieren. Die gleichgewichtige

Arbeitslosenquote verändert sich nur dann, wenn sich mindestens eine Übergangswahrscheinlichkeit verändert. Um diesen Beitrag zur Veränderung zu verdeutlichen, bilden wir zunächst für die gleichgewichtige Arbeitslosenquote die erste Differenz (aus Gründen der Übersichtlichkeit verwenden wir nur die Zu- und Abgangsraten):

$$\Delta u_t^* = \frac{zr_t}{zr_t + ar_t} - \frac{zr_{t-1}}{zr_{t-1} + ar_{t-1}} = (1-u_t^*)u_{t-1}^* \frac{\Delta zr_t}{zr_{t-1}} - u_t(1-u_{t-1}^*)\frac{\Delta ar_t}{ar_{t-1}}$$

Die prozentuale Veränderung der gleichgewichtigen Arbeitslosenquote kann approximiert werden, indem wir durch u_{t-1}^* dividieren:

$$\frac{\Delta u_t^*}{u_{t-1}^*} = (1-u_{t-1}^*)\frac{\Delta zr_t}{zr_{t-1}} - (1-u_{t-1}^*)\frac{\Delta ar_t}{ar_{t-1}}$$

Rechts vom Gleichheitszeichen befinden sich die relativen Beiträge der Zugangs- und Abgangsraten, die die Veränderung vollständig erklären:

$$u_t^{*zr} = (1-u_{t-1}^*)\frac{\Delta zr_t}{zr_{t-1}}$$

$$u_t^{*ar} = (1-u_{t-1}^*)\frac{\Delta ar_t}{ar_{t-1}}$$

Wahlweise kann der relative Beitrag für s_t, a_t, e_t und i_t berechnet werden:

$$u_t^{*zr} = u_t^{*s} + u_t^{*a} = (1-u_{t-1}^*)\frac{\Delta s_t}{s_{t-1}} + (1-u_{t-1}^*)\frac{\Delta a_t}{a_{t-1}}$$

$$u_t^{*ar} = u_t^{*e} + u_t^{*i} = (1-u_{t-1}^*)\frac{\Delta e_t}{e_{t-1}} + (1-u_{t-1}^*)\frac{\Delta i_t}{i_{t-1}}$$

Schließlich wird der relative Beitrag einer Übergangswahrscheinlichkeit an der prozentualen Veränderung der gleichgewichtigen Arbeitslosenquote anhand eines Kovarianz-Varianz-Verhältnisses berechnet:

▶ Mit β^k wird der jeweilige relative Beitrag einer Übergangsrate an der Veränderung der gleichgewichtigen Arbeitslosenquote verdeutlicht.

$$\beta^k = \frac{\mathrm{cov}\left(\frac{\Delta u_t^*}{u_{t-1}^*}, u_t^{*k}\right)}{\mathrm{var}\left(\frac{\Delta u_t^*}{u_{t-1}^*}\right)}$$

Hier gilt: $k = s, a, e, i, zr, ar$ und $\beta^s + \beta^a + \beta^e + \beta^i = \beta^{zr} + \beta^{ar} = 1$

In bestimmten Fällen kann nur mit sogenannten anteiligen Arbeitslosenquoten agiert werden. Als Beispiel sind hier die anteiligen SGB III- und SGB II-Arbeitslosenquoten zu nennen. Die anteiligen Arbeitslosenquoten ergeben in der Summe die allgemeine Arbeitslosenquote. Beispiel 2017: 1,9 % (SGB III) + 3,8 % (SGB II) = 5,7 %.

Die anteilige Arbeitslosenquote entspricht der Arbeitslosenquote dieser Gruppe (j), gewichtet mit ihrem Erwerbspersonenanteil:

$$\tilde{u}_{jt} = \frac{U_{jt}}{U_t + L_t} = \frac{U_{jt}}{U_{jt} + L_{jt}} \frac{U_{jt} + L_{jt}}{U_t + L_t} = u_{jt} Anteil_{jt}$$

Aggregieren wir diese Arbeitslosenquoten über alle j und nehmen an, es gilt $u_t \cong u_t^*$, folgt hieraus:

$$u_t^* = \sum_j u_{jt}^* Anteil_{jt} = \sum_j \tilde{u}_{jt}^*$$

Die erste Differenz dieser Gleichung wird durch u_{t-1}^* dividiert und wir erhalten:

$$\frac{\Delta u_t^*}{u_{t-1}^*} = \sum_j \frac{\Delta \tilde{u}_{jt}^*}{u_{t-1}^*}$$

Der relative Beitrag einer anteiligen Arbeitslosenquote an der prozentualen Veränderung der gleichgewichtigen Arbeitslosenquote wird anhand des Kovarianz-Varianz-Verhältnisses gemessen:

$$\beta^j = \frac{\mathrm{cov}\left(\frac{\Delta u_t^*}{u_{t-1}^*}, \frac{\Delta \tilde{u}_{jt}^*}{u_{t-1}^*}\right)}{\mathrm{var}\left(\frac{\Delta u_t^*}{u_{t-1}^*}\right)}$$

Auch hier gilt: $\sum_j \beta^j = 1$

▶ Mit β^j wird der jeweilige relative Beitrag einer anteiligen Arbeitslosenquote an der Veränderung der gleichgewichtigen Arbeitslosenquote verdeutlicht.

Dieser Ansatz über anteilige Arbeitslosenquoten kann auch in anderer Hinsicht verwendet werden. Angenommen, wir haben drei Altersgruppen in der Arbeitslosenstatistik und sowohl die Arbeitslosenquoten als auch die Anteile der Altersgruppen an den Erwerbspersonen sind bekannt. In diesem Fall kann über den hier beschriebenen Ansatz der relative Beitrag einer bestimmten Altersgruppe an der prozentualen Veränderung der gleichgewichtigen Arbeitslosenquote gemessen und zudem unterschieden werden zwischen den Effekten der Arbeitslosenquote und des Anteils der Kohorte.

5.4 Daten und empirische Analyse

Verwendet werden Daten auf Monatsbasis für den Zeitraum Januar 2007 bis Dezember 2017. Monatliche Daten werden zum einen verwendet, um die Dynamik der einzelnen Übergangswahrscheinlichkeiten besser abzubilden. Zum anderen wird so der *Time Aggregation*

Bias stark reduziert. Hierbei handelt es sich um die Überlegung, dass innerhalb einer Periode eine Person den Status (beschäftigt oder arbeitslos) mehr als einmal wechseln kann. Dieser Sachverhalt würde die Übergangswahrscheinlichkeit verzerren. Das Problem tritt in der empirischen Literatur bei Quartals- und Jahresdaten auf. Die Verwendung von Monatsdaten reduziert diesen Bias erheblich, da die Anwendung eines alternativen Korrekturverfahrens gezeigt hat, dass der Bias kaum Auswirkungen auf die Ergebnisse, insbesondere auf die Veränderung der Arbeitslosenquote, hat (zu ähnlichen Ergebnissen kommt auch Nordmeier 2014).

Die verwendeten Daten wurden vom Statistikservice der Bundesagentur für Arbeit bereitgestellt. Der Datensatz enthält

- den Bestand sowie die Zu- und Abgänge der Arbeitslosen,
- den Bestand der sozialversicherungspflichtig Beschäftigten,
- drei Altersgruppen: 15–24 Jahre, 25–49 Jahre und 50–64 Jahre,
- drei formale Qualifikationsgruppen: keine formale Berufsausbildung, formale Berufsausbildung, akademischer Abschluss.

Die Daten für die Qualifikationsgruppen liegen nicht durchgehend vor. Für den Zeitraum Januar 2007 bis Dezember 2008 liegen keine Arbeitslosenzahlen für die Qualifikationsgruppen vor. Von Juli 2011 bis September 2012 liegen keine Daten für die sozialversicherungspflichtig Beschäftigten unterteilt nach formalen Qualifikationsgruppen vor.

Aus den vorliegenden Daten sind monatliche Arbeitslosenquoten (sowohl gleichgewichtige Arbeitslosenquote als auch die traditionell berechnete Arbeitslosenquote) und Übergangsraten berechnet worden. Tab. 5.1 zeigt die Übergangsraten und Arbeitslosenquoten in Deutschland für den Zeitraum Januar 2007 bis Dezember 2017. Die Übergangsraten sind nicht in Prozent dargestellt. Die Werte in Klammern stellen Standardfehler dar. Für die Berechnung der Separationsrate und der Aktivierungsrate sowie der zwei Arbeitslosenquoten ist zu beachten, dass die Zahl der Erwerbstätigen (Nenner) durch die Zahl der sozialversicherungspflichtig Beschäftigten substituiert wird. Nicht berücksichtigt sind also geringfügige Beschäftigungsverhältnisse. Die zwei Übergangsraten fallen dadurch etwas höher aus. Auch die Arbeitslosenquoten fallen aus diesem Grund höher aus und sind nicht mit den offiziellen Arbeitslosenquoten vergleichbar.

▶ Die empirische Untersuchung findet mit monatlichen Daten für Deutschland im Zeitraum 2007 bis 2017 statt.

Tab. 5.1 Durchschnittliche Übergangsraten und Arbeitslosenquoten, Deutschland, 2007–2017

s_t	a_t	e_t	i_t	zr_t	ar_t	u_t^*	u_t
0,0093	0,0127	0,0786	0,1316	0,0220	0,2102	9,4	9,5
(0,0027)	(0,0016)	(0,0123)	(0,0210)	(0,0035)	(0,0258)	(1,9)	(1,5)

s_t = Separationsrate, a_t = Aktivierungsrate, e_t = Einstellungsrate, i_t = Inaktivierungsrate, zr_t = Zugangsrate, ar_t = Abgangsrate, Arbeitslosenquoten (u_t^* und u_t) in %. Standardfehler in Klammern. Quelle: eigene Berechnungen

Die sechs Übergangsraten in Tab. 5.1 drücken die Wahrscheinlichkeit aus, innerhalb eines Monats von dem jeweiligen Übergang betroffen zu sein. Ausgangspunkt ist der jeweilige Arbeitsmarktstatus, also beschäftigt, arbeitslos oder inaktiv. Beispielsweise drückt der Wert $s_t = 0{,}0093$ aus, dass die Wahrscheinlichkeit, innerhalb eines Monats von der Beschäftigung in die Arbeitslosigkeit zu wechseln, bei knapp unter 1 % liegt. Es fällt auf, dass die Übergangsrate aus der Nicht-Erwerbstätigkeit höher als die aus der Erwerbstätigkeit ist und auch die Übergangsrate in die Nicht-Erwerbstätigkeit höher als die in die Erwerbstätigkeit ist. Zu berücksichtigen ist an dieser Stelle allerdings, dass in der Aktivierungsrate a_t und der Inaktivierungsrate i_t auch Abgänge aus und Zugänge in Maßnahmen enthalten sind. Ein direkter Vergleich der Zahlen ist insoweit schwierig, aufgrund des gewählten Ansatzes aber grundsätzlich möglich. Die ausschließliche Betrachtung der Separationsrate s_t und der Einstellungsrate e_t, wie es in der Literatur überwiegend der Fall ist, erscheint nicht ratsam. Zu beachten ist, dass die Übergangsraten s_t und a_t aufgrund des größeren Nenners deutlich kleiner als e_t und i_t sind. Die Berechnung der Arbeitslosenquote nach der herkömmlichen Methode (Arbeitslose/(Arbeitslose + sozialversicherungspflichtig Beschäftigte)) liegt mit einem Durchschnittswert von 9,5 % aus schon genannten Gründen über der offiziellen Arbeitslosenquote. Die durchschnittliche gleichgewichtige Arbeitslosenquote liegt lediglich 0,1 % unter diesem Referenzwert. Für den gewählten Beobachtungszeitraum ist also festzuhalten, dass die zwei unterschiedlichen Konzepte zur Berechnung der Arbeitslosenquote im Mittel zu einem nahezu gleichen Ergebnis kommen. Die Standardfehler zeigen allerdings, dass die gleichgewichtige Arbeitslosenquote auf Monatsbasis stärker schwankt.

▶ Die Übergangsraten drücken aus, mit welcher durchschnittlichen Wahrscheinlichkeit der Übertritt innerhalb eines Monats stattfindet.

▶ Die gleichgewichtige Arbeitslosenquote entspricht im Mittel der Arbeitslosenquote anhand der herkömmlichen Berechnungsmethode.

Konzentrieren wir uns nun auf die Zugangs- und Abgangsraten verschiedener Teilgruppen. Tab. 5.2 zeigt diese Übergangsraten sowohl für die drei Altersgruppen als auch für die drei formalen Qualifikationsgruppen. Die Übergangswahrscheinlichkeiten in die Arbeitslosigkeit nehmen mit dem Alter ab. Hierbei ist die Zugangsrate der 15- bis unter 25-Jährigen mehr als doppelt so hoch wie die der Altersgruppe der 50- bis unter 65-Jährigen. Für die Abgänge aus Arbeitslosigkeit gilt ebenfalls, dass die Raten mit dem Alter abnehmen. Auch hier ist die Wahrscheinlichkeit, die Arbeitslosigkeit zu verlassen, für die 15- bis unter 25-Jährigen im Vergleich zu den 50- bis unter 65-Jährigen mehr als doppelt so hoch. Zusammengefasst gilt somit: Ältere sind zwar seltener von Arbeitslosigkeit betroffen, verweilen aber länger in Arbeitslosigkeit.

▶ Die Gruppe der Jugendlichen hat eine deutlich stärkere Arbeitsmarktdynamik als die der Älteren.

Tab. 5.2 Durchschnittliche Übergangsraten und Arbeitslosenquoten für verschiedene Alters- und Qualifikationsgruppen, Deutschland, 2007–2017

	zr_t	ar_t	u_t^*	u_t
Altersgruppe 15 bis unter 25 Jahre	0,0380	0,4156	8,4	8,2
	(0,0095)	(0,0608)	(2,0)	(1,5)
Altersgruppe 25 bis unter 50 Jahre	0,0228	0,2268	9,4	9,5
	(0,0030)	(0,0280)	(1,8)	(1,5)
Altersgruppe 50 bis unter 65 Jahre	0,0183	0,1723	9,8	10,2
	(0,0035)	(0,0180)	(2,2)	(1,8)
Keine formale Ausbildung	0,0735	0,2157	25,7	25,7
	(0,0062)	(0,0224)	(2,9)	(1,8)
Formale Ausbildung	0,0171	0,2476	6,6	6,7
	(0,0038)	(0,0261)	(1,7)	(1,2)
Akademischer Abschluss	0,0111	0,2521	4,3	4,3
	(0,0013)	(0,0296)	(0,6)	(0,3)

zr_t = Zugangsrate, ar_t = Abgangsrate, Arbeitslosenquoten (u_t^* und u_t) in %. Standardfehler in Klammern. Quelle: eigene Berechnungen

▶ Je höher das formale Qualifikationsniveau, desto niedriger die Zugangs- und höher die Abgangsraten.

Für die Unterteilung nach formaler Qualifikation sieht das Bild etwas anders aus. Die Übergangsraten in Arbeitslosigkeit nehmen mit steigendem Niveau an formaler Qualifikation ab, während die Übergangsraten aus Arbeitslosigkeit mit formaler Qualifikation zunehmen. Die Zugangsrate von Personen ohne formale Ausbildung ist um den Faktor 6,6 höher als die Zugangsrate von Personen mit akademischem Abschluss. Die Abgangsrate der Gruppe ohne formale Ausbildung beträgt nur gut 85 % der Abgangsrate von Akademikern. Personen mit höherer Bildung weisen demnach ein geringeres Arbeitslosigkeitsrisiko und eine höhere Abgangschance aus Arbeitslosigkeit auf.

Für jede der sechs Gruppen sind die Arbeitslosenquote nach der herkömmlichen Methode und die gleichgewichtige Arbeitslosenquote im Durchschnitt sehr nahe beieinander. Das gilt insbesondere für die formale Qualifikation. Auch hier stellt sich heraus, dass die gleichgewichtige Arbeitslosenquote stärkeren monatlichen Schwankungen unterliegt.

Weitere Erkenntnisse lassen sich zeigen, wenn Alter und formale Qualifikation kombiniert werden und somit neun Teilgruppen von Arbeitslosen entstehen (Tab. 5.3). Bezüglich der Zugangsraten bleibt das bereits erhaltene Muster weitestgehend bestehen. Für jede Altersgruppe gilt, dass die Zugangswahrscheinlichkeit mit steigendem formalen Qualifikationsniveau sinkt. Zudem wird durch die Kombinationen ersichtlich, dass die Zugangsrate für Personen ohne formale Ausbildung mit zunehmendem Alter zunächst steigt und anschließend wieder etwas fällt. Die Abgangsraten zeigen ein nicht ganz so einheitliches Bild. Bis zum Alter von unter 50 Jahren gilt, dass Personen ohne formale Bildung geringere Abgangschancen haben. Deutlich erkennbar ist, dass die 15- bis unter 25-Jährigen durchweg höhere Abgangsraten haben. Für die Altersgruppe der 50- bis unter 65-Jährigen

5 Dynamik der Arbeitslosenquote unter Berücksichtigung formaler Qualifikation und …

Tab. 5.3 Durchschnittliche Übergangsraten und Arbeitslosenquoten für verschiedene kombinierte Alters- und Qualifikationsgruppen, Deutschland, 2007–2017

Altersgruppen	Qualifikationsgruppen	zr_t	ar_t	u_t^*	u_t
15 bis unter 25	Keine formale Ausbildung	0,0435 (0,0076)	0,3906 (0,0595)	10,2 (1,7)	9,7 (1,2)
	Formale Ausbildung	0,0342 (0,0141)	0,4751 (0,0697)	6,8 (2,9)	6,7 (2,3)
	Akademischer Abschluss	0,0145 (0,0056)	0,4451 (0,0752)	3,1 (0,8)	2,9 (0,6)
25 bis unter 50	Keine formale Ausbildung	0,1061 (0,0126)	0,2000 (0,0208)	34,9 (4,0)	34,9 (2,6)
	Formale Ausbildung	0,0165 (0,0032)	0,2620 (0,0297)	6,1 (1,6)	6,1 (1,2)
	Akademischer Abschluss	0,0117 (0,0014)	0,2910 (0,0348)	3,9 (0,6)	3,9 (0,3)
50 bis unter 65	Keine formale Ausbildung	0,0701 (0,0092)	0,1697 (0,0143)	29,4 (3,7)	30,1 (1,9)
	Formale Ausbildung	0,0144 (0,0031)	0,1814 (0,0190)	7,4 (1,9)	7,6 (1,2)
	Akademischer Abschluss	0,0096 (0,0014)	0,1701 (0,0184)	5,4 (1,0)	5,5 (0,6)

zr_t = Zugangsrate, ar_t = Abgangsrate, Arbeitslosenquoten (u_t^* und u_t) in %. Standardfehler in Klammern. Quelle: eigene Berechnungen

sind die Abgangsraten für alle formalen Qualifikationsgruppen gering und zudem von nahezu gleicher Größenordnung. Dies deutet darauf hin, dass die Abgangschancen aus Arbeitslosigkeit für diese Altersgruppe vor allem durch das Alter und weniger durch die formalen Qualifikationsunterschiede geprägt sind.

Die zwei Arbeitslosenquoten bieten grundsätzlich eine Bestätigung der oben gewonnenen Erkenntnisse. Lediglich für Personen ohne formale Ausbildung sind in zwei Fällen Abweichungen von ca. 0,5 Prozentpunkten zu sehen. Für die mittlere Altersgruppe sind hingegen alle drei Wertepaare identisch.

▶ Für die Altersgruppe 50 bis unter 65 Jahre hat das Alter eine größere Bedeutung für die Arbeitsmarktdynamik als das formale Qualifikationsniveau.

Die bisher behandelten Übergangswahrscheinlichkeiten geben darüber Aufschluss, welche Bedeutung der jeweilige Statuswechsel (beispielsweise von Beschäftigung in Arbeitslosigkeit) durchschnittlich für Individuen bestimmter Gruppen hat. So weisen Akademiker, die nicht älter als 50 Jahre alt sind, die wünschenswertesten Übergangsraten auf, während Personen ohne formale Ausbildung, die 25 Jahre und älter sind, die unerfreulichsten Werte aufweisen.

Nachfolgend wollen wir den relativen Beitrag einer Übergangswahrscheinlichkeit an der prozentualen Veränderung der gleichgewichtigen Arbeitslosenquote bestimmen. Dazu

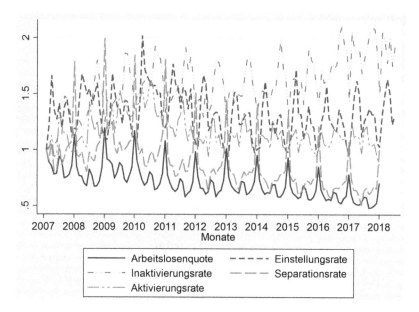

Abb. 5.2 Entwicklung der Arbeitslosenquote und Übergangswahrscheinlichkeiten

verwenden wir den im Abschn. 5.3 beschriebenen Ansatz. Bezüglich der Kovarianzen zwischen der Arbeitslosenquote und den Übergangswahrscheinlichkeiten werden die negativen Vorzeichen für die Abgangsrate (und damit für die Einstellungs- und Inaktivierungsraten) vernachlässigt. Dies ist Voraussetzung, um den relativen Beitrag der Übergangsraten bestimmen zu können. Abb. 5.2 zeigt die Entwicklung der Arbeitslosenquote und der vier Übergangsraten für alle Personen. Jede Zeitreihe beginnt bei dem Wert eins, da es sich hierbei um Wachstumsfaktoren (jeder Wert einer Zeitreihe ist durch den ersten Wert dieser Zeitreihe dividiert) der jeweiligen Variablen handelt.

Die durchgezogene Linie zeigt die Arbeitslosenquote, die im Trend einen deutlichen Rückgang mit monatlichen Schwankungen zu verzeichnen hat. Im Trend parallel dazu verläuft die Separationsrate, die somit ebenfalls eine deutliche Reduktion aufweist. Die Einstellungsrate steigt durchschnittlich zunächst an und nimmt dann wieder ab. Über den gesamten Zeitraum hat sich diese Zeitreihe kaum verändert und verläuft eher stationär. Ähnlich verhält sich auch die Aktivierungsrate, die langfristig keiner klaren Tendenz folgt. Die Inaktivierungsrate zeigt einen positiven Trend auf und hat zum Ende des Betrachtungszeitraums ein deutlich höheres Niveau erreicht. Zusammenfassend ist davon auszugehen, dass der Rückgang der Separation und die Zunahme an Inaktivierung die Veränderung der Arbeitslosenquote maßgeblich beschreiben.

Die Werte in Tab. 5.4 zeigen, dass diese Vermutung richtig ist. Die Zahlen verdeutlichen, dass die Veränderung der Arbeitslosenquote zwischen 2007 und 2017 zu beinahe 60 % auf die Veränderung der Separationsrate zurückzuführen ist. Während die Aktivierungsrate kaum eine Rolle spielt, beträgt der Beitrag der Inaktivierungsrate 24 %. Die Einstellungsrate liegt mit knapp 15 % auf einem verhältnismäßig niedrigen Niveau. Eine

5 Dynamik der Arbeitslosenquote unter Berücksichtigung formaler Qualifikation und ...

Tab. 5.4 Prozentualer Erklärungsanteil der Übergangsraten an der Veränderung der gleichgewichtigen Arbeitslosenquote, Deutschland, 2007–2017

Beitrag durch					
s_t	a_t	e_t	i_t	zr_t	ar_t
58,7	2,8	14,6	23,9	61,5	38,5

s_t = Separationsrate, a_t = Aktivierungsrate, e_t = Einstellungsrate, i_t = Inaktivierungsrate, zr_t = Zugangsrate, ar_t = Abgangsrate. Quelle: eigene Berechnungen

Tab. 5.5 Prozentualer Erklärungsanteil der Übergangsraten verschiedener Alters- und Qualifikationsgruppen an der Veränderung der gleichgewichtigen Arbeitslosenquote, Deutschland, 2007–2017

	Beitrag durch	
	zr_t	ar_t
Altersgruppe 15 bis unter 25 Jahre	79,1	20,9
Altersgruppe 25 bis unter 50 Jahre	59,1	40,9
Altersgruppe 50 bis unter 65 Jahre	74,9	25,1
Keine formale Ausbildung	38,3	61,7
Formale Ausbildung	66,4	33,6
Akademischer Abschluss	84,2	15,8

zr_t = Zugangsrate, ar_t = Abgangsrate. Quelle: eigene Berechnungen

wichtige Erkenntnis ist, dass die Separationsrate demnach eine vierfach höhere Bedeutung bei der Reduktion der Arbeitslosenquote im Beobachtungszeitraum besitzt als die Einstellungsrate. Allerdings ist der Beobachtungszeitraum maßgeblich durch einen Rückgang der Arbeitslosigkeit geprägt. Die zwei Ströme in und aus Nicht-Erwerbstätigkeit haben gemeinsam einen Erklärungsanteil von über 25 % an der Veränderung der Arbeitslosenquote. Diese Variablen nicht zu berücksichtigen, wie in der Literatur häufig geschehen, verzerrt die relative Bedeutung der verbleibenden Variablen.

▶ Die Veränderung der Arbeitslosenquote zwischen 2007 und 2017 ist beinahe zu 60 % auf die Veränderung der Separationsrate zurückzuführen. Die Einstellungsrate erklärt hier nur 15 %.

Der Tab. 5.5 sind die prozentualen Beiträge der Übergangswahrscheinlichkeit verschiedener Alters- und Qualifikationsgruppen an der Veränderung der gleichgewichtigen Arbeitslosenquote zu entnehmen. Die Ergebnisse der größten Altersgruppe (25 bis unter 50 Jahre) entsprechen recht genau dem Durchschnitt über alle von 60:40 (Zugang:Abgang). Ähnlich verhält es sich auch mit Personen, die eine formale Ausbildung absolviert haben. Bezüglich der Qualifikationen ist diese die größte Gruppe und liegt bei einem Verhältnis von 66:34.

Bezüglich der Altersgruppen fällt auf, dass die 15- bis unter 25-Jährigen und die 50- bis unter 65-Jährigen mit 75 %–80 % Erklärungsanteil durch die Zugangsrate recht gleich wirken. Zu berücksichtigen ist jedoch, dass die Jüngeren durchschnittlich nur ein paar Monate arbeitslos sind und Ältere sehr viel länger. Hinzu kommt, dass in der Zugangsrate auch der Personenkreis enthalten ist, der von einer Ausbildung in die Arbeitslosigkeit wechselt. Es darf unterstellt werden, dass dies für die 15- bis unter 25-Jährigen von größerer Bedeutung ist. Für Personen ohne formale Ausbildung ist die positive Entwicklung am Arbeitsmarkt nicht besonders wirksam. Die Veränderung ihrer (sehr hohen) Arbeitslosenquote wird hauptsächlich durch die Abgangsrate erklärt, von der positiven Wirkung der rückläufigen Zugangsrate können sie nur unterdurchschnittlich profitieren. Akademiker haben ähnlich wie die Jugendlichen auf dem Arbeitsmarkt eine vergleichsweise kurze Verweildauer in Arbeitslosigkeit. Hier ist der Rückgang der Zugangsrate besonders durchdringend.

▶ Nur die Personen ohne formale Berufsausbildung scheinen von dem positiven Trend rückläufiger Separationsraten nicht zu profitieren.

Während die Zugangsrate über alle Altersgruppen hinweg von vordringlicher Bedeutung ist, ist sie es mit Blick auf die Qualifikationen zunehmend. Die Ergebnisse der Kombination beider Gruppen sind in Tab. 5.6 zusammengefasst. Die Erkenntnisse aus Tab. 5.5 für Personen ohne formale Berufsausbildung bleiben erhalten; wenn wir Alter und formale Qualifikation kombinieren. Für ältere Personen dieser Qualifikationsgruppe ist die Zugangsrate allerdings bedeutender. Für die 15- bis unter 25-Jährigen mit formaler Ausbildung erklärt die Zugangsrate nahezu die gesamte Veränderung der Arbeitslosenquote. Es handelt sich hierbei zum einen um Personen, die nach der Ausbildung nicht übernommen werden und vorübergehend arbeitslos sind. Zum anderen ist für diese Altersgruppe eine kürzere Tätigkeitsdauer zu beobachten. Ähnlich verhält es sich auch mit den Hochschulabsolventen dieser Altersgruppe. Für die drei Qualifikationsgruppen der Altersgruppe 50 bis unter 65 Jahre liegen die Werte der Zugangsrate relativ nahe an dem Mittelwert dieser Altersgruppe aus Tab. 5.5 (74,9 %). Insgesamt fällt auf, dass die Altersgruppeneffekte dominanter als die Qualifikationsgruppeneffekte sind.

Tab. 5.6 Prozentualer Erklärungsanteil der Übergangsraten verschiedener kombinierter Alters- und Qualifikationsgruppen an der Veränderung der gleichgewichtigen Arbeitslosenquote, Deutschland, 2007–2017

		Beitrag durch	
Altersgruppen	Qualifikationsgruppen	zr_t	ar_t
15 bis unter 25	Keine formale Ausbildung	45,8	54,2
	Formale Ausbildung	96,7	3,3
	Akademischer Abschluss	81,1	18,9
25 bis unter 50	Keine formale Ausbildung	35,9	64,1
	Formale Ausbildung	62,2	37,8
	Akademischer Abschluss	82,6	17,4
50 bis unter 64	Keine formale Ausbildung	62,9	37,1
	Formale Ausbildung	73,9	26,1
	Akademischer Abschluss	87,6	12,4

zr_t = Zugangsrate, ar_t = Abgangsrate. Quelle: eigene Berechnungen

Die Bedeutung der Abgangsraten ist spiegelbildlich zu sehen. Nur für Personen ohne formale Ausbildung, die unter 50 Jahre alt sind, gibt es Werte von über 50 %. Für Akademiker finden sich über alle Altersgruppen hinweg nur Werte unter 20 %.

▶ Nur für Personen ohne formale Ausbildung, die unter 50 Jahre alt sind, spielt die Abgangsrate eine wichtigere Rolle als die Zugangsrate.

In einem letzten Schritt wollen wir nun die Arbeitslosenquote durch Arbeitslosenquoten verschiedener Gruppen erklären. Das bedeutet beispielsweise, die Arbeitslosenquoten der drei Altersgruppen multipliziert mit ihrem Anteil an den Erwerbspersonen ergibt die Arbeitslosenquote aller. Diesen Sachverhalt können wir nutzen, um den Beitrag der altersspezifischen Arbeitslosenquoten und ihrer Erwerbspersonenanteile an der Veränderung der aggregierten Arbeitslosenquote zu messen. Die anteilige Arbeitslosenquote $\tilde{u}_{jt}^*$ besteht, wie im Abschn. 5.3 beschrieben, aus der Arbeitslosenquote der betrachteten Gruppe u_{jt}^* und dem Anteil dieser Gruppe an den Erwerbspersonen $Anteil_{jt}$. Summieren wir den Ausdruck $\tilde{u}_{jt}^* = u_{jt}^* Anteil_{jt}$ über alle Gruppen (Alter oder Qualifikation), erhalten wir die gleichgewichtigen Arbeitslosen: $u_t^* = \sum_j u_{jt}^* Anteil_{jt} = \sum_j \tilde{u}_{jt}^*$.

In Tab. 5.7 ist einmal j = 3 für die drei Altersgruppen und einmal j = 3 für die formalen Qualifikationsgruppen. Die drei Werte summieren sich jeweils zu 100 bzw. 97,1 (knapp 3 % entfallen auf Personen ohne Angaben zur formalen Qualifikation). Spalte 2 zeigt die Verteilung des relativen Beitrags der anteiligen Arbeitslosenquote an der Veränderung der aggregierten Arbeitslosenquote. In den Spalten 3 und 4 sind diese relativen Beiträge in die zwei Teileffekte zerlegt, die der anteiligen Arbeitslosenquote zugrunde liegen: Der Arbeitslosenquote der jeweiligen Gruppe (Alter oder Qualifikation) und der Anteil dieser Gruppe an den Erwerbspersonen. Liegen diese Informationen vor (wie in diesem Fall), kann eine Zerlegung des Effektes, wie in Tab. 5.7, erfolgen.

Tab. 5.7 Prozentualer Erklärungsanteil der anteiligen Arbeitslosenquoten verschiedener Alters- und Qualifikationsgruppen, Deutschland, 2007–2017

	Beitrag durch		
	$\tilde{u}_{jt}^*$	u_{jt}^*	$Anteil_{jt}$
Altersgruppen			
15 bis unter 25 Jahre	9,0	7,5	1,5
25 bis unter 50 Jahre	58,8	51,4	7,4
50 bis unter 65 Jahre	32,2	29,6	2,6
Formale Qualifikation			
Keine formale Ausbildung	29,6	19,6	10,0
Formale Ausbildung	61,3	57,5	3,8
Akademischer Abschluss	6,2	6,0	0,2

zr_t = Zugangsrate, ar_t = Abgangsrate, $Anteil_{jt}$ = Anteil an den Erwerbspersonen. Quelle: eigene Berechnungen

Für die Altersgruppen stellt sich heraus, dass gerundet die mittlere Altersgruppe mit 60 % und die Gruppe der Älteren mit etwas über 30 % die wesentlichen Erklärungsbeiträge liefern. Der direkte demografische Effekt liegt bei 11,5 %. Der Beitrag der gruppenspezifischen Arbeitslosenquoten beinhaltet allerdings einen weiteren indirekten demografischen Effekt, der sich jedoch nicht herausrechnen lässt (wird beispielsweise eine Altersgruppe größer, können sich die Übergangswahrscheinlichkeiten aller deshalb verändern). Bezüglich der formalen Qualifikationen weist die größte Gruppe der Personen mit formaler Berufsausbildung einen relativen Erklärungsbeitrag von ca. 60 % an der Veränderung der Arbeitslosenquote auf. Rund 30 % Erklärungsanteil entfallen auf die Personengruppe ohne formale Qualifikation. Die Akademikerarbeitslosenquote hat demnach kaum einen Einfluss auf die aggregierte Arbeitslosenquote. Der direkte demografische Effekt bezüglich der Qualifikationsgruppen beträgt hierbei 14 %. Auffallend ist, das dieser rund ein Drittel an der Erklärung der anteiligen Arbeitslosenquote der Personen ohne formale Qualifikation ausmacht. In den vergangenen Jahren ist dieser Anteil in den vorliegenden Daten leicht gestiegen.

▶ Im Betrachtungszeitraum hat der direkte demografische Effekt bezogen auf das Alter 11,5 % der Veränderung der gleichgewichtigen Arbeitslosenquote erklärt. Bezogen auf die formale Qualifikation sind es 14 %.

5.5 Fazit

Dieser Beitrag beschäftigt sich mit der gleichgewichtigen Arbeitslosenquote und ihrer theoretischen wie empirischen Herleitung. Darüber hinaus wird diese Arbeitslosenquote in ihre Bestandteile (Ströme) zerlegt, um die relativen Erklärungsanteile der Ströme an der Veränderung der gleichgewichtigen Arbeitslosenquote zu bestimmen. Hierbei finden unterschiedliche Altersgruppen und formale Qualifikationen eine besondere Berücksichtigung.

Die gleichgewichtige Arbeitslosenquote lässt sich anhand von Übergangswahrscheinlichkeiten beschreiben. Diese empirisch bestimmten Wahrscheinlichkeiten unterscheiden sich hinsichtlich der Alters- und Qualifikationsgruppen erheblich. Abgangs- und Zugangsraten sinken mit zunehmendem Alter. Bei zunehmender formaler Qualifikation sinken die Zugangsraten, während die Abgangsraten steigen. So werden Ältere seltener arbeitslos, aber gleichzeitig verweilen sie auch länger in der Arbeitslosigkeit. Menschen ohne formale Berufsausbildung werden häufiger arbeitslos als Personen mit einer (akademischen) Ausbildung und haben eine geringere Chance, Arbeitslosigkeit in einem gegebenen Zeitraum zu verlassen, als Personen mit einer (akademischen) Ausbildung. Durch die zunehmende globale Vernetzung von Arbeitsmärkten und den zunehmenden Wandel zur Wissensgesellschaft werden die hier erarbeiteten Eigenschaften älterer Erwerbspersonen und formal Geringqualifizierter zum wachsenden Nachteil für diese Personengruppen. Eine Kombination dieser Eigenschaften wird auf zukünftigen Arbeitsmärkten, im Vergleich zum Angebot, auf eine sehr limitierte Nachfrage treffen. Bildungsdefizite lassen sich beheben; Alterung aber nicht aufhalten. Insofern sollte für zukünftige Kohorten älterer Erwerbspersonen eine sich stetig anpassende Unterstützung zum Erhalt von Erwerbstätigkeit existieren.

Im Vergleich zur internationalen Literatur weist die Separationsrate einen deutlich höheren Erklärungsbeitrag auf. Zu berücksichtigen ist aber, dass diese im Betrachtungszeitraum 2007 bis 2017 in Deutschland deutlich gesunken ist. Ob der Erklärungsanteil auf diesem Niveau verbleibt, wenn die Separationsrate wieder ansteigt, kann mit den vorliegenden Daten nicht beantwortet werden.

Im Betrachtungszeitraum 2007 bis 2017 hat sich die Arbeitslosenquote in Deutschland erheblich verringert. Die Zugangsrate hat hierbei einen Erklärungsbeitrag von rund 60 %, die Abgangsrate einen Beitrag von 40 %. Hinsichtlich der Zugangsrate ist nahezu der gesamte Effekt auf die Separationsrate zurückzuführen. Für die berücksichtigten Alters- und Qualifikationsgruppen ist der Erklärungsanteil der Zugangsrate an der Veränderung der jeweiligen Arbeitslosenquote ebenfalls höher; mit einer Ausnahme: Die Veränderung der hohen Arbeitslosenquote von Personen ohne formale Berufsausbildung wird primär durch die Abgangsrate erklärt. Dies ist die einzige untersuchte Gruppe, die unterdurchschnittlich von dem Trend der rückläufigen Zugangsrate profitiert. Zunehmend global vernetzte Arbeitsmärkte haben zur Konsequenz, dass die Einsatzmöglichkeiten von Geringqualifizierten auf dem deutschen Arbeitsmarkt weiter sinken werden. Die extrem hohe Arbeitslosigkeit und die fehlende Teilhabe dieser Gruppe an den aktuell positiven Arbeitsmarktentwicklungen zeigen, dass der zukünftige Arbeitsmarkt in Deutschland ein deutlich geringeres Arbeitsangebot dieser Gruppe benötigt.

Zwei Handlungsfelder lassen sich für die Arbeitswelt der Zukunft identifizieren. Erstens, benötigen ältere Personen mehr Hilfe bei der Suche nach einer adäquaten neuen Tätigkeit. Hier geht es nicht nur um spezifisches, sondern auch um allgemeines Humankapital. Die Inanspruchnahme einer derartigen Unterstützung sollte bereits vor dem Eintritt von Arbeitslosigkeit möglich sein, um Langzeitarbeitslosigkeit zu vermeiden. Zweitens, benötigen Personen ohne eine formale Berufsausbildung ein marktgerechtes Angebot, ihr Humankapital zu erweitern. Dies kann sowohl spezifisch als auch allgemein sein. Die Arbeitslosenquote dieser Gruppe signalisiert bereits seit Jahren, dass das Angebot an Arbeitskräften ohne formale Berufsausbildung zu hoch ist. Die Übergangsraten signalisieren, dass diese Gruppe von überdurchschnittlich häufiger Arbeitslosigkeit (und somit von relativ kurzen Beschäftigungsverhältnissen) und unterdurchschnittlichen Chancen, einen neuen Job zu finden, betroffen ist. Für diese Gruppe sind dauerhafte Angebote zur Weiterqualifizierung ratsam, auch während der Ausübung einer beruflichen Tätigkeit.

Literatur

Autor, D. H. & Dorn, D. (2009): This Job is „Getting Old": Measuring Changes in Job Opportunities Using Occupational Age Structure. In: *American Economic Review*, 99(2), 45–51.

Autor, D. H., Levy, F. & Murnane, J. R. (2003): The Skill Content of Recent Technological Change: An Empirical Exploration. In: *Quarterly Journal of Economics*, 118(4), 1279–1334.

Börsch-Supan, A. (2003): Labor Market Effects of Population Aging. In: *Labour*, 17, 5–44.

Burgess, S. (1993): A Model of Competition between Unemployed and Employed Searchers: An Application to the Unemployment Outflows in Britain, Economic Journal 103, 1190–1204.

Charness, G. & Villeval, M.-C. (2009): Cooperation and Competition in Intergenerational Experiments in the Field and the Laboratory. In: *American Economic Review*, 99(3), 956–978.

Daniel, K. & Heywood, J. S. (2007): The Determinants of Hiring Older Workers: UK Evidence. In: *Labour Economics*, 14, 35–51.

Darby, M. R., Haltiwanger, J. C. & Plant, M. W. (1986): The Ins and Outs of Unemployment: The Ins Win, National Bureau of Economic Research Working Paper 1997.

Elsby, M. W. L., Hobijn, B. & Sahin, A. (2013): Unemployment Dynamics in the OECD. In: *Review of Economics and Statistics*, 95(2), 530–548.

Elsby, M. W. L., Michaels, R. & Solon, G. (2009): The Ins and Outs of Cyclical Unemployment. In: *American Economic Journal: Macroeconomics*, 1 (1), 84–110.

Fujita, S. & Ramey, G. (2009): The Cyclicality of Separation and Job Finding Rates. In: *International Economic Review*, 50(2), 415–430.

Hall, R. E. (2005): Employment Efficiency and Sticky Wages: Evidence from Flows in the Labor Market. In: *Review of Economics and Statistics*, 87(3), 397–407.

Haltiwanger, J. C., Lane, J. I. & Spletzer, J. R. (1999): Productivity Differences Across Employers: The Roles of Employer Size, Age, and Human Capital. In: *American Economic Review*, 89(2), 94–98.

Hellerstein, J. K., Neumark, D. & Troske, K. R. (1999): Wages, Productivity and Workers Characteristics: Evidence From Plant Level Production Function and Wage Equations. In: *Journal of Labor Economics*, 17, 409–446.

Hutchens, R. M. (1987): A Test of Lazear's Theory of Delayed Payment Contracts. In: *Journal of Labor Economics*, 5, 153–170.

Hutchens, R. M. (1989): Seniority, Wages and Productivity: A Turbulent Decade. In: *Journal of Economic Perspectives*, 3(4), 49–64.

Langot, F. & Moreno-Galbis, E. (2013): Does the Growth Process Discriminate Against Older Workers. In: *Journal of Macroeconomics*, 38, 286–306.

Lazear, E. P. (1979): Why is there Mandatory Retirement? In: *Journal of Political Economy*, 87 (6), 1261–1284.

Nordmeier, D. (2014): Worker flow in Germany: Inspecting the time aggregation bias. In: *Labour Economics*, 28, 70–83.

Nordström Skans, O. (2008): How does the Age Structure Affect Regional Productivity? In: *Applied Economics Letters*, 15, 787–790.

Petrongolo, B. & Pissarides, C.A. (2008): The Ins and Outs of European Unemployment. In: *American Economic Review*, 98 (2), 256–262.

Perry, G. (1970): Changing Labor Markets and Inflation, Brookings Papers on Economic Activity, 411–441.

Pissarides, C. A. & Wadsworth, J. (1994): On-the-Job Search: Some Empirical Evidence from Britain. In: *European Economic Review*, 38, 385–401.

Shimer, R. (2001): The Impact of Young Workers on the Aggregate Labor market. In: *Quarterly Journal of Economics*, 116 (3), 969–1007.

Shimer, R. (2005): The Cyclical Behavior of Equilibrium Unemployment and Vacancies. In: *American Economic Review*, 95 (1), 25–49.

Shimer, R. (2012): Reassessing the Ins and Outs of Unemployment. In: *Review of Economic Dynamics*, 15, 127–148.

Smith, J. C. (2011): The Ins and Outs of UK Unemployment. In: *Economic Journal*, 121 (May), 402–444.

Altern in Betrieben als Herausforderung von Personalmanagement, Betriebsräten, Tarifparteien und Fachberatungsstellen

Sebastian Brandl, Peter Guggemos und Ingo Matuschek

Inhaltsverzeichnis

6.1	Empirische Einblicke I: Irritationen aus dem Feld	118
6.2	Empirische Einblicke II: Schritte auf dem Weg zu einem systematischen Personalmanagement	123
	6.2.1 Tarifvertragliche Anstöße	123
	6.2.2 Tarifvertragliche Umsetzung, aber kein demografiesensibler Aufbruch	125
	6.2.3 Fördernde Aspekte einer Systematik	126
6.3	Akteurshandeln und demografiefestes Personalmanagement	129
6.4	Schlussfolgerungen und Empfehlungen	132
Literatur		135

Zusammenfassung

Alternde Belegschaften sind in vielen Betrieben Realität und stellen eine erhebliche Herausforderung für Personalmanagement und Organisationsentwicklung dar. Kleinere und mittlere Betriebe mit ihren häufig nur kleinen Personalabteilungen reagieren eher situativ und kaum je strategisch. Dezidiertes Fachwissen und Kenntnisse guter Praxis sind eher selten anzutreffen. Der Beitrag greift dieses Steuerungsproblem auf, stellt Überlegungen zum verbesserten Umgang damit an und gleicht eigene Forschungsbefunde mit wissenschaftsnahen Fachdiskursen im Umkreis der Bundesanstalt für Arbeitsschutz und Arbeitsmedizin (BAuA) und der Initiative Neue Qualität der Arbeit (INQA) ab. Handlungsempfehlungen für ein professionalisiertes Gesundheitsmanagement und

---

S. Brandl (✉) · P. Guggemos · I. Matuschek
Hochschule der Bundesagentur für Arbeit, Schwerin, Deutschland
Hochschule der Bundesagentur für Arbeit, Mannheim, Deutschland
E-Mail: sebastian.brandl@hdba.de; Peter.Guggemos@arbeitsagentur.de; ingo.matuschek@hdba.de

© Springer Fachmedien Wiesbaden GmbH, ein Teil von Springer Nature 2020
T. Freiling et al. (Hrsg.), *Zukünftige Arbeitswelten*,
https://doi.org/10.1007/978-3-658-28263-9_6

spezifische Maßnahmen zum alter(n)sgerechten Arbeiten richten sich an Unternehmen(steile), aber auch an die Tarifvertragsparteien und an Beratungsstellen, die Betriebe auf dem Weg zu einer alter(n)sgerechten Personalpolitik begleiten.

Schlüsselwörter
Alters- und Alternsmanagement · Fachkräftesicherung · Gesundheitsmanagement · Demografie-Beratung · Betriebsrat und Management

6.1 Empirische Einblicke I: Irritationen aus dem Feld

Wissenschaffende wie Beraterinnen und Berater hängen oft der Vorstellung an, dass in den Betrieben ein quasi naturwüchsiges Verständnis von „Alters- und Alternsmanagement" vorherrscht, welches mindestens konzeptgeleitet fundiert ist und sich zum Beispiel an dem Modell „Haus der Arbeitsfähigkeit" (Tempel und Ilmarinen 2013) orientiert. Bestehende themenspezifische Tarifvereinbarungen nähren diese Vorstellung. Empirisch zeigt sich allerdings insbesondere bei kleineren und mittleren Unternehmen wie auch im Branchenüberblick ein anderes Bild, wie eine eigene qualitativ wie quantitativ angelegte Studie in der Chemiebranche belegt, die zugleich Grundlage für den vorliegenden Beitrag ist (Bellmann et al. 2018; Brandl et al. 2018).[1] Dies ist umso bemerkenswerter, als dieser Sektor in demografiepolitischer Hinsicht als Vorreiter betrachtet wird. Der Tarifvertrag „Lebensarbeitszeit und Demografie" (Demo-TV) gilt seit dem Jahr 2008 bundesweit, und seit dem Jahr 2013 besteht nur in Ostdeutschland der „Tarifvertrag über lebensphasengerechte Arbeitszeitgestaltung" (Lepha-TV). Aber auch schon der seit 1992 fortgeschriebene Manteltarifvertrag regelt Themen wie die Altersfreizeiten, reguliert Entgelte bei eintretenden Belastungen, rahmt Verdienstsicherung im Alter etc. Den eigenen Studien zufolge sind jedoch offene Flanken beim Thema „Alters- und Alternsmanagement" zu verzeichnen:

- „Alter" scheint in kleineren und mittleren Betrieben keine eigenständige Kategorie der Personalentwicklung zu sein. Eine fehlende Systematik und Vernetzung kann dazu führen, dass Projekte wie Sportförderung und Gesundheitstage wieder einschlafen – nicht zuletzt, weil sie wenig Bezug zur täglichen Arbeitsgestaltung haben und von Anbietern wie Nutzern eher als *„add on"*-Maßnahmen begriffen werden.
- Im Vordergrund stehen der reaktive Umgang mit Krankheit und Leistungseinschränkungen, u. U. auch jüngerer Beschäftigter, und das Aufsetzen einzelner gesundheitsbezogener Maßnahmen.
- Der Terminus *Alters- bzw. Alternsmanagement* ist demzufolge keine Kategorie der betrieblichen Praxis. Er fungiert nicht als handlungsleitender Deutungsrahmen, sondern

---

[1] Zum von der Hans-Böckler-Stiftung geförderten Projekt „Einstellung und (Weiter)Beschäftigung Älterer (EBA)" s. www.hdba.de/forschung/drittmittelprojekte/eba/, www.boeckler.de/11145.htm?projekt=2014-800-3.

verbleibt im Feld wissenschaftlicher oder juristischer Fachdiskussionen, die sich wiederum als relativ blind gegenüber diesen Betriebsklassen erweisen. Themenspezifische Maßnahmen der Betriebe folgen oft anderen Begrifflichkeiten und Kategorien oder zwingenden tarifvertraglichen Vorgaben. Handlungsbedarf für Alter(n)smanagement wird selten erkannt, individuelle Lösungsansätze dominieren.
- Gleiches gilt für Pflege- und Betreuungsaufgaben. Selten nur wird darin ein Anzeichen für eine in einer bestimmten biografischen Phase weitgehend personenunabhängig zu erwartende Aufgabe gesehen, die potenziell die ganze (altershomogene) Belegschaft treffen kann.
- Hinzu kommen unveränderte Strategien der Nachwuchssicherung. Neue Wege werden nicht beschritten. So soll dem demografischen Wandel begegnet werden, wenngleich der Aufwand zur Rekrutierung von Nachwuchskräften bereits gestiegen ist.
- Geringe konzeptionelle Tiefe kann auch den im Zuge tariflicher Vereinbarungen durchzuführenden Altersstrukturanalysen attestiert werden, die nur selten professionell gedeutet und dann als Handlungsgrundlage personalstrategischer Maßnahmen genutzt werden (s. u.).

In diesem Rahmen etabliert sich ein Alternsmanagement als Gestaltung von Arbeitsbedingungen und Förderung der Beschäftigungsfähigkeit der Arbeitenden unabhängig von ihrem Lebensalter. Die Zielsetzung altersgerechter Arbeit erfordert „Arbeitsbedingungen, die über die ganze Erwerbsbiografie so gestaltet sind, dass keine Spätfolgen auftreten und die Beschäftigten gesund, motiviert und produktiv das Rentenalter erreichen und auch danach noch ihren Ruhestand gesund erleben" (Kistler 2008, S. 40). Im Altersmanagement hingegen werden typischerweise Anforderungen und Problemstellungen eines definierten Lebensalters angegangen und Gesundheits-, Qualifikations- und Motivationsveränderungen der Personengruppe ab 50 oder 55 Jahren, sie entlastende Arbeitsbedingungen und der Rentenübergang adressiert. Ein darüber hinaus gehendes systemisches Alter(n)smanagement basiert dagegen auf einem integrativen Verständnis und fokussiert als betrieblicher Ansatz Handlungsfelder wie Gesundheitsförderung, Weiterbildung, Arbeitsgestaltung und die Vereinbarkeit verschiedener Lebenssphären und -aufgaben mit dem Arbeitsumfeld.

▶ Alternsmanagement meint die Gestaltung der Arbeitsbedingungen und Förderung der Beschäftigungsfähigkeit unabhängig vom Lebensalter bzw. im Fall des Altersmanagements in bewusstem Bezug auf dem Alter zugeschriebene spezifische Problemlagen. Systemisches Alter(n)smanagement beschäftigt sich dagegen in integrierter Weise mit Gesundheitsförderung, Weiterbildung, Arbeitsgestaltung, Wissensmanagement, Personalentwicklung und -rekrutierung unter Beachtung von Gesichtspunkten der Vereinbarkeit mit lebensweltlichen Pflichten und -aufgaben.

Festzuhalten ist, dass die Betriebe mit ihren Belegschaften älter geworden sind, ohne dass dies bislang zu einem gravierenden Anstieg an Alterungsproblemen führte. Ältere stellen eher zahlenmäßig ein Problem dar, wenn viele auf einmal in den Ruhestand gehen. Sie werden aber kaum als Personen betrachtet, in deren Humanressourcen investiert werden muss, um sie lange leistungsfähig im Betrieb zu halten. Man hat den Paradigmenwechsel von der durch öffentliche Gelder und Mittel der Arbeitslosenversicherung alimentierten Frühverrentung zur verlängerten Erwerbsbiografie nachvollzogen, wie gewohnt Einzelfälle bearbeitet und vor allem durch externe Anstöße (u. a. durch tarifvertragliche Regelungen; Beispiele anderer Betriebe) einzelne Maßnahmen eingeführt. Alterung aber wird per se nicht als Handlungskategorie aufgefasst, zumal Bevorzugungen einzelner Beschäftigtengruppen vermieden werden sollen.

Zu fragen ist, was dies für die Beratung und Unterstützung von kleineren und mittleren Unternehmen (KMU) einerseits und für die wissenschaftliche Betrachtung andererseits bedeutet. Zunächst scheint festzustehen, dass wissenschaftliche Konzepte wie das „Haus der Arbeitsfähigkeit" (siehe Conrads et al. in diesem Band) in der Praxis offensichtlich weit weniger bekannt sind als gedacht und damit auch nur selten handlungsleitende Wirkung entfalten können. Mit anderen Worten: Es gibt offenbar ein Transformationsproblem bezüglich der Tiefe und Breite wissenschaftsgestützter Konzepte. Sie scheinen – auch wenn sie dezidiert auf den betrieblichen Alltag zielen wie z. B. die INQA-Ansätze – für diesen nur begrenzt Rezeptwissen bereitzustellen. Das ruft nach einer kritischen Überprüfung einerseits der Angebote, andererseits auf der Nachfrageseite.

> Die Initiative Neue Qualität der Arbeit (INQA) wurde im Jahr 2002 vom Bundesministerium für Arbeit und Soziales gegründet. In ihr wirken Bund, Länder und kommunale Spitzenverbände, Arbeitgebervereinigungen und Kammern, Gewerkschaften, Unternehmen, die Bundesagentur für Arbeit sowie Sozialversicherungsträger und Stiftungen zusammen. Ziel sind gute Arbeitsbedingungen als Schlüssel für Innovationskraft und Wettbewerbsfähigkeit. Mit Projekten und Beratungsprogrammen, guten Praxisbeispielen und Netzwerken wird die zentrale Fragestellung, wie die Arbeitsbedingungen gesund, sicher und motivierend und für Unternehmen in Zukunft rentabel gestaltet werden können, verfolgt. Die Angebote richten sich an kleine wie große Betriebe als auch an Vereine, Stiftungen und die öffentliche Verwaltung (www.inqa.de).

Eine zweite Feststellung betrifft die Frage der betrieblichen Rezeption solcher konzeptionellen Ansätze. Häufig war die Schrittfolge „Problemwahrnehmung" – „individueller, möglichst breit unterstützter Lösungsansatz" – „Umsetzung dieser Lösung" zu beobachten. Die einer wissenschaftlichen Rationalität entsprechende Abfolge „Lernen der Konzepte und Instrumente betrieblichen Alternsmanagements – Entwickeln eines betriebsadäquaten Systems – Maßnahmenumsetzung" greift kaum.

Die relative Ignoranz gegenüber den Konzepten verstellt deren Weg in die Praxis; es wird offenbar eher reaktiv als präventiv-proaktiv und eher einzelfallbezogen als systematisch agiert. Das führt zu einer kritischen Perspektive auf das wissenschaftliche Handeln selbst:

Zu fragen ist, weshalb theoriegestützte Konzepte offenbar für viele Betriebe nicht anschlussfähig scheinen – und dies trotz vielfältiger Anstrengungen von EU-Programmen (Art. 6-Projekte zum demografischen Wandel), Initiativen auf Bundesebene (Studien der Enquete-Kommission zum demografischen Wandel, Institutionen wie BAuA und Initiativen wie INQA, der Förderung betrieblicher Demografie-Beratung) und vieler weiterer Initiativen der Bundesländer, von Arbeitgeber- und Arbeitnehmerorganisationen und anderer Akteure.

Schließlich ist festzuhalten, dass der demografische Wandel noch keine verstörende Dramatik entwickelt hat. Der Demografieforschung zufolge ist eine solche für die nahe Zukunft aber zu erwarten (siehe hierzu u. a. mehrere INQA-Memoranden, zuletzt 2016, oder die Beiträge im WSI-Sonderheft 1/2018 „Altern im Betrieb"). Nur vereinzelte Vorkommnisse wahrzunehmen, engt zukünftigen Handlungsspielraum ein – darin liegt die Gefahr, ohne systematisches Alter(n)smanagement möglicherweise nicht mehr aktiv reagibel zu sein.

▶ Durch den Demografiewandel bedingt, müssen Konzepte zum Alter(n)smanagement systematisch und strategisch angewendet werden, um handlungsfähig zu werden und zu bleiben.

Es lassen sich (un)mittelbare Einflussfaktoren für die betriebliche Adaption von wissenschaftlichen Ansätzen und Konzepten inklusive des Aufbaus mehr oder weniger strategisch angelegter Strukturen des Gesundheits- bzw. des Alters-/Alternsmanagements anführen. Sie können einzeln oder auch im Bündel wirksam werden, unterschiedliche Akteure in Betrieben erfassen oder von diesen ausgehen. Im Einzelnen sind zu nennen:

- *Konkurrierende Aufgaben im Alltagsgeschäft*, die langfristige und strategische Überlegungen zur Personalentwicklung eher in den Hintergrund treten lassen: Erfahrungen wie (mehrfache) Eigentümerwechsel mit jeweils neuer strategischer Ausrichtung lassen die Sinnhaftigkeit einer auf zehn oder 20 Jahre gerichteten Langfristplanung unter Umständen unangemessen erscheinen. Konkurrierende Aufgaben, etwa die Reaktion auf das volatile Wirtschaftsgeschehen, erscheinen oftmals dringlicher.
- *Karriereaspekte und -risiken von Personalverantwortlichen und Betriebsräten:* Planungshorizonte mancher Leitungspersonen sind angesichts individueller Karrierepfade und nur temporärer Verantwortung nicht immer auf die langfristige Firmenentwicklung gerichtet. Strategiebildung wird so tendenziell zurückgedrängt, da Karrierenutzen, innerbetriebliches *Standing* oder das Bearbeiten stärker im allgemeinen Fokus stehender Aufgaben Priorisierungen hervorrufen können, die in Konkurrenz zum mittel- und langfristigen Erhalt der Beschäftigungsfähigkeit der Belegschaft stehen. Ähnlich berichteten auch Betriebsräte von Überlegungen, welche Personalentwicklungsansätze sie einfordern und unterstützen, um nicht im Fall des Scheiterns ihre Reputation als urteilssichere und vertrauenswürdige Betriebsräte/-rätinnen aufs Spiel zu setzen. In beiden Fällen werden gesundheitsbezogene Maßnahmen eher angebots- als nachfrageorientiert aufgesetzt.
- Hinzu kommt, dass die *administrativen Bereiche mitgealtert* sind und ein gewisses Verständnis für ältere Beschäftigte mit besonderen Bedarfen aufbringen – ihnen selbst geht es womöglich nicht anders. Das erzeugt eine möglicherweise fehlgeleitete

Normalitätsvorstellung. Produktive Bereiche können aber in ihren Alterseffekten den verwaltenden Abteilungen nicht gleichgesetzt werden.
- *Organisatorische Umsetzungsprobleme:* Wechselschichten erschweren es, gesundheitsbezogene Schulungen und Maßnahmen allen zukommen zu lassen. Aversive Argumentationen finden sich auch im Verweis auf die schlechte wirtschaftliche Lage des Betriebs, auf defizitäre Einsicht im Management bzw. im Betriebsrat oder auch auf Schwierigkeiten der Erfolgsmessung jenseits schlichter Fehlzeitenerfassung.
- *Die jeweilige betriebliche Historie erfolgreicher bzw. als gescheitert geltender Projekte aus dem Gesundheitsbereich* kann neue Anläufe erschweren, aber auch erleichtern. Es stellt sich eine Erwartungshaltung ein, die in eine generalisierte und häufig eher abgeschätzte denn wirklich berechenbare Aufwand-Nutzen-Kalkulation mündet und im Zeitverlauf Entwicklungspfade im Gesundheits- bzw. Alters-/Alternsmanagement zementiert.
- *Wahrnehmungen von Veränderungen ohne Deutung als strukturelle Warnsignale* (sinkende Resonanz auf Stellenausschreibungen oder längere Vakanzen zu besetzender Stellen). Solche spürbaren Entwicklungen münden noch nicht in konkrete Personalstrategien – damit sind sie auch nur wenig geeignet, einen Paradigmenwechsel von inkrementellen Ansätzen, punktuellen Initiativen und Kooperationen hin zu einem proaktiven und systematischen, theoriegestützten Handlungskonzept einzuleiten.
- *Nur selten Kenntnis von guten Praxisbeispielen* wie bei der Konkurrenz bereits erfolgreich laufender und als *state of the art* geltender Demografieprojekte, die im Sinne positiver Verstärkung wirken könnten.

Bilanziert werden kann, dass weder Management noch Personalabteilung noch Betriebsräte einen dringenden Handlungsbedarf wahrnehmen. Der Hauptanlass dafür, sich systematischer mit einem betrieblichen Demografiemanagement zu befassen, wäre dann bei den Belegschaften selbst zu suchen, wenn ihre Mitglieder schon reiferen Alters sind, ein freiwilliger Jobwechsel damit unwahrscheinlicher wird und es vor Ort kaum adäquate Vergleichsarbeitsplätze gibt. Dann drängt sich die Schlüsselfrage auf, wie der aktuelle (oder noch angestrebte) Job gesund, qualifiziert und motiviert auch in fünf und in zehn Jahren leistbar wäre. Im Idealfall wird ein sich konstruktiv ergänzender und verzahnter Handlungsbedarf sowohl auf der betrieblichen (i. e. verhältnispräventiven) wie auf der individuellen (vorwiegend verhaltenspräventiven) Seite identifiziert. Damit ließe sich eine Art „resilientes Unternehmen" (z. B. Wellensiek und Kleinschmidt 2013) vorstellen, in dem systematisches Personalmanagement auch Alters- und Alternsfragen strukturiert bearbeitet, statt nur auf Einzelfälle zu reagieren. Das impliziert allerdings eine entsprechende Qualifizierung, die über den häufig anzutreffenden beiläufigen Blick auf systematisierende Erkenntnisse hinausgeht. Damit sind nicht nur Institutionen wie INQA gefragt, sondern auch die Bundesagentur für Arbeit und das Bundesministerium für Arbeit und Soziales, die angesichts des demografischen Wandels wie der Digitalisierung zur Sicherung des Wirtschaftsstandorts auf eine Qualifizierungsoffensive setzen. Handreichungen für ein professionalisiertes Alter(n)smanagement dürften in den Betrieben jedenfalls dann besonders willkommen sein, wenn sie den Weg zu einem „resilienten Betrieb" ebnen.

▶ Unternehmen sollten, statt Einzelfälle reaktiv abzuarbeiten, versuchen mit Hilfe von Handlungsmodellen wie dem „Haus der Arbeitsfähigkeit" zu einem lernenden System zu werden. BAuA/INQA, das Demographie-Netzwerk (ddn) und viele weitere Akteure helfen dabei.

6.2 Empirische Einblicke II: Schritte auf dem Weg zu einem systematischen Personalmanagement

Jenseits eines einzelfallbezogenen, reaktiven Handelns bieten sich mehrere Schritte an, um zu einem systematischen Alter(n)smanagement zu gelangen. Wünschenswert wäre zunächst eine strategische, auf mehrere Jahre gerichtete Analyse und Zieldefinition, in die unternehmerische Aspekte ebenso eingehen wie Überlegungen dazu, was zum Erhalt der Leistungsfähigkeit der Beschäftigten nötig ist. Dazu haben in der Vergangenheit Tarifverträge Schritte ausbuchstabiert, auf die im Folgenden eingegangen wird.

6.2.1 Tarifvertragliche Anstöße

Anstöße für einen systematischen, proaktiven Umgang mit Alterung beinhalten insbesondere die erwähnten Demografietarifverträge (vgl. Kap. 6.1). Beide Tarifverträge orientieren auf nachhaltige wie vorausschauende Personalpolitik als zentrale Gestaltungsaufgabe der betrieblichen Sozialpartner und stellen Unternehmensbedarfe nach veränderten Personalstrukturen wie Bedürfnisse der Beschäftigten nach alter(n)s- und leistungsgerechten Arbeitsbedingungen ins Zentrum. Die obligatorische und regelmäßig fortzuschreibende Demografieanalyse ermittelt Alters-, Funktions- und Qualifikationsstrukturen vor Ort. Auf Basis dieser Daten sollen Unternehmen und Betriebsrat personalpolitischen Handlungsbedarf identifizieren und konkrete Maßnahmen in den jeweiligen Handlungsfeldern vereinbaren. Neben informierten Beschäftigten zählen insbesondere eine alter(n)sgerechte Arbeitsorganisation und Arbeitsplatzgestaltung zu den zentralen Anforderungen an ein Gesamtkonzept. Hierzu gehören flexible Arbeitszeitmodelle (z. B. Arbeitszeitkorridore, Langzeitkonten, Schichtarbeitsmodelle) und eine betriebliche Gesundheitsförderung. Qualifizierung und Weiterbildungsangebote sind – auch in ihren Formaten – altersgerecht zu institutionalisieren, ebenso ist der Erfahrungs- und Wissenstransfer zu organisieren. Zudem ist seit 2006 vereinbart, eine familienbewusste Personalpolitik zu verwirklichen (vgl. jeweilige Tarifverträge).

Ein zentrales Instrument im Tarifvertrag „Lebensarbeitszeit und Demografie" (kurz Demo-TV) wie im „Tarifvertrag über lebensphasengerechte Arbeitszeitgestaltung" (kurz Lepha-TV) stellt der Demografiefonds dar, der von jährlichen Demografiebeiträgen der

Arbeitgeber gespeist wird. Die Höhe differiert: Im Demo-TV liegt sie bei 750 € pro Vollzeitäquivalent; im Lepha-TV werden 2,5 Prozent der tariflichen Vorjahresentgelte zugeführt (Regelungen zum Projektzeitraum bis Ende 2017 angegeben). Ausnahmeregelungen gelten im Fall konjunktureller Schieflagen. Die im Fonds pro Tarifmitarbeiter angesammelten jährlichen Beträge sollen im Rahmen einer freiwilligen Betriebsvereinbarung für Langzeitkonten, Altersteilzeiten, Teilrenten, eine Berufsunfähigkeitszusatzversicherung, die tarifliche Altersvorsorge oder bzw. und die Ausgestaltung einer lebensphasenorientierten Arbeitszeit eingesetzt werden.

Ein Schwerpunkt der Tarifregelungen liegt auf der variantenreichen Modellierung der Arbeitszeit mit dem Ziel, die Expositionszeiten Älterer zu reduzieren. Die folgenden Regelungsbereiche lassen sich als die wichtigsten hervorheben:

- Eine modifizierte Fortführung der *Altersteilzeit* nunmehr ab dem 59. Lebensjahr.
- *Eine lebensphasenorientierte, die Erwerbsbiografie tendenziell verlängernde Arbeitszeitgestaltung* (Abkehr von Altersteilzeit). Vorgesehen ist eine auf 80 % *reduzierte Vollzeit* ohne Entgeltverluste (RV 80) für bestimmte Lebensphasen (Weiterbildung, Pflege-/ Betreuungsaufgaben, ehrenamtliches Engagement, Gesundheitsvorsorge) oder ein flexibler Rentenübergang ab dem 55. bzw. dem 60. Lebensjahr nach Lepha-TV.
- *Ein Demografiekorridor mit flexibilisierter Arbeitszeit*: Er sieht (im Tarifgebiet West) eine – auf betrieblicher Ebene zu vereinbarende – befristete kollektive Arbeitszeit (von Arbeitsgruppen und -bereichen, einzelnen Betriebs- oder Unternehmenteilen) zwischen 35 und 40 Wochenstunden vor. Der Ausgleich hat in Zeitkontingenten zu erfolgen. Möglich sind auch Vereinbarungen über sogenannte Wahlarbeitszeiten im gleichen Korridor, d. h. individuell zwischen Arbeitnehmer und Unternehmen zu verabredende Arbeitszeiten.
- *Altersfreizeiten:* Bereits der Manteltarifvertrag (§ 2) regelt Altersfreizeiten. Beschäftigte ab dem 57. Lebensjahr haben 2,5 Stunden Altersfreizeitanspruch je Woche, bei Wechselschicht bereits ab dem 55. Lebensjahr, und bei vollkontinuierlicher Wechselschicht über 15 Jahre sind es 3,5 Stunden, oftmals in Freischichten zusammengefasst. Das ist mit anderen Arbeitszeitreduktionen (bspw. Altersteilzeit oder RV-80-Modellen) zu verrechnen.

Die demografieorientierten Vereinbarungen beinhalten eine Reihe möglicher betrieblicher Ansätze, die einerseits auf lebensphasenspezifische Bedarfe der Beschäftigten inklusive der Alter(n)sproblematik, andererseits auf betriebliche Belange angesichts volatiler Auftragslagen reagieren. Es bestehen obligatorische Vorgaben, wozu tarifliche Auffanglösungen bei Scheitern betrieblich zu verhandelnder Ausgestaltungen oder bei betriebsratslosen Betrieben zählen. Zu den verpflichtenden Maßnahmen gehören die Altersstrukturanalyse, die Verhandlungen über die Verwendung der abzuführenden Fondsmittel und die Altersfreischichtenregelung. Wofür aber die Fondsmittel verwendet und welche konkreten betrieblichen Maßnahmen zur alter(n)sgerechten Gestaltung aus der Demografieanalyse abgeleitet werden, wird betrieblich definiert und ausgehandelt. Das ermöglicht an die heterogenen betrieblichen Bedürfnisse angepasste Lösungen. Dieses tarifliche Ansinnen erzeugt (weitere) Aufgabenstellungen und Justierungsbedarfe sowohl bei Arbeitgebern wie bei Betriebsräten, die zudem ihre Entscheidungen gegenüber den Beschäftigten legitimieren müssen.

6.2.2 Tarifvertragliche Umsetzung, aber kein demografiesensibler Aufbruch

Bei der Anwendung der jeweiligen Tarifverträge zeigt sich – ungeachtet aller Differenzen in der Ausgestaltung – eine hohe Kongruenz an gelebten betrieblichen Maßnahmen, die insbesondere Altersteilzeit und Altersfreizeit umfassen. Auffällig ist, dass kleinere und mittlere Unternehmen im Umsetzen der betrieblich verhandelbaren Tarifvereinbarungen zu eher minimalistischen Lösungen neigen. Unterschiede bestehen vor allem in der Frage, ob die begrenzten finanziellen Mittel der Demografiefonds eher für ein einzelnes Instrument oder im Gießkannen-Prinzip für mehrere Ansätze verwendet werden. Die betrieblichen Sozialpartner können die vorhandenen Mittel im Einzelfall im Hinblick auf beantragte Leistungen bewerten oder sie verständigen sich darauf, den Demografiefonds solitär für eine Maßnahme zu verwenden – was bestimmte Gruppen bevorzugen kann, aber aufwändige Einzelprozeduren vermeiden hilft. Erfolgt die Zuweisung individualisiert, löst dies regelmäßig Debatten unter Beschäftigten aus. Die Arbeitszeitgestaltung nach Lebensphase erweist sich als verhandlungsintensive Angelegenheit mit möglichen, nicht intendierten Folgewirkungen.

Die tarifvertraglichen Regeln werden meist begrüßt, auch wenn bisweilen eine komplexere Personaleinsatzplanung bei sinkenden Personalkapazitäten kritisiert wird. Kleinere und mittlere Unternehmen stehen durch die demografie- bzw. lebensphasenorientierten Regelungen zur Absenkung der Arbeitszeit unter Druck. Die Personaldecke mache weitreichende Angebote kaum möglich,

> „weil ich glaube, solche Geschichten wie Langzeitkonten oder Frühverrentungsmodelle oder modifizierte Arbeitszeiten sind vielleicht in Konzernen, wo eine Abteilung aus zehn, zwanzig Leuten besteht, echt einfacher umzusetzen als bei so einem Kleinunternehmen, wo man wirklich Spezialtätigkeiten hat, wo halt wirklich nur ein, zwei Personen vielleicht die gleiche Aufgabe machen. […] da haben kleinere Unternehmen auf jeden Fall mehr Probleme […] das, was die Tarifvertragsparteien irgendwie sich ausdenken, irgendwie umzusetzen." (Personalverantwortlicher, Betrieb mit ca. 70 Beschäftigten, Ostdeutschland)

Anders als intendiert ist eine eher statische Umsetzung zu beobachten. Die verbindlichen Altersstrukturanalysen wurden durchgeführt, die (Fonds-)Regelungen des Tarifvertrags umgesetzt. Doch dadurch ist lediglich formal den Bedingungen des Tarifvertrags entsprochen; ein demografiesensibler Aufbruch muss damit aber keineswegs verbunden sein – andere Ziele dominieren und die Ressourcen sind begrenzt.

Zugespitzt formuliert lässt sich ein unverbundenes Handeln feststellen: Tarifvertragliche Anstöße werden umgesetzt, eher minimalistisch und ohne eine Dynamik auszulösen, und Problemfälle werden, wie oben beschrieben, im Einzelfallmodus behandelt. Eine systematische Verknüpfung erfolgt nicht. Die KMU agieren augenscheinlich wenig proaktiv bzw. bevorzugen ein situativ-reaktives Vorgehen hinsichtlich des Aufbaus auf Dauer gerichteter bzw. als überfordernd eingeschätzter Strukturen. Dennoch: Tarifvertragliche Anstöße wirken. Anders als die vielfältigen Instrumente für ein „Alter(n)smanagement" oder das „Haus der Arbeitsfähigkeit" kommen die tarifvertraglichen Impulse in den Betrieben an. Alleine lösen sie in den untersuchten KMU aber noch keine Dynamik der Entwicklung eines systematischen, sich im Laufe der Zeit verstärkenden Alter(n)smanagement aus.

Ausgehend von dieser Gemengelage ist nachfolgend zu beleuchten, ob sich dabei im Handeln von Management und Betriebsräten Schritte zu einem betrieblichen Alter(n)smanagement und, in engem Konnex, einem entsprechenden Gesundheitsmanagement erkennen lassen.

> Fraglos sind Regelungen bezogen auf Gesundheits-, Qualifizierungs- und Arbeits(zeit)gestaltungsfragen, Rekrutierung und Retention kein Spezifikum von Demografietarifverträgen, können durch die demografische Brille jedoch integrierter zusammengedacht werden. Weder löst eine demografietarifvertragliche Rahmung die Aufgabe betrieblicher Aushandlung und passender Umsetzung, noch darf aus fehlenden Demografietarifverträgen geschlossen werden, dass die damit tangierten Handlungsfelder vernachlässigt werden würden. Zu betrachten wären diesbezüglich z. B. die BMAS-Initiative für Dienstleistungsbranchen (Handel, Pflege, Erziehung etc.) (www.zusammenwachsen-arbeitgestalten.de/), betriebliche Gesundheitsförderung im Sozial- und Erziehungsdienst sowie Gestaltungsbeispiele bei der Deutschen Post, der Deutschen Bahn oder im Haus-Tarifvertrag Hamburger Hochbahn-Verkehrsbetriebe mit dezidiertem Bezug zum Arbeitsbewältigungsfähigkeits-Konzept nach Ilmarinen. Es gibt auch Fehlschläge: Im Handel gab es 2017 Demografietarifverhandlungen ohne Erfolg.

6.2.3 Fördernde Aspekte einer Systematik

Zu einem systematischen Personalmanagement gehören u. a. die (in den angesprochenen Tarifverträgen vereinbarte) regelmäßige Erfassung und Analyse statistischer Personaldaten. Das schließt eine auf die Zukunft gerichtete Deutung etwa zu der Frage ein, wer mutmaßlich wann aus dem Betrieb ausscheiden wird, ob und ggf. wie die entsprechende Stelle nachbesetzt werden soll, wie etwaiges Spezialwissen ausscheidender Spezialisten im Betrieb gehalten werden kann (Tandem- oder Gruppenlösungen). Gelegentlich arbeiten Personen nach Erreichen der Altersgrenze zumindest für eine gewisse Zeit weiter, etwa als Vertretungen, für Anlernfunktionen, aber auch Sonderaufgaben wie Sicherheitskonzepte oder Jahresabschlüsse. In einigen Fällen wurde von einer gewissen Tradierung dieser Praktik berichtet (betagte Manager und Managerinnen aus der Eigentümerfamilie; Tradition aus DDR-Zeiten; Beraterverträge o. Ä.). Neben den gesundheitlichen Voraussetzungen ist insbesondere fachliches Können ausschlaggebend, aber auch die Motivation der noch nicht mit dem Erwerbsleben abgeschlossen habenden Altersrentner, die „Jungen noch etwas beibringen können".

Die Altersstrukturanalyse hat dabei in den Betrieben eine je eigene Qualität, die häufig einem Abbild der betriebsinternen Kultur industrieller Beziehungen folgt: Offene und transparente sowie kooperative Settings begünstigen einen proaktiven Umgang mit den Daten, während eher konfliktive Verhältnisse die Altersstrukturanalyse schnell zu einem arbeitspolitischen Instrument der Betriebsparteien transformieren können und sie dadurch unter Umständen entwerten. Ganz generell ist festzuhalten, dass die kleineren und mittleren Betriebe offensichtlich Schwierigkeiten haben, die Potenziale der Altersstrukturanalyse auszunutzen. Optimierungsmöglichkeiten zeigten sich mitunter in den Handlungsfeldern

a. regelmäßige Datenerhebung von Altersstrukturen auch auf Abteilungs- und Funktionsebene und Vorschau für die nächsten drei bis fünf Jahre,
b. Datentransfer an betriebspolitische Akteure und gemeinsame Deutungsanstrengungen,
c. Wissen um Erklärungsansätze, z. B. für einen höheren Krankenstand und/oder eine höhere Fluktuationsquote im Hinblick auf die Interpretation der Daten,
d. adäquate Interventionsstrategien und -instrumente, um höheren Krankenständen bzw. Fluktuationen entgegenzuwirken.

Im Bereich *gesundheitsbezogener Maßnahmen* zeigt sich eine Systematik am ehesten dann, wenn die ergriffenen Maßnahmen

- nicht nur kurativer, sondern auch präventiver und diagnostischer Art sind;
- unter Einbezug des Führungsstils einen klaren Bezug zum alltäglichen Arbeiten haben. Das schließt (jenseits suchttherapeutischer Ansätze) u. a. das Eindämmen von Mobbing und Burn-out über partizipative Arbeitsplatz- und -zeitgestaltung, Ergonomie und Workflow-Analysen sowie die Beachtung lebensweltlicher Aspekte wie Betreuung und Pflege ein;
- sich als Disability Management präventiv mit den Belastungen am Arbeitsplatz auseinandersetzen und in der Folge primär-, sekundär- und tertiärpräventive Stränge etabliert werden (inklusive Krankenrückkehrgesprächen und einem elaborierten Eingliederungsmanagement);
- dergestalt beteiligungsorientiert sind, dass alle Funktions- und Hierarchiestufen in den Diskussionsprozess über Bedarf und Art der Maßnahmen einbezogen sind (etwa in Gesundheitszirkeln und über Motivatoren) und
- Einzelmaßnahmen als Bausteine eines Gesamtsystems aus Verhältnis- und Verhaltensprävention präsentiert und im Kontext weiterer Maßnahmen kommuniziert werden, was nicht zuletzt die Akzeptanz in der Belegschaft wie auch die (dauerhafte) Teilnahmebereitschaft erhöht.

Als „systematisch" darf gelten, wenn Gesundheitsförderung als Querschnittsaufgabe begriffen wird, für die bereichs- und hierarchieübergreifend alle zuständig sind und nicht nur Spezialisten wie Werksärztin oder Personalverantwortliche. Eine Besonderheit in der Chemie-Branche zeigt sich darin, dass es im etablierten Handlungsfeld *safety, health &*

environment bereits zahlreiche Vorschriften und Schulungen gibt. Das verführt dazu, nicht dezidiert Vorgeschriebenes als letztlich entbehrlich und nur „nice to have" zu gewichten und so nicht erfasste Phänomene aus den Augen zu verlieren.[2] Hinzu kommt, dass zwar alle Personen(gruppen) und Funktionsbereiche adressiert und motiviert werden sollten, dies aber beileibe keine Garantie für Akzeptanz darstellt. So scheinen Männer allgemein schwerer zu motivieren zu sein als Frauen (vgl. dazu Bröker 2017) und Leute aus der Produktion schwerer als Angestellte der Verwaltung (u. a. Schichtproblematik). Besonders motivierend sind offenbar Gesundheitsbotschafterinnen und -botschafter aus dem eigenen Betrieb. Angesichts individueller Vorlieben, etwa hinsichtlich eines Sportangebots, scheinen differenzierte und von den jeweiligen Zielgruppen unterstützte Angebote vonnöten zu sein, die eine Mitsprache voraussetzen – andernfalls dürfte die Teilnahme eher gering ausfallen.

Die Debatte darüber, wie viel gesunder Lebensstil verordnet werden darf, ob eine Zwangsbeglückung legitim ist bzw. wo die Grenze zwischen Information oder kleinem Anschubsen (engl. *„Nudging"*) und übergriffiger Fremdbestimmung (zum Beispiel durch die Forderung nach einem Veggie-Day) liegt, wird auch in den Betrieben geführt. Kompromisse sehen z. B. so aus, dass es mehrere, auch vegetarische Kantinenessen gibt und/ oder dass Hinweisschilder die Kalorienzahl der Gerichte aufzeigen, aber letztlich jede Person selbst wählt, was sie isst.

Von großer Bedeutung sind Vorbilder: Wer von Life Balance spricht, sich selbst aber ersichtlich keine Auszeiten gönnt und überlange Arbeitszeiten hat, erscheint als (personalverantwortliche) Führungskraft kaum glaubwürdig. Die Teilnahme bei Aktivitäten mit Firmenbezug, die wie Firmenläufe, Sport-Firmenmannschaften, *corporate social responsibility*-Engagement bei Wohltätigkeitsbasaren oder Firmenfeste partiell auch in der Freizeit stattfinden, erfordert zudem gegenseitiges Einvernehmen und Vertrauen und setzt ein relativ gutes Betriebsklima voraus. Solche das Wohlbefinden steigernde Events drücken letztlich Anerkennung und Wertschätzung aus, ebenso ein Gefühl des familiären Aufgehoben-Seins im Kollegenkreis noch über die Pensionierung hinaus.

Spannungslinien zeigen sich häufig im Generationenübergang, wenn etwa mit jungen Managern und Managerinnen neue Führungsstile Einzug halten. Das kann mit ungeschriebenen Firmenkulturen kollidieren, wenn z. B. gegen Wertschätzungs-Codes (vgl. dazu www.baua.de/DE/Themen/Arbeit-und-Gesundheit/Betriebliches-Gesundheitsmanagement) verstoßen bzw. an Älteren deren vorgebliche Resistenz gegen Veränderungen kritisiert wird. Dann drohen Beeinträchtigungen, etwa im Wissensmanagement oder intergenerationellen Transfer in der Einarbeitungsbegleitung und im Mentoring. Eine derartige Spannungslinie kann sich beispielsweise in Konfrontationen zwischen „alter" Belegschaft und „neuem" Management oder „neuen" Eigentümern äußern. Die traditionell eher ko-

---

[2] In mehreren untersuchten Betrieben mangelt es an Konzepten zur Deutung von Krankenständen, zugleich ist wenig über Zusammenhänge von Führungsstilen, Change Prozessen und Betriebsklima bekannt.

operativen Beziehungen zwischen betrieblichen Sozialpartnern in der Chemiebranche mögen auch hier moderierend wirken.

▶ Die Einordnung einzelner Maßnahmen in eine Gesamtsystematik erzeugt mehr Verständnis, Legitimation sowie Unterstützung und befördert eine entsprechende gesundheits- bzw. demografiesensible Firmenkultur.

6.3 Akteurshandeln und demografiefestes Personalmanagement

Management wie Betriebsräte tendieren zu Maßnahmen, die allen Beschäftigten bei Bedarf offenstehen. Die Fallstudien legten eine deutliche Scheu offen, Maßnahmen „für Ältere" zu definieren oder ein Label „Alter(n)smanagement" auf eine bestimmte Altersgruppe zu beziehen. Befürchtet wurde, bestimmte kalendarisch abgegrenzte Personengruppen – auch im arbeitsrechtlichen Sinne des AGG – zu bevorzugen oder zu benachteiligen und damit Unruhe und Ungerechtigkeiten im Betrieb zu erzeugen. Insbesondere die Betriebsräte betonten diese Gefahren und gehen ggf. gegen Altersdiskriminierungen vor. Sind tarifvertragliche Regelungen wie die Altersfreizeiten explizit nur auf Ältere gemünzt, dann entlastet dies jedoch die Akteure vor innerbetrieblichen Gerechtigkeitsdiskursen und Abwägungen zwischen verschiedenen Beschäftigtengruppen. Will man explizit Ältere fördern, sollte dies in Tarifverträgen, Förderbedingungen oder Maßnahmenbeschreibungen entsprechend eingegrenzt werden, um die Zielgruppe zu erreichen und zu verhindern, dass beispielsweise Fördertöpfe gleichmäßig auf alle Beschäftigten verteilt werden.

Ausgehend vom Leistungsgedanken ist auch eine andere Lesart des egalitären Maßnahmenzuschnitts statthaft: Solange (ohne Beschwerde) Leistung erbracht wird, gibt es zur Altersdifferenzierung der Beschäftigten betrieblicherseits kaum einen Grund; Altersunterschiede von Beschäftigten verschwinden hinter der Veräußerung ihrer Arbeitskraft, sofern sie nicht anlassbezogen sichtbar werden. Insofern fehlt hier die (wechselseitige) Aufmerksamkeit im betrieblichen Alltag: Ältere vermeiden, Leistungsprobleme zu zeigen, Betriebe nehmen entsprechende Entwicklungen als personalpolitisches Thema nicht auf. Die Wahrnehmung, im Sinne der Leistungserbringung auch als Ältere zu den „normalen" Mitarbeiterinnen und Mitarbeitern zu gehören, wird von den Beschäftigten durchaus geteilt. Dahinter steckt eine Selbstvergewisserung über die Leistungsfähigkeit und das Verdrängen von Altersfolgen, bis sie weder vor sich selbst noch vor anderen zu verstecken sind. Einzelne wie auch der Betrieb blenden aus, dass bestimmte Unterstützungs- und Entlastungsmaßnahmen – ggf. sogar um den Preis eines reduzierten Arbeitslohns – nötig oder zumindest wünschenswert sein könnten, um die Arbeitsfähigkeit dauerhaft bis zum Renteneintritt zu erhalten. Ausgeblendet bleibt auch das Risiko, dass ältere Angestellte eventuell vorher zu krank zum Arbeiten werden oder ggf. sogar vorzeitig sterben. Was eine strukturelle Kostenexternalisierung darstellt, weil in Vollzeit weitergearbeitet wird, solange es geht, und danach Sozialleistungsträger übernehmen, kann innerbetrieblich zu Problemen führen, wenn ein plötzlicher Ausfall Expertise und Routine entzieht.

Wie schon angeklungen, erfolgt die Wahrnehmung eher über Lebenslagen als über eine Zuordnung nach kalendarischem Alter. Dies gilt für Fragen der Kinderbetreuung und Pflege, für die Möglichkeit unter bestimmten Umständen bezahlte Freistellungszeiten zu bekommen und ebenso für den Zugang zu Angeboten des Gesundheitsmanagements. Das Alter spielt dann eine gewisse Rolle, wenn Fragen der Altersstruktur – etwa über Stellenstreichungen, Ersatzrekrutierung oder über eine mögliche Nachqualifizierung – virulent werden und man (im Einzelfall) eher auf Expertise als auf ein geringes Lebensalter setzt. Auf der anderen Seite kann eine neue strategische Ausrichtung des Managements bewirken, stärker auf Kosteneffizienz und eine Verjüngung der Belegschaft zu achten sowie ältere Beschäftigte in einen Change Prozess zu schicken oder sie dazu zu bringen, frühzeitig auszuscheiden – sei es infolge von Krankheit, Vertragsauflösung mit Abfindung oder vorzeitigen Ruhestandseintritts.

Bezüglich Impulsen zur Professionalisierung der Personalarbeit findet sich oftmals ein ganzes Bündel von Variablen: Eine gute Ertragslage bietet Möglichkeiten zur Rekrutierung von Personalprofis mit aufgabenbezogenen Budgets und Gestaltungsfreiheit, Ideen aus Verbandsmitwirkung von Geschäftsführung (z. B. BAVC, Tarifkommission) und Betriebsrat (Gewerkschaftsunterstützung, Arbeitskreise) können Anstöße geben, Personaler-Netzwerke werden als der geeignete Ort zum Erfahrungsaustausch angesehen. Mitunter werden Maßnahmen auch direkt aus dem Bedarf der Belegschaften (Kinderferienbetreuung, temporäre Arbeitszeitreduktion bzw. Freistellung wegen Pflegeaufgaben) abgeleitet, sofern sie an die Betriebsräte oder die Geschäftsführungen adressiert werden.

Die Betriebsräte geben, über direkte Gewerkschaftskontakte bei den größeren Fallbetrieben und Betriebsratskontakte zum Großbetrieb in der Nähe hinaus, selten Kooperationen mit weiteren arbeitspolitisch relevanten Akteuren, z. B. kirchlichen Arbeitskreisen, Sozialverbänden oder der örtlichen IHK an. Kooperationen mit BAuA, INQA und/oder dem Demographie-Netzwerk (ddn) sowie mit professionellen Unternehmensberatungen und ebenso zu arbeitgeberverbandlichen oder gewerkschaftlichen Demografieberaterinnen und -beratern spielen dagegen bei befragten Betriebsräten und Managementvertreterinnen und -vertretern so gut wie keine Rolle, zum Teil sind diese Angebote unbekannt.

Maßnahmen, auch und gerade aus dem Gesundheitsbereich, stehen stets unter Finanzierungsvorbehalt und werden bei unbewiesenem Nutzen, nachlassendem Zulauf oder personellen Wechseln in der Personalabteilung oft eingestellt. Das Wissen um Maßnahme-Zyklen bei gleichzeitig meist nur partieller Belegschaftsbeteiligung an einzelnen Sport- oder Gesundheitskursen verhindert auf der Betriebsratsseite allzu große Einsatzbereitschaft. In den kleineren wie mittelgroßen Betrieben ist es eher das Engagement Einzelner, das bestimmten Aktivitäten Schwung verleiht. Auf der Positivseite zeigt sich in den mittelgroßen Betrieben eine hohe Offenheit für Neues, auf der Negativseite hingegen eine bescheidene Verstetigung und nur in Ausnahmefällen eine systematische Verzahnung gesundheitsbezogener Einzelmaßnahmen.

Den Befunden des EBA-Projekts zufolge tragen zu einer aus Sicht befragter Manager und Betriebsräte gelingenden Aushandlung in Bezug auf Gesundheits- und Altersaspekte bei: a) das Bewusstsein, hinsichtlich Arbeitsaufgaben, Qualifikation und Spezialistentum über einen „guten Job" mit maximal hohen Sicherheitsstandards zu verfügen und kaum durch un- und angelernte Arbeitskräfte (bzw. Leiharbeit) ersetzt werden zu können, aber b) auch ein „gutes Betriebsklima" zu haben, welches nicht durch überzogene oder wenig durchdachte Forderungen und Vorschläge gestört werden sollte. Kein Geheimnis ist, dass komplexe Ansätze kleineren Firmen oftmals mehr Probleme bereiten als großen. In den Interviews wurden diesbezüglich u. a. genannt:

- flexible Optionen zur individuellen Wahl des Rentenübertritts und die Umsetzung der Altersteilzeit im Blockmodell, da oft nur ein- oder zweimal Spezialisten-Funktionen im Betrieb vorhanden sind und eine überlappende Einarbeitung von Nachfolgepersonen zu teuer erscheint,
- die Organisation von Arbeitszeitreduzierungen durch Demografie-Tarifverträge (s. o.),
- die Organisation von Maßnahmen und Veranstaltungen des Gesundheitsmanagements für Schichtarbeitende,
- Humanisierungen von Arbeitsplätzen, solange ein bestimmtes Produktionsformat und/oder eine bestimmte Produktionsanlage dies erschwert, aber Investitionen kaum möglich sind,
- das Entwickeln von nichtdiskriminierenden Arbeitsformaten für Leistungsgewandelte und das Managen geordneter, rechtssicherer und wirkungsvoller Prozesse des Betrieblichen Eingliederungsmanagements (vor allem im Bereich psychischer Belastungen),
- das Ausgleichen demografischer Lücken im betrieblichen Altersaufbau infolge wirtschaftlicher Prozesse der Vergangenheit (altershomogene Belegschaften nach z. B. Stellenabbau in Nachwendezeiten) mit der Folge, dass einerseits Innovation mit älteren Belegschaften erreicht werden und gegebenenfalls zumindest selektiv auch Personal zum Weiterarbeiten über das offizielle Rentenalter hinaus motiviert werden muss.

Festzuhalten ist, dass in den betrachteten Betrieben sowohl Phasen des Personalaufbaus (Neueinstellung Jüngerer) wie des -abbaus (durch günstige Ausgestaltung der Altersteilzeit) zur demografischen Gestaltung genutzt werden. Ebenfalls festzuhalten ist diesbezüglich, dass mit Alt-Jung-Kooperationen nicht nur Wissen fließt, sondern auch Wertesozialisationen einhergehen – die manchmal gerade nicht gewünscht sind: So ist etwa die Einschätzung eines Geschäftsführers über einen erst jüngst eingestellten Mitarbeiter, seinem Hoffnungsträger für Veränderung, zu verstehen, der von seinen Kollegen im alten Arbeitsmodus sozialisiert und dadurch „schon weitgehend versaut" worden sei.

Aus der wissenschaftlichen Außenperspektive scheinen insbesondere das Thema qualifizierter Altersstrukturanalysen und der Austausch mit den Beschäftigten über ihre weiteren Lebensentwürfe und innerbetrieblichen Entwicklungspläne (etwa im Rahmen von Jahresgesprächen) von Bedeutung zu sein. Damit wäre herauszufinden, was die jeweilige Person benötigt, um ihren Job bis zur Rente hinreichend gesund, qualifiziert und motiviert (vgl. Tempel und Ilmarinen 2013) ausüben zu können, inklusive des Einleitens entsprechender Maßnahmen (vgl. dazu INQA 2016).

▶ Über regionale, verbandliche und Beratungsnetzwerke können Geschäftsführungen, Personalabteilungen und Betriebsräte Fachwissen und gute Praxisbeispiele zum Alter(n)smanagement erschließen. Bislang geschieht dies in den kleinen und mittleren Unternehmen allerdings eher zufällig und wenig systematisch und hängt vom persönlichen Engagement einzelner Personen in den Betrieben ab.

6.4 Schlussfolgerungen und Empfehlungen

Im Alter(n)smanagement fallen den KMU Schritte zu einer *systematischeren Vorgehensweise* jenseits von Einzelfalllösungen offenbar schwer. Eine gar *professionalisierte Systematik*, die z. B. Gesundheits- und Altersmanagement integrativ konzipiert, ist auch bei den größeren Betrieben im Sample nicht selbstverständlich.[3] Vielmehr scheint trotz bereits spürbarer Auswirkungen des demografischen Wandels wenig Handlungsdruck zu bestehen. In dieser Klarheit unerwartet zeigt sich, dass die Impulse für Maßnahmen für Ältere (wenn sie denn als zielgruppenspezifische Maßnahmen erwogen werden) in der Regel aus konkreten Anlässen, d. h. aus Einzelfällen der Personalarbeit, entstehen, kaum aus der abstrakten gesellschaftlichen Diskussion um Alterung und selten durch (wissenschaftsnahe) Institutionen und deren Impulse. Ihre Angebote und Informationen entfalten Nutzen vor allem dann, wenn Betriebe bereits für demografiebezogenes Handeln aufgeschlossen sind, oder aber, wenn Tarifverträge deren Anwendung vorgeben.

In diesem Zusammenhang ist auf ein arbeitspolitisches Terrain zu verweisen, das im Zuge der Digitalisierung ein neues Gewicht erhält: Die Arbeitszeitpolitik besetzt mit großer Verve den Terminus der Flexibilisierung. Fordern die einen eine Abkehr von aus ihrer Sicht zu starren Arbeitszeitregelungen (Stichworte Wochenarbeitszeit, Ruhezeiten), sehen die anderen im Sinne einer Ausbalancierung notwendige Zugeständnisse an die Zeitsouveränität der Beschäftigten als anzustrebendes Ziel an, damit Pflege- und Betreuungsanforderungen erfüllt werden können. Arbeits- und Lebenszeit als tarif- bzw. arbeitspolitisches Thema auf die Agenda zu setzen, scheint sinnvolle Bearbeitung von zwei veritablen Entwicklungsprozessen der deutschen Arbeitsgesellschaft zu sein: Sowohl Demografie wie Digitalisierung erfordern neue Antworten im Hinblick auf die Organisation von Arbeit. Diese können hier nicht ausgebreitet werden, sollten aber vor dem Hintergrund wissenschaftlicher Erkenntnisse (z. B. Matuschek et al. 2018) rasch Eingang in die Tariflandschaft wie die Betriebe finden.

---

[3] Zur nur unwesentlich besseren Situation in Großbetrieben der Chemischen Industrie, in denen ältere Beschäftigte ebenfalls nur selten Zielgruppe der Fach- und Karriereentwicklung sind, vgl. Debler et al. (2018, S. 61).

Aus den geschilderten Befunden lassen sich drei abschließende Thesen ableiten, die das Marketing demografieorientierter Maßnahmen durch Wissenschaftlerinnen und Wissenschaftler sowie Beraterinnen und Berater (These 1), den Ausbau regionaler Unterstützungsnetzwerke (These 2) und die Weiterentwicklung von Demografietarifverträgen im Sinne eines lebensphasen-kompatiblen betrieblichen Handelns (These 3) adressieren:

These 1: Der Terminus „Alter(n)smanagement" ist weder für die Betriebe noch für die Zielpersonen eine eingeführte und willkommene Kategorie. Möglicherweise sind neue Begrifflichkeiten unter Vermeidung des Terminus „alt" zugkräftiger.

Unsere wie auch andere Studien (Hentze 2010) zeigen, dass das Label „Altersmanagement" und „altersgerecht" kritisch gesehen wird und statt einer (zumindest zugeschriebenen) defizitorientierten Sichtweise auf ältere Beschäftigte eine an deren Kompetenzen orientierte Perspektive gewünscht wird. Solche Aufgaben wurden insbesondere in den Bereichen anleitender, beratender, konzeptionell-planerischer Tätigkeiten verortet. Obgleich die Demografie-Tarifverträge und die in ihnen eröffneten Möglichkeiten wöchentlicher Stundenreduktionen bei vollem Lohnausgleich zur Entlastung älterer Beschäftigter diesem Bedarf entgegenkommen, wurde allseitig auch über die Alternative dazu im Sinne einer generellen Reduktion der Arbeitszeit (etwa im Osten von 40 auf 38 h pro Woche) diskutiert. Aktuell sind Modelle einer flexibilisierten Wochenarbeitszeit und einer reduzierten Ruhezeit zwischen Einsätzen in der arbeitspolitischen Debatte (vgl. WSI-Mitteilungen 1/2018). Damit zeigt sich die enge Verwobenheit von Gesundheits- wie lebensphasenspezifischen Maßnahmen mit der allgemeinen Arbeitszeitpolitik als Kern eines Belastungsthemas, welches bisher unter dem Label des Alters- bzw. Alternsmanagements nur unzureichend erfasst wird. Entgegen dem Trend zu verlängerter Lebensarbeitszeit zeigen sich Belastungen infolge von Arbeitsverdichtung als geradezu kontraindikativer Hinweis auf Grenzen der Belastbarkeit, die vielleicht im Alter sichtbarer werden, aber häufig schon in jüngeren Jahren hervorgerufen werden.

Daher plädieren die Autoren für einerseits diskriminierungsärmere Alternativbegriffe zum Alter(n)smanagement wie „lebenslagen-kompatible" oder „lebensphasen-kompatible Personalentwicklung und Arbeitsgestaltung", die neben altersbezogenen Fragen zugleich auch Vereinbarkeitsaspekte mit Familie, Pflege und ggf. auch Weiterbildungs- und Sabbatical-Phasen sowie Regenerationszeiten miteinschließen und keine Alt-Jung-Spannungslinie beinhalten. Damit derlei Ansätze weder völliger Beliebigkeit anheimfallen noch lediglich Marketingaktionen bleiben, empfehlen wir, Grundmodelle und Mindeststandards u. a. in den Tarifverträgen zu definieren und dabei Betriebsgrößenklassen zu berücksichtigen.

These 2 (Regionale) Unterstützung und Vor-Ort-Beratung in Kombination mit einem Baukasten kleiner Schulungsmodule sind wünschenswert, ein aufwändiges Auditierungsverfahren nicht.

Unterhalb der diffusen und facettenreichen Termini, die auch dem präferierten lebensphasen-kompatiblen Ansatz eigen sind, empfehlen wir, diese Perspektive lediglich als Klammer zu nehmen für bekanntere Handlungsfelder wie Gesundheitsmanagement, Weiterbildung, Arbeits- und Arbeitszeitgestaltung usw. und überschaubare kleine

Weiterbildungsmodule in diesen anzubieten. Wir empfehlen keine anspruchsvollen und i. d. R. von KMU als zu aufwändig empfundenen Auditierungs- und Zertifizierungsverfahren, sondern das Aufsetzen einer additiven Kette kleiner Schulungsmodule durch Verbände für Betriebsräte, aber auch Geschäftsführungen und Personalverantwortliche mit vielen Austauschmöglichkeiten. Diese Schulungen könnten wiederum die Brücke zu den Institutionen BAuA/INQA und ddn herstellen, insbesondere, wenn sie von diesen mit unterstützt würden. In der Folge würde sich vermutlich zeigen, ob eine zusätzliche Vor-Ort-Beratung und Unterstützung nötig und wünschenswert wären – und wie sie auszugestalten wären, um dem Bedarf insbesondere kleinerer und mittlerer Unternehmen zu entsprechen.

Eine solche Vor-Ort-Beratung erfolgt bisher eher zufällig, zumindest in den untersuchten Betrieben eher selten direkt durch den Arbeitgeberverband oder die Gewerkschaft. Was wir vorgefunden haben, war die Mitarbeit Einzelner in Verbandsgremien oder aber Kontakte zu Wirtschafts- oder Betriebsratsgremien vor Ort. Die Beratungs- und Unterstützungsmöglichkeiten für eine lebensphasen-kompatible Arbeitsgestaltung vor Ort scheinen für kleinere und mittlere Betriebe aber eher entwicklungsfähig zu sein. Diese Aufgabe nur an die Verbände zu adressieren, mag in Zeiten des Mitgliederschwunds und zurückgehender Tarifbindung illusorisch sein. Diesbezüglich wäre zu überlegen, ob überbetriebliche Lösungen realisiert werden könnten. Erste Ansätze wären dauerhafte branchenhomogene oder -heterogene, durch Impulse von Fachleuten befeuerte Arbeitskreise zu Personalthemen, die es zum Teil bereits gibt. Weitergehende Institutionalisierungsformen in Richtung korporatistischer Strukturen sind vorstellbar, etwa mittels Arbeitnehmer- und Wirtschaftskammern mit unterschiedlicher Finanzierungsgrundlage (vgl. Hönigsberger 2014). In die Bresche springen könnte auch eine der Qualifizierung von Arbeitskräften wie Betrieben verpflichtete Bundesagentur für Arbeit. Sie könnte – in Ergänzung der Initiativen anderer betriebsrelevanter Akteure wie INQA – ihre Expertise zur Förderung betrieblicher wie individueller Resilienz zur Verfügung stellen und dazu regionalisierte Beratungsdienstleistungen anbieten, die den Bedarfen der vor Ort ansässigen Unternehmen entsprechen.

These 3: Tarifverträge sollten statt eines *„one size fits all"*-Konzeptes Ausgestaltungsmöglichkeiten für unterschiedliche Betriebsklassen und zugleich Automatismen und Eskalationen im Zeitverlauf beinhalten, um eine Dynamik zu initiieren.

Ein direkter Impuls für das betriebliche Alter(n)smanagement geht von obligatorischen demografie- bzw. lebensphasenspezifischen Tarifnormen aus, die eine weitgehend selbstverständliche Performanz der Umsetzung garantieren können – auch wenn, wie im Falle der Altersstrukturanalyse wahrgenommen, immer Spielräume gegeben sind, um z. B. auf Zeit zu spielen. Bei den verhandelbaren Optionen zeigt sich – augenscheinlich ein Größeneffekt – eine Konzentration auf ausgewählte Instrumente, die mit relativ geringem Aufwand in die Aufgabenbereiche von Personalmanagement und Betriebsrat zu integrieren sind. Management wie Betriebsräte vermeiden so eine Überforderung, aber auch etwaige Neiddebatten wegen individualisierter Entscheidungswege.

Will man jedoch spezifische Maßnahmen für Ältere implementieren, dann entlasten dezidierte Regelungen in den Tarifverträgen die Betriebsakteure von Gerechtigkeitsabwägungen und betrieblichen Auseinandersetzungen um die Frage, warum nur eine bestimmte Altersgruppe in den Genuss der Regelung kommen sollte. Aus den angesprochenen Gründen fehlt jedoch der Sprung zu einem systemischen Alter(n)smanagement, das Handlungsfelder wie Gesundheitsförderung, Weiterbildung und Arbeitsgestaltung integrieren würde. Das bestätigt in gewisser Weise die Ergebnisse der schon eingangs zitierten INQA-Studie von 2011 und spricht dafür, Tarifverträge dynamisch und zunächst auch mit der Option minimalistischer Betriebsvereinbarungen aufzusetzen und zugleich im Zeitverlauf weitergehende Schritte anzuschließen, um Lernprozesse und Erfahrungen in Gang zu bringen.

Der abzuleitende Reformbedarf geht also in zwei Richtungen: Die Tarifvertragsparteien müssen über das Portfolio der Regelungen nachdenken, um die in den Betrieben virulenten Herausforderungen zu adressieren. Zudem müssen sie sich Gedanken machen, wie sie aus einer eher statischen Umsetzung eine Dynamisierung und Systematisierung von Maßnahmen bis hin zur Entwicklung eines Alter(n)smanagements anstoßen können. Um tarifliche Regelungen als einen solchen Impuls wahrzunehmen und weiterzuentwickeln, läge es zumindest nahe, die regelmäßige Durchführung qualifizierter Altersstrukturanalysen (bereichsweise) zu regeln, einschließlich ihrer Verknüpfung mit im Regelfall verfügbaren, aber anscheinend nicht allen Seiten immer zugänglichen Krankheits-/Arbeitsunfähigkeits-Daten. Wichtig ist, aus daraus abgeleiteten Prognosen und Szenarien betriebliche Handlungsbedarfe zu identifizieren und Maßnahmen umzusetzen. Dazu bedarf es einer Verständigung der betriebspolitischen Akteure, wie sich abzeichnende Entwicklungen zu werten sind und welche Maßnahmen zur Gegenwehr bzw. zu deren Ausgestaltung geeignet zu sein scheinen. Das kann – wie schon gegenwärtig in Teilen (sanktionsbewehrte) Praxis – im Rückgriff auf tarifpolitische Vereinbarungen der Verbände und Gewerkschaften geschehen; umgekehrt wird es aber auch wichtig sein, die besondere Lage der KMU in diesen Regelwerken stärker als bisher zu berücksichtigen.

Literatur

Bellmann, L., Brandl, S., Dummert, S., Guggemos, P., Leber, U. & Matuschek, I. (2018): Altern in Betrieb. Alterung und Alter(n)smanagement in kleineren und mittleren Unternehmen – vom Einzelfall zur professionalisierten Systematik. Study 393 der Hans-Böckler-Stiftung. Düsseldorf.

Brandl, S., Guggemos, P. & Matuschek, I. (2018): Vom Einzelfall zum systematischen Alter(n)smanagement in KMU. In: *WSI-Mitteilungen,* 71(1), 51–58.

Bröker, A. H. (2017): Wirksamkeiten und Ergänzungspotenziale von kombinierter Gesundheits- und Beschäftigungsförderung. Münster: Lit-Verlag.

Debler, C., Leunig, C., Osterwald, J. & Schlegel, U. (2018): Karriere 50plus – neue Perspektiven schaffen. Erste Ergebnisse einer qualitativen Branchenerhebung. In: *WSI-Mitteilungen,* 71(1), 59–65.

Hentze, H. & Seniorenvertretung Münster (2010): „Ich gehe jetzt – in eine neue Zukunft!", Online unter: https://www.fh-muenster.de/wirtschaft/.../hentze/Endfassung_Bericht.pdf.

Hönigsberger, H. (2014): Strategie für die Einführung einer Arbeitskammer in Brandenburg. Konzeptions- und Kommunikationsstudie. Arbeitspapier der Hans-Böckler-Stiftung (300). Düsseldorf.

INQA – Initiative Neue Qualität der Arbeit (Hrsg.) (2016): Kompetenz gewinnt. Wie wir Arbeits-, Wettbewerbs- und Veränderungsfähigkeit fördern können. Drittes Memorandum. INQA Geschäftsstelle c/o Bundesanstalt für Arbeitsschutz und Arbeitsmedizin. Berlin. Bearbeiterin: Gräske, Ute.

INQA – Initiative Neue Qualität der Arbeit (Hrsg.) (2011): Altersdifferenzierte und alternsgerechte Betriebs- und Tarifpolitik. Eine Bestandsaufnahme betriebspolitischer und tarifvertraglicher Maßnahmen zur Sicherung der Beschäftigungsfähigkeit. Bearbeiter: Freidank, Johannes; Grabbe, Johannes; Kädtler, Jürgen; Tullius, Knut. Dortmund.

Kistler, E. (2008): „Alternsgerechte Erwerbsarbeit". Ein Überblick über den Stand von Wissenschaft und Praxis. Forschungsmonitoring 7, Hans-Böckler-Stiftung. Düsseldorf.

Matuschek, I., Kleemann, F. & Haipeter, T.: (2018): Industrie 4.0 und die Arbeitsdispositionen der Beschäftigten – Zum Stellenwert der Arbeitenden im Prozess der Digitalisierung. Düsseldorf: FGW. Online unter: http://www.fgw-nrw.de/publikationen/publikationen-des-fgw/publikationen-des-fgw-studien/news/industrie-40-und-die-arbeitsdispositionen-der-beschaeftigten-zum-stellenwert-der-arbeitenden-im-pr.html [15.03.2019].

Tempel, J. & Ilmarinen, J. (2013): Arbeitsleben 2025. Das Haus der Arbeitsfähigkeit im Unternehmen bauen. Hrsg. von Marianne Giesert. Hamburg: VSA-Verlag.

Wellensiek, S. K. & Kleinschmidt, C. (2013): Resilienzförderung in Zeiten ständigen Wandels. Resilienz für Mitarbeiter, Führungskräfte und Unternehmen. Weinheim: Beltz-Verlag.

WSI-Mitteilungen 1/2018: Schwerpunktheft zum Thema „Altern im Betrieb".

Personalmanagement in den Arbeitswelten der Zukunft: 4.0 oder Adieu?

Paulina Jedrzejczyk

Inhaltsverzeichnis

7.1	Einführung	138
7.2	Personalmanagement in Unternehmen	139
7.3	Demokratisierung in Unternehmen	141
7.4	Einfluss der Demokratisierung auf das Personalmanagement	145
	7.4.1 Einfluss der Demokratisierung auf die Rollen der Personalabteilung	145
	7.4.2 Einfluss der Demokratisierung auf die Personalmanagementfunktionen	146
	7.4.3 Kritische Reflexion	151
7.5	Personalmanagement der Zukunft ohne die Personalabteilung: Personaler adieu?	153
Literatur		155

Zusammenfassung

Demokratisierung der Unternehmen verstanden als eine Veränderung der Führungs- und Organisationsprinzipien mit dem Ziel, allen Beschäftigten mehr Einfluss auf die eigene Arbeit und auf das Unternehmen zu gewähren, kann als eine Antwort auf die aktuellen gesellschaftlichen Megatrends gedeutet werden. Demokratisierung verändert die Arbeitsorganisation, Arbeitsgestaltung und Arbeitsformen. Es ist zu erwarten, dass auch die Rolle des Personalmanagements und die einzelnen Personalmanagementfunktionen von diesen Entwicklungen tangiert werden. Demokratische Unternehmen kommen häufig ohne Personalabteilung aus und werden dessen ungeachtet von ihren motivierten Beschäftigten als attraktive Arbeitgeber beurteilt. Eine theoretische Analyse dieses Phänomens fördert spannende Erkenntnisse zutage. Auch ohne die Personalabteilung sind demokratische Unternehmen besonders erfolgreich darin, Lösungen im

P. Jedrzejczyk (✉)
Hochschule der Bundesagentur für Arbeit, Mannheim, Deutschland
E-Mail: paulina.jedrzejczyk@arbeitsagentur.de

Personalmanagement umzusetzen, welche in herkömmlichen Organisationen bereits seit Jahren gefordert werden. Vor allem gelingt es ihnen, eine motivierende Arbeitsumgebung zu schaffen, in welcher Vertrauen und Wertschätzung eine wichtige Rolle spielen und Beschäftigte ihre Potenziale entfalten können. Diverse Instrumente der Personalarbeit verlieren dadurch als Motivations- und Kontrollmittel an Bedeutung. Blickt man aus dieser Perspektive auf das Personalmanagement in herkömmlichen Unternehmen erscheint hier die Personalabteilung, zugespitzt formuliert, als Troubleshooter oder Lückenbüßer, welcher Probleme grundsätzlicher Art zu kitten versucht, die an anderen Stellen in Organisationen gelöst werden müssten.

Schlüsselwörter
Demokratisierung · Personalmanagement · Rollen der Personalabteilung · Personalmanagementfunktionen · Experimentierräume

7.1 Einführung

In der durch Globalisierung, Digitalisierung, Individualisierung geprägten VUCA-Welt[1] stoßen traditionelle Organisationsstrukturen und Führungsprinzipen immer häufiger an ihre Grenzen, weil zunehmend Beweglichkeit, Flexibilität, Vernetzung und Schnelligkeit gefragt sind. Bei der Bewältigung komplexer, dynamischer Probleme müssen Beschäftigte die Freiheit haben, Probleme eigenständig zu lösen. Um die Übertragung der Verantwortung von der Unternehmensspitze auf untere Hierarchieebenen zu ermöglichen und die Eigeninitiative und das Engagement der Mitarbeiter zu fördern, benötigen Unternehmen neue Lösungen (Jedrzejczyk 2019).

Demokratisierung, welche mit einer stärkeren Beteiligung der Beschäftigten an (Management-)Entscheidungen sowie am Unternehmenserfolg einhergeht (Welpe et al. 2015, S. 80), stellt eine mögliche Antwort der Unternehmen auf die gesellschaftlichen Megatrends und die damit verbundenen Herausforderungen der modernen Märkte dar.

Die geschilderten Entwicklungen haben Einfluss auf die Arbeitsorganisation, Arbeitsgestaltung, Arbeitsformen. Sie tangieren verschiedene Bereiche des Unternehmens: die Produktion, das Marketing, die Finanzen, das Controlling. In dem vorliegenden Beitrag steht die Zukunft des Personalmanagements im Mittelpunkt des Interesses. Es soll herausgearbeitet werden, wie die Rolle von HR (Human Resources) und die einzelnen Personalmanagementfunktionen in der Arbeitswelt der Zukunft aussehen könnten, wenn sich Demokratisierungstendenzen in Unternehmen durchsetzen.

Die größte Herausforderung für Personaler besteht darin zu akzeptieren, dass die Eintrittskarte in die Arbeitswelt der Zukunft – agil, demokratisch, digital – nicht gesichert ist. Der aus diesen Überlegungen resultierende Gedanke, dass sich das Personalmanagement neu positionieren müsse, um dabei zu sein, ist nicht neu. Kaum wurde die Umstellung des traditionellen Personalwesens auf das HR-Business-Partner-Modell als ein erklärtes Ziel

---

[1] VUCA ist ein Akronym für die englischen Begriffe volatility, uncertainty, complexity, ambiguity respektive Volatilität/Unbeständigkeit, Unsicherheit, Komplexität, Mehrdeutigkeit.

festgelegt (Ulrich 1997, 2013), hagelt es seit Jahren wieder neue Ideen, Ansätze, Modelle. Auf der einen Seite gibt es Überlegungen, wie sich HR neu erfinden kann: „Reinventing HR" ist in aller Munde mit Konzepten wie Personalmanagement 4.0, transformationales HRM, agiles HRM oder HR-Netzwerkorganisation (McCord 2014; John 2008; Lang 2019; Bösch und Mölleney 2018). Auf der anderen Seite gibt es Ideen, das Personalmanagement als Unternehmensfunktion ganz abzuschaffen, welche in medienwirksamen Aufrufen wie „Kill HR!" oder „Jeder ist HR!" auf den Punkt gebracht werden (Fischer 2017). Es bleibt offenkundig keine Zeit, sich in der Welt von Ulrich auszuruhen. Die Reise geht nämlich weiter, und zwei Fragen beschäftigen Personaler in diesem Zusammenhang besonders intensiv: „Wohin?" und „Kommen wir mit?".

Folgende Fragen werden aus den obigen Ausführungen abgeleitet und stehen im Mittelpunkt des vorliegenden Beitrags:

- Wie beeinflusst die Demokratisierung die Rollen des Personalmanagements?
- Wie verändert die Demokratisierung die einzelnen Personalmanagementfunktionen?
- Welche Implikationen können vor dem Hintergrund dieser Entwicklungen für Akteure der Personalarbeit abgeleitet werden?

Um diese Fragen zu beantworten, sollen zunächst die Funktionen und Rollen des Personalmanagements sowie die Organisations- und Führungsprinzipien in demokratischen Unternehmen analysiert werden.

▶ Demokratisierung in Unternehmen als Antwort auf die Megatrends und eine Überlebensstrategie in der VUCA-Welt.

7.2 Personalmanagement in Unternehmen

Personalmanagement als ein Teilbereich der Betriebswirtschaftslehre beschäftigt sich mit dem in Unternehmen angestellten Personal und umfasst vielfältige Aufgaben, welche von administrativen und verwaltungsdominierten bis zu wertschöpfungsorientierten, strategischen Themen reichen. Als die klassischen Bereiche des Personalmanagements werden die in Tab. 7.1 beschriebenen Funktionen angesehen (Bartscher und Nissen 2017, S. 18 ff.).

Die Vorstellung, dass Personalmanagement neben rein administrativen Aufgaben einen erkennbaren Beitrag zur Wertschöpfung des Unternehmens und damit zum Unternehmenserfolg leisten muss, wurde seit den 1990er-Jahren von Dave Ulrich propagiert (Ulrich 1997, 2013). Der Autor sieht für die Personalabteilung in diesem Zusammenhang vier Rollen vor, welche in der Abb. 7.1 beschrieben werden.[2]

---

[2] Das Modell wurde zu einem neuen 2016 HR-Competency Model mit neun Rollen für HR weiterentwickelt (Ulrich et al. 2015), hat sich aber bisher in der Literatur nicht durchgesetzt (Bartscher und Nissen 2017, S. 30).

Tab. 7.1 Klassische Funktionen des Personalmanagements (vgl. Stock-Homburg 2013; Fröhlich und Holländer 2004; Holtbrügge 2018; Bartscher und Nissen 2017)

Funktion	Beschreibung
Personalbedarfsplanung	Maßnahmen zur Ermittlung des derzeitigen und zukünftigen qualitativen und quantitativen Bedarfs an Beschäftigten einer Organisation.
Personalbeschaffung	Der gesamte Prozess, der die Beseitigung von personeller Unterdeckung nach Anzahl (quantitativ), Art (qualitativ), Zeitpunkt und Dauer (zeitlich) sowie Einsatzort (örtlich) zum Ziel hat. Dies umfasst Maßnahmen der Personalakquise und der Personalauswahl.
Personaleinsatz	Die Zuordnung von Personen zu den zu erfüllenden Aufgaben, welche die Gestaltung des Arbeitsinhalts, des Arbeitsplatzes und der Arbeitszeit umfasst.
Personalentwicklung	Maßnahmen zur Vermittlung von Qualifikationen, welche die Leistungen von Beschäftigten steigern sowie Maßnahmen, welche die berufliche Entwicklung von Beschäftigten unterstützen. Dies umfasst Ausbildung, Fortbildung, Weiterbildung und Förderung.
Performanzmanagement	Maßnahmen zur Beeinflussung der Leistungserbringung der Beschäftigten durch Führungskräfte. Dies umfasst zum einen Zielvereinbarung, Leistungsmessung/-kontrolle, Feedback, Ausgestaltung der Belohnungssysteme, zum anderen Themen wie Job Design, Ressourcenmanagement und Prozessoptimierung.
Personalvergütung	Maßnahmen zur Gestaltung materieller Anreize, welche Unternehmen ihren Beschäftigten als Ausgleich für die geleistete Arbeit gewähren. Dies umfasst Entscheidungen in Bezug auf Kriterien der Entgeltdifferenzierung, die Entgeltform, -höhe und -komponenten.
Personalfreisetzung	Alle Maßnahmen, mit und ohne Personalabbau, mit denen eine personelle Überdeckung in quantitativer, qualitativer, örtlicher und zeitlicher Hinsicht abgebaut wird.

Strategischer Fokus

	Strategischer Partner	Change Agent	
Prozesse	Partner für die Geschäftsführung und Führungskräfte bei der Strategieumsetzung. Ableitung der Personalstrategie aus der Strategie des Unternehmens und deren Umsetzung. Strategisches HRM.	Verbesserung der Wandlungsfähigkeit des Unternehmens. Förderung der Wandlungsfähigkeit und -bereitschaft der Beschäftigten.	Mitarbeiter
	Administrativer Experte	Employee Champion	
	Unterstützung aller Akteure durch effiziente Administrations- und Serviceprozesse. Standardisierung und fortlaufende Optimierung der HR-Prozesse.	Ansprechpartner für Beschäftigte. Vertretung der Anliegen der Beschäftigten gegenüber der Geschäftsführung. Gewinnung, Motivation, Bindung der Beschäftigten - Steigerung deren Leistungsfähigkeit und Commitment.	

Operativer Fokus

Abb. 7.1 Rollen der Personalabteilung nach Ulrich (1997, 2013) (eigene Darstellung in Anlehnung an Ulrich 1997, 2013; Bartscher und Nissen 2017)

Um einen Wertschöpfungsbeitrag leisten zu können, muss die Personalabteilung neben den operativen Aufgaben ebenfalls strategische Themen wie Employer Branding, Change Management oder Wissensmanagement im Fokus haben. Ferner ist es wichtig, dass sie den Anliegen der Mitarbeiter Aufmerksamkeit schenkt, ohne die Effizienz der Prozesse aus den Augen zu verlieren. In dem Modell werden die wichtigsten, zum Teil widersprüchlichen Anforderungen an die HR verdeutlicht.

Die theoretischen Überlegungen wurden vor allem von großen Unternehmen aufgegriffen. Die Personalarbeit wurde neu definiert und in dem Drei-Säulen-Modell organisiert. Dieses umfasst folgende Verantwortungsbereiche (Bartscher und Nissen 2017, S. 295):

- Business-Partner verantwortet die Unterstützung im Tagesgeschäft und die strategische Beratung der Führungskräfte.
- Kompetenz-Center bietet strategisch-beratende Dienstleistung zu verschiedenen Themen sowie Konzeption und Umsetzung moderner Personalprozesse an.
- Service-Center verantwortet die Abwicklung administrativer Routinetätigkeiten.

Die Überlegungen von Ulrich wurden in der wissenschaftlichen Community rezipiert und werden bis heute intensiv diskutiert (Schrank 2015; Anderson und von Rohrscheidt 2018). Die Umsetzung der Ideen in die Unternehmenspraxis erweist sich jedoch als ein langsamer und schwieriger Prozess.[3] In kleineren Unternehmen gibt es häufig keine Personalabteilung, und die Personalarbeit wird von der Geschäftsführung abgewickelt (Immerschitt und Stumpf 2014, S. 25 ff.). Personaler in mittleren und in großen Unternehmen werden immer noch viel zu selten an den strategischen Entscheidungen der Unternehmen beteiligt (exemplarisch Reuter 2014, S. 3; Bartscher und Nissen 2017, S. 30 f.).

7.3 Demokratisierung in Unternehmen

In den aktuellen Diskussionen bezüglich der Veränderungen der Organisations- und Führungsprinzipien bedienen sich die Autoren verschiedener Begriffe wie „agil", „demokratisch", „evolutionär" (Gloger und Margetich 2014; Sattelberger et al. 2015; Laloux 2015).

Um agil, also schnell, flexibel, anpassungsfähig und dynamisch, zu sein, benötigen Organisationen Mitarbeitende, die geistig aktiv sind und im Austausch miteinander neue Ideen entwickeln, um die Bedürfnisse der Kunden besser zu befriedigen (Gloger und Margetich 2014, S. 10). Dies kann gelingen, wenn die Arbeitsbedingungen entsprechend gestaltet sind. In diesem Zusammenhang spielen Delegation von Verantwortung und Entscheidungsfreiheit sowie eine Arbeitsumgebung, die menschengerecht, d. h. kreativ, anregend und sozial ist, eine entscheidende Rolle (Gloger und Margetich 2014). Da Demokratisierung in Unternehmen mit der Umsetzung dieser Ideen einhergeht, kann sie als

---

[3] Zur Kritik an dem Modell aus dem Blickwinkel der Praxis exemplarisch Scharff 2015.

ein wichtiger Schritt in Richtung einer agilen Organisation betrachtet werden (Grund 2015, S. 168).

▶ Demokratisierung wird als eine Voraussetzung für Agilität gesehen. Selbstführung, Ganzheit und evolutionärer Sinn dienen als Dimensionen der Demokratisierung.

Das Thema Demokratisierung erlangte in Deutschland eine besondere Aufmerksamkeit, vor allem durch die Arbeiten von Sattelberger, Welpe und Boes (Sattelberger et al. 2015). Die Autoren sprechen in diesem Zusammenhang von demokratischen Unternehmen und beschreiben das Konzept anhand der Dimensionen Führung, Souveränität, Chancengleichheit sowie das gesunde Unternehmen. Die Ausführungen in dem vorliegenden Beitrag basieren hauptsächlich auf den Arbeiten von Laloux (2015, 2017), welche sowohl in der wissenschaftlichen Community als auch unter den Praktikern eine große Resonanz erfahren haben. Laloux beschreibt die Prozesse der Demokratisierung in Unternehmen unter Bezugnahme auf drei Dimensionen: die Selbstführung, die Ganzheit und den evolutionären Sinn (Laloux 2015, S. 54–55). Diese Dimensionen haben einen Einfluss auf Organisations- und Führungsprinzipien. Demokratisierungsprozesse kommen beispielsweise zum Ausdruck in konkreten Lösungen in Bezug auf Koordination, Entscheidungsfindung, Leistungsmanagement, Strategie. Sie führen zur Entstehung einer Organisationsform, welche Laloux als „evolutionäre Organisation" bezeichnet (vgl. Abb. 7.2).

Eine theoretische Abgrenzung zwischen den beiden Konzepten demokratisch im Sinne Sattelbergers versus evolutionär im Sinne von Laloux ist durchaus sinnvoll. Der Vergleich legt beispielsweise die Schlussfolgerung nahe, dass, gemessen an den Dimensionen der Demokratisierung, Grad der Einflussnahme und Frequenz der Ausübung (Welpe et al. 2015, S. 80–81), evolutionäre Organisationen potenziell einen höheren Grad der Demokratisierung erreichen können. Bei der Untersuchung konkreter Fallbeispiele verliert diese Abgrenzung jedoch an Bedeutung, weil die Veränderungen der Organisations- und Führungsprinzipien in Unternehmen sowohl anhand der Dimensionen des demokratischen Unternehmens im Sinne von Sattelberger als auch anhand der Dimensionen der evolutionären Organisation im Sinne von Laloux analysiert werden können (Jedrzejczyk 2019).

▶ Die Abgrenzung zwischen den evolutionären und den demokratischen Organisationen verliert in der Praxis an Bedeutung.

Die Begriffe evolutionär und demokratisch werden in dem vorliegenden Beitrag folglich synonym verwendet.

▶ Selbstführung, Ganzheit, evolutionärer Sinn werden in vielen Organisationen erfolgreich umgesetzt.

Prinzipien evolutionärer Organisationen	Praktiken und Prozesse evolutionärer Organisationen (Beispiele)
Selbstführung Evolutionäre Organisationen haben herausgefunden, wie sie ihre Strukturen von hierarchischen, bürokratischen Pyramiden hin zu wirkungsvollen und fluiden Systemen verteilter Autorität und kollektiver Intelligenz verändern. Vertrauen in Kollegen ist die Grundhaltung. Die Beziehungen beruhen auf der Annahme einer positiven Absicht. Jeder hat die volle Verantwortung für die Organisation. Jeder hat die Pflicht, Sachen anzusprechen, die seiner Meinung nach verändert werden sollten.	**Organisationsstruktur** Selbstorganisierte Teams statt Pyramide. **Koordination** Keine festgelegten Besprechungen der Leitungsteams, sondern spontane Koordination und Besprechungen bei Bedarf. **Weiterbildung** Persönliche Freiheit und Verantwortung für die Weiterbildung. **Neueinstellung** Bewerbungsgespräche mit Kollegen und nicht mit der Personalabteilung.
Ganzheit Evolutionäre Organisationen haben Praktiken entwickelt, durch die Menschen ihre professionellen Masken abnehmen, ihre Ganzheit wiedererlangen und ihr ganzes Selbst in die Arbeit einbringen können. Sichere und fürsorgliche Arbeitsumgebung: Besonderer Wert haben Stimmungen: Liebe, Fürsorge, Anerkennung, Dankbarkeit, Neugier, Spaß und Verspieltheit. Alle Teile des Menschen werden gewürdigt: die kognitiven, körperlichen, emotionalen und spirituellen Aspekte, das Rationale und das Intuitive, das Weibliche und das Männliche. Fehler werden offen diskutiert, um aus ihnen zu lernen. Feedback ist ein Geschenk, damit Menschen wachsen können.	**Entscheidungsfindung** Entscheidungen werden nicht oben in der Pyramide, sondern dezentralisiert basierend auf einem Beratungsprozess (kollektive Intelligenz) getroffen. **Flexibilität/Zeitverpflichtung** Ehrliche Gespräche über individuelle Zeitverpflichtungen im Arbeits- und Privatleben. Große Flexibilität bei Arbeitsstunden. Vereinbarungen müssen eingehalten werden. **Leistungsmanagement** Fokus auf Teamleistung. Individuelle Beurteilung durch kollegiale Prozesse. Beurteilungsgespräche als persönliche Erforschung der Lernmöglichkeiten. **Vergütung** Nicht vom Vorgesetzten, selbst festgelegt, Abgleich unter Kollegen, gleicher Gewinnanteil.
Evolutionärer Sinn Evolutionäre Organisationen werden als Entitäten gesehen, die ein Eigenleben haben. Statt die Zukunft vorherzusagen und zu kontrollieren, werden die Mitglieder der Organisation ermutigt, zu horchen und zu überlegen, in welche Richtung sich die Organisation entwickeln will. Die Beschäftigten werden dazu ermutigt, über ihr persönliches Gefühl von Berufung zu reflektieren und darüber, wie diese Berufung mit dem Sinn der Organisation in Resonanz ist. Spüren und Antworten statt Vorhersagen und Kontrollieren.	**Konflikte** Ausbildung im Umgang mit Konflikten. Mehrstufige Prozesse der Konfliktlösung **Informationsfluss** Alle Informationen inklusive Finanzen und Vergütung in Echtzeit allen zugänglich. Informationsteilung statt Geheimhaltung. **Strategie/Veränderung** Die Strategie entsteht organisch aus der kollektiven Intelligenz der selbstführenden Beschäftigten, ständige Anpassung von innen. Change Management ist kein relevantes Thema.

Abb. 7.2 Prinzipien, Praktiken und Prozesse evolutionärer Organisationen (eigene Darstellung in Anlehnung an Laloux 2015, S. 318–322, vgl. auch Jedrzejczyk 2019)

Die unten aufgeführten Fallbeispiele bieten einen Einblick, wie die in der Abb. 7.2 dargestellten Prinzipien in der Praxis ausgewählter Unternehmen umgesetzt werden:

Selbstführung
Bei Buurtzorg, einem holländischen Pflegeunternehmen mit 10.000 Beschäftigten, arbeiten die Pflegekräfte in selbstführenden Teams von zehn bis zwölf Personen ohne Manager oder Teamleiter. Die Managementaufgaben werden von Teamkollegen übernommen (z. B. sie analysieren Anforderungen, setzen Prioritäten, bewerten die Arbeitsleistung). Bei Problemen mit der Selbstführung kann das Team einen Berater um Unterstützung

bitten, welcher jedoch keine Weisungsbefugnisse über das Team hat. Es werden generell nur wenige Vorgaben von oben gemacht (Laloux 2015, S. 65).

Bei dem stromproduzierenden Unternehmen AES können anstehende Entscheidungen von allen Beschäftigten getroffen werden. Die Entscheider sind jedoch dazu verpflichtet, einen Beratungsprozess einzuhalten: Es muss ein Rat aus dem Kollegium geholt werden. Alle, die sich mit dem Thema auskennen und die von dieser Entscheidung betroffen sind, müssen um Rat gefragt werden. Nach einer sorgfältigen Abwägung der Vor- und Nachteile wird der Entscheider die Option wählen, die er für die beste hält (Laloux 2017, S. 68 ff.).

Bei FAVI, einem Automobilzulieferer aus Frankreich, herrscht Transparenz bezüglich der Bestellzahlen und der Konkurrenz auf dem Markt: „Die Arbeiter (…) wissen, dass wenn sie den Ball fallen lassen, dann werden ihn chinesische Mitbewerber gerne aufnehmen. Die Realität ist eine wirksamere Motivation als jede Hierarchie." (Laloux 2017, S. 77). Gibt es Leistungsabweichungen, wird sich darauf verlassen, dass die Beschäftigten nach einer Lösung suchen werden.

Ganzheit

Damit die Mitarbeiter die professionellen Masken abnehmen und ihre Ganzheit leben können, werden bei Heiligenfeld, einem Unternehmen mit mehr als 800 Mitarbeitenden, welches psychosomatische Kliniken betreibt, Räume zur Reflexion bereitgestellt. Beispielsweise hat jeder die Möglichkeit, individuelle Coaching-Sitzungen zu buchen. Zudem können sich alle Teams mehrmals im Jahr Zeit nehmen, um mit einem externen Berater Spannungen zu besprechen.[4]

Einer konstruktiven Konfliktlösung wird eine besonders große Rolle beigemessen. Bei Sound True, einem Medienunternehmen mit 90 Beschäftigten, werden alle Beschäftigten in Konflikthandhabung geschult. Sie erlernen dabei unter anderem einen dreistufigen Prozess für schwierige Gespräche mit Kollegen: „So fühle ich mich", „Das brauche ich", „Was brauchst Du?" (Laloux 2017, S. 81 ff.).

Evolutionärer Sinn

Der evolutionäre Sinn der Organisationen kommt beispielsweise zum Ausdruck bei der Frage, wie mit den Themen Strategieplanung oder Change Management umgegangen wird. Die Strategie entsteht nicht in Planungsrunden von Managern, sondern organisch, wenn Menschen mit Ideen und neuen Lösungen experimentieren (Laloux 2015, S. 208, 2017, S. 119 ff.). Teams bei Buurtzorg, die eine neue Idee haben und diese gerne in der gesamten Organisation umsetzen würden, werden gebeten, eine kurze prägnante Geschichte über ihre Idee zu verfassen und sie im internen sozialen Netzwerk zu veröffentlichen. Es wird dann geschaut, wie die anderen Teams diese Idee finden und ob sie bereit sind, sie umzusetzen (Laloux 2017, S. 121 ff.).

Obige Ausführungen sollen verdeutlichen, dass es sich bei den demokratischen Praktiken, Prinzipien und Prozessen um keine theoretischen Konzepte handelt, welche erst

---

[4] Siehe zum Thema Ganzheitlichkeit als Erfordernis in Fragen der Arbeitsqualität auch den Beitrag von Conrads, Guggemos und Klevenow in diesem Sammelband.

erprobt werden müssen. Wie die Beispiele zeigen, wurden diese Ideen bereits in verschiedenen Unternehmen unterschiedlicher Branchen erfolgreich umgesetzt.[5]

7.4 Einfluss der Demokratisierung auf das Personalmanagement

7.4.1 Einfluss der Demokratisierung auf die Rollen der Personalabteilung

▶ Die Rollen strategischer Partner, Change Agent und Employee Champion, verlieren in demokratischen Unternehmen an Bedeutung.

Die Analyse des Modells von Ulrich im Kontext evolutionärer Unternehmen führt zur Erkenntnis, dass die vom Autor beschriebenen Rollen in demokratischen Organisationsstrukturen ihre Daseinsberechtigung einbüßen. Wenn es aufgrund der dargestellten veränderten Anforderungen in der Arbeitswelt der Zukunft keine Führungskräfte mehr gibt und die Strategie organisch aus kollektiver Intelligenz der selbstführenden Beschäftigten entsteht (Laloux 2017, S. 321), braucht die Organisation keinen strategischen Partner mehr. Wenn Veränderungen nicht erzwungen werden müssen, weil Menschen die Freiheit haben, auf emergente Entwicklungen auf den Märkten kreativ zu reagieren, sind Instrumente zur Verbesserung der Wandlungsfähigkeit des Unternehmens und damit auch die Rolle des Change Agents überflüssig. Da evolutionäre Organisationen ohne Hierarchie auskommen, die Wertschätzung aller Beschäftigten als einen Grundbaustein der Zusammenarbeit verstehen und die Leistungsbereitschaft der Mitarbeitenden durch motivierende Arbeitsbedingungen fördern (Laloux 2017, S. 55 ff.), besteht ebenfalls keine Notwendigkeit, einen Anwalt der Beschäftigten, wie der Employee Champion genannt wird, der für die Motivation und Bindung der Mitarbeiter sorgen soll (Bartscher und Nissen 2017, S. 29), zu beschäftigen. Paradoxerweise – im Hinblick auf die historische Entwicklung der Personalarbeit (Wunderer und von Arx 1998) – verliert die Personalabteilung in demokratischen Unternehmen alle modernen Rollen, welche sie sich in den letzten Jahren erkämpft hat. Die verbleibende Rolle des administrativen Experten, welcher vor allem die Organisation und Implementierung der operativen Personalarbeit verantwortet und darüber hinaus durch Standardisierung der Prozesse zur Effizienz der Abläufe beitragen soll, ist zwar in den evolutionären Organisationen zu erkennen, wird allerdings anders umgesetzt.

▶ Reduktion und Dezentralisierung von unterstützenden Funktionen

In den von Laloux beschriebenen evolutionären Organisationen wird die Meinung vertreten, dass Standardisierung zur Entstehung zahlreicher Regeln und Normen führt, welche

---

[5] Die Beschreibung weiterer Unternehmensbeispiele wie FAVI, Patagonia, Sun Hydraulics, ESBZ, Morning Star, Partake GmbH, nextU GmbH, Liip findet sich bei Laloux (2015, 2017) und Sattelberger et al. (2015).

prinzipiell sinnvoll sind, jedoch die Komplexität der konkreten Situationen im operativen Geschäft nicht widerspiegeln können. Die Vorteile einer möglichen Effizienzsteigerung werden durch Motivationseinbußen nivelliert. Bei den Beschäftigten sinkt die Motivation, weil sie sich mit Regeln der zentralen Bereiche auseinandersetzen müssen und wenig Macht haben, in konkreten Situationen angemessen zu reagieren. Generell wird jegliche Bündelung und Zentralisierung von Wissen und Expertenmacht kritisch betrachtet. Bei den Expertinnen und Experten in der Zentrale wird die Tendenz vermutet, ihre Bedeutung und Macht in der Organisation dadurch zu steigern, dass sie Regeln und Abläufe entwickeln und neue Probleme finden, welche gelöst werden müssen (Laloux 2015, S. 70–71).

Um diesen Tendenzen entgegenzuwirken, werden alle Aufgabenbereiche, die in herkömmlichen Unternehmen neben dem Vorstand zur Zentrale der Organisation gehören, wie beispielsweise Qualitätskontrolle, Finanzabteilung, strategische Planung, Wissensmanagement, auf ihre Kernaufgaben – die Unterstützung für den wertschöpfenden Bereich – reduziert und dezentralisiert. Das bedeutet, dass sie hauptsächlich beratende oder organisatorische Aufgaben übernehmen und keine Entscheidungsbefugnisse gegenüber anderen Bereichen besitzen (Laloux 2015, S. 70 ff.).

▶ Keine Personalabteilung in evolutionären Organisationen

Diese Überlegungen betreffen gleichermaßen die Personalarbeit. Sowohl die administrativen Aufgaben der Personalabteilung als auch alle weiteren Funktionen des Personalmanagements werden in evolutionären Organisationen von den Beschäftigten selbst oder von den Teams übernommen. Fragestellungen, die eine größere Expertise oder genauere Untersuchung benötigen (z. B. arbeitsrechtliche Angelegenheiten), werden von freiwilligen Arbeitsgruppen bearbeitet. In diesen Gruppen finden sich spontan Beschäftigte zusammen, die Interesse am Thema haben und das benötigte Know-how mitbringen. Folgerichtig gibt es in den evolutionären Organisationen keine Personalabteilung (Laloux 2015, S. 70 ff.).

7.4.2 Einfluss der Demokratisierung auf die Personalmanagementfunktionen

Die Frage, wie Personalmanagementfunktionen in demokratischen Unternehmen ohne die Personalabteilung ausgerichtet und umgesetzt werden, steht im Mittelpunkt folgender Ausführungen.

Personalbedarfsplanung und Personalbeschaffung
In evolutionären Organisationen wird davon ausgegangen, dass Planung in einer komplexen, unsicheren, volatilen Welt keine Relevanz hat. Statt auf Vorhersagen und Kontrollen wird sich auf die agile Entscheidungslogik verlassen, nach welcher praktikable Lösungen gesucht, ausprobiert und gegebenenfalls wieder angepasst werden sollen (Laloux 2015,

S. 212). Der Personalbedarfsplanung wird folglich keine große Bedeutung beigemessen. Aus der Sicht der aktuellen Personalmanagement-Forschung, welche die Relevanz dieses Schrittes hervorhebt (Stock-Homburg 2013, S. 97), ist dies kritisch zu betrachten.

▶ Im Personalbeschaffungsprozess wird viel Wert auf Ehrlichkeit gelegt.

Die Entscheidung, eine neue Mitarbeiterin oder einen neuen Mitarbeiter einzustellen, wird von einem Team oder einer Person auf der Grundlage eines Beratungsprozesses getroffen. Da evolutionäre Organisationen häufig einen guten Ruf als Arbeitgeber genießen, haben sie durch Goodwill und Mund-zu-Mund-Werbung keine Schwierigkeiten, Beschäftigte zu gewinnen (vgl. exemplarisch Krinninger 2019). Die Einstellungsinterviews werden von Kollegen geführt, die keine professionellen Instrumente der Personalauswahl nutzen, sondern im Gespräch herausfinden wollen, ob sie mit dem Bewerber arbeiten möchten und ob die Wertvorstellungen zu den Werten der Organisationen passen. Fertigkeiten und Erfahrungen werden während der Probezeiten durch Arbeitseinsätze überprüft. Wissenschaftliche Erkenntnisse weisen darauf hin, dass die hier beschriebenen Auswahlverfahren, unstrukturiertes Interview und ausgedehnte Arbeitsproben, eine zufriedenstellende Validität aufweisen und besser abschneiden als das in herkömmlichen Unternehmen weit verbreitete Assessment Center (Schmidt et al. 2016, S. 34).[6]

Ein besonders wichtiger Schritt in dem Personalbeschaffungsprozess demokratischer Unternehmen stellt das Onboarding dar. Den neuen Beschäftigten werden in diesem Rahmen Grundannahmen und Werte der Organisation sowie Techniken der Selbstführung, wie beispielsweise der Beratungsprozess, vermittelt (Laloux 2015, S. 179). Die Tatsache, dass Onboarding das Kündigungsverhalten in den ersten Monaten nach der Einstellung beeinflusst, wurde in der Wissenschaft bereits früh erkannt und häufig angesprochen. Leider wird diese wichtige Phase des Personalbeschaffungsprozesses in den herkömmlichen Unternehmen immer noch häufig vernachlässigt (Kieser et al. 1990; Kieser 1999).

Personaleinsatz

▶ Größere Flexibilität durch bedarfsorientierte Abstimmung von Rollen und Aufgaben

Während traditionelle Organisationen den Personaleinsatz durch Aufgabenteilung, Stellenbeschreibungen und Organigramme regeln, wird in evolutionären Organisationen in Rollen und nicht in Stellen gedacht. Die Rollen entstehen in einem mehr oder weniger formalisierten Prozess, z. B. durch bedarfsorientierte Abstimmung oder festgelegte, regelmäßige Besprechungen, und werden flexibel unter Kollegen verteilt, erweitert oder aufgegeben. Wenn ein Mitarbeiter beispielsweise die Arbeitszeit aufgrund familiärer

---

[6] In einer umfangreichen Metaanalyse von Schmidt et al. wurden für die genannten Methoden folgende Validitätskoeffizienten ermittelt: unstrukturiertes Interview .58, Arbeitsprobe .44, Assessment Center .36 (Schmidt et al. 2016, S. 65).

Angelegenheiten reduzieren möchte, muss kein offizieller Antrag gestellt werden. Die Kollegen stimmen dies einfach untereinander ab. Auf diese Weise können sowohl die Erfordernisse des Unternehmens als auch individuelle Bedürfnisse der Beschäftigten in Bezug auf Arbeitszeit und Arbeitsort besser berücksichtigt werden.

Dieser Ansatz hat positive Wirkungen auf die Motivation von Mitarbeitenden, weil sie Rollen übernehmen können, welche zu ihnen besonders gut passen, und weil sie sich dadurch als kompetent und selbstbestimmt erleben können. Für Organisationen ergeben sich Vorteile aufgrund einer erhöhten Flexibilität und Anpassungsfähigkeit.

Eine positive Wirkung der hier beschriebenen Lösungen kann durch die Aussagen der Theorien von Deci und Ryan (2000) und von Hackmann und Oldham (1980) bestätigt werden.[7]

Personalentwicklung

▶ Keine Führungskarriere möglich, Learning on the job als das wichtigste Instrument der Personalentwicklung

Die Verantwortung für die Personalentwicklung in evolutionären Organisationen liegt bei den Beschäftigten selbst. Zum einen haben sie die Möglichkeit, durch Übernahme unterschiedlicher Rollen – nach Abstimmung mit Kollegen im Rahmen eines Beratungsprozesses – Neues auszuprobieren und ihr Wissen und ihre Kompetenzen zu erweitern. Ähnliches gilt für das Engagement in freiwilligen Arbeitsgruppen, in welchen verschiedene für das Unternehmen relevante Themen bearbeitet werden. „Diese Arbeitsgruppen sind unglaublich kraftvolle Lerninstitutionen. (…) Keine Fortbildung in einem Kurs könnte das Ausmaß von Lernen ermöglichen, das jeden Tag in den freiwilligen Arbeitsgruppen erreicht wurde." (Laloux 2015, S. 90–91).[8] Zum anderen besteht die Möglichkeit, sich für Weiterbildung innerhalb oder außerhalb des Unternehmens anzumelden, wenn der Beschäftigte nach dem Beratungsprozess der Meinung ist, dass die Kosten hierfür gerechtfertigt sind. In manchen von Laloux untersuchten Unternehmen gibt es feste Budgets für Weiterbildung, welche in Eigenverantwortung genutzt werden können. Werden Weiterbildungsmaßnahmen seitens des Unternehmens organisiert, betreffen sie vor allem Themen, die im Kontext der Selbstführung und der Unternehmenskultur eine wesentliche Rolle spielen, wie beispielsweise gewaltfreie Kommunikation, Arbeit ohne Hierarchie oder Umgang mit Konflikten (Laloux 2015, S. 181).

In evolutionären Organisationen ist kein formaler Aufstieg im Sinne einer Führungskarriere möglich. Fachkarriere und Projektkarriere können dagegen sehr gut umgesetzt werden, auch wenn die Entwicklungsschritte nicht formalisiert sind. Wie aus den obigen Ausführungen ersichtlich, spielen im Rahmen der Personalentwicklung der evolutionären

---

[7] Für die empirische Evidenz Krapp und Ryan 2002; Stegmüller 2012.
[8] Die Problematik der Transfersicherung, welche in herkömmlichen Unternehmen den Erfolg der Personalentwicklung gefährdet, spielt hier offensichtlich keine Rolle.

Organisationen vor allem die Konzepte Job Rotation, Job Enlargement und Job Enrichment eine wichtige Rolle.

Performanzmanagement

▷ Die vorherrschende Grundannahme: Menschen sind glücklich, wenn sie etwas Gutes schaffen können, und grundsätzlich motiviert, Leistung zu erbringen.

In den von Laloux beschriebenen Unternehmen herrscht die Meinung vor, dass Menschen – unabhängig von Berufen, Tätigkeitsprofilen und Branchen – glücklich sind, wenn sie etwas Gutes schaffen können, und grundsätzlich motiviert, Leistung zu erbringen (Laloux 2015, 2017).[9] Das Leistungsmanagement bedient sich folglich motivierender Arbeitsbedingungen, wie beispielsweise der Übertragung von Verantwortung, Autonomie, Anforderungsvielfalt und dem wertschätzenden Feedback, welche die existierende Leistungsbereitschaft stärken sollen. Des Weiteren spielen neben den Anforderungen des Marktes, die mit den Mitarbeitenden offen diskutiert werden, auch die Beziehungen unter den Kollegen eine entscheidende Rolle. Die Verpflichtung, die Mannschaft nicht hängen zu lassen, kann eine stärkere Motivation sein als die Aussicht auf Belohnung oder auf Sanktionen seitens eines Vorgesetzten. Die Kollegen übernehmen die Leistungsbeurteilung und Feedbackgespräche. Die Recherchen von Laloux zeigen, dass die Feedbackgespräche durch Wertschätzung und Potenzialorientierung gekennzeichnet sind (Laloux 2017, S. 107 ff.). Dies kann beispielsweise an den gestellten Fragen, wie z. B. „Was schätze ich an der Zusammenarbeit mit dir?" oder „In welchem Bereich könntest du noch wachsen?", erkannt werden.

Die Relevanz von Feedback und Wertschätzung für die Leistungsfähigkeit, Zufriedenheit, Motivation und Gesundheit von Beschäftigten konnte bereits in zahlreichen Studien bestätigt werden (exemplarisch Fried und Ferris 1987; Holzaht 2016).

Personalvergütung

▷ Wenn Grundbedürfnisse der Beschäftigten befriedigt sind, verlieren finanzielle Anreize gegenüber anderen Motivationsmitteln, wie erfüllenden Arbeitsbedingungen, an Bedeutung.

Während sich die Personalabteilung in traditionellen Organisationen häufig mit der Ausgestaltung komplexer Vergütungssysteme befasst und die Führungskräfte mit Beurteilungsinstrumenten bei der gerechten Verteilung von Prämien, Boni oder der Aushandlung von Gehaltserhöhungen unterstützt, haben die von Laloux untersuchten evolutionären

---

[9] Diese Annahmen gelten nach Laloux für alle Beschäftigten unabhängig von deren Position im Unternehmen und von der Branche – in seiner Stichprobe sind folgenden Branchen vertreten: Energie, Beratung, Gesundheitswesen, Metallverarbeitung, Nahrungsproduktion, Medien, Bekleidung, Produktion (Laloux 2015, S. 108 ff.).

Organisationen die Personalvergütung radikal vereinfacht. Die individuellen und die teambasierten Boni wurden ganz abgeschafft, stattdessen werden alle Mitarbeiter am Gewinn beteiligt, z. B. durch ein 14. oder 15. Monatsgehalt. Es wird davon ausgegangen, dass, wenn die Beschäftigten genug Geld verdienen, um ihre Grundbedürfnisse zu befriedigen, finanzielle Anreize gegenüber anderen Motivationsmitteln, wie beispielsweise den erfüllenden und verantwortungsvollen Aufgaben, an Bedeutung verlieren (Laloux 2015, S. 134).[10] Die Entscheidung, wer eine Gehaltserhöhung bekommt, wird auf die Beschäftigten übertragen. In manchen Unternehmen wird hierfür der Beratungsprozess genutzt: Ein Mitarbeiter bittet um Rückmeldung, ob die von ihm angedachte Summe als angemessen angesehen wird. Laloux beschreibt Unternehmen, in welchen ein gewähltes Gremium die Aufgabe übernimmt, die von den Beschäftigten einmal pro Jahr in einem Brief selbst festgelegten Gehälter zu begutachten und eine Empfehlung auszusprechen. Es zeigt sich dabei, dass die Mitarbeitenden sehr gut darin sind, ihren eigenen Wert zu bestimmen, und die beschriebene Vorgehensweise als gerecht empfinden (Laloux 2017, S. 76 f.).

Personalfreisetzung

▶ Personalfreisetzung als der letzte Schritt in einem mehrstufigen Konfliktprozess

Entlassung gehört in traditionellen Organisationen zu den Aufgaben der Vorgesetzten und wird als rechtlicher und finanzieller Akt durch die Personalabteilung unterstützt und abgewickelt. In den von Laloux beschriebenen Beispielen stellen Entlassungen, die in evolutionären Organisationen recht selten vorkommen, den letzten Schritt in einem Konfliktlösungsprozess dar. Dieser wird entweder von einem Kollegen oder von einem Team initiiert, wenn der Betroffene durch Missachtung der Werte des Unternehmens das Vertrauen seiner Umgebung verloren hat. Nachdem die Person von einem anderen Teammitglied gebeten wurde, das Unternehmen zu verlassen, sieht der Prozess in einer ersten Phase vor, dass sich die Kollegen zusammensetzen und eruieren, ob und wie das Vertrauen wiederaufgebaut werden kann. Wenn keine gemeinsame Lösung gefunden wird, werden weitere Personen in der Phase zwei und drei hinzugezogen, um zwischen den beiden Parteien zu vermitteln und/oder Ratschläge zu erteilen. Sind sich beide Seiten weiterhin nicht einig, wird in der letzten Phase die Geschäftsführung gebeten, den Konflikt zu lösen, z. B. den Beschäftigten zu entlassen oder andere Maßnahmen vorzuschlagen (Laloux 2015, S. 128 ff.).

Wie aus den obigen Ausführungen ersichtlich, folgen demokratische Unternehmen bei der Ausgestaltung ihrer Personalarbeit einer anderen Logik als herkömmliche Unternehmen. Es wird davon ausgegangen, dass Menschen glücklich sind, wenn sie ihre Talente nutzen, einen Beitrag leisten und Verantwortung übernehmen können. Ferner wird sich auf

---

[10] Diese Überlegungen wurden von Pink in seinem berühmten Buch „Drive, the surprising truth about what motivates us" unter Bezugnahme auf mehrere empirische Studien ausführlich diskutiert (Pink 2009).

die kollektive Intelligenz verlassen, die Mitarbeiter dazu befähigt, durch Ideenaustausch mit Kollegen Lösungen für Probleme zu finden, die unter den gegebenen Bedingungen optimal sind. Vor diesem Hintergrund erscheint es logisch, dass die Personalarbeit dezentralisiert und an die Beschäftigten delegiert wird. Die Nachteile des Verzichts auf das etablierte HR-Instrumentarium, wie beispielsweise fehlende Einheitlichkeit, sollen dabei durch die gesteigerte Motivation der Beschäftigten übertroffen werden. Die gesteigerte Motivation resultiert aus der Freiheit, Verantwortung zu übernehmen und wichtige Entscheidungen unter Einbeziehung der Kollegen in den Beratungsprozess treffen zu dürfen. Ferner erfreuen sich die auf diesem Wege getroffenen Entscheidungen einer größeren Akzeptanz und müssen nicht erst gegen Widerstände durchgesetzt werden.

7.4.3 Kritische Reflexion

Demokratische Organisations- und Führungsprinzipien werden häufig als lebensfremd oder nur schwer realisierbar beurteilt, die Praktiken demokratischer Unternehmen als naiv, zu idealistisch oder nicht rational bewertet (exemplarisch Welpe et al. 2015, S. 86). Da Organisationen verschiedener Branchen bereits seit Jahren diese Ideen umsetzen und damit erfolgreich sind, kann davon ausgegangen werden, dass diese ablehnende Haltung nicht berechtigt ist.

▷ Demokratische Organisations- und Führungsprinzipien erlauben motivierten Beschäftigten, ihr Leistungspotenzial vollständig zu entfalten. Der dadurch erzielte Produktivitätszuwachs kann die minderwertige Leistung der unmotivierten Kollegen übersteigen.

In dem vorliegenden Beitrag wird argumentiert, dass die Entscheidung, demokratische Führungsprinzipien einzuführen, sehr wohl rational und ökonomisch begründet werden kann. Mit Kontrollen, engen Zielvorgaben und Sanktionen soll in herkömmlichen Organisationen sichergestellt werden, dass unmotivierte Mitarbeiter, auch wenn es sich um eine Minderheit handeln sollte, zur Leistungserbringung gezwungen werden. Kontrolle und Sanktionen sind kostspielige und häufig im Hinblick auf die anvisierte Zielgruppe „schwarze Schafe" unwirksame Instrumente. Durch Freiheits- und Autonomieeinengung haben sie darüber hinaus einen negativen Einfluss auf die Leistungsbereitschaft, Kreativität, Gesundheit und letztendlich Produktivität der motivierten Beschäftigten. Die Rücknahme der Kontrolle und Sanktionen ermöglicht den Beschäftigten, ihre Leistungspotenziale besser zu entfalten. Der dadurch erzielte Produktivitätszuwachs – so die hier vertretene These – könnte die minderwertige Leistung unmotivierter Kollegen um ein Vielfaches übersteigen.

▷ Demokratische Unternehmen setzen HR-Lösungen um, welche in herkömmlichen Unternehmen seit Jahren gefordert werden.

In Bezug auf das Personalmanagement ist festzuhalten, dass die Wirksamkeit der von evolutionären Organisationen praktizierten Lösungen und der eingesetzten Instrumente unabhängig von der Thematik der Demokratisierung, sowohl aus der theoretischen als auch aus der empirischen Perspektive, sehr gut begründet werden kann.[11] Es scheint also, dass evolutionäre Unternehmen Rahmenbedingungen bieten, in welchen Lösungen erfolgreich umgesetzt werden können, die in herkömmlichen Unternehmen längst fällig gewesen wären.

Kritiker des Konzeptes weisen darauf hin, dass es keineswegs richtig ist, davon auszugehen, dass alle Menschen Selbstführung, Autonomie, Verantwortung benötigen, um ein erfülltes Arbeitsleben zu führen (Schreyögg und Geiger 2016, S. 180–181). Einige Mitarbeiter schätzen durchaus die Sicherheit des hierarchischen Führungssystems und wünschen keine Erweiterung ihrer Verantwortungsfelder, andere wiederum empfinden den Abbau der Hierarchie als negativ, weil sie ihre Karrierewünsche nicht realisieren können (Erbeldinger 2015, S. 182–183). Das Festhalten an den traditionellen Strukturen lässt sich mit diesen Argumenten dennoch nicht rechtfertigen, weil sie als Beweis für die Allgemeingültigkeit des Wunsches nach einer Einschränkung der Verantwortung nicht taugen (Schreyögg und Geiger 2016, S. 180; Jedrzejczyk 2019).[12]

Mit Blick auf die Entwicklungsgeschichte der Organisationstheorie soll darauf hingewiesen werden, dass Veränderungen der Organisations- und Führungsprinzipien im Zuge der Demokratisierung die Entstehung einer Arbeitsumgebung unterstützen, welche Generationen von Forschern seit fast einem Jahrhundert gefordert haben (Deci und Ryan 2000; Hackmann und Oldham 1980; Argyris 1957). Sie stellen somit logische Schritte in der Evolution von Organisationen dar, welche in einer VUCA-Welt überleben wollen (Jedrzejczyk 2019).

▶ Es besteht ein weiterer Forschungsbedarf im Hinblick auf die Erfolgsfaktoren und Hürden der Demokratisierung in Unternehmen.

Aufgrund der geringen Unternehmensstichprobe der hier zitierten Studien bleibt abschließend festzuhalten, dass eine Reihe wichtiger, nicht nur von Skeptikern gestellten Fragen intensiv untersucht werden muss:

- Kann die Idee der Demokratisierung auf alle Unternehmen übertragen werden?
- Welche sind die wichtigsten Erfolgsfaktoren und Hürden der Demokratisierung?
- Sind demokratische Führungsprinzipien für alle oder nur für bestimmte Menschentypen motivierend? (Jedrzejczyk 2019).

Es ist davon auszugehen, dass das zu untersuchende Forschungsfeld rapide wachsen wird. Dies hängt damit zusammen, dass ein wichtiger Treiber für die Demokratisierung der

---

[11] Die Verweise auf Studien in Abschn. 7.4.2.
[12] Weitere Kritikpunkte Jedrzejczyk (2019).

Führungs- und Organisationsprinzipien die fortschreitende Digitalisierung darstellt. Digitalisierung macht zum einen eine systematische Beteiligung der Mitarbeitenden an wichtigen Entscheidungen möglich – durch technische Unterstützung der Informationsteilung und der Kommunikation. Zum anderen fordert sie eine schnelle Anpassungsfähigkeit, wodurch traditionelle Führungsmodelle immer häufiger an ihre Grenzen stoßen. Die Annahme, dass die Anzahl von demokratisch geführten Unternehmen steigen wird, erscheint vor diesem Hintergrund als realistisch.

7.5 Personalmanagement der Zukunft ohne die Personalabteilung: Personaler adieu?

▶ No Problem, no HR.

Im Hinblick auf die eingangs formulierten Forschungsfragen bezüglich der Wirkungen der Demokratisierung auf das Personalmanagement kann Folgendes festgehalten werden: Wenn grundsätzliche Probleme in Organisationen behoben werden, fallen Rollen und Aufgaben des herkömmlichen Personalmanagements entweder gänzlich weg oder verändern sich gravierend.

Die Abschaffung der Hierarchie fördert die Entstehung von motivierenden Arbeitsbedingungen. Die Beschäftigten dürfen autonom handeln, erleben Abwechslung durch die Übernahme verschiedener Rollen, erfahren Wertschätzung durch ehrliches Feedback seitens der Kollegen und können sich frei entwickeln. In einer solchen Umgebung werden keine ausgeklügelten Zielvereinbarungs-, Beurteilungs- und Vergütungssysteme benötigt, um die Leistungsbereitschaft der Beschäftigten aufrechtzuerhalten. Anreize, Kontrolle und Sanktionen, welche negative Wirkungen demotivierender Arbeitsbedingungen auf die Motivation der Beschäftigten in herkömmlichen Organisationen kompensieren sollen, verlieren an Bedeutung.

Wenn im Personalauswahlprozess besonderer Wert auf Authentizität gelegt wird, werden Bewerber dazu ermutigt, sich ehrlich zu zeigen und die dargestellten Sachverhalte nicht zu beschönigen. Unter diesen Umständen kann auf komplexe Personalauswahlprozesse wie beispielsweise Assessment Center verzichtet werden. Diese wirken geradezu wie eine Einladung für Bewerber, eine Maske aufzusetzen, hinter welche der Personaler mit genau überlegten Fragen und sorgfältig konzipierten Rollenspielen schauen muss. Um die Eignung der künftigen Mitarbeitenden einzuschätzen, werden stattdessen ehrliche Gespräche mit Kolleginnen und Kollegen geführt.

▶ Personalmanagement in demokratischen Unternehmen wird zur Aufgabe aller Beschäftigten.

Die radikal vereinfachten Personalmanagementfunktionen werden dezentral von Kollegen übernommen. Die Personalabteilung verliert ihre Daseinsberechtigung. Die Erkenntnis, dass demokratische Unternehmen ohne Personalabteilung auskommen und trotzdem erfolgreich sind und als attraktive Arbeitgeber gelten, mag für den einen oder anderen Personaler schmerzvoll sein. Einen Trost bietet die Erkenntnis, dass, während die Personalabteilung abgeschafft wird, das Personalmanagement als Aufgabe maßgeblich an Bedeutung gewinnt. Nach dem Motto „HR ist zu wichtig, um es der HR-Abteilung zu überlassen" (Weilbacher 2018) setzen sich diverse Personengruppen in verschiedenen Zusammenhängen mit personalpolitischen Fragen intensiv auseinander.

Welche Implikationen können vor dem Hintergrund dieser Überlegungen für Akteure der Personalarbeit abgeleitet werden?

Nicht nur die Demokratisierung verändert die Rolle der Personalabteilung. Auch Digitalisierung trägt dazu bei, dass viele Personalmanagementaufgaben durch IT-Lösungen entweder unterstützt oder ersetzt werden (exemplarisch Anderson und von Rohrscheidt 2018, S. 384 ff.). An das HRM wird von Wissenschaftlern wie von Praktikern die Erwartung formuliert, sich neu zu erfinden. Konkrete Vorstellungen zum Wie sind in der einschlägigen Literatur kaum zu finden.

Personaler, die bereits heute kundenorientiert arbeiten und das Business ihres Unternehmens verstehen, hätten auch in demokratischen Unternehmen keine Schwierigkeiten, ihre Rolle zu finden und zu erfüllen. Die aktuellen Entwicklungen der Demokratisierung und Digitalisierung können einerseits als Gelegenheit gesehen werden, die Zukunft neu zu formen (Jenewein 2018, S. 273). Andererseits, wie von Anderson und von Rohrscheidt treffend angemerkt, mutet dies etwa so an, als ob ein Truthahn zum Thanksgiving-Dinner eingeladen wird (Anderson und von Rohrscheidt 2018, S. 388).

Personaler von morgen kommen nicht drum herum, sich mit demokratischen Führungsstrukturen, agilen Arbeitsmethoden und neuen Technologien auseinanderzusetzen. Neben der Personalarbeit sollen sie auch weitere für Unternehmen relevante Themen beherrschen, denn es ist davon auszugehen, dass sie in ihrem Berufsleben unterschiedliche und wechselnde Rollen übernehmen werden. Da sich in der Welt der demokratischen Unternehmen potenziell alle Beschäftigten mit personalpolitischen Fragen befassen müssen, wird es ohnehin darauf hinauslaufen, dass alle Mitarbeitenden einen Einblick in die Thematik des Personalmanagements benötigen. Es heißt dann also: „Weg mit der Personalabteilung, es lebe das Personalmanagement!"

In der von den Megatrends geprägten Arbeitswelt der Zukunft werden sich Arbeitsorganisation, Arbeitsgestaltung und Arbeitsformen verändern müssen. Demokratisierung – so scheint es – bietet Lösungen, welche das Überleben der Organisationen in dieser neuen Welt sichern können. Die Erkenntnis, dass auch die Personalarbeit von diesen Entwicklungen tangiert wird, ist nicht wirklich überraschend. Die daraus für das Personalmanagement resultierenden Änderungen können sehr aufregend werden.

„Vermutlich gab es noch nie so spannende Zeiten für HR", konstatieren Mitglieder des Bundesverbandes der Personalmanager (2017) in ihrer Zukunftsvision für modernes Personalmanagement (o.V. 2017). Ein Blick auf die aktuellen Entwicklungen und die geführten Diskussionen zeigt, dass sie vermutlich Recht haben.

Gestaltungsempfehlungen

Entscheidungsträger werden ermutigt, die Methoden der Demokratisierung auszuprobieren. Zu diesem Zweck bietet es sich an, im Unternehmen Experimentierräume zu schaffen. Ein Experimentierraum bietet einen geschützten Rahmen für Ausprobieren, Lernen, Verwerfen: Ein Team darf beispielsweise andere Regeln befolgen als die gesamte Organisation oder in einem Projekt werden neue Arbeitsmethoden ausprobiert. Auf diese Weise lassen sich die Wirkungen von demokratischen Organisations- und Führungsprinzipien auf die Motivation, die Leistung von Beschäftigten und schließlich auf die Zielerreichung in der eigenen Organisation testen.[13]

Personaler werden zu einem gedanklichen Experiment eingeladen. Sie sollen sich die Beschreibung einer demokratischen Organisation anschauen und überlegen, welche Rollen sie in einer solchen Organisation wahrnehmen könnten. Die einen werden die hier zum Vorschein kommenden Perspektiven möglicherweise als schön und die anderen als eher abschreckend empfinden.

Literatur

Anderson, K. & von Rohrscheidt, A. (2018): Konsequenzen der Digitalisierung auf die HR Organisation im Drei-Säulen-Modell. In: Petry, T. & Jäger, W. (Hrsg.): Digital HR. Smarte und agile Systeme, Prozesse und Strukturen im Personalmanagement (379–388). Haufe: Stuttgart.

Argyris, C. (1957): Personality and organization. New York: Harper.

Bartscher, T. & Nissen, R. (2017): Personalmanagement. Grundlagen, Handlungsfelder, Praxis (2. aktualisierte Aufl.). Hallbergmoos: Pearson.

Bösch, H. & Mölleney, M. (2018): Transformational HRM – Personalarbeit neu denken. Zürich: SKV.

Deci, E. L. & Ryan, R. M. (2000): Intrinsic and Extrinsic Motivations: Classic Definitions and New Directions. In: *Contemporary Educational Psychology*, 25, 54–67.

Erbeldinger, J. (2015): Freiwilligkeit und 180 Tage Arbeitszeit – ein radikaler Ansatz. In: Sattelberger, T. D., Welpe, I. M. & Boes, A. (Hrsg.): Das demokratische Unternehmen (173–197). Freiburg/München: Haufe-Verlag.

Fischer, H. (2017): Der Weg von HR zu RH. In: *HR Today*. Online unter: https://hrtoday.ch/de/article/der-weg-von-hr-zu-rh [15.02.2019].

Fried, Y. & Ferris, G. R. (1987): The validity of the job characteristics model: A review and meta-analysis. In: *Personnel Psychology*, 40, 287–322.

Fröhlich, W. & Holländer, K. (2004): Personalbeschaffung und -akquisition. In: Gaugler, E., Oechsler, W. A. & Weber, W. (Hrsg.): Handwörterbuch des Personalwesens (3. Aufl.) (1403–1418). Stuttgart: Schäffer Poeschel.

Gloger, B. & Margetich, J. (2014): Das Scrum-Prinzip. Agile Organisationen aufbauen und gestalten. Stuttgart: Schäffer-Poeschel.

---

[13] Ausführliche Hinweise zum Thema „Experimentierräume" finden sich auf folgender Internetseite: www.arbeitenviernull.de/experimentierraeume/idee/was-sind-experimentierraeume.html [19.02.2019].

Grund, M. (2015): Agile Softwareentwicklung als paradigmatisches Beispiel für eine neue Organisation von technischer Wissensarbeit. In: Sattelberger, T. D., Welpe, I. M. & Boes, A. (Hrsg.): Das demokratische Unternehmen (159–167). Freiburg/München: Haufe-Verlag.

Hackmann, J. R. & Oldham, G. R. (1980): Work Redesign. Mass. Reading.

Holtbrügge, D. (2018): Personalmanagement (7., überarb. u. erw. Aufl.). Wiesbaden: Springer Gabler.

Holzaht, K. (2016): „Wo bleibt die Wertschätzung?" – Der Einfluss von Wertschätzung auf die Wertschöpfung in Dienstleistungsunternehmen. Dissertation, Universität Dortmund. Online unter: https://eldorado.tu-dortmund.de/bitstream/2003/35148/1/Dissertation.pdf [15.02.2019].

Immerschitt, W. & Stumpf, M. (2014): Employer Branding für KMU. Wiesbaden: Springer.

Jedrzejczyk, P. (2019): Beruf und Employability in demokratischen Unternehmen. In: Seifried, J., Beck, K., Ertelt, B.-J. & Frey, A. (Hrsg.): Beruf, Beruflichkeit, Employability (179–196). Bielefeld: wbv Media.

Jenewein, T. (2018): Ansätze zum Lernen im Digitalen Zeitalter – Darstellung am Beispiel SAP. In: Petry, T. & Jäger, W. (Hrsg.): Digital HR. Smarte und agile Systeme, Prozesse und Strukturen im Personalmanagement (259–274). Stuttgart: Haufe Group.

John, S. (2008): Strategic Learning and Leading Change: How Global Organizations Are Reinventing HR. London/New York: Routledge.

Kieser, A. (1999): Einarbeitung neuer Mitarbeiter. In: Domsch, M. E. (Hrsg.): Führung von Mitarbeitern Schriften für Führungskräfte, Bd. 20 (4. Aufl.) (161–172).

Kieser, A., Krüger, K. H., Hippler, G. & Nagel, R. (Hrsg.), (1990): Die Einführung neuer Mitarbeiter in das Unternehmen. Schriften zur Personalwirtschaft, Bd. 12 (2. Aufl.). Neuwied.

Krapp, A. & Ryan, R. M. (2002): Selbstwirksamkeit und Lernmotivation. In: Jerusalem, M. & Hopf, D. (Hrsg.): Selbstwirksamkeit und Motivationsprozesse. Bildungsinstitutionen (54–82). Weinheim: Beltz (Zeitschrift für Pädagogik, Beiheft, 44).

Krinninger, T. (2019): Das soziale Netzwerk pflegt mit. *Zeit-Online*: https://www.zeit.de/wirtschaft/2018-06/ambulante-pflegedienste-soziale-netzwerke-personal-mangel-niederlande-zeitdruck [15.02.2019].

Laloux, F. (2015): Reinventing Organizations. Ein Leitfaden sinnstiftender Formen der Zusammenarbeit. München: Vahlen.

Laloux, F. (2017): Reinventing Organizations, Ein illustrierter Leitfaden sinnstiftender Formen der Zusammenarbeit. München: Vahlen.

Lang, K. (2019): Personalmanagement 4.0: Strategien und Konzepte zur aktiven Gestaltung des digitalen Wandels (2. Aufl.). Wien: Linde Verlag.

McCord, P. (2014): How Netflix Reinvented HR, *Harvard Business Review*. Online unter: https://hbr.org/2014/01/how-netflix-reinvented-hr [15.02.2019].

o. V. (2017): BPM-Abschlusspapier: Personalmanagement 4.0. Online unter: https://www.bpm.de/sites/default/files/bpm_abschlusspapier_pm40_ansicht.pdf [15.02.2019].

Pink, D. (2009): Drive, the surprising truth about what motivates us. New York: Riverheadbooks.

Reuter, R. (2014): Der Personalmanager als Business Partner. Mehr Wunsch als Wirklichkeit. München: GBI-Genios-Verlag.

Sattelberger, T. D., Welpe, I. M. & Boes, A. (Hrsg.) (2015): Das demokratische Unternehmen. Freiburg/München: Haufe-Verlag.

Scharff, R. (2015): Das Tor zu einem unternehmerisch handelnden HRM. HR Business Partnering – Stärken und Schwächen des Modells von Dave Ulrich. In: *Personalführung* 11/2015, 28–35.

Schrank, V. (2015): Das Ulrich-HR-Modell in Deutschland. Kritische Betrachtung und empirische Untersuchung. Wiesbaden: Springer Gabler.

Schmidt, F. L., Oh, I.-S. & Shaffer, J. A. (2016): The Validity and Utility of Selection Methods in Personnel Psychology: Practical and Theoretical Implications of 100 Years of Research Findings. Working Paper. Online unter: https://www.testingtalent.net/wp-content/uploads/2017/04/2016-100-Yrs-Working-Paper-on-Selection-Methods-Schmit-Mar-17.pdf [15.02.2019].

Stegmüller, R. (2012): Determinanten der Lehrmotivation von Hochschulprofessoren. Dissertation, Universität Bielefeld. Online unter: https://pub.uni-bielefeld.de/publication/2551660 [15.02.2019].

Stock-Homburg, R. (2013): Personalmanagement: Theorien – Konzepte – Instrumente (3. überarb. u. erw. Aufl.). Wiesbaden: Springer Gabler.

Schreyögg, G. & Geiger, D. (2016): Organisation Grundlagen moderner Organisationsgestaltung. Mit Fallstudien (6., vollständig überarbeitete und erweiterte Aufl.). Wiesbaden: Springer Gabler.

Ulrich, D. (1997, 2013): Human Resource Champions: The Next Agenda for Adding Value and Delivering Results. Harvard: Business School Press.

Ulrich, D., Brockbank, W., Ulrich, M. & Kryscynski, D. (2015): Toward a synthesis of HR comptency models: The common HR „food groups" or domains. *People and Strategy*, Fall, Vol. 4, 56–65.

Weilbacher, J. C. (2018): Die Revolution: HR muss sich abschaffen. In: *Human Resources Manager*. Online unter: https://www.humanresourcesmanager.de/news/der-revoluzzer-hr-muss-sich-selbst-abschaffen.html [15.02.2019].

Welpe, I. M., Tumasjan, A. & Theurer, Ch. (2015): Der Blick der Managementforschung. In: Sattelberger, T. D., Welpe, I. M. & Boes, A. (Hrsg.): Das demokratische Unternehmen (77–113). Freiburg/München: Haufe-Verlag.

Wunderer, R. & v. Arx, S. (1998): Personalmanagement als Wertschöpfungs-Center: Integriertes Organisations- und Personalentwicklungskonzept. Wiesbaden: Gabler Verlag.

Arbeit 4.0 – Folgerungen für die Berufsorientierung

Gert-Holger Klevenow

Inhaltsverzeichnis

8.1	Arbeit 4.0 – Folgerungen für die Berufsorientierung	160
	8.1.1 Berufsorientierung – Aufgaben und Ziele	160
	8.1.2 Ein Rahmenkonzept beruflicher Beratung im kognitiven Paradigma	162
8.2	Problemkreise und Bewältigungsideen	165
	8.2.1 Konstrukt „Beruf" (Themenkreis 1)	165
	8.2.2 Berufsinformationen in der Berufsorientierung (Themenkreise 4 und 5)	166
	8.2.3 Konstrukt „Identität" (Themenkreise 2, 3 und 6)	169
	8.2.4 Beziehung zwischen Person und Beruf (Themenkreise 6–9)	172
8.3	Resümee	173
Literatur		174

Zusammenfassung

Um Folgen und Folgerungen der Digitalisierung für die Berufsorientierung zu beschreiben, wird in dem Beitrag zunächst der Kontext dargestellt: der gesetzliche Auftrag zur Berufsorientierung im SGB III. Diesen bettet der Autor in einen größeren Rahmen ein, ein spezifisches Beratungskonzept beruflicher Beratung.

Darauf aufbauend werden neun Themenkreise benannt, von denen einige in der über 100-jährigen Geschichte der Berufsberatung eine Rolle gespielt haben. Sie alle werden durch die Prozesse der Digitalisierung berührt oder gar verändert. Diskutiert werden die Auswirkungen auf vier für die Berufsorientierung zentrale Konstrukte bzw. Angebote: Beruf, berufliche Informationen, Identität sowie die Beziehung zwischen Person und Beruf.

G.-H. Klevenow (✉)
Hochschule der Bundesagentur für Arbeit, Mannheim, Deutschland
E-Mail: gert-holger.klevenow2@arbeitsagentur.de

Schlüsselwörter

Berufsorientierung · Berufswahl · Berufsberatung · Identität · Persönlichkeit · Beruf

8.1 Arbeit 4.0 – Folgerungen für die Berufsorientierung

Die Prozesse der Digitalisierung und Globalisierung verändern berufliche Aufgaben und Tätigkeiten: Manchem Anschein nach sind sie fast beliebig teil- und zerlegbar, so dass es sinnvoller erscheint, von Funktionen statt von Berufen zu sprechen. In diesem Beitrag wird der Frage nachgegangen, in welchen Hinsichten ein Konzept der Berufsorientierung unter diesen Umständen angepasst, verändert oder gar verworfen werden muss.

8.1.1 Berufsorientierung – Aufgaben und Ziele

Mit Hilfe zweier Positionen (Bundesinstitut für Berufsbildung (BIBB), Sozialgesetzbuch Arbeitsförderung (SGB III) soll der institutionell getragene Bedeutungsraum des Begriffs „Berufsorientierung" in Deutschland umrissen werden.

- § 33 SGB III „Berufsorientierung"

   „Die Agentur für Arbeit hat Berufsorientierung durchzuführen

   1. zur Vorbereitung von jungen Menschen und Erwachsenen auf die Berufswahl und
   2. zur Unterrichtung der Ausbildungssuchenden, Arbeitsuchenden, Arbeitnehmerinnen und Arbeitnehmer und Arbeitgeber.

   Dabei soll sie umfassend Auskunft und Rat geben zu Fragen der Berufswahl, über die Berufe und ihre Anforderungen und Aussichten, über die Wege und die Förderung der beruflichen Bildung sowie über beruflich bedeutsame Entwicklungen in den Betrieben, Verwaltungen und auf dem Arbeitsmarkt."

- Bundesinstitut für Berufsbildung (2019)

   „Berufsorientierung ist ein Prozess mit zwei Seiten: Auf der einen stehen Jugendliche, die sich selbst orientieren, ihre eigenen Interessen, Kompetenzen und Ziele kennen lernen. Auf der anderen stehen die Anforderungen der Arbeitswelt, auf die hin junge Menschen orientiert werden. Beide Seiten müssen immer wieder neu abgestimmt werden. Angebote der Berufsorientierung unterstützen junge Menschen, diesen Prozess zu meistern." (vgl. Brüggemann und Rahn 2013)

Beiden Positionen gemeinsam ist, dass es sich um Unterstützungsangebote im Vor- oder Umfeld der Berufswahl handelt.

Der Gesetzgeber differenziert im § 33 SGB III zwei Funktionen. Die erste Funktion der Vorbereitung wird in der Formulierung durch das BIBB dadurch konkretisiert, dass die daran Beteiligten mit ihren jeweiligen Wünschen benannt werden: einerseits Menschen

8 Arbeit 4.0 – Folgerungen für die Berufsorientierung

mit ihren „Interessen, Kompetenzen und Zielen" und andererseits Betriebe und Verwaltungen mit ihren spezifischen „Anforderungen".

Die Aufgabe der Berufsorientierung besteht dann darin, diese beiden Seiten miteinander abzustimmen, Prozesse zu unterstützen, die es beiden Seiten ermöglichen, sich sinnvoll aufeinander beziehen zu können. Der gesetzliche Auftrag ist in den §§ 29–32 SGB III weiter konkretisiert, in dem das Beratungsangebot, die Berufsberatung, ihre Grundsätze sowie die Eignungsfeststellung als Teile dieses Prozesses explizit benannt sind.

Zusammenfassend lässt sich formulieren, dass Berufsorientierung in Deutschland ein Teil des Berufswahlprozesses und der Berufswahl ist; eine Propädeutik, eine Hinführung an das biografisch und lebensweltlich bedeutsame Thema.

▶ Berufsorientierung soll berufsbezogenes Wissen fördern – es bildet einen Teil der Basis, auf der berufliche Beratung aufbaut

Die Merkmale und Wünsche einer Person mit den Anforderungen eines Berufes oder Arbeitsplatzes abzustimmen, ist weder einfach noch trivial. Da es keine logische Verbindung zwischen den beiden Seiten gibt, begeht man leicht den Fehler, „Äpfel mit Birnen" zu vergleichen, also zwei Kategorien aufeinander zu beziehen, die nichts miteinander zu tun haben: Ohne logische Verbindung müssen empirische Brücken entwickelt und erprobt werden, um die Lücke zu überwinden; jede Veränderung auf einer der beiden Seiten gefährdet die Konstruktion und erfordert „Brückensanierungen" oder gar „-neubauten".

Rückblickend auf die vergangenen gut 100 Jahre, seit der Veröffentlichung von Parsons (1909), zeigen sich diese Konstruktionen in einer Vielzahl empirischer Theorien zur Berufswahl (vgl. Bußhoff 1984; Brown 2012; Hirschi 2013). Sie entstammen unterschiedlichen Paradigmen und verschiedenen fachlichen Disziplinen, was als Indikator für die Komplexität des Zusammenhangs gedeutet werden kann. All diese Ansätze haben den mehr oder minder expliziten Anspruch, Licht in das Dunkel dieser Beziehung zu bringen und Faktoren zu benennen, die sich auf die Berufs- und Laufbahnwahl auswirken, um durch deren Kenntnis Berufswählende während dieses Prozesses zu unterstützen. Aus entscheidungstheoretischer Sicht geht es darum – je nach Paradigma – bessere, im Idealfall gute oder zumindest suffiziente Wahlen (Gigerenzer 2007, S. 15) zu ermöglichen.

Verändern sich Menschen mit ihren Erwartungen an ihr Leben und die Art, wie sie arbeiten wollen, so ist zu klären, ob die bisherigen Abbildungen beruflicher Wünsche und Orientierungen diese veränderten Erwartungen noch erfassen können – und es entstehen veränderte Nachfragen, auf die Arbeitgeber mit veränderter Arbeitsplatzgestaltung reagieren wollen oder ggf. auch müssen. Verändern sich Berufe, wie bspw. durch Prozesse der Digitalisierung, so gilt vergleichbar, ob das bestehende Konstrukt „Beruf" solche Veränderungen zu erfassen vermag – und gleichzeitig entstehen veränderte oder gar neue Anforderungen, auf die die Nachfragenden wie das (Ausbildungs-) Bildungssystem reagieren müssen.

Ohne die verschiedenen disziplinären Zugänge konkret zu benennen und ohne dabei auf Vollständigkeit zu achten, wird zunächst ein beraterisches Rahmenkonzept aus dem informationsverarbeitenden Paradigma vorgestellt. Es ist so breit angelegt, dass sich viele konkrete Berufs- oder Laufbahnwahlmodelle einzelnen Elementen des Rahmenkonzepts spezifisch zuordnen ließen und exemplarisch zugeordnet werden.

8.1.2 Ein Rahmenkonzept beruflicher Beratung im kognitiven Paradigma

Peterson et al. (2003, S. 2) entwickelten über mehrere Jahre innerhalb dieses Paradigmas ein sparsames und robustes Beratungskonzept, das Berater und ihre Klienten darin unterstützen soll, die wesentlichen Aspekte und Prozesse von Berufswahl- und Laufbahnentscheidungen wahrzunehmen. Es sollte des Weiteren leicht vermittelbar sein, um individuelle Fortschritte der Klienten psycho-edukativ erklären sowie beschreiben zu können, und darüber hinaus allgemeine Standards zur Beschreibung und Bewertung von Problemlöse- und Entscheidungsprozessen liefern.

Dieses Konzept soll Klienten dabei unterstützen, die folgenden vier Problemkomplexe (Peterson et al. 2003) des Berufswahlprozesses genauer wahrzunehmen und dadurch besser zu bewältigen:

- die Komplexität und Vieldeutigkeit der Hinweissignale,
- die Interdependenz von Handlungsverläufen,
- die Unsicherheit von Handlungsergebnissen und ihren Folgen sowie
- als Folge jeder Problemlösung – das Entstehen neuer Probleme, die mittels der durch die Beratung erworbenen Fähigkeiten und Fertigkeiten besser überwunden werden können.

Pragmatisch kombinieren Peterson et al. (2003) verschiedene Theorien. Angelehnt an die triarchische Intelligenztheorie Sternbergs (1985), formulieren sie drei Ebenen mit Meta-, Ausführungs- und Wissenserwerbskomponenten: Die Basis bilden zwei Wissensdomänen (Peterson et al. 2003, S. 3), das Wissen einer Person über sich selbst mit ihren „Interessen", „Wertvorstellungen", „Fähigkeiten" und „Tätigkeitspräferenzen" sowie das Wissen über Berufe und die Arbeitswelt.

Die darüber liegende Ebene, die der Ausführungskomponenten, wird in diesem Konzept von Problemlöse- oder Entscheidungsfindungsprozessen gebildet, konkretisiert als „casve"-Zirkel mit den folgenden Handlungsschritten (Peterson et al. 2003, S. 3 f.):

- „Communication" = Abgleich innerer und äußerer Anforderungen, um Lücken zu identifizieren;
- „Analysis" = Analyse des identifizierten Problems sowie Prozesse zur Verbesserung der Selbstkenntnis und des Wissens über Berufe und die Arbeitswelt;
- „Synthesis" = Prozesse der Elaboration und Generierung von Ideen sowie der Kristallisation zu ihrer Verringerung;

- „Valuing" = Bewertung der Möglichkeiten nach ihren Vor- und Nachteilen;
- „Execution" = Handlungsplanung zur (explorativen) Umsetzung der gewählten Alternative.

Die Metaebene wird durch Metakognitionen gebildet: Damit sind innere Gespräche mit positiven oder negativen Selbstinstruktionen oder Attributionen gemeint, also Momente des Ich-Bewusstseins über die momentanen Gedanken oder Gefühle, die das weitere Handeln steuern.

Der Beschreibung der Aufgaben und Ziele der Berufsorientierung folgend, geht es um eine Abstimmung zwischen den Erwartungen, Wünschen und Kompetenzen einer Person einerseits und den Anforderungen und Erwartungen von Arbeitgebern oder Märkten andererseits. In dem Rahmenkonzept von Peterson et al. (2003) bilden diese beiden Aspekte die Wissensdomänen, die im Rahmen von Berufsorientierung und -beratung geklärt und entwickelt werden müssen.

Diese beiden Wissensdomänen werden zunächst nach Objekt- und Prozess-Aspekten differenziert. Anschließend werden exemplarisch einige Theorien oder Modelle zugeordnet, die im Rahmen der Berufsorientierung eingesetzt werden oder auch entwickelt worden sind.

Unterstützt durch die Differenzierung in Tab. 8.1 lassen sich analytisch innerhalb und zwischen den Zellen beliebig viele Themenkreise generieren, von denen im Folgenden neun hervorgehoben werden. Einige von ihnen sind in der etwa 100-jährigen Forschungsgeschichte zur Berufswahl gestellt, Antworten versucht und zeitspezifisch akzeptiert (vgl. Guichard 2015) worden:

1. Die üblichen Prozesse der wissenschaftlichen Entwicklung, verstanden im Sinne Kuhns (1967) als Differenzierung und Integration von Erkenntnissen innerhalb von

Tab. 8.1 Wissensdomänen der Berufsorientierung

Wissensdomänen Theorien/ Modelle	Person/Persönlichkeit – bspw.	Berufe – bspw.
Objektbezogen	– Intelligenzstrukturtheorien (Jäger et al. 1997) – RIASEC-Modell (Holland 1997) – Modell universaler Werte (Schwartz und Bilsky 1990) – …	– Amman (1568) – Stooß (1977) – Dostal (2002) – Klassifizierung der Berufe 2011 – …
Prozessbezogen	– Erwartungs- x Werttheorien der Motivation (vgl. Heckhausen 1980) – Lerntheoretische Modelle – Savickas et al. (2009) – …	– Wie entstehen und wandeln sich Berufe? – Prozesse der Professionalisierung (z. B. Daheim 1970) – …

Paradigmen, führen zu Veränderungen in jeder der vier Zellen. Bspw. hat die Entwicklung von Intelligenzstrukturmodellen unser Verständnis davon verändert, was wir jeweils unter Intelligenz verstehen und wie sie gemessen werden kann (= Veränderungen in der linken oberen Zelle der Tabelle). Mit der Erfindung des Autos oder des Computers entstanden neue Berufe (und haben ältere verändert oder gar verdrängt), die sich in der oberen rechten Zelle ausdrücken.

2. In der Spalte der Person/Persönlichkeit: Wie lässt sich die Reflexivität des Subjekts begreifen und verstehen einerseits und fördern andererseits? Wie lässt sich z. B. bei Ausbildung- oder Arbeitsuchenden die Selbstwahrnehmung der persönlichen Eigenschaften oder Stärken oder auch der Veränderungspotenziale fördern und entwickeln?
3. Wie können die objekt- und prozessbezogenen Zugänge wissenschaftlicher Modelle und Theorien auf Metaebenen aufeinander bezogen werden?
4. In der Spalte des Berufs gibt es die analoge Frage zu 3), wie die objekt- und prozessbezogenen Zugänge auf Metaebenen aufeinander bezogen werden können. Wie hängen die Tätigkeiten bspw. von Ärzten oder Richtern mit ihrer jeweiligen Professionalisierung zusammen? Ist das in allen Berufen ein ähnlicher Prozess oder müsste man besser von berufsbezogenen Professionalisierungen ausgehen? Und ist das überhaupt eine Frage von entweder – oder; ist es nicht viel mehr eine von sowohl – als auch?
5. Wie lassen sich Berufe und Arbeitsmärkte didaktisch sinnvoll darstellen, um bei der Berufswahl und der beruflichen Entwicklung einen Überblick zu ermöglichen?
6. Die Frage betrifft nicht die fachwissenschaftlichen Aufgaben der Klassifikationen von Berufen, die je nach Disziplin zu unterschiedlichen Klassifikationen führen, bspw. sieht eine Klassifikation des Status von Berufen anders aus als eine psychologische über notwendige Kompetenzen oder eine vergleichende nach der arbeitsmarktlichen Bedeutung von Berufen in verschiedenen Volkswirtschaften. Gemeint ist die Aufgabe einer Fachdidaktik der Berufsorientierung.
7. Den Kern der Aufgabe der Berufsorientierung betreffend: Wie lässt sich die Seite der Person auf die Seite der Berufe beziehen unter der Zielvorgabe moderner Gesellschaften, dass die Individuen in ihren Berufen etwas leisten können und durch die Befriedigung ihrer persönlichen Motive mit sich zufrieden sein können? – Die „klassische" Berufseignungsdiagnostik und aktuelle digitale Rekrutierungsprogramme nutzen für ihre Aussagen einen anderen Weg.
8. Und das möglichst nicht nur kurzfristig, sondern auch – trotz aller Veränderungen – möglichst nachhaltig. Sowie umgekehrt aus der Perspektive von Arbeitgebern.
9. Wie können für die zu erledigenden Aufgaben die Personen identifiziert und gewonnen werden, die diese Aufgaben erfolgreich bewältigen können?
10. Und idealerweise nicht nur unter den aktuellen Bedingungen, sondern möglichst auch längerfristig, weil sie über das notwendige Potenzial verfügen.

Die Fragestellung dieses Beitrags, welche Auswirkungen Prozesse der Digitalisierung auf die Berufsorientierung haben könnten, lässt sich für alle neun Beziehungen thematisieren und konkretisieren. Grob skizziert führt die Digitalisierung zu Veränderungen im Feld oben rechts, weil Tätigkeiten verändert werden oder gar entfallen, wodurch sich Berufe wandeln. Diese Veränderungen haben Folgen für alle übrigen Felder der Tabelle: Sie führen u. a. zu veränderten Berufsbeschreibungen. Veränderte Tätigkeiten verändern die Anforderungen in Berufen, was sich auf die Prozesse der Ausbildung auswirken wird. Personen werden mit ihren Erwartungen darauf reagieren, sie begrüßen oder auch ablehnen und werden sich mit ihren Ressourcen den veränderten Anforderungen stellen (müssen).

Im Folgenden werden einige der neun hervorgehobenen Verbindungen zu Problemkreisen zusammengefasst und näher betrachtet.

8.2 Problemkreise und Bewältigungsideen

8.2.1 Konstrukt „Beruf" (Themenkreis 1)

Im Institut für Arbeitsmarkt- und Berufsforschung (IAB) wurde über viele Jahre mit einem achtkategorialen oder -dimensionalen Berufskonzept gearbeitet, bei dem die Kategorie „Aufgabe" oder „Tätigkeit" den Kern bildete, die zusammen mit den folgenden Kategorien ein Netz bildete (Dostal 2002, S. 464): „Objekt", „Autonomie", „Status", „Funktionsbereich", „Arbeitsmilieu" und „Arbeitsmittel".

Folgt man dem medialen Gebrauch, dann hört oder liest man häufiger den Begriff „Job" als den Begriff „Beruf" – ganz offensichtlich hat letzterer an Attraktivität verloren (z. B. Dostal 2002, S. 466 f.). Er klingt nicht modern, drückt Stabilität aus, wo doch Wandel und Flexibilität gefordert sind, passt kaum noch in große Organisationen, die durch Formen hoch spezialisierter Arbeitsteilung und -zerlegung geprägt sind, für die neue „Berufs"-Bezeichnungen ge- und erfunden werden müssen.

Darüber hinaus erscheint er für wissenschaftliche Zwecke immer weniger geeignet, da er viel- statt eindimensional ist, wodurch er für Funktionen des Messens nicht und für solche des Klassifizierens weniger geeignet erscheint.

Unabhängig von den analytischen Schwierigkeiten mit dem Konstrukt bleibt zu fragen, ob eine solch vieldimensionale Kategorie in einer komplexen Welt nicht viele Vorteile böte, da sie es ermöglicht, Muster zu erfassen (vgl. Deutschmann 2005).

▷ Beruf – ein multikategoriales Konstrukt. Die Digitalisierung verändert den Inhalt der zentralen Kategorie; das betrifft die Berufe in unterschiedlichem Ausmaß, je nach zentraler Tätigkeit.

Der Autor selbst (Klevenow 2000) hat für didaktische Zwecke eine multidimensionale und heterarchische Klassifikation der Ausbildungsberufe vorgelegt; Dostal (2002, S. 471 f.) diskutiert die Vorteile einer solchen Herangehensweise für die Berufsforschung.

Trotz der gesellschaftlichen und methodischen Zweifel nutzt die Klassifikation für Berufe 2010 (Bundesagentur für Arbeit 2011, S. 28) immer noch zwei der acht Kategorien: horizontal die Kategorie „Aufgabe" oder „Tätigkeit" (insgesamt ca. 8000 verschiedene) und vertikal die Kategorie der Autonomie als Ausdruck der erforderlichen Qualifikationshöhe (vier Ebenen).

Da sich Digitalisierungen direkt auf Tätigkeiten, eine der Hauptkategorien der Klassifikation, auswirken, sie ggf. vollständig ersetzen, ist davon auszugehen, dass die aktuelle Klassifikation die Veränderungspotenziale der Digitalisierung abbilden kann (vgl. Dengler und Matthes 2015, 2018).

8.2.2 Berufsinformationen in der Berufsorientierung (Themenkreise 4 und 5)

Welche Informationen brauchen Ausbildungs-, Studien- oder Berufswähler über Berufe, um über ca. 400 Ausbildungsberufe, ca. 18.000 Studiengänge und etwa 4000 Berufe ausreichend und richtig informiert zu sein?

▶ Wie gelingt bei dieser Vielzahl an Möglichkeiten ein Überblick?

Über Berufe kann man sich mittels verschiedener Medien informieren: traditionell über Schriften, Bilder oder Filme, über Gespräche in der Familie und den Unterricht in der Schule; nicht zu vergessen die vielfältigen Angebote der Berufsberatung. Darüber hinaus eröffnet die Gesellschaft praktische Zugänge, bspw. durch Schnuppertage oder Praktika und damit die Möglichkeit, mit Berufsvertretern ins Gespräch zu kommen.

Gerade diese berufsweltnahen Angebote erscheinen vielen Jugendlichen und ihren Eltern, aber auch Lehrern und Berufsberatern besonders bedeutsam, da sie konkrete Einblicke und Erfahrungen ermöglichen.

Vor diesem Hintergrund der breit verfügbaren Medien und Angebote ist es verwunderlich, dass sich immer noch so viele Jugendliche nicht ausreichend informiert fühlen (Beicht und Walden 2013; Heublein et al. 2010) und als Erklärung für ihren Ausbildungs- oder Studienabbruch „mangelnde Informationen" (Bienfait und Frey 2016, S. 348) angeben.

Schon vor über 20 Jahren beschrieb Kahsnitz (1996, S. 334) seine Beobachtungen an Schülern, die in Gesprächen bis heute von Lehrern und Berufsberatern bestätigt werden:

> „- Die Schüler wussten nicht, dass sie nur Anlerntätigkeiten im Rahmen eines Berufsbildes, nicht aber qualifizierte Tätigkeiten ausüben konnten. Häufig hielten sie die Anlerntätigkeiten für zentral für den Beruf. Je nachdem, ob diese Tätigkeiten ihnen gefielen oder nicht, führte dies zu Bestätigungen oder Revisionen des Berufswunsches.
> Fälschlicherweise wurden z. T. die Anlerntätigkeiten als Indikator für die Art und das Niveau der Berufsanforderungen gehalten. (…)
> - In der Regel verwechselten die Schüler die Berufe mit dem Betriebsklima und den betrieblichen Arbeitsbedingungen. Wenn die Mitarbeiter zu ihnen freundlich waren, eine Cola ausgaben oder sie entgegen den Vorschriften ein Entgelt bekamen, gefiel ihnen der Beruf, falls nicht, wechselten sie den Berufswunsch. (…) Berufsinhalte und -anforderungen spielten in ihren Urteilen so gut wie keine Rolle."

Unbestritten stellt das Modelllernen (Bandura 1986) eine wichtige Lernform dar. Daher liegt es nahe, Berufe filmisch vorzustellen oder Praktika zu organisieren. Eine zentrale

Bedingung erfolgreichen Modelllernens ist es jedoch, über die Kompetenzen zu verfügen, das Gesehene nachzuahmen. Was für alltägliche Handlungen so selbstverständlich wirkt, misslingt ganz schnell bei anspruchsvollen Handlungen: Nur, weil ich einem herausragenden Organisten zuschauen kann, wie seine Finger und Füße mit teilweise unglaublicher Geschwindigkeit die gewünschten Tasten drücken, kann ich das trotz intensiven Guckens nicht nachmachen. Vergleichbares gilt für das Feilen von Metallteilen auf einen 1/1000 Millimeter oder das Überspringen einer Querlatte im Hochsprung auf 2 Meter Höhe; und diese Liste ließe sich beliebig lange fortsetzen.

Möglicherweise unterlagen und -liegen nicht wenige Schüler dem Effekt, der in der psychologischen Diagnostik als „Augenscheinvalidität" beschrieben ist, dem Phänomen, dass durch inhaltliche Hinweisreize, die Assoziationen zu einem thematischen Bereich entstehen lassen, darauf geschlossen wird, dass es auch in der Tiefe einen gültigen Bezug zu diesem Thema gibt.

Weitere denkbare Erklärungen sind, dass die vielen verfügbaren Informationen – zumindest für diese Teilmenge der Jugendlichen – ungeeignet, unverständlich oder in der Menge überfordernd sind.

Alle diese Erklärungen verweisen auf die Notwendigkeit einer Didaktik der Berufsorientierung, die sich nicht darin erschöpft, über möglichst viele (Wunsch-)Berufe und Bildungswege in die Berufe zu informieren, sondern die Jugendlichen einen Überblick und erste Zugänge eröffnet und sie darin begleitet, ihre Eindrücke und Erfahrungen zu verarbeiten sowie diese weiterzuentwickeln, damit daraus realistische, genauer valide berufliche Vorstellungen entstehen.

▶ Es mangelt nicht an Informationen, sondern an einer spezifischen Didaktik.

Mit der digitalen Möglichkeit, virtuelle Realitäten zu erzeugen, entsteht ein neuartiges Medium, das die didaktischen Möglichkeiten erweitert, Jugendliche vertiefte praktische Erfahrungen sammeln und vor allem qualifizierte Aufgaben risikolos ausprobieren lassen zu können. Dadurch würden sie nicht nur Hilfstätigkeiten ausführen und die Arbeitsumgebung erleben, sondern Erkenntnisse mit konkreten Aufgaben sammeln können.

Die Erfahrung, eine Maschine nicht wieder zum Laufen bringen zu können oder bei einer Operation so gearbeitet zu haben, dass der Patient verstorben wäre, verbessert nicht per se die Einschätzung, ob dies ein passender oder gerade ein unpassender Beruf ist. Vermutlich kennt fast jeder in seinem persönlichen Umfeld Jugendliche, denen wegen der intensiven Computernutzung eine Ausbildung oder ein Studium im Informatikbereich „auf den Leib geschneidert" zu sein schien – und die nach wenigen Monaten die Ausbildung oder das Studium beendet haben, weil die Entscheidung „irgendwie falsch" war, weil sie sich „nicht richtig informiert" gefühlt haben über die Anforderungen und tatsächlichen Aufgaben.

Diese neuartigen Möglichkeiten des Erkundens führen nicht automatisch zu informierteren und besseren Entscheidungen und ersetzen auch keine Didaktik, sondern setzen eine voraus: Was soll von wem, warum, mit welchem Ziel und mit welchen Mitteln erkundet werden?

In vieljährigem Unterricht im Fach „Berufskunde" konnten Studierende immer wieder die Erfahrung sammeln, wie viel berufskundliches Wissen die Holzschnitte aus dem Ständebuch Jost Ammans (1568) für noch existierende handwerkliche Berufe vermitteln, gerade auch im Vergleich zu den jeweils aktuellen Informationsangeboten im Internet oder in Printmedien. Selbstverständlich kann man den Holzschnitten keine Informationen über Ausbildungszeiten, -vergütungen, -orte etc. entnehmen. Was aber fast alle Studierenden positiv überraschte, ist die Darstellung des Kerns der Aufgabe mit seinen Anforderungen, worauf es ankommen wird, wenn man ihn erfolgreich würde bewältigen wollen: Er ist klar und prägnant erfasst, wie sie ihn in den Texten, Bildern oder Filmen kaum finden konnten. Künstler können in ihren Darstellungen Aspekte herausstellen und aufeinander abstimmen, die fotografisch unmöglich zu realisieren sind und die verdeutlichen, dass Bilder Konstruktionen sind.

Bei weiterer Auseinandersetzung mit diesen Holzschnitten wurde darüber hinaus deutlich, dass sie im Wesentlichen ein Abbild der oben benannten acht Kategorien sind, die einen ganzheitlichen Eindruck entstehen lassen.

Das persönliche Beispiel verdeutlicht, dass Bilder zum einen oft genug Konstruktionen sind und zum anderen nicht „von allein sprechen", sondern didaktisch aufgenommen werden müssen, wenn sie eine Wirkung haben sollen.

Piagets (2015) Argumentation folgend, müssen Lernende zunächst konkrete Erfahrungen sammeln dürfen, die anschließend operational und später abstrakt im Gehirn repräsentiert werden (unabhängig davon, wie diese psychischen Funktionen elektrisch, chemisch und strukturell durch das Gehirn organisiert werden).

Was für handwerkliche Berufe seit Jahrhunderten gut verstanden ist, stellt uns bei Systemen (z. B. umfangreiche Computerprogramme, internationale Organisationen oder Unternehmen, Ökologie, digitalisierte Produktionsprozesse) und Netzwerken vor neuartige Aufgaben: Wie vermittelt man bei oder auch mit ihnen konkrete Erfahrungen, die adäquate operationale und abstrakte Repräsentationen ermöglichen oder fördern, damit bspw. in kritischen Situationen adäquat gehandelt werden kann (vgl. Perrow 1992)?

Simulationen der Realität und virtuelle Repräsentationen eröffnen Chancen, Lernumgebungen zu erzeugen, in denen eine solche Erfahrungssammlung und damit ein entsprechendes Lernen möglich werden.

Virtuelle Repräsentationen ermöglichen dabei Veränderungen der menschlichen Psyche in einer Tiefe, die wir gesellschaftlich üblicherweise therapeutischen Interventionen vorbehalten mit allen vorgelagerten Entscheidungen und einer Begleitung während der Behandlung. Im verhaltenstherapeutischen Setting bspw. erweist sich diese Technik aktuell als eine hochwirksame Interventionsform (Diemer und Zwanzger 2019, S. 721); daher ist mit ebenso mächtigen Nebenwirkungen zu rechnen. Bspw. entsteht beim realen Besuch eines Ortes, der bereits virtuell erkundet wurde, das unmittelbare Erleben, diesen Ort zu kennen und gleichzeitig das Bewusstsein, dass man noch nie dort gewesen war (Schöne 2018, S. 58); was solche Erlebens- und Wissensbrüche mit Menschen langfristig machen, ist bisher völlig unbekannt. Ein großflächiger Einsatz im Bildungsbereich sollte daher wohlerwogen und vor allem durch Untersuchungen abgesichert sein. – Zwei Voraussetzungen lassen sich heute schon benennen: Die simulierten Realitäten müssen valide sein, damit kein irreführendes oder dysfunktionales Wissen erworben wird, und die Erfahrungsbildung muss didaktisch reflektierend begleitet sein.

Die Beispiele verweisen darauf, dass der Augenschein oft nur wenig über den Kern beruflicher Aufgaben vermittelt. Im Kontext eignungspsychologischer Untersuchungen kommt daher der „inhaltlichen Repräsentativität" von Arbeitsproben (Kanning und Schuler 2014) eine zentrale Funktion zu.

Diese Überlegungen könnten auch Konsequenzen nicht nur für die Darstellung von, sondern auch für die Werbung für Berufe haben: Was soll abgebildet oder dargestellt werden, wenn bspw. für den Bereich der Logistik geworben wird? Fahrzeuge verschiedener Art, kombiniert mit ihren spezifischen Medien, auf oder in denen sie sich bewegen? Oder sollte man eine Arbeitsprobe wählen, wie bspw. das vielen bekannte Spiel „Turm von Hanoi", unterlegt mit einem Lösungsbaum (bspw. Aebli 1981, S. 74), um den Anforderungskern deutlich zu machen? Wirbt man für Informatik mittels Bildschirmen, Tastaturen oder Blicken in Rechenzentren – oder mit Formeln und Ableitungen?

Da der Begriff „Information" im Alltag sehr vielfältig verwendet wird, meinen Jugendliche mit „mangelnden Informationen" möglicherweise mit ihm etwas anderes, was Klevenow und Weber (2016, S. 495) in einer explorativen Studie als Ausdruck vor- oder unbewusster innerer Widersprüche und Konflikte gedeutet haben, die durch die Nutzung von Heuristiken entstehen, als zentraler Form des schnellen Denkens, wie Kahnemann (2011) es beschreibt.

Vor dem Hintergrund vergleichbarer Eindrücke plädierte Kahsnitz schon (1996) für eine „identitätstheoretisch orientierte Berufsberatung". Wünschenswert und notwendig wären danach Formen der Identitätsarbeit, wie sie Savickas et al. (2009) für die Berufsberatung beschrieben haben.

8.2.3 Konstrukt „Identität" (Themenkreise 2, 3 und 6)

Wenn es um die Seite der Individuen geht, ist die allgemeine Frage, welche Merkmale es gibt, die für den Erfolg und die Zufriedenheit (als regulative Zielideen einer gelingenden Berufswahl in einer Leistungsgesellschaft) in bestimmten Berufen spezifisch bedeutsam sind.

Bei der Beschreibung des Beratungsansatzes von Peterson et al. 2003 ist schon deutlich geworden, dass zur Beschreibung von Personen (aus objekttheoretischer Sicht) meist auf Konstrukte wie Intelligenz, Interessen, Werthaltungen sowie einige Persönlichkeitsmerkmale zurückgegriffen wird; zur Beschreibung der Entwicklungspotenziale auf die Konstrukte „Motivation", „Intelligenz", als Ausdruck des Potenzials des Lernens, sowie auf Prozesse der Identitätsentwicklung.

▶   Identitätsarbeit ist ein essenzieller Teil beruflicher Beratung.

Neben anderen Kriterien (Konsistenz, Differenziertheit, Kongruenz) konnte Holland (1997, S. 5) in seinem Matching-Ansatz zeigen, dass dem Konstrukt „Identität" eine große Bedeutung zukommt:

> „According to the theory, maladaptive career development indicates either a failure to develop a clear sense of vocational identity (i.e., a personality pattern that is consistent and differentiated) or a failure to establish a career in a congruent occupation. Maladaptive career development probably occurs in one or more of seven major ways: 3. A person has had ambiguous, conflicting, inaccurate, or negative experience concerning his or her interests, competencies, or personal characteristics." (Holland 1997, S. 196)
>
> „In theoretical terms, psychological maturity and vocational maturity are similar concepts, and both represent freedom from maladaptive vocational behaviors. In contrast, adaptive vocational behavior is the outcome of the following events: 4. A person has had sufficient self-clarifying experience so that the pictures of his or her interests, competencies, and personal characteristics are accurate." (Holland 1997, S. 197)

Super (1980, zit. n. Brown 2012, S. 46) kommt aus einer entwicklungsorientierten Perspektive zu konvergierenden Aussagen und formuliert als Postulate:

> „10. The process of career development is essentially that of developing and implementing occupational self-concepts. It is a synthesizing and compromising process in which the self-concept is a product of the interaction of inherited aptitudes, physical makeup, opportunity to observe and play various roles, and evaluations of the extent to which the results of role playing meet the approval of superiors and fellows (interactive learning)." (…) „13. The degree of satisfaction people attain from work is proportional to the degree to which they have been able to implement self-concepts. …" (Brown 2012, S. 47)

Die Bundesagentur für Arbeit setzt seit Jahrzehnten zur Vorbereitung von Jugendlichen auf die Berufswahl im Rahmen der Berufsorientierung Selbsterkundungsmedien und -programme ein. In einer Untersuchung (Klevenow 1996) zu einem, über viele Jahre eingesetzten Selbsterkundungsprogramm (STEP-Plus) wurden die Auswertungsergebnisse von ca. 140.000 Haupt- und Realschülern aus etwa 5000 Schulklassen untersucht. Dabei zeigte sich (Klevenow 1996, S. 106), dass fast 30 % der Schüler Angaben machten, die sich im Sinne Hollands als wenig differenziert und konsistent klassifizieren ließen; bei denen daher zu befürchten war, dass sie ohne weitere Unterstützung und Begleitung ungünstige berufliche Pfade einschlagen würden. In ihren Auswertungsbriefen wurden sie auf die beobachteten Schwierigkeiten hingewiesen und aufgefordert, die Angebote der persönlichen Beratung der Berufsberatung zu nutzen und den Auswertungsbrief dorthin mitzunehmen.

Da STEP-Plus im vorletzten Schuljahr obligatorisch durchgeführt wurde und die Auswertung aus dem Jahr 1990 stammt, haben die Schüler die Schule 1992 verlassen. Die Quote der vorzeitigen Vertragslösungen lag im Jahr 1993 bei 23,2 %, im Jahr 1994 bei 23,6 % (Bundesinstitut für Berufsbildung 2014). Weder darf noch soll aus methodischer Sicht hier unterstellt werden, dass die Schüler der Stichprobe, die spezielle Auswertungsbriefe erhalten haben, identisch sind mit denjenigen, die die Ausbildung abgebrochen haben – deutlich werden soll der Umfang des Phänomens, das bis heute (vorzeitige Vertragslösungen 2017: 25,8 %, Berufsbildungsbericht 2019, S. 81) in geringfügig vergrößertem Ausmaß besteht.

Luttenberger et al. (2014, S. 9 ff.) weisen darauf hin, dass insbesondere Jugendliche mit großen Differenzen zwischen Berufswunsch und realisierter Ausbildungswahl professionelle Unterstützung brauchen, da sie sie weder familiär noch in ihrem sozialen Umfeld erhalten.

Der Notwendigkeit der Identitätsarbeit trägt die Bundesagentur für Arbeit in ihrer Beratungskonzeption (Rübner und Sprengard 2010) Rechnung. Für die Beratung Jugendlicher ist darin das Format der „Orientierungs- und Entscheidungsberatung (OEB)" entwickelt worden. Im Rahmen der Situationsanalyse sollen mit den Jugendlichen – ggf. mit ihren Eltern oder auch Lehrern – folgende Themen besprochen und geklärt werden (zur besseren Verständlichkeit sind sie mit ihren Leitfragen wiedergegeben, Rübner und Sprengard 2010, S. 64–67):

- Problembewusstsein und Einsatzbereitschaft: „Verfügt der Kunde über die erforderliche Einsatzbereitschaft bzw. das Problembewusstsein, um sich mit den Anforderungen der aktuellen beruflichen Orientierungs- und Entscheidungssituation auseinanderzusetzen? (Beurteilung Einsatzbereitschaft)"
- Berufliche Selbsteinschätzung: „Verfügt der Kunde über eine ausreichend differenzierte und realistische berufliche Selbsteinschätzung und entsprechende berufliche Präferenzen? (Beurteilung Selbsteinschätzung)"
- Beruflicher Informationsstand: „Verfügt der Kunde über ausreichend fundierte berufsrelevante Informationen und Strategien der Informationsbeschaffung? (Beurteilung Informationsstand)"
- Entscheidungsverhalten: „Verfügt der Kunde im Rahmen seiner beruflichen Entscheidungsfindung über eine personen- und sachgerechte Herangehensweise? (Beurteilung Entscheidungsverhalten)"
- Realisierungsaktivitäten: „Verfügt der Kunde für die Umsetzung seiner Ausbildungs-, Studien- oder Laufbahnentscheidung über die erforderlichen Kenntnisse und Ansatzpunkte? (Beurteilung Realisierungsaktivitäten)".

Zusammen mit dem Anliegen der Ratsuchenden werden diese fünf Aspekte in der Gesamteinschätzung der Person zusammengeführt, womit der Handlungsschritt der Situationsanalyse innerhalb der Beratungskonzeption abgeschlossen ist.

Für Fragestellungen der Themenkreise (2 und 3) haben Straus und Höfer (1997, S. 271 f.) ein Modell zur alltäglichen Identitätsarbeit vorgestellt, das die objekt- und prozessbezogene Ebene miteinander verbindet. Es basiert auf drei Grundannahmen:

a. „Eine empirisch überprüfbare Identitätstheorie muss mit einem Begriffsverständnis arbeiten, in dem Identität als Oberbegriff verwendet wird (…)"

b. „Die in den letzten Jahren immer häufiger diskutierte ‚Unabgeschlossenheit' der Identitätsbildung … erfordert eine stärkere Fokussierung auch auf die Prozesse alltäglicher Identitätsarbeit. (…)"
c. Ihr Modell verstehen sie als integrativen Beitrag zur Identitätsforschung, das auf bestehenden Modellen oder Theorien aufbaut.

Die Autoren formulieren in ihrem Modell drei bzw. vier strukturelle Ebenen (Straus und Höfer 1997, S. 272), mit deren Hilfe sie die Lücke zwischen dem konkreten Verhalten und Erleben einer Person (untere Ebene) einerseits und ihrer Identität (oberste Ebene; die im Alltag oft genug als Disposition gedeutet wird) andererseits zu verringern suchen; aufsteigend benannt: „Subjektive Selbstthematisierungen" – „Identitätsperspektiven" – „Teilidentitäten" – „Metaidentität/Identitätskerne".

Die Lücken zwischen diesen vier Ebenen werden durch vier Prozessbestandteile überbrückt (Straus und Höfer 1997, S. 303): Den „relationalen Grundmodus" als Feedbackschleifen zwischen den Ebenen; ein „konfliktorientiertes Regulationsmodell" (Straus und Höfer 1997, S. 285 + 287 ff.) mit zwei Feedbackschleifen, die auf verschiedenen Ebenen angesiedelt sind; „Entwicklungsetappen" sowie drei „Identitätsstrategien" (Straus und Höfer 1997, S. 290 ff.).

Die Skizze lässt erahnen, dass dieses stark elaborierte Modell so weit konkretisiert ist, dass es empirisch prüfbar und weiter entwickelbar ist.

Es ist jedenfalls anschlussfähig an das von Savickas et al. (2009) vorgeschlagene Paradigma des „life designing", das es in spezifischer Weise konkretisiert.

8.2.4 Beziehung zwischen Person und Beruf (Themenkreise 6–9)

Die oben aufgeführten Themenkreise 6–9 betreffen diese Beziehung. Vor allem unter einer objekttheoretischen Perspektive liefert eine fast 100-jährige Geschichte der beruflichen Eignungsdiagnostik (Schuler und Kanning 2014) viele nützliche Erkenntnisse, die in berufsorientierenden Zusammenhängen vielfach verwendet werden.

Rekonstruiert man aus kognitions-, genauer gedächtnispsychologischer Sicht die subjektive Perspektive von Berufswählenden, begegnet man folgendem wissenschaftlich bisher ungelösten Problem, das unser Gehirn, wie auch immer, im Alltag oft genug erfolgreich bewältigt: Wie setzen Menschen ihr episodisch organisiertes Wissen über die eigenen Lebensvollzüge und -erfahrungen mit hierarchisch-lexikalisch organisiertem Wissen über Berufe in eine sinnvolle Beziehung zueinander? Menschen, die mit ihrer Berufswahl zufrieden und in ihrem Beruf erfolgreich sind, ist es offensichtlich gut gelungen. Unter Langzeitarbeitslosen gibt es viele Menschen mit vielfältigen Arbeitsplatzerfahrungen und Tätigkeitswechseln, denen es nicht gelungen ist, eine berufliche Identität zu entwickeln und die darüber oft genug unglücklich sind. Einen pragmatisch erfolgreichen Weg stellt die weiter oben beschriebene Identitätsarbeit dar.

▶ Das Problem der Berufsorientierung aus kognitionspsychologischer Sicht: Das Wissen einer Person über sich selbst und ihr Wissen über Berufe ist unterschiedlich organisiert und repräsentiert.

Die gegebene Multidimensionalität, sowohl auf Seiten der Individuen als auch auf Seiten der Berufe, die Notwendigkeit, die einzelnen Elemente und Dimensionen auf Metaebenen zu integrieren und nicht einfach bloß zu abstrahieren, verbunden mit ihren unterschiedlichen Formen der Repräsentation, führen dazu, dass erfolgreiche „Brückenkonstruktionen" zwischen einer Person und einem Beruf im Allgemeinen Aufmerksamkeit und Zeit erfordern.

8.3 Resümee

Die Digitalisierung verändert Tätigkeiten und damit Berufe, wobei Tätigkeiten in unterschiedlichem Ausmaß betroffen sind: von wenig bis sehr stark und abhängig von ökonomischen, rechtlichen und ethischen Randbedingungen. Diese Veränderungen in der zentralen Kategorie des Konstrukts „Beruf" führen dazu, dass alle übrigen Kategorien des multi-kategorialen Konstrukts beeinflusst werden.

Auch wenn die Art der Veränderung neu ist, lässt sie sich im Rahmen der bisher entwickelten Konzepte zur Beschreibung von Berufen (z. B. Klassifikation von Berufen) gut erfassen und darstellen.

Im Beratungskonzept von Peterson et al. (2003) führen diese Veränderungen dazu, dass sich in der Wissensdomäne der Berufe, auf der Ebene der Wissenserwerbskomponente, Änderungen ergeben. Diese wirken sich jedoch nicht auf die beiden darüber liegenden Komponenten aus.

Computerprogramme sind schon heute in verschiedenen disziplinären Teilfunktionen (Themenkreis 1: bspw. bei der Erkundung von Interessen, Fähigkeiten etc. mit ihren disziplinbezogenen Gütekriterien oder der Klassifikation von Berufen) sehr nützlich, wenn sie valide sind, und ihr Einsatz wird vermutlich zukünftig weiter zunehmen. Weitere Nutzungsmöglichkeiten entstehen durch die Simulation sehr langsamer oder komplexer Prozesse (Dörner 1989), die auf solche Weise ins Bewusstsein gehoben werden können, sowie durch die Schaffung virtueller Räume. Für alle diese Angebote gilt, dass sie in personale Beratungsangebote eingebunden sein sollten.

Mit der Vielzahl verschiedener Medien, die durch die Digitalisierung (Stichworte: Datenplattformen, virtuelle Realität) nochmals erweitert wird, ist es schon lange kein Problem mehr, sich zu informieren. Schon seit geraumer Zeit gilt stattdessen das Finden gültiger und zur Fragestellung passender Informationen, was Überblicks- und Zusammenhangswissen voraussetzt, sowie ihre Gewichtung und Bewertung als Engpass. Im Rahmen der Berufsorientierung kommt dabei dem Bewusstsein über die eigene Identität eine zentrale Rolle zu, weil sie die Maßstäbe zur Bewertung liefert: Wer bin ich? Was suche und brauche ich? Wohin will ich? In einer vielfach optional gestalteten Welt sind diese Antworten immer schwieriger zu geben und erfordern eine intensivierte Identitätsarbeit, wobei die Bedarfe nach aktuellem Kenntnisstand zwischen Personen variieren. Je nach Persönlichkeit der Kinder, Jugendlichen oder Erwachsenen kommt eine Beratung und Orientierung ggf. weiter erschwerend hinzu, dass ein zu einseitig intensiver bis missbräuchlicher Umgang mit modernen Medien (Büsching 2019; Teuchert-Noodt 2019; Schöne 2018; Zimbardo und Coulombe 2016) ein tiefes Verarbeiten und Begreifen von Inhalten beeinträchtigen oder gar behindern kann, das bei komplexen Aufgaben wie der Berufsorientierung und -wahl dringend notwendig ist.

Die in diesem Beitrag formulierte Hoffnung ist, dass eine intensive Identitätsarbeit, bei der Menschen ihre Erfahrungen durchdenken und -arbeiten sowie reflektieren, zur Wahrnehmung persönlicher Muster führt, die auf Ähnlichkeiten mit aufgaben- und tätigkeitsbezogenen, beruflichen Musterbildungen verglichen werden können, die bei der Tiefenverarbeitung berufskundlichen und arbeitsmarktlichen Wissens entstanden sind.

Dass eine solche Musterbildung in Zeiten vielfach versteckter und zerlegter Arbeitsschritte und oberflächlich schneller und starker Veränderungen erschwert ist, erklärt und begründet, warum Jugendliche wie Erwachsene heute mehr Moratorien benötigen und einlegen, öfter Umwege gehen und deutlich mehr beraterische Unterstützung und Begleitung auf ihren Wegen benötigen.

Literatur

Aebli, H. (1981): Denken: Das Ordnen des Tuns, Bd II: Denkprozesse. Stuttgart: Klett-Cotta.
Amman, J. (1568): Das Ständebuch. Hrsg. Manfred Lemmer (1995). Frankfurt/M.: Insel-Verlag.
Bandura, A. (1986): Social foundations of thought and action: A social cognitive theory. Englewood Cliffs, NJ: Prentice-Hall.
Beicht, U. & Walden, G. (2013): Duale Berufsausbildung ohne Abschluss – Ursachen und weiterer bildungsbiografischer Verlauf: Analyse auf Basis der BIBB-Übergangsstudie 2011. Bonn: Bundesinstitut für Berufliche Bildung.
Bienfait, A. & Frey, A. (2016): Ausbildungs- und Studienabbrüche. Empirische Befunde, Ursachen und Möglichkeiten der Prävention. In: Bienfait, A. & Frey, A. (Hrsg.): Ausbildungs- und Studienabbrüche. Empirische Befunde, Ursachen und Möglichkeiten der Prävention (347–355). Empirische Pädagogik, 30, 3/4.
Brown, D. (2012): Career information, career counseling, and career development (10th ed.). Boston: Pearson.
Brüggemann, T. & Rahn, S. (Hrsg.) (2013): Berufsorientierung. Ein Lehr- und Arbeitsbuch. Münster: Waxmann.
Büsching, U. (2019): Hat die Digitalisierung der Lebenswelten unserer Kinder und Jugendlichen so viele Vorteile? In: Bleckmann, P. & Lankau, R. (Hrsg.). Digitale Medien und Unterricht (69–83). Weinheim: Beltz.
Bundesagentur für Arbeit (Hrsg.) (2011): Klassifikation der Berufe. Bd. 1 und 2. Bundesagentur für Arbeit. Nürnberg.
Bundesinstitut für Berufsbildung (2014): Online unter: bibb.de/datenreport/de/2014/19515 [17.03.2019].
Bundesinstitut für Berufsbildung (2019): Online unter: https://www.bibb.de/de/680.php [17.03.2019].

Bußhoff, L. (1984): Berufswahl. Theorien und ihre Bedeutung für die Praxis der Berufsberatung (2. Aufl.). Stuttgart: Kohlhammer.

Daheim, H. (1970): Der Beruf in der modernen Gesellschaft. Köln: Kiepenheuer & Witsch.

Dengler, K. & Matthes, B. (2015): Folgen der Digitalisierung für die Arbeitswelt: In kaum einem Beruf ist der Mensch vollständig ersetzbar. IAB-Kurzbericht Nr. 24. Institut für Arbeitsmarkt und Berufsforschung (IAB) der Bundesagentur für Arbeit.

Dengler, K. & Matthes, B. (2018): Wenige Berufsbilder halten mit der Digitalisierung Schritt. IAB-Kurzbericht 4/2018. Institut für Arbeitsmarkt und Berufsforschung (IAB) der Bundesagentur für Arbeit.

Deutschmann, C. (2005): Latente Funktionen der Institution des Berufs. In: Jacob, M. & Kupka, P. (Hrsg.): Perspektiven des Berufskonzepts – Die Bedeutung des Berufs für Ausbildung und Arbeitsmarkt (3–16). Beiträge zur Arbeitsmarkt- und Berufsforschung, Bd. 202. Institut für Arbeitsmarkt- und Berufsforschung, Nürnberg.

Diemer, J. & Zwanzger, P. (2019): Die Entwicklung virtueller Realität als Expositionsverfahren. In: *Nervenarzt* 90, 715–723.

Dörner, D. (1989): Die Logik des Misslingens. Reinbek: Rowohlt.

Dostal, W. (2002): Der Berufsbegriff in der Berufsforschung des IAB. In: Kleinhenz, G. (Hrsg.): IAB-Kompendium Arbeitsmarkt- und Berufsforschung (463–474). Beiträge zur Arbeitsmarkt- und Berufsforschung, Bd. 250. Institut für Arbeitsmarkt- und Berufsforschung, Nürnberg.

Gigerenzer, G. (2007): Bauchentscheidungen – Die Intelligenz des Unbewussten und die Macht der Intuition. München: Goldmann.

Guichard, J. (2015): Benötigen wir eine spezifische Wissenschaft für den Bereich Berufs- und Laufbahnberatung? In: Ertelt, B.-J., Frey, A. & Scharpf, M. (Hrsg.): Berufsberatung als Wissenschaft (115–134). Hamburg: Dr. Kovac.

Heckhausen, H. (1980): Motivation und Handeln. Berlin: Springer.

Heublein, U., Hutzsch, C., Schreiber, J., Sommer, D. & Besuch, G. (2010): Ursachen des Studienabbruchs in Bachelor- und in herkömmlichen Studiengängen. Ergebnisse einer bundesweiten Befragung von Exmatrikulierten des Studienjahres 2007/08 (Forum Hannover). Hannover: HIS Hochschul-Informations-System.

Hirschi, A. (2013): Berufswahltheorien – Entwicklung und Stand der Diskussion. In: Brüggemann, T. & Rahn, S. (Hrsg.): Berufsorientierung. Ein Lehr- und Arbeitsbuch (27–41). Münster: Waxmann.

Holland, J. L. (1997): Making vocational choices. A theory of vocational personalities and work environments (3. ed.). Odessa Fla.: Psychological Assessment Resources.

Jäger, A. O., Süß, H.-M., & Beauducel, A. (1997): Berliner Intelligenzstruktur-Test. Form 4. Göttingen: Hogrefe.

Kahnemann, D. (2011): Schnelles Denken, langsames Denken. München: Siedler.

Kahsnitz, D. (1996): Identitätsorientierte Berufswahlforschung und Berufsberatung. In: Schober, K. & Gaworek, M. (Hrsg.): Berufswahl: Sozialisations- und Selektionsprozesse an der ersten Schwelle (325–341). Beiträge zur Arbeitsmarkt- und Berufsforschung, Bd. 202. Institut für Arbeitsmarkt- und Berufsforschung, Nürnberg.

Kanning, U. W. & Schuler, H. (2014): Simulationsorientierte Verfahren der Personalauswahl. In: Schuler, H. & Kanning, U. W. (Hrsg.): Lehrbuch der Personalpsychologie (215–256). Göttingen: Hogrefe.

Klevenow, G.-H. (1996): Geschlechtsspezifische Interessenschwerpunkte und berufliche Orientierungen in der Phase der Berufswahlvorbereitung. In: Schober, K. & Gaworek, M. (Hrsg.): Berufswahl: Sozialisations- und Selektionsprozesse an der ersten Schwelle (97–112). Beiträge zur Arbeitsmarkt- und Berufsforschung, Bd. 202. Institut für Arbeitsmarkt- und Berufsforschung, Nürnberg.

Klevenow, G.-H. (2000): Klassifikation von Ausbildungsberufen als Basis für Berufsorientierung. Beträge zur Arbeitsmarkt- und Berufsforschung, Bd. 235. Institut für Arbeitsmarkt- und Berufsforschung, Nürnberg.

Klevenow, G.-H. & Weber, L. (2016): Ausbildungs- und Studiengangwechsel – Eine explorative Studie zur Veränderung von Entscheidungsstrategien und -kriterien. In: Bienfait, A. & Frey, A. (Hrsg.): Ausbildungs- und Studienabbrüche. Empirische Befunde, Ursachen und Möglichkeiten der Prävention (475–498). Empirische Pädagogik, 30, 3/4.

Kuhn, T. (1967): Die Struktur wissenschaftlicher Revolutionen. Frankfurt/M.: Suhrkamp.

Luttenberger, S., Aptarashvili, I., Ertl, B., Ederer, E. & Paechter, M. (2014): Niedrige Übereinstimmung zwischen Interessen und Berufswunsch – Ein bislang vernachlässigtes Risiko in der Berufsorientierung Jugendlicher. In: *Gruppendynamik und Organisationsberatung*, 4/14. Online unter: http://link.springer.com/article/10.1007%Fs11612-014-0252-4#page-1 [12.04.2019].

Parsons, F. (1909): Choosing a Vocation. Boston: Houghton Mifflin.

Perrow, C. (1992): Normale Katastrophen. Die unvermeidbaren Risiken der Großtechnik (2. Aufl.). Frankfurt/M.: campus.

Peterson, G. W., Sampson, J. P., Reardon, R. C. & Lenz, J. G. (2003): Core Concepts of a Cognitive Approach to Career Development and Services. Center for the Study of Technology in Counseling and Career Development, Florida State University. Online unter: http://www.career.fsu.edu/techcenter [10.04.2019].

Piaget, J. (2015): Psychologie der Intelligenz (Orig. 1947/49). Stuttgart: Klett-Cotta.

Rübner, M. & Sprengard, B. (2010): Beratungskonzeption der Bundesagentur für Arbeit, Bd. 1. Bundesagentur für Arbeit, Nürnberg.

Savickas, M. L., Nota, L., Rossier, J., Dauwalder, J.-P., Duarte, M. E., Guichard, J., Soresi, S., van Esbroeck, R. & van Vianen, S.E.M. (2009): Life Designing: A paradigm for career construction in the 21st century. Journal of Vocational Behavior 75: 239–250.

Schöne, B. (2018): Realitas ex Machina – wie virtuelle Realität in unseren Kopf kommt. In: *Wirtschaftspsychologie aktuell* 3, 57–60.

Schuler, H. & Kanning, U. W. (Hrsg.) (2014): Lehrbuch der Personalpsychologie (3. Aufl.). Göttingen: Hogrefe.

Schwartz, S. H. & Bilsky, W. (1990): Toward a theory of the universal content and structure of values: Extensions and cross-cultural replications. Journal of Personality and Social Psychology, 58, 878–891.

Sozialgesetzbuch III – Arbeitsförderung. www.gesetze-im-internet.de/sgb_3/index.html.

Sternberg, R. J. (1985): Beyond IQ: A triarchic theory of human intelligence. Cambridge, U.K.: Cambridge University Press.

Stooß, F. (1977): Die Systematik der Berufe und der beruflichen Tätigkeiten. In: Seifert, H. M. (Hrsg.): Handbuch der Berufspsychologie. Göttingen: Hogrefe.

Straus, F. & Höfer, R. (1997): Entwicklungslinien alltäglicher Identitätsarbeit. In: Keupp, H. & Höfer, R. (Hrsg.): Identitätsarbeit heute. Klassische und aktuelle Perspektiven der Identitätsforschung (270–307). Frankfurt/M.: Suhrkamp.

Teuchert-Noodt, G. (2019): Die Rechnung kann nicht ohne den Wirt gemacht werden: Das Gehirn des Kindes. In: Bleckmann, P. & Lankau, R. (Hrsg.): Digitale Medien und Unterricht (85–110). Weinheim: Beltz.

Zimbardo, P. & Coulombe, N. (2016): Man interrupted. Newburyport, MA: Conari Press.

Teil III
Bildung

Gelingenskompetenzen in der dualen Berufsausbildung

9

Welche Kompetenzen können als Bewältigungsressource in der dualen Ausbildung bei Jugendlichen herangezogen werden?

Angela Ulrich, Nicole Wiench, Andreas Frey und Jean-Jacques Ruppert

> *„Erfolg besteht darin, dass man genau die Fähigkeiten hat, die im Moment gefragt sind."*
> Henry Ford

Inhaltsverzeichnis

9.1	Einleitung	180
9.2	Der Kompetenzbegriff	184
	9.2.1 Kompetentes Handeln	185
	9.2.2 Die unterschiedlichen Kompetenzklassen	186
	9.2.3 Zusammenhang zwischen Kompetenz und Ausbildungserfolg	187
9.3	Der Online-Beurteilungsbogen zu sozialen, methodischen und personalen Kompetenzen und Ausbildungsabbruchtendenzen (smk+p)	188
	9.3.1 Deskriptive Analysen	189
	9.3.1.1 Zusammensetzung der Stichprobe	191
	9.3.1.2 Kompetenzausprägungen nach Geschlecht	191
	9.3.1.3 Erfolgsrelevante Kompetenzen	192
9.4	Zusammenfassung der Ergebnisse	196

A. Ulrich (✉) · N. Wiench · A. Frey
Hochschule der Bundesagentur für Arbeit, Mannheim, Deutschland
E-Mail: angela.ulrich@hdba.de; nicole.wiench@hdba.de; Andreas.Frey2@arbeitsagentur.de

J.-J. Ruppert
Luxemburg, Luxemburg
E-Mail: jean-jacques.ruppert@education.lu

© Springer Fachmedien Wiesbaden GmbH, ein Teil von Springer Nature 2020
T. Freiling et al. (Hrsg.), *Zukünftige Arbeitswelten*,
https://doi.org/10.1007/978-3-658-28263-9_9

9.5	Diskussion und Ausblick	197
	9.5.1 Identifizierte Gelingenskompetenzen	197
	9.5.2 Kompetenzen in der Berufsausbildung der Zukunft	199
Literatur		201

Zusammenfassung

Die Abbruchquote von Ausbildungen ist seit vielen Jahren mit ca. 25 Prozent unverändert hoch. In Zeiten, in denen ein zunehmendes Interesse von Schulabgängern an akademischer Bildung beobachtet wird und gleichzeitig bereits jetzt in verschiedenen Berufszweigen Fachkräfteengpässe festgestellt werden können, wird der gegenwärtige Mangel an Ausbildungsabsolventen zum Problem des Arbeitsmarktes der Zukunft. Bereits im Jahr 2016/2017 mangelte es vor allem an betrieblich Ausgebildeten (Burstedde et al. 2017). Es ist daher notwendig, Faktoren zu identifizieren, die zum erfolgreichen Abschluss dualer Ausbildungen beitragen. Überfachliche Kompetenzen haben sich in zahlreichen Studien als bedeutsam für die Bewältigung einer dualen Ausbildung gezeigt. Der Online-Beurteilungsbogen smk+p, der seit 2011 in Berufsschulen eingesetzt wird, ist ein empirischer Ansatz für die Diagnose überfachlicher Kompetenzen und Ausbildungsabbruchtendenzen in der Berufsausbildung. Es liegen inzwischen Daten von ca. 17.000 Auszubildenden vor. Dieser Beitrag überprüft anhand dieser Daten, welche Kompetenzen als Bewältigungsressource in der Ausbildung herangezogen werden. Hierzu können Gelingensfaktoren identifiziert werden.

Schlüsselwörter

Gelingenskompetenz · Ausbildung · SMK online-Tool · Kompetenzausprägungen · Berufsausbildung der Zukunft

9.1 Einleitung

Die Ausbildung stellt Jugendliche von heute in den verschiedenen Lernorten Berufsschule, Bildungszentrum der Kammer und Betrieb vor komplexe Herausforderungen, wenn sie diese erfolgreich durchlaufen und einen Abschluss der Berufsausbildung, der dem Niveau der Sekundarstufe II entspricht, erwerben wollen. Im Unterschied zum geschützten Bereich der allgemeinbildenden Schule kommen nun weitere Lernorte wie der Betrieb und die Kammer hinzu. Der Jugendliche steht in einem Angestelltenverhältnis. Neben dem berufsschulischen Unterricht muss er im Betrieb ein erhebliches Maß an Selbstständigkeit zeigen, da den betrieblichen Anleitern im Alltag häufig die Zeit fehlt, sich intensiv um den Jugendlichen zu kümmern. Gerade in kleinen und mittleren Betrieben, in denen die Mehrzahl der Ausbildungen stattfindet, besteht ein direkter persönlicher Kontakt zwischen Vorgesetztem und Jugendlichem. Wenn es hier zu Spannungen auf der persönlichen Ebene kommt, stellt dies für den Jugendlichen, u. a. wegen des Machtgefälles, eine schwierige Situation dar, für deren Lösung ein hohes Maß an Frustrationstoleranz hilfreich ist. Um diese Herausforderungen zu bewältigen, werden Anforderungen benötigt, die mehr als nur

Wissen und kognitive Fähigkeiten sind. „Es geht um die Fähigkeit der Bewältigung komplexer Anforderungen, indem in einem bestimmten Kontext psychosoziale Ressourcen (einschließlich kognitiver Fähigkeiten, Einstellungen und Verhaltensweisen) herangezogen und eingesetzt werden." (OECD 2005, S. 6)

Diese Anforderungen werden von der OECD in drei Schlüsselkompetenzbereiche eingeteilt:

1. Junge Menschen sollen in der Lage sein, verschiedene Medien, Hilfsmittel oder Werkzeuge (Tools), wie z. B. Informationstechnologien oder die Sprache, wirksam einzusetzen, sie zu verstehen, anzupassen und interaktiv zu nutzen.
2. Junge Menschen sollen in der Lage sein, in einer vernetzten Welt mit Menschen aus verschiedenen Kulturen umzugehen und innerhalb sozial heterogener Gruppen zu interagieren.
3. Junge Menschen sollen befähigt sein, Verantwortung für sich zu übernehmen, ihr Leben in größeren Kontexten zu situieren und eigenständig zu handeln (OECD 2005, S. 7).

Im Hinblick auf die weiter voranschreitende Digitalisierung erscheinen die hier beschriebenen, von der OECD systematisierten, überfachlichen Kompetenzen an Relevanz zu gewinnen. Die Fähigkeit, Medien bzw. Tools der Informationstechnologie in ihrer Funktion zu verstehen und ihren Einsatz angepasst zu gestalten, wird dann wichtiger, wenn EDV-Produkte einem kurzen Innovationszyklus unterliegen, wie dies gegenwärtig der Fall ist. Herausragende Anwenderkenntnisse eines spezifischen Produkts helfen nicht weiter, wenn nicht die Fähigkeit besteht, seine Kenntnisse bei technischer Änderung des Produkts anzupassen. Die Interaktion in heterogenen Gruppen, sei es sozial oder kulturell, ist für den beruflichen Erfolg in einer globalisierten Welt unerlässlich und wird daher als Fähigkeit in ihrer Bedeutung ebenfalls zunehmen. Damit einher geht die Notwendigkeit, in größeren Kontexten zu denken und seine Handlungen eigenständig zu planen.

Die drei Kompetenzbereiche sind miteinander verzahnt und bilden eine Grundlage für die Bestimmung und die Verortung von weiteren methodischen, sozialen und personalen Kompetenzen. Das reflexive Denken und Handeln stellt hierbei ein zentrales Element dieses konzeptuellen Referenzrahmens dar. „Reflexivität beinhaltet nicht nur die Fähigkeit, im Umgang mit einer bestimmten Situation routinemäßig nach einer Formel oder Methode zu verfahren, sondern auch mit Veränderungen umzugehen, aus Erfahrungen zu lernen und kritisch zu denken und zu handeln" (OECD 2005, S. 7).

Wer einen Berufsabschluss auf Sekundarstufe II erfolgreich abschließt und damit gezeigt hat, dass er eine Reihe an Anforderungen bewältigen kann, muss somit überfachliche Kompetenzen verinnerlicht haben, die ihm dies ermöglichen. Diese müssen je nach Anforderungs- und Problemlage abgerufen werden und handlungsleitend zum Einsatz kommen. Im Umkehrschluss bedeutet diese Annahme, dass Jugendliche, die eine Ausbildung vor Abschluss abbrechen, über bestimmte Kompetenzen nicht oder nicht ausreichend verfügen.

Im Jahr 2016 wurden in Deutschland 146.376 Ausbildungsverträge gelöst. Somit liegt die Lösungsquote bei 25,8 % aller abgeschlossenen Ausbildungsverträge (Bundesministerium für Bildung und Forschung [BMBF], 2018, S. 81). Statistisch erfasst wird dabei jeweils die Lösung des Ausbildungsvertrages. Nicht erfasst wird bisher, ob eine Ausbildung ohne Unterbrechung oder auch zu einem späteren Zeitpunkt, in einem anderen Betrieb, aber im gleichen Beruf fortgesetzt oder in einem anderen Beruf begonnen wird (Mahlberg-Wilson et al. 2009). Ein nicht unbedeutender Anteil gibt mit der Lösung des Ausbildungsvertrags seine Pläne für eine berufliche Qualifizierung endgültig auf (Schöngen 2003, S. 16). Die Bestimmung der genauen Anzahl der endgültigen Vertragsauflösungen zeigt sich regelmäßig als problematisch, da eine systematische Erfassung, auch über einen längeren Zeitraum, nicht erfolgt. Schätzungen des Bundesministeriums für Bildung und Forschung (2016) gehen davon aus, dass ca. 10 bis 20 % der Jugendlichen (14–28 Tausend Jugendliche), die einen Ausbildungsvertrag gelöst haben, komplett aus dem Bildungssystem fallen (z. B. BMBF 2016, S. 74). Lettau (2017) ist der Frage nach dem Verbleib nach vorzeitiger Beendigung einer Ausbildung anhand der Startkohorte der Erwachsenen des Nationalen Bildungspanels (NEPS 2016) des Leibniz-Instituts für Bildungsverläufe nachgegangen. Anhand der vorliegenden Längsschnittdaten von erwachsenen Personen im Alter von 28 bis 72 Jahren wurden diejenigen 743 Personen (ca. 4 % des gesamten Samples) identifiziert, die eine Ausbildung abgebrochen haben. Personen, die in der damaligen DDR oder im Ausland eine Ausbildung abgebrochen haben, wurden wegen fehlender Vergleichbarkeit nicht einbezogen, sodass noch 678 Personen für die Analyse übrig blieben. In den ersten beiden Jahren nach Vertragslösung haben demnach 40 % erneut eine Qualifizierungsmaßnahme aufgenommen, nach weiteren sechs Jahren 50 % und nach 15 Jahren insgesamt etwa 62 %. Von der Gruppe, die erneut eine Qualifizierungsmaßnahme beginnt, starten 48 % in eine duale oder schulische Ausbildung, 6 % nehmen ein Studium auf, 7 % beginnen mit einer schulischen Höherqualifizierung. Das bedeutet aber auch, dass etwa 39 % 15 Jahre nach Abbruch einer Ausbildung keine Qualifizierungsmaßnahme mehr aufgenommen haben. Der Anteil derer, die dauerhaft ausscheiden, wäre rund doppelt so hoch, wie in den Schätzungen des BMBF angegeben wird. Bei diesen Zahlen ist jedoch zu berücksichtigen, dass sich die Berechnungen von Lettau (2017) nicht auf eine Kohorte, sondern auf einen zahlenmäßig eingeschränkten Personenkreis zwischen 28 und 72 Jahren bezieht. Ebenfalls zu berücksichtigen sind die Veränderungen der gesellschaftlichen Rahmenbedingungen, die in der Adoleszenzphase einer heute 72-jährigen Person nicht mit den heutigen Parametern vergleichbar sind, die sich der aktuellen Gruppe der Jugendlichen bieten. Durch den anhaltenden Trend zur Höherqualifizierung und die entsprechend geringe Nachfrage nach ungelernten Kräften am Arbeitsmarkt ist der Druck auf heutige Jugendliche, einen Ausbildungsabschluss vorweisen zu können, ungleich höher. Dies liegt daran, dass Geringqualifizierte, wie an späterer Stelle in diesem Beitrag gezeigt werden wird, kaum Beschäftigungsmöglichkeiten haben. Vermutlich sind daher auch das Bestreben und die Motivation, die Qualifizierungsphase nach dem ersten Abbruch nicht abzuschließen, höher. Die Ergebnisse sind demnach nicht ohne Weiteres auf Personen übertragbar, die heute oder in Zukunft unter 25 Jahre alt sind und sich am Arbeitsmarkt orientieren. Die Analyse macht jedoch deutlich, dass es einem großen Anteil an Abbrechern nicht mehr gelingt, in das Qualifikationssystem zurückzukehren.

Gesamtgesellschaftlich betrachtet können bei Ausbildungsabbrüchen Probleme auf mehreren Ebenen erkannt werden. Für den jungen Menschen selbst ist eine berufliche Zukunft ohne abgeschlossene Ausbildung eine düstere Perspektive. Seit vielen Jahren wird medial und wissenschaftlich berichtet und erforscht, dass der Arbeitsmarkt der Gegenwart und erst recht der Arbeitsmarkt der Zukunft Arbeitskräfte braucht, die über eine solide Ausbildung verfügen. Dem gegenüber stehen Szenarien, nach denen „der Beruf" auf dem Arbeitsmarkt der Zukunft insgesamt an Bedeutung verliert und damit auch die Facharbeit ihren heutigen Stellenwert verlieren wird. Dem Berufsbegriff, dessen Verbreitung Sailmann (2018) in Zusammenhang mit dem Aufkommen des Sozialstaats und der Nationalökonomie im ausgehenden 19. Jahrhundert bringt, wohnt inne, dass der Beruf über einen längeren Zeitraum erlernt und ausgeübt wird. Das Paradigma der lebenslangen Gültigkeit einer getroffenen Berufswahl in der Arbeitswelt des 21. Jahrhunderts, die auch heute noch teilweise die Vorstellung bestimmt, hat jedoch nicht mehr die Bedeutung, die sie in vergangenen Jahrzehnten hatte. Das Schlagwort der „Arbeitswelt 4.0" (BMAS 2017) fasst zusammen, wie sich Experten die sogenannte „neue Arbeitswelt" vorstellen: Eine örtlich und zeitlich flexible Arbeitswelt, in der sich auch die Berufsrollen permanent wandeln. Die einmal getroffene Berufsentscheidung wird revidiert, eine zweite Ausbildung absolviert, ein Studium angeschlossen, ein Zweitstudium im Anschluss an das Erststudium begonnen etc. Es gibt zahlreiche Anlässe dafür, die einmal getroffene Berufsentscheidung zu revidieren. Beruflicher Wiedereinstieg nach einer Kinderbetreuungsphase, Arbeitslosigkeit oder permanente Unzufriedenheit im bestehenden Beruf können einige exemplarische Anlässe sein (Beinke 2006). Der permanente Wandel der Berufsrolle ist bereits auf dem heutigen Arbeitsmarkt zu sehen. Die momentanen Entwicklungen deuten darauf hin, dass sich dies in der Zukunft verstärken wird.

Sogenannte „einfache" Tätigkeiten, die bislang von ungelernten Helferinnen und Helfern übernommen werden konnten, werden jedoch immer weniger. Für ungelernte Beschäftigte gibt es bereits heute kaum noch berufliche Perspektiven, wie in der Arbeitslosenstatistik zu sehen ist. Geringqualifizierte tragen ein deutlich höheres Risiko, arbeitslos zu sein. Die Quote arbeitsloser Personen ohne Berufsabschluss war deutschlandweit im Jahr 2016 mit 20 % fast fünfmal höher als die von Menschen mit einer beruflichen Ausbildung (4,2 %) (Bundesagentur für Arbeit 2017). Ungelernte stellen die Hälfte (50 %) der Arbeitslosen, wobei ihr Anteil an allen Erwerbspersonen nur 15 %, an den sozialversicherungspflichtigen Beschäftigten nur 10 % ausmacht (Bundesagentur für Arbeit 2017). Der Armuts- und Reichtumsbericht der Bundesregierung stellt seit 2001 fortlaufend das erhöhte Armutsrisiko und die damit verminderten Teilhabechancen von Personen ohne Berufsausbildung heraus (BMAS 2016), deren Ursache ihre erschwerten Zugangschancen zum Arbeitsmarkt darstellen.

Das Institut für Arbeitsmarkt- und Berufsforschung (IAB) hat sich in einer Studie mit dem Substituierbarkeitspotenzial unterschiedlicher Berufe beschäftigt. Die Frage, in welchem Ausmaß Berufe, die wir heute kennen, durch technische Innovationen in der Zukunft ersetzbar sind oder bereits ersetzt werden, steht dabei im Mittelpunkt (Dengler und Matthes 2018). Es zeigt sich, dass bereits im Zeitraum von 2013 bis 2016 das Substituierbarkeitspotenzial insgesamt gestiegen ist, bei den Helferberufen jedoch am meisten.

Im Hinblick auf die Anforderungen, die der Arbeitsmarkt der Zukunft an die Kompetenzen der Arbeitnehmer stellt, kommt die Frage auf, wie es gelingen kann, Jugendliche ohne Abschluss im Bildungssystem zu halten.

▶ Das Risiko von Geringqualifizierten, arbeitslos zu werden, ist höher als das von Personen mit Berufsabschluss.

Ausbildungsabbrüche sind nicht in jedem Fall vermeidbar. In Einzelfällen ist auch ein Abbruch der bestehenden Ausbildung sinnvoll, um die Ausbildung nach Beratung und Neuorientierung in einem neuen Betrieb oder einem neuen Ausbildungsberuf erfolgreich beenden zu können. Um dabei zielführend beraten zu können, sind für die Berufsberaterinnen und Berufsberater, aber auch für die an der Ausbildung beteiligten Ausbilder in Betrieben, Kammern, Verbände, Lehrerinnen und Lehrer Kenntnisse darüber notwendig, welche überfachlichen Kompetenzen bereits heute entscheidend den erfolgreichen Abschluss einer Ausbildung positiv unterstützen. Es stellt sich weiterhin die Frage, welche überfachlichen Kompetenzen in unterschiedlichen Berufsfeldern wesentlich sind. Da die Berufsfelder sehr unterschiedliche Anforderungen mit sich bringen, ist es wenig wahrscheinlich, dass für alle Berufsfelder die gleichen überfachlichen Kompetenzen entscheidend sind. Es erfolgt daher eine berufsfeldspezifische Differenzierung bei der Analyse. In Anlehnung an die Hypothese, dass Auszubildende ohne Abbruchneigung im Gegensatz zu Auszubildenden mit Abbruchneigung über die notwendigen überfachlichen Kompetenzen zum Umgang mit schwierigen Rahmenbedingungen in ihrer Ausbildung verfügen, werden im Folgenden die überfachlichen Kompetenzen bei Jugendlichen mit Hilfe von smk+p empirisch ermittelt, die speziell zur Bewältigung von Anforderungs- und Problemlagen in der dualen Ausbildung dienlich erscheinen. Im Anschluss werden Überlegungen zur Stärkung dieser überfachlichen Kompetenzen im Hinblick auf einen Berufsschulunterricht der Zukunft diskutiert.

9.2 Der Kompetenzbegriff

Bei der Suche nach den Ursachen für die Tatsache, dass manche Jugendliche eine Ausbildung erfolgreich abschließen und andere nicht, kommt der Begriff der Kompetenz ins Spiel. Kompetenzen sind komplexer strukturiert als ihre einzelnen Elemente (Kenntnisse, Fähigkeiten und Haltungen). Diese sind notwendig, um Kompetenz entwickeln zu können. Kompetenzen können aufgebaut, entwickelt oder verändert werden. Eine Situation (Anforderungs- und Problemlage) gibt vor, welche Kompetenzdimensionen benötigt werden, damit mit der Situation adäquat umgegangen werden kann. Die Art und Weise des Umgangs ist dabei von der Situation abhängig. Jede Kompetenzdimension benötigt hierzu ein Bündel an Ressourcen (Kenntnisse, Fähigkeiten, Haltungen), die der Jugendliche in der beruflichen Ausbildung ausgebildet oder weiterentwickelt hat. An dem Beispiel der Situation „Kundenkontakt" kann dies verdeutlicht werden. Abhängig von dem geschäftlichen Umfeld, in dem der Kundenkontakt stattfindet, gibt es Erwartungen und normative Anforderungen, die von Seiten der Arbeitgeber und aus Sicht der Kunden von dem Jugendlichen erfüllt werden müssen. Die Sozialkompetenz des jugendlichen Auszubildenden sollte so entwickelt sein, dass er diese Anforderungen erkennen und umsetzen kann.

▶ Bei Kompetenzen kommt es auf das Zusammenspiel der drei Aspekte Kenntnisse, Fähigkeiten und Haltungen in Kombination mit verantwortungsvollem Handeln an.

Über eine spezifizierte berufliche Situation (berufliche Handlung) lassen sich somit die zu entwickelnden Ressourcen festlegen, die sich in verschiedenen Kompetenzen bündeln und vernetzen sollen.

▶ Für das erfolgreiche Durchlaufen der beruflichen Ausbildung sind verschiedene überfachliche Kompetenzen notwendig. Diejenigen Kompetenzen, die auf das Gelingen, also auf den erfolgreichen Abschluss der Ausbildung zielen, werden als Gelingenskompetenzen bezeichnet.

9.2.1 Kompetentes Handeln

Kompetenz wird nach Frey (2008, S. 45) vor allem über die Bezugnahme zur Handlungsfähigkeit beschrieben: „Wer Kompetenz besitzt, ist handlungsfähig und somit in der Lage, je nach spezifischer Situation, aus seinen entwickelten Ressourcen (Kenntnisse, Fähigkeiten, Haltungen) diejenigen abzurufen, die gebraucht werden, um die anstehenden Aufgaben zielorientiert und bezogen auf diese Aufgaben und den betrieblichen Kontext verantwortungsvoll zu lösen, diese Lösungen zu bewerten und die eigenen Kompetenzkonstellationen weiterzuentwickeln." Um eine Handlung kompetent ausführen zu können, muss der junge Mensch motiviert und in der Lage sein, die durchdachten Prozesse in Aktivitäten umzusetzen. Aber nur, wenn die Handlung unter Beachtung von individuellen und gesellschaftlichen Werten und Normen erfolgt, zeichnet sie sich durch Kompetenz aus. Wissen und Können müssen folglich auch in Wertebezügen verortet werden (Erpenbeck und Heyse 2007, S. 162). Hierzu bedarf es eines Wertesystems, das dadurch gebildet wird, dass die in ihm transportierten Grundüberzeugungen, Haltungen und Anschauungen durch den Jugendlichen erlebt, reflektiert und bei positiver Beurteilung ihrer Wirkung verinnerlicht werden. Wissen, Können und Werte werden wiederum Bestandteil der Erfahrung eines Jugendlichen. Die genannten Merkmale zusammengenommen vereinen sich in der Persönlichkeit, weshalb Kompetenz zuweilen auch als eine Persönlichkeitsdimension beschrieben wird (Erpenbeck und Heyse 2007, S. 176).

Weinert (2001, S. 27 f.) bezeichnet Kompetenz als „die bei Individuen verfügbaren oder durch sie erlernbaren kognitiven Fähigkeiten und Fertigkeiten, um bestimmte

Probleme zu lösen, sowie die damit verbundenen motivationalen, volitionalen und sozialen Bereitschaften und Fähigkeiten, um die Problemlösungen in variablen Situationen erfolgreich und verantwortungsvoll nutzen zu können". Er greift damit die bereits beschriebenen Merkmale auf und erweitert den Kompetenzbegriff um zusätzliche Aspekte wie Nutzungsbereitschaft und Motivation. Die Grundlage für kompetentes Handeln sind die individuell verfügbaren Ressourcen eines jungen Menschen, also seine physischen und psychischen Anlagen. Darüber hinaus verfügt ein Individuum über erlernbare Kenntnisse, Fähigkeiten und Haltungen. Dies impliziert, dass Kompetenz die Fähigkeit zur Weiterentwicklung der eigenen Ressourcen umfasst (Frey 2008, S. 45 f.; Hof 2002, S. 87). Dieser selbst organisierte Einsatz der genannten Dispositionen ist als kompetentes Handeln zu beschreiben. Erpenbeck und Heyse bezeichnen Kompetenz deshalb auch als Selbstorganisationsdisposition (Erpenbeck und Heyse 2007, S. 136 f.).

In vollem Umfang kompetent handelt nach dieser Definition oder diesem Selbstverständnis, wer „bewusst, willentlich und verantwortungsbezogen handelt, gemäß Kriterien, die gesellschaftlich anerkannt sind, und zwar nicht im Sinne einer technisch zufrieden stellenden, sondern auch einer ethisch korrekten Leistung" (Ghisla et al. 2008, S. 22). „Kompetenz liegt also nicht einfach in den Ressourcen (Kenntnis, Fähigkeiten und Haltungen), aus denen sie in der jeweiligen Situation entsteht und auch nicht in deren Summe, sondern im Akt der kreativen und funktionalen Kombination und Mobilisierung dieser Ressourcen in Situationen" (Ghisla et al. 2008, S. 23). In diesem Kontext erläutern Ghisla et al. (2008), dass sich eine bestimmte Kompetenz darin zeigt, dass ein Jugendlicher eine bestimmte Klasse von Situationen angemessen bewältigt und dabei bestimmte Ressourcen mobilisiert.

9.2.2 Die unterschiedlichen Kompetenzklassen

Die Kompetenzkonstellationen können in vier verschiedene Unterklassen differenziert werden: zum einen in die fachliche und zum anderen in die soziale, methodische und personale Kompetenzklasse. Die drei letztgenannten Kompetenzklassen werden auch unter dem Begriff überfachliche Kompetenzen zusammengefasst (Frey et al. 2015, S. 4). Die drei Kompetenzklassen setzen sich aus verschiedenen Ressourcen wie Kenntnissen, Fähigkeiten und Haltungen zusammen, welche sich wiederum in verschiedene Fertigkeiten unterteilen lassen (Frey 2008, S. 57 f.).

▷ Kompetenzen werden in vier verschiedene Unterklassen differenziert: Die fachliche sowie die soziale, methodische und personale Kompetenzklasse.

Die Kompetenzklassen sind miteinander vernetzt und interdependent. Sie ergeben als Gesamtheit die berufliche Handlungskompetenz (Smekalova et al. 2016).

Die Fachkompetenz beinhaltet Kenntnisse und Fähigkeiten, die disziplin- bzw. berufsorientiert und einem Wandel unterworfen sind (Gnahs 2010). Ohne fachspezifische Fähigkeiten ist die Erfüllung einer jeweiligen beruflichen Tätigkeit nicht möglich.

Unter Sozialkompetenz ist das Verhalten zu verstehen, selbstständig oder in Kooperation mit anderen eine gestellte Aufgabe verantwortungsvoll zu lösen. Sind an einem Lösungsprozess mehr als eine Person beteiligt, so kommen auf den oder die Handelnden weitere Verhaltensdispositionen zu, die der Konflikt- und Kommunikationsfähigkeit zuzuordnen sind (Erpenbeck 2017; Kanning 2015; Kanning et al. 2012).

Als Methodenkompetenz wird die Fähigkeit bezeichnet, innerhalb eines definierten Sachbereichs denk- und handlungsfähig zu sein (Frey 2008). Dazu zählt, fachgerecht und reflektiert mit Arbeitsgegenständen umzugehen, Arbeitsprozesse zu strukturieren, Wissen und Sachverstand über die Arbeitsgegenstände, Arbeitsbedingungen und Interaktionspartner sowie über individuell und sozial wirksame Arbeitszusammenhänge zu besitzen, diese Fähigkeiten einzusetzen oder zu modifizieren (Hensge et al. 2008; Nägele 2013).

Die personale Kompetenz beinhaltet Fähigkeitskonzepte, Einstellungen, Haltungen oder Eigenschaften, die benötigt werden, um für sich selbst verantwortlich und motiviert zu handeln (Erpenbeck und Heyse 2007; Hensge et al. 2008). Gewonnene Einsichten, die für den jeweiligen Menschen „lebensführend" geworden sind, spiegeln sich in Tugenden wider, die auch als sittliche Grundhaltungen bezeichnet werden können. Bei der personalen Kompetenz geht es um ein Handeln aus Selbsteinsicht (Roth 1971).

Das Zusammenspiel der Ausprägung dieser Einzelkompetenzen ergibt die jeweils individuelle Kompetenzausstattung des Menschen.

9.2.3 Zusammenhang zwischen Kompetenz und Ausbildungserfolg

Der Zusammenhang zwischen der Ausprägung von Kompetenzen und dem erfolgreichen Abschluss der Ausbildung wurde bereits in früheren Studien untersucht. So hat z. B. das Bundesinstitut für Berufsbildung (BIBB) (Velten und Schnitzler 2011) untersucht, ob eine Prognose des Ausbildungserfolgs durch die kombinierte Betrachtung von Schulnoten und Kompetenztest zur Überprüfung fachspezifischer Kompetenzen besser möglich ist als durch die ausschließliche Bewertung vorgelegter Fachnoten. Im Ergebnis konnte gezeigt werden, dass eine Erfolgsprognose unter Berücksichtigung der erhobenen Kompetenzen besser möglich war. Dies zeigt, dass die Ausprägung der Kompetenzen, die in der oben genannten Studie sowohl fachliche als auch überfachliche Kompetenzen beinhalten, für die Vorhersage des Ausbildungserfolgs eine Relevanz hat.

Die Ausstattung mit überfachlichen Kompetenzen wird von manchen Autoren (z. B. Ludwig-Mayerhofer et al. 2011) sogar für den wohl wichtigsten Prädiktor für den erfolgreichen Abschluss einer Ausbildung gehalten. Gleichzeitig bedauern die Autoren auch, dass die systematische Analyse der vorhandenen Kompetenzen schwierig ist. Kompetenzen werden überlagert von anderen Faktoren wie sozialer Klasse, Ethnie oder Geschlecht, mit denen sie gleichzeitig in einer wechselwirkenden Beziehung stehen. Überfachliche Kompetenzen können nicht spezifischen Berufsfeldern zugeordnet werden, sondern liegen quer zur Fachstruktur. Dennoch werden sie als Ziel beruflicher Bildung definiert. Das Maß, in dem Auszubildende ihre überfachlichen Kompetenzen aufbauen oder entwickeln können, ist dabei jedoch erheblich von den Bedingungen im jeweiligen Betrieb abhängig (Maag-Merki 2004).

▶ Die Kompetenzklassen setzen sich aus verschiedenen Kenntnissen, Fähigkeiten und Haltungen zusammen, welche sich wiederum in verschiedene Fertigkeiten unterteilen lassen.

Ein partizipatives, kooperatives Betriebsklima fördert beispielsweise die Entwicklung von überfachlichen Kompetenzen.

9.3 Der Online-Beurteilungsbogen zu sozialen, methodischen und personalen Kompetenzen und Ausbildungsabbruchtendenzen (smk+p)

Im Rahmen des Verfahrens „Prävention von Ausbildungsabbrüchen" werden Jugendliche im ersten Ausbildungsjahr zu sozialen, methodischen und personalen Kompetenzen sowie zu Abbruchtendenzen befragt. Das Verfahren „Prävention von Ausbildungsabbrüchen" wurde von 2010 bis 2012 an der Hochschule der Bundesagentur für Arbeit als EU-Projekt in Zusammenarbeit mit weiteren europäischen Partnereinrichtungen entwickelt und durchgeführt. Ab Oktober 2012 wurde es an der HdBA als eigenes Forschungs- und Entwicklungsprojekt in enger Zusammenarbeit mit und Unterstützung durch die Bundesagentur für Arbeit (BA) weitergeführt. Seit 2018 wurde die Arbeitssystematik des Verfahrens von der Zentrale der Bundesagentur für Arbeit übernommen und bundesweit den Arbeitsagenturen zur Einführung angeboten. Angesichts der bereits oben angesprochenen Problematik der Ausbildungsabbrüche ist es nach wie vor das Ziel von Bundesagentur und Hochschule, die Jugendlichen im Bildungssystem zu halten und die Quote der Personen ohne Ausbildungsabschluss zu reduzieren. Eine aus dem ursprünglichen Projekt resultierende wissenschaftliche Weiterbildung zur „Prävention von Ausbildungsabbrüchen" wurde von der HdBA konzipiert und wird von ihr für Berufsberater der Bundesagentur angeboten. Die Erhebung mit smk+p findet zu einem frühen Zeitpunkt in der Ausbildung statt, da Ausbildungen erfahrungsgemäß am häufigsten im ersten Lehrjahr abgebrochen werden. Die konkrete Durchführung wird dabei von qualifizierten Berufsberatern der Bundesagentur für Arbeit und eingewiesenen Lehrkräften in Berufsschulklassen geleitet und begleitet. Hierbei handelt es sich um einen heuristischen Ansatz zur frühzeitigen Erkennung und entsprechender kompetenzorientierter Beratung von Jugendlichen mit Ausbildungsabbruchrisiko. Wird mit dem Beurteilungsbogen ein Abbruchrisiko diagnostiziert, kann unmittelbar nach der Erhebung eine niederschwellige Beratung erfolgen. Je nach Situation wird empfohlen, sich ein direktes Feedback eines Beraters vor Ort in der Berufsschule zu holen, um so die derzeitige Situation zu besprechen und ggf. Anschlussperspektiven zu erarbeiten.

Die Erhebung mit smk+p erfasst 15 Fähigkeitskonzepte, die sich auf die drei Kompetenzklassen verteilen und um die Aspekte der Ausbildungsabbruchtendenzen erweitert wurden. Die Abkürzung smk+p für den Online-Beurteilungsbogen bezieht sich auf soziale und methodische Kompetenzen ergänzt um personale Kompetenzen.

1. Die *Sozialkompetenzklasse* unterteilt sich in die sechs Fähigkeitskonzepte: Soziale Verantwortung, Kooperationsfähigkeit, Konfliktfähigkeit, Kommunikationsfähigkeit, Führungsfähigkeit und Situationsgerechtes Auftreten. Das Beispielitem „Anderen zuhören können" wird auf einer sechsstufigen Skala von 1 („trifft gar nicht zu") bis 6 („trifft völlig zu") bewertet.
2. Die *Methodenkompetenzklasse* beinhaltet die sechs Fähigkeitskonzepte: Analysefähigkeit, Flexibilität, Zielorientiertes Handeln, Arbeitstechniken, Reflexivität und Selbstständigkeit. Das Beispielitem „Selbstständig Ziele setzen" wird auf der sechsstufigen Skala von 1 („trifft gar nicht zu") bis 6 („trifft völlig zu") bewertet.
3. Die *Personalkompetenzklasse* beinhaltet die drei Fähigkeitskonzepte: Einfühlsamkeit, Neugierde und Pflichtbewusstsein. Das Beispielitem „Tolerant sein" wird auf der sechsstufigen Skala von 1 („trifft gar nicht zu") bis 6 („trifft völlig zu") bewertet.
4. Eine *Ausbildungsabbruchtendenz* wird anhand der Zustimmung zu acht Aussagen ermittelt. Die Antwortskala beinhaltet folgende Möglichkeiten: 1 („ja"), 2 („eher ja"), 3 („eher nein"), 4 („nein"). Fünf bis acht ablehnende Antworten stehen für ein hohes Ausbildungsabbruchrisiko.
5. Ein akutes Ausbildungsabbruchrisiko wird anhand der Zustimmung zu der Aussage „Ich denke aktuell über einen Ausbildungsabbruch nach" ermittelt.

Wird ein akutes Ausbildungsabbruchrisiko diagnostiziert, erhält der Jugendliche eine Ankreuzliste von 22 möglichen betrieblichen, berufsschulischen und privaten Gründen, warum ein Ausbildungsabbruchrisiko vorliegen könnte. Die Datenauswertung wird vom Tool automatisch vorgenommen. Als Ergebnis erhält jede und jeder Jugendliche sofort nach Abschluss der Dateneingabe eine Rückmeldung über die individuell erzielten Kompetenzergebnisse in Form eines Kompetenzprofils. Das Kompetenzprofil wird vom Tool als PDF zur Verfügung gestellt. Dem Jugendlichen wird dabei veranschaulicht, wie er die überfachlichen Kompetenzen im Vergleich zu einer Referenzgruppe eingeschätzt hat. Abgebildet wird eine Kurve, die die Ausprägung der eingeschätzten Kompetenzen erkennen lässt. Hat sich ein Teilnehmender in einem Bereich stark eingeschätzt, befindet sich der Datenpunkt rechts, hat er sich schwach eingeschätzt, befindet sich der Datenpunkt links, sodass sich in der Regel eine gezackte Kurve ergibt. Abb. 9.1 zeigt eine exemplarische Rückmeldung.

▷ Mit dem Online-Beurteilungsbogen smk+p werden individuelle Abbruchrisiken und überfachliche Kompetenzen von Auszubildenden erfasst.

9.3.1 Deskriptive Analysen

Um einen ersten Überblick über die vorliegenden Daten und systematische Unterschiede zwischen den Teilnehmenden zu erhalten, werden einleitend deskriptive Analysen durchgeführt. Die Ergebnisse werden nachfolgend beschrieben.

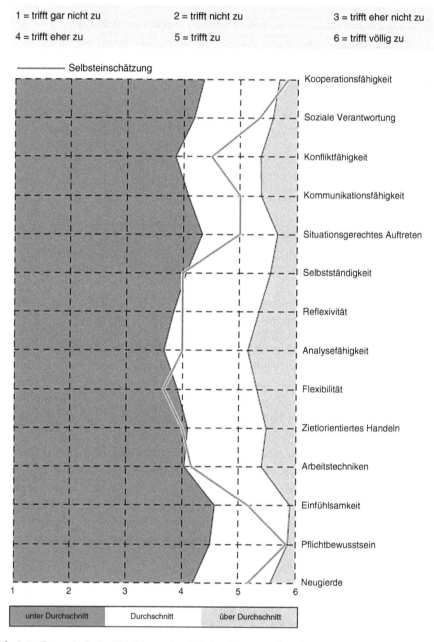

Abb. 9.1 Exemplarische Abbildung einer Rückmeldung zu den eingeschätzten Kompetenzen des Online-Beurteilungsbogen smk+p (eigene Darstellung)

9.3.1.1 Zusammensetzung der Stichprobe

Im ausgewerteten Zeitraum von 2011 bis 2016 nahmen an der Befragung mit smk+p insgesamt 15.986 Auszubildende aus dem 1. Ausbildungsjahr teil. Im Durchschnitt waren die Auszubildenden 19 Jahre alt, wobei die Spannweite zwischen 15 und 45 Jahren lag. Mehr als die Hälfte der Befragten, 9314 Personen (58,3 %), war männlich; der Anteil der weiblichen Befragten betrug 6672 Personen (41,7 %). Ganze 59,1 % (9439) der Befragten befinden sich in einer dreijährigen Berufsausbildung, während 16,5 % Personen (2640) eine zweijährige Ausbildung und 14,3 % (2293) eine vierjährige Ausbildung durchlaufen. Die verbleibenden 10,1 % (1614) befinden sich in einer anderen Ausbildung.

Hinsichtlich der folgenden vier Berufsfelder Produktionsberufe, personenbezogene Dienstleistungsberufe, kaufmännische und unternehmensbezogene Dienstleistungsberufe und sonstige Dienstleistungsberufe nach der Klassifikation der Berufe der Bundesagentur für Arbeit (2010) machen 35,7 % (5700) der Befragten eine Ausbildung in einem Produktionsberuf, 29,3 % (4688) erlernen einen personenbezogenen Dienstleistungsberuf, 28,2 % (4507) streben kaufmännische und unternehmensbezogene Dienstleistungsberufe an und 6,18 % (1091) befinden sich in einem sonstigen Dienstleistungsberuf.

9.3.1.2 Kompetenzausprägungen nach Geschlecht

Da das Projekt die Unterscheidung der Teilnehmenden nach Geschlechtern ermöglicht, wurde der Datensatz dahingehend untersucht, ob sich Unterschiede bei den Kompetenzausprägungen zwischen den Geschlechtern feststellen lassen.

Mit Hilfe von t-Tests wurden Mittelwertvergleiche vorgenommen. Dadurch ließen sich Unterschiede feststellen (Signifikanzniveau $\alpha = .05$). Nach Feststellung der Varianzgleichheit (Levene) errechnet sich mit dem Mittelwertvergleich (t-Test) ein signifikanter Unterschied zwischen beiden Gruppen. Es bietet sich für einen ersten Vergleich zwischen den Mittelwerten der Kompetenzausprägungen der Gruppen ein t-Test (z. B. Freedman et al. 2008) an. In den meisten Fähigkeitskonzepten lässt sich ein signifikanter Geschlechterunterschied finden (siehe Tab. 9.1). In der Sozialkompetenzklasse zeigen sich signifikante Unterschiede in den Fähigkeitskonzepten.

Soziale Verantwortung, Kooperationsfähigkeit, Kommunikationsfähigkeit, Führungsfähigkeit und situationsgerechtes Auftreten. Signifikante Geschlechterunterschiede zeigen sich in den Fähigkeitskonzepten Selbstständigkeit und Flexibilität bei der Methodenkompetenzklasse. Die Fähigkeitskonzepte der Personalkompetenzklasse zeigen durchweg signifikante Geschlechterunterschiede. Die Ergebnisse zeigen, dass sich Frauen bei diesen Fähigkeitskonzepten signifikant bessere Ausprägungen bescheinigen als Männer. Kein signifikanter Unterschied bestand hingegen bei den Fähigkeitskonzepten Konfliktfähigkeit, Analysefähigkeit, Zielorientiertes Handeln, Arbeitstechniken und Reflexivität. Bei keinem Fähigkeitskonzept haben Männer signifikant bessere Ausprägungen erreicht. Dies erstaunt insofern, als zahlreiche andere Untersuchungen ergaben, dass Frauen sich tendenziell schlechter einschätzen als Männer und offenbar eher dazu neigen, sich zu unterschätzen (z. B. Sieverding 2003). Allerdings sind die im Datensatz enthaltenen Frauen auch in anderen Feldern tätig als die in der Stichprobe repräsentierten Männer. Sie streben weit

Tab. 9.1 Vergleich der Mittelwerte in der Selbsteinschätzung der Kompetenzen bei Männern und Frauen. Mit p < .05 sind die Unterschiede aller dargestellten Fähigkeitskonzepte in ihrem Unterschied zwischen Männern und Frauen signifikant

Fähigkeitskonzepte	Frauen	Männer	F-Wert	p-Wert
Sozialkompetenzklasse				
Soziale Verantwortung	4.98	4.82	52.61	.00
Kooperationsfähigkeit	5.09	4.97	19.34	.00
Kommunikationsfähigkeit	4.80	4.70	69.88	.00
Führungsfähigkeit	4.40	4.38	7.59	.01
situationsgerechtes Auftreten	5.08	4.94	52.76	.00
Methodenkompetenzklasse				
Selbständigkeit	4.83	4.75	9.82	.00
Flexibilität	4.62	4.52	16.80	.00
Personalkompetenzklasse				
Einfühlsamkeit	5.35	5.09	139.36	.00
Pflichtbewusstsein	5.28	5.07	91.83	.00
Neugierde	4.92	4.75	34.44	.00

überwiegend Tätigkeiten in kaufmännischen und vor allem personenbezogenen Dienstleistungsberufen an. Die in der Stichprobe enthaltenen Männer streben zum weit überwiegenden Teil Produktionsberufe an. Die von den Frauen angestrebten Berufe erfordern ein weit höheres Maß an Anforderungen an die hier dargestellten Kompetenzen der Personalkompetenzklasse als Produktionsberufe. Von daher passt die Einschätzung der Frauen überwiegend zu den Anforderungen der durch sie vertretenen Berufe.

9.3.1.3 Erfolgsrelevante Kompetenzen

Um diejenigen Kompetenzen zu identifizieren, die für den Erfolg einer Berufsausbildung relevant sind, wird zunächst überprüft, inwieweit sich Teilnehmende ohne Abbruchrisiko bezogen auf die Kompetenzausprägung von denen mit hohem Abbruchrisiko unterscheiden.

Es wird ein Vergleich zwischen den Fähigkeitskonzepten des Beurteilungsbogens smk+p auf der einen Seite und der Ausbildungsabbruchtendenz auf der anderen Seite berechnet.

Der Mittelwertvergleich durch t-Tests zeigt, dass sich alle Fähigkeitskonzepte signifikant zwischen Auszubildenden mit und ohne Abbruchtendenz unterscheiden (p < .05). Wegen der Stichprobengröße ist die ausschließliche Berechnung des t-Test jedoch problematisch, da wegen der enormen Größe selbst kleine Abweichungen signifikant werden. Daher werden für die t-Test-Werte auch die Effektstärkenmaße berechnet. Wegen der stark unterschiedlichen Gruppengröße (Abbruchrisiko vorhanden: 1402 Jugendliche, Risiko nicht vorhanden: 15.928 Personen) wird die Effektstärke mit der gepoolten Standardabweichung (Hedges und Olkin 1985) berechnet.

Die Berechnung der Effektstärke wird durchgeführt, um festzustellen, ob ein Zusammenhang zwischen Kompetenzausprägung und Abbruchrisiko lediglich zufällig oder systematisch auftritt. Das Effektstärkemaß nach Hegdes wird in gleicher Weise interpretiert wie das bekanntere Maß nach Cohen (Cohen 1988). Demnach kann ein kleiner Effekt bei Werten ab 0.2, ein mittlerer Effekt ab 0.5 und ein starker Effekt ab 0.8 angenommen werden. Dies ist so zu verstehen, dass der Unterschied zwischen der Gruppe mit Abbruchrisiko und der Gruppe ohne Abbruchrisiko eine halbe Standardabweichung beträgt, wenn ein Effekt von .50 berichtet werden kann. Entsprechend beträgt der Unterschied zwischen beiden Gruppen 80 %, wenn ein Effekt von .08 gefunden wird. Der Unterschied wird demnach größer, je größer dieser Wert wird. Entscheidend ist dabei der numerische Wert, sodass negative Vorzeichen lediglich eine Aussage über die Richtung des Effektes zulassen (Cohen 1988). Für die hier gezeigten Ergebnisse heißt das, dass die Einzelkompetenzen der Sozialkompetenzklasse alle mittlere Effekte auf die Abbruchneigung zeigen, ausgenommen der Führungsfähigkeit. Bei der Methodenkompetenzklasse werden für Selbstständigkeit und Zielorientiertes Handeln mittlere Effekte gezeigt. Die Kompetenzen der Personalkompetenzklasse zeigen durchweg nur kleine Effekte auf die Abbruchneigung. Diese Ergebnisse können so interpretiert werden, dass die Ausprägung derjenigen Kompetenzen mit mittlerer Effektstärke, nämlich die Kompetenzen der Sozialkompetenzklasse ohne die Führungsfähigkeit sowie die Selbständigkeit und das Zielorientierte Handeln aus der Methodenkompetenzklasse, überzufällige Auswirkung auf die Abbruchneigung haben. Der Unterschied zwischen Personen mit und ohne Abbruchneigung beträgt hier eine halbe Standardabweichung (siehe Tab. 9.2). Bezogen auf die Fragestellung zeigt sich also, dass es systematische Unterschiede in der Ausprägung einzelner Kompetenzen zwischen den erwähnten Personengruppen gibt. Der Unterschied ist mehr als zufällig.

Tab. 9.2 Einzelne Effektstärkemaße g, nach Hedges

Kompetenzklasse	Effektstärke nach Hedges (g)
Sozialkompetenzklasse	
- Kooperationsfähigkeit	0,495
- Soziale Verantwortung	0,538
- Konfliktfähigkeit	0,502
- Kommunikationsfähigkeit	0,486
- Führungsfähigkeit	0,321
- Situationsgerechtes Auftreten	0,519
Methodenkompetenzklasse	
- Selbstständigkeit	0,514
- Reflexivität	0,272
- Analysefähigkeit	0,368
- Flexibilität	0,446
- Zielorientiertes Handeln	0,517
- Arbeitstechniken	0,484
Personalkompetenzklasse	
- Einfühlsamkeit	0,424
- Pflichtbewusstsein	0,443
- Neugierde	0,372

Um nun zu analysieren, welche Kompetenzen für das erfolgreiche Durchlaufen einer Ausbildung bedeutsam sind, werden verschiedene multivariate Analysen durchgeführt.

Hierzu wird zunächst eine Dummy-Variable gebildet, mit der die Stichprobe in zwei Gruppen unterteilt werden kann: 0 = keinerlei Abbruchrisiko und 1 = latentes oder akutes Abbruchrisiko. Nach Feststellung der Varianzgleichheit (Levene) errechnet sich mit dem Mittelwertvergleich (t-Test) ein signifikanter Unterschied zwischen beiden Gruppen.

Die große Differenz der Anzahl der Azubis in den Gruppen könnte jedoch zu einer Verzerrung des Tests führen. Während sich in der Gruppe der Auszubildenden ohne Abbruchrisiko 11.627 Personen befinden, sind es in der Gruppe der Abbruchgefährdeten lediglich 4359 Auszubildende. Daher wird als nichtparametrischer Test der „Mann-Whitney-Wilcoxon-Test" durchgeführt (Shikano 2010).

Dieser ergibt als Median-Vergleich einen Unterschied zwischen Abbruchgefährdeten und Nichtgefährdeten bei allen Kompetenzdimensionen aller Klassen. Im zugehörigen Rangsummentest ergibt sich für die nichtgefährdeten Azubis ein höherer Rang bei den Kompetenzausprägungen als bei den gefährdeten Azubis. Z-Werte zwischen −13.53 und −20.65 erweisen sich als p-Wert als signifikant (.000). Die 0-Hypothese, dass die Verteilung über beide Gruppen gleich ist, kann damit also abgelehnt werden.

Es stellt sich in der Folge die Frage, ob es einzelne Kompetenzen gibt, die in besonderem Maß zur Reduzierung der Abbruchtendenz beitragen.

▶ Bei der Unterscheidung von Auszubildenden mit und ohne Abbruchneigung zeigen fast alle Einzelkompetenzen der Sozialkompetenzklasse, ausgenommen der Führungsfähigkeit, mittlere Effekte. In diesen Kompetenzen gibt es systematische Unterschiede zwischen den beiden Gruppen.

Um diese Fragestellung zu klären, werden Regressionsanalysen durchgeführt. Die Dummy-Variable mit der Kodierung 0 = keinerlei Abbruchrisiko und 1 = latentes oder akutes Abbruchrisiko wird als abhängige Variable herangezogen, als unabhängige Variablen werden die einzelnen Kompetenzen der drei Kompetenzklassen sowie das Geschlecht in einer binär logistischen Regressionsanalyse verwendet.

Die Variablen weisen wegen der geringen Varianz eine erhebliche Linksschiefe auf. Tab. 9.3 zeigt das Ergebnis der logistischen Regression der Gelingensfaktoren mit Geschlecht als Kontrollvariable und Abbruchrisiko als abhängige Variable.

Die generellen Gelingensfaktoren für einen Verbleib in der Ausbildung sind Kooperationsfähigkeit, Soziale Verantwortung, Konfliktfähigkeit, Selbstständigkeit, Arbeitstechniken und Pflichtbewusstsein.

Da sich die einzelnen Berufe erheblich in ihren Anforderungen hinsichtlich der überfachlichen Kompetenzen unterscheiden, wird eine für Berufsfelder gesonderte Berechnung durchgeführt.

▶ Die generellen Gelingensfaktoren für einen Verbleib in der Ausbildung sind Kooperationsfähigkeit, Soziale Verantwortung, Konfliktfähigkeit, Selbstständigkeit, Arbeitstechniken und Pflichtbewusstsein.

Tab. 9.3 Ergebnis der logistischen Regression der *Gelingensfaktoren mit Geschlecht und Systematik der Berufsfelder (BA) als Kontrollvariable und Abbruchrisiko als abhängige Variable (Dummy-Variable; Kodierung: 0 = kein Abbruchrisiko, 1 = latentes oder akutes Abbruchrisiko*

	Regressionskoeffizient β	Sig.	Exp (β)	95 % Konfidenzintervall für Exp (β) Unterer Wert	Oberer Wert
Kooperationsfähigkeit	−.248	.000	.780	.713	.854
Soziale Verantwortung	−.170	.001	.844	.760	.937
Führungsfähigkeit	−.069	.064	1071	.996	1152
Konfliktfähigkeit	−.218	.000	.804	.748	.865
Kommunikationsfähigkeit	.021	.664	1022	.927	1125
Situationsgerechtes Auftreten	−.027	.550	.973	.890	1064
Selbstständigkeit	−.111	.008	.895	.825	.971
Analysefähigkeit	.109	.030	1115	1011	1230
Reflexivität	.100	.014	1105	1020	1197
Flexibilität	−.044	.337	.957	.874	1047
Arbeitstechniken	−.176	.001	.839	.759	.927
Zielorientiertes Handeln	−.034	.505	.967	.875	1068
Pflichtbewusstsein	−.094	.029	.910	.836	.990
Neugierde	.027	.540	1027	.942	1120
Einfühlsamkeit	−.009	.828	.991	.915	1074
Geschlecht	−.226	.000	.797	.737	.863
Berufsfeld nach Systematik BA Statistik	.157	.000	1170	1124	1217
Konstante	3012	.000	20.332		

Für die einzelnen Berufsfelder ergeben sich folgende Gelingensfaktoren:

Bei den *Produktionsberufen* sind die Fähigkeitskonzepte Kooperationsfähigkeit, Konfliktfähigkeit, Führungsfähigkeit, Reflexivität (jeweils p = .000) sowie Soziale Verantwortung (p = .012), Selbstständigkeit (p = .001), Pflichtbewusstsein (p = .008) und Neugierde (p = .005) signifikant.

Bei den *kaufmännischen und unternehmensbezogenen Dienstleistungsberufen* sind die Gelingensfaktoren die Fähigkeitskonzepte Kooperationsfähigkeit (p = .001), Soziale Verantwortung (p = .004), Konfliktfähigkeit (p = .006), Analysefähigkeit (p = .016) und Flexibilität (p = .023).

Bei der Gruppe der *personenbezogenen Dienstleistungsberufe* zeigen sich Konfliktfähigkeit (p = .000) und Arbeitstechniken (p = .001) als signifikant.

Bei den *sonstigen Dienstleistungsberufen* konnten keine spezifischen Gelingensfaktoren identifiziert werden.

Kontrolliert für den Einfluss des Geschlechts und des Berufsfelds, d. h. unabhängig von den Einflüssen, die von dem jeweiligen Geschlecht oder dem spezifischen Berufsfeld ausgehen, ergeben sich hohe Signifikanzen für die Konzepte Kooperations- und Konfliktfähigkeit (.000) sowie für Soziale Verantwortung (.001) bei der Sozialkompetenzklasse. Bei den Konstrukten der Methodenkompetenzklasse ergeben sich Signifikanzen bei Analysefähigkeit (.030) und Reflexivität (.014). Auch für die Arbeitstechniken (.001) ergibt sich eine hohe Signifikanz. Bei der Personalkompetenzklasse ergibt sich nur bei Pflichtbewusstsein (.029) eine Signifikanz. Dies bedeutet, dass die Abbruchtendenz niedriger ist, wenn der Auszubildende sich hinsichtlich der hier erwähnten Kompetenzen hoch einschätzt.

9.4 Zusammenfassung der Ergebnisse

Ziel der Untersuchung war die Erörterung der Frage, welche Fähigkeitskonzepte sich als Gelingensfaktoren für den Verbleib in der dualen Ausbildung herausstellen.

In den meisten Fähigkeitskonzepten lässt sich ein signifikanter Geschlechterunterschied finden. Bei den Fähigkeitskonzepten Soziale Verantwortung, Kooperationsfähigkeit, Kommunikationsfähigkeit, Führungsfähigkeit und Situationsgerechtes Auftreten sowie in den Fähigkeitskonzepten Selbstständigkeit und Flexibilität gibt es signifikante Geschlechterunterschiede. Auch die Fähigkeitskonzepte der Personalkompetenzen zeigen durchweg signifikante Geschlechterunterschiede. Das bedeutet, dass Frauen sich signifikant bessere Kompetenzwerte zuschreiben als Männer.

Der Mittelwertvergleich durch t-Tests hat gezeigt, dass sich alle Fähigkeitskonzepte in der jeweiligen Ausprägung statistisch signifikant zwischen Auszubildenden mit und ohne Abbruchtendenz unterscheiden. Wegen der großen Analysegruppe, über 17.000 Jugendliche, wurden zusätzlich Effektstärkemaße berechnet. Hierbei ergaben sich bei den Methodenkompetenzen und den Personalkompetenzen durchweg kleine Effekte. Jugendliche mit gezeigtem Abbruchrisiko und Jugendliche ohne Risiko zeigen hier wenig Unterschiede. Mittlere Effekte konnten bei den Sozialkompetenzen, mit Ausnahme der Führungsfähigkeit, sowie innerhalb der Methodenkompetenzklasse bei der Selbstständigkeit und beim Zielorientierten Handeln beobachtet werden.

Es konnte weiterhin aufgezeigt werden, dass die Ausprägung der Kompetenzen zwischen den Gruppen mit Ausbildungsabbruchrisiko und ohne Risiko nicht gleich verteilt ist. Dies scheint darauf hinzudeuten, dass die stärkere Ausprägung bestimmter Sozial-, Methoden- und Personalkompetenzen die Tendenz für einen Ausbildungsabbruch vermindert. Um die Kompetenzbereiche zu identifizieren, die besonders zur Reduzierung einer Abbruchtendenz beitragen, wurde eine Regressionsanalyse sowohl für Berufe allgemein als auch für die einzelnen Berufsfelder nach BA-Klassifikation durchgeführt.

▶ Für einzelne Berufsfelder konnten jeweils eigene Gelingensfaktoren identifiziert werden.

Dabei haben sich über alle Berufe hinweg besonders die Kooperationsfähigkeit, die Konfliktfähigkeit, die Soziale Verantwortung, die Selbstständigkeit, die Arbeitstechniken und das Pflichtbewusstsein als diejenigen Gelingensfaktoren erwiesen, die bei den Azubis ohne Abbruchrisiko stärker ausgeprägt sind. Die Annahme, dass insbesondere diese Kompetenzen für eine gelingende Ausbildung relevant sind, wird noch durch den Nachweis verstärkt, dass die Effektstärkemaße bei den Unterschieden in der Kompetenzausprägung bei der Kooperationsfähigkeit, der Konfliktfähigkeit und der Sozialen Verantwortung zwischen Auszubildenden mit Abbruchrisiko und Auszubildenden ohne Abbruchrisiko am größten sind. Für die einzelnen Berufsfelder konnten im Besonderen folgende Gelingensfaktoren identifiziert werden: Bei den Produktionsberufen sind es insbesondere die Kooperationsfähigkeit, die Konfliktfähigkeit, die Führungsfähigkeit und die Reflexivität, die zum Gelingen einer Ausbildung beitragen. Bei den personenbezogenen Dienstleistungsberufen gelten als Gelingensfaktoren die Konfliktfähigkeit und die Arbeitstechniken sowie bei den kaufmännischen und unternehmensbezogenen Dienstleistungsberufen die Kooperationsfähigkeit, die Soziale Verantwortung, die Konfliktfähigkeit, die Analysefähigkeit und die Flexibilität.

Daraus lässt sich schließen, dass diese Kompetenzen in besonderem Maß für die Reduzierung einer Abbruchtendenz wichtig sind und als wichtige Bewältigungsressourcen bezeichnet werden können, um die Ausbildung erfolgreich zu durchlaufen.

9.5 Diskussion und Ausblick

Das mit ca. 10 % relativ geringe Ausmaß, mit dem die Kompetenzausstattung das Abbruchsrisiko erklärt, macht deutlich, dass ein Ausbildungsabbruch kein rein individuelles Problem ist, sondern viele Faktoren auch institutionell ursächlich sind (Schule, Betriebsklima, …). Gelingende Ausbildung ist ein komplexes Ereignis, für das es das Zusammenspiel von vielen Faktoren und Umständen benötigt. Auf diese – unerforschten – Umstände kann in diesem Projekt beispielhaft mit einem etablierten institutionsübergreifenden Netzwerkansatz in konstruktiver Weise Einfluss genommen werden. Die Analyse in diesem Beitrag hat gezeigt, dass es möglich ist, Gelingenskompetenzen für die duale Ausbildung zu identifizieren.

9.5.1 Identifizierte Gelingenskompetenzen

Die überfachlichen Kompetenzen Kooperationsfähigkeit, Konfliktfähigkeit, Soziale Verantwortung, Selbstständigkeit, Arbeitstechniken und Pflichtbewusstsein haben sich als Gelingensfaktoren für die gegenwärtige Berufsausbildung gezeigt. Es spricht viel dafür, dass sie auch für die betriebliche Ausbildung der Zukunft entscheidende Faktoren sein werden, da gerade diese Kompetenzen es ermöglichen, sich flexibel auf neue Anforderungen einzustellen. Die Aufgabe aller an der Ausbildung Beteiligten besteht darin, innovative didaktische Wege zu finden, diese überfachlichen Kompetenzen bei den jugendlichen Ausbildungsteilnehmenden zu stärken. Diese sind nicht nur für die Zeit der Ausbildung relevant, sondern ein hohes Maß an Ausstattung mit diesen Kompetenzen erleichtert auch

Arbeitnehmern ein Berufsleben lang die Anpassung an sich wandelnde Anforderungen in einer sich verändernden Arbeitswelt. Im Hinblick auf die Thematik Lebensbegleitende Berufsberatung ergeben sich hier Ansatzpunkte für eine Neuorientierung in der Berufsausbildung. Mit der Lebensbegleitenden Berufsberatung, abgekürzt LBB, hat sich die Bundesagentur für Arbeit zum Ziel gesetzt, berufliche Orientierung und Beratung entlang der gesamten Bildungs- und Erwerbsbiografie anzubieten. Die Lebensbegleitende Berufsberatung soll nach den Angaben der Arbeitsagentur präventiv, leicht zugänglich, vielfältig, klischeefrei, prozessual und fachlich fundiert stattfinden. Die Bildung, und damit auch die Berufsbildung, ist immer ein Spiegel ihrer Zeit und der Gesellschaft, in der sie stattfindet. Es ist daher wenig zielführend, den Verlust von Tugenden oder Werthaltungen zu beklagen, die Jugendliche angeblich oder tatsächlich heute weniger ausgeprägt mitbringen, als dies bei früheren Generationen (offenbar) der Fall war. Vielmehr kommt es darauf an, die Berufsausbildung den Anforderungen der jeweiligen Gesellschaft anzupassen, und zu dieser gehören nicht nur die Arbeitgeber mit ihren Anforderungen, sondern auch die Jugendlichen mit den Ausstattungen an fachlichen und überfachlichen Kompetenzen. Fachliche Anforderungen für die Zukunft zu definieren, betrachten die Autoren als riskant. Wie schwierig und zudem fehlleitend es sein kann, zutreffende Aussagen für die Zukunft zu formulieren, ist nicht erst seit der berühmten Fehleinschätzung des damaligen Chefs von IBM, Thomas Watson, bekannt.

▶ Neben den Gelingenskompetenzen spielen viele andere Faktoren für eine erfolgreiche Ausbildung zusammen.

1943 gab er als ausgewiesener Fachmann die Einschätzung ab: „Ich denke, dass es einen Weltmarkt für vielleicht fünf Computer gibt", und ganz offensichtlich lag er damit falsch. Zum Fortbestehen des Konzerns dürfte wohl die Tatsache beigetragen haben, dass dieser sich nicht nur nach der Momenteinschätzung des damaligen Chefs gerichtet, sondern sich immer wieder an den jeweils geänderten Bedingungen neu ausgerichtet hat. Es kommt der Einschätzung der Autoren nach daher nicht darauf an, die Anforderungen des Arbeitsmarktes der Zukunft genau zu antizipieren und die Berufsbildung bereits jetzt genau darauf abzustellen. Vielmehr ist es Aufgabe, die Ausbildungsteilnehmenden der Gegenwart, und zwar sowohl Ausbildende als auch Auszubildende, für den heutigen Arbeitsmarkt fit zu machen und ihnen hinsichtlich der Aneignung – wie sich in diesem Beitrag herausgestellt hat – gelingensrelevanter überfachlicher Kompetenzen zu helfen, um ihnen genügend Anpassungsfähigkeit auch für die Arbeitsmärkte der Zukunft mitzugeben. Auch wenn es im Einzelnen nicht möglich ist, Arbeitsmärkte der Zukunft genau zu definieren und die dafür benötigten Kompetenzen zu spezifizieren, so lässt sich doch erkennen, dass fachübergreifendes Arbeiten in einer zunehmend real und virtuell vernetzten Welt an Bedeutung gewinnt. Durch die Zunahme des dank der virtuellen Vernetzung stets verfügbaren Faktenwissens werden überfachliche Kompetenzen vermutlich an Bedeutung gewinnen. Durch die notwendige Zusammenarbeit in Netzwerken sind Kooperationsfähigkeit, soziale Verantwortung, Konfliktfähigkeit und Kommunikationsfähigkeit als überfachliche Kompetenzen auch in der Ausbildung der Zukunft von Bedeutung.

9.5.2 Kompetenzen in der Berufsausbildung der Zukunft

Nachdem in diesem Beitrag die Gelingenskompetenzen der Ausbildung der Gegenwart herausgearbeitet wurden, stellt sich die Frage nach den notwendigen überfachlichen Kompetenzen für die Arbeitnehmer der Berufsausbildung der Zukunft. Vorhersagen für Entwicklungen in der Zukunft sind in den Sozialwissenschaften generell schwierig. Dennoch sind Zukunftsprognosen wünschenswert. Zum einen müssen politische und exekutive Steuerungsentscheidungen in einem Rahmen stattfinden können, die über die Gegenwartsdiagnose hinausgehen können. Zum anderen gehen moderne Gesellschaften von der Vorstellung einer Gestaltungsfähigkeit der Zukunft aus. Um entsprechend gestalterisch tätig sein zu können, ist eine Vorstellung von der Zukunft notwendig. In der sozialwissenschaftlichen Zukunftsforschung gibt es kaum Einigkeit über geeignete Methoden der Zukunftsprognose. Dementsprechend schwierig ist es, Prognosen etwa von Wünschen zu unterscheiden (vgl. Poli 2018). Grundlegend lassen sich Methoden für drei unterschiedliche Arten der Zukunftsprognose erkennen: Methoden, die ihren Schwerpunkt in der Gegenwart haben und von hieraus auf die Zukunft schließen, Methoden, die ihren Schwerpunkt in der Vergangenheit haben und von dort auf die Zukunft schließen, und diejenigen Methoden, die durch eine Verbindung von Gegenwart und Vergangenheit die Zukunft prognostizieren (vgl. Poli 2018). Die Bertelsmann-Stiftung (vgl. Daheim und Wintermann 2016) hat mit einer Delphi-Studie, einer Methode, die den Ausgangspunkt für die Prognose in der Gegenwart hat, Experten zu ihren Zukunftserwartungen hinsichtlich des Arbeitsmarktes befragt. Dabei ist als Hauptaussage zu sehen, dass der Trend zur Technologisierung unumkehrbar scheint. Wie die eingangs zitierte Studie des IAB (Dengler und Matthes 2018) gehen auch die befragten Experten davon aus, dass Automatisierung zu einer Substitution ganzer Arbeitsbereiche führt. Den gleichen Trend sieht auch die International Labour Organization (vgl. ILO 2017), die damit weltweit Jobs in Gefahr sieht, die ein niedriges oder mittleres Niveau an Kompetenzen oder ein hohes Maß an Routinetätigkeiten erfordern. Die Arbeitslosigkeit steige in der Folge weltweit an. Jobs für Ungelernte mit einfachen Routinetätigkeiten werden wegrationalisiert werden, das freigesetzte Personal arbeitslos. Auf der anderen Seite werden Jobs geschaffen, für die dann das geeignete Personal qualifiziert werden muss. Wegen der zunehmenden Verflechtung und Vernetzung bleiben nationale Strategien weitgehend wirkungslos. Als benötigte Kompetenzen sieht die Bertelsmann-Stiftung hauptsächlich solche gefragt, die sie als Meta-Kompetenzen beschreibt.

▷ Der Trend zur Technologisierung scheint unumkehrbar und wird Folgen für die Anforderungen an die Berufsausbildung der Zukunft haben.

Diese entsprechen in vielerlei Hinsicht den in diesem Beitrag benannten überfachlichen Kompetenzen. Meta-Kompetenzen, die die Bertelsmann-Stiftung als bedeutend erachtet, machen es dem Arbeitnehmer möglich, „sich an raschen Wandel anzupassen, in volatilen Arbeitsmärkten und in wechselnden Umfeldern zu navigieren" (Daheim und Wintermann 2016, S. 18). Die ILO (2017) spricht hier von Anpassungs- und Flexibilitätskompetenzen. Meta-Kompetenzen sind in verschiedensten Berufsfeldern relevant, was vor allem dann wichtig ist, wenn sich der Beruf selbst rasch wandelt. Dazu gehört unter anderem die Fähigkeit, „in „unstrukturierten Arbeitsumgebungen" Ergebnisse zu produzieren – also dann, wenn sich etwa das Arbeitsziel häufig ändert, der Weg zum Ergebnis unklar ist und keine vordefinierten Methoden für das Vorgehen vorliegen" (Daheim und Wintermann 2016, S. 18). Das Bildungssystem wird in der Verantwortung gesehen, die Vermittlung von Meta-Kompetenzen wie selbstorganisiertes Lernen, Arbeiten in der Selbstständigkeit und Arbeit in virtuellen Teams zu vermitteln. Gerade bei den eingangs erwähnten technologischen Trends mit ihren immer schnelleren Innovationszyklen ist dies wichtig. Die Organisation für wirtschaftliche Zusammenarbeit und Entwicklung (OECD 2018) hingegen nutzt eine Prognosemethode, die sie als „strategic foresight" bezeichnet. Die Methode dient der politischen Planung. Im Gegensatz zu anderen Zukunftsforschungsmethoden werden damit immer alternative Szenarien entworfen, indem unterschiedliche Zeithorizonte (nahe Zukunft, mittelbare Zukunft, ferne Zukunft) und unterschiedliche Ausprägungen an Betroffenheit von Technologieveränderungen betrachtet werden. Das heißt, dass die Parameter, die in die Zukunftsprognose einbezogen werden, in ihrem Grad und in ihrer Intensität in verschiedenen Abstufungen betrachtet werden, um so alternative Zukunftsszenarien erzeugen zu können (OECD 2018). Durch die Anwendung dieser Methode lassen sich Szenarien konstruieren, die zwar auch von einer Veränderung der Arbeitswelt, wie sie momentan bekannt ist, ausgehen, die darüber hinaus aber in unterschiedliche Richtungen gehen. Ob Arbeitsplätze durch Technologien veränderte Kompetenzen erfordern, durch Technologien ersetzt oder durch sie unterstützt werden, bleibt dabei gleich wahrscheinlich. Da von einer prinzipiellen Gestaltbarkeit oder zumindest Beeinflussbarkeit der Zukunft ausgegangen wird, sind breit angesetzte gesellschaftliche Dialoge notwendig (vgl. Wilkinson 2016).

In jedem Fall ist aus jeder der hier zitierten Studien zu erkennen, dass Technologien und ihre Anwendung sowie die Flexibilisierung des Arbeitsplatzes und der Arbeitsbedingungen zunehmen werden. Es wird auch ersichtlich, dass daraus folgend fachliche IT-Kompetenzen von enormer Wichtigkeit sein werden. An überfachlichen Kompetenzen werden Anpassungsfähigkeit sowie diejenigen gefragt sein, die zur Bewältigung der Anforderungen einer immer flexibleren Arbeitswelt dienlich sind.

> **Weiterer Forschungsbedarf**
> Aus smk+p konnten für das Gelingen der Ausbildung relevante überfachliche Kompetenzen bei den Auszubildenden identifiziert werden. In weiteren Schritten müssen weitere Einflussfaktoren auf das Gelingen der Berufsausbildung untersucht werden. Forschungsbedarf besteht kontinuierlich für die auf dem Arbeitsmarkt der Zukunft relevanten Kompetenzen und der Ausbildung, in dieser jene vermittelt werden. Hierzu sind insbesondere fundierte Annahmen über den Arbeitsmarkt der Zukunft und die Entwicklung der Berufe notwendig.

Literatur

Beinke, L. (2006): Berufswahl und ihre Rahmenbedingungen: Entscheidungen im Netzwerk der Interessen. Frankfurt: Peter Lang.

Bundesagentur für Arbeit (BA) (2010): Klassifikation der Berufe 2010 – Band 1: Systematischer und alphabetischer Teil mit Erläuterungen. Nürnberg.

Bundesagentur für Arbeit (BA) (2017): Statistik/Arbeitsmarktberichterstattung, Grundlagen: Methodenbericht – Einführung qualifikationsspezifischer Arbeitslosenquoten in der BA-Statistik. Nürnberg.

Bundesministerium für Arbeit und Soziales (BMAS) (2016): Lebenslagen in Deutschland. Der Fünfte Armuts- und Reichtumsbericht der Bundesregierung.

Bundesministerium für Arbeit und Soziales. (BMAS) (2017). Weissbuch Arbeiten 4.0. online unter https://www.bmas.de/DE/Service/Medien/Publikationen/a883-weissbuch.html [13.01.2020].

Bundesministerium für Bildung und Forschung (BMBF) (2016): Berufsbildungsbericht 2016. Bonn: BMBF. Online unter: https://www.bmbf.de/pub/Berufsbildungsbericht_2016.pdf [14.08.2016].

Bundesministerium für Bildung und Forschung (BMBF) (2018): Berufsbildungsbericht 2018. Bonn: BMBF. Online unter: https://www.bmbf.de/pub/Berufsbildungsbericht_2018.pdf [25.01.2019].

Burstedde, A., Malin, L., Risius, P. (2017). Fachkräfteengpässe in Unternehmen. Rezepte gegen den Fachkräftemangel: Internationale Fachkräfte, ältere Beschäftigte und Frauen finden und binden, KOFA-Studie, No. 4/2017, Institut der deutschen Wirtschaft (IW), Kompetenzzentrum Fachkräftesicherung (KOFA), Köln.

Cohen, J. (1988): Statistical power analysis for the behavioral sciences (2nd Ed.). New York: Lawrence Erlbaum Publishers.

Daheim, C. & Wintermann, O. (2016): 2050. Die Zukunft der Arbeit. Gütersloh: Bertelsmann-Stiftung.

Dengler, K. & Matthes, B. (2018): Substituierbarkeitspotenziale von Berufen. IAB Kurzbericht Nr. 4.

Erpenbeck, J. & Heyse, V. (2007): Die Kompetenzbiographie: Wege der Kompetenzentwicklung (2. Aufl.). Münster: Waxmann.

Erpenbeck, J. (2017): Handbuch Kompetenzmessung: Erkennen, verstehen und bewerten von Kompetenzen in der betrieblichen, pädagogischen und psychologischen Praxis (3. Aufl.). Stuttgart: Schäffer-Poeschel.

Freedman, D., Pisani, R. & Purves, R. (2008): Statistics (4th edition). Southfield: Readings for the blind.

Frey, A. (2008): Kompetenzstrukturen von Studierenden in der ersten und zweiten Phase der Lehrerbildung: Eine nationale und internationale Standortbestimmung (Erziehungswissenschaft: Band 23). Landau: Verlag Empirische Pädagogik.

Frey, A., Ertelt, B.-J. & Terhart, P. (2015): Ausbildungsabbrüche in der dualen Berufsausbildung – Problembeschreibung und Möglichkeiten einer Prävention. In: *Jugendsozialarbeit*, Themenheft 1, 17–23. Online unter: http://nord.jugendsozialarbeit.de/fileadmin/Bilder/2015_Themenhefte/Themenheft_1_2015_Nachgehende_Betreuung.pdf [15.07.2017].

Ghisla, G., Bausch, L. & Boldrini, E. (2008): CoRe-Kompetenzen-Ressourcen: Ein Modell der Curriculumentwicklung für die Berufsbildung. In: *Zeitschrift für Berufs-und Wirtschaftspädagogik*, 104 (3), 431–466.

Gnahs, D. (2010): Kompetenzen – Erwerb, Erfassung, Instrumente. Bielefeld: W. Bertelsmann Verlag.

Hedges, L. V. & Olkin, I. (1985): Statistical methods for meta-analysis. Orlando: Academic Press.

Hensge, K., Lorig, B. & Schreiber, D. (2008): Ein Modell zur Gestaltung kompetenzbasierter Ausbildungsordnungen. Berufsbildung. In: *Wissenschaft und Praxis*, 37 (4), 18–21.

Hof, C. (2002): Von der Wissensvermittlung zur Kompetenzvermittlung in der Erwachsenenbildung. In: Nuissl, E., Schiersmann, C. & Siebert, H. (Hrsg.): Literatur und Forschungsreport Weiterbildung (80–89). Bielefeld: Bertelsmann.

International Labour Organization (ILO). (2017): Global Employment Trends for Youth 2017: Paths to a better working future. Geneva: International Labour Office.

Kanning, U. P., Böttcher, W. & Herrmann, C. (2012): Measuring social competencies in the teaching profession – development of a self-assessment procedure. In: *Journal for educational research online*, 4 (1), 140–154.

Kanning, U. P. (2015): Soziale Kompetenzen fördern. Praxis der Personalpsychologie (2. Aufl.). Göttingen: Hogrefe.

Lettau, J. (2017): Bildungswege nach einer vorzeitigen Vertragslösung. In: *Berufsbildung in Wissenschaft und Praxis*, (39), 41–44.

Ludwig-Mayerhofer, W., Solga, H., Leuze, K., Dombrowski, R., Küster, R., Ebralidze, E., Fehring, G. & Kühn, S. (2011): Vocational education and training and transitions into the labor market. In: *Zeitschrift für Erziehungswissenschaft* Sonderheft 14, 251–266.

Maag Merki, K. (2004): Überfachliche Kompetenzen als Ziele beruflicher Bildung im betrieblichen Alltag. In: *Zeitschrift für Pädagogik*, 50 (2004) 2, 202–222. Online unter: urn:nbn:de:0111-opus-48078.

Mahlberg-Wilson, E., Mehlis, P. & Quante-Brandt, E. (2009): Dran bleiben. Sicherung des Ausbildungserfolgs durch Beratung und Vermittlung bei Konflikten in der dualen Berufsausbildung. Eine empirische Studie. Bremer Beiträge zur Praxisforschung. Akademie für Arbeit und Politik der Universität Bremen.

Nägele, C. (2013): Arbeits- und Tätigkeitsdiagnostik. In: Frey, A., Lissmann, U. & Schwarz, B. (Hrsg.): Handbuch Berufspädagogische Diagnostik (384–396). Weinheim: Beltz.

National Education Panel Study (2016): NEPS Starting Cohort 6: Adults (SC6 6.0.0). Bamberg.

OECD (2005): Definition und Auswahl von Schlüsselkompetenzen: Zusammenfassung. Online unter: http://www.oecd.org/pisa/35693281.pdf [31.07.2017].

OECD (2018): „Using foresight methods to adapt development co-operation for the future", In: *Development Co-operation Report 2018*: Joining Forces to Leave No One Behind, OECD Publishing, Paris. DOI: https://doi.org/10.1787/dcr-2018-17-en [05.02.2019].

Poli, R. (2018): A note on the classification of future-related methods. European Journal of Futures Research. doi.org/10.1186/s40309-018-0145-9 [05.02.2019].

Roth, H. (1971): Pädagogische Anthropologie: Entwicklung und Erziehung. Grundlagen einer Entwicklungspädagogik. Hannover: Schroedel.

Sailmann, G. (2018): Der Beruf. Eine Begriffsgeschichte. Bielefeld: transcript Verlag.

Schöngen, K. (2003): Lösung von Ausbildungsverträgen – schon Ausbildungsabbruch? Ergebnisse einer Befragung des Bundesinstituts für Berufsbildung. In: *Informationen für die Beratungs- und Vermittlungsdienste der Bundesanstalt für Arbeit (ibv)*, 25, 5–19.

Shikano, S. (2010): Einführung in die Inferenz durch den nichtparametrischen Bootstrap. In: Wolf, C. & Best, H. (Hrsg.): Handbuch der sozialwissenschaftlichen Datenanalyse (191–204). Wiesbaden: VS Verlag für Sozialwissenschaften.

Sieverding, M. (2003): Frauen unterschätzen sich: Selbstbeurteilungs-Biases in einer simulierten Bewerbungssituation. In: *Zeitschrift für Sozialpsychologie*, 34 (3). 147–160. DOI https://doi.org/10.1024//0044-3514.34.3.147.

Smekalova, L., Noom, J.-W. & Slavik, M. (2016): Transferable competences and the students' view of their significance and satisfaction with them: International comparative research. In: *Universal Journal of Educational Research*, 4 (1), 109–121.

Velten, S. & Schnitzler, A. (2011): Bundesinstitut für Berufsbildung (BiBB). Prognose von Ausbildungserfolg. Welche Rolle spielen Schulnoten und Einstellungstests? In: *Berufsbildung in Wissenschaft und Praxis*, 6, 44–47. Online unter: URN: urn: nbn:de:0035-bwp-11644-2. [31.01.2019].

Weinert, F. E. (2001): Concept of competence: A conceptual clarification. In: Rychen, D. S. & Sagalnik, L. H. (Eds.): Definition and selection of competencies-theoretical and conceptual foundations (45–65). Kirkland: Hogrefe & Huber.

Wilkinson, A. (2016): Using strategic foresight methods to anticipate and prepare for the jobs-scarce economy. In: *European Journal of Futures Research* 2016. Online unter: https://doi.org/10.1007/s40309-016-0094-0 [05.02.2019].

Digitalisierung des Lernens – Implikationen für die berufliche Bildung

10

Thomas Freiling und Jane Porath

Inhaltsverzeichnis

10.1	Einleitung	206
10.2	Zur Relevanz digitalen Lernens auf Basis einer lerntheoretischen Verortung	207
	10.2.1 Konstruktivistisches Lernverständnis	207
	10.2.2 Relevanz digitalen Lernens	210
10.3	Beispiele und Status quo digitaler Lernsettings	213
10.4	Implikationen für die berufliche Aus- und Weiterbildung	217
10.5	Fazit	220
Literatur		221

Zusammenfassung

Die Berufsbildungsforschung beschäftigt sich im Kontext von Industrie 4.0 seit geraumer Zeit u. a. mit den Auswirkungen von technologischen und arbeitsprozessorientierten Innovationen auf die Kompetenzanforderungen der Beschäftigten sowie auf die Bildungsprozesse zum Erwerb erforderlicher Kompetenzen. Es sind in diesem Kontext verschiedene Herausforderungen offenkundig: Aufgrund mangelnder Untersuchungsobjekte in der Breite lassen sich benötigte Kompetenzportfolios nur schwer ableiten, vorliegende Prognosen divergieren bezogen auf Auswirkungen digitaler Systeme auf die Qualifikationsanforderungen, so dass bisher eher Studienergebnisse mit prognostischem Charakter vorliegen, die eine Verschiebung und Erweiterung der Kompetenzbedarfe beinhalten. Zur Bewältigung des digitalen Wandels sieht sich die berufliche Bildung daher mit der Herausforderung konfrontiert, den zügigen und zielgerichteten

---

T. Freiling (✉) · J. Porath
Hochschule der Bundesagentur für Arbeit, Schwerin, Deutschland
E-Mail: thomas.freiling@hdba.de; jane.porath@hdba.de

Erwerb veränderter Kompetenzen zu gewährleisten. Eine besondere Rolle beim Kompetenzerwerb spielen individuell ausgerichtete, arbeitsplatznahe und interaktive Lernformen. Das digitale Lernen kann in besonderer Weise dabei unterstützen. Der Beitrag will auf Basis eines konstruktivistischen Lernverständnisses aufzeigen, welche Potenziale digitale Lernsettings theoretisch begründet zugeschrieben werden können, welche Herausforderungen im Rahmen der Umsetzung zum Kompetenzerwerb in der beruflichen Aus- und Weiterbildung entstehen und welcher weitere Handlungsbedarf erkennbar ist.

Schlüsselwörter
berufliche Bildung · Lernen · Lerntheorie · digitale Lernmedien · Konstruktivismus

10.1 Einleitung

Die Auswirkungen von technologischen und arbeitsprozessorientierten Innovationen auf die Kompetenzanforderungen der Beschäftigten sowie auf die Bildungsprozesse zum Erwerb der erforderlichen Kompetenzen sind Untersuchungsgegenstand einzelner empirischer – teilweise branchenbezogener – Studien. Sie intendieren, den zu erwartenden Kompetenzbedarf zu identifizieren, zu beschreiben und auf dieser Basis Rückschlüsse u. a. auf veränderte Qualifikationen und erforderliche Bildungsprozesse zu formulieren (vgl. z. B. Pfeiffer et al. 2016; Spöttl et al. 2016).

Zu konstatieren ist, dass vertiefte Analysen zum Kompetenzbedarf weiterhin ausstehen, da gegenwärtig aufgrund der noch rudimentären technologischen und organisatorischen Durchdringung in den (Groß-)Unternehmen Untersuchungsobjekte rar sind, um beispielsweise auf Basis von Arbeitsplatzanalysen Ableitungen auf benötigte Kompetenzportfolios treffen zu können (siehe zu Veränderungen der Arbeitsbedingungen und deren Folgen den Beitrag von Conrads, Guggemos und Klevenow in diesem Sammelband). Zudem divergieren derzeitig vorliegende Prognosen bezogen auf Auswirkungen digitaler Systeme auf die Arbeitswelt einschließlich der Qualifikationserfordernisse (vgl. Stich et al. 2018, S. 147). Die nahezu vollautomatisch ablaufende *Smart Factory* ist zwar modellhaft beschrieben, aber erst im Ansatz beispielsweise im Automotive Sektor sichtbar. Im Resultat liegen gegenwärtig Studienergebnisse mit prognostischem Charakter bezogen auf die Art der Verschiebung der Tätigkeitsanforderungen und des Kompetenzbedarfs der Beschäftigten vor, die davon ausgehen, dass veränderte oder sogar zusätzliche Kompetenzen erforderlich sein werden (vgl. Stich et al. 2018, S. 147; zu empirischen Untersuchungen über künftige Kompetenzanforderungen siehe den Beitrag von Ulrich et al. in diesem Sammelband).

Aufgrund der skizzierten Entwicklungen befindet sich die berufliche Bildung in einem Veränderungsprozess: Der zügige und zielgerichtete Erwerb veränderter Kompetenzen wird zu einer der zentralen Herausforderungen zur Bewältigung des industriellen Wandels (vgl. Stich et al. 2018, S. 149). Verbunden damit ist der drängende Zeitaspekt: Je zügiger der Digitalisierungsprozess in der Arbeitswelt voranschreitet, desto proaktiver und schneller sind die dazu erforderlichen Bildungsprozesse zu etablieren. Die damit verbundenen Herausforderungen sind für die berufliche Bildung erkennbar und liegen u. a. in der

Fokussierung des Einsatzes digitaler Lernmedien in der Berufsausbildung und in der Qualifizierung des Bildungspersonals.

Eine besondere Rolle beim Kompetenzerwerb spielen individuell ausgerichtete, arbeitsplatznahe und interaktive Lernformen, die lernförderliche Kriterien zu erfüllen haben (vgl. Porath 2015, S. 490 f.). Die zugrunde gelegte These ist, dass das digitale Lernen in besonderer Weise dabei unterstützen kann (vgl. Howe und Knutzen 2013).

Auf Basis der Auswertung und Analyse vorliegender empirischer Erkenntnisse und (lern-)theoretischer Grundlagen steht im Fokus dieses Beitrages die Beantwortung der folgenden Fragestellungen:

- Inwieweit befördert ein digitalisierter Lernkontext den zielgerichteten Kompetenzerwerb?
- Welche förderlichen und hemmenden Faktoren sind bei der Gestaltung von Lernsettings zu berücksichtigen und welche Gestaltungsansätze sind zu empfehlen?
- Welcher weitere operative und strategische Handlungsbedarf ergibt sich für die berufliche Bildung?

Der Beitrag soll in einem ersten Schritt auf Basis einer lerntheoretischen Verortung die Relevanz digitalen Lernens und der zu etablierenden Lernsettings im Kontext des Kompetenzerwerbs darstellen, Chancen und Risiken herausarbeiten sowie Anknüpfungspunkte zur Renovierung des beruflichen Lernens identifizieren (Abschn. 10.2). Darüber hinaus wird der Status quo digitaler Lernsettings illustriert und Beispiele digitalen Lernens formuliert (Abschn. 10.3). In einem zweiten Schritt geht es darum, konkreten Handlungsbedarf bezogen auf die Aus- und Weiterbildung abzuleiten. Im Resultat des Beitrags entsteht ausgehend von der aufgearbeiteten und zusammengeführten aktuellen Situation und Problemlage eine Benennung von Handlungsbedarf auf operativer und strategischer Ebene (Abschn. 10.4).

10.2 Zur Relevanz digitalen Lernens auf Basis einer lerntheoretischen Verortung

10.2.1 Konstruktivistisches Lernverständnis

Wird das Individuum und dessen Kompetenzerwerb in den Mittelpunkt unterschiedlicher lerntheoretischer Diskussionen gestellt, wird speziell ein konstruktivistisches Lernverständnis angesprochen (vgl. im Folgenden auch Porath 2013, S. 82 ff.). Nach Rusch (1999, S. 8 f.) ist die Theorie des Konstruktivismus durch drei Theoreme gekennzeichnet:

1. *Beobachtertheorem:* Jedes Individuum ist hiernach ein/e Beobachter/-in und untrennbar von dem Beobachteten selbst. Indem das Individuum die eigene Beobachtung beschreibt und zu anderen Beobachtungen abgrenzt, konstruiert es seine Wirklichkeit

(vgl. Balgo und Voß 2002, S. 61 f.; Maturana 1996, S. 91). Wie das Individuum diese Beschreibungen vornimmt, gestaltet sich sehr subjektiv, da sie abhängig von der bisherigen individuellen Erfahrungswelt sind (vgl. Rebmann 1999, S. 4).

2. *Konstruktivitätstheorem:* Gemäß diesem Theorem strukturiert und interpretiert das Individuum jede Beobachtung, wodurch Erkennen und Verstehen möglich werden (vgl. von Foerster 2009, S. 69 f.).
3. *Geltungstheorem:* Hiernach konstruiert sich das Individuum seine Wirklichkeit so, dass erfolgreiches Handeln möglich wird (vgl. Hejl 2009, S. 110). Nach von Glasersfeld (2009, S. 22) ist für das Individuum nur das relevant wahrzunehmen, was zu erfolgreichem Handeln befähigt und somit für das Individuum passend und brauchbar ist. Hierzu nutzt es Bewertungs- und Deutungskriterien, die sich auf frühere Erfahrungen stützen (vgl. Schmidt 1996, S. 15).

Hieraus ergibt sich, dass der Lernprozess eines Individuums ein höchst individueller und aktiver Prozess ist. Dieser wird durch Lernanlässe ausgelöst, sogenannte Perturbationen i. S. von Diskrepanzen oder Störungen (vgl. Rebmann 2001, S. 73). Pertubationen können durch sprachliche Interaktion mit anderen und unbefriedigende Handlungsergebnisse hervorgerufen werden, die als Störungen, Diskrepanzen, Widersprüche oder Überraschungen zur bisherigen individuellen Erfahrungswelt wahrgenommen werden (vgl. Arnold und Siebert 1997, S. 49; von Aufschnaiter et al. 1992, S. 421; von Glasersfeld 1997, S. 192; Humbert 2005, S. 35; Rebmann 2001, S. 73; Rebmann und Tenfelde 2008, S. 37). Wahrnehmungen selbst sind immer einem Selektionsprozess des Individuums unterworfen (vgl. Rebmann 2004, S. 15).

▶ Lernprozesse werden als aktiver Prozess durch Lernanlässe ausgelöst.

Diese Störung, die das Individuum als neue Wahrnehmung erfährt, will es durch eine Strategie von Versuch und Irrtum beseitigen. Bei Erfolg endet das Vorgehen und das Individuum wird bei einer gleichen Störung in der Zukunft auf die Erfahrung aus dem Vorgehen zurückgreifen und die Tätigkeit zur Störungsbeseitigung nahezu automatisch ausführen (vgl. von Glasersfeld 1987, S. 132; Rebmann 2001, S. 73). Kann die Störung nicht beseitigt werden, kann es zur Weiterentwicklung vorhandener subjektiver Erfahrungsstrukturen oder zur Herausbildung neuer Strukturen kommen (vgl. von Aufschnaiter et al. 1992, S. 394; Rebmann 2001, S. 74).

Verknüpft das Individuum aktuelle Wahrnehmungen mit vergangenen, so entstehen Erfahrungen (vgl. Rebmann und Tenfelde 2008, S. 40). Demzufolge setzt jede aktuelle Erfahrung vergangene Erfahrungen voraus, die das Generieren der neuen Erfahrung erst möglich machen (vgl. Rebmann und Tenfelde 2008, S. 41). Das Individuum beschreibt also seine subjektiven Erfahrungswelten und konstruiert in der Verknüpfung der Erfahrungen zu Erkenntnissen seine eigene Wirklichkeitsvorstellung (vgl. Rebmann 1999, S. 4). Den Wert der individuellen Erfahrungsstruktur kann das Individuum im Handeln validieren (vgl. Bloemen et al. 2010, S. 198), indem das Individuum sein Wissen und

10 Digitalisierung des Lernens – Implikationen für die berufliche Bildung

seine Wirklichkeitskonstrukte in neuen Situationen und Tätigkeiten einsetzt und u. a. auf Brauchbarkeit, Anschlussfähigkeit und Viabilität, im Sinne von Gangbarkeit, überprüft (vgl. Balgo und Voß 2002, S. 63; Rebmann 1999, S. 5; Schmidt 1992, S. 72). Die Überprüfung des eigenen Wissens auf Viabilität erfolgt darüber hinaus durch kommunikativen Austausch und sprachliches Aushandeln von Handlungsstrategien und Problemlösungen, so dass individuelle Wirklichkeitsvorstellungen sozial orientiert werden und kollektives Wissen entsteht (vgl. Rebmann 1999, S. 6, 2001, S. 79, 2004, S. 16).

Innerhalb des skizzierten Lernprozesses kann es zu Brüchen (Bruchstellen) kommen, wodurch erfolgreiches Lernen behindert wird (vgl. im Folgenden z. B. Rebmann 2004, S. 14; Rebmann und Tenfelde 2002, S. 62 f.). Mit Blick auf die Thematik der Gestaltung von (digitalen) Lernsettings sollten – abgeleitet aus einem konstruktivistischen Lernverständnis – folgende didaktische Gestaltungskriterien erfüllt sein (vgl. u. a. Dehnbostel 2007, S. 57 ff.; Frieling et al. 2006, S. 44 ff.; Gerdsmeier und Köller 2008, S. 26 f.; Porath 2013, S. 93 ff.):

▶ Das Individuum muss selbstständig und selbststeuernd tätig werden dürfen.

- *Selbststeuerung und Selbstständigkeit:* Um sich seine Wirklichkeit selbst zu erarbeiten, braucht das Individuum Gestaltungsmöglichkeiten und Freiräume, es muss also selbstständig und selbststeuernd tätig werden dürfen (vgl. Reich 2010, S. 268). Hierzu bedarf es Handlungs-, Gestaltungs- und Entscheidungsspielräumen hinsichtlich der zeitlichen Abfolge von Handlungen, der Auswahl der Bearbeitungswege, Methoden und Medien, der Bewertung der Zielerreichung nach Abschluss des Lernprozesses sowie Art und Umfang der Zusammenarbeit mit anderen (vgl. z. B. Bloemen et al. 2011, S. 6; Dehnbostel 2007, S. 67; Frieling et al. 2006, S. 45 ff.; Gerdsmeier und Köller 2008, S. 27).
- *Situiertheit*: Lernsituationen sind authentisch zu gestalten, so dass Lernende Wissen erwerben, das sie in ihrer eigenen Lebenswirklichkeit gebrauchen können und somit subjektiv bedeutsam für sie ist (vgl. Gerdsmeier und Köller 2008, S. 27). Im berufsbildenden Bereich geht dies sowohl über den Bezug zur Alltagswelt des Individuums, als auch über den Bezug zur Berufs- und Arbeitswelt. In diesen alltäglichen und beruflichen Verwendungssituationen hat sich das Wissen als anschlussfähig und brauchbar, somit viabel zu erweisen (vgl. Siebert 2005, S. 91).

▶ Das erworbene Wissen muss in der eigenen Lebenswirklichkeit zu verwerten sein.

- *Problem- und Komplexitätsorientierung*: Lernsituationen sollten sich an komplexen, lebens- und berufsnahen Problembereichen orientieren (vgl. Krüssel 2003, S. 64), da auch die alltägliche und berufliche Lebenswirklichkeit der Lernenden durch ein hohes Maß an Komplexität gekennzeichnet ist und zu starke Reduktionen und Systematisierungen Möglichkeiten des Lernens eventuell abschneiden (vgl. Wolff 2001, S. 190).

- *Anforderungsvielfalt und Variabilität:* Mit diesem Kriterium kann an den Voraussetzungen der Lernenden angesetzt werden und (Mehr-)Perspektivität gefördert werden (vgl. Frieling et al. 2006, S. 54 ff.; Siebert 2005, S. 73). Lernende brauchen Wahlmöglichkeiten, um ihre individuellen Wissensstrukturen einbringen zu können, unterschiedliche Lernanlässe, damit Perturbationen ausgelöst werden, und variable Kontexte zur Wissensanwendung in der Handlung (vgl. Krüssel 2003, S. 65; Leisen 2005, S. 307; Meixner und Müller 2004, S. 2 f.). Durch Variabilität kann es den Lernenden ermöglicht werden, Beobachtungen von unterschiedlichen Standpunkten aus zu machen, die stets abhängig von der individuellen Lebenssituation, dem sozialen Kontext und den bisherigen Wissensstrukturen sind (vgl. Siebert 2005, S. 118).
- *Soziale Interaktion und Kommunikation:* Lernsituationen sollten Gelegenheiten des interaktiven, dialogischen und reflektierenden Austausches in sozialen Beziehungsgefügen bereitstellen (vgl. Dehnbostel und Elsholz 2007, S. 41; Gerdsmeier und Köller 2008, S. 27; Meixner und Müller 2004, S. 3; Reich 2002, S. 88), damit Wissen eben aus unterschiedlichen Perspektiven betrachtet werden kann und so in erweiterte Zusammenhänge eingeordnet wird (vgl. Gerstenmaier und Mandl 1995, S. 879).

▶ Es sind Gelegenheiten des interaktiven, dialogischen und reflektierenden Austauschs vorzusehen.

- *Reflexivität und Feedback:* Nach Kahlert (2001, S. 79) benötigen Lernende Reflexion und Feedback, um „Kriterien zu erwerben, die es ermöglichen, die Zuverlässigkeit und Brauchbarkeit von Informationen und Mitteilungen zu beurteilen" (Kahlert 2001, S. 79). Durch Rückmeldungen von außen können Lernende kognitive Umstrukturierungen und Veränderungen der eigenen Handlungen und Selbstreflexionen vornehmen (vgl. Frieling et al. 2006, S. 63).

10.2.2 Relevanz digitalen Lernens

Mit Blick auf das berufliche und somit das betriebliche und schulische Lernen wird in diesem Beitrag untersucht, welche Relevanz das digitale Lernen und speziell digitale Lernmedien zum Erreichen des Lernerfolgs einnehmen. Generell ist mit Digitalisierung die Beeinflussung der Arbeits- und Lernprozesse durch den Einsatz digitaler Technik gemeint, d. h. aller mobilen oder stationären Geräte, Maschinen, Anlagen, mit deren Hilfe betriebsrelevante Daten aller Art gespeichert, transportiert oder verarbeitet werden (vgl. Mahrin 2016, S. 87). Der Zweck liegt in der fortschreitenden Vernetzung zunehmend autonomer Informations- und Materialflüsse sowie der weltweiten Verfügbarkeit relevanter Daten. Übertragen auf den Kontext der Aus- und Weiterbildung in Verbindung mit Lernprozessen ist zunächst auf digitale Lernmedien zu fokussieren, verstanden als elektronische Medien, die mit digitalen Codes arbeiten. Zu unterscheiden davon sind die in der Aus- und Weiterbildung vorherrschenden analogen Medien. Der Begriff der digitalen Medien kann als Synonym für „Neue Medien" verstanden werden (vgl. Sesink 2008, S. 407). Das Medium ist zunächst einmal ein reines Werkzeug, um auf Basis von Informations- und Kommunikationsmedien (IKT) Wissen und Kompetenzen erwerben zu können.

▶ Digitale Lernmedien als Werkzeug unterstützen das Lernen.

Unter dem digitalen Lernen wird im Sinne des in diesem Beitrag zugrunde gelegten Verständnisses somit zusammengefasst „das Lernen mit digitalen Hilfsmitteln, in digitalen Lernwelten und in einer durch digitale Medien geprägten Lebenswelt" (Kerres 2018, S. 2) verstanden.

Allerdings ist nicht nur das „digitalisierte" Lernen als Bildungswerkzeug zu berücksichtigen, sondern auch das dem digitalen Lernen notwendigerweise zugrunde liegende Bildungsverständnis. Im Sinne eines umfassenden Bildungsverständnisses wird Bildung in diesem Kontext verstanden als die „individuelle Fähigkeit, Lebenssituationen sachgerecht, selbstbestimmt, kreativ und sozialverantwortlich zu bewältigen" (Euler und Hahn 2014, S. 140 f.; zit. bei Euler 2018, S. 186; vgl. ebenso Arnold et al. 2018, S. 26). Implizit ist mit diesem Begriffsverständnis ein subjekt- und potenzialorientierter Ansatz verbunden, der dahingehend fragt, welche Potenziale durch Bildungsprozesse freigesetzt werden, um die zuvor benannte Fähigkeit entfalten zu können, also die Persönlichkeitsentwicklung statt der Qualifikation des Individuums fokussiert. Gefragt sind Kompetenzen der Einzelnen, die darauf ausgerichtet sind, trotz der in immer kürzeren Zyklen zu proklamierenden Halbwertzeit des Wissens kontinuierlich notwendige Kompetenzen erwerben zu können. Es kann also beispielsweise nicht darum gehen, dass Schülerinnen und Schüler in der Schule im Fach digitale Bildung ausschließlich eine Programmiersprache erlernen, die im ungünstigen Fall nach Beendigung der Schulzeit in der Arbeitswelt nicht mehr gefragt ist. Euler (2018, S. 187) verweist in diesem Zusammenhang auf die Relevanz des Einübens der Methodik des „komplexen Problemlösens in digitalen Lern- und Arbeitswelten". In digital geprägten Welten sind Informationen kontinuierlich und unmittelbar abrufbar. Entscheidend ist der Erwerb einer Orientierungskompetenz, um „Aufgaben und praktische Probleme mit vorfindlichen Informationen" (Schuster 2018, S. 361) lösen zu können.

▶ Orientierungskompetenz unterstützt bei der Problemlösung in digital geprägten Welten.

Dies schlägt sich in der beruflichen Bildung beispielsweise in aktuell modifizierten Ausbildungsordnungen nieder. In die Ausbildungsordnung der elf industriellen Berufsbilder der Metall- und Elektroindustrie und des/der Mechatronikers/-in ist so z. B. mit Beginn des Ausbildungsjahres 2018/2019 als Ergebnis eines sogenannten agilen Verfahrens im Rahmen der Neuordnung (Teilnovellierung) eine neue, übergreifende Berufsbildposition 5 als Kernqualifikation „Digitalisierung der Arbeit, Datenschutz und Informationssicherheit" eingefügt worden, die auch Themen wie die Nutzung digitaler Lernmedien behandelt sowie die Recherche, Beschaffung und Bewertung von Informationen aus digitalen Netzen als Lernziel benennt (vgl. BGBl 2018, S. 681 und 750). Dabei handelt es sich um den Erwerb übergreifender Kompetenzen, die einen Beitrag zur Stärkung von Selbstorganisation und Problemlösungsstrategien leisten sollen.

Mit Blick auf die in das benannte umfassende Bildungsverständnis eingebetteten Potenziale digitaler Medien wird nachfolgend auf eine von Howe und Knutzen (2013) veröffentlichte Expertise zu den Einsatzmöglichkeiten digitaler Medien in der beruflichen Bildung verwiesen. Es konnten sechs Potenziale digitaler Medien identifiziert werden (vgl. im Folgenden Howe und Knutzen 2013, S. 19 ff.):

1. Verfügbarmachen von Informationen und Inhalten
2. Visualisieren, Animieren und Simulieren
3. Kommunizieren und Kooperieren
4. Strukturieren und Systematisieren
5. Diagnostizieren und Testen und
6. Reflektieren

Um zu lernen, sich Wissen selbst konstruieren und Wissen in Handlungssituationen anwenden zu können, benötigen Lernende Informationen und Inhalte. Digitale Medien bieten die Möglichkeit, Materialien und Unterlagen bereitzustellen sowie Dateien auszutauschen und dies orts- und zeitunabhängig (vgl. Howe und Knutzen 2013, S. 19 f.; Arnold et al. 2018, S. 51). Darüber hinaus können Lernende Materialien selbst recherchieren und eigene Arbeitsergebnisse dokumentieren. Mit Hilfe digitaler Medien können Prozesse und Strukturen zum einen in ihrer Komplexität zur besseren Verständlichkeit reduziert dargestellt, zum anderen können Gesamtzusammenhänge von Prozessen veranschaulicht werden.

▶ Digitale Medien unterstützen den zeit- und ortsunabhängigen Informations- und Dokumentenaustausch.

Da insbesondere in digitalen Prozessen nicht alle Aspekte für Lernende unmittelbar erlebbar sind, erlauben digitale Medien dennoch eine Erfahrbarkeit durch Simulationen. Digitale Medien bergen mittels Foren, Wikis, Blogs, Chats und Clouds die Chance der Kommunikation und Kooperation, so dass Lernende sich austauschen, Informationen weitergeben und Abstimmungsprozesse vornehmen können (vgl. Howe und Knutzen 2013, S. 22 ff.). Sie bieten des Weiteren das Werkzeug, Wissen zu strukturieren und zu systematisieren, damit selbst bei komplexen Themen Überblicke behalten und Zusammenhänge erkannt werden können, z. B. durch Mindmaps, Strukturlandkarten oder Verschlagwortungen. Der Einsatz digitaler Medien erleichtert den Aufwand des Diagnostizierens und Testens und kann zugleich für einen Qualitätsanstieg sorgen, indem z. B. durch Classroom Response Systeme und handlungsorientiertes Prüfen sowohl diagnostische (Voraussetzungen der Lernenden), formative (Entwicklung des Leistungsstandes der Lernenden) als auch summative Erkenntnisse (Lernerfolg der Lernenden) erhoben werden können (vgl. Howe und Knutzen 2013, S. 28 ff.). Diese Erkenntnisse lassen sich mit Hilfe digitaler Medien kontinuierlich in ihrer Bedeutung für die eigene berufliche Entwicklung reflektieren, sowohl in Form einer Fremdbewertung als auch einer Selbstbewertung. Beide Bewertungen lassen sich mittels digitaler Medien einfach und schnell miteinander vergleichen (vgl. Howe und Knutzen 2013, S. 33 ff.).

Die Parallelen dieser benannten Potenziale und der zuvor erläuterten lerntheoretischen Annahmen fallen ins Auge. So unterstützen die Potenziale nicht nur die Postulate des individuellen, aktiven und des sozialen Lernprozesses, sondern korrespondieren ferner mit den lernförderlichen Konstruktionskriterien: So referiert das Potenzial „Verfügbarmachen von Informationen und Inhalten" mit den Kriterien der Selbststeuerung und Selbstständigkeit, der Situiertheit oder der sozialen Interaktion und Kommunikation. Das Potenzial „Visualisieren, Animieren und Simulieren" korrespondiert mit den Kriterien der Situiertheit, der Anforderungsvielfalt und Variabilität sowie der Problem- und Komplexitätserfahrung. Zudem referiert das Potenzial „Kommunizieren und Kooperieren" mit der sozialen Interaktion und Kommunikation und der Reflexivität und des Feedbacks. Das Potenzial des Strukturierens und Systematisierens digitaler Medien unterstützt beispielsweise die Erfüllung des Kriteriums der Anforderungsvielfalt und Variabilität sowie der Problem- und Komplexitätsorientierung. Durch die Möglichkeit des Diagnostizierens und Testens kann die Selbstständigkeit und Selbststeuerung sowie die Reflexivität und das Feedback unterstützt werden, ebenso wie durch das Potenzial des Reflektierens an sich.

Selbstredend entstehen weitere Potenziale dadurch, dass neben der Möglichkeit der Selbststeuerung von Lernpfaden obendrein unterschiedliche Lerngeschwindigkeiten, die Reihenfolge der Bearbeitung sowie individuelle Lernzeiten festgelegt werden können (vgl. Arnold et al. 2018, S. 57). Dies führt dazu, dass ganz unterschiedliche Zielgruppen (Lernende) ihre Potenziale beim Lernen besser ausschöpfen können wie beispielsweise in der beruflichen Rehabilitation (vgl. Freiling und Kohl 2018, S. 221 f.).

Nachfolgend werden Potenziale und didaktische Gestaltungsprinzipien auf einzelne digitale Lernformen und -medien beispielhaft bezogen.

10.3 Beispiele und Status quo digitaler Lernsettings

Digitale Lernformen mit digitalen Lernmedien existieren in vielfältigen Varianten, so dass im Nachgang der lerntheoretisch begründeten Beschreibung ihrer Relevanz und Potenziale zur Unterstützung von Lernprozessen in der Aus- und Weiterbildung Beispiele zur Erhöhung der Transparenz benannt werden. Die zugrunde gelegte und nachfolgend exemplarisch erläuterte Übersicht der Gesellschaft für Medien- und Kompetenzforschung verweist auf einen Differenzierungsansatz, der sich primär an der Art des Lernens (individuell, kollaborativ) orientiert (vgl. Abb. 10.1).

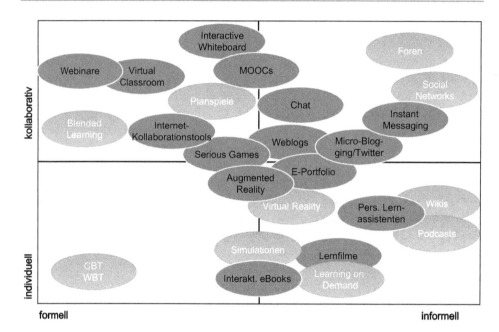

Abb. 10.1 Digitale Lernformen und -medien zur Unterstützung des kollaborativen und individuellen Lernens. (Quelle: © mmb Institut (2018). URL www.mmb-Institut.de [18.02.2019])

Individuelles Lernen

Das individuelle Lernen wird durch unterschiedliche Lernformen mit digitalen Medien unterstützt. Die bekanntesten Formen, das *Web Based Training (WBT)*, nehmen offenbar in ihrer Bedeutung weiter ab (vgl. mmb-Institut 2018, S. 4 f.). Dabei handelt es sich um „hypermedial strukturierte, umfangreiche Lernmaterialien" (Arnold et al. 2018, S. 207), die online über den PC oder mobile Endgeräte bearbeitbar sind. Verschiedene Elemente sind dabei zur möglichst anschaulichen Möglichkeit des Wissenserwerbs miteinander kombinierbar wie Hypertexte, Audio, Bilder, Diagramme, 3-D-Lernobjekte, Animationen sowie Lern- und Arbeitsaufgaben (vgl. Arnold et al. 2018, S. 199 ff.). Deutlich wird darüber die Existenz einzelner Potenziale digitaler Medien laut Howe und Knutzen (2013) wie das Verfügbarmachen von Informationen, die Visualisierung und Simulation beispielsweise von Prozessen mit dem Ziel der Reduktion von Komplexität oder das Strukturieren von Informationen einschließlich der Möglichkeit der selbstständigen Einschätzung und Überprüfung des erreichten Lernstandes (Diagnostizieren und Testen). Als Beispiele digitaler individueller Lernformate sind Augmented Reality zu nennen.

▶ Digitale Lernformen unterstützen das individuelle Lernen.

Bei *Augmented Reality (AR)* handelt es sich um eine Erweiterung des Lernens über 3-D-Brillen, wobei die Lernenden sich in einer virtuellen Welt befinden, ohne den Kontakt (Sicht) zur realen Umgebung zu verlieren. Die reale Umgebung wird somit um virtuelle

Elemente ergänzt, eines der wesentlichen Unterschiede zur Virtual Reality (VR). Bezogen auf den Anwendungskontext werden beispielsweise den Personen mittels Projektion Informationen im Gesichtsfeld eingeblendet, die zur Ausübung der Tätigkeit (z. B. Wartung einer Maschine) erforderlich sind. Für das Lernen zu nennende Vorteile bestehen in der Unterstützung des selbstorganisierten, handlungsorientierten Lernens. Didaktische Gestaltungsprinzipien wie die Selbststeuerung und Selbstständigkeit oder die Situiertheit sind erkennbar, da ein Bezug zu beruflichen Verwendungssituationen beispielsweise über die Visualisierung/Animation realer Situationen im Fokus steht. Nachteile liegen beispielsweise in der Gefahr einer eingeengten Aufmerksamkeit begründet (vgl. Bitter und Corral 2014).

In üblichen Web 2.0-Tools wie *Wikis* oder Blogs liegen wesentliche Potenziale in dem Verfügbarmachen und der Aufbereitung von Informationen begründet wie beispielsweise von Definitionen und Begriffserläuterungen, so dass die Nutzerinnen und Nutzer auf Basis jederzeit erreichbarer Informationen selbstständig recherchieren und sich beim Aufruf eines Stichworts selbstständig einen Überblick über das Thema verschaffen können. Im Falle gemeinschaftlicher Textproduktion entstehen beispielsweise zudem Kommunikations- und Kooperationsprozesse durch den Austausch der Lernenden (siehe kollaboratives Lernen) (vgl. Howe und Knutzen 2018, S. 520).

Kollaboratives Lernen
Über unterschiedliche technische Lösungen können die Lernenden und Lehrenden in Kontakt treten. Wie aufgezeigt, wird dadurch ebenfalls das Gestaltungskriterium der Interaktion und Kommunikation berücksichtigt (vgl. Howe und Knutzen 2013, S. 22 ff.). *Foren/Communities* und soziale Netzwerke (z. B. WhatsApp, Facebook) helfen dabei, richtige Ansprechpersonen zur Lösung individueller Problemlagen zu finden. In virtuellen Foren können sich Lehrende und Lernende textlich austauschen, um Fragen zu beantworten oder Themen zu diskutieren. Weiterhin wird die *Peer to Peer-Kommunikation* und somit der Austausch der Lernenden untereinander über kollaborative Kommunikationsformate wie Foren unterstützt. Über die Möglichkeit des Austauschs u. a. zwischen den Lernenden entstehen vielfältige Kommunikations- und Kooperationsbezüge.

Beispiele digitaler kollaborativer Medien sind Blogs, Plattformen, Lernmanagementsysteme, 3-D-Lernwelten oder virtuelle Klassenzimmer.

Blogs ermöglichen ihren Autorinnen und Autoren, chronologisch sortierte Einträge zu erstellen, in denen sie auf Themen oder Quellen aufmerksam machen, die sie außerdem kommentieren können. Es dient dem kollaborativen als auch individuellen Lernen und Schreiben in einem öffentlichen (frei zugänglichen) oder geschlossenen (auf einzelne Teilnehmende begrenzten) Anwendungskontext.

Weiterhin existiert je nach Berufs- oder Expertengruppe inzwischen eine Vielzahl an *Plattformen*, in denen die Informations- und Wissensressourcen zu einem bestimmten Fachgebiet zusammengestellt und auf vielfältige Weise recherchier- und durchsuchbar sind (Expertensysteme). In der beruflichen Bildung stellt beispielsweise die Plattform „Foraus.de" des Bundesinstituts für Berufsbildung (BIBB) ein derartig komplexes

Expertensystem speziell für Ausbilderinnen und Ausbilder dar. Ergänzend können per Dokumenten-Sharing über Systeme wie Google Drive oder Dropbox Fachinformationen und -material ausgetauscht und kollaborativ bearbeitet werden. Vernetztes Lernen schafft mit dem Teilen der Wissensvorräte einer Community Vorteile, die mit dem traditionell analogen Lernen nicht zu erreichen sind (vgl. Dräger und Müller-Eiselt 2017, S. 89).

▶ Beim kollaborativen Lernen unterstützen Lernmanagementsysteme oder 3-D-Lernwelten mit vielfältigen Kommunikations- und Informationslösungen.

Die auf dem Markt verfügbaren *Lernmanagementsysteme* (LMS) oder Lernplattformen unterstützen ebenfalls die Funktion des Austauschs zwischen Lernenden und Lehrenden, der Interaktion und Kommunikation und der Zurverfügungstellung und dem Austauschen von (umfangreichen) Lernmaterialien. Sie dienen als informations- und kommunikationsbezogene Grundlage zur Unterstützung strukturierter Lehr- und Lernprozesse (vgl. Arnold et al. 2018, S. 87). Die Plattform weist unterschiedliche Funktionen zur Organisation des Lernens auf, bietet mittels Materialien und Unterlagen u. a. Lerninhalte über e-Learning-Module (Learning Nuggets) und interaktive Selbsttests (eAssessment) an oder übernimmt eine Lotsenfunktion zur individuellen Steuerung der Lernprozesse (Prinzip der Selbststeuerung und Selbstständigkeit).

Möglich ist es, Lernumgebungen dreidimensional als *3-D-Lernwelten* aufzubereiten, in denen Räume, Lernmedien wie Flipchart und Lernsituationen virtuell abgebildet sind (vgl. Arnold et al. 2018, S. 88).

Die Möglichkeit der Kommunikation und Kooperation mit Lernenden und Lehrenden während des Lernprozesses bildet eine zentrale Funktionalität des LearnSpace. Das gemeinsame Reflektieren wird unterstützt. Auf Strukturierungswerkzeuge wie z. B. Mindmaps kann zugegriffen werden. Auch das Diagnostizieren und Testen ist abbildbar. Simulationen sind beispielsweise in Form von Videoclips integrierbar (vgl. Abb. 10.2). Letztendlich stellt eine derartige virtuelle Lernumgebung eine Virtualisierung realer Lernsituationen unter Berücksichtigung verschiedener Potenziale digitaler Lernformen und -medien dar.

In Ergänzung dazu handelt es sich bei einem *virtuellen Klassenzimmer* (virtual classroom) um Konferenzsysteme für Online-Seminare, die den Dozierenden einschließlich seiner Lehr-/Lernmaterialien per Video an die Teilnehmenden überträgt und zudem ein Whiteboard-System zur Verfügung stellt (vgl. Arnold et al. 2018, S. 89). Virtuelle Klassenzimmer referieren auf einzelne Potenziale digitaler Medien nach Howe und Knutzen (2013), wenn beispielsweise Funktionalitäten wie Visualisieren, Kommunizieren, Strukturieren, Diagnostizieren berücksichtigt sind.

Ergänzend zur Frage der Potenziale und didaktischen Gestaltungskriterien soll die Frage der Bedeutung einzelner Lernformen beispielhaft für die Unternehmenspraxis aufgegriffen werden. Auskunft gibt eine aktuelle Trendstudie des mmb-Instituts (2018), basierend auf einem Delphi-Design mit 61 Expertinnen und Experten. Erkennbar ist, dass

10 Digitalisierung des Lernens – Implikationen für die berufliche Bildung 217

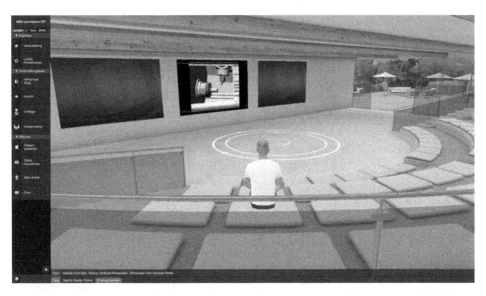

Abb. 10.2 Lernumgebung im WBS LearnSpace 3D® mit Präsentationsflächen. (Quelle: WBS Training AG 2018)

Blended Learning Settings nach wie vor im Methodenspektrum eine sehr hohe Relevanz besitzen und dadurch – auch mit Blick in die Zukunft – die lernförderliche Bedeutung der Verbindung von analogem und digitalem Lernen unterstrichen wird (vgl. mmb-Institut 2018, S. 5). Während klassische Lernformen wie Web Based Trainings eher an Bedeutung verlieren, gewinnen wiederum 3-D-Lernumgebungen an Relevanz. Die Vielfalt digitaler Lernformen ist in der Praxis in unterschiedlichem Ausmaß vorzufinden. Die Vision „Industrie 4.0" führt tendenziell dazu, dass digitales Lernen in Unternehmen an Relevanz gewinnt (vgl. mmb Institut 2018, S. 12) und fungiert dahingehend insofern als ein wesentlicher Beschleuniger der Entwicklungen. Sicherlich sind weitere Beschleuniger wie die steigende Technikakzeptanz zu nennen.

Ausgehend von dem Anliegen des Beitrags, die Potenziale digitaler Lernformen und -medien auf Basis ihrer lerntheoretischen Verortung aufzuzeigen, stellt sich abschließend die Frage der Umsetzung und Realisierung und somit der Implikationen für die berufliche Aus- und Weiterbildung. Dazu werden Handlungsoptionen auf operativer und strategischer Ebene für die Aus- und Weiterbildung identifiziert.

10.4 Implikationen für die berufliche Aus- und Weiterbildung

Wenn wie aufgezeigt bei digitalen Lernsettings unterschiedliche Lernpotenziale benannt werden können, muss zudem nach der Verwendung und Verbreitung in der Aus- und Weiterbildung gefragt werden. In der Bildungslandschaft sind zunächst ansatzweise konkrete

Umsetzungsaktivitäten erkennbar. Zukünftig ist noch ein Großteil des Weges zu beschreiten. Das wird anhand der folgenden Ausführungen deutlich.

▶ Digitale Lernsettings erfordern eine veränderte Methodik und Didaktik.

Digitale Lernsettings erfordern eine veränderte Methodik und Didaktik. Lernarrangements sind nicht nur inhaltlich, sondern auch methodisch zu überarbeiten und relevante Medien auszuwählen. Im Grunde genommen geht es – über die Frage der digitalen Grundausstattung und Mediennutzung hinaus (vgl. bitkom 2015, S. 7; Lankau 2017, S. 122) – um die *Neuentwicklung virtueller Lernsettings* in der Breite bezogen auf die unterschiedlichen Lernorte wie Berufsschule und Betrieb und nicht um die Digitalisierung analoger Konzepte (vgl. Schmid et al. 2016, S. 33).

Das intentionale Lernen im Unterricht wird um virtuelle Lernsettings auf Basis digitaler Lernmedien ergänzt. Zukünftig viel stärker realistisch und relevant werden Simulationen beispielsweise von Maschinen, die im Unternehmen, aber nicht in der Berufsschule verfügbar sind (vgl. Freiling und Hauenstein 2017, S. 25). Auch die Simulation von Produktionsprozessen gestaltet sich leichter. Das virtuelle Lernen ist absehbar viel stärker in Gruppen, von Lehrenden begleitet und über PC realisierbar. Mit Blick auf das berufsschulische Lernen wird es eher möglich, fächerübergreifend Projektaufgaben (Programmierung, Simulation) mit Unternehmen zusammen in Blockveranstaltungen zu bearbeiten (vgl. Freiling und Hauenstein 2017, S. 26; Gläser-Zikuda et al. 2017). Zudem ist die Beteiligung von Hochschulen im regionalen Kontext (studienverzahntes Lernen) besser realisierbar. Ein inhaltlich intensiverer Austausch zwischen den Lernorten (Berufsschule, Unternehmen, überbetriebliche Berufsbildungsstätten) und eine Verfügbarmachung erstellter Produkte über digitale Netze werden deutlich erleichtert und tragen erwartungsgemäß zur Verbesserung der Lernortkooperation in der beruflichen Bildung bei. Gegenwärtig ist unklar, wie der immense Neuentwicklungsaufwand zu bewältigen ist. Bildungsunternehmen kommen auf operativer Ebene schnell an ihre Grenzen, wenn der Entwicklungsaufwand (Ressourcen) ihre finanziellen und professionellen Möglichkeiten übersteigt. Bedarfs- und zielgruppengerechte Produkte sind nicht allein auf dem Bildungsmarkt zu erwerben. Maximal sind Kombinationen im Produktportfolio und zwar zwischen Eigenentwicklungen und Fremdprodukten vorstellbar. Deutlich wird, dass die Sicherstellung der notwendigen Infrastruktur (Ausstattungen wie Hardware, Räume) den geringeren Aufwand bei dem Vorhaben darstellt, das Lernen in der Aus- und Weiterbildung zu digitalisieren.

▶ Die Professionalisierung des Lehr- und Ausbildungspersonals ist Voraussetzung für die Etablierung virtueller Lernsettings.

Die didaktische Gestaltung virtueller Lernsettings unter Berücksichtigung eines sozialen und kollaborativen Lernens als wichtigste didaktische Innovation setzt die *Professionalisierung des Lehr- und Ausbildungspersonals* voraus (vgl. Arnold et al. 2018, S. 57; mmb-Institut 2016, S. 6). Ein neuartiges Rollenverständnis der Ausbilderinnen und Ausbilder sowie der Dozierenden in der Aus- und Weiterbildung in Richtung Lernbegleitung und Moderation von Lernprozessen erfordert ein verändertes Kompetenzprofil und entsprechende Weiterbildungsaktivitäten in der Breite. Dies betrifft im Grunde alle Dozierenden an den beteiligten Lernorten und lässt erkennen, in welchem Ausmaß zukünftig zu planen ist. Aber auch für Lernende liegt ein verändertes Kompetenzportfolio zugrunde, allein dadurch, dass sie viel stärker als in der analogen Welt Selbstorganisations- und Medienkompetenzen benötigen (vgl. KMK 2017), da sie häufiger mit digitalen Medien selbstorganisiert lernen.

▶ Die Sicherstellung notwendiger Ressourcen ist vonnöten.

Die Klärung der notwendigen finanziellen *Ressourcen* ist mit Blick auf die Methodik und Didaktik sowie Professionalisierung des Lehrpersonals offenkundig. Weitere Ressourcenfragen schließen sich beispielsweise im Kontext der Sicherstellung der erforderlichen Infrastruktur an (Netzwerke, Systeme, Medien, Räume) als Voraussetzung dafür, dass Lernen über digitale Netzwerke mit einer erforderlichen Qualität überhaupt möglich wird und Lernmanagementsysteme in Organisationen implementiert werden können.

Es ist zwar erkennbar, dass dem digitalen Lernen auf strategischer Ebene (bildungspolitisch) ein besonderer Stellenwert beigemessen wird, ausgedrückt u. a. durch die besondere Hervorhebung der Thematik im aktuellen Koalitionsvertrag (2018, S. 31), durch die Gründung und Fortführung der gemeinsamen Initiative „Berufsbildung 4.0" des Bundesministeriums für Bildung und Forschung (BMBF) und des Bundesinstituts für Berufsbildung (BIBB), durch das Sonderprogramm zur Digitalisierung überbetrieblicher Berufsbildungsstätten (ÜBS) oder durch das Auflegen von Forschungsprogrammen des BMBF wie beispielsweise „Digitale Medien in der Beruflichen Bildung" zur Ausgestaltung digitalisierter Bildungsprozesse. Die Bundesregierung ist zudem darum bemüht, als Antreiberin für den entsprechenden Ausbau der digitalen Infrastruktur in Deutschland zu fungieren, u. a. mit dem Bundesförderprogramm für den Breitbandausbau,[1] das als Ziel das sehr schnelle Internet mit 1 Gigabit/s in ganz Deutschland bis 2025 (prioritär u. a. in Schulen) vorsieht, oder auch mit dem „DigitalPakt Schule"[2] des BMBF, der eine Ausstattungsverbesserung von Schulen mit digitaler Technik intendiert.

▶ Die Entwicklung neuartiger digitaler Lernszenarien in der Aus- und Weiterbildung erfordert vielfältige Ressourcen.

Ein besonderer Aufwand liegt allerdings in der Entwicklung digitaler Lernszenarien und somit auf der Mikroebene. Der Anteil digitaler Lernmittel in der Weiterbildung wird Prognosen folgend von derzeit ca. einem Drittel auf knapp drei Viertel im Jahr 2025 und in der Ausbildung von knapp einem Viertel auf ca. die Hälfte ansteigen (mmb-Trendstudie

---

[1] Vgl. unter https://www.bmvi.de/SharedDocs/DE/Dossier/Breitbandausbau/topthema01-bundesfoerderprogramm-zum-breitbandausbau.html [31.01.2020].
[2] Vgl. unter https://www.bmbf.de/de/wissenswertes-zum-digitalpakt-schule-6496.html [31.01.2020].

2016, S. 8). Weitere finanzielle Ressourcen im Zusammenwirken mit Bund, Ländern und Kommunen im Bildungssektor jenseits der Sicherstellung der Infrastruktur sind erforderlich, um die benannten Entwicklungsaufgaben in einem überschaubaren Zeitraum auf inhaltlicher und qualifikatorischer Ebene annähernd bewältigen zu können.

10.5 Fazit

Der Blick auf die Entwicklung der beruflichen Bildung der letzten Jahrzehnte zeigt, dass grundlegende Reformen sparsam erfolgten. Insofern ist es mit Fokus auf den erkennbaren Handlungsbedarf im Kontext der Digitalisierung in der beruflichen Bildung umso wichtiger, bei der Frage des Wie nicht Uneinigkeit oder Ratlosigkeit aufkommen zu lassen, sondern Gelingensfaktoren und Handlungsoptionen beispielsweise über konzertierte Strategien und Aktionen in den Vordergrund der Aktivitäten zu stellen. Verbunden damit ist die Forderung, dem Thema strategisch und darüber hinaus operativ ein höheres Gewicht zukommen zu lassen als bisher.

Die Entwicklung digitaler Lernsettings bedarf der Kombination der benannten unterschiedlichen Potenziale entlang didaktischer Erfordernisse beruflicher Bildung.

Wird die Thematik im Kontext der Gestaltung digitaler Arbeit unter einem pädagogischen Blickwinkel betrachtet, kann mit einer relativen Nüchternheit der populären Formulierung Bildung 4.0 (vgl. Lankau 2017, S. 26) dahingehend konkretisierend begegnet werden, dass letztlich – neben den Nutzenargumenten – auf die erforderliche Qualität einer guten Bildung verwiesen wird, die sowohl über analoge als auch über digitale Zugänge erzielt wird (Schuster 2018, S. 359). Euler (2018, S. 179) gibt dahingehend zu bedenken, dass „digitale Technologien kein Selbstzweck" darstellen, sondern insbesondere Potenziale zur „besseren Erreichung pädagogischer Ziele" in sich bergen. Zu fragen ist somit nach der Art der Gestaltung entsprechender Lernsettings, der Kombination der benannten unterschiedlichen Potenziale (vgl. Howe und Knutzen 2018, S. 523) einschließlich der Berücksichtigung erforderlicher Rahmenbedingungen, damit die Potenziale digitaler Medien zur Entfaltung kommen können. Mit Blick in die Zukunft bedeutet dies klar, dass wir uns Bildungsprozesse nicht ausschließlich digitalisiert vorzustellen haben, sondern digitales Lernen primär eine Unterstützungsfunktion einnimmt, die die pädagogischen Ziele besser erreichen lässt. Gesprochen werden kann in diesem Kontext überdies von einem zweckbezogenen Spektrum an Lernformen und -medien, das zur Erreichung der Lernziele und zur Entfaltung ihrer Potenziale in Kombination eingesetzt wird (vgl. Müller-Eiselt und Behrens 2018, S. 111).

Insbesondere die stärkere Individualisierung des Lernens bietet Potenziale, die digitales Lernen begründet, aber auch erforderlich macht. Es wird verständlich, dass digitalen Systemen emanzipatorische Kräfte zugesprochen werden (vgl. Dräger und Müller-Eiselt 2017) und Bildungsverlierern tendenziell neue Chancen eröffnet werden, auf individuelle und somit zielgruppengerechtere Weise Zugänge zu Wissen zu erlangen. Durch die Art des Lernens kann ein hohes Maß an Personalisierung erwartet werden. Die Art und Weise, wie und was gelernt wird, kann auf den individuellen Lernenden und dessen persönlichen Lernbedarf besser zugeschnitten werden und zwar über die Auswertung des spezifischen Lernverhaltens (Learning Analytics) (vgl. mmb-Institut 2016, S. 10).

Digitales Lernen setzt eine medienkritische Auseinandersetzung mit der Medienlandschaft voraus und bedarf der besonderen Fokussierung in Lernsettings der beruflichen Bildung.

Jugendliche weisen eine hohe Affinität gegenüber digitalen Medien auf: Sie nutzen mehrere Stunden täglich das Internet (im Durchschnitt 3,3 Stunden pro Tag) (vgl. Frees und Koch 2018, S. 403), sind in sozialen Netzwerken aktiv und kommunizieren primär über soziale Netzwerke mit Peers. In der Freizeit würden sie beim Lernen ebenfalls auf digitale Medien zurückgreifen (vgl. Leven und Schneekloth 2015, S. 121). Sicherlich ist zu konstatieren, dass Jugendliche zwar mit Blick auf das Surfen im Internet und somit auf „das Erschließen von Informationen" eine vergleichsweise hohe Nutzenintensität von digitalen Medien aufweisen, diese aber gegenwärtig in einem geringen Ausmaß zur Unterstützung des Lernens herangezogen werden (Euler 2018, S. 183). Zu differenzieren ist daher nach dem Ausmaß der Bildungsaffinität Jugendlicher (vgl. Schuster 2018, S. 359) und dem Vorhandensein von Medienkompetenz, die laut Baacke (2001) vier Dimensionen umfasst: Medienkunde, Mediennutzung, Medienkritik und Mediengestaltung. Jugendliche verfügen häufig zwar über eine gewisse Ausprägung der Dimensionen der Medienkunde und -nutzung, so dass sie ein recht ausgeprägtes Wissen über die heutigen Medien und Mediensysteme und die Fähigkeit, diese instrumentell bedienen zu können, besitzen sowie darüber hinaus heutige Medien rezeptiv-anwendend und zum Teil interaktiv fast schon intuitiv nutzen können. Die Dimensionen der Medienkritik, im Sinne einer kritischen Analyse und Reflektion der Medienlandschaft und des eigenen Medienhandelns auch in Bezug auf eine soziale Verantwortlichkeit, und der Mediengestaltung, im Sinne einer kreativen, innovativen und ästhetischen (Weiter)Entwicklung von Medien, sind jedoch in den seltensten Fällen vorhanden und bedürfen der besonderen Fokussierung im Lernprozess.

Erkennbarer Forschungsbedarf begründet die Ausweitung einschlägiger Forschungsaktivitäten und insofern die finanzielle Absicherung über affine Forschungsprogramme.

Zu den Folgen der verstärkten Nutzung digitaler Medien für das Lernen existieren wenige Forschungsergebnisse (vgl. Euler 2018, S. 184). Forschungsfragen beispielsweise zur Art und Ausprägung einer eventuell festzustellenden Sprachreduktion bis hin zur möglichen Einschränkung der Konzentrations- und damit Lernfähigkeit können gegenwärtig noch nicht befriedigend beantwortet werden. Hier besteht Bedarf an Forschungsaktivitäten, die über einschlägige Forschungsprogramme mittel- bis langfristig abzusichern sind.

Literatur

Arnold, P., Kilian, L., Thillosen, A. & Zimmer, G. (2018): Handbuch E-Learning. Lehren und Lernen mit digitalen Medien. Bielefeld: Bertelsmann.

Arnold, R. & Siebert, H. (1997): Konstruktivistische Erwachsenenbildung. Von der Deutung zur Konstruktion von Wirklichkeit (2. Aufl.). Baltmannsweiler: Schneider Verlag Hohengehren.

Aufschnaiter, S. von, Fischer, H. E. & Schwedes, H. (1992): Kinder konstruieren Welten. Perspektiven einer konstruktivistischen Physikdidaktik. In: Schmidt, S. J. (Hrsg.): Kognition und Gesellschaft (380–424). Frankfurt am Main: Suhrkamp.

Baacke, D. (2001): Medienkompetenz als pädagogisches Konzept. In: Gesellschaft für Medienpädagogik und Kommunikationskultur (GMK) (Hrsg.): Medienkompetenz in Theorie und Praxis. Broschüre im Rahmen des Projekts „Mediageneration – kompetent in die Medienzukunft (gefördert durch das BMFSFJ)".

Balgo, R. & Voß, R. (2002): Wenn das Lernen der Kinder zum Problem wird. In: Voß, R. (Hrsg.): Die Schule neu erfinden (4. Aufl.; 56–69). Neuwied: Luchterhand.

Bitter, G. & Corral, A. (2014): The Pedagogical Potential of Augmented Reality Apps. In: *International Journal of Engineering Science Invention*, Vol. 3, Issue 10, 13–17.

Bitkom (2015): Digitale Schule – vernetztes Lernen. Ergebnisse repräsentativer Schüler- und Lehrerbefragungen zum Einsatz digitaler Medien im Schulunterricht. Online unter: https://www.bitkom.org/sites/default/files/pdf/noindex/Publikationen/2015/Studien/Digitale-SchulevernetztesLernen/BITKOM-Studie-Digitale-Schule-2015.pdf [07.02.2019].

Bloemen, A., Masemann, M., Porath, J., Rebmann, K. & Rowold, J. (2010): Beförderung beruflicher Handlungskompetenz durch Lernaufgaben. In: Kiper, H., Meints, W., Peters, S., Schlump, S. & Schmit, S. (Hrsg.): Lernaufgaben und Lernmaterialien im kompetenzorientierten Unterricht (198–208). Stuttgart: Kohlhammer.

Bloemen, A., Porath, J., Rebmann, K. & Schlömer, T. (2011): Lern- und Arbeitsaufgaben in berufsbildenden Lehr-Lernprozessen. In: *berufsbildung*, 127, 3–7.

Bundesgesetzblatt (2018): Zweite Verordnung zur Änderung der Verordnung über die Berufsausbildung in den industriellen Elektroberufen, Teil 1, Nr. 20 vom 13.06.2018. Berlin: Bundesministerium für Wirtschaft und Energie. Online unter: http://www.bgbl.de/xaver/bgbl/start.xav?startbk=Bundesanzeiger_BGBl&jumpTo=bgbl118s0746.pdf [13.01.2019].

Dehnbostel, P. & Elsholz, U. (2007): Lern- und kompetenzförderliche Arbeitsgestaltung. Chancen für die betriebliche Weiterbildung? In: Dehnbostel, P., Elsholz, U. & Gillen, J. (Hrsg.): Kompetenzerwerb in der Arbeit. Perspektiven arbeitnehmerorientierter Weiterbildung (35–47). Berlin: edition sigma.

Dehnbostel, P. (2007): Lernen im Prozess der Arbeit. Münster: Waxmann.

Dräger, J. & Müller-Eiselt, R. (2017): Die digitale Bildungsrevolution. Der radikale Wandel des Lernens und wie wir ihn gestalten können. München: Deutsche Verlags-Anstalt.

Euler, D. & Hahn, A. (2014): Wirtschaftsdidaktik. Bern: Haupt.

Euler, D. (2018): Bildung in Zeiten der Digitalisierung. In: *Zeitschrift für Berufs- und Wirtschaftspädagogik*, 114(2), 179–190.

Foerster, H. von (2009): Entdecken oder Erfinden. Wie läßt sich Verstehen verstehen? In: Gumin, H. & Meier, H. (Hrsg.): Einführung in den Konstruktivismus (11. Aufl.; 41–88). München: Piper.

Frees, B. & Koch, W. (2018): ARD/ZDF-Onlinestudie 2018: Zuwachs bei medialer Internetnutzung und Kommunikation. In: *Media Perspektiven*, 9, 398–413.

Freiling, T. & Hauenstein, T. (2017): Digitalisierung und Arbeit 4.0. Eine Annäherung an die Beschreibung von Lernsettings und Gestaltungsoptionen zur Erweiterung des berufsschulischen Unterrichts. In: *berufsbildung*, 71, 24–26.

Freiling, T. & Kohl, M. (2018): Handlungs- und Entwicklungsbedarf von Einrichtungen beruflicher Rehabilitation im Kontext der Digitalisierungsdebatte. In: Goth, G., Kretschmer, S. & Pfeiffer, I. (Hrsg.): Inklusive Berufsbildung junger Menschen (219–226). Bielefeld: Bertelsmann.

Frieling, E., Bernard, H., Bigalk, D. & Müller, R. F. (2006): Lernen durch Arbeit. Münster: Waxmann.

Gerdsmeier, G. & Köller, C. (2008): Lernaufgaben – Vielfalt und Typisierung. Anregungen zur Konstruktion von Lernaufgaben. Online unter: http://www.blk-luna.de/box_download.php?nr=219&sid=.

Gerstenmaier, J. & Mandl, H. (1995): Wissenserwerb unter konstruktivistischer Perspektive. In: *Zeitschrift für Pädagogik*, 6, 867–888.

Glasersfeld, E. von (1987): Wissen, Sprache und Wirklichkeit. Braunschweig: Vieweg.

Glasersfeld, E. von (1997): Wege des Wissens. Heidelberg: Auer.

Glasersfeld, E. von (2009): Konstruktion der Wirklichkeit und des Begriffs der Objektivität. In: Gumin, H. & Meier, H. (Hrsg.): Einführung in den Konstruktivismus (12. Aufl.; 9–39). München: Piper.

Gläser-Zikuda, M., Harring, M. & Rohlfs, C. (Hrsg.) (2017): Handbuch Schulpädagogik. Münster: Waxmann.

Hejl, P. M. (2009): Konstruktion der sozialen Konstruktion. Grundlinien einer konstruktivistischen Sozialtheorie. In: Gumin, H. & Meier, H. (Hrsg.): Einführung in den Konstruktivismus (11. Aufl.; 109–146). München: Piper.

Howe, F. & Knutzen, S. (2013): Digitale Medien in der gewerblich-technischen Berufsausbildung. Einsatzmöglichkeiten digitaler Medien in Lern- und Arbeitsaufgaben. Bonn: Bundesinstitut für Berufsbildung.

Howe, F. & Knutzen, S. (2018): Digitale Medien in beruflichen Lehr-/Lernprozessen. In: Rauner, R. & Grollmann, P. (Hrsg.): Handbuch Berufsbildungsforschung (517–523). Bielefeld: wbv.

Humbert, L. (2005): Didaktik der Informatik mit praxiserprobtem Unterrichtsmaterial. Wiesbaden: Teubner.

Kahlert, J. (2001): Didaktische Netze – ein Modell zur Konstruktion situierter und erfahrungsoffener Lernumgebungen. In: Meixner, J. & Müller, K. (Hrsg.): Konstruktivistische Schulpraxis. Beispiele für den Unterricht (73–94). Neuwied: Luchterhand.

Kerres, M. (2018): Bildung in der digitalen Welt: Wir haben die Wahl. In: denk-doch-mal.de, Online-Magazin für Arbeit-Bildung-Gesellschaft, Nr. 02: (Berufliches) Lernen in digitalen Zeiten. Online unter: http://denk-doch-mal.de/wp/michael-kerres-bildung-in-der-digitalen-welt-wir-haben-die-wahl/.

KMK – Sekretariat der Kultusministerkonferenz (Hrsg.) (2017): Bildung in der digitalen Welt. Strategie der Kultusministerkonferenz. Berlin: KMK.

Koalitionsvertrag (2018): Ein neuer Aufbruch für Europa, eine neue Dynamik für Deutschland, ein neuer Zusammenhalt für unser Land. Koalitionsvertrag zwischen CDU, CSU und SPD v. 7.2.2018. Berlin.

Krüssel, H. (2003): Pädagogikunterricht neu sehen. Grundlagen einer reflexiven Fachdidaktik. Pädagogik für den berufsbildenden Bereich. Baltmannsweiler: Schneider Verlag Hohengehren.

Lankau, R. (2017): Kein Mensch lernt digital. Über den sinnvollen Einsatz neuer Medien im Unterricht. Weinheim: Beltz.

Leisen, J. (2005): Zur Arbeit mit Bildungsstandards. Lernaufgaben als Einstieg und Schlüssel. In: *Der mathematisch und naturwissenschaftliche Unterricht*, 58(5), 306–308.

Leven, I. & Schneekloth, U. (2015): Freizeit und Internet: Zwischen klassischem „Offline" und neuem Sozialraum. In: Albert, M., Hurrelmann, K. & Quenzel, G. (Hrsg.): TNS Infratest, Jugend 2015. 17. Shell Jugendstudie. Frankfurt: Fischer.

Mahrin, B. (2016): Digitalisierung, Berufsbildung und kooperative Arbeit. In: Mahrin, B. (Hrsg.): Wertschätzung, Kommunikation und Kooperation (128–139). Berlin: Universitätsverlag der TU Berlin.

Maturana, H. R. (1996): Kognition. In: Schmidt, S. J. (Hrsg.): Der Diskurs des radikalen Konstruktivismus (7. Aufl.; 89–118). Frankfurt am Main: Suhrkamp.

Meixner, J. & Müller, K. (2004): Angewandter Konstruktivismus. Aachen: Shaker.

mmb Institut (2016): Digitale Bildung auf dem Weg ins Jahr 2025. Schlussbericht zur Trendstudie. Essen: mmb-Institut.

mmb-Institut (2018): Weiterbildung und Digitales Lernen heute und in drei Jahren. Ergebnisse der 12. Trendstudie „mmb Learning Delphi" 2017/2018. Essen: mmb-Institut.

Müller-Eiselt, R. & Behrens, J. (2018): Lernen im digitalen Zeitalter. In: McElvany, N., Schwabe, F., Bos, W. & Holtappels, H. G. (Hrsg.): Digitalisierung in der schulischen Bildung. Chancen und Herausforderungen (107–111). Münster: Waxmann.

Pfeiffer, S., Lee, H., Zirnig, C. & Suphan, A. (2016): Industrie 4.0 – Qualifizierung 2025. Studie im Auftrag des VDMA. Frankfurt: VDMA.

Porath, J. (2013): Beförderung von Arbeits- und Berufsorientierung bei Schüler(inne)n der Berufsfachschule durch den Einsatz von Lernaufgaben. Eine konstruktiv-evaluative Studie. München: Hampp.

Porath, J. (2015): Konstruktionskriterien für Lern- und Arbeitsaufgaben. In: Pahl, J.-P. (Hrsg.): Lexikon Berufsbildung. Ein Nachschlagewerk für die nicht-akademischen und akademischen Bereiche (490–491). Bielefeld: Bertelsmann.

Rebmann, K. (1999): Wissenserwerb aus konstruktivistischer Sicht. In: *berufsbildung*, 55, 3–6.

Rebmann, K. (2001): Planspiel und Planspieleinsatz. Hamburg: Kovac.

Rebmann, K. (2004): Didaktik beruflichen Lernens und Lehrens. In: *Grundlagen der Weiterbildung-Praxishilfen* (GdW-Ph), 57, 1–20.

Rebmann, K. & Tenfelde, W. (2002): Selbstlernen in der betrieblichen Ausbildung. In: Kraft, S. (Hrsg.): Selbstgesteuertes Lernen in der Weiterbildung (60–75). Baltmannsweiler: Schneider Verlag Hohengehren.

Rebmann, K. & Tenfelde, W. (2008): Betriebliches Lernen. Explorationen zur theoriegeleiteten Begründung, Modellierung und praktischen Gestaltung arbeitsbezogenen Lernens. München: Hampp.

Reich, K. (2002): Systemisch-konstruktivistische Didaktik. Eine allgemeine Zielbestimmung. In: Voß, R. (Hrsg.): Die Schule neu erfinden. Systemisch-konstruktivistische Annäherungen an Schule und Pädagogik (4. Aufl.; 70–91). Neuwied: Luchterhand.

Reich, K. (2010): Systemisch-konstruktivistische Pädagogik. Einführung in die Grundlagen einer interaktionistisch-konstruktivistischen Pädagogik (6. Aufl.). Weinheim: Beltz.

Rusch, G. (1999): Konstruktivismus mit Konsequenzen. In: Rusch, G. (Hrsg.): Wissen und Wirklichkeit. Beiträge zum Konstruktivismus (7–16). Heidelberg: Auer.

Schmid, U., Goertz, L. & Behrens, J. (2016): Monitor digitale Bildung. Berufliche Ausbildung im digitalen Zeitalter. Gütersloh: Bertelsmann Stiftung.

Schmidt, S. J. (1992): Der Kopf, die Welt, die Kunst. Konstruktivismus als Theorie und Praxis. Köln: Böhlau.

Schmidt, S. J. (1996): Der Radikale Konstruktivismus: Ein neues Paradigma im interdisziplinären Diskurs. In: Schmidt, S. J. (Hrsg.): Der Diskurs des Radikalen Konstruktivismus (7. Aufl.; 11–88). Frankfurt am Main: Suhrkamp.

Schuster, W. (2018): Bildung 4.0 für Wirtschaft 4.0. In: Arnold, C. & Knödler, H. (Hrsg.): Die informatisierte Service-Ökonomie. Veränderungen im privaten und öffentlichen Sektor (353–371). Wiesbaden: Springer Gabler.

Sesink, W. (2008): Neue Medien. In: Sander, U., von Gross, F. & Hugger, K. U. (Hrsg.): Handbuch Medienpädagogik (407–414). Wiesbaden: VS Verlag.

Siebert, H. (2005): Pädagogischer Konstruktivismus. Lernzentrierte Pädagogik in Schule und Erwachsenenbildung (3. Aufl.). Weinheim: Beltz.

Spöttl, G., Gorldt, C., Windelband, L., Grantz, T. & Richter, T. (2016): Industrie 4.0 – Auswirkungen auf Aus- und Weiterbildung in der M+E Industrie. Herausgegeben von bayme/vbm. München: bayme/vbm.

Stich, V., Gudergan, G. & Senderek, R. (2018): Arbeiten und Lernen in der digitalisierten Welt. In: Hirsch-Kreinsen, H., Ittermann, P. & Niehaus, J. (Hrsg.): Digitalisierung industrieller Arbeit (143–174). Baden-Baden: Nomos.

Wolff, D. (2001): Zum Stellenwert von Lehrwerken und Unterrichtsmaterialien in einem konstruktivistisch orientierten Fremdsprachenunterricht. In: Meixner, J. & Müller, K. (Hrsg.): Konstruktivistische Schulpraxis. Beispiele für den Unterricht (187–207). Neuwied: Luchterhand.

11 Bildungskapital, Bildungsaspiration und Bildungspotenziale von Menschen mit Fluchterfahrungen – Entwicklungen und Beratungsansätze

Ralph Conrads, Karl-Heinz P. Kohn und Peter C. Weber

> „Aber die Angst vor den Fremden verstellt den Blick auf die Chancen der Zuwanderung. Die Flüchtlinge sind eine Herausforderung, aber auch eine große Chance. Sie können Deutschland bereichern und erneuern, wenn sie schnell und mutig integriert werden."
> Beise 2015

Inhaltsverzeichnis

11.1 Bildungskapital, Bildungsaspiration und Bildungspotenziale von Menschen mit Fluchterfahrungen 228
    11.1.1 Verwendung der zentralen Begriffe in diesem Beitrag 228
    11.1.2 Zukunftsaufgabe Migration 229
    11.1.3 Ländervergleiche von Bildungsstrukturen (Schul- und Berufsbildung) 231
        11.1.3.1 Syrien 232
        11.1.3.2 Iran 233
        11.1.3.3 Afghanistan 234
11.2 Bildungskapital und Bildungsaspiration von Geflüchteten 236
    11.2.1 Bildungskapital 236
    11.2.2 Bildungsaspiration 237
    11.2.3 Zusammenfassung mit Blick auf die Aufgaben der Bildungs- und Berufsberatung 238

R. Conrads (✉) · K.-H. P. Kohn · P. C. Weber
Hochschule der Bundesagentur für Arbeit, Mannheim, Deutschland
E-Mail: ralph.conrads@hdba.de; Karl-Heinz.Kohn@arbeitsagentur.de; peter.weber@hdba.de

© Springer Fachmedien Wiesbaden GmbH, ein Teil von Springer Nature 2020
T. Freiling et al. (Hrsg.), *Zukünftige Arbeitswelten*,
https://doi.org/10.1007/978-3-658-28263-9_11

11.3	Herausforderungen und Folgen im Beratungsprozess		240
	11.3.1 Herausforderungen bei der Beratung von Migranten/Geflüchteten		240
	11.3.2 Folgen für die Beratung und die Unterstützung der Integration		242
		11.3.2.1 Berufs- und Bildungsberatung für Geflüchtete	243
		11.3.2.2 Beratung von Geflüchteten – exemplarische Konstellationen des Anliegens und Konsequenzen für die Beratung	245
		11.3.2.3 Fachliche Kompetenzen von Beraterinnen und Beratern im Kontext der Beratung geflüchteter Menschen	248
11.4	Fazit		249
Literatur			250

Zusammenfassung

Dieser Beitrag fokussiert auf den Zusammenhang von Bildungskapital, Bildungsaspiration und Bildungspotenzialen von Menschen mit Fluchterfahrungen. Bildungskapital ist hierbei das „Endprodukt" eines Bildungsprozesses und trägt gleichzeitig das Potenzial für weitere im Lebensverlauf aufbauende Bildungsprozesse in sich. Beispielhaft werden die unterschiedlichen Schul- und Berufsbildungssysteme dreier Hauptherkunftsländer (Syrien, Iran und Afghanistan) von Geflüchteten nach Deutschland vorgestellt und anschließend systematisch mit dem deutschen Bildungssystem verglichen. Skizziert werden das erreichte Bildungskapital der Personengruppe anhand der erzielten Bildungs- und Berufsabschlüsse (institutionalisiertes kulturelles Kapital) sowie die Bildungsaspiration mit Blick auf die ausgewählten Herkunftsländer. Die so aufgezeigten Differenzen sollen verdeutlichen, welche Herausforderungen und Möglichkeiten sich für die bildungs- und beschäftigungsorientierte Beratung ergeben und wie heterogen sich dies in unterschiedlichen Beratungskonstellationen darstellen kann. Schlussfolgernd werden dann die Folgen für die Berufs- und Bildungsberatung für Geflüchtete und die Maßnahmen zur Unterstützung der Integration erörtert und exemplarisch aufgezeigt. Anhand dreier typischer divergenter Beratungskonstellationen werden schließlich die Bandbreite der Beratungsthemen und die daraus ableitbaren notwendigen fachlichen Kompetenzen von Beraterinnen und Beratern im Kontext der Beratung geflüchteter Menschen aufgezeigt.

Schlüsselwörter
Flucht · Zuwanderung · Bildung · Beratung · Bildungskapital · Bildungspotenzial · Bildungsaspiration

11.1 Bildungskapital, Bildungsaspiration und Bildungspotenziale von Menschen mit Fluchterfahrungen

11.1.1 Verwendung der zentralen Begriffe in diesem Beitrag

Dieser Beitrag untersucht Bildungskapital, Bildungsaspiration und Bildungspotenziale von Menschen, die aus Fluchtgründen nach Deutschland gekommen sind. Werden diese drei Komposita innerhalb einer Bildungsbiografie unabhängig von Migrationsereignissen genutzt, so wird chronologisch eine andere Reihung sinnvoll: (Genetisch und sozial erworbene) Bildungspotenziale von Individuen können durch deren Bildungsaspiration und einen entsprechenden Zugang zu Bildungsangeboten in Prozessen von Bildung zur Erzeugung und Anreicherung von Bildungskapital genutzt werden (Bourdieu 1983, 2018). Bildungskapital ist somit das „Endprodukt" eines Bildungsprozesses. Gleichzeitig trägt dieses Kapital auch das Potenzial für folgende oder aufbauende weitere Bildungsprozesse im Lebensverlauf in sich.

Da wir in diesem Beitrag insbesondere die Bildungspotenziale von Neuzugewanderten in Deutschland untersuchen wollen, fokussieren wir auf den Anfang einer neuen Bildungsperiode, die Menschen in ihrem Aufnahmeland vor sich haben. Für diese neue Bildungsperiode in Deutschland kann die Gesamtheit des im Herkunftsland bereits akkumulierten Bildungskapitals als Bildungspotenzial für einen neuen Start im neuen Land verstanden werden. Dieses Potenzial kann für eine weitere Anreicherung ihres Bildungskapitals genutzt werden, wenn Geflüchtete eine entsprechende (weitere) Bildungsaspiration im deutschen Bildungssystem aufweisen (Becker 2010; Stix 2012, S. 5; Gresch 2012) und wenn es in Deutschland systematisch gelingt, das mitgebrachte Kapital in vollem Umfang zu erkennen und in neue Bildungsprozesse zu integrieren.

11.1.2 Zukunftsaufgabe Migration

Die Fluchtmigration stellt aktuell und in der absehbaren Zukunft eine der wesentlichen Herausforderungen für die Entwicklung des Arbeitsmarktes und die Arbeitsmarktpolitik dar. Laut UNHCR (2019) waren im Juni 2018 70,4 Mio. Menschen weltweit auf der Flucht, der ansteigende Trend hatte sich erneut fortgesetzt. Fast 40 Mio. dieser Geflüchteten waren Binnenvertriebene, ungefähr 20 Mio. sind als Flüchtlinge in einem anderen Land einzustufen (United Nations High Commissioner for Refugees 2019, S. 3). 85 % der geflüchteten Menschen finden Aufnahme und „Unterschlupf" in Entwicklungsländern. Die drei wichtigsten Hauptaufnahmeländer sind die Türkei (3,6 Mio.), Uganda und Pakistan (je ca. 1,4 Mio.). Im Rest von Europa (ohne die Türkei) wurden 2,7 Mio. Menschen aufgenommen. In Deutschland kann zu diesem Zeitpunkt die Zahl der Geflüchteten auf ungefähr 1 Mio. Menschen geschätzt werden, von denen der überwiegende Teil in den beiden Jahren 2015 und 2016 zu uns gekommen ist. Seit 2017 ging die Fluchtmigration nach Deutschland – auch durch eine Reihe gegensteuernder politischer Maßnahmen – wieder auf das seit vielen Jahren zuvor schon erlebte deutlich geringere Ausmaß zurück (Bundesamt für Migration und Flüchtlinge 2019). Wie sich die Zahlen als Ergebnis internationaler Fluchtursachen auf der einen und der künftigen europäischen und deutschen Migrationspolitik auf der anderen Seite in den kommenden Jahren und Jahrzehnten entwickeln mag, ist angesichts der hohen Dynamik auf beiden Seiten kaum belastbar einzuschätzen.

Für die *innereuropäische* Zuwanderung nach Deutschland ist anzunehmen, dass sie sozioökonomisch bedingt voraussichtlich nachlassen wird (Gorodetski et al. 2016, S. 27). Die Zuwanderung aus *Drittstaaten außerhalb der Europäischen Union* setzt sich aus zwei sehr unterschiedlichen Migrationsbewegungen zusammen: aus einer humanitär begründeten Fluchtbewegung einerseits und aus einer politisch gesteuerten Anwerbung von Fachkräften, die den Folgen des schrumpfenden inländischen Erwerbspersonenpotenzials entgegenwirken soll (Bundesministerium des Innern, für Bau und Heimat 2018, S. 1). Welche Erfolge und Auswirkungen solche Bemühungen um eine gesteuerte Fachkräftezuwanderung aus Drittstaaten haben werden, bleibt abzuwarten.

Für die Fluchtmigration ist anzunehmen, dass eine fortwährende politische Instabilität in Asien und insbesondere in Teilen Afrikas weiterhin für starke Push-Faktoren aus diesen Regionen sorgen wird (Smith 2018). Mit demografisch bedingt hohen Auswanderungszahlen ist daher überwiegend aus afrikanischen Entwicklungsländern mit starkem Bevölkerungswachstum zu rechnen. Wie bisher werden wohl im Wesentlichen junge Menschen den Weg nach Deutschland suchen und somit zu einer Verjüngung der Bevölkerungsstruktur in Deutschland beitragen (Gorodetski et al. 2016, S. 28). Denn auch wenn zuletzt das Durchschnittsalter beispielsweise der Asylantragsteller in Deutschland durch eine ausgewogenere Altersverteilung der nun etwas stärker zuwandernden Frauen leicht angestiegen war, bleibt es dabei, dass die Fluchtgruppen in ihrer demografischen Struktur vor allem männlich und jung sind (Schmidt 2018, S. 3). Aufgrund der genannten Gründe und der absehbaren Entwicklungsszenarien ist der hier beschriebene Themenbereich eine wichtige Facette zur Beschreibung der „Arbeitswelten der Zukunft". Dabei geht es nicht nur um die Beschreibung der Migrationsentwicklungen, es sind auch die Modernisierung und Anpassung der vorhandenen arbeitsmarktorientierten Instrumente und Systeme in den Blick zu nehmen.

▶ Zuwanderung aus Drittstaaten, darunter Fluchtmigration, wird auch in Zukunft Erwerbspersonen- und Bildungspotenzial nach Deutschland bringen.

Ein zentraler Indikator für eine erfolgreiche Integration von Zuwanderern aus Drittstaaten in die Gesellschaft ist ihre Aufnahme in das Bildungssystem und schließlich in den Arbeitsmarkt. Bei geflüchteten Menschen hat zuvor keine arbeitsmarktorientierte Auswahl stattgefunden. Für sie ist nicht nur ein kultureller Sprung in die deutsche Gesellschaft zu meistern, sondern regelmäßig auch die Verarbeitung belastender bis traumatisierender sozialer Lebenslagen und Fluchterlebnisse. Gleichzeitig bringen sie ihr erworbenes Bildungskapital mit und damit eine Basis für ihre nachhaltige Integration in Gesellschaft und Arbeit, wenn sich – wie häufig – ihr Aufenthalt in Deutschland verstetigt.

Die Herausforderungen für integrative Unterstützungssysteme sind wegen ihrer spezifischen biografischen Brüche aber deutlich erhöht. Zahlreiche Akteure bemühen sich, Geflüchtete bei der Arbeitsmarktintegration zu unterstützen: Vertreter aus Politik und Wirtschaft, verschiedene Behörden, zahlreiche Privatinitiativen sowie Ehrenamtliche. Die Bundesagentur für Arbeit (BA) ist im Hinblick auf die Arbeitsmarktintegration gemeinsam mit vielen Netzwerkpartnern einer der wichtigsten Akteure auf diesem Weg. Ein zentrales Handlungsfeld im Rahmen der Integrationsbemühungen in den Arbeitsmarkt besteht – neben dem Erwerb der erforderlichen Sprachkenntnisse – in der Passung zwischen den bereits vorhandenen Qualifikationen der Geflüchteten sowie deren Berufserfahrungen auf der einen und den Erfordernissen des deutschen Arbeitsmarktes auf der anderen Seite. Erhebungen zum Bildungsstand von Geflüchteten kommen zu dem Ergebnis, dass die vorliegenden Qualifikationsstrukturen insgesamt sehr heterogen sind und sich auch zwischen den Herkunftsländern teilweise deutlich unterscheiden. Dies wird im Abschn. 11.2 dieses Artikels anhand der Beispiele Syriens, Afghanistans und Irans exemplarisch beschrieben.

▶ Es gilt, das mitgebrachte Bildungskapital Geflüchteter zu heben und nach Passungen im deutschen System zu suchen.

In der beschäftigungsorientierten Beratung von Menschen mit Fluchterfahrungen zeigt sich an vielen Stellen im Beratungsprozess, dass eine gute Kenntnis über die Herkunftsländer und die dort existierenden Bildungssysteme bedeutsam für eine gute Beratungsleistung sein kann und somit auch ein zentraler Bestandteil einer späteren erfolgreichen Arbeitsmarktintegration (Kohn 2017a). Zur anderen Seite derselben Münze gehört, dass die zugewanderten Personen gute Kenntnisse über das Schul- und Berufsbildungswesen des Ziellandes erwerben müssen, um sich gut hier zurechtfinden zu können.

Sachkenntnisse sind das eine, Empathie für die Lebens- und Motivlage der Ratsuchenden ist das andere unerlässliche Basiselement einer gelingenden beschäftigungsorientierten Beratung – und nicht selten spielen beide Herausforderungen ineinander, etwa da, wo sich in der großen kulturellen und biografischen Differenz zwischen Ratsuchenden und ihren Beraterinnen und Beratern gegenläufige, nicht selten unbewusst ausgeprägte Vorannahmen und Missverständnisse ergeben haben können.

In einem Sammelband zur Zukunft der Arbeit stellt der systematische Blick auf solche Herausforderungen und auf Möglichkeiten, diese zu meistern, eine wichtige Facette dar. Der deutsche Arbeitsmarkt, wenn er eine weitere günstige Entwicklung nehmen soll, wird sich auf längere Sicht darauf einstellen müssen, Bildungs- und Erwerbspotenziale aus Drittstaaten zu integrieren.

▶ Die Bildungs- und Berufsberatung muss sich dauerhaft modernisieren, um die neuen Herausforderungen angehen zu können.

11.1.3 Ländervergleiche von Bildungsstrukturen (Schul- und Berufsbildung)

Im folgenden Abschnitt soll ein erster Blick auf die Bildungssysteme ausgewählter Hauptherkunftsstaaten geworfen und damit demonstriert werden, wie heterogen sich das bereits mitgebrachte Bildungskapital geflüchteter Menschen darstellen und wie hoch es auch sein kann, auch wenn es strukturell von den Verhältnissen in Deutschland systematisch abweicht. Die drei nachfolgend dargestellten Staaten weisen Zusammenhänge im kulturellen Hintergrund auf und gehörten zu den Hauptherkunftsländern Geflüchteter in den vergangenen Jahren. Sie haben in der gegenwärtig sich außerordentlich dynamisch verändernden Rechtslage zu Aufenthalt und Zugang zu Bildung, Ausbildung und Arbeitsmarkt wegen unterschiedlicher Anerkennungsquoten zum Asyl gleichwohl einen unterschiedlichen aktuellen Status.

Zu beachten ist im nachfolgenden Abschnitt nicht nur, welche Abschlussmöglichkeiten und Bildungswege die Herkunftsländer anbieten. Es ist auch in Betracht zu ziehen, unter welchen Voraussetzungen Unterrichtsinhalte und Prüfungsanforderungen ausgewählt und angeboten werden. Dies kann dazu führen, dass fallweise keine oder nur teilweise eine Anerkennung der erworbenen Abschlüsse möglich ist und entsprechend Inhalte für eine vollständig gleichwertige Anerkennung nachgearbeitet werden müssen.

Die oben genannten Differenzen in der Gestaltung der Inhalte wie auch der Lehre sind in der Beratung sowie im Anerkennungsverfahren von im Ausland erworbenen Bildungs- und Berufsabschlüssen zu beachten (was auch beispielsweise in den Verfahren der Anerkennungsstellen oder in den Beratungsabläufen des zuständigen IQ-Netzwerks implementiert ist). Daher liegt die Kunst darin, weder die vorhandenen Bildungspotenziale der Geflüchteten zu unterschätzen, noch diese als unrealistisch hoch einzustufen.

11.1.3.1 Syrien

Das syrische Bildungssystem galt noch bis zum Ausbruch des Bürgerkriegs im Jahre 2011 als eines der vorbildlichsten im Mittleren Osten (Al Hessan 2016, S. 1). Es zeichnete sich insbesondere durch eine hohe Einschulungsquote von 97 % eines Altersjahrgangs und einer hohen Übergangsrate in die Sekundarstufe II von 70 % eines Altersjahrgangs aus (UIS, UNESCO 2017). Die Sekundarstufe II schließt sich in Syrien unmittelbar an die neunjährige Pflichtschulzeit an. Das System der Sekundarstufe ist in einen allgemeinbildenden und einen berufsbildenden Zweig untergliedert. Den beruflichen Zweig wählten im Jahre 2011 allerdings nur 22 % der Sekundarschüler. Eine wesentliche Ursache ist darin zu suchen, dass der Zugang zur weiterführenden Schule durch die Abschlussnoten der Sekundarstufe I bestimmt wird und für den allgemeinbildenden Zweig höhere Zugangsvoraussetzungen gelten (Stoewe 2017, S. 17). Infolgedessen wird die nichtakademische berufliche Bildung systematisch nicht als erste Präferenz zahlreicher Schülerinnen und Schüler eingeschätzt und seltener angestrebt. Ferner – und auch das macht die nichtakademische berufliche Bildung weniger attraktiv – ist der Übergang in den Hochschulsektor auch mit sehr guten Abschlussnoten des berufsbildenden Zweiges deutlich schwieriger als für Bewerberinnen und Bewerber des allgemeinbildenden Sektors (Al Hessan 2016, S. 6).

▷ Das syrische Berufsbildungssystem unterscheidet sich stark vom deutschen. Nichtakademische Wege haben einen geringeren Stellenwert.

An den syrischen technischen Sekundarschulen bestehen vorzugsweise Bildungsgänge der Fachrichtungen „Handel", „Industrie" und „Landwirtschaft". In den jeweiligen Fachdisziplinen können überdies Schwerpunktthemen wie „Elektronik" und „Computertechnologien" gewählt werden. Je nach Fachrichtung liegt der Anteil der beruflichen Inhalte zwischen 30 und 40 % des gesamten Fachangebots. Neben dem Unterricht der Schülerinnen und Schüler mittels eines hauptsächlich vorherrschenden frontalen Vermittlungsstils bestehen teilweise je nach Ausstattung der Schulen Unterrichtungsmöglichkeiten in Werkstätten und Laboren mit größerem fachpraktischem Bezug. Die Ausbildungsgänge bieten nach dem erfolgreichen Abschluss eine Anschlussoption, indem eine den Schwerpunkt vertiefende zweijährige Ausbildung (z. B. im Fach Elektrotechnik) am sogenannten „Technischen Institut" absolviert werden kann (Stoewe 2017, S. 17). Im Ergebnis lässt sich ein solchermaßen erzielter Abschluss mit dem der dualen Berufsausbildung „Elektroniker/-in" in Deutschland vergleichen, nicht allerdings mit einem deutschen Ingenieursabschluss (Fakha 2017, S. 1). Für eine zielführende beschäftigungsorientierte Beratung ist jedoch nicht außer Acht zu lassen, dass in Syrien – insbesondere in ländlichen Gebieten – die traditionell tief verankerte informelle Lehre nach dem Prinzip „Learning by Doing", vornehmlich im handwerklichen Bereich, eine große Rolle spielt (Stoewe 2017, S. 17).

Für einige Berufe (z. B. Friseur/-in, Kfz-Mechatroniker/-in) gibt es an ausgewählten Privatschulen ferner kostenpflichtige Kurse ohne Zugangsvoraussetzungen, die mit einer Prüfung enden und zur Ausübung der jeweiligen Berufe berechtigen. Viele dieser Absolventen haben zuvor langjährige informelle berufliche Kompetenzen im jeweiligen Berufsfeld erworben.

Durch den seit 2011 andauernden Bürgerkrieg ist der Bildungsbetrieb allerdings in vielen Regionen entscheidend eingeschränkt. Vielerlei Bildungseinrichtungen wurden zerstört bzw. besetzt und für militärische Nutzungen umfunktioniert (Fayek 2017, S. 104). Daraus ergibt sich die Konsequenz, dass die vorgenannten Strukturen und entsprechende Bildungsangebote keinen Bestand mehr hatten und somit zahlreiche junge Menschen ihren Bildungsweg abbrechen mussten, aber im Sinne des Kapitalkonzepts entsprechendes inkorporiertes Bildungskapital durch die geleisteten Bildungsinvestitionen aufweisen, das auf dem weiteren Bildungsweg erweitert und erschlossen werden kann. Der Schulbetrieb ist gebietsweise in einigen Regionen Syriens weiterhin im Gange, insbesondere in staatlich kontrollierten Gebieten wie in Damaskus (Stoewe 2017, S. 36).

▶ Das syrische Bildungssystem kann hochintegrativ sein und zu hohem Bildungskapital führen. Die Funktionsfähigkeit ist aber bürgerkriegsbedingt regional sehr unterschiedlich.

11.1.3.2 Iran

Ein besonderes Kennzeichen des iranischen Bildungssystems ist in einer hohen Schulbesuchsquote (Einschulungsquote beinahe bei 100 %) wie auch einer schwach ausgeprägten Analphabetenquote (13 % der Personen über 15 Jahren) zu sehen (Stoewe 2017, S. 31). Charakteristisch ist gleichermaßen, dass 80 % eines Altersjahrgangs ihren Bildungsweg nach der neunjährigen Pflichtschulzeit auf der Sekundarschule fortsetzen (UIS UNESCO 2017). Unter den Bildungssystemen der wichtigsten Herkunftsländer von Zuwanderungsgruppen nach Deutschland ist daher das iranische als eines der ausgereiftesten anzusehen.

Nach dem Abschluss der Sekundarstufe I mit einem mittleren Abschluss besteht die Möglichkeit, die Ausbildung an einer allgemeinbildenden Oberschule fortzuführen oder mit einer Berufsausbildung zu beginnen. Hierzu stehen den jungen Menschen entweder der Besuch einer technischen/beruflichen Oberschule oder die Teilnahme an einem Berufsbildungslehrgang an einem Institut für technische Ausbildung (TVTO) offen. An den TVTOs werden drei Qualifikationsebenen mit Zertifikaten angeboten (Basis-, Aufbau und Fortgeschrittenenqualifikation), wobei die Ausbildungsdauer je nach dem Ausmaß der praktischen Vorerfahrung und je Stufe bis zu 18 Monate beträgt. Die angebotenen Ausbildungen sind in den Wirtschaftsbereichen des Industriegewerbes, der Landwirtschaft und des Dienstleistungssektors angesiedelt (BQ-Portal 2019). Nach dem Besuch der beruflichen bzw. technischen Oberschule steht den Absolventen der Weg auf die technischen Berufsfachschulen bzw. die Institute für angewandte Wissenschaft frei. Während der Ausbildung an den vorherigen Oberschulen der Charakter einer rein schulischen wie theoretischen Ausbildung eigen ist, enthalten die Lehrpläne der beruflichen Fachschulen einen größeren fach- und berufspraktischen Anteil (BQ-Portal 2019). Anders als in den meisten Hauptherkunftsländern von Geflüchteten findet die Berufsausbildung im Iran überwiegend im formalen Bildungssystem statt. Informelle Formen der Berufsbildung spielen im Gegensatz zu den Beispielen Syriens oder Afghanistans tatsächlich nur in wenigen Regionen des Landes eine Rolle (Stoewe 2017, S. 34).

Vergleichbar mit Syrien genießt die akademische Bildung im Iran ein sehr hohes gesellschaftliches Ansehen, während die nichtakademische berufliche Bildung in Relation als weniger attraktiv wahrgenommen wird. Das Berufsbildungsangebot wurde jedoch seit den 1990er-Jahren beständig verbessert, um es im Wettbewerb mit den Hochschulen konkurrenzfähiger zu machen. Die nichtakademische Berufsbildung gewann zuletzt zunehmend an Bedeutung und Anziehungskraft. Solchermaßen getätigte Investitionen resultieren in einer kontinuierlich ansteigenden Qualität der iranischen nichtakademischen Berufsausbildung, dies zeigt sich bspw. daran, dass an der Einführung eines Nationalen Qualifikationsrahmens (National Qualifications Framework – NQF) mit einheitlichen Berufsstandards gearbeitet wird (Körner et al. 2018, S. 25) und der Iran eine intensive Berufsbildungskooperation mit Deutschland beabsichtigt (BIBB 2019).

▶ Nichtakademische Wege zu beruflichen Bildungsabschlüssen sind im Iran (bisher) wenig ausgeprägt und genießen wenig Prestige. Menschen aus dem iranischen Bildungssystem verfügen potenziell über ein hohes Bildungskapital.

11.1.3.3 Afghanistan

Afghanistan gehört zu einem der bildungsschwächsten Länder weltweit, dem es bis heute an funktionierender Bildungsinfrastruktur, Ausbildungs- und Studienplätzen, (angemessener) Ausstattung und Lehrmaterialien sowie qualifiziertem Lehrpersonal fehlt (Stoewe

2017, S. 24; UNESCO 2016). Das afghanische Bildungssystem hat in den Jahren des Bürgerkriegs von 1989 bis 2001 nahezu vollständig seine Funktionsfähigkeit verloren. Mit internationaler Unterstützung befindet es sich seit diesem Zeitpunkt im Wiederaufbau. Laut UNESCO (2016) steigt die Schulbeteiligung der afghanischen Bevölkerung stetig an. Von 2001 bis ins Jahr 2012 ist zum Beispiel die Zahl der Erstklässler/-innen von weniger als einer Million auf 8,2 Mio. Kinder angestiegen. Die Einschulungsquote eines Altersjahrgangs lag im Jahr 2013 bei 72 %. Genauso ist allerdings auch die ausnehmend hohe Analphabetenquote von 62 % der über 15-Jährigen aus dem Jahr 2015 zu beachten. Hier spiegelt sich als „Echoeffekt" die niedrige Einschulungsquote in der Vergangenheit wider (UIS UNESCO 2017; UNESCO 2016).

Es gibt weitere Erfolge im afghanischen Bildungssektor, denn in der formalen beruflichen Bildung konnten seit einiger Zeit beachtenswerte Fortschritte erreicht werden, z. B. durch den starken Anstieg von Schülerinnen und Schülern an staatlichen Schulen und Bildungsinstitutionen seit dem Ende des Taliban-Regimes (UNESCO 2016). Der Ausbau dieses Systems soll zur Senkung der Jugendarbeitslosigkeit beitragen, und es engagieren sich auch zahlreiche internationale Hilfsorganisationen. Die nichtakademische berufliche (dreijährige) Erstausbildung schließt an die neunjährige Pflichtschulzeit an (Issa & Kohistani 2016). Ferner kann eine weiterführende Ausbildung in anspruchsvolleren Berufen an einer zweijährigen höheren Berufsschule absolviert werden. Es gibt einheitliche Standards der beruflichen Ausbildung, welche allerdings häufig aufgrund fehlender Ausstattung in den Bildungseinrichtungen nicht umsetzbar sind. Im Jahr 2015 gab es nach Angaben der KfW Development Bank (2015) landesweit 310 Berufsschulen mit etwa 90.000 Schülerinnen und Schülern. Darüber hinaus wird geschätzt, dass bis zu einer Million junger Menschen auf informellem Wege – insbesondere im wichtigsten Sektor des Landes der Landwirtschaft – Berufe erlernen (Stoewe 2017, S. 25).

Es besteht allerdings auch die Möglichkeit, nach der Pflichtschulzeit den allgemeinbildenden Sektor zu wählen. Mit einem entsprechenden Zeugnis nach Klasse 12 ist die Aufnahme eines Hochschulstudiums möglich. Auch die zweijährige Lehrerausbildung steht diesen Absolvent/-innen offen. An staatlichen Hochschulen besteht keine Gebührenpflicht und den Studierenden werden Wohnheime und Verpflegung zur Verfügung gestellt. Das Hochschullehrpersonal ist oft nicht ausreichend gut qualifiziert, weshalb kaum Möglichkeiten für ein Master- oder Promotionsstudium bestehen (Issa und Kohistani 2016). Wie für die Schulbildung und die Berufsschulen beschrieben ist auch im Hochschulbereich die Ausstattung der Hochschulen mangelhaft. Darüber hinaus gibt es den Zweig der islamischen Bildung (Klassen 1–12), bei der sich die Schüler in erster Linie auf das Koranstudium, Auswendiglernen und Rezitieren des Korans konzentrieren. In weiterführenden Schulen ab Klasse 14 lernen die Schüler die Islamwissenschaften kennen (BQ-Portal 2019).

▶ Menschen aus dem afghanischen Bildungssystem weisen vergleichsweise wenig Bildungskapital auf.

11.2 Bildungskapital und Bildungsaspiration von Geflüchteten

11.2.1 Bildungskapital

Die Erhebung der im Ausland erworbenen schulischen und beruflichen Bildungsabschlüsse erfolgte in bisher zwei Wellen der IAB-BAMF-SOEP-Befragung von Geflüchteten mithilfe des Internationalen Bildungsklassifikationssystems (ISCED), welches die Art der Abschlüsse systemübergreifend umschreibt und somit Aussagen über verschiedene Herkunftsländer hinweg zulässt.[1] Hiernach hatten beim Zuzug 42 % der Geflüchteten eine weiterführende und sonstige, in der Regel berufspraktisch ausgerichtete Schule besucht und 36 % diese auch abgeschlossen. Weitere 32 % der Geflüchteten hatten mittlere Schulen (analog zu Haupt- und Realschulen) besucht und 23 % abgeschlossen (Brücker et al. 2019, S. 9). Im Durchschnitt besuchten die befragten Frauen und Männer zehn Jahre eine Schule in ihren Herkunftsländern. 8 % der Geflüchteten haben eine berufliche Bildungseinrichtung besucht und 6 % einen berufsqualifizierenden Abschluss erzielt. 17 % haben ein Hochschul- oder Universitätsstudium begonnen und 11 % haben es abschließen können (im Vergleich dazu haben in Deutschland 18 % der Personen 2017 einen Universitäts- oder Hochschulabschluss, 59 % einen berufsqualifizierenden Abschluss) (Brücker et al. 2019; Statistisches Bundesamt 2018).

Es zeigen sich analog zu den Bildungssystemen wesentliche Unterschiede im Bildungsstand je nach Herkunftsland (die hier dargestellten Zahlen beziehen sich auf die Befragungswelle von 2016, da die Differenzierung nach Herkunftsländern für 2017 noch nicht veröffentlicht wurde). Das zeigt sich vor allem im unteren und oberen Qualifizierungsbereich. Bei Personen aus Syrien und dem Iran sind die Anteile von Personen, deren Bildungsstand maximal ISCED 1 (Primarbereich oder niedriger) beträgt, geringer (zwischen 20 und 28 %) als bei Geflüchteten aus Afghanistan (55 %). Im Bereich der postsekundären Bildung geben 17 % bzw. 9 % der Geflüchteten aus Syrien bzw. dem Iran an, einen Hochschulabschluss zu besitzen (in Afghanistan sind es lediglich 4 %) (Brücker et al. 2017, S. 38). In diesen Ergebnissen spiegeln sich die politischen Konstellationen in den Herkunftsländern: Während es in Syrien bis zum Ausbruch des Bürgerkrieges 2011 ein funktionierendes Bildungssystem gab (s. o.), sind für Afghanistan die Auswirkungen von jahrzehntelangem Aufruhr, unsicheren Zuständen und Bürgerkrieg auch in den Bildungsabschlüssen zu erkennen.

▶ Die Wesenszüge der Bildungssysteme in den Herkunftsländern sowie die politischen Rahmenbedingungen bestimmen wesentlich das Qualifikationsniveau der Fluchtgruppen.

---

[1] Im Sinne der o.g. Begriffsabgrenzungen wird hier vor allem das *institutionalisierte kulturelle Kapital* in Form von Bildungs- und Berufsabschlüssen dargestellt und interpretiert. Selbstredend sind die weiteren Formen (inkorporiert, objektiviert) insbesondere für die Beachtung im Beratungskontext ebenso von Relevanz (Bourdieu 1983, 2018).

11.2.2 Bildungsaspiration

In der Bildungssoziologie hat das Konzept der Bildungsaspiration einen hohen Stellenwert. Unter Bildungsaspirationen werden die Erwartungen der Eltern oder auch der Kinder selbst hinsichtlich des zukünftigen Schul- oder Bildungsabschlusses verstanden (Stix 2012, S. 5). Die Bildungskarriere von Kindern ist zu einem überwiegenden Teil von den Entscheidungen der Eltern abhängig, die diese im Verlauf des Bildungswegs ihrer Kinder treffen müssen. Die zugrunde liegenden Faktoren, auf denen diese Entscheidungen getroffen werden, sind letztendlich von unterschiedlichen Akteuren (Lehrer/innen, Erzieher/-innen) und Gegebenheiten (Kosten-Nutzen-Betrachtungen, Interesse am Statuserhalt) abhängig. Zum anderen orientieren sich Eltern an den schulischen Leistungen ihrer Kinder. Aufgrund dieser Faktoren entwickeln Eltern Bildungsaspirationen, welche schlussendlich die Schulkarriere ihrer Kinder prägen (Stix 2012, S. 5).

Ein Blick in die bildungssoziologische Forschung der letzten Jahre zeigt, dass ein Zusammenhang zwischen den von Eltern und Kindern geäußerten Bildungsaspirationen mit dem später tatsächlich realisierten Bildungsergebnissen auch tatsächlich nachgewiesen werden kann. Darüber hinaus zeigt sich, dass Migrantenkinder (und deren Eltern) im Durchschnitt über höhere Bildungsaspirationen verfügen als Einheimische (u. a. Becker 2010; Glick und White 2004). Der Bildung der Kinder wird ein hoher Stellenwert beigemessen, da Zugewanderte der ersten Generation häufig lediglich eine niedrige berufliche Stellung erreichen. Die Aufstiegsmöglichkeiten sind gering, denn die Integration in den deutschen Arbeitsmarkt ist in hohem Maße über Bildungszertifikate gesteuert. Daher steht Personen ohne zertifizierte berufliche Ausbildung zumeist der sogenannte „Helferbereich" mit vornehmlich unsicheren bzw. schlecht entlohnten Beschäftigungsmöglichkeiten offen (Liebau und Siegert 2017, S. 69). Aber es gehört zur Erwartung von Migrantinnen und Migranten, dass sie die Hoffnung auf eine Verbesserung der Lebensumstände und gute berufliche Laufbahnen verwirklichen können (*immigrant optimism*). In diesem Zusammenhang kann für Deutschland nachgewiesen werden, dass Migrantinnen und Migranten der berufliche Aufstieg weniger im Lebens- als mehr im Generationenverlauf gelingt. Viele ältere Geflüchtete halten es unter diesen Voraussetzungen für unrealistisch, diese Erwartung für sich selbst noch zu realisieren, und verlagern diese Bildungserwartung auf ihre Kinder. Demzufolge sollen oftmals die Kinder diesen Erwartungen gerecht werden und der zugewanderten Familie zu sozialem Aufstieg verhelfen, da „Migranten hohe Bildung anstreben als Mittel der sozialen Aufwärtsmobilität" (Gresch 2012, S. 76).

In dieser Konstellation ist ausschlaggebend, dass Studien zum Bildungshintergrund der Geflüchteten gezeigt haben, inwiefern ein relativ großer Anteil über keine oder nur geringe allgemeinbildende Qualifikationen verfügt und auch nur ein kleiner Teil einen beruflichen Bildungsabschluss vorweisen kann (Schmidt 2018; Neske 2017). Entsprechend spannend ist hierbei zu untersuchen, inwieweit die Geflüchteten planen, Abschlüsse in Deutschland nachzuholen. Annähernd die Hälfte (47 %) von geflüchteten Befragten in Deutschland will wenigstens „vielleicht" einen Schulabschluss in Deutschland erzielen (Liebau und

Siegert 2017, S. 70), 26 % der Probanden will dies „ganz sicher" (Männer etwas häufiger als Frauen). Hinsichtlich der hier untersuchten Herkunftsländer zeigt sich, dass Personen aus Afghanistan (62 %) und Iran (57 %) vergleichsweise häufig einen Schulabschluss in Deutschland anstreben, Personen aus Syrien (39 %) dagegen verhältnismäßig seltener. Diese Länderunterschiede lassen sich durch unterschiedliche Altersstrukturen und das jeweils bereits mitgebrachte Bildungskapital erklären. Denn Personen aus Afghanistan sind relativ jung und zeigen ein geringes Qualifikationsniveau, während Personen aus Syrien bereits etwas älter und besser qualifiziert sind (Schmidt 2018; Neske 2017). Folglich lohnen sich Bildungsinvestitionen für Afghanen mehr als für Syrer.

Bezüglich der angestrebten Schulabschlüsse zeigt sich in der Untersuchung, dass ungefähr gleich große Anteile Bestrebungen sowohl für einen einfachen Schulabschluss als auch für das Abitur bestehen. Deutlich erkennbare Unterschiede existieren wieder zwischen den Herkunftsländern: Aus Syrien wollen 62 % der Befragten weiterführende Abschlüsse erzielen, aus Afghanistan und Iran sind es 45 bzw. 50 %. Personen vom westlichen Balkan – um eine weitere wichtige Vergleichsgruppe beispielhaft zu nennen – streben dies deutlich seltener an (10 %). Auch dies hängt mit den bereits mitgebrachten Qualifikationen zusammen, denn Personen mit eher geringen Qualifikationen streben seltener einen weiterführenden Abschluss an (viele machen aber auch gar keine Angaben, da ihnen das deutsche Bildungssystem noch zu wenig vertraut ist) (Liebau und Siegert 2017).

▶ Die Bildungsaspiration ist bei Menschen aus Syrien und dem Iran hoch ausgeprägt. Migration verstärkt den Wunsch nach gesellschaftlicher Integration und Aufstieg durch Bildung.

11.2.3 Zusammenfassung mit Blick auf die Aufgaben der Bildungs- und Berufsberatung

Wie sich gezeigt hat, sind die Bildungssysteme in den Hauptherkunftsländern der Geflüchteten unterschiedlich ausgeprägt, und geflüchtete Menschen konnten deshalb auch unterschiedlich ausgebildetes Bildungskapital erwerben und mit nach Deutschland bringen. Gemeinsam ist den beruflichen Bildungssystemen, dass es zwischen einer praxisorientierten, manchmal informell gestalteten beruflichen Ausbildung und den akademischen Bildungswegen kein Strukturelement gibt, das der deutschen dualen oder berufsfachschulischen Ausbildung und insbesondere ihrer Kraft zur Erwirtschaftung materieller und immaterieller Bildungsrenditen entspräche. Deshalb führt ein einfacher Vergleich auf der Ebene von Qualifikationsstufen häufig zu Fehlschlüssen. Die Bildungsaspiration Geflüchteter ist – wie auch bei anderen Zuwanderungsgruppen – insgesamt stark ausgeprägt, wenn auch tendenziell mit dem sozioökonomischen Status positiv verknüpft: Wer bereits Erfolge auf Wegen formeller Bildung erwerben konnte, wird auch im Ankunftsland vornehmlich über weitere Bildungsfortschritte seine Integration in Arbeit und Gesellschaft suchen. Wer das wegen mangelnder Optionen im Herkunftsland nicht konnte, wird weniger gewohnt und daran orientiert sein, durch Bildungsinvestition und Verzicht auf aktuell mögliche Erwerbseinkommen an einer längeren, auf spätere und nachhaltige Vorteile gerichteten Bildungskarriere zu arbeiten. Hinzu kommt, dass durch die Unkenntnis über das Spezifische der Berufsausbildung deren mögliche Bildungsrenditen gar nicht erkannt werden können. Eine Konzentration auf akademische Bildungswege stößt aber stärker auf sprachliche und finanzielle Barrieren.

> Einfache Vergleiche von Qualifikationsstufen führen zu Fehlschlüssen. Die Bildungsaspiration Geflüchteter ist stark ausgeprägt und mit dem sozioökonomischen Status positiv verknüpft.

Wenn die insgesamt sehr junge Altersstruktur der Geflüchteten sowie ihren Familienstatus in Deutschland mit in Betracht gezogen wird, besteht eine gute Chance, die grundsätzlich hohe Bildungsaspiration schon in der noch sehr jungen ersten Zuwanderungsgeneration in konkrete Bildungsbeteiligung umsetzen zu können. Für die Arbeitsmarktintegration von Migrantinnen und Migranten – und dies gilt hier für die Gruppe der Menschen mit Fluchterfahrung im Besonderen – ist eine höhere Erfolgsaussicht nachweislich dadurch zu erzielen, dass die Zugewanderten durch eine hohe Bildungsbeteiligung zu *Bildungsinländern* werden (Herwig 2017). Unterstützung beim Deutscherwerb, gelingender Wissenstransfer über die Bildungs- und Berufsoptionen inklusive der entsprechenden Bildungsrenditen sowie eine vertieft empathische Ansprache der Emotions- und Motivlage geflüchteter Ratsuchender sind wesentliche Aufgaben der Bildungs- und Berufsberatung für diese Zielgruppe. Alle diese Elemente müssen zusammenwirken, um das mitgebrachte Bildungskapital geflüchteter Menschen über ihre hohe Bildungsaspiration zum konkreten Bildungspotenzial für das deutsche Bildungssystem und den Arbeitsmarkt werden zu lassen. Eine konsequente Potenzialorientierung und eine dem Empowerment verpflichtete anwaltschaftliche Grundhaltung der Beraterinnen und Berater sind hierfür eine wichtige Voraussetzung (Kohn 2018). Wo argumentiert wird, dass ein entsprechender Weg über den mehrjährigen Erwerb ausreichender Deutschkenntnisse, berufsorientierende und berufsvorbereitende Phasen sowie den typischen mehrjährigen beruflichen Bildungsweg in Deutschland eine insgesamt (zu) hohe Investition vom deutschen Gemeinwesen und der Volkswirtschaft fordere, sollte auch eines deutlich werden: Wenn am Ende eines solchen langen Weges dann immer noch junge ausgebildete Fachkräfte zur Verfügung stehen, dann dürfte das genau in einer historischen Phase die größten Effekte ergeben, in der die geburtenstarken Jahrgänge der sogenannten Babyboomer gemeinsam das Erwerbspersonenpotenzial in Richtung Alterssicherung verlassen werden.

> Die junge Altersstruktur der Geflüchteten sowie die Alterung der Einheimischen ermöglichen dank einer beachtenswerten Bildungsaspiration ein nicht zu leugnendes Integrationspotenzial.

11.3 Herausforderungen und Folgen im Beratungsprozess

11.3.1 Herausforderungen bei der Beratung von Migranten/Geflüchteten

Wenn geflüchtete Menschen in ihrem Aufnahmeland angekommen sind, der Zeitraum ihres Verbleibs wegen anhaltender Fluchtursachen in ihren Heimatländern unbestimmt bleibt und sie sich also auf ihren Weg in die Gesellschaft, in Bildung und Beschäftigung machen wollen und sollen, gibt es zahlreiche und sehr unterschiedliche Anlässe, Themen und Bedarfslagen für die Beratung. Der Begriff der „beschäftigungsorientierten Beratung" (oder der „Beratung für Bildung, Beruf und Beschäftigung") umfasst alle Beratungsdienste entlang der Bildungs- und Erwerbsbiografie von Menschen (Kohn 2017b). Für Geflüchtete kann es dabei gehen um

- Fragen des Erwerbs ausreichender Deutschkenntnisse
- Fragen des Aufenthaltsstatus und des Zugangs zum Ausbildungs- und Arbeitsmarkt
- Fragen der Integration in allgemeine Bildung und des Nachholens allgemeinbildender Schulabschlüsse
- Fragen der Berufswahl und der Integration in berufsbildende Wege
- Fragen der Anerkennung mitgebrachter formaler Bildungsabschlüsse aus dem Herkunftssystem.

Alle diese Themen werden begleitet von Fragen der Lebensgestaltung in Deutschland und nach möglicher finanzieller und inhaltlicher Förderung. Nicht selten sind Fragen, Antworten und Entscheidungen komplex verknüpft. Etwa dann, wenn die Wahl eines beruflichen Bildungsweges und das erfolgreiche Einmünden in diesen Weg direkten Einfluss auf den Aufenthaltsstatus nimmt – wie bei der aufenthaltsverstetigenden Wirkung der Aufnahme einer dualen Berufsausbildung („3plus2-Regelung").

Die spezifischen Herausforderungen in der beschäftigungsorientierten Beratung für Geflüchtete sind in ihrer Gesamtheit bereits beschrieben und entsprechende Kompetenzerweiterungen für die Beraterinnen und Berater identifiziert worden (Kohn 2017a). Sechs unterschiedliche Dimensionen solcher Herausforderungen lassen sich abgrenzen:

- Wissensnachteile bei Ratsuchenden und Beratenden
- Sprache und interkulturelle Kommunikation
- Aufenthaltsrecht, Anerkennung beruflicher Qualifikation, Arbeitsmarktzugang
- Diskriminierung und Traumatisierung
- Potenzialanalyse und Empowerment
- migrationsspezifische Förderung.

Nicht nur die inhaltlichen Fragen sind – wie oben genannt – auf komplexe Weise miteinander verknüpft, die Herausforderungen für beraterisches Handeln und beraterische Kompetenz sind es ebenso. Abb. 11.1 soll die Zusammenhänge schematisch verdeutlichen.

Im Zentrum des Wirkzusammenhangs verstärken sich gegenseitig die Herausforderungen, die sich aus der Notwendigkeit ergeben, dass mindestens einer der beiden

11 Bildungskapital, Bildungsaspiration und Bildungspotenziale von Menschen mit ... 241

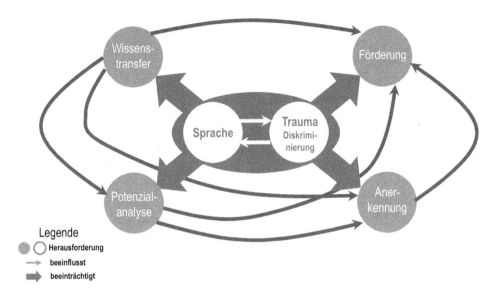

Abb. 11.1 Wirkkreislauf spezifischer Herausforderungen in der migrationsspezifischen beschäftigungsorientierten Beratung und Integration (Kohn 2017a, eigene Darstellung)

Gesprächspartner/-innen nicht in seiner Muttersprache agieren kann, mit den restringierenden und retardierenden Momenten, die sich aus Diskriminierungs- und Traumatisierungserfahrungen ergeben. Zum einen können in der sprachlichen Kommunikation nicht alle Register gezogen werden und können insbesondere feinjustierte Sprechakte weniger gelingen, die zu einem differenzierten Austausch und zur Ansprache heikler Themen und Emotionen vonnöten sind. Zum anderen werden Diskriminierungs- und Traumatisierungserfahrungen sowohl die Selbstwirksamkeitserwartung der Betroffenen beeinträchtigen als auch zur Vorsicht mahnen, wo nicht gar Blockaden erzeugen, relevante persönliche Details in das Gespräch einzubringen.

Diese tendenziell mächtige Hürde wirkt beeinträchtigend auf die Bewältigung der vier anderen Herausforderungen ein. Für das Thema der Bildungspotenziale und des bereits erworbenen Bildungskapitals, ihrer Analyse, ihrer Bestärkung und ihrer Entwicklung ist das Bewältigen der beiden Herausforderungen Wissenstransfer und Potenzialanalyse von zentraler Bedeutung.

Wir haben oben gesehen, wie unterschiedlich ausgeprägt erworbene Bildung sich in der heterogen sozialisierten Gesamtgruppe geflüchteter Ratsuchender darstellen kann. Für Beratende ist es in ihrer Analyse vorhandener Potenziale deshalb von großer Bedeutung, dass sie differenziert erheben und verstehen können, welchen Weg die oder der Ratsuchende im Herkunftsbildungssystem genommen hatte und welche Wegstrecke sie oder er dabei wie erfolgreich zurückgelegt hat. Für die Potenzialanalyse ist dann bedeutsam, nach informell erworbenen Qualifikationen und Kompetenzen zu fahnden und die jeweilige Bildungsaspiration auch durch den Schleier einer womöglich systematisch geschwächten Selbstwirksamkeitswahrnehmung hindurch zu erkennen.

In der Summe geht es in der Beratung darum, durch einen geschulten Blick alle möglichen Bildungspotenziale und -ergebnisse differenziert zu erkennen und das – im migrationspolitischen Diskurs angegriffene – Zutrauen zu entwickeln, das für ein effektives Empowerment unerlässlich ist (Kohn 2018). Erst nach einer solch differenzierten Potenzialanalyse und der Entwicklung der individuell adäquaten Strategie der Bestärkung können die geeigneten aus den inzwischen vielfältig und differenziert vorhandenen weiteren Analyseinstrumente und Testungen gewählt werden – und anschließend die geeigneten Wege und Instrumente zur Dokumentation, Entwicklung und Investition der vorhandenen Bildungspotenziale geflüchteter Menschen.

11.3.2 Folgen für die Beratung und die Unterstützung der Integration

Für die nachhaltige Integration in Bildung und Arbeit und damit perspektivisch auch in die Gesellschaft ist wesentliche Voraussetzung, dass der Erwerb von Deutschkenntnissen ermöglicht wird. Zum anderen ist das Herausarbeiten einer bestmöglichen Passung zwischen den vorhandenen Qualifikationen der Geflüchteten sowie deren Berufserfahrungen mit den Erfordernissen des deutschen Arbeitsmarktes erforderlich.

Die Verbesserung der Passung, wie sie institutionell und durch Beratung gefördert werden kann, umfasst dabei unterschiedliche Wege, z. B.:

- *Identifikation und Stärkung der motivationalen Lage:* Menschen mit Fluchterfahrung und negativen Erfahrungen in der bisherigen Bildungs- und Berufsbiografie benötigen ggf. Unterstützung, um Zutrauen in die eigene Entwicklungsfähigkeit (wieder) zu gewinnen (Empowerment).
- *Orientierung und Informationsvermittlung:* Geflüchtete benötigen Informationen zum deutschen Bildungs- und Ausbildungssystem sowie zum Arbeitsmarkt. Beratung kann hier orientierend wirken.
- *Ausbalancierung idealistischer und realistischer Aspiration:* Die Ziele, die Geflüchtete in Bezug auf ihre Zukunft haben, können mit den Stärken und Ressourcen der Personen korrespondieren (realistische Aspiration) oder auch davon abweichen.
- *Aufzeigen geeigneter Wege:* Beratung zeigt und entwickelt mit den Betroffenen Wege, die eine Passung von vorhandenem Bildungs- und Berufskapital mit den Möglichkeiten im deutschen Bildungs- und Ausbildungssystem sowie dem Arbeitsmarkt ermöglichen.
- *Anerkennung von Qualifikationen und Kompetenzen*: Beratung erschließt für Geflüchtete Wege, um vorhandene Kompetenzen und formale Abschlüsse (teilweise) anerkennen zu lassen und begleitet auf dem Weg durch die institutionellen Möglichkeiten (und über die vorhandenen Hürden).

- *Ermöglichung von anschlussfähigen Qualifikationen*: Aufbauend auf vorhandene Kompetenzen und das vorhandene Bildungskapital kann Beratung die Passung verbessern, indem geeignete Wege der (Anpassungs-) Qualifizierung gefördert werden.
- *Erschließen von (möglichst nachhaltigen) Wegen/Maßnahmen zur Integration in den Arbeitsmarkt*: Beratung vermittelt Zugang zu vorhandenen Stellen und – wo nötig – auch zu Unterstützungssystemen, die eine Arbeitsaufnahme begleiten.

Angesichts dieser vielfältigen Möglichkeiten darf jedoch nicht aus dem Blick verloren werden, dass geflüchtete Personen Barrieren und persönliche Einschränkungen mitbringen, die einer Integration im Wege stehen. Auch wenn in diesem Beitrag vor allem auf die Bildungshintergründe und die Aspiration eingegangen wird, sind andere Aspekte wie die erwähnten Sprachbarrieren, traumatisierende Erfahrungen im Kontext von Krieg, Flucht und Vertreibung, aber auch kulturelle Barrieren und Missverständnisse in der Beratung aufzugreifen.

▶ Die Verbesserung der Passung, wie sie institutionell und durch Beratung gefördert werden kann, umfasst unterschiedliche Wege.

11.3.2.1 Berufs- und Bildungsberatung für Geflüchtete

Die verschiedenen Wege, auf denen eine bessere Passung zwischen der Ausgangslage und Arbeitsmarkterfordernissen einer geflüchteten Person in der Beratung verbessert werden kann, zeigen auf, dass das hier zugrunde gelegte Verständnis von Beratung einen deutlichen Beschäftigungsbezug aufweist. Beratung wird hier auf ein interaktives, dialogisches Format im Themenkontext Bildung, Beruf und Beschäftigung bezogen. Andere Formate, die Geflüchtete stärker an sozialarbeiterischen Konzepten der aufsuchenden und begleitenden Betreuung orientiert beraten, sind daneben ebenfalls als sehr wichtig und in ihrem Potenzial bedeutsam, werden hier jedoch nicht ausführlich thematisiert. Solche Formen, wie sie beispielsweise von Ausbildungsakquisiteuren oder in der Berufseinstiegsbegleitung angewendet werden, erweitern die Handlungs- und Unterstützungsmöglichkeiten, z. B. indem die Familie, das soziale Umfeld oder Ausbildungsbetriebe direkt einbezogen werden.

Beratung, so das hier vertretene Verständnis, ist eine komplementäre Verschränkung von empathischer Einfühlung, prozessualer Aktivierung und fachlicher Unterstützung, die im Idealfall Fragen von Bildung und Beruf lebensweltlich eingebettet bearbeitet (Kohn 2017a, S. 8; Weber 2013, S. 127 f.; Weber 2014; Rübner 2011, S. 4–7; Enoch 2011). Dabei werden – zumindest potenziell – mehrere übergeordnete Zielvorstellungen anvisiert: Berufs- und Bildungsberatung trägt zur Verbesserung der Bildungs- und Beschäftigungsmöglichkeiten bei, Beratung unterstützt den Aufbau von Wissensstrukturen beim Ratsuchenden und trägt zur Klärung auf Seiten der Ratsuchenden bei, inwieweit der Bildungs- und Berufsprozess eigenständig (oder mit weiterer Unterstützung) erfolgreicher gestaltet werden kann (nfb 2009; Schiersmann und Weber 2013).

Eine Konsequenz aus diesem Verständnis von Beratung ist darin zu sehen, dass Beratung als professionelle Unterstützung in Problemlöseprozessen verstanden werden kann (Rübner und Sprengard 2011). Problemlöseprozesse können mit Dörner (2012) also die Möglichkeit bieten, Problemkonstellationen (z. B. wie finde ich Anschluss auf dem Arbeitsmarkt) in ihren Teilaspekten zu beleuchten und zu bearbeiten, um letztlich die Problemlösung zu verbessern. Die Beratungskonzeption der Bundesagentur für Arbeit hat dieses Verständnis der Problemlösung in Anlehnung an Egan (2002) und andere Autoren als Grundmodell für Beratungsprozesse adaptiert (Rübner und Sprengard 2011, S. 27 f.).

▶ Beratung wird als Unterstützung in Problemlöseprozessen verstanden. Emotionale und inhaltliche Komponenten spielen dabei gleichermaßen eine Rolle.

Nun sind Menschen nicht von Haus aus gute Problemlöser. Viele Aspekte können im Wege stehen, wenn wir ein bestimmtes Ziel verfolgen, aber den Weg nicht so recht kennen oder, weil wir negativen Emotionen ausgesetzt sind, nicht recht sehen können (Dörner 2012, S. 107). Insofern ist eine Unterstützung dieses Prozesses durch Beratung sinnvoll.

Was daran ist nun spezifisch für die Beratung geflüchteter Personen? Beraterinnen oder Berater, die mit Geflüchteten arbeiten, benötigen anderes Wissen und dies an mehreren Stellen im Prozess (Kohn 2017a, S. 8 f.). Dies betrifft zum einen das Wissen um die möglichen Beeinträchtigungen durch die sprachlichen Defizite, die (inter-)kulturellen Besonderheiten und die psychische Stabilität (Kohn 2017a, S. 10). Auf diese Aspekte wird hier nicht weiter eingegangen, es muss aber betont werden, dass Sensibilisierung und fundiertes Wissen notwendig sind, um geflüchtete Menschen angemessen zu beraten. Zum anderen betrifft es Wissen für die Situationsanalyse und nicht zuletzt Möglichkeiten, wie Problemlösungen aussehen können. Der Aspekt der Passung, wie er oben eingeführt wurde, zeigt schon, dass Problemlösungen breit zu verstehen sind und entsprechend auch breites Wissen um Möglichkeiten, Vernetzungen, Instrumente der Förderung usw. notwendig sind. Der Aspekt der Situationsanalyse soll etwas genauer beleuchtet werden. Als Ausgangspunkt können durchaus die Themen der Situationsanalyse in der Orientierungs- und Entscheidungsberatung dienen. Eine gute Situationsanalyse hilft Beratenden, die relevanten „Wirkfaktoren" (Dörner 2012) zu erkennen und im weiteren Prozess zu thematisieren. Hier kann mit Rückgriff auf die vorausgehenden Abschnitte gezeigt werden, dass Berater Hintergrundwissen benötigen.

- Berater/-innen sollten beispielsweise die Motivation von geflüchteten Ratsuchenden verstehen und hinterfragen. Motivbildung ist mit Werten unterlegt (Grawe 2000, S. 61 f.). Sie benötigen also Wissen zu Gegebenheiten in den Bildungssystemen und zu möglichen (z. B. familiären und finanziellen) Abhängigkeiten, die bei der Motivbildung eine Rolle spielen.
- Um die persönliche Situation besser zu erkunden, ist unter anderem das Herausarbeiten von bisherigen Bildungsergebnissen wichtig. Einmal praktisch: Gibt es anschlussfähige Formalqualifikationen? Können diese anerkannt und verwertet werden? Gibt es Umschulungswünsche?

- Dann aber auch in Bezug auf die Leistungsfähigkeit: Hat die geflüchtete Person das Potenzial, auch im deutschen Bildungssystem adäquate Leistungen zu erbringen? Mit der Fluchterfahrung geht tendenziell eine Entwertung einher, diese führt in vielen Fällen zu einer Absenkung der Zuversicht und des Kompetenzerlebens. Ressourcenorientierung hat im Sinne einer prozessualen Aktivierung (Grawe 2000) eine wichtige Funktion in der Beratung, um die Energien zu fördern.
- Nicht zuletzt ist es der Informationsstand, der spezifisch zu verstehen und der auch im Kontext des Herkunftslandes zu sehen ist. Informationen werden nur im Zusammenhang mit vorhandenem Wissen für ratsuchende Personen wertvoll und verwertbar. Es ist davon auszugehen, dass das deutsche Bildungs-, Berufs-, und Beschäftigungssystem stark von den Systemen der Herkunftsländer differiert (s. Abschn. 11.1.3; Kohn 2017a). Für Beratung ergibt sich daraus das doppelte Problem, Informationen angemessen zu präsentieren und die Anschlussfähigkeit an Vorwissen herzustellen. Enoch spricht hier von einer „aushandelnden" Wissensvermittlung (Enoch 2011, S. 375).

▶ Berater/-innen benötigen fluchtspezifisches, fachliches Wissen, um die Situation und die Lösungsmöglichkeiten für einzelne geflüchtete Menschen verstehen, einschätzen und gemeinsam mit ihnen entwickeln zu können.

11.3.2.2 Beratung von Geflüchteten – exemplarische Konstellationen des Anliegens und Konsequenzen für die Beratung

Um das bisher Dargestellte plastisch zu verdeutlichen, sollen exemplarisch einige Konstellationen skizziert werden, die in der bildungs- und berufsbezogenen Beratung von geflüchteten Personen auftreten könnten. Die Darstellung folgt der oben eingeführten Problemlöselogik. Damit soll nicht gesagt werden, dass diese Logik den einzig richtigen Weg der Prozessgestaltung beschreibt, die Darstellung hilft aber, zwei Aspekte besonders herauszuheben, die für die Beratung dieser Zielgruppe vermutlich besonders bedeutsam sind. Diese Aspekte sind: „die Situation der geflüchteten Person gut erfassen" und „mit den Zielen arbeiten". Ausgehend von diesen Aspekten werden Lösungsansätze angesprochen, aber nicht vertieft ausgeführt.

Bezüglich der Situation wurde bereits gezeigt, dass das Wissen der Beratenden um die Herkunftsländer, die Bildungsressourcen, die mitgebracht werden, und die Aspiration der geflüchteten Personen (inklusive der Wertvorstellungen im Bildungskontext) von Bedeutung sind. Das verweist auch darauf, dass Berater/-innen intensiv mit den Zielen arbeiten, die Ratsuchende formulieren, um z. B. unrealistische Ziele zu identifizieren und gemeinsam mit der Person weiterzuentwickeln oder um realistische Ziele, die aber viel Zeit brauchen, zu konkretisieren und in machbare Wege zu leiten. Im Folgenden werden drei exemplarische Konstellationen knapp skizziert:

▶ Geflüchtete mit hohem Bildungskapital benötigen passende Informationen über verschiedene Bildungs- und Berufswege. Ihre Ziele sollten konkretisiert und in Handlungspläne überführt werden.

Konstellation 1: Wie oben gezeigt wurde, gibt es viele Geflüchtete, z. B. aus Syrien, die mit guter formaler Vorbildung nach Deutschland kommen. Beratende, die eine mögliche Sprachbarriere nicht mit schlechter Vorbildung verwechseln, haben die Chance, dieses Potenzial zu erkennen und darüber hinaus auch vorhandenes (informelles) Bildungskapital zu entdecken, das einen zukünftigen Bildungs-, Ausbildungs- oder Studienerfolg wahrscheinlich macht. Als Beispiel wäre die Fähigkeit zu nennen, sich in Lernumgebungen angemessen und erfolgreich zu bewegen oder sich selbst mit seinen Lernerfolgen zu präsentieren. Eine gelungene Situationsanalyse würde in diesen Fällen potenziell verwertbare Qualifikationen und Fähigkeiten herausarbeiten. Auch würden Werthaltungen erkennbar werden, z. B. dass solche Personen hohe (und durchaus realistische) Aspirationen an ihre Anschlussfähigkeit an akademisches Lernen mitbringen und andere Lernformen möglicherweise ablehnen. Auch würde ggf. deutlich, dass trotz der guten Vorbildung erhebliche Wissenslücken zum deutschen Bildungs- und Beschäftigungssystem bestehen. Erkennt der Berater Leistungen an, die jemand mitbringt, kann er auch mit höherer Akzeptanz rechnen, wenn er die Besonderheiten des deutschen Systems schildert.

In der idealtypisch angenommenen Konstellation könnten mit der hohen Aspiration mehr oder weniger klare Ziele der ratsuchenden Person verbunden sein. Vielleicht besteht das Ziel darin, einen schulischen und/oder akademischen Bildungsgang zu absolvieren oder einen akademischen Beruf zu ergreifen. Mit Zielen zu arbeiten heißt u. a., diese zu konkretisieren (Dörner 2012, S. 108 f.). Das heißt dann u. a. Teilziele zu thematisieren, Schritte, die auf dem Weg notwendig sind. In dieser Konstellation geht es für die Beratung also darum, mögliche Wege zum Ziel zu identifizieren, aber auch damit zu arbeiten, dass die Zielerreichung schwieriger sein und/oder länger dauern kann, als es sich die ratsuchende Person mit diesem Background zunächst vorgestellt hat.

▶ Die Beratungsarbeit mit Geflüchteten schließt den Umgang mit Frustration, die Prävention vor Resignation oder die Entwicklung kurzfristiger Perspektiven ein.

Konstellation 2: Viele Geflüchtete kommen mit unklarer oder schwer zu identifizierender formaler Vorbildung nach Deutschland. In Kap. 1.3 wurde begründet, wie Bildungssysteme in Syrien, Afghanistan und Iran differieren. Aus ländlichen Gebieten Syriens oder Afghanistan werden Geflüchtete eher mit schwachem oder unklarem Bildungskapital nach Deutschland kommen. Die Vergleichbarkeit wird oft unklar sein, nicht selten fehlen Dokumente und Zertifikate. Handelt es sich um eine berufspraktische Vorqualifikation, ist diese ggf. eher auf informellem Wege erworben und kann nicht formal nachgewiesen werden. Diese Beispiele zeigen, dass in einer solchen Konstellation der „Situationsanalyse" (Rübner und Sprengard 2011, S. 46) mehr Aufmerksamkeit geschenkt werden muss. Jedoch sind Instrumente und Vorgehensweisen nötig, die ggf. über die für die Bildungs- und Berufsberatung mit Menschen aus einem bekannten Bildungskontext hinausgehen. Ein Beispiel wäre die Erfassung von informell erworbenen Kompetenzen. Hier liegen neben den bekannten Instrumenten (z. B. Profilpass) inzwischen auch spezifisch im Kontext von Migration entwickelte Verfahren vor, beispielsweise die „Kompetenzkarten"

(Bertelsmann-Stiftung 2015). Ein anderes und stärker auf spezifische Berufe ausgerichtetes Verfahren wäre „My Skills", das für die Bundesagentur für Arbeit entwickelt wurde.[2] Eine in diese Richtung durchgeführte Identifikation der Ausgangslage kann Hinweise auf informell erworbene Kompetenzen und damit auf Bildungskapital und verwertbare Ressourcen geben. In dieser Beratung läge der Schwerpunkt also eher auf der Ausgangssituation. Eine Person, die mit unklaren Qualifikationen in die Beratung kommt, gleichzeitig aber hohe Erwartungen an ihre Anschlussfähigkeit hat, könnte nur auf der Basis einer solchen vertieften Befassung mit der Ausgangssituation sinnvoll weiterberaten werden. Weder ein vorzeitiges Absprechen einer möglichen Passung noch das leichtfertige Wecken von Hoffnungen wären angemessen. Sind hingegen verwertbare Ressourcen identifiziert, könnten Ziele diskutiert und entwickelt werden, und es ergäben sich ggf. Wege in Bildung, Qualifizierung oder Beschäftigung, die zunächst nicht erkennbar waren.

▷ Geflüchtete Menschen mit schwierig einzuschätzendem Bildungskapital benötigen mehr Aufmerksamkeit bei der Identifikation vorhandener Bildungsressourcen. Diese sind oft informeller Art. Passende Instrumente können die Identifikation und Verwertung informell erworbener Kompetenzen fördern.

Konstellation 3: In einem dritten Beispiel gehen wir davon aus, dass ein ratsuchender Geflüchteter mit erkennbar schwacher formaler Vorbildung die Beratung aufsucht. Am Beispiel Afghanistan wurde klar, dass viele Menschen, die nach Deutschland kommen, wenig Chancen hatten, eine ausreichend intensive und lange Schulbildung zu erhalten. Schul- oder Ausbildungszeiten wurden auch in anderen Herkunftsländern durch Kriegshandlungen oft durch die Zugehörigkeit zu einer bestimmten Bevölkerungsschicht oder einer oppositionellen Haltung zur Regierung erschwert, unterbrochen oder verunmöglicht. Individuelle Biografien aus allen Herkunftsländern können (unabhängig von intellektuellen Ressourcen) dazu geführt haben, dass weder formelle noch sinnvoll verwertbare informelle Bildung erworben wurde. Damit zeichnet sich keine gute Anschlussfähigkeit an qualifizierte Berufe ab. Hinzu könnte die Beratung ergeben, dass kaum Wissen zum deutschen Bildungs- und Beschäftigungssystem vorhanden ist. Wie im Abschn. 11.2.3 gezeigt wurde, könnte dennoch eine (zu) hohe Erwartung (Aspiration) an die eigene Anschlussmöglichkeit vorhanden sein (relativ schlechte Voraussetzungen *und* hohe Aspiration findet man auch häufig bei Personen, die in Deutschland aufgewachsen sind, dies ist kein Spezifikum Geflüchteter). So formuliert ein ratsuchender Geflüchteter vielleicht eine Zielvorstellung (gute Beschäftigung, Studium), die aus Sicht des Beraters als nicht oder nur auf langen Wegen erreichbar erscheint. In der Beratung geht es hier also um eine Anpassung und Aktualisierung des Ziels (Honermann 1999). Ein (unrealistisches) Ziel (oder eine nicht stimmige idealistische Aspiration) zu verändern, ist nicht einfach. Ziele, die einmal gesetzt sind, können nicht wegdiskutiert werden. Vielmehr muss es in der Beratung spürbar

---

[2] Informationen zu „My Skills" können unter der folgenden Adresse abgerufen werden: https://www.myskills.de/.

oder sichtbar werden, warum ein Ziel zu hochgesteckt ist oder zu weit in der Ferne liegt. Und es müssen alternative Intentionen entwickelt werden, die dann wieder in sinnvolle und erreichbare Schritte und Handlungen überführt werden können.

▶ Geflüchtete Menschen mit schwachem Bildungskapital und hohen Erwartungen benötigen emotionale und inhaltliche Unterstützung und Aufmerksamkeit bei der Entwicklung realistischer Ziele.

11.3.2.3 Fachliche Kompetenzen von Beraterinnen und Beratern im Kontext der Beratung geflüchteter Menschen

Abschließend sollen die spezifischen Kompetenzen der Beratenden, die mit geflüchteten Personen arbeiten, zusammengefasst werden[3]. Eine offene, wertschätzende Haltung, die eigene Werturteile und auch Lücken im eigenen Wissen kritisch hinterfragt, ist – wie für jede Beratung – notwendig. Wie oben angesprochen wurde, benötigen Berater/-innen Sensibilität, aber auch Wissen, um die besonderen Problemlagen, die geflüchtete Personen aufweisen können, zu erkennen und einzuordnen.

▶ Die Konzentration auf Bildungspotenziale ist wesentlich für die Beratung der Zielgruppe, um nicht bei den häufig in den Blick genommenen Defiziten stehen zu bleiben.

Die Prozessgestaltung unterscheidet sich nicht systematisch von anderen Beratungsprozessen; es ist eher das fachliche Wissen, das im beschriebenen Sinne erweitert werden sollte. Sprachliche Hürden können den Prozess erschweren oder verlangsamen. Dennoch kann der Berater anstreben, ein gutes Verständnis über die Wirkfaktoren, die die Situation einer geflüchteten Person kennzeichnen, herauszuarbeiten und an die Person zu spiegeln. Er kann Ziele thematisieren und greifbarer machen. Nicht in wenigen Fällen wird es auch darum gehen, realistische Ziele zu entwickeln oder Wege aufzuzeigen, die möglich sind, wenn andere Wege, die angestrebt wurden, verbaut sind. Kohn (2017a, S. 16) beschreibt dies als die Herausforderung, die Komplexität zu meistern: *„Steht schon die reine Aufzählung der genannten Herausforderungen für ein umfassendes Lern- und Innovationsprogramm, so wird der neue Anspruch an die Beratung zu Bildung, Beruf und Beschäftigung erst richtig deutlich, wenn man berücksichtigt, dass alle einzelnen Dimensionen vielfach miteinander verwoben sind und der Erfolg in der Bewältigung einer Herausforderung die unverzichtbare Basis für das Angehen anderer sein kann."* Dies bedeutet, dass Beratende mit dieser Anforderung nicht alleine gelassen werden sollten, sondern dass Qualifikation und angemessene Formen der professionellen Unterstützung (Supervision, kollegiale Beratung) sinnvoll und notwendig sind.

---

[3] Detaillierter zu den spezifischen Beratungskompetenzen siehe Kohn (2017a) und Kohn (2019). Im Erasmus+-Projekt CMinaR wurden in fünf europäischen Ländern zunächst in einer Delphi-Befragung entsprechende Weiterbildungsbedarfe von Berater/innen erhoben und anschließend zwei erste Seminar-Konzepte für diese Bedarfe entwickelt.

Letztlich ist neben etlichen weiteren Aspekten die Haltung ein entscheidender Einflussfaktor, mit der Beratende geflüchteten Menschen begegnen. Offenheit, Klarheit und Verantwortung wären drei Begriffe, die hierfür eine Richtung angeben.

▶ Das Angehen der komplexen Herausforderungen bedarf eines vertieften Einlassens auf die Person und Situation geflüchteter Ratsuchender. Beratende brauchen dabei Unterstützung bei ihrer weiteren Professionalisierung

11.4 Fazit

Zuwanderung aus Drittstaaten, darunter Fluchtmigration, wird auch in Zukunft neue Erwerbspersonen- und Bildungspotenziale nach Deutschland bringen. Es gilt, das mitgebrachte inkorporierte, objektivierte und oft noch nicht institutionalisierte Bildungskapital Geflüchteter auszuschöpfen, zu erweitern und anzuheben und nach Passungen im deutschen System zu suchen.

Die sich daraus ergebenden Herausforderungen für die professionelle Beratung zu Bildung, Beruf und Beschäftigung sind nicht gering. Berater/-innen benötigen fluchtspezifisches, fachliches Wissen, um die Situation und die Lösungsmöglichkeiten für einzelne geflüchtete Menschen verstehen, einschätzen und gemeinsam mit ihnen entwickeln zu können.

Auch wenn dafür, wie an einigen Stellen gezeigt, regelmäßig auf das schon entwickelte Verständnis und auf entwickelte Verfahren der Beratungsprofession aufgebaut werden kann, so sind doch auch deutliche Veränderungsschritte und Kompetenzerweiterungen vonnöten. Wenn die Anpassungen an die aktuellen und auch in der Zukunft am deutschen Bildungs- und Arbeitsmarkt zu erwartenden Gruppen neu zugewanderter Ratsuchender nachhaltig gelingen sollen, wird es von Bedeutung sein, die entsprechenden Herausforderungen als solche zu verstehen, die trotz ihrer Komplexität bewältigt werden können. Beratende brauchen dabei Unterstützung in ihrer weiteren Professionalisierung. Die sich ergebenden Veränderungen können und sollten zu Bausteinen einer weiteren Professionalisierung und Modernisierung beruflicher Beratung werden.

Gesamtgesellschaftlich und gesamtwirtschaftlich bleibt festzuhalten: Eine gelingende Integration nicht nur neu zuwandernder, sondern auch im Inland bisher nicht leicht zu integrierender Personengruppen in Bildung, Arbeit und Gesellschaft ist ein wesentlicher Baustein für die Zukunftsfähigkeit eines sich modernisierenden Arbeitsmarktes und Sozialstaats. Wo dynamisch entwickelnde Produkt- und Dienstleistungsmärkte auf ein demografisch stark schrumpfendes Erwerbspersonenpotenzial treffen, wird die Integration neuer Personengruppen zum gleichzeitig sozialen wie ökonomischen Megaziel. Eine modernisierte und dadurch effektive Beratung zu Bildung, Beruf und Beschäftigung spielt für das Erreichen dieses Ziels eine zentrale Rolle.

▶ In dynamisch sich entwickelnden Märkten wird die Integration neuer Personengruppen über eine modernisierte Beratung zu einem wesentlichen Zukunftsfaktor.

Literatur

Al Hessan, M. (2016): Understanding the Syrian Educational System in a Context of Crisis?, Österreichische Akademie der Wissenschaften (ÖAW)/Vienna Institute of Demography, Working Papers 09/2016.

BAMF (2019): Aktuelle Zahlen zu Asyl. Tabellen, Diagramme, Erläuterungen. Ausgabe: Januar 2019.

Becker, B. (2010): Bildungsaspirationen von Migranten. Determinanten und Umsetzung in Bildungsergebnisse. Mannheim: Mannheimer Zentrum für Europ. Sozialforschung (Arbeitspapiere/ Mannheimer Zentrum für Europäische Sozialforschung, 137).

Beise, M. (2015): Streitschrift. Wir brauchen die Flüchtlinge! Zuwanderung als Herausforderung und Chance: Der Weg zu einem neuen Deutschland. 1. Auflage. Heidelberg: Süddeutsche Zeitung.

Bertelsmann-Stiftung (Hrsg.) (2015): Kompetenzkarten in der Beratung von Einwanderern www.bertelsmann-stiftung.de/kompetenzkarten. Online unter: http://www.bertelsmann-stiftung.de/de/unsere-projekte/aufstieg-durch-kompetenzen/projektnachrichten/kompetenzkarten/ [14.02.2019].

BIBB (2019): Deutsch-Iranische Berufsbildungskooperation. Online unter: https://www.bibb.de/de/91638.php [14.02.2019].

BMI (2018): Referentenentwurf des Bundesministeriums des Innern, für Bau und Heimat. Entwurf eines Fachkräfteeinwanderungsgesetzes. Online unter: https://www.bmi.bund.de/SharedDocs/gesetzgebungsverfahren/DE/Downloads/referentenentwuerfe/fachraefteeinwanderungsgesetz-refe.pdf?__blob=publicationFile&v=1 [14.02.2019].

Bourdieu, Pierre (1983): Ökonomisches Kapital, kulturelles Kapital, soziales Kapital. In: *Soziale Ungleichheiten* (183–198). Göttingen: Schwartz.

Bourdieu, Pierre (2018): Ökonomisches Kapital – Kulturelles Kapital – Soziales Kapital. Der Habitus und der Raum der Lebensstile. In: *Basistexte Pädagogik* (148–152). Darmstadt: WBG.

BQ-Portal im Auftrag des Bundesministeriums für Wirtschaft und Energie (2019): Länder- und Berufsprofile Syrien. Online unter: https://www.bq-por-tal.de/Laender-und-Berufsprofile/syrien [14.02.2019].

Brücker, H., Croisier, J., Kosyakova, Y., Kröger, H., Pietrantuono, G., Rother, N. & Schupp, J. (2019): Zweite Welle der IAB-BAMF-SOEP-Befragung: Geflüchtete machen Fortschritte bei Sprache und Beschäftigung. (IAB-Kurzbericht, 03/2019 (de)).

Brücker, H., Kunert, A., Mangold, U., Kalusche, B., Siegert, M. & Schupp, J. (2016): Geflüchtete Menschen in Deutschland. Eine qualitative Befragung: Studie im Rahmen der IAB-BAMF-SOEP-Befragung von geflüchteten Menschen in Deutschland : 100 Einzelexplorationen mit 123 Flüchtlingen und Migranten und 26 Expertengespräche. Berlin, Germany: The German Socio-Economic Panel study at DIW Berlin (SOEP survey papers Series C, Data documentation, 313). Online unter: http://hdl.handle.net/10419/162621 [14.02.2019].

Brücker, H., Rother, N. & Schupp, J. (2017): IAB-BAMF-SOEP-Befragung von Geflüchteten 2016 ∗ Studiendesign, Feldergebnisse sowie Analysen zu schulischer wie beruflicher Qualifikation, Sprachkenntnissen sowie kognitiven Potenzialen. (IAB-Forschungsbericht, 13/2017), Nürnberg.

Dörner, D. (2012): Emotion und Handeln. In: Badke-Schaub, P., Hofinger, G. & Lauche, K. (Hrsg.): Human Factors: Psychologie sicheren Handelns in Risikobranchen (101–119). Berlin: Springer.

Egan, G. (2002): The Skilled Helper. (7th ed.). Pacific Grove: Brooks/Cole Publishing Company.

Enoch, C. (2011); Wissensvermittlung in Beratungsprozessen. In: *Organisationsberatung, Supervision, Coaching*, 18(4), 369–381.

Fakha, Khaled (2017): IQ-Netzwerk, Informationsblatt zu Berufsbildungssystem und Arbeitsmarkt in Syrien.

Fayek, Rasha (2017): Syria: Educational Decline and Decimation (97–114). In: Kirdar, S. (Hrsg.): Education in the Arab World. London: Bloomsbury.

Glick, J. E. & White, M. J. (2004): Post-Secundary School Participation of Immigrant and Native Youth: The Role of Familial Ressources and Educational Expectations. In: *Social Science Research*, 2004, 2:272–299.

Gorodetski, K., Mönnig, A. & Wolter, M. I. (2016): Zuwanderung nach Deutschland. Mittel- und langfristige Projektionen mit dem Modell TINFORGE. Osnabrück (GWS discussion paper). Online unter: http://hdl.handle.net/10419/156292 [14.02.2019].

Grawe, K. (2000): Psychologische Therapie (2. Aufl.). Göttingen: Hogrefe.

Gresch, C. (2012): Der Übergang in die Sekundarstufe I. Leistungsbeurteilung, Bildungsaspiration und rechtlicher Kontext bei Kindern mit Migrationshintergrund. Zugl.: Berlin, Humboldt-Univ., Diss., 2011. Wiesbaden: VS Verlag für Sozialwissenschaften. Online unter: https://doi.org/10.1007/978-3-531-18660-3.

Herwig, A. (2017): Arbeitsmarktchancen von Migranten in Europa. Analysen zur Bedeutung von Bildungsherkunft und Bildungssystemen (Research).

Honermann, H. (1999): Ratinginventar Lösungsorientierter Interventionen (RLI): Ein bildgebendes Verfahren zur Darstellung ressourcen- und lösungsorientierten Therapeutenverhaltens; mit 10 Tabellen. Göttingen: Vandenhoeck & Ruprecht.

Issa, C. & Kohistani, S. M. (2016): „Bildungshintergründe von geflüchteten Studierenden aus Afghanistan". In: DAAD (Hrsg.): Materialien zur Begleitung geflüchteter Studierender, Bonn.

KfW Development Bank, 2015, Vocational Training – Afghanistan. Online unter: www.kfw-entwicklungsbank.de/PDF/Entwicklungsfinanzierung/L%C3%A4nder-und-Programme/Asien/Projekt-Afghanistan-Energie-2016-EN.pdf [14.02.2019].

Kohn, K.-H. P. (2017a): Spezifische Berufsberatung für geflüchtete Menschen – Schlüssel zur Nutzung eines bedeutenden Fachkräftepotenzials. In: Kreklau, C. & Siegers, J. (Hrsg.): Handbuch der Aus- und Weiterbildung. Politik, Praxis, Finanzielle Förderung, Köln, Loseblattwerke Deutscher Wirtschafts-dienst, Beitrag 3313, Aktualisierungslieferung Nr. 285, März 2017. Online unter: www.Kohnpage.de/Text2017a.pdf [14.02.2019].

Kohn, K.-H. P. (2017b): Berufsberatung für Erwachsene. Themen und Bedarfe – Rechtsanspruch und ökonomische Bedeutung. In: Kreklau, C. & Siegers, J. (Hrsg.): Handbuch der Aus- und Weiterbildung. Politik, Praxis, Finanzielle Förderung, Köln, Loseblattwerke Deutscher Wirtschaftsdienst, Beitrag 3313, Aktualisierungslieferung Nr. 285, März 2017. Online unter: www.Kohnpage.de/Text2017a.pdf [14.02.2019].

Kohn, K.-H. P. (2018): Zutrauen statt Misstrauen. Herausforderungen an eine wirksame Weiterbildungsberatung für Menschen mit Migrationsgeschichte. In: *IQ konkret*, 3/2018, 36–37.

Kohn, K.-H. P. (Hrsg.) (2019): Counselling Refugees means Modernising Counselling. Outputs of the Erasmus+ Project Counselling for Refugee and Migrant Integration into the Labour Market – Development of Courses for Higher Education and Public Employment Services (CMinaR), Mannheim 2019. Online unter: http://www.Kohnpage.de/Text2019g.pdf [24.01.2020].

Körner, H., Radfar, A., Kirsch, S. & Pfaffe, P. (2018): Marktstudie Iran für den Export beruflicher Aus- und Weiterbildung. Bonn: Bundesinstitut für Berufsbildung, iMOVE (Hrsg.).

Liebau, E. & Siegert, M. (2017): Bildungsaspirationen (69–75). In: Brücker, H., Rother, N. & Schupp, J. (Hrsg.) (2017): IAB-BAMF-SOEP-Befragung von Geflüchteten 2016 ∗ Studiendesign, Feldergebnisse sowie Analysen zu schulischer wie beruflicher Qualifikation, Sprachkenntnissen sowie kognitiven Potenzialen. (IAB-Forschungsbericht, 13/2017), Nürnberg.

Neske, M. (2017): Volljährige Asylerstantragsteller in Deutschland im Jahr 2016. Sozialstruktur, Qualifikationsniveau und Berufstätigkeit, Ausgabe 2/2017 der Kurzanalysen des Forschungszentrums Migration, Integration und Asyl des Bundesamtes für Migration und Flüchtlinge, Nürnberg.

nfb (Hrsg.) (2009): Qualitätsmerkmale guter Beratung – Erste Ergebnisse aus dem Verbundprojekt: Koordinierungsprozess Qualitätsentwicklung in der Beratung in Bildung, Beruf und Beschäftigung. Bielefeld: W. Bertelsmann Verlag.

Rübner, M. (2011): Beratung von Auszubildenden mit erhöhtem Abbruchrisiko. Konzeptionelle Überlegungen zur Ausgestaltung des Beratungsprozesses (139–161). In: Balzer, L., Ertelt, B.-J. & Frey, A. (2012): Erfassung und Prävention von Ausbildungsabbrüchen – die praktische Umsetzung im EU-Projekt „PraeLab".

Rübner, M. & Sprengard, B. (2011): Beratungskonzeption der Bundesagentur für Arbeit – Grundlagen. Nürnberg: Bundesagentur für Arbeit.

Schiersmann, C. & Weber, P. C. (2013): Beratung in Bildung, Beruf und Beschäftigung. Eckpunkte und Erprobung eines integrierten Qualitätskonzepts. Bielefeld: Bertelsmann.

Schmidt, H.-J. (2018): Volljährige Asylantragsteller in Deutschland im Jahr 2017. Sozialstruktur, Schulbesuch und Berufstätigkeit im Herkunftsland, Ausgabe 03|2018 der Kurzanalysen des Forschungszentrums Migration, Integration und Asyl des Bundesamtes für Migration und Flüchtlinge, Nürnberg.

Smith, S. (2018): Nach Europa! Das junge Afrika auf dem Weg zum alten Kontinent. Berlin: Edition.fotoTAPETA.

Statistisches Bundesamt (2018): Bildungsstand der Bevölkerung. Ergebnisse des Mikrozensus 2017. Wiesbaden.

Stix, Christine (2012): Bildungsaspirationen. Eine Analyse des aktuellen Forschungsstandes unter besonderer Berücksichtigung der Entstehung elterlicher Bildungsaspirationen. Wien: Diplomarbeit.

Stoewe, K. (2017): Bildungsstand von Geflüchteten. Bildung und Ausbildung in den Hauptherkunftsländern. Köln (IW-Report). Online unter: http://hdl.handle.net/10419/172679.

UIS – UNESCO Institute of Statistics, 2017, Data for the Sustainable Development Goals, Education und Literacy (Syrien, Afghanistan, Iran). Online unter: www.uis.unesco.org [14.02.2019].

UNESCO (2016): Afghanistan. Education for All 2015. National Review. Online unter: www.unesdoc.unesco.org/ark:/48223/pf0000232702 [14.02.2019].

UNHCR (2019): Mid-year trends 2018. Online unter: https://www.unhcr.org/5c52ea084.pdf.

Weber, P. C. (2013): Qualität in der arbeitsweltlichen Beratung – eine Untersuchung von Qualitätsmerkmalen, Qualitätsmodellen und eines Netzwerks zu deren politischen Implementierung in Europa unter Berücksichtigung der Theorie der Selbstorganisation. Universität Heidelberg.

Weber, P. C. (2014): Systemische Bildungs- und Laufbahnberatung für Menschen mit schwachem Bildungshintergrund und eingeschränkten Arbeitsmarktchancen. Die Bedeutung von Wissen im Beratungsprozess (139–168). In: Krieger, W.: Beschäftigungsförderung und betriebliche Soziale Arbeit. Stuttgart: ibidem-Verlag.

Teil IV

Beratung

Zunehmende Individualisierung der Arbeitswelt: Beraterische Perspektiven im Human Resource Management

12

Peter C. Weber

Inhaltsverzeichnis

12.1	Einleitung	256
12.2	Individualisierung im Kontext der sich wandelnden Arbeitswelt und des Human Resource Managements	257
	12.2.1 Das Konzept der Individualisierung	258
	12.2.2 „Individualisierung" in der aktuellen HR-Literatur	259
12.3	Beratung und ihr Beitrag im HR-Kontext	263
12.4	Eigene Untersuchung, Fragestellungen, Methode und Ergebnisse	265
	12.4.1 Fragestellung	265
	12.4.2 Methode der Untersuchung	266
	12.4.3 Analyse- und Auswertungsverfahren	267
12.5	Individualisierung, HRM und Beratung – Ergebnisse der qualitativen Untersuchung	267
	12.5.1 Wahrnehmung der Diskussion um die Individualisierung in der Personalarbeit und Widerspiegelung in aktuellen HR-Trends	268
	12.5.2 Weiterentwicklung der HRM-Funktion in Richtung individualisierter HR-Leistungen für Mitarbeiter/-innen	270
	12.5.3 Die Bedeutung der internen Beratungsfunktion und der Laufbahnberatung – erste Hinweise	272
12.6	Diskussion und Ausblick	275
Literatur		277

P. C. Weber (✉)
Hochschule der Bundesagentur für Arbeit, Mannheim, Deutschland
E-Mail: peter.weber@hdba.de

Zusammenfassung

Beratung im Zusammenhang mit Beruf, Arbeit, Laufbahn und ihre wissenschaftliche Untersuchung beziehen sich entlang des gesamten Lebenslaufs und in verschiedenen funktionalen Teilbereichen der Gesellschaft auf eine Vielfalt von Themen und Arbeitsfelder (Schiersmann und Weber 2013). Betriebliche Personalarbeit (PA) bzw. Human Resource Management (HRM), spezifische Personalentwicklung (PE) bzw. Human Resource Development (HRD) – die Begriffe werden jeweils synonym verwendet – sind solche Arbeitsfelder, in denen sich die Rolle von Beratung weiterentwickelt und immer wieder neu definiert werden muss.

Schlüsselwörter

Personalentwicklung · Human Resource Management · HRM · Wandel der Arbeitswelt · Berufsberatung · Laufbahnberatung · Qualifizierungsberatung

12.1 Einleitung

▶ Die Rolle von Beratung im Human Resource Management entwickelt sich weiter. Veränderungen des Kontextes erfordern eine Neudefinition von Beratung.

Personalarbeit und Personalentwicklung sind nur in ihrer engen Verflechtung mit der betrieblichen Organisation von Arbeit und deren Wandel zu verstehen. Der Wandel der Arbeitswelt vollzieht sich heute getrieben von Digitalisierung, neuen Wertschöpfungsketten, sich auflösenden Organisationsgrenzen, der Bedeutung von Netzwerkorganisationen und globalen Herausforderungen wie der Demografieentwicklung und der Klimaveränderung. Die Veränderung der Arbeitswelt wird zwar stark von technologischen Veränderungen vorangetrieben, die Technologien, insbesondere die digitale Vernetzung, wirken aber auf die Organisation von Arbeit zurück und verändern die bisherigen Vorstellungen von funktionaler Arbeitsteilung, Hierarchie, der zeitlichen Strukturierung von Arbeit oder die Zugehörigkeit von Personen zu Organisationen. Diese hochdynamischen Entwicklungen wirken auf die Arbeitswelt und spezifisch auf die Anforderungen an die Personalarbeit zurück (Bruch und Muenchen 2017; Pfeiffer et al. 2016; Hackl und Gerpott 2015; Gaugler 2012). Um im betrieblichen Kontext die mögliche Rolle von Beratung als internes oder externes Angebot zu diskutieren, ist demnach Wissen um diese sich verändernde Arbeitswelt notwendig. Auch aus diesen Gründen öffnet sich die wissenschaftliche Beschäftigung von Beratung den Gegenstandsbereichen der Personal- und Organisationsentwicklung. Aus der Perspektive der Beratung und spezifischer der Laufbahn-, Weiterbildungs- oder Qualifizierungsberatung stellt sich die Frage, inwiefern Betriebe diesen Beratungsformaten Raum geben und wodurch ggf. eine gesteigerte Aufmerksamkeit für Beratung zu den genannten und weiteren Themen gefördert wird.

Damit widmet sich der vorliegende Beitrag aktuellen Entwicklungen in der Personalarbeit und spezifischer in der Personalentwicklung und folgt der These, dass sich Personalarbeit aktuell stärker an Aspekten der Individualisierung orientiert, woraus sich wiederum Spannungsfelder etwa zwischen organisationalen Anforderungen und individueller Perspektive ergeben können. In diesem Zusammenhang kann der Beratung als Querschnittsaufgabe Bedeutung zukommen. Der vorliegende Beitrag entstand also im Zusammenhang mit der Frage, wie berufliche Beratung auf die Veränderungen der betrieblichen Personalarbeit, die im Kontext der Veränderung der Arbeitswelt gesehen werden kann, reagiert bzw. reagieren könnte. Hierfür werden der Individualisierungsdiskurs und die Notwendigkeit einer Veränderung der HRD-Praxis qualitativ exploriert. Die Pilotstudie zielt darauf ab, aus den subjektiven Perspektiven der für HR verantwortlichen Mitarbeiter/-innen Einblicke in Veränderungen zu gewinnen, die sich aktuell in den Unternehmen abzeichnen oder anvisiert werden. Hieraus sollen wiederum Rückschlüsse auf Entwicklungsmöglichkeiten und Anforderungen an Beratung im HR-Kontext gezogen werden.

> ▶ Die Studie zielt darauf ab, Einblicke in die aktuelle Veränderung in Unternehmen zu bekommen, um daraus Rückschlüsse für die Entwicklungsmöglichkeiten der Beratung zu ziehen.

Der Beitrag gliedert sich in vier inhaltliche Abschnitte. Zunächst werden im Abschn. 12.2 und 12.3 theoretische Hintergründe beleuchtet. Neben einer Einführung in die Bedeutung des Konzepts der Individualisierung für die Personalarbeit wird auch die sich wandelnde Bedeutung von Beratung im Personalkontext thematisiert. Der Abschn. 12.4 stellt die zugrunde liegende Untersuchung, die Fragestellungen und die Methode dar. Im Abschn. 12.5 werden ausgewählte Befunde vorgestellt. Der Beitrag endet mit einem Ausblick auf Entwicklungsthemen für das HR im Kontext der sich verändernden Arbeitswelt und die Beratung in Unternehmen und im HRM.

12.2 Individualisierung im Kontext der sich wandelnden Arbeitswelt und des Human Resource Managements

Das Forschungsvorhaben „Individualisierung in Personalentwicklung und im HRD: Laufbahnberatung und -Coaching im Unternehmenskontext", das dem Beitrag zugrunde liegt, beschäftigt sich im weiteren Sinne mit dem Zusammenhang von Arbeit und Individualisierung. Es wurde als Lehr-Forschungsprojekt mit Masterstudierenden an der Universität Heidelberg begonnen und wird aktuell aus Forschungsmitteln der HdBA gefördert. Es untersucht, wie sich Individualisierung auf die Personalarbeit und die Personalentwicklung auswirkt, wie sich diese ggf. weiterentwickelt und welche Folgen oder Möglichkeiten sich daraus für die Beratung ergeben.

12.2.1 Das Konzept der Individualisierung

Individualisierung ist als langfristiger Modernisierungstrend zu verstehen: Historisch verlieren Bindungen an kollektive Strukturen an Verbindlichkeit. Die Zugehörigkeit z. B. zu einer bestimmten Klasse, Religion, zur Familie oder zu einer Gemeinschaft haben an Ordnungskraft verloren (Berger and Hitzler 2010). Die Loslösung von Individuen wird in Bezug auf ihre kulturelle und strukturelle Einbindung sowie auf den Zugewinn von individueller Autonomie differenziert (Kron und Horáček 2009, S. 8). Becker und Beck (2014, S. 19) beschreiben sechs Dimensionen, in denen sich Individualisierung ausdrückt und wirksam wird, nämlich familial, sozial, ökonomisch, geografisch, kulturell und moralisch. Für Ulrich Beck (1986, S. 137) ist historisch die Zeit nach den 1950er-Jahren vor allem prägend für diese Form der Individualisierung. Nach seinem Verständnis wird Individualisierung jedoch nicht mehr länger nur als Ergebnis von langfristigen Modernisierungstrends, sondern reflexiv, als selbstbezogene Aufgabe verstanden (Beck 1986). Er unterscheidet also die „objektive" Lebenslage vom subjektiven Verständnis und der subjektiven Bearbeitung der eigenen Identität und Individualisierung entlang der drei Dimensionen „Freisetzung", „Stabilitätsverlust" und „eine neue Art der sozialen Einbindung" (Beck 1986, S. 206 f.). „Individualisierung bedeutet in diesem Sinne, daß die Biografie der Menschen aus vorgegebenen Fixierungen herausgelöst, offen, entscheidungsabhängig und *als Aufgabe in das Handeln jedes einzelnen* gelegt wird" (Beck 1986, S. 216) und dass ein „ichzentriertes Weltbild entwickelt werden muß" (Beck 1986, S. 217).

▶ Individualisierung – subjektive Bearbeitung der eigenen Identität und Aufgabe, ein ich-zentriertes Weltbild zu entwickeln.

Zunehmend werden auch die Kehrseiten der Individualisierung thematisiert (Bauman 2003; Becker und Beck 2014; Fukuyama 2019). Für Bauman (2003) sind Moderne und Individualisierung zwei Seiten einer Medaille. Beide Prozesse sind nicht abgeschlossen, sondern verändern sich laufend. Die heutige Phase der Modernisierung bietet nach Bauman keine Kollektivantworten mehr. Als Beispiele führt er die verschwundene Klassenzugehörigkeit oder die Institutionen der modernen Gesellschaft an, die zugunsten von mehr Selbstverantwortung der Individuen abgebaut werden. Neben den Individualisierungsgewinnen werden bei Bauman Individualisierungsverluste thematisiert. Solche Nachteile werden sowohl für das Individuum selbst sowie für die Institutionen gesehen (auch Fukuyama 2019). Wir „sehen uns mit einer Deregulierung und Privatisierung der Modernisierungsaufgaben konfrontiert. Was einst Aufgabe der menschlichen Vernunft schien, die man als Wesensaufgabe der Spezies betrachtete, ist heute fragmentiert (,individualisiert'), steht unter dem Vorbehalt von Anstrengungen und Wagemut des einzelnen und des individuellen Umgangs mit individuellen Ressourcen" (Bauman 2003, S. 40). Ähnlich verweisen Becker und Beck (2014) auf die negativen Folgen der übersteigerten Individualisierung in der Postmoderne und heben u. a. als negative Aspekte Vereinzelung,

Beliebigkeit, Unsicherheit und Hedonismus hervor (Becker und Beck 2014, S. 13 f.). „Nicht der Lebensentwurf, sondern eine sich aneinanderreihende Kette von Daseins-Fragmenten bestimmt als Pluralisierung des Lebensvollzugs das Handeln und Verhalten der Menschen" (Becker und Beck 2014, S. 16). Spezifisch beziehen diese Autoren ihre Diagnose auf Folgen für die Individuen in Abhängigkeit von deren „Humanvermögen" (Becker und Beck 2014, S. 21 f.). Es ist nicht überraschend, dass die Öffnung der Gesellschaft und die Freisetzung individueller Möglichkeiten gleichzeitig mit dem Empfinden des Verlusts von Sicherheit einhergehen und letztlich wiederum auch zu Gegenreaktionen führen können (Fukuyama 2019). Bemerkenswert sind vielmehr die Ungleichzeitigkeit und die Segmentation der Betroffenheit und der Wahrnehmung von Chancen und Risiken, die für Menschen und Institutionen bedeutsam werden.

▶ Die Freisetzung individueller Möglichkeiten geht mit dem Empfinden des Verlusts von Sicherheit einher.

Man kann annehmen, dass, nachdem bereits zentrale Institutionen wie die Familie, die Kirchen, Gewerkschaften etc. einen massiven Bedeutungswandel durchgemacht haben, heute die Veränderungen auf struktureller und kultureller Ebene in öffentlichen (z. B. Schulen, Verwaltungen) und privaten Organisationen (Unternehmen) auch als Teil des Individualisierungsprozesses verstanden werden können. Früh haben sich Scott (2006) und Powell (1987) mit der Hybridisierung von Organisationen befasst, Becker und Beck sprechen beispielsweise von „transitionaler Organisation" (Becker und Beck 2014, S. 1). Auch die Ansätze, Organisationen zu „agilisieren", können bezüglich der Auflösung oder tief greifenden Umgestaltung organisationaler Stabilität im Lichte von Individualisierungsprozessen gesehen werden.

12.2.2 „Individualisierung" in der aktuellen HR-Literatur

Für das Arbeitsfeld HR kann in der Fachliteratur oder in Trendstudien zur betrieblichen Praxis eine Hinwendung zu Ansätzen und Instrumenten beobachtet werden, die das Individuum und seine spezifischen Kompetenzen, Ressourcen, Eigenschaften und Interessen in den Mittelpunkt stellen. Der Human-Resource-Begriff selbst deutet auf die optimale Nutzbarmachung der menschlichen Ressource im betrieblichen Kontext hin. Auch wenn sich die Personalarbeit traditionell stark an betriebswirtschaftlicher Rationalität orientiert (Neuberger 1997; Gmür und Thommen 2007), führt dieser Trend zwangsläufig *parallel* zu einer Um- und Neuorientierung in Bezug auf individuelle Aspekte, wobei nicht mehr alleine die optimale Nutzung der Human Resource thematisiert wird (Hackl und Gerpott 2015; Weber 2015).

Human Resource Management hat traditionell verschiedene Funktionen, diese umfassen z. B. den Aspekt der Personalverwaltung (Personalbeschaffung, -Marketing, -Planung, -Controlling, -Entlohnung) und der Personalführung (Personalplanung,

Entwicklung, Kommunikation). Diese Trennung in „HR-Transactions" und „HR transformation and strategic work" bleibt auch in aktuellen Konzeptualisierungen erhalten (Ulrich 2008; Ulrich et al. 2012), wobei die Grenzen zum Teil neu gezogen werden. Während die Personalverwaltungsaufgaben vor allem technisch unterstützt, reibungslos und unter Kostenersparnis realisiert werden müssen, soll die strategische Seite aufgewertet und ergänzt werden. HR-Aufgaben in diesem Kontext sollen möglichst eng mit den Unternehmensstrategien verknüpft sein und durch einen engen Kontakt von Personalexperten und Führungskräften (s. Business-Partner-Modell) erbracht werden. Führungskräften kommt perspektivisch eine eigene und stärker ausgeprägte HR-Funktion zu (Ulrich 2008, S. 34). Dabei wird konstatiert, dass sich Personalarbeit in spezifischen Spannungsfeldern abspielt, z. B. zwischen „Business and People", „Organization and Individual", „Outside and Inside", „Strategic and Administrative" (Ulrich et al. 2012, S. 25 f.). Diese Spannungsverhältnisse, also auch dasjenige zwischen Organisation und Individuum, sollen neu ausgelotet und für die Weiterentwicklung der Unternehmen fruchtbar gemacht werden.

Das Konzept der Individualisierung – und dies ist einer der zentralen Ausgangspunkte der Untersuchung – wird in der aktuellen HR-Literatur aufgegriffen und wird zu einem Gegenstand, an dem sich HR durch Forschung und Konzeptgestaltung abarbeitet. Es kann angenommen werden, dass angesichts aktueller Herausforderungen, insbesondere der Veränderung der Arbeitswelt (Stichwort Arbeitswelt 4.0, s. andere Beiträge in diesem Band), der Arbeitsmärkte (Stichwort Fachkräftemangel), der Globalisierung, der Digitalisierung und des Wettbewerbs um die Potenziale von Menschen, eine einseitige Nutzenmaximierung durch HR-Maßnahmen für die Unternehmen nicht länger tragfähig ist. Die oben genannten Spannungsfelder deuten zumindest darauf hin. Ein zweiter Grund kann in der im Abschn. 12.1 skizzierten Spannung zwischen positiven und kritischen Individualisierungsfolgen gesehen werden.

▶ Eine einseitige Nutzenmaximierung durch HR-Maßnahmen scheint nicht mehr tragfähig.

Ausgehend von der Individualisierungsdiskussion postulieren beispielsweise Becker und Beck (2014) eine „Quadriga der (Post)Moderne". Sie zeichnen in ihrem Modell nach, wie gesellschaftlicher, technischer und wirtschaftlicher Wandel neben der Individualisierung drei weitere Phänomene befördert, nämlich die „Fragmentierung", die „Temporalisierung" und die „Ästhetisierung" (Becker und Beck 2014, S. 3), wobei gerade Letztgenanntes sichtbaren Einfluss auf die individuellen Wünsche und Erwartungen in Bezug auf Beruf und Laufbahngestaltung, z. B. im Sinne von Lebensstiloptimierung, haben dürfte. In ihrer Untersuchung werden hiervon ausgehend Chancen und Risiken sowie spezifisch personalwirtschaftliche Herausforderungen und Aktivitäten in den Blickpunkt gerückt und in den betrieblichen Kontext integriert (Becker und Beck 2014, S. 5.). Individualisierung wird bei diesen Autoren vor allem als Phänomen der postmodernen Gesellschaft und im Zusammenhang mit seinen Auswirkungen auf Individuen und den gesellschaftlichen bzw. organisationalen bzw. betrieblichen Kontext kritisch thematisiert. Individualisierung kann hier als Auflösungsprozess für betriebliche Bedingungen verstanden werden.

Hackl und Gerpott (2015) sehen Individualisierung neben der strategischen Ausrichtung des HRM sowie dem „Erlangen von Agilität" als eine von drei Kernanforderungen, die aktuell an das HRM gestellt sind (Hackl und Gerpott 2015, S. 36). Ihr Verständnis von Individualisierung bezieht sich vor allem auf den individuellen Zuschnitt von HR-Instrumenten und Maßnahmen (z. B. der Personalentwicklung, der Vereinbarkeit von Familie und Beruf oder der Karriereförderung) (Hackl und Gerpott 2015, S. 76 f.). Diese Autoren verknüpfen das Thema eng mit dem generationalen Wandel und angenommenen Spezifika der sogenannten Generation Y. Die Ausrichtung an den spezifischen Orientierungsmustern der jüngeren Generationen wird auch von anderen Autoren als Ausgangspunkt für die Forderung nach der Individualisierung der Personalarbeit (Ewinger et al. 2016) oder der Entwicklung neuer Ansätze wie etwa dem „Diversity-Management" (Stangel-Meseke et al. 2014) verstanden. In dieser Argumentation scheinen deutlich die Neujustierung des HR an individuellen Bedürfnissen und die Suche nach einem neuen psychologischen Kontrakt hindurch.

▶ HR justiert sich an individuellen Bedürfnissen und sucht nach einem neuen psychologischen Kontrakt.

Barmettler, Gubler und Ziltener (2015) sehen in der Individualisierung den „Schlüssel zu einem erfolgreichen Personalmanagement" (13). Sie thematisieren veränderte Laufbahnmodelle (spezifisch nach Inkson et al. 2012) und deren Nutzung bei der Personalgewinnung, Personalbeurteilung, Personalhonorierung und -entwicklung. Damit bieten sie Anschlussmöglichkeiten zwischen der hier fokussierten Personalarbeit (spezifisch Laufbahnmanagement, Laufbahnberatung) und Theorien, wie sie in der beruflichen Beratung ebenfalls thematisiert werden (Gasteiger 2007, 2014). Bei diesen Autoren wird Individualisierung also in einen direkten Bezug zur Laufbahngestaltung und Laufbahnberatung und dabei zu spezifischen Laufbahntheorien gestellt.

Häusling und Kahl (2018) sehen in der Individualisierung einen der zentralen organisationsinternen Treiber für Agilität. Neben anderen Faktoren (Bürokratie oder Fachkräftemangel) seien es vor allem der Wertewandel und die Individualisierung, die dazu führen, dass sich „viele Organisationen intensiv mit Agilität auseinandersetzen" (Häusling und Kahl 2018, S. 21). Während der Wertewandel (veränderte Führungskultur, partizipative Arbeits- und Entscheidungsprozesse) aufgegriffen werden soll, müsse die Mitarbeiterschaft in ihrer Individualität und in den unternehmensinternen Sub-Kulturen (z. B. in verschiedenen Unternehmenszweigen) berücksichtigt werden: „Die Unternehmen müssen für die eigene Organisation individuelle Lösungen finden, um der Diversität intern gerecht zu werden" (Häusling und Kahl 2018, S. 23). Individualisierung wird hier auch als Teil der Lösung größerer organisationaler Herausforderungen verstanden. Diese Position geht über die von Hackl und Gerpott insofern hinaus, als dass Individualisierung als *Voraussetzung* für die Transformation der Organisation verstanden wird.

▶ Individualisierung in Unternehmen als Treiber für Agilität. Bedingung ist ein neues Verständnis der Organisation.

In einem breiteren organisationstheoretischen Rahmen der „neuen Arbeitswelt" können die beiden Perspektiven – betriebswirtschaftliche Rationalität einerseits und individualisierte Rationalität andererseits – dem „modernen leistungsorientierten Paradigma" und dem „postmodernen pluralistischen Paradigma" (Laloux 2015) zugeordnet werden. Laloux postuliert tief greifende Veränderungen und skizziert diese als Strukturen, Prozesse und Praktiken evolutionärer Organisationen. Die Selbstorganisation des Individuums wird im postmodernen pluralistischen Paradigma zum organisationalen Prinzip erhoben, wodurch Individualisierung in allen Facetten der Organisation ihren Niederschlag findet, sich spezifisch strukturelle Aspekte (wie z. B. Hierarchie) tendenziell auflösen und kulturelle Aspekte in den Vordergrund treten (Laloux 2015, S. 318–322). In diesem Verständnis von Individualisierung findet sich damit einerseits eine Parallele zum Individualisierungsverständnis von Becker und Beck (2014), wobei allerdings die Auflösung des Bestehenden positiv hervorgehoben wird, andererseits besteht eine Überschneidung zu den Ausführungen von Häusling und Kahl (2018), insofern die organisationale Veränderung in Richtung Individualisierung im Kontext neuer Arbeit als für die Organisation funktional und notwendig erachtet wird. Zusammenfassend kann gesagt werden, dass der Individualisierungsdiskurs in unterschiedlichen Varianten im HR angekommen ist. Individualisierung wird sowohl als Motor für Veränderungsbedarfe und auch als (notwendige) Folge organisationaler Veränderung verstanden.

Dies spiegeln nicht zuletzt Instrumente und Ansätze wider, die nicht betriebswirtschaftlich begründet sind bzw. werden können, sondern auf psychologischen, soziologischen oder beratungswissenschaftlichen Wissensbeständen und Forschungsbefunden basieren. Während betriebliche Bildung und Weiterbildung zu den klassischen und gut etablierten Instrumenten der Personalarbeit gehören, etablierten sich im bezeichneten Kontext Veränderungen und neue Instrumente, die ihre Grundlagen in den genannten Wissenschaften finden. Beispiele sind „Kompetenzmanagement", „Talentmanagement", „Betriebliches Gesundheitsmanagement", Beratungsformate wie „Coaching", „Mentoring" oder „Kollegiale Beratung" sowie karrierebezogene Instrumente wie „Laufbahnmanagement", „Mitarbeiterbindung" oder „Outplacement".

▶ Personalentwicklung und Beratung unterstützen Individuen im laufenden Transformationsprozess.

Personalentwicklung und spezifische Beratung können als Unterstützungsfunktion bei der Begleitung von Individuen in laufenden Transformationsprozessen und auch als Teil eines individualisierten HR verstanden werden, in der Individuen größere Freiheitsgrade (im Sinne von Selbstorganisation (Weber 2013, S. 39; Schiersmann und Thiel 2012)) erhalten und ausfüllen (müssen), um dadurch wiederum Voraussetzungen für dynamische (oder agile) Organisationsformen zu schaffen.

12.3 Beratung und ihr Beitrag im HR-Kontext

Beratung, so wird hier argumentiert, leistet auf unterschiedliche Art und Weise einen Beitrag zur Personalarbeit. Beratung ist zum einen eine direkte Leistung des HRM durch Beratungsangebote. Beratung kann auch als Teil einer sich wandelnden Führungs- und Managementkompetenz angesehen werden, die durch HRD-Maßnahmen gefördert werden kann (Weber 2012). Beratung richtet sich sowohl direkt an Mitarbeiter/-innen als auch an Führungskräfte (insbesondere als Fachberatung im Sinne des HR-Business-Partner-Konzepts, Ulrich 2008) sowie an die Organisation im Sinne von Organisationsberatung und Organisationsentwicklung (Schiersmann und Thiel 2014; Werkmann-Karcher 2010). Nicht zuletzt muss externe Beratung (Unternehmensberatung, Strategieberatung, Personalberatung etc.) eingekauft werden, was auf Seiten des HR die Fähigkeit voraussetzt, die Qualität und die potenzielle Leistung von Beratung beurteilen zu können. Zusammengefasst kann Beratung als eine wichtige Scharnierfunktion, z. B. zwischen betriebswirtschaftlicher Rationalität und individueller Rationalität im HRM, verstanden werden.

Vergleicht man die aktuelle HRM-Literatur, so zeigt sich, dass Beratung von Individuen noch nicht umfassend als Instrument des HRM verstanden wird.

▷ Es gibt heute noch kein umfassendes oder vertieftes Verständnis von Beratung im HRM. Beratung kommt in vielen Beschreibungen eine Scharnierfunktion zu.

Beratung wird zum Teil als übergreifendes Instrument verstanden, meist jedoch werden einzelne Beratungsformate benannt, die durch das HRM gefördert, angeboten oder punktuell genutzt werden. Dies sind zum einen Beratungsangebote des HRM für Mitarbeiter/-innen in besonderen Problemsituationen. Solche Angebote existieren als Serviceberatung (zu Gehalts-, Versicherungs- oder Rentenfragen), Beratung in Problemsituationen (Mobbing, sexuelle Belästigung, ungerechte Beurteilung durch Vorgesetzte) sowie Sozialberatung (bei Sucht-, Krankheits-, Schulden- oder Umfeldproblematiken) (Werkmann-Karcher 2010, S. 354). In diesem Zusammenhang können die Wiedereingliederungsberatung nach längeren krankheitsbedingten Ausfallzeiten oder die Wiedereinstiegsberatung für Eltern nach einer Familienzeit sowie die Beratung von älteren Beschäftigten für die Gestaltung von Altersteilzeit u. Ä. genannt werden.

Beratung wird auch als Teil der Personalentwicklung mit spezifischen Beratungsformaten gesehen. In der Literatur werden hierzu vor allem Coaching und Mentoring als Formen arbeitsplatznaher Beratung genannt (Becker 2013; Wegerich 2015; Ryschka et al. 2010), wobei es sich dann um Einzelmaßnahmen handelt, die nicht jeder/-m Mitarbeiter/-in offenstehen, sondern die als Teil von Personalentwicklungsprogrammen fungieren. Coaching zielt auf die persönliche Weiterentwicklung, vor allem durch Reflexion sowie auf das Erarbeiten von Handlungsalternativen (z. B. in Bezug auf eine neue Aufgabe). Für Becker (2013) ist Coaching die „intensive Unterstützung bzw. Beratung von Mitarbeiter/-innen und Führungskräften (Coachee) durch psychologisch geschulte Berater (Coach) in besonderen Beratungssituationen" (Becker 2013, S. 658). Und Wegerich hält fest: „Im

Unternehmenszusammenhang versteht man (…) unter dem Begriff Coaching eine individuelle Begleitung von Personen in Veränderungsphasen oder in ungeklärten Situationen unter Einbezug beruflicher Fragestellungen." (Wegerich 2015, S. 49). Während das Coaching durch einen i. d. R. qualifizierten, externen Coach übernommen wird, ist Mentoring eine beratungsnahe Unterstützung, bei der eine interne (und erfahrene) Fach- oder Führungskraft die Mentorenrolle für einen neuen oder jüngeren Mitarbeiter/-innen übernimmt und diesen (z. B. bei der Übernahme einer ersten Führungsrolle, bei der Vorbereitung auf einen Auslandseinsatz) berät, begleitet und fördert (Wegerich 2015, S. 44 f.). Wegerich (2015, S. 46) weist darauf hin, dass Mentoring ein geeignetes Instrument zur Unterstützung der Karriereplanung darstellt (Becker 2013, S. 667).

Supervision und Kollegiale Beratung sind weitere Formate, die Mitarbeiter/-innen und Teams bei der Erfüllung ihrer professionellen Aufgaben unterstützen können. Becker spricht von „Peer Supervision" (Becker 2013, S. 682). Supervision und Kollegiale Beratung haben sich zunächst in sozialen Berufen etabliert, wo die Reflexion von Fällen besondere Bedeutung hat. Beide Methoden zielen vor allem auf die „Situationsanalyse" und setzen bei der konkreten Arbeitssituation an. Sie ermöglichen potenziell eine umfassende Analyse des Eigen-, Führungs- und Teamverhaltens und können das bereichsübergreifende Denken schulen (Wegerich 2015, S. 52).

▶ Beratung wird in manchen Unternehmen als Personalentwicklungs-, Weiterbildungs-, Qualifizierungs-, Lern- oder Laufbahnberatung angeboten und als Führungsaufgabe definiert.

Neben der Einbettung von Beratung in Personalentwicklungsmaßnahmen kann Beratung auch als „Personalentwicklungs-", „Weiterbildungs-" „Qualifizierungs-" oder „Lernberatung" angeboten werden, wobei diese Aufgaben bisher vor allem als Führungsaufgabe (z. B. im Rahmen von Jahresgesprächen) angesehen werden (Becker 2013, S. 596 f.). Es finden sich jedoch auch Beispiele, die zeigen, dass diese Art von Beratung als eigenes Angebot bestehen kann. Die Qualifizierungsberatung hat als externes Angebot, gerade für kleine Unternehmen, die selbst wenig Ressourcen für Personalentwicklung aufbringen können, an Bedeutung gewonnen (Baderschneider et al. 2012; Düsseldorff und Fischell 2018; Loebe und Severing 2012).

Nicht zuletzt kann Beratung auch für Mitarbeiter/-innen, die im betrieblichen Kontext ihre Laufbahn planen oder weiterentwickeln wollen, gefördert oder in Entwicklungsprogramme aufgenommen werden wollen, angeboten werden. Auch diejenigen, die in solchen Programmen „gescheitert" sind, können durch Beratung unterstützt werden, um ihre Motivation zu erhalten und den „Rückschlag" zu reflektieren (Röser 2013, S. 129; Ertelt und Frey 2012). Becker spricht von „Systematischer Entwicklungsberatung". Diese zielt darauf, Beschäftigte in beruflichen Entscheidungsprozessen zu unterstützen (Becker 2013, S. 677 f.).

Laufbahnfragen können potenziell über das Unternehmen hinaus Gegenstand von Beratung im Betrieb sein. Im Sinne der hohen Individualisierung, des Personalmarketings und der hohen Veränderungsdynamik gestalten Unternehmen das Verhältnis zu ihren Mitarbeiter/-innen intensiver. So kann der Abschied von Mitarbeiter/-innen oder die Förderung individueller Überlegungen zur eigenen Laufbahnentwicklung, die (potenziell) auch über die Grenzen der jetzigen Organisation hinausführen können, Gegenstand von Beratung im Betrieb sein. Große Unternehmen unterhalten eigene Outplacement-Abteilungen oder kooperieren mit Dienstleistern, die eine solche Beratung anbieten. Organisationen bieten zum Teil unabhängige Laufbahnberatung, die auch für Fragen über den Betrieb hinaus offen ist.

Welche aktuellen Herausforderungen ergeben sich für die berufliche und beschäftigungsorientierte Beratung? Aus Sicht der Beratungswissenschaft erscheint die Thematisierung der Möglichkeiten und Herausforderungen an die Beratung im Kontext der angesprochenen Individualisierung im HR-Kontext und vor dem Hintergrund der sich verändernden Arbeitswelt noch nicht befriedigend. In der vorliegenden HR-Literatur (bspw. Werkmann-Karcher 2010; Becker 2013) werden zwar Beratungsanlässe und Angebote thematisiert, eine konkretere Konzeptualisierung der Besonderheiten von Beratung im HR-Kontext unterbleibt jedoch. Vernachlässigt wurde hier die explizite Darstellung, inwiefern HR-Thematiken in der Berufs- und Laufbahnberatung Berücksichtigung finden.

▶ Theoretisch und konzeptionell ist die Verbindung von individualisierter HR und der Beratung noch entwicklungsbedürftig.

Eine Sichtung der aktuellen internationalen Zeitschriften aus dieser Forschungs- und Praxistradition zeigt, dass kaum explizite Bezüge zwischen organisationalen Belangen (HR wäre ein Bespiel) und berufs- und laufbahnbezogenen Fragen gezogen werden.

12.4 Eigene Untersuchung, Fragestellungen, Methode und Ergebnisse

12.4.1 Fragestellung

Die Pilotstudie zielt darauf ab, aus den subjektiven Perspektiven der für HR verantwortlichen Mitarbeiter/-innen Einblicke in Veränderungen zu gewinnen, die sich aktuell in den Unternehmen abzeichnen oder anvisiert werden. Hieraus sollen wiederum Rückschlüsse auf Entwicklungsmöglichkeiten und Anforderungen an Beratung im HR-Kontext gezogen werden können.

Basierend auf ausführlichen qualitativen Interviews mit diesen Experten aus unterschiedlichen Betrieben (vorrangig Unternehmen, aber auch einigen Non-profit-Organisationen) werden hierzu drei Forschungsfragen ins Zentrum der Untersuchung gerückt:

- Wie wird die Diskussion um die Individualisierung in der Personalarbeit aufgenommen und wie spiegelt diese sich in aktuellen HR-Trends wider?

Diese Frage erscheint für den Bedeutungswandel der Beratung besonders relevant. Die Entwicklung hin zur Individualisierung wäre, so die Annahme, eine der Bedingungen, die Beratungsanlässe und -bedarfe weckt bzw. verstärkt.

- Welche HR-Aufgaben erfahren im Lichte zunehmender Individualisierung aktuell Aufmerksamkeit in den Unternehmen?

Die zweite Fragestellung bezieht sich breiter auf verschiedene HR-Aufgaben und damit auch HR-Instrumente. Wie die Diskussion um die Herausforderungen der Personalarbeit sowie die strategische Ausrichtung der HR annimmt, sollten bestimmte Themenstellungen in den Vordergrund rücken (bspw. Talentmanagement, Mitarbeiterbindung, Gesundheitsmanagement). In Bezug auf Beratung kann wiederum angenommen werden, dass diese im Zusammenhang mit solchen Themenstellungen eine unterstützende Funktion für die Mitarbeiter- wie für die Organisationsseite einnimmt. Eine Untersuchung dieses Zusammenhanges erscheint vor allem auch sinnvoll, da Beratung nicht außerhalb des breiteren HR-Kontexts gesehen werden sollte, sondern in diesen eingebettet.

- Welche Bedeutung (Bedeutungswandel und -zunahme) erfährt Beratung als Aufgabe oder Instrument im Rahmen der HR-Funktion?

  ▷ Die Forschungsfragen der Untersuchung beziehen sich auf das Verständnis von Individualisierung aus HR-Sicht, aktuelle HR-Aufgaben sowie auf die Bedeutung der Beratung.

Die dritte Frage beschäftigt sich mit Beratung als Angebot bzw. Instrument der HR. Für die Untersuchung erscheint es interessant, ob Unternehmen der Beratung von Mitarbeiter/-innen eine sich wandelnde Bedeutung zuschreiben. Spezifisch soll dies auch mit Blick auf berufliche Beratung fokussiert werden. Hier ist von Interesse, ob Beratung, die direkt die berufliche Stabilisierung oder Entwicklung fördert, angeboten wird.

12.4.2 Methode der Untersuchung

Die Untersuchung der empirischen Fragestellung erfolgt in einem zweistufigen Verfahren. In einer qualitativen Erhebung wurden in 26 mittleren und großen Unternehmen ebenso viele Experteninterviews mit für die Personalarbeit oder die Personalentwicklung verantwortlichen Mitarbeiter/-innen geführt. Der Leitfaden enthält sowohl einen allgemeinen Teil, der sich auf aktuelle Trends und Problemstellungen der Personalarbeit sowie den Individualisierungsdiskurs bezieht, als auch einen Teil, der auf spezifische Instrumente bzw. Konzepte der Personalarbeit fokussiert, die im jeweiligen Unternehmen aktuell entwickelt bzw. eingeführt werden (z. B. Work-Life-Balance-Programme, Talentmanagement, Gesundheitsmanagement, internes Coaching, Laufbahnberatung u. a.). Ziel der qualitativen Untersuchung ist vorrangig, die Varianz der Praxis in den Unternehmen zu explorieren und auch die wahrnehmbare Differenz zwischen diskutierten Trends und der Unternehmensrealität zu beleuchten. Neben einem wissenschaftlichen Interesse bietet die Forschung Ansatzpunkte für die Beratung in Unternehmen. Die vorliegende Pilotstudie soll ausgeweitet werden.

12.4.3 Analyse- und Auswertungsverfahren

Die geführten Interviews wurden vollständig transkribiert (Mayring 2002, S. 89). Die Transkription der Interviews orientiert sich am Transkriptionssystem nach Kuckartz (2012). Der Arbeitsprozess der Auswertung orientierte sich im Ablauf an den Prozessschritten, wie sie von Kuckartz (2012, S. 100) vorgeschlagen wurden. Die Datenauswertung des vorliegenden Beitrags wird anhand einer qualitativen Inhaltsanalyse durchgeführt und basiert auf einem deduktiv gebildeten Kategoriensystem. Dieses wurde zu den Aspekten, die für diesen Beitrag ausgewertet wurden, durch induktive Kategorisierung ausdifferenziert. Auf dieser Grundlage wurde das gesamte Textmaterial in zwei Arbeitsdurchgängen durchgearbeitet und kodiert (Kuckartz 2012, S. 97).

▶ Die Ergebnisdarstellung erfolgt entlang der drei Hauptkategorien. Zu zwei der Kategorien wird eine Typenbildung vorgenommen.

Das codierte Material wurde kategoriebezogen zusammengeführt und verdichtet. Die Ergebnisdarstellung folgt drei der Hauptkategorien („Diskussion um Individualisierung", „Weiterentwicklung der HRM-Funktion", „Beratung im Unternehmenskontext" (s. Kap. 4)). Bei der Interpretation der Ergebnisse wird eine Typenbildung vorgenommen. Angestrebt wird eine „Differenzierungsperspektive" (Kuckartz 2016, S. 34), die Variationen des Umgangs mit Individualisierung sowie mit Beratung im Arbeits- bzw. HR-Kontext herausarbeiten will. Für die Typenbildung wurde neben der geschilderten Inhaltsanalyse ein Fallvergleich vorgenommen (Kuckartz 2016, S. 38 f.). Aufgrund der geringen Fallzahl haben die Ergebnisse den Charakter einer ersten Exploration, die durch weitere Datenerhebungen weitergeführt werden sollte.

12.5 Individualisierung, HRM und Beratung – Ergebnisse der qualitativen Untersuchung

Als Ergebnisse werden im vorliegenden Aufsatz ausgewählte Befunde vorgestellt. Hieraus lassen sich tentativ weiterführende Thesen ableiten und Empfehlungen für die Fortführung der Datenerhebung und des Forschungsdesigns ableiten. Auch zeichnen sich erste Hinweise für die Weiterentwicklung der Beratung im HR-Kontext ab.

12.5.1 Wahrnehmung der Diskussion um die Individualisierung in der Personalarbeit und Widerspiegelung in aktuellen HR-Trends

Zum Thema „Individualisierung" wurde zunächst nach dem Verständnis des Konzepts gefragt, und es wurden Bezüge zu aktuellen Themen und Problemstellungen der HR-Arbeit hergestellt. Bezüglich des Verständnisses zum Begriff „Individualisierung" zeigt sich eine Bandbreite. So wird der Begriff von einigen Interviewpartnern eher auf die Wertorientierung und das Verhalten der Mitarbeiter/-innen bezogen. Mit diesem Verständnis sind zum Teil auch Abwehrhaltungen verbunden oder es wird eine kritische Differenz zwischen der Organisation und der HR-Aufgabe einerseits und dem Trend zur „Individualisierung" andererseits sichtbar. Andere Interviewpartner stellen direkte Bezüge mit individualisierten HR-Instrumenten her. Ihnen geht es vor allem um die Anpassung der HR-Funktion an eine solche, von ihnen als relevant beobachtete Entwicklung. Wieder andere beziehen den Begriff auf das Verständnis der Organisation des Unternehmens, die dann als „individualisiert" verstanden und direkt im Kontext einer eher agilen, nicht-hierarchischen Organisationsform gesehen wird. Durch die Analyse der Interviews konnte eine vorläufige Typisierung der Varianz des Verständnisses des Themas „Individualisierung" für die HR entwickelt werden (siehe Abb. 12.1):

1. In einigen Unternehmen wird Individualisierung als nicht relevant für die Organisation bewertet und eher abgelehnt. Personalarbeit ist aus dieser Sicht dazu bestimmt, stark organisationsbezogen zu agieren. Sie verstehen HR ausdrücklich nicht auf individuelle Perspektiven bezogen.
2. In manchen Unternehmen wird Individualisierung als aktuelle Bedrohung empfunden. Bestehende institutionalisierte HR-Normen (z. B. Kollektivdenken) stehen unter Druck. Individualisierung wird wahrgenommen, scheint jedoch im Widerspruch zu bestehenden

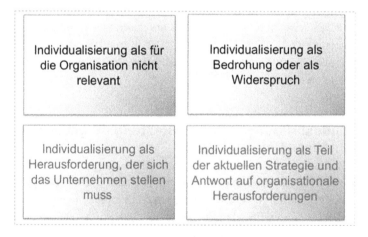

Abb. 12.1 Eine Typisierung des Verständnisses des Begriffs „Individualisierung" aus HR-Sicht

Denkweisen und Strukturen zu stehen und zu Problemen zu führen, die ohne diesen Trend nicht auftreten würden.

3. In manchen Unternehmen wird Individualisierung als Herausforderung interpretiert, der sich die Unternehmen stellen müssen oder sich bereits stellen. Die HR-Funktion passt sich in diesem Sinn an, entwickelt Instrumente, die dem Individualisierungsdruck entgegenkommen, und reagiert mit verschiedenen Strategien und Instrumenten auf die wahrgenommenen individuellen Ansprüche und Interessen der Mitarbeiter/-innen.

▶ Individualisierung wird in manchen Organisationen als Chance und logische Antwort auf aktuelle organisationale und marktbezogene Herausforderungen verstanden.

4. In einer vierten Gruppe von Unternehmen wird Individualisierung als Chance und als logische Antwort auf aktuelle organisationale und marktbezogene Herausforderungen verstanden. Das Verständnis von Individualisierung ist nicht direkt auf die Befriedigung von Interessen der Einzelnen, sondern auf die Etablierung einer individualistischen Organisations- und HR-Kultur ausgerichtet. Zentralisierte Verfahren und Vorgaben verlieren an Bedeutung, ebenso Hierarchien und Steuerungsansprüche. Umgekehrt werden dem Individuum mehr Freiheiten und Verantwortlichkeiten zugesprochen.

Nicht überprüft werden konnte, ob diese unterschiedlichen Perspektiven mit anderen wichtigen Parametern der Organisationen korrespondieren. Angenommen werden könnte z. B., dass Aspekte wie die Größe oder die Branchenzugehörigkeit, die Organisationskultur, die Professionalisierung der HR-Funktion u. a. eine Rolle spielen. Auch zeigen sich Überschneidungen mit Reifegradmodellen, wie sie bspw. von Häusling und Kahl (2018) vorgeschlagen wurden.

Für die vertiefte Interpretation dieses Annäherungsbefundes sind möglicherweise weitere Informationen notwendig. So kann beispielsweise der Grad der Professionalisierung und der Beteiligung der Befragten in aktuellen HR-Diskussionen eine Rolle spielen. In den Interviews finden sich explizite Hinweise darauf, dass dem Aspekt der „Aktualität" ihrer Konzepte und ihres HR-Verständnisses eine große Bedeutung zugemessen wird. Solche Experten weisen darauf hin, dass sie durch Tagungen, Lektüre, Austausch oder Vernetzung permanent auf der Suche nach Neuerungen und Weiterentwicklungen für die eigene Arbeit sind. Auf der anderen Seite sehen wir Unternehmensvertreter/-innen, die in den Interviews explizit hervorheben, dass externale Impulse zur Weiterentwicklung der HR eher vorsichtig geprüft werden und dass die Eigenentwicklung von passenden und für das Unternehmen angemessenen Konzeptionen wichtiger erscheint. Dieser Befund passt beispielsweise zu Untersuchungen von Pfeiffer et al. (2016), die in Bezug auf Weiterbildung und PE proaktiv, sehr innovative, medium innovative und wenig innovative sowie aktive Unternehmen unterscheidet.

▶ Das Verständnis von und der Umgang mit Individualisierung wird von der Branche, der Größe, der bestehenden Organisationskultur und Innovationsfähigkeit beeinflusst.

In ihrer Untersuchung können sie Bezüge zur Unternehmensgröße und zur Branche nachvollziehen lassen. Auch wird deutlich, dass Größe keinen linear positiven Einfluss mit sich bringt und andere (möglicherweise eher der Unternehmenskultur zugehörige) Faktoren einflussreich sind. Am Ende des Beitrags wird aufgegriffen, wie dieser vorläufige Befund für die Beratung von und in Unternehmen zu bewerten ist.

Deutlich wird zum einen, dass das Spannungsfeld Individuum – Organisation bestehen bleibt, sich jedoch, wie im theoretischen Teil skizziert, wandelt und modifiziert. Dies wird sich auch auf die Formate der Personalentwicklung auswirken und der Individualisierung entgegenkommende Ansätze relevanter machen.

Wichtig ist zudem, dass dies nicht gleichzeitig und überall gleichermaßen von Bedeutung ist. Berater, die beispielsweise mit oder in Unternehmen Qualifizierungs- oder Laufbahnfragen thematisieren, benötigen darum Wissen und Instrumente, um den Stand oder die spezifische Situation im Unternehmen zu erfassen und anschlussfähige Vorschläge für die Weiterentwicklung der PE zu entwickeln. Gerade dieser diagnostischen Phase und sinnvollen Instrumenten könnte zukünftig ein größeres Gewicht zukommen. Eine mögliche Quelle wären beispielsweise die Erträge aus den Entwicklungsprojekten zur Qualifizierungsberatung (z. B. Baderschneider et al. 2012).

12.5.2 Weiterentwicklung der HRM-Funktion in Richtung individualisierter HR-Leistungen für Mitarbeiter/-innen

Die Befragung greift die Perspektive der aktuellen Weiterentwicklung des HRM in mehreren Aspekten auf. Zunächst wird eher offen danach gefragt, welche Themen und Problemstellungen aktuell aus der Sicht der betrieblichen Personalarbeit von besonderem Interesse sind. Diese erste Frage fokussiert auf den breiteren Fachdiskurs. Vertiefend wird gefragt, inwiefern diese Themen in der konkreten Organisation von besonderer Relevanz sind. Im Folgenden werden ausgewählte Ergebnisse dargestellt. Die themenspezifischen Vertiefungen (z. B. zu Fragen des Personalmarketings bzw. Talentmanagements, des Betrieblichen Gesundheitsmanagements etc.) werden nicht weiter ausgeführt. Die Vertiefungsthemen „Beratung" und „Karriere- bzw. Laufbahnförderung" werden im nächsten Abschnitt behandelt.

Ziel der Darstellung ist es, einen Einblick in die unterschiedlichen Sichtweisen der Unternehmen bei der *Wahrnehmung* aktueller HR-Trends zu bieten. Das relevante, aber komplexe Thema der Umsetzung wird dabei ausgespart.

▶ Aus der HR-Perspektive ist die Weiterentwicklung der Unternehmenskultur eine zentrale Folge aktueller Veränderungen. Beratung (personen- und organisationsbezogen) kommt eine Entlastungs- und Unterstützungsfunktion zu.

a. Aktuelle Veränderungen verlangen eine Weiterentwicklung der Unternehmenskultur. Es wird davon ausgegangen, dass Internationalisierung, virtuelles Arbeiten, Demografieentwicklung oder die Veränderung von Wertesystemen neben anderen Veränderungen eine andere Führungs-, Team- und Organisationskultur notwendig machen und diese aktiv entwickelt werden muss. Der HR-Funktion wird eine strategische Aufgabe zugeschrieben. Im Kontext des beschleunigten Wandels wird Beratung auch als Unterstützungs- und Entlastungsinstrument gesehen. Dieses muss jedoch unternehmens- und problemspezifisch eingesetzt werden. Latent wird kritisiert, dass unspezifische Angebote nicht unterstützend sind oder sein können. Auch gibt es Hinweise darauf, dass zunehmend organisationsintern Ressourcen aufgebaut werden sollen, um solche unternehmensspezifischen Leistungen „selbst" zu übernehmen.
b. Mitarbeiter/-innen zu gewinnen und zu binden, tritt in Zeiten der Fachkräfteknappheit in den Vordergrund. Nahezu jedes Unternehmen hebt diesen Aspekt als kritisch hervor. Der Aspekt der Mitarbeitergewinnung wird mit verschiedenen Schlagworten verbunden (HR-Marketing, Employer Branding, Arbeitgeberattraktivität u. a.). Bei der Bindung von Mitarbeiter/-innen wird zum Teil direkt der Aspekt der Laufbahnentwicklung angesprochen. Das Aufzeigen individueller Entwicklungsperspektiven (Laufbahn, Qualifizierung, Vereinbarkeit) wird als notwendig erachtet.
c. Mitarbeiter/-innen erhalten Freiräume, aber auch mehr Verantwortung für ihre eigene Weiterentwicklung. Organisierte Formen, wie etwa die Weiterbildung, werden ergänzt oder ersetzt durch selbst gesteuerte Formen. Beispiele, die genannt werden, sind Selbstlerntools, E-Learning-Plattformen oder Selbstlernzentren. Individualberatung wird als Unterstützungs- und Ermöglichungsinstrument gesehen. Dies deckt sich mit den Befunden zur Individualisierung. In einigen Unternehmen wird eine Lern- und Entwicklungskultur gefördert, die konsequent auf den Abbau systematisierender Instrumente setzt und dagegen bottom-up darauf ausgerichtet ist, dass Potenzialträger sichtbar werden und sich ihre Ressourcen organisieren.

▷ Die Verantwortung für die eigene Entwicklung wird individualisiert. Mitarbeiter/-innen erhalten in vielen Unternehmen mehr Freiräume, aber auch eine höhere Verantwortung.

d. Nicht zuletzt werden mitarbeiterbezogene Veränderungen der Personalentwicklung in einen direkten Zusammenhang mit organisationalen Veränderungen gestellt. Genannt werden beispielsweise die Spielräume und Anforderungen, die sich aus Konzepten wie dem Lean-Management ergeben. Größere organisationale Flexibilität wird in dem Zusammenhang mit Konzepten wie der „agilen Organisation" gesehen.

Neben den thematischen Einordnungen ist der Umgang mit Trends interessant. In einigen Interviews gehen die Befragten beispielsweise eher reflexiv und kritisch mit möglichen Modethemen um. Betont wird die situative Veränderung im eigenen Unternehmen, die beobachtet und gesteuert werden müsse. Andererseits wird betont, wie wichtig die Beobachtung der Außenwelt, der dort stattfindenden Veränderungen sowie die

Nutzung externer Quellen und Ressourcen sei. An solchen Stellen wird u. a. die große Bedeutung der Unternehmensgröße sichtbar. Während kleinere Unternehmen eher wenige Ressourcen benennen können, sind es bei größeren und großen Unternehmen mehr Quellen bis hin zu eigenen „Research"-Zentren, die für HR-Themen Befunde und Anstöße liefern.

▶ Die Unternehmen setzen sich reflexiv mit extern identifizierten Trends auseinander und reklamieren einen auf die Situation zugeschnittenen Umgang mit Herausforderungen.

Bei der konkreten Umsetzung von HR-Trends in eigene Strategien wird auf unterschiedliche Ansätze oder Konzepte verwiesen. Sehr zentral werden die Maßnahmen und Instrumente zur Rekrutierung, zum Talentmanagement, zur Mitarbeiterbindung oder zur Förderung der Unternehmensattraktivität hervorgehoben. Daneben werden der Beratung/dem Coaching und der Teamentwicklung, dem Aspekt „Führung als Coach", der Bedeutung interner und externer Coaches für breitere Mitarbeitergruppen und ähnlichen Aspekten Aufmerksamkeit geschenkt. Das Herausarbeiten von Beratungsbedarfen wird als notwendig hervorgehoben. Die Auswahl von Berater/-innen (Vertrauen, Kompetenz) wird dabei problematisiert. Der Aspekt der Laufbahnentwicklung wird zum Teil als Förderung durch Führungskräfte und andere Personengruppen (Mentoren, interne Berater/-innen) verstanden, zum Teil als zentral durch das HRM gesteuerte Instrumente beschrieben. Mitarbeiter/-innen wird dabei tendenziell eine proaktive Haltung zum Lebenslangen Lernen und zur kontinuierlichen Weiterentwicklung zugeschrieben. Nicht zuletzt wird eine steigende Bedeutung von Aspekten der Gesundheitsförderung (Gesundheitsmanagement, gesundheitsförderliche Arbeitsumgebung) oder die Vereinbarkeit von Arbeit und anderen Lebensbereichen (z. B. als Work-Life-Balance) beschrieben.

12.5.3 Die Bedeutung der internen Beratungsfunktion und der Laufbahnberatung – erste Hinweise

Die Bedeutung von Beratung im Kontext von Laufbahnunterstützung ist eines der Vertiefungsthemen der Interviews. Unter diesem Aspekt werden keine organisationsbezogenen Beratungen thematisiert, auch wenn diese in den Interviews häufig abgrenzend angeführt werden. Der Begriff *Beratung* wird breit verstanden, von den Interviewpartnern dann oft spezifiziert, z. B. als Individualcoaching, Führungscoaching, Karriereberatung, Sozialberatung. Vertiefend wurde gefragt, wie das Thema inhaltlich gestaltet sei und was wichtige Elemente, Instrumente oder Charakteristika der Individualberatung im jeweiligen Unternehmen seien. Gefragt wurde weiterhin, wie die HR-Experten die Einführung neuer Konzepte (hier der Beratung) gestalten, wie die nötige Akzeptanz in der Organisation gefördert wird und ob es Umsetzungsschwierigkeiten oder noch zu überwindende Hürden gibt.

Beratung wird in unterschiedlichen Formen in allen befragten Organisationen als Instrument im Kontext der Personalarbeit als relevant angesehen.

12 Zunehmende Individualisierung der Arbeitswelt: Beraterische Perspektiven im ...

▶ Beratung ist in nahezu allen Unternehmen ein Teil der HR-Leistungen. Unterschiede gibt es in der Art sowie im Zugang der Mitarbeiter/-innen zu Beratungsangeboten.

Im weiteren Sinn korrespondiert Beratung mit den HR-Leistungen, wie sie im vorherigen Abschnitt angesprochen wurden. Beratung unterstützt beispielsweise das Talentmanagement oder Maßnahmen des Gesundheitsmanagements in den befragten Unternehmen. Die identifizierten Beratungsangebote sind vielfältig. Beratungsformate werden zum Teil bisher nur für Führungskräfte angeboten (i. d. R. in Form von Coachings). Zum Teil entstehen Beratungsangebote für andere Mitarbeitergruppen (z. B. Nachwuchskräfte, Fachkräfte, Eltern beim Wiedereinstieg). Sozialberatung (psychosoziale Beratung) wird i. d. R. für Mitarbeiter/-innen auf allen Ebenen angeboten. In drei (großen) Organisationen wird Beratung in Form von Laufbahnberatung, Career-Coaching, Career-Advice und Lernberatung (zur Unterstützung von selbst gesteuertem Lernen) offen zugänglich entweder zentralisiert oder auch in dezentralen Einheiten angeboten.

Beratung wird in den Interviews als relevantes Instrument der Personalarbeit eingeschätzt. Dabei wird in vielen Fällen deutlich, dass Beratung unterstützend an vielen Stellen der HR-Arbeit eine Rolle spielt und dass unterschiedliche Akteure mit unterschiedlichen Qualifikationsprofilen die Beraterrolle einnehmen. Dies reicht von professionalisierten, meist externen, Berater/-innen, zum Teil sind es aber auch feste Mitarbeiter/-innen, über Personen, die Beratung in einer ihrer Rollen wahrnehmen (z. B. Führungskräfte, Businesspartner, HR-Berater) bis zu semiprofessionellen Berater/-innen (vgl. NICE 2016). Dieses Modell wurde in zwei (großen) Organisationen identifiziert, in denen Mitarbeiter/-innen als Laufbahnberater/-innen oder Career-Coaches durch Weiterbildungen geschult und dann eingesetzt werden.

▶ Beratung wird im HR-Kontext als Teilrolle definiert, die nicht voll professionalisiert ist. Professionelle Beratung wird hingegen eher eingekauft.

Interessant erscheint für das Thema auch, dass die Frage, was unter Beratung verstanden wird, wo Schwerpunkte oder Grenzen sind, wie fachliche Inhalte oder eher Reflexionsunterstützung eine Rolle spielen, in einigen der Unternehmen aktiv bearbeitet und zur Weiterentwicklung der Angebote und eines gemeinsamen Verständnisses von Beratung genutzt wird.

Zurückblickend auf die im Verlauf der Interviews aufgeworfenen Aspekte von Veränderung, Dynamik oder der Reaktion auf aktuelle Trends (Individualisierung), wird Beratung von einigen Befragten als ein bedeutsames oder kritisches Instrument zur Begleitung von solchen Veränderungsprozessen gesehen, wobei die genaue und situationsbezogene Passung der Beratung an die Kontextfaktoren der Veränderung betont wird.

Eine systematische Wirkungsmessung der Beratungsergebnisse spielt bisher keine Rolle, Beratung wird eher als „Bauchgeschäft" verstanden. Rückmeldungen und andere

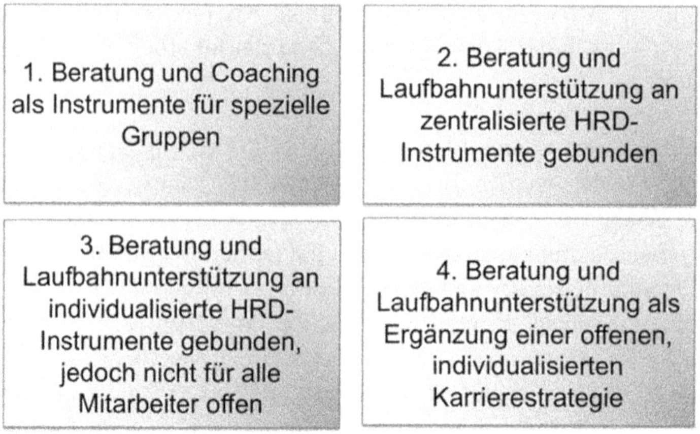

```
┌─────────────────────────────┐  ┌─────────────────────────────┐
│ 1. Beratung und Coaching    │  │ 2. Beratung und             │
│    als Instrumente für      │  │    Laufbahnunterstützung an │
│    spezielle Gruppen        │  │    zentralisierte HRD-      │
│                             │  │    Instrumente gebunden     │
└─────────────────────────────┘  └─────────────────────────────┘

┌─────────────────────────────┐  ┌─────────────────────────────┐
│ 3. Beratung und             │  │ 4. Beratung und             │
│    Laufbahnunterstützung an │  │    Laufbahnunterstützung als│
│    individualisierte HRD-   │  │    Ergänzung einer offenen, │
│    Instrumente gebunden,    │  │    individualisierten       │
│    jedoch nicht für alle    │  │    Karrierestrategie        │
│    Mitarbeiter offen        │  │                             │
└─────────────────────────────┘  └─────────────────────────────┘
```

Abb. 12.2 Typisierung der Funktion von Beratung und Laufbahnunterstützung aus HR-Sicht

Formen der qualitativen Evaluation oder einfache Statistiken zur Beteiligung sind etabliert, eine der Organisationen strebt ein systematisches Instrument zur Wirkungsevaluation an.

Durch die Systematisierung der beratungsbezogenen Ergebnisse konnte eine (vorläufige) Typisierung vorgenommen werden. Diese macht deutlich, dass sich die befragten Unternehmen in Bezug auf das Verständnis von Beratung unterscheiden. Aufgrund der relativ geringen Fallzahl muss eine solche Typisierung mit Vorsicht behandelt werden, sie bietet dennoch einen Ausgangspunkt für die weitere Vertiefung und Ausweitung der Studie. Die Differenzierung betrifft u. a. die Bedeutung von Beratung, den Zugang für Mitarbeiter/-innen sowie die Anlässe von Beratung. Die vier Typen (siehe Abb. 12.2) können wie folgt charakterisiert werden:

1. Beratung wird zum Teil auf Instrumente wie Coaching oder Entwicklungsgespräche beschränkt und nur für ausgewählte Gruppen angeboten, meist ist dies mit einer Begrenzung des Zugangs für höhere Hierarchieebenen verbunden. Laufbahnberatung wird nicht als angemessener oder relevanter Service für die gesamte Mitarbeitergruppe angesehen. Breiten Mitarbeitergruppen steht Beratung eher für sozialpsychologische Problemlagen zur Verfügung.
2. Beratung als Laufbahnunterstützung ist eng an andere HRD-Instrumente gebunden, die auf einer individualisierten Perspektive aufbauen, jedoch in zentraler Form organisiert sind. Die Karriereunterstützung ist nicht unabhängig von einem HRD-gesteuerten Prozess und nicht für alle Mitarbeiter/-innen offen zugänglich. Im Sinne von Laloux wäre dieser Typ dem „modernen leistungsorientierten" Organisationsparadigma zugeordnet, indem in rationalisierten Prozessen auch die Zugangswege gesteuert und kontrolliert werden.

▶ Beratung wird zum Teil als Förderinstrument für Führungskräfte oder eingebunden in systematische HRD-Instrumente gesehen. Unternehmen bieten Beratung auch als Laufbahnunterstützung an.

3. In einem dritten Typ wird Laufbahnberatung (auch mit Formen der Weiterbildungsberatung, des Mentorings) als ein unabhängiger Dienst verstanden und angeboten. Eine solche Beratungsform existiert neben anderen Formen des Coachings und der Beratung als Teil umfassender HR-Instrumente (Talentmanagementsysteme etc.). Das Angebot der Laufbahnberatung ist hier unabhängig von anderen HRD-Instrumenten und freiwillig und stellt eine Unterstützung für die selbst gesteuerte Entwicklung von (i. d. R.) internen Karriereüberlegungen dar.
4. Unter Beratung wird eher die mögliche und selbst gesteuerte wahrgenommene Unterstützung einer individuell getriebenen Karrierestrategie verstanden. Diese Logik, die aus der Perspektive der Mitarbeiter/-innen gedacht ist, korrespondiert mit der Haltung, dass auch für das Unternehmen die Rekrutierung, Bindung und Entwicklung von Mitarbeiter/-innen am besten in dieser Form funktionieren. Gleichzeitig werden Formen strukturierter Karrierewege für die Zukunft nicht mehr als angemessen erachtet.

Anzumerken ist, dass bisher die Typen 1 und 2 einerseits sowie 3 und 4 andererseits nicht scharf abgegrenzt werden können. Gerade die Unterscheidung von 3 und 4 scheint jedoch sehr bedeutsam, da sie im Typ 4 mit einem differenzierten Laufbahnverständnis und einer unterschiedlichen (eher bottom up-getriebenen) HR-Kultur einhergeht (s. Abb. 12.2). In diesem Typ werden Steuerungsansprüche zugunsten von Selbstregulation zurückgenommen. Im Sinne von Laloux (2015) kann von einer Entwicklung in Richtung einer „postmodernen, pluralistischen Organisation" gesprochen werden. Der Befund knüpft an die laufbahntheoretischen Überlegungen zur Postorganisationalen Laufbahn (Gasteiger 2007) der 90er- und 2000er-, z. B. zur Boudaryless Career (Arthur 1994; Littleton et al. 2000) oder zur „Proteischen Laufbahntheorie" (Hall 1996, 2004) an. Auch die Befunde zum Modell des „Arbeitskraftunternehmers" (Voß und Pongratz 1998) oder zum „Darwin-Opportunismus" (Scholz 2003) können hier eingeordnet werden. Ein bedeutsamer Unterschied könnte jedoch darin bestehen, dass – auch unter veränderten Rahmenbedingungen auf den Arbeitsmärkten – den Mitarbeiter/-innen mehr Angebote gemacht werden, um sie zu binden und um individuellen Bedürfnissen entgegenzukommen. Die Organisationen bemühen sich, neue Laufbahnmodelle zu entwickeln, die aber dennoch nicht als Zurück zur strukturierten Laufbahn verstanden werden können. Die Typen 1 und 2 sind vermutlich kulturell wenig verschieden, ein Unterschied ergibt sich eher durch die Größe der Organisationen und den Professionalisierungsgrad sowie die Ressourcen für HR. Sie unterscheiden sich darin, ob Beratung über eine Unterstützung von Führungskräften hinaus aktuell wünschbar und machbar ist.

12.6 Diskussion und Ausblick

Die Veränderung des HRM kann unter vielen Perspektiven in Bezug zu einer sich wandelnden Arbeitswelt und den Prozessen der Individualisierung gesetzt werden, Beratung ist ein möglicher und interessanter Fokus. Hierzu sollen abschließend einige Thesen zusammengefasst werden.

- Individualisierung und die Veränderung der organisationalen Rahmung wirken zusammen, Individualisierung kann geradezu als Bedingung für die Weiterentwicklung der Organisation in einer zunehmend fluiden und agilen Arbeitswelt gesehen werden.
- Die HR zeigt einen kritisch-konstruktiven, zum Teil auch abwartenden Umgang mit aktuellen Themen der Beratung. Forschung und Lehre benötigen empirischen Zugang, um die Varianz und die Dynamik zu erfassen und um unrealistische und normative Einseitigkeit zu vermeiden.
- Individualisierung wird in einer großen Bandbreite verstanden. Diese reicht von Indifferenz (Typ 1) über Ablehnung (Typ 2) hin zu einer aktiv abgekoppelten (Typ 3) und einer aktiv integrativen Konzeptualisierung von Individualisierung (Typ 4). Unternehmen, die dem Typ 3 zugeordnet sind, werden Individualisierung eher auf der Instrumenten-Ebene angehen (z. B. individualisierte Weiterbildung), Unternehmen im Typ 4 verstehen Individualisierung als Teil und auch als Motor der organisationalen Veränderung. In diesem Zusammenhang wurden oben Bezüge zum Organisationsmodell von Laloux (2015) sowie auch zum Bedarf einer Neuinterpretation der Laufbahnmodelle der 90er-Jahre angesprochen.
- Der Literatur zu Beratung im Unternehmenskontext fehlt bislang eine klare Rückbindung an theoretische und empirische Positionen der organisationalen Veränderung oder der veränderten Bedeutung von Laufbahnen im HR-Kontext. Hier ergeben sich aus der Verbindung von Individuum und verändernder Arbeitswelt interessante Perspektiven, die für die weitere Forschung genutzt werden sollten.

▷ Der organisationale Kulturwandel und damit die Veränderung der Arbeitswelt spiegeln sich auch im HRM und in der Bedeutung von Beratung wider. Für die Arbeit mit Unternehmen (z. B. Organisationsberatung, Qualifizierungsberatung) ist eine differenzierte Analyse notwendig.

- Die empirischen Ergebnisse zum Gegenstand der Beratung geben Hinweise darauf, dass Beratung für Individuen im Unternehmenskontext vielfältig verstanden und als Teil der dynamischen Veränderung der Organisationen und der Arbeitswelt eingesetzt wird. Die Varianz bewegt sich zwischen traditionellem Instrument mit starkem Hierarchiebezug und der Unterstützung einer offeneren, individualisierteren HR-Funktion.
- Die empirischen Typen legen nahe, dass es einen Zusammenhang der HR-Kultur und der Bedeutung und der Zugänglichkeit zu Beratung geben könnte. Spezifisch kann dies an Fällen festgemacht werden, in denen laufbahnbezogene Beratung unabhängig von Karriere oder Laufbahninstrumenten sowie von Führungshandeln existiert.
- Gerade die Frage der Individualisierung und die Verbindung zur Organisationskultur ist ein Hinweis darauf, wie der Zugang zu Organisationen gestaltet werden könnte. Beratung als vertrauensbasierte Dienstleistung benötigt Sensibilität für den differenzierten Stand und die Ausrichtung der Unternehmen.

▷ Beratung als vertrauensbasierte Dienstleistung benötigt Sensibilität für den Stand und die Ausrichtung der Unternehmen.

Bei der Einordnung der Ergebnisse muss sicher berücksichtigt werden, dass im Sample eher größere und große Unternehmen enthalten sind. Die Übertragung von Ergebnissen auf kleine Unternehmen oder Beratungsformate, wie sie für KMU entwickelt wurden (z. B. der Qualifizierungsberatung), ist nicht direkt möglich. Vielmehr müssten für diesen Kontext die Veränderungen unter den Einflüssen der aktuellen Arbeitswelt eigens untersucht werden. Gerade, was Möglichkeiten der beruflichen Entwicklung angeht, ist mit deutlichen Unterschieden zu rechnen. Neben Größeneffekten auf Ressourcen und Professionalisierung der HR-Funktion sind zudem informelle Wege der Beratung und der Personalentwicklung zu berücksichtigen.

▶ Die Entwicklungen des HRM sollte in der Ausbildung von Berater/-innen eine deutliche Rolle spielen. Auch HR-Mitarbeiter/-innen sollten Wissen um die Möglichkeit professioneller Beratung zu Berufs- und Laufbahnfragen erwerben.

Literatur

Arthur, M. B. (1994): The boundaryless career: A new perspective for organizational inquiry. In: *Journal of organizational behavior*, 15(4), 295–306.
Baderschneider, A., Diller, F. & Döring, O. (2012): Qualifizierungsberatung auf dem Prüfstand: Status quo und Handlungsempfehlungen (35–72). In: Loebe, H. & Severing, E. (Hrsg.) (2012): Qualifizierungsberatung in KMU: Förderung systematischer Personalentwicklung (Vol. 67). Bielefeld: Bertelsmann Verlag.
Barmettler, C., Gubler, M. & Ziltener, G. (2015): Individualisiertes Personalmanagement. Zürich: Versus.
Bauman, Z. (2003): Flüchtige Moderne. Frankfurt am Main: Suhrkamp.
Beck, U. (1986): Risikogesellschaft. Auf dem Weg in eine andere Moderne. Frankfurt am Main: Suhrkamp.
Becker, M. (2013): Personalentwicklung: Bildung, Förderung und Organisationsentwicklung in Theorie und Praxis (6. Aufl.). Stuttgart: Schäffer-Poeschel.
Becker, M. & Beck, A. (2014): Die Quadriga postmoderner Beliebigkeit und ihre Folgen für Wirtschaft und Gesellschaft: Eine empirische Studie zur Entwicklung und Steuerung von Individualisierung, Fragmentierung, Temporalisierung und Ästhetisierung. München: Rainer Hampp Verlag.
Berger, P. A. & Hitzler, R. (2010): Individualisierungen: Ein Vierteljahrhundert „jenseits von Stand und Klasse"? Wiesbaden: VS Verlag für Sozialwissenschaften.
Bruch, H. & Muenchen, A. P. (2017): Arbeitswelt 4.0: Energie und Dynamik. Personal Schweiz.
Düsseldorff, K., & Fischell, M. (2018): Qualifizierungsberatung für Kleine und Mittlere Unternehmen. Ergebnisse und Erfahrungen zur Qualifizierung und Professionalisierung der Weiterbildungsarbeit in KMU. In: Dobischat, R., Elias A. & Rosendahl, A. (Hrsg.) (2018): Das Personal in der Weiterbildung (423–438). Wiesbaden: Springer Fachmedien.
Ertelt, B.-J. & Frey, A. (2012): Theorien der beruflichen Entwicklung und Beratung in ihrer Bedeutung für HRM. In: Ertelt, B.-J. & Frey, A. (Hrsg.) (2012): HR zwischen Anpassung und Emanzipation: Beiträge zur Entwicklung einer eigenständigen Berufspersönlichkeit (37–49). Frankfurt am Main u. a.: Lang.
Ewinger, D., Ternès, A., Koerbel, J. & Towers, I. (2016): Arbeitswelt im Zeitalter der Individualisierung: Trends: Multigrafie und Multi-Option in der Generation Y. Wiesbaden: Springer.

Fukuyama, F. (2019): Identität. Wie der Verlust der Würde unsere Demokratie gefährdet. Hamburg: Hanser-Verlag.

Gasteiger, R. M. (2007): Selbstverantwortliches Laufbahnmanagement: Das proteische Erfolgskonzept. Göttingen: Hogrefe Verlag.

Gasteiger, R. M. (2014). Laufbahnentwicklung und -beratung. Göttingen: Hogrefe.

Gaugler, E. (2012): Mitarbeiter als Mitunternehmer. In: Ertelt, B.-J. & Frey, A. (Hrsg.) (2012): HR zwischen Anpassung und Emanzipation: Beiträge zur Entwicklung einer eigenständigen Berufspersönlichkeit (19–28). Frankfurt am Main u. a.: Lang.

Gmür, M. & Thommen, J. P. (2007): Human-resource-Management: Strategien und Instrumente für Führungskräfte und das Personalmanagement in 13 Bausteinen. Zürich: Versus.

Hackl, B. & Gerpott, F. (2015): HR 2020 – Personalmanagement der Zukunft: Strategien umsetzen, Individualität unterstützen, Agilität ermöglichen. München: Vahlen.

Hall, D. T. (1996): The Career Is Dead – Long Live the Career. A Relational Approach to Careers. The Jossey-Bass Business & Management Series. Jossey-Bass Inc., Publishers.

Hall, D. T. (2004): The protean career: A quarter-century journey. In: *Journal of vocational behavior*, 65(1), 1–13.

Häusling, A. & Kahl, M. (2018): Treiber für Agilität – Gründe und Auslöser. In: Häusling, A. (Hrsg.): Agile Organisationen (17–25). Freiburg: Haufe.

Inkson, K., Gunz, H., Ganesh, S. & Roper, J. (2012): Boundaryless careers: Bringing back boundaries. In: *Organization studies,* 33(3), 323–340.

Kron, T. & Horáček, M. (2009): Individualisierung. Bielefeld: Transcript-Verlag.

Kuckartz, U. (2016): Typenbildung und typenbildende Inhaltsanalyse in der empirischen Sozialforschung. In: Schnell, M., Schulz, C. & Kuckartz, U. (Hrsg.): Junge Menschen sprechen mit sterbenden Menschen (31–53). Wiesbaden: Springer.

Kuckartz, U. (2012): Qualitative Inhaltsanalyse. Methoden, Praxis, Computerunterstützung (3. Aufl.). Weinheim und Basel: Beltz Juventa.

Laloux, F. (2015): Reinventing Organizations. Ein Leitfaden zur Gestaltung sinn-stiftender Formen der Zusammenarbeit. Vahlen.

Littleton, S. M., Arthur, M. B. & Rousseau, D. M. (2000): The future of boundaryless careers. In: Collin, A. & Young, R. A. (2000): The future of career (101–114). Cambridge University Press.

Loebe, H. & Severing, E. (Hrsg.) (2012): Qualifizierungsberatung in KMU: Förderung systematischer Personalentwicklung (Vol. 67). Bielefeld: Bertelsmann Verlag.

Mayring, P. (2002): Einführung in die qualitative Sozialforschung. Weinheim und Basel: Beltz Verlag.

Neuberger, O. (1997): Personalwesen 1: Grundlagen, Entwicklung, Organisation, Arbeitszeit, Fehlzeiten. Stuttgart: Enke.

NICE (2016): European Competence Standards for the Academic Training of Career Practitioners. NICE Handbook Vol. II, hrsg. von C. Schiersmann, S. Einarsdóttir, J. Katsarov, J. Lerkkanen, R. Mulvey, J. Pouyaud, K. Pukelis, und P. Weber. Opladen: Verlag Barbara Budrich.

Pfeiffer, S., Lee, H., Zirnig, C. & Suphan, A. (2016): Industrie 4.0 – Qualifizierung 2025. Frankfurt, Main. Online unter: https://www.sabine-pfeiffer.de/files/downloads/2016-Pfeiffer-Industrie40-Qualifizierung2025.pdf [22.02.2019].

Powell, W. W. (1987): Hybrid organizational arrangements: new form or transitional development? In: *California management review,* 30(1), 67–87.

Röser, T. (2013): Ansätze der beruflichen Laufbahnentwicklung und ihre Bedeutung für das Human Resource Management aus Sicht arbeitsmarktbezogener Herausforderungen des 21. Jahrhunderts. Universität Heidelberg: Masterarbeit.

Ryschka, J., Solga, M. & Mattenklott, A. (Hrsg.) (2010): Praxishandbuch Personalentwicklung: Instrumente, Konzepte, Beispiele. Wiesbaden: Springer.

Schiersmann, C. & Thiel, H.-U. (Hrsg.) (2012): Beratung als Förderung von Selbstorganisationsprozessen: empirische Studien zur Beratung von Personen und Organisationen auf der Basis der Synergetik (Vol. 5). Göttingen: Vandenhoeck & Ruprecht.

Schiersmann, C. & Thiel, H.-U. (2014): Organisationsentwicklung: Prinzipien und Strategien von Veränderungsprozessen (4., überarbeitete aktualisierte Aufl.). Wiesbaden: Springer VS.

Schiersmann, C. & Weber, P. (Hrsg.) (2013): Beratung in Bildung, Beruf und Beschäftigung: Eckpunkte und Erprobung eines integrierten Qualitätskonzepts. Bielefeld: Bertelsmann.

Scholz, C. (2003): Spieler ohne Stammplatzgarantie: Darwiportunismus in der neuen Arbeitswelt. Weinheim: Wiley.

Scott, W. R. (2006): Reflexionen über ein halbes Jahrhundert Organisationssoziologie. In: Senge, K. & Hellmann, K.-U. (Hrsg.): Einführung in den Neo-Institutionalismus (201–222). Wiesbaden: VS Verlag für Sozialwissenschaften.

Stangel-Meseke, M., Hahn, P. & Steuer, L. (2014): Diversity Management und Individualisierung: Maßnahmen und Handlungsempfehlungen für den Unternehmenserfolg. Wiesbaden: Springer.

Ulrich, D. (2008): HR competencies: Mastery at the intersection of people and business. Society for Human Resource. DOI: https://doi.org/10.1177/0974173920100422.

Ulrich, D., Younger, J., Brockbank, W. & Ulrich, M. (2012): HR from the outside in: Six competencies for the future of human resources. McGraw-Hill Education Ltd.

Voß, G. G. & Pongratz, H. J. (1998): Der Arbeitskraftunternehmer. In: *Kölner Zeitschrift für Soziologie und Sozialpsychologie,* 50(1), 131–158.

Weber, P. (2015): Beratung im Rahmen von Personalentwicklung und Human Ressource Management (HRM). Studientext im Modul 11, Master Arbeitsmarktberatung der HdBA (Auszug).

Weber, P. (2012): Selbstorganisation im Modell der Synergetik als Ausgangspunkt für Führungskompetenz. In: Ertelt, B.-J. & Frey, A. (Hrsg.) (2012): HR zwischen Anpassung und Emanzipation: Beiträge zur Entwicklung einer eigenständigen Berufspersönlichkeit (329–344). Frankfurt am Main u. a.: Lang.

Weber, Peter C. (2013): Qualität in der arbeitsweltlichen Beratung – eine Untersuchung von Qualitätsmerkmalen, Qualitätsmodellen und eines Netzwerks zu deren politischen Implementierung in Europa unter Berücksichtigung der Theorie der Selbstorganisation. Universität Heidelberg.

Wegerich, C. (2015): Strategische Personalentwicklung in der Praxis. In: Strategische Personalentwicklung in der Praxis (5–18). Berlin, Heidelberg: Springer Gabler.

Werkmann-Karcher, B. (2010): Das Human Resource Management in der Beratungsrolle. In: Werkmann-Karcher, B. & Rietiker, J. (2010): Angewandte Psychologie für das Human Resource Management: Konzepte und Instrumente für ein wirkungsvolles Personalmanagement (353–373). Berlin, Heidelberg: Springer.

Handlungsbereitschaft, Zuversicht und subjektives Belastungserleben – Zur Bedeutung psychologischer Laufbahnfaktoren bei der Bewältigung von Arbeitslosigkeit

Matthias Rübner und Stefan Höft

Inhaltsverzeichnis

13.1	Einleitung	282
13.2	Zielsetzung des Beitrags	284
13.3	Modell der psychologischen Laufbahnfaktoren	284
	13.3.1 Konstruktentwicklung und Modellbildung	284
	13.3.2 Angenommene Modellzusammenhänge	285
13.4	Eigene Studie	287
	13.4.1 Studiendesign	287
	13.4.2 Stichprobe	288
13.5	Ergebnisse	288
	13.5.1 Bedeutung von Kontextfaktoren	288
	13.5.2 Veränderung während Arbeitslosigkeit	290
	13.5.3 Auswirkungen auf Bewerbungsaktivitäten und die Ergebnisse der Arbeitsuche	291
13.6	Diskussion	293
	13.6.1 Einordnung der Ergebnisse	293
	13.6.2 Implikationen für die beschäftigungsorientierte Beratung	294
Literatur		295

M. Rübner (✉) · S. Höft
Hochschule der Bundesagentur für Arbeit, Mannheim, Deutschland
E-Mail: matthias.ruebner@hdba.de; stefan.hoeft@hdba.de

© Springer Fachmedien Wiesbaden GmbH, ein Teil von Springer Nature 2020
T. Freiling et al. (Hrsg.), *Zukünftige Arbeitswelten*,
https://doi.org/10.1007/978-3-658-28263-9_13

Zusammenfassung

Mit dem dynamischen Wandel der Arbeitswelt verändern sich auch die Anforderungen an Erwerbspersonen. Dies betrifft nicht nur die laufende Entwicklung von beruflichen Fachkompetenzen, sondern zunehmend auch die aktive Gestaltung der eigenen Erwerbsbiografie. In der psychologischen Laufbahnforschung wird seit vielen Jahren untersucht, welche kognitiven und affektiven Ressourcen eine aktive Laufbahngestaltung befördern, gerade auch vor dem Hintergrund von Brüchen in der Erwerbsbiografie. Variablen wie Selbstwirksamkeitsüberzeugungen, Arbeitsmarktwissen und berufliche Identität wird dabei ein eigenes Gewicht eingeräumt und deren Förderung durch Beratungs- und Trainingsprogramme empfohlen. Diese Forschung aufgreifend werden im vorliegenden Beitrag drei psychologische Laufbahnfaktoren im Hinblick auf ihre Bedeutung bei der Bewältigung von Arbeitslosigkeit untersucht: Handlungsbereitschaft, Zuversicht und subjektives Belastungserleben. Empirische Basis ist eine bundesweite Studie, in der Erwerbspersonen befragt wurden, die aufgrund von (drohender) Arbeitslosigkeit auf Arbeitsuche sind. Im Ergebnis zeigt sich, dass die drei Faktoren einen nachweisbaren Effekt auf das tatsächliche Bewerbungsverhalten und damit verbundene Ergebnisse bei der Arbeitsuche haben. Die erfassten Merkmalsausprägungen stabilisieren sich in den ersten Monaten der Arbeitslosigkeit bzw. verbessern sich sogar leicht. Gleichzeitig werden sie durch Kontextmerkmale wie soziale Unterstützung oder wahrgenommene Hindernisse beeinflusst. Die Ergebnisse werden abschließend eingeordnet und im Hinblick auf praktische Implikationen für die beschäftigungsorientierte Beratung diskutiert.

Schlüsselwörter

Psychologische Laufbahnforschung · Arbeitslosigkeit · Handlungsbereitschaft · Zuversicht · Belastungserleben · Arbeitsuche · beschäftigungsorientierte Beratung

13.1 Einleitung

Vor dem Hintergrund dynamischer Veränderungsprozesse der Arbeitswelt haben sich die Anforderungen an Erwerbspersonen in den letzten Jahrzehnten deutlich gewandelt. Dies betrifft unter anderem die verstärkte selbstständige Planung und Steuerung der eigenen Tätigkeit in wechselnden betrieblichen Kontexten, die lebenslange Entwicklung und Vermarktung der eigenen Fähigkeiten und Leistungen bei zunehmend weniger stabilen Erwerbsbiografien und die wachsende Notwendigkeit, Arbeit und Leben bewusst abzustimmen und durchzuorganisieren (vgl. Voß und Pongratz 1998). Die psychologische Laufbahnforschung beschäftigt sich seit einigen Jahren verstärkt mit der Frage, wie sich Personen auf diese Anforderungen kognitiv und affektiv einstellen und welche personalen und sozial-kognitiven Faktoren von Bedeutung sind, um diese veränderten Anforderungen über den Lebenslauf hinweg erfolgreich bewältigen zu können. Inzwischen liegen hierzu unterschiedliche theoretische Modelle und Verfahren zur Erfassung der entsprechenden Konstrukte vor (z. B. Fugate et al. 2004; Lent und Brown 2013; Savickas et al. 2009).

Ein wichtiges Anwendungsfeld dieser Forschungsrichtung stellt die Verarbeitung und Überwindung von Arbeitslosigkeit dar, die als kürzere oder längere, einmalige oder wiederholte Episode im Lebenslauf zahlreiche Menschen betrifft. Während in der Arbeitsmarktstatistik häufig Faktoren wie Qualifikation, Alter und Geschlecht im Mittelpunkt stehen, werden hier vor allem die Bedeutung, Zusammenhänge und Veränderbarkeit von Variablen wie Selbstwirksamkeit, Handlungsbereitschaft und berufliche Identität untersucht (Georgiou und Nikolaou 2018; Lim et al. 2016; Rottinghaus et al. 2017).

Drei Untersuchungsrichtungen und Fragestellungen nehmen in der psychologischen Laufbahnforschung dabei einen prominenten Stellenwert ein:

1. *Identifikation von bedeutsamen Faktoren der Laufbahngestaltung.* Im Kern geht es um die theoretische Herleitung und empirische Überprüfung von laufbahnrelevanten psychologischen Variablen, die einen nachweisbaren Effekt auf die Gestaltung und Bewältigung von typischen Anforderungssituationen und Entwicklungsaufgaben im Lebenslauf haben. Am Beispiel von Arbeitslosigkeit konnte mehrfach belegt werden, dass sich interne Kontroll- und hohe Selbstwirksamkeitsüberzeugungen positiv auf Planungs- und Bewerbungsaktivitäten auswirken und die Einladung zu Vorstellungsgesprächen begünstigen (Lim et al. 2016). Ein anderes Beispiel betrifft den Umgang mit Rückschlägen, die im Bewerbungsprozess auftreten können und besser verarbeitet werden, wenn die betroffenen Personen eine höhere laufbahnbezogene Resilienz aufweisen (Georgiou und Nikolaou 2018).
2. *Einflussfaktoren und Korrelate.* Untersucht wird, in welchem (kausalen) Zusammenhang laufbahnrelevante Variablen wie berufliche Entschiedenheit oder Selbstwirksamkeit mit allgemeinen Persönlichkeitseigenschaften und sozialen Kontextfaktoren stehen. So konnte gezeigt werden, dass Zuverlässigkeit und negative Emotionalität (Neurotizismus) als relativ stabile Persönlichkeitseigenschaften bedeutsame (positive bzw. negative) Zusammenhänge mit Selbstwirksamkeitserwartungen bei der Arbeitssuche aufweisen (Kanfer et al. 2001; Lim et al. 2016). Gleiches gilt für bestimmte Kontextfaktoren und Lebenslagen: Während die soziale Unterstützung aus dem persönlichen Umfeld sich positiv auf die Ausprägung von laufbahnbezogenen Variablen auswirkt (Rottinghaus et al. 2017), können mit zunehmender Dauer der Arbeitslosigkeit negative Effekte auf diese Variablen (z. B. Beschäftigungsfähigkeit, Zuversicht) festgestellt werden (Brussig et al. 2014).
3. *Veränderbarkeit und Förderung.* Häufig wird die Veränderbarkeit und Förderung von laufbahnrelevanten Variablen durch bestimmte Interventionen wie Beratung, Trainingsprogramme oder Selbstlernangebote untersucht (Heslin und Keating 2016; Jome und Phillips 2013; Liu et al. 2014). Regelmäßig kann dabei gezeigt werden, dass sich die Ausprägung dieser Variablen im Zeitverlauf verändert und bestimmte Formen der Intervention (z. B. speziell konzipierte Trainingsprogramme) darauf einen positiven Einfluss haben (Georgiou und Nikolaou 2018; Liu et al. 2014).

▶ Angesichts gestiegener Anforderungen an Erwerbspersonen eröffnet die psychologische Laufbahnforschung eine wichtige Forschungsperspektive.

13.2 Zielsetzung des Beitrags

Der vorliegende Beitrag knüpft an diese Forschungsperspektiven der psychologischen Laufbahnforschung an. Ausgehend von einschlägigen theoretischen Ansätzen wurde ein eigenes deutschsprachiges Instrument zur Erfassung von verschiedenen psychologischen Faktoren der Laufbahngestaltung speziell für den Anwendungsbereich von drohender oder bestehender Arbeitslosigkeit entwickelt und validiert. Im Hinblick auf die hier erfassten Konstrukte – laufbahnbezogene Handlungsbereitschaft, arbeitsmarktorientierte Zuversicht und subjektives Belastungserleben von beruflichen Übergangssituationen – werden folgende Fragestellungen exploriert:

1. In welcher Beziehung stehen die drei Konstrukte mit der Wahrnehmung bestimmter Umweltfaktoren, hier mit der sozialen Unterstützung aus dem persönlichen Umfeld und Hindernissen bei der Überwindung von Arbeitslosigkeit?
2. Wie entwickeln sich die drei Konstrukte Handlungsbereitschaft, Zuversicht und Belastungserleben nach Eintritt der Arbeitslosigkeit?
3. Inwieweit haben diese einstellungsbezogenen Konstrukte einen konkreten Einfluss auf das tatsächliche Verhalten und die Ergebnisse der Arbeitsuche?

Empirische Basis des vorliegenden Beitrags ist eine bundesweite Studie mit drei Messzeitpunkten, in der Erwerbspersonen befragt wurden, die aufgrund drohender oder gerade eingetretener Arbeitslosigkeit zu einem Gesprächstermin bei einer Agentur für Arbeit eingeladen worden waren (vgl. hierzu ausführlich den Abschn. 13.4 *Eigene Studie*).

13.3 Modell der psychologischen Laufbahnfaktoren

13.3.1 Konstruktentwicklung und Modellbildung

Das in der vorliegenden Studie genutzte Modell und darauf aufbauende Instrument wurden in einem mehrstufigen Verfahren entwickelt.

- Ausgangspunkt war eine Literaturstudie zur Identifikation einschlägiger Theorien und relevanter Konstrukte der psychologischen Laufbahnforschung. Zu den wichtigsten theoretischen Referenzkonzepten, die in die Modellbildung eingeflossen sind, gehören die Career Self-Management Theorie von Lent und Brown (2013), das Employability-Konstrukt von Fugate et al. (2004) und das Career Agency Konzept von Rottinghaus et al. (2012). Die in diesen Theorien im Mittelpunkt stehenden Konstrukte – berufliche Identität, Selbstwirksamkeits- und Ergebniserwartungen, Handlungsbereitschaft, (negative) Zukunftsperspektiven und Arbeitsmarktwissen – wurden zusammen mit Verhaltens- und Ergebnisvariablen in ein heuristisches Prozessmodell überführt.

- Das so entwickelte Arbeitsmodell bildet die Grundlage für die gezielte Sichtung relevanter Instrumente (z. B. Hirschi et al. 2014; Saks et al. 2015) und die Erarbeitung eines strukturierten Itempools.
- Die erste Itemselektion erfolgte über ein Expertenrating, bei dem eine Vorauswahl nach Konstrukteinschlägigkeit und -repräsentativität sowie Verständlichkeit vorgenommen wurde.
- In den beiden anschließenden Validierungsstudien – einer Feldstudie mit arbeitslosen Personen und einer Onlinepanel-Befragung mit Erwerbstätigen in einer beruflichen Neuorientierungsphase – wurden diese Items erprobt. Die Skalenkonstruktion orientierte sich an den üblichen testtheoretischen Verfahrensschritten, ausgerichtet an psychometrischen Gütekriterien (interne Skalenkonsistenz, konvergente und diskriminante Trennschärfe; Bühner 2011).

Im Ergebnis konnten drei relevante Faktoren extrahiert und validiert werden: laufbahnbezogene Handlungsbereitschaft, arbeitsmarktorientierte Zuversicht und subjektives Belastungserleben von beruflichen Übergangssituationen. Sie fungieren in dem angepassten Arbeitsmodell als zentrale Konstrukte (vgl. Abb. 13.1).

Im Modell werden zwei Kontextfaktoren berücksichtigt, die Einfluss nehmen sollen auf die Ausprägung der psychologischen Laufbahnfaktoren: Soziale Unterstützung sowie wahrgenommene Hindernisse bei der Überwindung von Arbeitslosigkeit. Zu den durch die psychologischen Laufbahnfaktoren beeinflussten Variablen gehören zum einen Bewerbungsaktivitäten, zum anderen die Ergebnisse der Arbeitsuche.

In den Tab. 13.1 und 13.2 werden die entwickelten Skalen zu den zentralen Konstrukten (Tab. 13.1) und die weiteren Modellfaktoren (Tab. 13.2) kurz beschrieben und eingeordnet.

13.3.2 Angenommene Modellzusammenhänge

Erwartet wird, dass die soziale Unterstützung aus dem persönlichen Umfeld von Personen mit der Handlungsbereitschaft und Zuversicht in einem positiven und mit dem Belastungs-

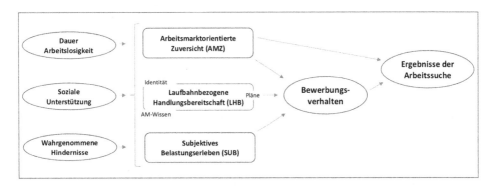

Abb. 13.1 Faktoren der Laufbahngestaltung in beruflichen Übergangssituationen. (Quelle: eigene Darstellung)

Tab. 13.1 Skalenbeschreibung der drei psychologischen Laufbahnfaktoren (Quelle: eigene Darstellung)

Laufbahnbezogene Handlungsbereitschaft (LHB)	8 Items, Cronbachs Alpha α = .85
Mit LHB wird erfasst, wie klar, zielorientiert und informiert eine Person hinsichtlich der eigenen beruflichen Laufbahn ist. Das Konstrukt umfasst drei Facetten der Handlungsbereitschaft von Personen in beruflichen Übergangsprozessen: • *Berufliche Identität:* Aktive Auseinandersetzung mit und Klarheit über eigene berufliche Vorstellungen, Interessen und Ziele (Beispielitem: „Zurzeit setze ich mich mit meinen beruflichen Interessen und Zielen intensiv auseinander.") • *Arbeitsmarktwissen:* Aktive Auseinandersetzung mit und Kenntnis von aktuellen Entwicklungen des Arbeitsmarktes sowie beruflicher Entwicklungsmöglichkeiten (Beispielitem: „Ich halte mich über aktuelle Entwicklungen des Arbeitsmarktes auf dem Laufenden.") • *Umsetzungspläne:* Aktive Auseinandersetzung mit und Entwicklung von Planungsaktivitäten hinsichtlich der aktuellen beruflichen Übergangssituation (Beispielitem: „Ich weiß, mit welchen konkreten Schritten ich meine beruflichen Ziele erreichen kann.")	
Arbeitsmarktorientierte Zuversicht (AMZ)	5 Items, α = .87
Die Skala erfasst, wie zuversichtlich eine Person ist, ihre beruflichen Ziele erreichen zu können und in absehbarerer Zeit gute Jobangebote zu erhalten (Beispielitem: „Ich bin zuversichtlich, schnell wieder eine Arbeit zu bekommen."). Die hier erfasste Form der Zuversicht ist stark ergebnisorientiert. Konzeptionell ergänzt das Konstrukt die laufbahnbezogene Handlungsbereitschaft einer Person um den Aspekt der Ergebniserwartung, d. h. um die Frage, wie sich die eigene berufliche Zukunft voraussichtlich entwickeln wird. Die Zuversicht, berufliche Übergangssituationen erfolgreich meistern zu können, stellt konzeptionell eine zentrale Voraussetzung für gezieltes, planvolles Handeln und eine wichtige Komponente der Handlungsfähigkeit (Agency) dar (Lent und Brown 2013; Rottinghaus et al. 2017).	
Subjektives Belastungserleben (SUB)	4 Items, α = .72
Die Skala erfasst mögliche affektive Reaktionen auf Herausforderungen in beruflichen Übergangssituationen, in unserem Zusammenhang speziell bei der Bewältigung von (drohender) Arbeitslosigkeit. Im Kern geht es um die Frage, inwieweit sich die betroffene Person im Kontext der beruflichen Laufbahngestaltung und Arbeitsuche verunsichert, antriebsarm und belastet fühlt (Beispielitems: „Ich habe zurzeit wenig Energie, um meine beruflichen Ziele zu verfolgen"; „Nach Rückschlägen bei der Jobsuche habe ich Schwierigkeiten, mich neu zu motivieren"). Konzeptionell stellt das stärker affektiv geprägte Konstrukt eine wichtige Ergänzung zu LHB und AMZ dar. Es ist zu erwarten, dass sich Personen mit hoher Ausprägung weniger gut in der Lage sehen, angesichts der anstehenden Herausforderungen die eigenen Antriebskräfte zu aktivieren und sich den entsprechenden Situationen zu stellen. Fühlen sich Personen hingegen weniger verunsichert und belastet oder – positiv ausgedrückt – ausreichend widerstandsfähig und motiviert, lässt sich darin eine wichtige Laufbahnressource sehen (Georgiou und Nikolaou 2018; Lattner 2015).	

erleben in einem negativen Zusammenhang stehen. Bei den wahrgenommenen Hindernissen und der Dauer der Arbeitslosigkeit wird der umgekehrte Zusammenhang erwartet, d. h. die Handlungsbereitschaft und Zuversicht sollten mit dem Anstieg der Hindernisse und Arbeitslosendauer sinken, das Belastungserleben steigen. Die drei Konstrukte Handlungsbereitschaft, Zuversicht und Belastungserleben sollten sich ihrerseits in spezifischer Weise auf die Bewerbungsaktivitäten und deren Ergebnisse auswirken. Insbesondere wird

Tab. 13.2 Weitere Modellfaktoren der Laufbahngestaltung in beruflichen Übergangssituationen (Quelle: eigene Darstellung)

Soziale Unterstützung (SU)	3 Items, α = .83
Der Berücksichtigung von Kontextfaktoren wird in der psychologischen Laufbahnforschung seit einigen Jahren zunehmend Bedeutung zugesprochen (Rottinghaus et al. 2017). Häufig wird dabei nach Art und Umfang der sozialen Unterstützung in der Lebenswelt der Untersuchungsgruppe gefragt. Zudem spielen informelle Netzwerke eine wichtige Rolle bei der erfolgreichen Laufbahngestaltung und Arbeitsuche (Beispielitem: „Es gibt in meinem Leben Personen, die mich bei meiner beruflichen Laufbahn sehr unterstützen.").	
Wahrgenommene Hindernisse (WH)	Index 7 Items, keine Konsistenzvorgaben
Hindernisse werden in der psychologischen Laufbahnforschung vorwiegend aus der Perspektive der Befragten erfasst, d. h. es geht um wahrgenommene Barrieren bei berufslaufbahnbezogenen Aktivitäten, etwa bei der Entscheidungsfindung, Karriereplanung oder Arbeitsuche (Brown et al. 2012). In diesem Sinne wurde ein breites Spektrum möglicher Hindernisse erfasst und zu einem Index zusammengefasst (Beispielitems: „Meine aktuelle Situation ist schwer zu verändern, weil es keine passenden Arbeitsstellen in erreichbarer Nähe gibt"; „… weil ich mich derzeit psychisch belastet fühle").	
Bewerbungsaktivitäten	Index 3 Items, keine Konsistenzvorgaben
Die Arbeitsuche wird häufig über die Art und Anzahl der Bewerbungen erfasst (Kanfer et al. 2001). In dem hier verwendeten Index werden diese Aspekte kombiniert. Gefragt wurde, wie häufig sich die Befragten in den letzten vier Wochen auf eigene Initiative, schriftlich bzw. online auf Stellenanzeigen beworben haben.	
Ergebnisse der Arbeitssuche	1 Item
Erfasst werden die Ergebnisse der Arbeitsuche hier über die Anzahl der Einladungen zu Vorstellungsgesprächen in den letzten vier Wochen.	

erwartet, dass sich die Handlungsbereitschaft positiv und die wahrgenommene emotionale Belastung negativ auf den Umfang der Suchaktivitäten auswirken, die arbeitsmarktorientierte Zuversicht dürfte demgegenüber einen stärkeren Zusammenhang mit Ergebnissen der Arbeitsuche (z. B. Anzahl Einladungen zu Vorstellungsgesprächen) aufweisen.

▶ Leitende Hypothese: Handlungsbereitschaft, Zuversicht und Belastungserleben stellen bedeutsame psychologische Laufbahnfaktoren bei der Bewältigung von Arbeitslosigkeit dar.

13.4 Eigene Studie

13.4.1 Studiendesign

In der vorliegenden Studie wurden bundesweit Erwerbspersonen telefonisch befragt, die einen Termin zu einem Erstgespräch bei einer Agentur für Arbeit aufgrund drohender oder gerade eingetretener Arbeitslosigkeit erhalten hatten. Die Kontaktdaten stammen aus dem Anmeldesystem der Bundesagentur für Arbeit. Durch die stichtagsbezogene Ziehung konnte ein repräsentativer Querschnitt aller zu diesem Zeitpunkt in der Arbeitslosenversicherung neu gemeldeter Personen mit einem Lebensalter über 25 Jahren realisiert werden. Die Erhebung fand von Mai bis Oktober 2018 statt und umfasst drei Befragungszeitpunkte. Die erste Befragung erfolgte vor dem persönlichen Erstgespräch in der Agentur für Arbeit (T1), die zweite wenige Tage danach (T2) und die dritte zwei Monate später (T3). Die Teilnahme erfolgte freiwillig und konnte von den Befragten jederzeit beendet werden.

Zu allen Befragungszeitpunkten wurden die Skalen zu den drei Konstrukten laufbahnbezogene Handlungsbereitschaft, arbeitsmarktorientierte Zuversicht und subjektives Belastungserleben verwendet sowie die soziale Unterstützung und wahrgenommenen Hindernisse erfasst. Als Antwortformat wurde jeweils eine fünfstufige Likert-Skala eingesetzt (1 = stimme gar nicht zu, 5 = stimme völlig zu). Zu den Zeitpunkten T2 und T3 wurden zusätzlich die Bewerbungsaktivitäten und die Anzahl der Einladungen zu Vorstellungsgesprächen (als Ergebnisvariable) der jeweils letzten vier Wochen erfasst.

13.4.2 Stichprobe

Nach Bereinigung der Stichprobe um Personen mit nachlässigem Antwortverhalten liegen die Fallzahlen zu den Zeitpunkten T1 bei 872, T2 bei 403 und T3 bei 275. Die Stichprobe setzt sich aus 49,9 % Männern und 50,1 % Frauen zusammen. Das durchschnittliche Alter liegt bei 42,3 Jahren (SD = 11,1). 21,9 % der Befragten verfügen maximal über einen Hauptschulabschluss, 37,2 % über einen mittleren Schulabschluss, 27,4 % über eine Hochschulreife und 13,5 % über einen Hochschulabschluss.

13.5 Ergebnisse

13.5.1 Bedeutung von Kontextfaktoren

Zunächst wird überprüft, inwieweit die drei Konstrukte laufbahnbezogene Handlungsbereitschaft, arbeitsmarktorientierte Zuversicht und subjektives Belastungserleben durch die von den betroffenen Personen wahrgenommene soziale Unterstützung und Hindernisse bei der Überwindung der aktuellen Situation beeinflusst werden. Hierzu wird der erste Messzeitpunkt der Studie gewählt, der vor dem (möglichen) Eintritt der Arbeitslosigkeit und dem Erstgespräch in einer Agentur für Arbeit liegt. Damit wird ausgeschlossen, dass die Lebenslage Arbeitslosigkeit selbst schon einen Einfluss auf die Entwicklung der Sozialkontakte und wahrgenommenen Hindernisse hat.

Erwartet wird, dass beide Faktoren in einem differenziellen Verhältnis zu den drei Konstrukten stehen. Die soziale Unterstützung aus Familie und Bekanntenkreis sollte mit der Handlungsbereitschaft und Zuversicht in einer positiven, die wahrgenommenen Hindernisse in einer negativen Beziehung stehen. Für das Belastungserleben wird jeweils der umgekehrte Zusammenhang angenommen, d. h. eine geringere soziale Unterstützung und

Tab. 13.3 Regressionsanalysen zu Handlungsbereitschaft, Zuversicht und Belastungserleben (T1)

Prädiktoren	Handlungsbereitschaft (T1) β	Zuversicht (T1) β	Belastungserleben (T1) β
Schritt 1			
Geschlecht (1 = weiblich)	−.04	.00	.09**
Schulabschluss (1 = ab MR)	−.03	−.04	−.03
Alter	−.02	−.26***	.10**
Schritt 2			
Geschlecht (1 = weiblich)	−.06**	−.02	.08**
Schulabschluss (1 = ab MR)	−.07**	−.09**	.03
Alter	.07**	−.15***	−.02
Soziale Unterstützung	.28***	.32***	−.15***
Wahrgenommene Hindernisse	−.24***	−.29***	.40***
R^2 (Schritt 2)	.15	.27	.20
ΔR^2 (Schritt 2)	.15	.21	.18
R^2_{adj} (Gesamt)	.15	.27	.20

Anmerkung: MR = Mittlere Reife; ** $p < .01$; * $p < .05$; *** $p < .001$; (zweiseitig)

eine verstärkte Wahrnehmung von Hindernissen gehen jeweils mit einem höheren Belastungserleben einher.

Hierzu wurden multiple Regressionsanalysen für die drei abhängigen Variablen Handlungsbereitschaft, arbeitsmarktorientierte Zuversicht und subjektives Belastungserleben zum Zeitpunkt T1 durchgeführt. Kontrolliert wird für eine Reihe von sozio-demografischen Merkmalen (Geschlecht, Schulabschluss und Alter). Wie Tab. 13.3 zu entnehmen ist, erklären die beiden Prädiktoren Sozialkontakte und Hindernisse einen signifikanten Anteil der Varianz für Handlungsbereitschaft ($\Delta R^2 = .15$), Zuversicht ($\Delta R^2 = .21$) und Belastungserleben ($\Delta R^2 = .18$), nachdem für die sozio-demografischen Merkmale kontrolliert wurde. Durchgängig bestätigt wird auch die Richtung des Zusammenhangs. Soziale Kontakte stehen mit der laufbahnbezogenen Handlungsbereitschaft und arbeitsmarktorientierten Zuversicht in einem positiven und mit dem subjektiven Belastungserleben in einem negativen Zusammenhang, für wahrgenommene Hindernisse verhält es sich entsprechend umgekehrt. Sozialkontakte haben als Einzelfaktor auf die Ausprägung von arbeitsmarktorientierter Zuversicht das größte Gewicht ($\beta = .32$, $p < .001$), wahrgenommene Hindernisse auf das subjektive Belastungserleben ($\beta = .40$, $p < .001$). Bezüglich der einbezogenen sozio-demografischen Merkmale zeigen sich durchaus erwartbare Beziehungen: ein negatives Gewicht bei zunehmendem Alter auf die Zuversicht ($\beta = -.26$, $p < .001$) und eine stärkere Belastungswahrnehmung bei Frauen ($\beta = .09$, $p < .01$) und älteren Personen ($\beta = .10$, $p < .01$).

▶ Die Wahrnehmung von förderlichen und hemmenden Kontextfaktoren bei der Arbeitsuche steht in einem bedeutsamen Zusammenhang mit persönlichen Laufbahnressourcen

13.5.2 Veränderung während Arbeitslosigkeit

Die zweite Fragestellung bezieht sich auf die Entwicklung und Veränderung der drei Konstrukte während der Arbeitslosigkeit. Hierzu werden alle drei Befragungszeitpunkte der Studie berücksichtigt: T1 vor dem Erstgespräch in der Agentur für Arbeit, T2 wenige Tage danach und T3 zwei Monate später. Einbezogen werden nur Personen, die zum Zeitpunkt T2 auch tatsächlich arbeitslos sind. Insgesamt wird erwartet, dass mit zunehmender Dauer der Arbeitslosigkeit die laufbahnbezogene Handlungsbereitschaft (LHB) und die arbeitsmarktorientierte Zuversicht (AMZ) abnehmen und das subjektive Belastungserleben (SUB) zunimmt. In der vorliegenden Studie geht es um die ersten Monate der Arbeitslosigkeit, daher sollten die Veränderungen nicht gravierend ausfallen.

Zur Überprüfung wurden t-Tests für verbundene Stichproben verwendet. Die Ausprägung der Skalenmittelwerte über die drei Messzeitpunkte wird in Abb. 13.2 dargestellt. Dabei zeigt sich ein differenziertes Bild: Die Mittelwerte der laufbahnbezogenen Handlungsbereitschaft und des subjektiven Belastungserlebens bleiben im Zeitraum T1–T2 weitgehend konstant (LHB: $t_{(T1-T2, 208)} = .76$, $p = .45$; SUB: $t_{(T2-T3, 192)} = -.38$, $p = .70$), im Zeitraum T2–T3 fallen die Veränderungen hingegen signifikant aus (LHB: $t_{(T2-T3, 206)} = 2.56$, $p < .01$, $d_{Cohen} = .15$; SUB: $t_{(T2-T3, 194)} = -2.19$, $p < .05$, $d_{Cohen} = -.14$). Die Veränderungen gehen dabei in Richtung einer Stärkung der individuellen Laufbahnressourcen. Anders verhält es sich mit der arbeitsmarktorientierten Zuversicht. Im Anschluss an das Erstge-

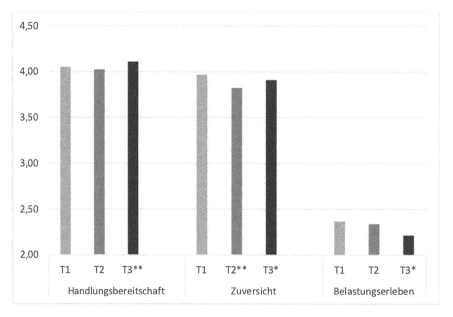

Abb. 13.2 Mittelwertveränderungen von Handlungsbereitschaft, Zuversicht und Belastungserleben (T1–T3). Anmerkung: 5-stufige Likertskala (1 = stimme gar nicht zu, 5 = stimme völlig zu); t-Tests für abhängige Stichproben; ** $p < .01$; * $p < .05$ (zweiseitig). (eigene Darstellung)

spräch in der Agentur für Arbeit geht die arbeitsmarktorientierte Zuversicht zunächst zurück und steigt zwischen T2 und T3 wieder auf den Ausgangswert T1 an (AMZ: $t_{(T1-T2, 198)} = -2.94$, $p < .01$, $d_{Cohen} = -.21$; $t_{(T2-T3, 203)} = 2.00$, $p < .05$, $d_{Cohen} = .11$). Auch wenn die Effektstärken insgesamt als gering einzustufen sind (Cohen 1992), handelt es sich in dem zweimonatigen Untersuchungszeitraum um positive Veränderungen. Zusätzlich berichtenswert ist, dass in der vorliegenden bundesweit rekrutierten Stichprobe (Personen mit maximal kurzer Arbeitslosendauer, $M_{T3} = 2{,}47$ Monate) alle Mittelwerte entweder recht hoch (LHB, AMZ) oder niedrig (SUB) ausfallen. Zu berücksichtigen ist hierbei, dass die Streuung speziell für die Skala subjektives Belastungserleben nicht unerheblich ist (SUB: $SD = .88$; AMZ: $SD = .81$; LHB: $SD = .58$ – jeweils gemittelt über alle drei Befragungszeitpunkte).

▷ In den ersten Monaten der Arbeitslosigkeit zeigt sich eine Aktivierung psychologischer Laufbahnfaktoren bei hoher Varianz der subjektiv erlebten Belastung

13.5.3 Auswirkungen auf Bewerbungsaktivitäten und die Ergebnisse der Arbeitsuche

Die dritte Fragestellung des Beitrags betrifft die Vorhersagbarkeit von bestimmten Suchaktivitäten und Ergebnissen der Arbeitsuche durch die drei Konstrukte. Konkret untersucht werden die Anzahl der Bewerbungsaktivitäten (Initiativbewerbungen, Bewerbungen auf Stellenanzeigen, Online-Bewerbungen) und die Anzahl der Einladungen zu Vorstellungsgesprächen als Ergebnisvariable.

Erwartet werden differenzielle Zusammenhänge: Speziell eine höher ausgeprägte Handlungsbereitschaft (LHB) sollte mit einer verstärkten Arbeitsuche einhergehen, ebenso ein niedrigeres Belastungserleben (SUB). Das Verhältnis von Zuversicht (AMZ) und Arbeitsuche erscheint weniger eindeutig. Denkbar ist durchaus, dass sehr zuversichtliche Personen sich weniger häufig bewerben, weil sie von einer raschen Stellenzusage ausgehen. Demgegenüber sollte die ergebnisorientierte Zuversicht mit den tatsächlichen Ergebnissen der Arbeitsuche zusammenhängen, jedenfalls bei einer ausreichend realistischen Einschätzung der eigenen Chancen und vorhandenen Beschäftigungsmöglichkeiten.

Zur Überprüfung dieser Annahmen wurden multiple Regressionsanalysen zur Vorhersage der Anzahl der Bewerbungsaktivitäten und der Anzahl an Einladungen zu Vorstellungsgesprächen – jeweils zu den Zeitpunkten T2 und T3 – durchgeführt. Als Kontrollvariablen wurden Geschlecht, Schulabschluss und Alter verwendet. Wie Tab. 13.4 zu entnehmen ist, erklären die drei Prädiktoren Handlungsbereitschaft, Zuversicht und Belastungserleben einen signifikanten Anteil der Varianz für Bewerbungsaktivitäten T2 ($\Delta R^2 = .07$) und T3 ($\Delta R^2 = .08$) sowie für Einladungen zu Vorstellungsgesprächen T2 ($\Delta R^2 = .07$) und T3 ($\Delta R^2 = .04$), nachdem für die sozio-demografischen Merkmale kon-

Tab. 13.4 Regressionsanalysen zur Vorhersage der Anzahl von Bewerbungen (T2, T3) und Einladungen zu Vorstellungsgesprächen (T2, T3)

	Bewerbungen (T2)	Bewerbungen (T3)	Einladungen (T2)	Einladung (T3)
Prädiktoren	β	β	β	
Schritt 1				
Geschlecht (1=weiblich)	−.07	−.05	.02	−.08
Schulabschluss (1=ab MR)	.18**	.21**	.06	.19**
Alter	−.09	−.18**	−.09	−.10
Schritt 2				
Geschlecht (1=weiblich)	−.08	−.08	.04	−.08
Schulabschluss (1=ab MR)	.17**	.21**	.06	.21**
Alter	−.12†	−.19**	−.02	−.04
Handlungsbereitschaft (T2)	.23**	.16†	−.03	−.01
Zuversicht (T2)	−.06	−.08	.31**	.23*
Belastungserleben (T2)	−.13†	−.20*	.08	.06
R^2 (Schritt 2)	.12	.16	.08	.09
ΔR^2 (Schritt 2)	.07	.08	.07	.04
R^2_{adj} (Gesamt)	.10	.13	.06	.06

Anmerkung: MR = Mittlere Reife; ** p < .01; * p < .05; † p < .10 (zweiseitig)

trolliert wurde. Die Regressionsgewichte zeigen, dass nur die laufbahnbezogene Handlungsbereitschaft und das subjektive Belastungserleben mit den Bewerbungsaktivitäten T2 und T3 signifikant in Beziehung stehen (LHB T2: β = .23, p < .01/T3: β = −.16, p < .10; SUB T2: β = −.13, p < .10/T3: β = −.20, p < .05). Demnach geht eine höhere Handlungsbereitschaft mit verstärkten Bewerbungsaktivitäten einher, bei erhöhtem subjektiven Belastungserleben ist es umgekehrt, d. h. es werden weniger Bewerbungen getätigt. Wenn es um Einladungen zu Vorstellungsgesprächen geht, erweist sich lediglich die arbeitsmarktorientierte Zuversicht als bedeutsamer Prädiktor und zwar zu den beiden Zeitpunkten T2 (β = .31, p < .001) und T3 (β = .23, p < .05). Demnach verbindet sich eine höhere Zuversicht auf ein positives Ergebnis der Arbeitsuche nicht mit verstärkten Bewerbungsaktivitäten, wohl aber mit einer höheren Anzahl an Einladungen von Arbeitgebern.

Trotz des relativ kurzen Aktionszeitraums der Untersuchung sind für die laufbahnbezogenen Konstrukte bedeutsame Effekte auf Verhaltensmerkmale und Suchergebnisse festzustellen. Mit Blick auf die sozio-demografischen Merkmale wirkt sich ein höherer Schulabschluss fast durchgängig positiv auf die Anzahl der Bewerbungen und Einladungen aus, das Alter dagegen negativ auf die Anzahl der Bewerbungen (vgl. Tab. 13.4). Dies entspricht allgemeinen Erkenntnissen der Arbeitsmarktforschung.

▶ Psychologische Laufbahnfaktoren haben einen nachweisbaren Effekt auf das Bewerbungsverhalten und damit verbundene Ergebnisse der Arbeitsuche

13.6 Diskussion

13.6.1 Einordnung der Ergebnisse

Ziel des vorliegenden Beitrags war es, zu untersuchen, welche Bedeutung und Rolle verschiedene psychologische Laufbahnfaktoren bei (drohender) Arbeitslosigkeit und ihrer Bewältigung spielen, inwieweit sie von bestimmten Kontextfaktoren und deren kognitiven Verarbeitung beeinflusst werden und inwiefern sie sich über die Zeit verändern. Die Zusammenhänge mit den untersuchten Kontextfaktoren fallen durchgängig erwartungskonform aus. Die erfahrene soziale Unterstützung im persönlichen Umfeld erweist sich als förderlich, das Ausmaß wahrgenommener Barrieren als hinderlich für die Ausbildung von proaktiven Einstellungen und Überzeugungen im Hinblick auf die eigene Laufbahngestaltung.

Die statistisch signifikanten Veränderungen in Richtung eines Anstiegs der Handlungsbereitschaft und eines Rückgangs des Belastungserlebens nach zweimonatiger Arbeitslosigkeit waren so nicht erwartet worden. Sie können möglicherweise damit zusammenhängen, dass die tatsächlich eingetretene Arbeitslosigkeit zu einer Aktivierung von personalen Laufbahnressourcen zur schnellstmöglichen Überwindung dieses Status führt, gegebenenfalls zusätzlich unterstützt durch die flankierenden Beratungsgespräche in den Agenturen für Arbeit. Im weiteren Verlauf, insbesondere bei Zeiträumen über einem Jahr, ist allerdings davon auszugehen, dass die eigene Handlungsfähigkeit und Zukunftsperspektive weniger positiv eingestuft wird als zu Beginn der Arbeitslosigkeit (Brussig et al. 2014). Diese Frage wird in einer gesonderten Studie zu untersuchen sein.

Schließlich konnten bedeutsame Zusammenhänge zwischen den einstellungsbezogenen Konstrukten und dem tatsächlichen Verhalten festgestellt werden, hier erfasst über die Art und Anzahl der Bewerbungsaktivitäten. Zudem sind positive Zusammenhänge zwischen Ergebniserwartungen und dem Ergebnis der Arbeitsuche (hier: Anzahl der Einladungen zu Vorstellungsgesprächen) erkennbar. Beachtenswert ist, dass sich diese verhaltens- und ergebnisorientierten Effekte bereits in einem kurzen Untersuchungszeitraum nachweisen lassen. Dabei entspricht die Höhe der jeweiligen Regressionsgewichte den in anderen Studien berichteten Ergebnissen (Georgiou und Nikolaou 2018; Lim et al. 2016; Rottinghaus et al. 2017). Die vorliegende Studie trägt insoweit dazu bei, die Relevanz sozial-kognitiver Variablen im Bereich der Laufbahnforschung weiter zu untermauern.

In bereits geplanten Folgeprojekten wird es unter anderem um die Überprüfung der Selbsteinschätzung der Laufbahnfaktoren durch Fremdurteile der betreuenden Integrationsfachkräfte, die Überprüfung der Wirkprozessannahmen durch pfadanalytische Modellierungen und die Untersuchung von Zusammenhängen mit anderen etablierten Konzepten und Persönlichkeitsmerkmalen (Konstruktvalidität) gehen.

▶ Psychologische Laufbahnfaktoren stellen wichtige Referenzkategorien für die Forschung zur Bewältigung von erwerbsbiografischen Übergängen dar.

13.6.2 Implikationen für die beschäftigungsorientierte Beratung

Abschließend wird in Form eines pointierten Ausblicks auf einige praktische Implikationen für die beschäftigungsorientierte Beratung eingegangen.

1. Nicht nur Erwerbspersonen haben sich auf veränderte Arbeitswelten einzustellen, Gleiches gilt für die Beratungsangebote im Bereich der Beschäftigungsförderung. Angesichts des dynamischen Wandels der Arbeitswelt werden lebensphasenübergreifende Beratungsangebote eine zunehmend wichtigere Rolle spielen (Guggemos et al. 2014). Die hier vorgestellten Konstrukte bieten einen aussichtsreichen Bezugspunkt, der über ein enges Verständnis der Integrationsorientierung hinausweist. Die beraterischen Anforderungen beschränken sich auch im Falle von Arbeitslosigkeit in zunehmendem Maß nicht mehr auf eine schnellstmögliche Integration in Arbeit, sondern umfassen auch grundlegende Aspekte wie die Auseinandersetzung mit beruflichen Perspektiven, Zielen, Interessen und Plänen, aber auch Sorgen und emotionalen Belastungen. Sie gehören zu den zentralen Ansatzpunkten einer ressourcenorientierten Beratungs- und Integrationsarbeit. Wie die vorgelegten Ergebnisse gezeigt haben, können auf dieser Grundlage gezielte, effektive und nachhaltige Suchaktivitäten auf dem Arbeitsmarkt eingeleitet werden. Ein solcher Zugang setzt allerdings eine intensivere Auseinandersetzung mit der (psychologischen) Situation der betreffenden Personen voraus.

▶ Nicht nur Erwerbspersonen haben sich auf veränderte Arbeitswelten einzustellen, Gleiches gilt für die Beratungsangebote im Bereich der Beschäftigungsförderung.

2. In der beschäftigungsorientierten Beratung ist verstärkt auf das Wechselspiel aus psychologischen und sozialen Faktoren zu achten. Dieser Punkt betrifft die Verschränkung personaler Laufbahndimensionen mit Kontextfaktoren und sozialen Rahmenbedingungen. Dazu gehören das private und soziale Umfeld und die gesundheitliche Situation. Fortschritte in diesen Bereichen (z. B. durch Einbeziehung von Teilhabeaspekten und Gesundheitsprogrammen) können zu einer Stärkung der laufbahnbezogenen Handlungskompetenzen und mittelfristig zu einer Verbesserung der Eingliederungschancen der betroffenen Personen führen. Von Bedeutung ist aber auch die umgekehrte Wirkrichtung, die in sozial-kognitiven Theorien besonders hervorgehoben wird (Lent und Brown 2013). Eine Stärkung von Handlungsbereitschaft und Zuversicht sowie eine konstruktive Auseinandersetzung mit subjektiven Belastungserfahrungen während der Arbeitslosigkeit können dazu beitragen, dass vorhandene Hindernisse und Barrieren nicht mehr als unüberwindlich, sondern als bewältigbar gesehen und zielorientierte Aktivitäten ausgelöst werden. Je stärker sich eine Person durch eine (drohende) Arbeitslosigkeit verunsichert, belastet und antriebsarm fühlt, desto mehr wird eine rein sachlich orientierte Beratungs- und Integrationsarbeit ins Leere laufen und die Gefahr

bestehen, Verhaltensweisen der Person einseitig als Motivationsdefizit auszulegen. Beraterische Zugänge ergeben sich einerseits aus einer zugewandten, offenen und vertrauensbasierten Gesprächsführung, andererseits aus dem Angebot, die jeweiligen Herausforderungen gemeinsam zu besprechen und personelle und soziale Ressourcen sowie Unterstützungsmöglichkeiten zu identifizieren. Die Berücksichtigung dieses Zusammenspiels von personalen und sozialen Faktoren erscheint gerade vor dem Hintergrund der Diskussion zur Reduzierung von Langzeitarbeitslosigkeit von Bedeutung.

▶ Die gleichzeitige Berücksichtigung von psychologischen und sozialen Faktoren eröffnet eine wichtige Perspektive für die Weiterentwicklung von Beratungsangeboten.

Literatur

Brown, S. D., Hacker, J., Abrams, M., Carr, A., Rector, C., Lamp, K. & Siena, A. (2012): Validation of a four-factor model of career indecision. In: *Journal of Career Assessment,* 20, 3–21.
Brussig, M., Stegmann, T. & Zink, L. (2014): *Aktivierung von älteren ALG-II-Beziehenden mit mehrfachen Vermittlungshemmnissen. Der Einfluss lokaler Umsetzungsstrategien* (IAB-Forschungsbericht Nr. 12). Nürnberg. Online unter: https://doku.iab.de/forschungsbericht/2014/fb1214.pdf.
Bühner, M. (2011): *Einführung in die Test- und Fragebogenkonstruktion* (3. Aufl.). München: Pearson.
Cohen, J. (1992): *Statistical Power Analysis for the Behavioral Sciences.* Hillsdale: Erlbaum.
Fugate, M., Kinicki, A. J. & Ashforth, B. E. (2004): Employability: A psycho-social construct, its dimensions, and applications. In: *Journal of Vocational Behavior,* 65, 14–38.
Georgiou, K., & Nikolaou, I. (2018): The influence and development of psychological capital in the job search context. In: *International Journal for Educational and Vocational Guidance,* 1–19. Online unter: https://doi.org/10.1007/s10775-018-9385-2.
Guggemos, P., Müller, M. & Rübner, M. (Hrsg.) (2014): *Herausforderungen und Perspektiven beschäftigungsorientierter Beratung. Beiträge aus der Beratungsforschung.* Landau: Verlag Empirische Pädagogik.
Heslin, P. A. & Keating, L. A. (2016): Stuck in the Muck? The Role of Mindsets in Self-Regulation When Stymied During the Job Search. In: *Journal of Employment Counseling,* 53, 146–161.
Hirschi, A., Freund, P. A. & Herrmann, A. (2014): The Career Engagement Scale: Development and validation of a measure of proactive career behaviors. In: *Journal of Career Assessment,* 22, 575–594.
Jome, L. M. & Phillips, S. D. (2013): Interventions to aid job finding and choice implementation. In: Brown, S. D. & Lent, R. W. (Eds.): *Career development and counseling: Putting theory and research to work* (2nd ed., 595–620). New York: Wiley.
Kanfer, R., Wanberg, C. R. & Kantrowitz, T. M. (2001): Job search and employment: A personality motivational analysis and meta-analytic review. In: *Journal of Applied Psychology,* 86, 837–855.
Lattner, K. (2015): *Arbeitsbezogene Belastungen, Stressbewältigungsstrategien, Ressourcen und Beanspruchungsfolgen im Erzieherinnenberuf.* Berlin. Online unter: https://d-nb.info/1081660201/34.
Lent, R. W. & Brown, S. D. (2013): Social cognitive model of career self-management: Toward a unifying view of adaptive career behavior across the life span. In: *Journal of Counseling Psychology,* 60, 557–568.

Lim, R. H., Lent, R. W. & Penn, L. T. (2016): Prediction of job search intentions and behaviors: Testing the social cognitive model of career self-management. In: *Journal of Counseling Psychology*, 63, 594–603.

Liu, S., Huang, J. L. & Wang, M. (2014): Effectiveness of job search interventions: A meta-analytic review. In: *Psychological Bulletin, 140,* 1009–1041.

Rottinghaus, P. J., Buelow, K. L., Matyja, A. & Schneider, M. R. (2012): The career futures inventory–revised: Measuring dimensions of career adaptability. In: *Journal of Career Assessment*, 20, 123–139.

Rottinghaus, P. J., Eshelman, A., Gore, J. S., Keller, K. J., Schneider, M. & Harris, K. L. (2017): Measuring change in career counseling: Validation of the Career Futures Inventory-Revised. In: *International Journal for Educational and Vocational Guidance,* 17, 61–75.

Saks, A. M., Zikic, J. & Koen, J. (2015): Job search self-efficacy: Reconceptualizing the construct and its measurement. In: *Journal of Vocational Behavior*, 86, 104–114.

Savickas, M. L., Nota, L., Rossier, J., Dauwalder, J. P., Duarte, M. E., Guichard, J. & Van Vianen, A. E. (2009): Life designing: A paradigm for career construction in the 21st century. In: *Journal of Vocational Behavior*, 75, 239–250.

Voß, G. G. & Pongratz, H. J. (1998): Der Arbeitskraftunternehmer. Eine neue Grundform der Ware Arbeitskraft? In: *Kölner Zeitschrift für Soziologie und Sozialpsychologie,* 50, 131–158.

Konzeptionelle Grundlagen für ein Controlling leistungsrechtlicher Beratung

14

Anne Müller-Osten und Bettina Weinreich

Inhaltsverzeichnis

14.1 Schließung der Umsetzungslücke der Beratung mit Hilfe eines Controllings leistungsrechtlicher Beratung 298
14.2 Intention des Gesetzgebers – Herleitung von Kriterien für eine „gute Umsetzung leistungsrechtlicher Beratung" 299
    14.2.1 Vorbemerkungen: Umsetzungslücke bei der leistungsrechtlichen Beratung 299
    14.2.2 Anforderungen an eine gute leistungsrechtliche Beratung – Der Wille des Gesetzgebers 301
        14.2.2.1 Annäherung an die Bedeutung leistungsrechtlicher Beratung durch Abgrenzung 301
        14.2.2.2 Eine leistungsrechtliche Beratung ist eine umfassende Beratung 302
14.3 Umsetzungshinweise – Einführung eines Controllings leistungsrechtlicher Beratung (ColB) 305
    14.3.1 Vorbemerkungen: Das Konzept des Controllings leistungsrechtlicher Beratung 305
    14.3.2 Umsetzungshinweise für eine gute leistungsrechtliche Beratung 309
        14.3.2.1 Controlling ist in die Beratungsprozesse integriert und unterstützt eine proaktive Interaktion mit einem Wissensmanagement 309
        14.3.2.2 Umfassende Beratung mit Netzwerk- und Stakeholderanalysen sowie Grenzen der ökonomischen Konzeption 314
14.4 Fazit interdisziplinäres Resümee – Impulse für eine Umsetzungsrichtlinie 315
Literatur 315

A. Müller-Osten (✉) · B. Weinreich
Hochschule der Bundesagentur für Arbeit, Schwerin, Deutschland
E-Mail: Anne.Mueller-Osten@arbeitsagentur.de; Bettina.Weinreich3@arbeitsagentur.de

© Springer Fachmedien Wiesbaden GmbH, ein Teil von Springer Nature 2020
T. Freiling et al. (Hrsg.), *Zukünftige Arbeitswelten*,
https://doi.org/10.1007/978-3-658-28263-9_14

Zusammenfassung

Der Wandel des Arbeitsmarktes führt zu prekären Lebenssituationen, durch die der sozialrechtliche Beratungsbedarf an Bedeutung gewinnt. Zwischen der gelebten Beratungspraxis und der Intention des Gesetzgebers, eine vollumfängliche sozialrechtliche Beratung zu garantieren, zeigt sich jedoch eine Umsetzungslücke. Das Ziel dieses Aufsatzes ist, Impulse für eine Umsetzungsrichtlinie zu geben, die bei der fachlich-umfassenden Beratung unterstützt, Handlungsoptionen und bei Bedarf Leistungen anderer Sozialträger aufzeigt. Grundlage dafür soll das Konzept für ein „Controlling leistungsrechtlicher Beratung" (ColB) sein. Das Konzept soll dazu beitragen, dass die Qualität der Beratung durch die Mitarbeiterinnen und Mitarbeiter der Jobcenter im Kontext des Leistungsrechts im SGB II verbessert wird, um dem gesetzlichen Beratungsauftrag gerecht zu werden. Die Verbesserung der Beratungsqualität soll die Leistungsberechtigten in ihren individuellen Lebenslagen unterstützen und – angesichts der Größe der Personengruppe – den Risiken und Unwägbarkeiten der sich veränderten Arbeitswelt entgegenwirken.

Schlüsselwörter

Leistungsrecht · Beratungsauftrag · Beratungsqualität · leistungsrechtliche Beratung · Controlling leistungsrechtlicher Beratung

14.1 Schließung der Umsetzungslücke der Beratung mit Hilfe eines Controllings leistungsrechtlicher Beratung

Jeder Veränderung des Arbeits- und Beschäftigungsmarktes wohnen neben Chancen auch Risiken inne, die individuell erlebt zu Hilfebedürftigkeit und quantifizierbar zu Arbeitslosigkeit führen können.

Erwerbsformen, die Unternehmen im Verhältnis zum Normalarbeitsverhältnis mehr Flexibilität geben können, wie beispielsweise die befristete Beschäftigung oder die Zeitarbeit, haben an Bedeutung gewonnen. Die klassische Vorstellung einer Arbeitnehmerin oder eines Arbeitnehmers von einer Arbeitsstelle, in der sie oder er in einer unbefristeten abhängigen Beschäftigung in Vollzeit steht, ist immer noch eine häufige Art der Beschäftigung, der Bedarf an zeitlich flexibleren Beschäftigungsverhältnissen ist in den letzten Jahren aber deutlich gestiegen. Die Unternehmen sind heute stärker von der Auftragslage und der Konjunktur anhängig. Um wettbewerbsfähig zu bleiben, werden Personalbedarfe zeitnah an Auftragsrückgänge oder Produktionsspitzen angepasst. Ihr Bedarf an Arbeitnehmerinnen und Arbeitnehmern, die außerhalb des Normalarbeitsverhältnisses beschäftigt werden, ist gewachsen. Gleichzeitig hat sich die Einstellung der Erwerbsfähigen zu Arbeits- und Beschäftigungsmodellen geändert: die Nachfrage nach Arbeitsverhältnissen, die kürzere oder flexiblere Arbeitszeiten vorsehen und sich damit besser mit der individuellen Lebensplanung vereinbaren lassen, ist daher gestiegen.

Atypische Beschäftigungsformen können zu prekären Lebenssituationen führen, wenn z. B. Beschäftigte von neuen Beschäftigungsformen zunächst profitieren, sich verändernde Rahmenbedingungen dann jedoch einer dauerhaften Beschäftigung im Wege stehen. Die Alternativen zum Normalarbeitsverhältnis oder Instabilitäten in den Erwerbsbiografien erzeugen derartige Unsicherheiten, dass wiederkehrende Arbeitslosigkeit individuelle Überlastungsmomente darstellen, die zur Hilfebedürftigkeit führen.

Dieser Aufsatz fokussiert die leistungsrechtliche Beratung dieser Personengruppe, die statistisch als sogenannte „erwerbsfähige Leistungsberechtigte" erfasst wird und 4 Mio. ausmacht (BA 2019).

▶ Dieser Aufsatz fokussiert die leistungsrechtliche Beratung für eine Personengruppe, die statistisch als „erwerbsfähige Leistungsberechtigte" erfasst wird und 4 Mio. ausmacht.

Die Umsetzungslücke wird verstanden als Diskrepanz zwischen der Intention des Gesetzgebers, eine vollumfängliche sozialrechtliche Beratung zu garantieren, und der gelebten Beratungspraxis. Es ist beobachtbar, dass bestehende Rechte auf Leistungen zur Verringerung oder Überwindung von Hilfebedürftigkeit nur teilweise durch die jeweilig betroffene Person in Anspruch genommen werden, obwohl eine gesetzlich verbriefte Beratungspflicht dafür besteht und der Wille, diese geltend zu machen, angenommen werden darf.

Die zugrunde gelegte These besteht demnach in der Annahme, dass eine verbesserte Umsetzung der gesetzlich geforderten Beratung ein geeigneter Weg ist, die Diskrepanz aufzulösen und somit darauf hinzuwirken, dass bestehende Rechte bei den Hilfebedürftigen zur Wirkung kommen. Dafür will der Aufsatz eine eigene Konzeption für ein „Controlling leistungsrechtlicher Beratung" (ColB) entwickeln. Aus der Intention des Gesetzgebers werden dafür zwei Kriterien für eine „gute leistungsrechtliche Beratung" hergeleitet, die die Grundlage für die Konzeption bilden.

Das Konzept vom „Controlling leistungsrechtlicher Beratung" (ColB) stellt ein Resultat aus der interdisziplinären Zusammenarbeit der Autorinnen dar. Aus dem Fürsorgeprinzip des Sozialrechts ist es notwendig und aus einer individuell-ökonomischen Argumentation heraus rational, diese Lücke für eine gemeinsame gesellschaftliche Besserstellung zu schließen.

▶ Es besteht eine Umsetzungslücke, verstanden als Diskrepanz einer vollumfänglich sozialrechtlichen Beratungspflicht und der gelebten Beratungspraxis.

14.2 Intention des Gesetzgebers – Herleitung von Kriterien für eine „gute Umsetzung leistungsrechtlicher Beratung"

14.2.1 Vorbemerkungen: Umsetzungslücke bei der leistungsrechtlichen Beratung

Mit der Einführung des Neunten Änderungsgesetzes zum SGB II (Neuntes Gesetz zur Änderung des Zweiten Buches Sozialgesetzbuch – Rechtsvereinfachung – sowie zur vorübergehenden Aussetzung der Insolvenzantragspflicht v. 26.07.2016, BGBl. I: 1824, 2718 mit Wirkung ab 01.08.2016) stellt sich seit 2016 verstärkt die Frage, welche institutionellen Rahmenbedingungen gestaltet werden sollten, um im Bereich der Beratung im SGB II in den Jobcentern von den Leistungsberechtigten als fachkompetenter Partner wahrgenommen zu werden, und wie dies durch die Mitarbeiterinnen und Mitarbeiter in den Jobcentern eingelöst werden kann.

Die Frage ist drängend, weil die leistungsrechtliche Beratung bspw. im Vergleich zum Beratungsumfang in der Grundsicherung im Alter nach § 11 SGB XII insbesondere bis zum Neunten Änderungsgesetz des SGB II in der Praxis der Jobcenter vernachlässigt worden ist. Ursächlich dafür waren neben der Komplexität des Leistungsrechts und der in der Praxis erforderlichen Kontaktdichte auch der einengende Wortlaut von § 14 SGB I, der Rechte und Pflichten im Sozialrechtsverhältnis fokussiert und nicht zudem die individuelle Lebenssituation einbezieht. Daher sah sich der Gesetzgeber veranlasst, Beratungspflichten für die SGB II-Leistungsträger zu präzisieren und trotz der bestehenden Beratungspflicht nach § 14 SGB I ausdrücklich auf die leistungsrechtliche Beratung auszuweiten (vgl. § 14 Abs. 2 SGB II; BT-Drs. 18/8041: 36)

Dies ist umso wichtiger, weil der Leistungsberechtigte hinsichtlich der Information über mögliche Ansprüche sowie im Hinblick auf die materielle Gewährung von z. T. existenznotwendigen Sozialleistungen vom Leistungsträger abhängig und damit auf eine fachkompetente Beratung angewiesen ist. Das betrifft sowohl die Leistungen aus dem SGB II selbst als auch Leistungen anderer Sozialleistungsträger, sofern sich diesbezüglich eine Schnittstelle ergibt. Auch nach der Einführung einer solchen Präzisierung der Beratungspflicht im Jahr 2016 bleiben bis heute tatsächliche Probleme bei der Umsetzung beobachtbar: In dem Fall, bei dem der Leistungsträger den objektiven Beratungsbedarf angesichts der rechtlichen Komplexität des Sachverhalts verkennt, kann eine „Umsetzungslücke" entstehen, weil der Leistungsberechtigte von seinem wohl möglich einklagbaren subjektivöffentlichen Recht oft selbst noch wenig weiß, sich in einer Notlage befindet und genau dazu beraten werden soll (vgl. auch Berlit 2016, S. 196; ähnlich Janda 2016, S. 84). Das ist schließlich der Grund für die Einführung der Beratungspflicht.

Für die beschäftigungsorientierte Beratung bestehen seit Jahren Untersuchungen, Aufsätze, Konzepte und eine anwendungsnahe Auseinandersetzung (vgl. z. B. Franzke und Sauer 2017, S. 33). Eine vergleichbare, handlungsleitende Auseinandersetzung und Suche nach umsetzbaren Lösungswegen für eine leistungsrechtliche Beratung fehlen bislang – abgesehen von einer „Beratungskonzeption der BA" (vgl. Rübner und Sprengard 2011). Demnach ist zu vermuten, dass die beraterische Fachkompetenz – schon allein auf Grund fehlender Erfahrung und Wissen – qualitativ und quantitativ ausbaufähig ist.

Ein weiteres Indiz dafür, dass die Fachkompetenz relativiert und verbesserungsbedürftig ist, kann darin gesehen werden, dass Leistungsberechtigte zunehmend behördenunabhängige Beratungsstellen (z. B. Wohlfahrtsverbände) aufsuchen. Dies könnte daran liegen, weil diese Institutionen stärker Partei für den Leistungsberechtigten in seiner Notlage ergreifen, während die Jobcenter als Institutionen wahrgenommen werden, die stärkeres Augenmerk auf das Einfordern der Aufnahme einer Erwerbstätigkeit legen (vgl. Dern und

Kreher 2018, S. 195). Durch das Gesetz besteht für die Mitarbeiterinnen und Mitarbeiter in den Jobcentern die Freiheit, die Herstellung erträglicher Lebensbedingungen zu fokussieren. Gleichwohl kann dies in der Wahrnehmung und/oder in den tatsächlichen, vergleichsweise weniger ausgebauten Kompetenzen in der Beratungssituation liegen.

14.2.2 Anforderungen an eine gute leistungsrechtliche Beratung – Der Wille des Gesetzgebers

14.2.2.1 Annäherung an die Bedeutung leistungsrechtlicher Beratung durch Abgrenzung

Die beschäftigungsorientierte Beratung wurde lange insbesondere im Hinblick auf den Grundsatz des Forderns nach § 2 SGB II fokussiert. Sie wird als Kommunikationsprozess verstanden, bei dem auf der Basis einer differenzierten Ausgangsanalyse und miteinander abgestimmter Ziele tragfähige Lösungskonzepte entwickelt werden, um eine Eingliederung in den Arbeitsmarkt zu verbessern oder zu erreichen (vgl. Rübner und Sprengard 2011, S. 9).

Die leistungsrechtliche hat im Vergleich zur beschäftigungsorientierten Beratung die vorrangige Aufgabe, dem Einzelnen die Kenntnisse und Entscheidungsgrundlagen zu vermitteln, die er zur vollen Wahrnehmung seiner Rechte und konkreten Erfüllung seiner Pflichten benötigt (vgl. Wippermann-Kempf 2003, S. 61). Dafür hat der Gesetzgeber die Beratungspflicht im § 14 Abs. 2 SGB II insbesondere auf folgende Beratungsaufgaben ausgeweitet und präzisiert:

1. Information und Erläuterung des Leistungssystems,
2. Auskunft und Rat zu Selbsthilfeobliegenheiten und Mitwirkungspflichten,
3. Berechnung von Leistungen und
4. die bessere Verzahnung passiver und aktiver Leistungen.

Die Bundesagentur für Arbeit definiert die leistungsrechtliche Beratung als „eine anlassbezogene Interaktion zwischen fachlich versierten Mitarbeiterinnen und Mitarbeitern (Expertinnen und Experten) eines Jobcenters mit Kundinnen und Kunden, die primär auf leistungsrechtliche Informationsvermittlung, Wissenserweiterung oder Sachverhaltsaufklärung im Kontext des SGB II" (BA 2017, S. 11) abzielt. In diese besondere leistungsrechtliche Beratung fließen als elementare Bestandteile Handlungsprinzipien der BA ein und es werden Rahmenbedingungen (wie z. B. geschäftspolitische Ziele) in einem strukturierten Prozess unter Einsatz adäquater Methoden und Techniken beachtet. Im Unterschied zur Zielsetzung der beschäftigungsorientierten Beratung wird deutlich, dass eine „gute Beratung" vor allem im Zusammenspiel der zuvor benannten vier Beratungsaufgaben entsteht und proaktiv erfolgen sollte. Für den Beratungsprozess ist es daher wichtig, dass vom Berater oder der Beraterin mit Blick auf die Notlage und der rechtlichen Komplexität eine proaktive Beratung ausgeht.

Die von der Bundesagentur für Arbeit eingeführte Definition von leistungsrechtlicher Beratung deckt diesen Teil weitgehend dadurch ab, dass fachlich versierte Mitarbeiterinnen und Mitarbeiter – sog. Expertinnen und Experten – gefordert werden, und fasst die gesetzliche Anforderung durch „Informationsvermittlung, Wissenserweiterung oder Sachverhaltsaufklärung" zusammen.

Vergegenwärtigt man sich, dass der Leistungsberechtigte in seiner Notlage auf Informationen über Ansprüche und auf die materielle Gewährung von Leistung angewiesen ist, wird deutlich, wie notwendig es aus dem Fürsorgeprinzip heraus ist, die operative Umsetzungslücke zu schließen.

Für die Konzeption von ColB ist zu berücksichtigen, dass im Sinne eines Wissensmanagements *fachliche Informationen* an geeigneter Stelle im *Beratungsprozess* zur Verfügung gestellt werden und diese so zu flankieren sind, dass eine *proaktive* Beratung durch die Beratenden unterstützt wird.

▶ In einer Umsetzungsrichtlinie sind fachliche Informationen im Beratungsprozess zu integrieren und eine proaktive Beratung durch die Beratenden zu unterstützen.

14.2.2.2 Eine leistungsrechtliche Beratung ist eine umfassende Beratung

Inhalt der Beratungspflicht ist die *umfassende* Beratung über alle sozialrechtlichen Fragen, deren Komplexität § 14 Abs. 2 SGB II andeutet, wenn er mit der Information und Erläuterung des Leistungssystems, der Rat- und Auskunftserteilung zu Selbsthilfeobliegenheiten und Mitwirkungspflichten, der Berechnung von Leistungen nach dem SGB II und der besseren Verzahnung passiver und aktiver Leistungen lediglich die Eckpunkte jeder Beratung nennt. Die Kundinnen und Kunden müssen vor, bei oder nach der Antragstellung in die Lage versetzt werden, sich auf den Leistungsbezug einzustellen und ihr Verhalten an den durch das Sozialrechtsverhältnis bestehenden Sorgfaltspflichten auszurichten, was nicht bedeutet, dass sie nicht auch ein Eigeninteresse verfolgen können. So muss beispielsweise

1. eine Beratung über Anspruchsvoraussetzungen und die durch das zu begründende Sozialrechtsverhältnis einhergehende Pflichten dem zu Beratenden die Möglichkeit geben, zu entscheiden, ob er unter diesen Bedingungen bereit ist, Leistungen zu beantragen, denn aus der Intention von § 18 S. 2 Nr. 2 SGB X folgt keine Pflicht, Sozialleistungen trotz Hilfebedürftigkeit zu erhalten;
2. deutlich werden, welche Rechtsfolgen der Verstoß gegen Selbsthilfeobliegenheiten oder Mitwirkungspflichten hat, was unterschiedlich ist und einen völligen Leistungsausschluss zur Folge haben kann, vgl. z. B. § 7 IVa SGB II; § 66 SGB I,
3. erkennbar sein, ob Leistungen nach dem SGB II als Zuschuss oder als Darlehen, monatlich oder einmalig, endgültig oder vorläufig gezahlt werden, was das Verhalten der Kundinnen und Kunden erheblich beeinflusst,

4. inwieweit Pflichtverletzungen aus anderen Sozialrechtsbereichen Auswirkungen auf den SGB II-Bezug haben, so z. B. beim Eintritt einer Sperrzeit nach § 159 SGB III, die bei ALG-Aufstockern zusätzlich zu einer Sanktion nach § 31 Abs. 2 Nr. 3 SGB II führen kann.

Der Leistungsträger hat die Pflicht, auf alle naheliegenden Gestaltungsmöglichkeiten hinzuweisen, damit der Ratsuchende in die Lage versetzt wird, seine Entscheidung in voller Kenntnis aller Konsequenzen zu treffen (vgl. Wippermann-Kempf 2003). Der Leistungsberechtigte soll diese umfassende Beratung über alle sozialrechtlichen Fragen, die zur Beurteilung seiner Rechte und Pflichten notwendig sind, erhalten (vgl. BT-Drs. 7/868: 25). Der jeweilige Leistungsträger ist verpflichtet, jeden nach den individuellen Verhältnissen zu beraten unter Berücksichtigung der erkennbaren Interessenlage, dem bereits vorhandenen Wissen, der Kompliziertheit des Normenkomplexes sowie der Schwierigkeit der Sach- und Rechtslage (Lilge 2016, SGB I, § 14 Rn. 24). Maßstab für den Umfang der Beratung ist der Inhalt des Beratungsersuchens sowie des individuellen Informationsdefizits. Die Leistungsträger haben die Aufgabe, Alternativen aufzuzeigen und im Einzelfall Hinweise zu erteilen, die Anlass zu weiteren Überlegungen und unter Umständen weiterführenden Fragen geben. Da gezielte Fragen Sachkunde voraussetzen, über die der Beratungsbedürftige oftmals nicht verfügt, kann sich der Leistungsträger nicht auf die Beantwortung konkreter Fragen beschränken, sondern hat sich zu bemühen, das konkrete Anliegen des Ratsuchenden zu ermitteln und – unter dem Gesichtspunkt einer verständnisvollen Förderung – zu prüfen, ob über die konkrete Fragestellung hinaus Anlass besteht, auf Gestaltungsmöglichkeiten, Vor- oder Nachteile hinzuweisen, die sich mit dem Anliegen verbinden (LG Offenburg, Urteil vom 15.12.2006, Az. 3 O 185/06; Mrozynski 2014, SGB I, § 14 Rn. 9; Mönch-Kalina, in: Schlegel und Voelzke 2012: SGB I, § 14 Rn. 30). Der bloße Hinweis auf Gesetzestexte oder Merkblätter genügt daher nicht den Anforderungen (Reinhardt, in: Krahmer und Trenk-Hinterberger 2014: SGB I, § 14 Rn. 15). Das Bundessozialgericht geht darüber hinaus, indem es die Leistungsträger verpflichtet, über leistungsrechtliche Aspekte zu beraten, die anlässlich einer konkreten Sachbearbeitung sichtbar werden (sog. Spontanberatungspflicht) (BSG, Urteil vom 08.02.2007, Az. B 7a AL 22/06 R; BSG, Urteil vom 05.08.1999, Az. B 7 AL 38/98 R; BSG, Urteil vom 31.10.2007, Az. B 14/11b AS 63/06 R; SG Karlsruhe, Gerichtsbescheid vom 21.12.2011, Az. S 13 AS 3059/11; LSG Hamburg, Urteil vom 08.06.2011, Az. L 5 AS 29/09). Die Kundinnen und Kunden haben demnach einen Anspruch darauf, dass ihnen Fragen beantwortet werden, die sie zwar nicht gestellt haben, die sie aber gestellt hätten, wenn ihnen ihr eigener Beratungsbedarf klar wäre. Eine solche Spontanberatungspflicht knüpft an das allgemeine Rechtsprinzip an, wonach im Rahmen einer öffentlich-rechtlichen Beziehung die Aufklärungspflichten in dem Maß steigen, wie die möglichen Folgen wachsende Bedeutung für den Antragsteller haben (Fürsorgeprinzip) (Lüneburg, Urteil vom 09.11.2006, Az. S 25 AS 163/06; ausführlich dazu Wippermann-Kempf 2003, S. 58 f.).

Die von der Bundesagentur für Arbeit eingeführte Definition von leistungsrechtlicher Beratung deckt diesen Teil partiell ab. Die dort verwendeten Begriffe „Wissenserweiterung" oder „Sachverhaltsaufklärung" (vgl. BA 2017) sind eine Annäherung dessen, was die Intention des Gesetzgebers ist.

Die Bedeutung dieser Anforderung kann kaum unterschätzt werden. Verkennen die Beratenden den objektiven Beratungsbedarf, dann ist angesichts der Komplexität der leistungsrechtlichen Winkelzüge regelmäßig davon auszugehen, dass auch der Beratende in seiner Notlage diesen Beratungsbedarf verkennt. Ein prinzipiell einklagbares subjektiv-öffentliches Recht, welches aus dem Fürsorgeprinzip heraus zu einer gemeinsamen Besserstellung führen könnte, verfehlt somit seinen Zweck.

Nach allgemeiner Auffassung der Jobcenter wird die Beratungspflicht dadurch begrenzt, dass der Leistungsträger nur für seinen „Bereich" zu beraten hat. Nur soweit sich im Rahmen des Beratungsgespräches ergibt, dass das Leistungsportfolio eines anderen Leistungsträgers betroffen sein könnte, trifft die Jobcenter die Pflicht, den Beratungsbedürftigen an den zuständigen Leistungsträger zu verweisen, denn der Antrag auf Beratung ist ein Antrag auf Sozialleistungen (Merten, in: Eichenhofer et al. 2018, SGB I, IV, X, § 14 Rn. 12; Mrozynski 2014, SGB I, § 14 Rn. 6.). Angesichts der engen Verzahnung zwischen den Sozialleistungsträgern im Bereich der Existenzsicherung ist es oftmals jedoch nicht angezeigt, den Kunden lediglich auf den Beratungsbedarf hinzuweisen und ihm zu empfehlen, sich an den jeweiligen Leistungsträger zu wenden (OLG Düsseldorf, Urteil vom 07.03.1996, Az. 18 U 94/95). Hier wird nicht selten die Beratungspflicht aus dem bestehenden Sozialrechtsverhältnis abzuleiten sein, die, um Nachteile für den Kunden zu verhindern, auch eine über das eigene Sozialrechtsgebiet hinausgehende Beratung verlangt (so z. B., wenn der Antragsteller seiner Mitwirkungspflicht bei einem Träger vorrangiger Leistungen nicht nachkommt, vgl. § 5 III SGB II).

Die Anforderungen an die Mitarbeiterinnen und Mitarbeiter in den Jobcentern gehen daher über proaktive Beratungskompetenz hinaus. Nach der BA-Definition von einem „Experte[n] auf seinem Gebiet" wird aus Sicht der Gesetzeslage verlangt, auch Leistungen anderer Sozialträger zu kennen, sofern sich diesbezüglich Schnittstellen ergeben – und Schnittstellen gibt es im Bereich des SGB II viele: z. B. zum Rentenversicherungsträger, zur Agentur für Arbeit bei Leistungen aus dem Arbeitslosenrecht, zum Sozialamt, zur Wohngeldstelle (insbesondere zum Kinderwohngeld, vgl. BSG, Urteil vom 25.04.2018, Az. B 14 AS 14/17 R.), zur Familienkasse. In der leistungsrechtlichen Beratung ist es notwendig, diese Schnittstellen zu anderen Leistungsträgern zu kennen und vorrangige Leistungen im Blick zu haben. Es sind Grundkenntnisse im Zivilrecht, insbesondere im Miet- und Zivilprozessrecht notwendig, um beispielsweise bei einer Wohnungskündigung optimal beraten zu können, sowie im Versicherungsrecht, um im Rahmen der Beratung einschätzen zu können, inwieweit die Versicherung geschätzt ist, geschont werden kann oder vom Kunden/der Kundin eingesetzt werden muss.

In der Sozialen Beratung spielen zwar Fragen in Bezug auf die Antragstellung und Durchsetzung von Sozialleistungen ebenso eine wesentliche Rolle, darf aber darauf nicht verkürzt werden, da sie sich an Menschen richtet, die aufgrund von persönlichen oder sozialen Notlagen mit der Bewältigung ihres Alltages überfordert sind, und es darum geht, für eine angemessene Güterausstattung des Ratsuchenden zu sorgen und die Chancen zu verbessern, an den Bildungs-, Gesundheits- und Sozialleistungen zu partizipieren (Ansen o. J., mit Bezug auf Thiersch 1997, S. 47). Eine derartige umfassende und ganzheitliche Beratung und Unterstützung Hilfebedürftiger in allen Lebenslagen sieht das SGB II für die Sozialleistungsträger nicht vor, so dass im Interesse des Hilfebedürftigen eine Kooperation der verschiedenen Aufgabenträger besonders sinnvoll erscheint. Auch wenn im Vergleich zu einer Sozialen Beratung Grenzen bestehen, sollte im Interesse des Hilfebedürftigen eine Kooperation und Netzwerkarbeit mit verschiedenen Aufgabenträgern bestehen und umgesetzt werden.

Für die Konzeption von ColB ist zu berücksichtigen, dass die Beratung umfassend ist, d. h. dass Schnittstellen zu Leistungen anderer Sozialträger erkannt und Kooperationsmöglichkeiten mit Netzwerkpartnern genutzt werden.

▷ In einer Umsetzungsrichtlinie sind für eine umfassende Beratung Schnittstellen zu Leistungen anderer Sozialleistungsträger sowie Kooperationsmöglichkeiten mit Netzwerkpartnern zu berücksichtigen.

14.3 Umsetzungshinweise – Einführung eines Controllings leistungsrechtlicher Beratung (ColB)

14.3.1 Vorbemerkungen: Das Konzept des Controllings leistungsrechtlicher Beratung

Das Konzept vom „Controlling leistungsrechtlicher Beratung" (ColB) stellt ein interdisziplinäres Arbeitsergebnis der Autorinnen dar, um Impulse für eine Umsetzungsrichtlinie zu geben.

Das ColB hat zum Ziel, die praktische Umsetzung der sozialrechtlichen Beratung zu verbessern. Das Konzept eines „Controllings leistungsrechtlicher Beratung" wird entlang der zwei Anforderungen entwickelt, die – wie oben in den Abschn. 14.2.2.1 und 14.2.2.2 dargelegt – aus rechtswissenschaftlicher Sicht zu berücksichtigen sind.

Zur Konzeption des Controllings leistungsrechtlicher Beratung (ColB) gehören

1. ein Wissensmanagement, welches in die Kernprozesse integriert ist und den Berater und die Beraterin bei einer proaktiven Interaktion mit dem und der Beratenden unterstützt (siehe Abschn. 14.3.2.1)
2. eine umfassende Beratung, die die Schnittstellen zu Leistungen anderer Sozialträger berücksichtigt und Kooperation mit Netzwerkpartnern einbezieht (siehe Abschn. 14.3.2.2).

Die hier interdisziplinär entwickelte Konzeption des Controllings leistungsrechtlicher Beratung knüpft an den rationalitätsorientierten Ansatz vom Controlling (raCo, Abb. 14.1, Spalte 1) (Weber und Schäffer 2011, S. 33 ff.) an und folgt vom Grundverständnis der Weiterentwicklung in der Konzeption des „beratungsorientierten Controllings" (beCo,

Methode \ Erkenntnisobjekt	[Spalte 1] Entscheidungen in Betrieben	[Spalte 2] Entscheidungen in öffentlichen Institutionen	[Spalte 3] Entscheidungen in beliebigen Untersuchungsbereichen
[Zeile 1] ökonomische Analyse bzw. ökonomisches Verhaltensmodell	Controlling (z. B. raCo)*	öffentliches Controlling (z. B. beCO)**	ökonomische Analyse … der leistungsrechtlichen Beratung mit Controlling (z. B. ColB)***
[Zeile 2] Norm	Common Sense guter Unternehmensführung	demokratische Legitimation und gesellschaftliche Dilemmastrukturen	Adäquatheit der Modellanwendung reflektieren, Grenzen diskursiv halten, interdisziplinär aufgeschlossen sein

*) raCo: rationalitätsorientierte Controlling-Konzeption (Weber & Schäffer 2011)
**) beCo: beratungsorientiertes Controlling (Müller-Osten, Schaefer & Winter 2018)
***) ColB: Controlling leistungsrechtlicher Beratung

Abb. 14.1 Herleitung der Konzeption des Controllings leistungsrechtlicher Beratung (ColB)

Abb. 14.1, Spalte 2) (Müller-Osten et al. 2018). ColB überträgt dieses Grundverständnis und die ökonomische Methode im wissenschaftstheoretischen Sinn auf „ökonomisch-untypische" Bereiche, im hiesigen Fall auf den Untersuchungsbereich des SGB II (ColB, Abb. 14.1, Spalte 3).

In Kürze sollen für die Transparenz zwischen den Disziplinen das originär Ökonomische, nämlich die Rationalitätsannahme, und die Annahme des methodologischen Individualismus vorgestellt werden, die oft auch als „homo oeconomicus" zusammengeführt werden. Gefolgt wird hier dem modernen, interaktionsökonomischen Verständnis (vgl. Homann und Suchanek 2005, insb. Kap. 1). Auf diese Weise kann offengelegt werden, ob, wie und wie weit die Disziplinen ineinandergreifen können. Weiterhin wird es als notwendig erachtet, die normativen Grundlagen zu reflektieren, um darzulegen, welche Anpassung beim Controlling als ein Phänomen der Privatwirtschaft notwendig ist, um sie auf den öffentlichen Bereich und zudem auf die leistungsrechtliche Beratung adäquat anwenden zu können (vgl. Abb. 14.1, Zeile 2). Die Übertragung des ökonomischen Verhaltensmodells auf den öffentlichen Bereich ist etwas anderes als die Eingrenzung betriebswirtschaftlicher Fragen bspw. auf die Automobil- oder Versicherungsbranche oder auf die Funktion der Unternehmensführung oder des Marketings. Durch eine Offenlegung kann geprüft werden, ob die normative Grundlage des Fürsorgeprinzips aus den Rechtswissenschaften vereinbar ist mit der individualistisch-ökonomischen Argumentation, mit dem sogenannten methodologischen Individualismus.

Rationalität – Ist es rational, proaktiv Leistungen zu gewähren?
Controlling bedeutet zielorientierte Steuerung und hat zum Ziel, zu einer rationalen Entscheidungsfindung der Unternehmensführung durch eine umfassende Informationsversorgung beizutragen. Die typischen Aufgaben einer Controllerin und eines Controllers

bestehen in der Informationsaufbereitung und -auswertung als Entscheidungsvorbereitung in Mitverantwortung (vgl. Weber und Schäffer 2011, S. 19). In der hier zugrunde gelegten rationalitätsorientierten Controlling-Konzeption wird die Sicherung einer rationalen Entscheidung betont sowie die Interaktion zwischen Führungskraft und Controller, die modern im Rollenbild des Controllers als Berater versinnbildlicht wird und ursprünglich auf Deyhle zurückgeführt werden kann (vgl. Weber und Schäffer 2011, S. 19; Deyhle 1993, S. 23).

Mit Voraussetzung eines bestimmten Ziels lassen sich mehr oder weniger rationale Entscheidungen voneinander unterscheiden. So wäre es beispielsweise unter der engen Zielsetzung, Steuergelder für SGB II-Leistungen zu sparen, tendenziell irrational (ineffizient), Kunden proaktiv auf ihr subjektives Recht hin zu beraten und dadurch aktiv zu vermehrten Ausgaben für SGB II-Leistungen beizutragen. Unter dieser engen Zielsetzung wäre es höchstens dann rational, wenn jedes Mal bei der Gewährung der Leistungen belegt werden könnte, dass den Kosten der Leistungsgewährung geringere Belastungen von Steuergeldern (z. B. weniger Transferleistungen) und/oder mehr Steuereinnahmen (z. B. durch frühzeitigere Vermittlung in sozialversicherungspflichtige Beschäftigung) gegenübergestellt werden könnten, die sich ursächlich auf die Beratung zurückführen ließen. Die Berechnungen sind, wenn sie im Detail geführt werden, komplexe statistische Verfahren und voraussetzungsvoll und annahmenreich, z. B. indem unterstellt würde, dass ursächlich durch die Beratung eine Suchttherapie in Anspruch genommen wurde, eine Wohnungskündigung vereitelt, eine Kinderbetreuung ermöglicht wurde, wodurch die Aufnahme einer Beschäftigung initiiert wurde. Diese unmittelbare Unterstellung einer Konnexität zwischen Leistung und Wirkung auf Beschäftigung ist angreifbar. Weiterhin wäre es notwendig zu belegen, bei welchen Kundinnen und Kunden die Einsparungen – angesichts eines begrenzten Budgets – die größten wären. Die enge Rationalität (Effizienz) stößt im Alltag der Entscheidungssituationen zwischen Ratsuchenden und Beratenden an ihre Grenzen. In der Forschung und in makroökonomischer Perspektive bleibt eine Orientierung an der Effizienz als dem engen Rationalitätsbegriff relevant. Angemessener für die hiesige Themenstellung ist es, von einer erweiterten Zielsetzung, die sehr wohl auch die monetäre Dimension enthält, auszugehen und die Zieldimension zunächst qualitativ zu formulieren (vgl. Homann und Suchanek 2005, S. 27). Dadurch wird es möglich, den Maßstab der Rationalität beizubehalten und den ökonomischen Ansatz vom Controlling auf den öffentlichen Bereich zu übertragen. Die ausgemachte Zielsetzung für die Konzeption von ColB ist es, dabei zu unterstützen, Rechte auf Leistungen zur Geltung zu bringen. Unter dieser erweiterten Zielsetzung ist es höchst rational, Kunden proaktiv zu beraten.

Methodologischer Individualismus – Ist es richtig, proaktiv zu beraten?
Die rationalitätsorientierte Controlling-Konzeption ist ursprünglich für den privatwirtschaftlichen Bereich entwickelt worden und beinhaltet als normative Orientierung für ein gutes Controlling „die herrschende Meinung von Fachleuten" (Weber und Schäffer 2015, S. 45). Demnach sollen „erfahrene Fachleute" (Weber und Schäffer 2015, S. 45) durch ein Controlling in einer rationalen Entscheidungsfindung unterstützt werden. Für eine

Controlling-Konzeption, die für den öffentlichen Bereich gelten soll – also auch für ColB –, wird eine eigene Norm zur Beurteilung eines guten Controllings notwendig, da die Norm „erfahrener Manager" schwerlich 1:1 auf den öffentlichen Bereich übertragen werden kann. Durch die Controlling-Konzeption des beratungsorientierten Controllings wurde dieser Schritt dadurch vollzogen, dass an Stelle des „erfahrenen Managers" die Führungskraft oder der Entscheidungsträger eingeführt wurde, die bzw. der demokratisch legitimiert ist (Müller-Osten et al. 2018). Ein öffentliches Controlling ist dann gut, wenn es die Rationalität der Entscheidung demokratisch legitimierter Führungskräfte und Zielsetzungen unterstützt. Für die hiesige Konzeption des ColB wird dieser Gedanke übernommen, zusätzlich wird eine weitere Anpassung vorgenommen. Für ColB steht weniger das Verhältnis von das Verhältnis von Controller und Controllerin mit der Führungskraft im Fokus, sondern Controlling findet hier zwischen Beraterinnen und Beratern und Kundinnen und Kunden statt. Als Norm für ColB wird definiert, dass Controlling gut und richtig ist, wenn es in den alltäglichen Entscheidungssituationen positiv und negativ anreizt, der Beratungspflicht nach § 14 Abs. 2 SGB II nachzukommen.

▶ Als Norm für ein Controlling leistungsrechtlicher Beratung wird definiert, dass Controlling gut und richtig ist, wenn es in den alltäglichen Entscheidungssituationen positiv und negativ anreizt, der Beratungspflicht nach § 14 Abs. 2 SGB II nachzukommen.

Unter konsequenter Anwendung des ökonomischen Verhaltensmodells wird es notwendig darzulegen, dass dieses Ziel mit dem sogenannten methodologischen Individualismus vereinbar ist, nach welchem jedes Handeln auf individuell rationales Handeln zurückgeführt werden soll. Dazu ist es in einem ersten Schritt hilfreich mitzudenken, dass „der Gesetzgeber" in unserer Demokratie aus vielen Einzelpersonen besteht, die über Wahlverfahren uns, die wir im Gemeinwesen leben, repräsentieren. Gesetze werden in der modernen Ökonomik als Institutionen (Spielregeln) gewertet, die bestimmte Anreize setzen (Spielzüge) und die gestaltbar sind. Ziel der Gesetzgebung in dieser interaktionsökonomischen Perspektive ist es, sich aus eigenem Interesse durch Regeln selbst dazu zu verpflichten, eine bestimmte Handlung zu tun oder zu unterlassen, um eine gemeinsame Besserstellung zu erreichen, die durch ungebundenes individuelles Handeln vermutlich verfehlt würde (vgl. Homann und Suchanek 2005, Kap. 1.4.4). In einem nächsten Schritt kann nun überlegt werden, ob § 14 Abs. II SGB II aus Sicht jedes in einem Gemeinwesen lebenden Individuums zustimmungsfähig ist und zu einer gemeinsamen Besserstellung beiträgt. Skizzenhaft soll dargelegt werden, dass dies annäherungsweise gegeben sein könnte. **Bei ColB wird angenommen, dass die Beratungspflicht nach § 14 Abs. 2 SGB II aus individuell rationalen Überlegungen heraus zustimmungsfähig ist**: Im hiesigen Anwendungsfall einer leistungsrechtlichen Beratung wäre es möglich, um einen Ausschnitt des Argumentationskomplexes zu geben, zu argumentieren, dass es im Interesse jedes Steuerzahler und jeder Steuerzahlerin ist, dass es eine öffentlich finanzierte leistungsrechtliche Beratung inkl. der Zahlung von öffentlichen Leistungen an Hilfebedürftige gibt, da jedes

Individuum – hinter dem Schleier des Nichtwissens (vgl. Rawl 1979 i. V.; Homann und Suchanek 2005, Kap. 3.1.3) – davon auszugehen hat, selbst in diese Lage zu geraten. Eine andere individualistische Argumentation könnte sein, dass der Nutzen anderer einem selbst Nutzen stiftet oder dass angenommen wird, dass zu große ökonomische Disparitäten die gesellschaftliche Kohäsion und das gemeinschaftliche Zusammenleben, von dem jeder Teil ist und profitiert, gefährden könnte. Eine weitere ökonomisch-konforme Argumentation ist die, dass eine öffentliche angebotene leistungsrechtliche Beratung eine individuelle Selbstverpflichtung darstellt. Mit Gesetzeskraft auferlegt man sich eine Regel, die rechtfertigt, dass Steuern und Abgaben im Zweifel per Zwangsgewalt erhoben werden. Ohne das „freiwillige Muss" würden aus individuellem Kalkül heraus wenige freiwillig Gelder in einen gemeinsamen Topf legen, weil jeder darauf hofft, dass die Finanzierung auch ohne ihn zustande kommt. Diese Dilemmastruktur, das sogenannte Gefangenendilemma, besagt, dass individuelle Rationalität (das Unterlassen einer freiwilligen Abgabe von Geldern für die Gemeinschaft) zu kollektiver Irrationalität führt (keine gemeinsame Besserstellung durch eine leistungsrechtliche Beratung) und kann als ein Grundproblem gesellschaftlicher Zusammenarbeit definiert werden (Homann und Suchanek 2005, S. 31 ff.). Will man das Dilemma durchbrechen und eine gemeinsame Besserstellung erreichen, gilt es, die Spielregeln so zu verändern, dass Spielzüge angereizt werden, die zu einer gemeinsamen Besserstellung führen. Die Beratungspflicht nach § 14 Abs. 2 SGB II kann genau als solch eine Spielregel glaubhafter Selbstverpflichtung gewertet werden. Für die praktische Umsetzung ist sie – wie dargelegt – noch unzureichend. Die Beratungspflicht nach § 14 Abs. 2 SGB II ist auch deshalb kompatibel mit der ökonomisch-individualistischen Argumentation, da sie die individuellen Präferenzen unangetastet lässt und durch Pflichten der Beratung darauf hinwirken möchte, die individuelle Entscheidungssituation des Hilfebedürftigen zu verbessern. Dies sind Skizzen einer ökonomisch-individualistischen Argumentation, die im Ergebnis vereinbar erscheinen mit der Norm des Fürsorgeprinzips – insofern ist der Weg einer interdisziplinären Vorgehensweise offen.

14.3.2 Umsetzungshinweise für eine gute leistungsrechtliche Beratung

14.3.2.1 Controlling ist in die Beratungsprozesse integriert und unterstützt eine proaktive Interaktion mit einem Wissensmanagement

Vom Analyseinstrumentarium bietet die Volks- und Betriebswirtschaftslehre vielfältige Angebote für eine rationale Entscheidung im Hinblick auf die enge Zielsetzung einer effizienten leistungsrechtlichen Beratung. Ob der eingesetzte Euro aus individuell erwirtschafteten und zwangsweise abgegebenen Steuergeldern für einen vermittlungsnahen oder -fernen Leistungsempfänger eingesetzt werden sollte und welche gesellschaftlichen Effekte zu erwarten sind, dafür bietet die Ökonomie Instrumente. Differenzierte Antworten geben zum Beispiel die gesamtgesellschaftliche Kosten-Nutzen-Analysen, die auch intangible Kosten und Nutzen berücksichtigt (vgl. z. B. VV BHO zu § 7 BHO), oder sogenannte Evaluierungsmethoden arbeitsmarktpolitischer Programme. Diese Verfahren sind sogar in operativ handhabbare Instrumente der Wirkungsmessung (vgl. z. B. Stephan et al. 2006) überführt und stehen den Vermittlungsfachkräften in ihrem Arbeitsalltag zur Verfügung. Und gleichwohl ist es leicht nachvollziehbar, dass die konkrete Entscheidungssituation wesentlich komplexer und eine per Knopfdruck automatisierte Antwort im Beratungsgespräch mit dem hilfebedürftigen Menschen illusorisch ist. Zudem ist fraglich, ob es selbst mit den elaboriertesten Evaluierungen und Wirkungsmessungen gelingen kann, adäquat qualitative Aspekte, z. B. Krankheitsbilder und deren gesellschaftliche Wirkung, einzupreisen. Weiterhin ist – selbst bei Vorliegen der Weltformel – annahmegemäß davon auszugehen, dass die Vermittlungsfachkraft aus individuellem Kalkül entscheiden wird. In der konkreten Entscheidungssituation obliegt es letztlich der Vermittlungsfachkraft, auch das ökonomische Kalkül aufzulösen, also zu entscheiden, für welchen Leistungsempfänger sie die öffentlichen Gelder und ihre Beratungskapazität einsetzt und damit gleichzeitig anderen potenziellen Leistungsempfängern entzieht.

Die von der Volks- und Betriebswirtschaftslehre bereitgestellten Instrumente unterliegen also in der alltäglichen Entscheidungssituation selbst der ökonomischen Begrenztheit. Will man das ökonomische Modell gleichwohl weiterhin nutzen und gleichzeitig die Vermittlungskraft in ihrer konkreten Entscheidungssituation unterstützen – und jetzt geschieht der Spaltenwechsel in Abb. 14.1 hin zum Controlling leistungsrechtlicher Beratung –, so verlässt die öffentliche Betriebswirtschaftslehre ihren eigentlichen Untersuchungsbereich. Die Frage, wo ist der von den Steuerzahlenden bereitgestellte Euro rationaler eingesetzt, wandelt sich um in: Wie gelingt es unter den generellen Knappheitsbedingungen der Realität, die Vermittlungsfachkraft effizient und effektiv in ihren alltäglichen Entscheidungssituationen zu unterstützen? Knappheit drückt sich in dieser Situation beispielsweise durch zeitliche Restriktionen im Beratungsgespräch, begrenzten Ressourcen für Maßnahmenplätze oder fehlende Zeit für Schulungen der Mitarbeitenden zur Gesetzesanwendung aus.

Ähnliches Ergebnis zeigt sich bei der Betrachtung der Gesetzeslage. Auch hier wird davon ausgegangen, dass es weniger inhaltliche Regelungslücken gibt; auch hier lässt sich plausibel mit dem ökonomischen Ansatz argumentieren, dass es die Knappheitsbedingungen der Realität sind, die eine umfassende Beratung erschweren, mit der es gelingen könnte, die Lücke zwischen Anspruch und gelebter Praxis der leistungsrechtlichen Beratung zu schließen. Hätten alle Vermittlungsfachkräfte Zeit und Muße, sich zum Juristen bzw. zur Juristin auszubilden, wäre zumindest das Könnens-Defizit (vgl. Weber und Schäffer 2011, S. 39) gelöst, offen bliebe aus ökonomischer Sicht das individuelle Nutzenkalkül (Wollens-Defizit).

Die Unterstützungsleistung eines ColB sollte vor diesem ökonomischen und rechtlichen Hintergrund darauf hinwirken, dass in den konkreten Entscheidungssituationen der komplexe ökonomische Abwägungsprozess durch Hilfestellung zum Beispiel durch die Bereitstellung von relevantem Wissen Orientierung für die konkrete Entscheidungssituation gegeben wird. Dies könnte zum Beispiel gelingen, indem der Vermittlungsfachkraft an Stelle oder zusätzlich von unmittelbar betriebswirtschaftlichen Kennzahlen als Orientierung in der Entscheidungssituation Wissen zur Gesetzesanwendung zur Verfügung gestellt wird. Aus dem Gesetzestext sind konkretere Handlungsorientierungen zu erwarten als aus Zahlenvorgaben.

Bereits aus diesen Überlegungen heraus leitet sich ab, dass ColB in die Prozesse der Beratung zu integrieren ist. In einem Vergleich zur beschäftigungsorientierten Beratung kann diese Anforderung der Prozessorientierung des Controllings zusätzlich betont werden. Eine gute beschäftigungsorientierte Beratung misst sich an der Integration in den Arbeitsmarkt, da immer das Integrationsziel mit höchster Erfolgswahrscheinlichkeit im Vordergrund steht, auch wenn der Kunde oder die Kundin grundsätzlich weitere Zieloptionen verfolgen kann. Das Konzept „Führen über Ziele" bzw. „Management by Objectives" ist bei dieser klar abgrenzbaren Zielsetzung vergleichsweise adäquat. Die Beratung im Kontext der Integration in den Arbeitsmarkt folgt hier stärker dem Konzept des aktivierenden Sozialstaats (vgl. Galuske 2004, S. 4; Trube o. J., S. 1; Berlit 2006, S. 15; von Koppenfels-Spies 2011, S. 3; LSG Nordrhein-Westfalen, Beschluss vom 31.03.2014, Az. L 19 AS 404/14 B ER) als dem Fürsorgeprinzip. Vergegenwärtigt man sich die existenzielle Notlage des Personenkreises und die Vielzahl an Lebenssachverhalten der interessierenden Personengruppe, wird deutlich, dass die Beratung stärker dem Fürsorgeprinzip folgt und wie wichtig der Prozess an sich und „wie weit weg" die Integration dabei ist. Eine leistungsrechtliche Beratung misst sich demnach im Vergleich stärker im Prozess und weniger und auch erst später am Integrationserfolg. Für den Beratungsprozess wiederum ist es wichtig, dass vom Berater oder der Beraterin mit Blick auf die Notlage und der rechtlichen Komplexität eine proaktive Beratung ausgeht.

Diese Controlling-Merkmale, also die Integration des Controllings in die Kernprozesse und die Betonung der Interaktion auf Basis von bereitgestelltem Fachwissen, entsprechen denen des beratungsorientierten Controllings (vgl. Müller-Osten et al. 2018, Kap. II, 1.). Zu dieser Controlling-Konzeption gehört als konkrete Umsetzungsempfehlung das sogenannte „Controller-Logbuch" (vgl. Müller-Osten et al. 2018, Kap. III). Da die hiesige Zielstellung die Verbesserung der Umsetzung einer merkmalsgleichen Beratung ist, wurde der Logbuch-Gedanke für die hiesige Konzeption eines ColB in Analogie interdisziplinär entwickelt.

Kerngedanke ist es, der Vermittlungsfachkraft mit technischer Unterstützung für konkrete Fälle fachliche Hilfestellung für eine proaktive Beratung zu geben (vgl. Abb. 14.2, 14.3 und 14.4).

Über eine Suchfunktion (Abb. 14.2, oben links) findet sie in einer Datenbank ähnliche Fälle, die für die jeweilige Beratungssituation relevant sind.

▶ Die Integration des Controllings in die Kernprozesse einer leistungsrechtlichen Beratung durch technische Unterstützung soll der Vermittlungsfachkraft eine proaktive und fachkompetente Beratung ermöglichen.

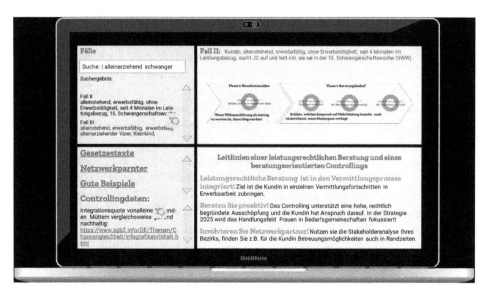

Abb. 14.2 Suchen eines passenden Falls sowie Überblick der Interventionspunkte (Visualisierung der interdisziplinären Überlegungen der Autorinnen)

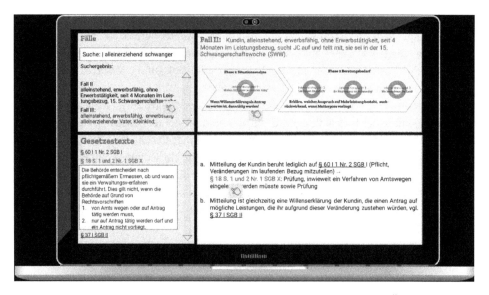

Abb. 14.3 Rechtliche Hinweise je Phase (Visualisierung der interdisziplinären Überlegungen der Autorinnen)

Entlang eines sachlogisch gegliederten Beratungsprozesses (Abb. 14.2, grüne Pfeile, oben rechts) wird das Beratungsgespräch geführt.

Je Phase werden bei Anklicken (Abb. 14.3, oben rechts) am unteren Bildschirm rechtliche Hinweise gegeben. Angesichts der Komplexität des Entscheidungskalküls, welches die Vermittlungsfachkraft in der Beratungssituation zu lösen hat, ist der Führungsstil des

14 Konzeptionelle Grundlagen für ein Controlling leistungsrechtlicher Beratung

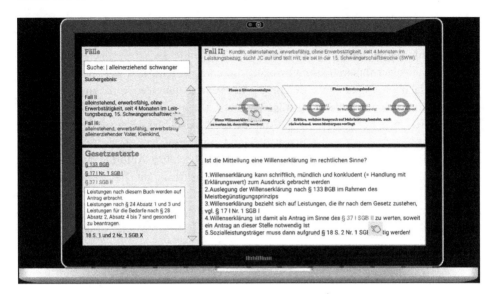

Abb. 14.4 Rechtliche Hinweise je Phase – (Visualisierung der interdisziplinären Überlegungen der Autorinnen)

„Führens über Ziele", im Umkehrschluss also das Selbstüberlassen der Zielerreichung, unter der Zielsetzung einer proaktiven Beratung eine Überforderung. Es ist zu vermuten, dass die konkrete Bereitstellung von Verfahrensregeln für bestimmte Fallkonstellationen die Entscheidungssituation erleichtert.

Über Interventionspunkte (Abb. 14.2, blaue Punkte, oben rechts) wird nach dem Anklicken am unteren Monitor konkret geschildert, was bei einer proaktiven Beratung zu tun ist. Controlling als leistungsrechtliche Beratung wird auf diese Weise dezentral zur Wissensproduktion – in den Kernprozessen ist das Controlling integriert, so dass die operativen Fachkräfte unterstützt werden, das Potenzial der objektiv bestehenden rechtlichen Möglichkeiten für die Hilfebedürftigen zur Wirkung zu bringen.

Die klassischen Controllingzahlen können weiterhin aufgerufen werden (siehe Abb. 14.2, unten links), sie sind für das zentrale Controlling auch weiterhin relevant, für die dezentralen Beratungsprozesse selbst sind Kennzahlen und Ampellogiken im Sinne eines ColB hingegen weniger relevant. Neu zu entwickeln wären zudem Kennzahlen, die aufzeigen, wie hoch die unter plausiblen Annahmen bestehende potenzielle Inanspruchnahme von Leistungen gegenüber der tatsächlichen Inanspruchnahme ist, sinnvollerweise sollten dafür Gruppen der erwerbsfähigen Leistungsberechtigten differenziert werden.

Zentral – darauf sei hingewiesen – spielen klassische Kennzahlen zur Effizienz und Effektivität weiterhin eine Rolle. Ein vernünftiger, rationaler Umgang mit öffentlichen Ressourcen, d. h., den Maßstab der Effizienz auch oder gerade bei öffentlichen Dienstleistungen anzusetzen, gehört zu einer demokratischen Finanzverfassung dazu. So werden wirtschaftliche Handlungsspielräume für eine leistungsrechtliche Beratung identifiziert und gesichert.

14.3.2.2 Umfassende Beratung mit Netzwerk- und Stakeholderanalysen sowie Grenzen der ökonomischen Konzeption

Bei der Anforderung einer umfassenden Beratung sollte zwischen einer fachlich-umfassenden und einer fürsorglich-umfassenden Beratung differenziert werden.

Bei der fachlich-umfassenden Beratung geht es darum, durch ein ColB zu unterstützen, dass Leistungen der Sozialleistungsträger sichtbar werden. Dies könnte gelingen, indem an geeigneten Inventionspunkten (vgl. Abb. 14.1, 14.2 und 14.3) derartige Informationen verlinkt werden. Zusätzlich oder alternativ kann mit weiteren betriebswirtschaftlichen Instrumenten die Beratungssituation unterstützt werden. Fachliche Anforderung an ein ColB ist es, dass Kooperationen mit Netzwerkpartnern genutzt werden. Hierzu bieten sich eigene betriebswirtschaftliche Instrumente wie die Netzwerk- und/oder die Stakeholderanalyse an; ebenfalls geeignet könnte – bei gewissen Anpassungen auf die hiesige Situation – eine Wesentlichkeitsanalyse sein. Diese Instrumente visualisieren und strukturieren zum Beispiel in einer Netzwerkkarte Träger und flankierende Leistungen und machen „per Klick" Kooperationsverträge, aktuelle Projekte, freie Plätze u. a. sichtbar. Diese intuitiv aufbereitete Information kann die Beratungssituation unterstützen.

▶ Die Umsetzung einer umfassenden leistungsrechtlichen Beratung kann durch Instrumente wie Netzwerk-, Stakeholder- sowie Wesentlichkeitsanalysen unterstützt werden.

Bei der fürsorglich-umfassenden Beratung geht es darum, Beratungsbedarfe bzw. ungestellte Fragen zu antizipieren. Mit dieser Anforderung kommt der Beratungskompetenz neue Bedeutung zu. Zu einem ColB gehören demnach auch die Entwicklung und Herausbildung professioneller Beratungskompetenzen, insbesondere im Hinblick auf Proaktivität. Dieses Moment der Proaktivität, so darf angenommen werden, wirkt ganz wesentlich auf eine Schließung der Umsetzungslücke hin. Je klarer das wechselseitige Rollenverständnis ist, desto rationaler können die Entscheidungen werden. Wird angenommen, dass Wissen mehr und mehr anwendungsorientiert digitalisierbar ist (siehe Abb. 14.1, 14.2 und 14.3), dann wird im Vergleich zum Wissen über Leistungsansprüche für diverse Fallkonstellationen die Fähigkeit der Beratung zunehmend wichtig.

Das beratungsorientierte Controlling rekurriert für diese Anforderung auf das Rollenbild vom Controller als Berater gegenüber dem Management und spezifiziert es (vgl. Müller-Osten et al. 2018, Kap. I, 2.). Auch hier geht es darum, in einer durchaus komplexen und konfliktbehafteten Situation Beratungskompetenzen und Professionalität auszuprägen. Die Übertragung und Analogie der Beziehung Controller bzw. Controllerin zu Führungskraft auf Vermittlungsfachkraft zur erwerbsfähigen leistungsberechtigten Person in ihrer komplexen Lebenslage erscheint inadäquat – hier sind disziplinäre Grenzen. Aufgefordert sind an dieser Stelle die Beratungswissenschaften, zum ColB passende Beratungshinweise und aus dem Gesetz ableitbare Konzepte für die professionelle Beratung aufzustellen. Mit der Zielsetzung, die Umsetzung der Beratung praktisch zu verbessern, sollten Schulungs- bzw. Weiterbildungsangebote professioneller Beratung entwickelt werden, die sich an den Inventionspunkten des ColB orientieren.

▶ Die Umsetzung einer umfassenden leistungsrechtlichen Beratung benötigt die Entwicklung von Beratungskompetenzen. In die Umsetzungsrichtlinie sind daher neben ökonomischen auch beratungswissenschaftliche Aspekte aufzunehmen.

14.4 Fazit interdisziplinäres Resümee – Impulse für eine Umsetzungsrichtlinie

Der Gesetzgeber trägt mit der Einführung und der Präzisierung der Beratungspflicht zur Umsetzung bei, dass die Leistungsberechtigten zeitnah alle Leistungen erhalten, auf die sie im Sozialrecht Anspruch haben.

Wichtig dabei ist, dass die Anwenderinnen und Anwender über Interventionspunkte lernen, die jeweilige Beratungssituation zu strukturieren, rechtliche Aspekte zu würdigen und die sich daraus ergebenden Rechtsfolgen und Gestaltungsmöglichkeiten zu erkennen. Aufgrund der Komplexität der Beratungssituation und der sich ständig ändernden Rechtslage müssen die Interventionspunkte möglichst engmaschig sein, um die individuelle Beratungssituation möglichst ausdifferenziert abbilden zu können und den Anwendern und Anwenderinnen eine praktikable Umsetzungshilfe in die Hand zu geben.

Bei der leistungsrechtlichen Beratung ist es nicht nur möglich, sondern notwendig, dass Mitarbeiterinnen und Mitarbeiter der Jobcenter im Rahmen eines Controlling-Konzepts darin unterstützt werden, dem gesetzlichen Beratungsbedarf gerecht zu werden.

Die Verbesserung der Beratungsqualität unterstützt die Leistungsberechtigten in ihren individuellen Lebenslagen und wirkt – angesichts der Größe der Personengruppe – den Risiken und Unwägbarkeiten der sich verändernden Arbeitswelt entgegen.

Literatur

Ansen, H. (o. J.): Soziale Beratung im Grundriss. Online unter: https://dvsg.org/uploads/media/SozialeBeratungAnsen_04.pdf [21.06.2019].

BA (2017): Zentrale GR 11 „Leistungsrechtliche Beratung SGB II, Anlage 1 – Detailkonzept, Stand: 10.01.2017. Online unter: https://www.baintranet.de/001/007/001/006/Documents/Anlage1-Detailkonzept-Final.pdf [21.06.2019].

BA (2019): Statistik: Bedarfsgemeinschaften und deren Mitglieder, Februar 2019. Online unter: https://statistik.arbeitsagentur.de [20.06.2019].

Berlit, U.: „Das neue Sanktionssystem – Fortsetzung. In: *ZFSH/SGB* 2006, 11–19.

Berlit, U. (2016): „SGB II-„Reform" ohne klares Profil – zu einigen Änderungen durch das 9. SGB II-Änderungsgesetz. In: *info also* 5/2016, 195–205.

BT-Drs. 7/868: 25 (1973): Drucksache des Deutschen Bundestags vom 27.06.1973: Entwurf eines Sozialgesetzbuchs (SGB) – Allgemeiner Teil.

Dern, S. & Kreher, S. (2018): „Doppelt besser?! – Behördliche und behördenunabhängige Beratung im SGB II-Bereich". In: *info also* 5/2018, 195–202.

Deyhle, A. (1993): Controller und Controlling. Bern: Paul Haupt.

Eichenhofer, E., v. Koppenfels-Spies, K. & Wenner, U. (2018) (Hrsg.): SGB I (2. Aufl.). München: Beck.

Franzke, B. & Sauer, A.-K. (2017): „Anforderungen an Beratungsfachkräfte in Jobcentern – Eine Analyse auf Basis von Critical Incidents". In: *DÖD* 2/2017, 33–42.

Galuske, M. (2004): Der aktivierende Sozialstaat. Dresden: Evangelische Hochschule für Soziale Arbeit Dresden. Online unter: http://www.forschungsnetzwerk.at/downloadpub/Der_aktivierende_Sozialstaat_sozialarbeit_GM_HES_D_2004.pdf [19.06.2019].

Homann, K. & Suchanek, H. (2005): Ökonomik: Eine Einführung (2., überarb. Aufl.). Tübingen: Mohr Siebeck.

Janda, C. (2016): Rechtsvereinfachung im Grundsicherungsrecht (SGB II) – Bürokratieabbau statt Strukturreform?". In: *ZRP* 3/2016, 84–88.

von Koppenfels-Spies, K. (2011): Kooperation unter Zwang? – Eingliederungsvereinbarungen des SGB II im Lichte des Konzepts des „aktivierenden Sozialstaats". In: *Neue Zeitschrift für Sozialrecht (NZS)* 2011, 1–8.

Krahmer, U. & Trenk-Hinterberger, P. (2014) (Hrsg.): LPK-SGB I (3. Aufl.). Baden-Baden: Nomos.

Lilge, W. (2016): SGB I: Sozialgesetzbuch Allgemeiner Teil Kommentar (Berliner Kommentare) (4. Aufl.). Berlin: Erich Schmidt Verlag.

Mrozynski, P. (2014): SGB I: Sozialgesetzbuch Allgemeiner Teil Kommentar (5. Aufl.). München: Beck.

Müller-Osten, A. & Schaefer, C. & Winter, R. (2018): Beratungsorientiertes Controlling – eine Weiterentwicklung der rationalitätsorientierten Controllingkonzeption am Beispiel der Bundesagentur für Arbeit. In: *Zeitschrift für öffentliche und gemeinwirtschaftliche Unternehmen*, 1/2018, 3–20.

Rawls, J. (1979): Eine Theorie der Gerechtigkeit. Berlin: Suhrkamp.

Rübner, M. & Sprengard, B. (2011): Beratungskonzeption der Bundesagentur für Arbeit – Grundlagen. Online unter: https://con.arbeitsagentur.de/prod/apok/ct/dam/download/documents/dok_ba013204.pdf [21.06.2019].

Schlegel, R. & Voelzke, T. (Hrsg.) (2012): juris Praxiskommentar SGB I (2. Aufl.). Saarbrücken: juris.

Stephan, G., Rässler, S. & Schewe, T. (2006): Das TrEffeR-Projekt der Bundesagentur für Arbeit: Die Wirkung von Maßnahmen aktiver Arbeitsmarktpolitik. In: *ZAF* 3 und 4/2006, 447–465.

Thiersch, H. (1997): Lebensweltorientierte Soziale Arbeit (3. Aufl.). Weinheim/München: Juventa.

Trube, A. (o. J.): Vom Sozialstaat zum Konditionalstaat – Grundzüge des Umbaus und die Folgen für das gesellschaftliche Gefüge. Online unter: http://www.memo.uni-bremen.de/docs/m0307.pdf [21.06.2019].

Weber, J. & Schäffer, U. (2011): Einführung in das Controlling (13. Aufl.). Stuttgart: Schäffer-Poeschel.

Wippermann-Kempf, S. (2003): Die Bedeutung des Leistungsantrags im Sozialrecht. Universität Würzburg: Dissertation.

Urteile

BSG, Urteil vom 05.08.1999, Az. B 7 AL 38/98 R
BSG, Urteil vom 08.02.2007, Az. B 7a AL 22/06 R
BSG, Urteil vom 31.10.2007, Az. B 14/11b AS 63/06 R
BSG, Urteil vom 25.04.2018, Az. B 14 AS 14/17 R
LG Offenburg, Urteil vom 15.12.2006, Az. 3 O 185/06
LSG Hamburg, Urteil vom 08.06.2011, Az. L 5 AS 29/09
LSG Nordrhein-Westfalen, Beschluss vom 31.03.2014, Az. L 19 AS 404/14 B ER
OLG Düsseldorf, Urteil vom 07.03.1996, Az. 18 U 94/95
SG Karlsruhe, Gerichtsbescheid vom 21.12.2011, Az. S 13 AS 3059/11
SG Lüneburg, Urteil vom 09.11.2006, Az. S 25 AS 163/06

Teil V
Ausblick

Zukünftige Arbeitswelten – Zusammenfassung, Ausblick und Kommentierung

Jürgen Kühl

Inhaltsverzeichnis

15.1	Gute Arbeit	321
15.2	Videokonferenzen	322
15.3	Arbeitnehmerbegriff	323
15.4	Neuroenhancement – Hirndoping	324
15.5	Dynamik der Arbeitslosenquote	325
15.6	Altern im Betrieb	326
15.7	Personalmanagement 4.0	327
15.8	Berufsorientierung	328
15.9	Gelingenskompetenzen in der dualen Berufsausbildung	329
15.10	Digitales Lernen	331
15.11	Bildung von Migranten	331
15.12	Individualisierung	333
15.13	Psychologische Handlungsfaktoren	334
15.14	Controlling leistungsrechtlicher Beratung	335
15.15	Ausblick	336
Literatur		338

J. Kühl (✉)
Berlin, Deutschland
E-Mail: juergen.w.kuehl@gmx.de

© Springer Fachmedien Wiesbaden GmbH, ein Teil von Springer Nature 2020
T. Freiling et al. (Hrsg.), *Zukünftige Arbeitswelten*,
https://doi.org/10.1007/978-3-658-28263-9_15

Zusammenfassung

Angesichts der Themenfülle, Argumentationsbreite und Ergebnisdichte der Buchbeiträge zur Arbeitswelt und zu ihren möglichen Zukunftsperspektiven stellt sich die Aufgabe, die Ausführungen zu Arbeit und Beruf, zu Bildung und Beratung thematisch zusammenzudenken und möglichst im Ergebnis zusammenzufassen. Wenn das von einem Einzelnen nicht zu leisten ist, könnte nach einem gemeinsamen Interpretationsrahmen gesucht werden, der aber weder die Ausdeutung der Ergebnisse beherrscht, noch rasch vereinfachend wirkt, noch mögliche andere Sichtweisen versperrt. Anzustreben wäre ein „survey", eine anerkannte Bestandsaufnahme gesicherter Fakten, belastbaren Wissens und vertretbarer Botschaften. Stattdessen folgen jetzt in der vorgelegten Reihenfolge Beitrag für Beitrag mehr Bemerkungen als Quintessenzen, mehr Anregungen als Botschaften.

Schlüsselwörter

Zukünftige Arbeitswelten · Zukunftsperspektiven · Zusammenfassung · Ausblick · Kommentierung

Angesichts der Themenfülle, Argumentationsbreite und Ergebnisdichte der Buchbeiträge zur Arbeitswelt und zu ihren möglichen Zukunftsperspektiven stellt sich die Aufgabe, die Ausführungen zu Arbeit und Beruf, zu Bildung und Beratung thematisch zusammenzudenken und möglichst im Ergebnis zusammenzufassen. Wenn das von einem Einzelnen nicht zu leisten ist, könnte nach einem gemeinsamen Interpretationsrahmen gesucht werden, der aber weder die Ausdeutung der Ergebnisse beherrscht, noch rasch vereinfachend wirkt, noch mögliche andere Sichtweisen versperrt. Anzustreben wäre ein „survey", eine anerkannte Bestandsaufnahme gesicherter Fakten, belastbaren Wissens und vertretbarer Botschaften. Stattdessen folgen jetzt in der vorgelegten Reihenfolge Beitrag für Beitrag mehr Bemerkungen als Quintessenzen, mehr Anregungen als Botschaften.

Anliegen könnte es darauf aufbauend und abhängig von der Resonanz des Sammelbandes sein, einen gemeinsamen theoretischen Rahmen der vielen beteiligten Wissenschaften entstehen zu lassen: Ein Bezugssystem aus Arbeitsmarkttheorie und Ökonomie, Bildungssoziologie und Psychologie, Berufs- und Wirtschaftspädagogik, Beratungswissenschaften, Medizin und Recht. So könnten die Ansätze und Inhalte systematisch aufeinander bezogen und zu etwas Neuem verknüpft werden. Anregender Impuls mag das Bezugssystem für Ansätze einer Theorie der erwerbswirtschaftlichen und kontrahierten Arbeit sein (Kühl et al. 1988). In 45 Einzelschritten beschreibt dieses System den Prozess, wie das Potenzial an Erwerbspersonen und ihr Arbeitsvermögen sowie die Arbeitsplätze in Betrieben, Verwaltungen und Organisationen entstehen und welche weiteren Voraussetzungen für Erwerbsarbeit nötig sind. Dann wird das Zusammentreffen von Angebot und Nachfrage im Arbeitsmarktgeschehen und im Fall der Einigung beider Parteien/Marktseiten in Arbeitskontrakten modelliert. Es folgen die Interaktionen zwischen Erwerbstätigen und Arbeitsplätzen in der Produktion von Gütern und Dienstleistungen sowie die Auswirkungen der Arbeit auf wichtige Lebensbereiche. Die ausführliche Beschreibung geht weit über ökonomische Prozesse hinaus und könnte jeweils Anknüpfungspunkte zu den genannten Disziplinen und ihren dort behandelten Theorien und Fragestellungen bieten.

15 Zukünftige Arbeitswelten – Zusammenfassung, Ausblick und Kommentierung

Die Autorinnen und Autoren gehören dem Lehrkörper der Hochschule der Bundesagentur für Arbeit (BA) an, was Diskussionen, gemeinsame Projekte und interdisziplinäre Zusammenarbeit sicher erleichtert.

15.1 Gute Arbeit

Für eine „gewisse Gelassenheit" plädieren **Conrads/Guggemos/Klevenow** angesichts der ständigen Aufregung über Verheißungen und Verheerungen auf dem Weg in die digitalisierte Arbeitswelt. Getrost könnte man diese Sicht zu der Botschaft hochladen, auch der Arbeitswelt 4.0 geht die Erwerbsarbeit nicht aus, auch nicht die gute. Der Beschäftigungsanstieg auf zuletzt 45 Mio. Erwerbstätige, zumeist sozialversicherte Arbeit, immer mehr statt weniger geleistete Arbeitsstunden einschl. 2,1 Mrd. Überstunden in 2018 (Fuchs et al. 2018, S. 11) und der ungebrochene Trend zu menschlichen Dienstleistungen, die kaum automatisierbar oder digitalisierbar sind, belegen dies eindrucksvoll. Aber jede/jeder Vierte arbeitet zu Mindestlöhnen von weniger als zwei Drittel des mittleren Lohns aller Beschäftigten. Die OECD (2019) hält einen drastischen Beschäftigungsrückgang für unwahrscheinlich. Nach der BMAS-Prognose „Digitalisierte Arbeitswelt" (Zika et al. 2019) könnten von heute bis 2035 fast 3,3 Mio. neue Arbeitsplätze entstehen und 4 Mio. in ihrer bisherigen Form wegfallen. Somit änderte sich an jedem sechsten Arbeitsplatz viel oder alles. Besonders in der Industrie und in den unternehmensbezogenen Dienstleistungen befürchten Beschäftigte und Betriebsräte wie Vertrauensleute per Saldo einen hohen Beschäftigungsabbau. Nicht mal jeder fünfte Betrieb hat eine Strategie, die digitalen Herausforderungen zu bewältigen, aber viel mehr Betriebe befassen sich sehr ernsthaft damit. Die neuen Länder fühlen sich als verlängerte Werkbänke eher gefährdet.

Jede Zukunft ist aber Verhandlungssache, eine Gestaltungsaufgabe der Politik. Die Menschen wollen wissen, wo es langgeht mit ihrer Arbeit. Sie haben die Nase voll von Falschmeldungen, alternativen Fakten und Zukunftsangst, sei sie auch nur gefühlt oder geschürt. Sie wollen der Technik nicht schutzlos ausgeliefert sein und beklagen geringeren sozialen Zusammenhalt, mehr gesellschaftliche Spaltung und reine Protesthaltungen, nicht nur der „Abgehängten" (Allmendinger 2019). Der Bedarf an Utopien, Visionen, Szenarien und Konzepten wächst ständig, gefragt sind verlässliche Orientierung und Strategien für eine gute Zukunft. Somit ist es Aufgabe aller Politik, und hier fordern die Autorinnen und Autoren, dass gute Arbeit auch im digitalen Zeitalter für alle machbar sein muss. Dieser Gestaltungsoptimismus ist angebracht – trotz der „janusköpfigen" und ambivalenten Wirkungen der sozio-technischen Transformation in Arbeit, Bildung und Beratung. Denn nicht alle bekannten Herausforderungen wie Globalisierung, Demografie, Migration, Digitalisierung, Ungleichheiten, Geschlechterverhältnis sind neu und vom erforderlichen Regelungstyp völlig anders als bisher. Der demokratische Rechts- und Sozialstaat, Tarifautonomie und Mitbestimmung einschließlich Personalvertretung sowie ein leistungsfähiges System von Aus- und Weiterbildung, von Beratung und Arbeitsförderung können das schaffen.

Die Autoren überzeugen mit einem umfassenden Ansatz, die Zukunft guter Arbeit auf der Makroebene der sozialstaatlichen Gesellschaft, der Mesoebene der Betriebe und Organisationen sowie der Mikroebene von Individuen zusammenhängend zu erörtern. Methodisch verwenden sie drei Verfahren:

Erstens das „Vierstöckige Haus der Arbeitsfähigkeiten" mit den Etagen Gesundheit, Kompetenzen, Einstellungen und Beteiligungsmethoden sowie der allerwichtigsten Etage, den Arbeitsbedingungen und der Führung. Außerbetriebliche Einwirkungen kommen hinzu.

Zweitens ein Modell von sechs Persönlichkeitstypen: Realistisch, investigativ, künstlerisch, sozial, unternehmerisch und konventionell.

Drittens ein Berufskonzept mit den Dimensionen Aufgabe, Objekt, Autonomie, Funktionsbereich, Arbeitsmilieu und Arbeitsmittel. Beispielhaft werden Industriemechaniker/-in und Erzieher/-in erörtert.

So erfreulich die Berufsdimension der Digitalisierungsanalyse zugänglich gemacht wird, selbst in einer aktuellen, nach 141 Berufsgruppen und 63 Wirtschaftsbereichen strukturierten Arbeitswelt 2035 kommen Zika et al. (2019, S. 43) zu dem Schluss, „inwieweit infolge der Digitalisierung ganze Berufe zurückgedrängt oder gar überflüssig werden, muss sich zeigen".

Im Ergebnis lassen sich viele Dimensionen guter Arbeit auch unter Digitalisierungsdruck verwirklichen, indem ein präventiver Sozialstaat, vorausschauendes und mitbestimmtes Handeln von Betrieben und Organisationen sowie ein erfolgreicher Lebensverlauf der Individuen mit vollständig gestalteter, persönlichkeitsstützender Arbeit zusammenwirken. Damit knüpfen die Autoren an die Bemühungen der inzwischen 100-jährigen Internationalen Arbeitsorganisation (ILO) um anständige Arbeit (decent work) und an die Diskussion über die Humanisierung der Arbeit in den 1970er-Jahren. Die profunde Sicht guter Arbeit in digitaler Welt umreißt einen zukunftweisenden Rahmen, dessen Komplexität zwar empirischer Reduktion bedarf, aber die nötige Grundlagenforschung wie von der Deutschen Forschungsgemeinschaft (DFG 2019) gefordert zutreffend absteckt.

Für die engere Zusammenarbeit an einem theoretischen Rahmen werden weiterhin gültige Grundwerte festgestellt, ein erstes einigendes Band für die unterschiedlichen Disziplinen, Ansätze und Sichtweisen.

15.2 Videokonferenzen

Mitbestimmung per Videokonferenz sieht **Brecht-Heitzmann** angesichts oft weit auseinanderliegender Standorte von Betrieben und internationaler, ja globaler Organisation als in Grenzen zulässiges Kommunikationsmittel. Allerdings werfen Vertraulichkeit, Informationssicherheit und Verbindlichkeit auch dezentral gefasster Beschlüsse viele Rechts- und Praxisprobleme auf, die Videokonferenzen eher „ausnahmsweise" erlauben. Immerhin sieht das Weißbuch des BMAS „Arbeiten 4.0" (Bundesministerium für Arbeit und Sozialordnung 2016) eine entsprechende Rechtsfortbildung vor.

Modernen Kommunikationsmitteln wie Videokonferenzen und einigen sozialen Medien kommt in der künftigen Arbeitswelt eine zunehmende Bedeutung zu. Soloselbstständige, Crowd- und Gigworker und in oft prekärer Arbeit isolierte Arbeitnehmer/-innen können damit Kontakt halten, sich vernetzen, über Mindeststandards ihrer Arbeit und Entlohnung abstimmen und erste Interessenvertretungen organisieren (Haipeter und Hoose 2019). Aber nicht alle sind Akademiker oder IT-Freaks.

15.3 Arbeitnehmerbegriff

Der Arbeitnehmerbegriff wird von **Meyer** völlig zu Recht als zentral, ja existenziell für über 35 Mio. Arbeitnehmer/-innen und ihren arbeits- wie sozialrechtlichen Schutz sowie für neue Beschäftigungsverhältnisse herausgestellt. Selbst wenn das Normalarbeitsverhältnis sich wacker hält, Flexibilisierung und Digitalisierung fordern es und gebären immer neue Arbeitsformen: Telearbeit, Homeoffice, mobiles Arbeiten an wechselnden Standorten, Crowd- und Gigworker, Arbeiten in der Plattformökonomie, die Kunden mit Handwerks- und Dienstleistungen zusammenbringt, Soloselbstständige, gemeinsam genutzte Büros, mitunter auch Franchise-Unternehmen. Ob das Arbeitsrecht und sein Schutz gelten oder nicht, entscheidet sich danach, ob Beschäftigte ihre Arbeit selbstständig machen können oder nicht. Dabei kommt es darauf an, wie ein Arbeitsvertrag durchgeführt wird, welche Eigenart die Tätigkeit hat und wie alle Umstände des Einzelfalls aussehen. Als arbeitnehmerähnliche Personen gelten z. B. solche, bei denen Arbeitszeit und Lohn zu mehr als der Hälfte von einem Auftrag- oder Arbeitgeber abhängen. Selbst wenn die vielfältigen neuen Beschäftigungsformen anteilig erst im einstelligen Prozentbereich angesiedelt sind, stets ist sorgfältig zu prüfen, ob der Arbeitnehmerbegriff greift. So verwundert es auch nicht, dass der Begriff in § 611a BGB vom 21.02.2017 erst vor zwei Jahren neu und eher traditionell gefasst wurde.

Dem Autor ist voll zuzustimmen, herkömmliche Arbeitnehmergruppen und immer neue Beschäftigungsformen in der Arbeitsrechtslehre an Hochschulen breit zu behandeln, auch mit Fallbeispielen und digitalisierten Hilfen („legal tech"). Die empirische Arbeitsmarktforschung wird die Vielfalt und Relevanz der neuen Beschäftigungsformen zu belegen haben. Arbeitsberatung und Vermittlung der BA und ihr Arbeitgeberservice werden zunehmend dazu befragt werden. Der Autor schlägt vor, einem „Bedeutungsverlust des Arbeitsrechts" vorzubeugen, indem z. B. in der neuen Arbeitswelt 4.0 Aspekte persönlicher Abhängigkeit anders gewichtet und wirtschaftlich schwache Selbstständige in den Schutz des Arbeitsrechts aufgenommen werden. In den Zusammenhang zum sozialrechtlichen Schutz gehört auch die Anregung einer digitalen sozialen Sicherung (Weber 2019). Er schlägt vor, einen bestimmten Prozentsatz des vereinbarten Entgelts dem Sozialversicherungskonto der/ des Arbeitenden in seinem Heimatland gutzuschreiben. Die Arbeitnehmereigenschaft ist für die soziale Sicherung besonders wichtig. Gerade klagt ein Crowdworker und Gewerkschaftsmitglied seine Arbeitnehmereigenschaft vor einem Landesarbeitsgericht ein.

Die rechtliche Dimension der Arbeitswelt, auch der digitalisierten, bleibt in ihrer arbeits- und sozialrechtlichen Ausprägung ein verbindendes Querschnittselement mit sehr vielen Bezügen zu den Einzelaspekten der Arbeit von Individuen, Betrieben und Beschäftigungssystemen.

15.4 Neuroenhancement – Hirndoping

Die Produktions- und Dienstleistungswelt liefert, so **Franke,** immer mehr abstrakte Informationen und digitale Datenmengen, fordert also mehr kognitive Leistungen: Wachheit, Aufmerksamkeit, Konzentration, Gedächtnis und Motivation, alle kaum durch künstliche Intelligenz, allenfalls teilweise, zu ersetzen. Um diese Leistungsfähigkeiten zu steigern, nehmen immer mehr (bis zu 20 %) Berufstätige „Hilfsmittel", die medizinisch nicht notwendig, aber entweder frei käuflich oder verschreibungspflichtig oder illegal zugänglich sind. Mangels spärlicher Daten, „nur Inselbefunde", wird eine breite Literaturanalyse vorgelegt, die eine starke Verbreitung derartiger Mittel ergibt, obwohl bleibende Leistungsverbesserungen überschaubar, Nebenwirkungen mitunter aber gefährlich sind.

Eingedenk der zentralen Bedeutung der Gesundheit im ganzen Leben, darin stimmen viele Autoren dieses Bandes überein, klärt der medizinische Beitrag Frankes, was „schlechte" Arbeit bewirken kann: Suchterkrankungen, Berufs- oder Erwerbsunfähigkeit drohen, ebenso wie die Modeerscheinung, dopingähnliche Mittel auch zur Stimmungsverbesserung, als Antidepressiva oder, so wäre hinzuzufügen, zur Überwindung von „Burn-out" zu nehmen. Die Weltgesundheitsorganisation (WHO 2019) definiert ihn als chronischen Stress am Arbeitsplatz, der nicht erfolgreich verarbeitet wird. Es folgen ein Gefühl der Erschöpfung, eine zunehmende geistige Distanz oder negative Haltung zur eigenen Arbeit und ein verringertes Leistungsvermögen.

Die künstliche Steigerung von Leistung oder Stimmung sowie die verheerenden Folgen von „Burn-out" sollten in den vielen Beiträgen zur guten Arbeit und zur Gesamtbefindlichkeit von Arbeitslosen stärker beachtet werden. Alle Beratungsdienste und der psychologisch-ärztliche Dienst können aus diesem Beitrag wertvolle Fakten beziehen. In Verlaufsanalysen wäre die Faktenbasis zu erweitern, z. B. mittels der vorgeschriebenen Gefährdungsanalysen an Arbeitsplätzen, die allerdings in KMU unvollständig bleiben oder gar fehlen. Zu denken ist auch an die Langzeitstudie von 1997 bis 2018 (DAK 2019) bei 2,5 Mio. DAK-Versicherten über die Ursachen von Krankschreibungen. Hier könnten auch Brückenprojekte der HdBA zwischen medizinischen und sozialwissenschaftlichen Forschungen zu guter Arbeit in digitalen Welten angesiedelt werden.

Die gesundheitliche Dimension, sei die Arbeitsleistung eingeschränkt oder gar gefährdet, künstlich gesteigert oder krankheitshalber unmöglich, hat einen ähnlichen Querschnittscharakter wie die rechtliche und gehört daher in eine verbindende Gesamtbetrachtung von Arbeitsmarkt und Beschäftigungssystem.

15.5 Dynamik der Arbeitslosenquote

Angesichts der Tatsache, dass die jährlichen Zugänge in Arbeitslosigkeit (z. B. 2017 rd. 6,7 Mio. Menschen) und die Abgänge aus ihr (rd. 7,7 Mio.) jeweils dreimal so groß sind wie der Jahresdurchschnitt (2,53 Mio. Arbeitslose), erklärt **Ochsen** Höhe und Quote der Arbeitslosigkeit durch die monatlichen Ströme am Arbeitsmarkt von Anfang 2007 bis Ende 2017, auch nach Alter und formaler Qualifikation der Arbeitslosen. Zugleich haben 2017 rd. 10,9 Mio. sozialversicherungspflichtige Beschäftigungsverhältnisse (svB) begonnen, etwa 10,3 Mio. haben geendet, also auch etwa ein Drittel des Bestandes an svB. Hier sollte ruhig auf einige Ursachen der enormen numerischen Flexibilität verwiesen werden, obwohl sie jeder kennt, zahlreiche offene Stellen und hohe Fluktuationskosten entstehen: Gut 40 % aller Einstellungen sind befristet, 2018 waren 3,2 Mio. svB befristet beschäftigt, 1,8 Mio. ohne Angabe von Gründen; Saisonarbeit, nicht ganzjährige Beschäftigung, beendete Beschäftigungsprojekte des Staates oder der Arbeitsförderung, Ende einer dualen Ausbildung usw. 2018 haben knapp 800.000 Bezieher/-innen von Hartz IV-Leistungen nach SGB II von Januar bis Oktober eine svB begonnen, die eine Hälfte (48,8 %) war auch drei Monate später nicht mehr auf diese Leistungen angewiesen, die andere war wieder im Leistungsbezug. Wie viele Menschen haben wie oft im Jahr eine neue oder alte Beschäftigung aufgenommen?

Der Erkenntnisgewinn angesichts dieser dynamischen Bewegungen besteht darin, dass der Zugang zur Arbeitslosigkeit zerlegt wird in den Zugang aus beendeten Beschäftigungsverhältnissen (z. B. durch Entlassung, Arbeitnehmerkündigung, Befristung) oder durch Neuzugänge in das Erwerbspersonenpotenzial (z. B. Jugendliche, Rückkehr von Frauen und Männern, Zuwanderung). Ebenso wird der Abgang aus Arbeitslosigkeit danach zerlegt, ob er durch Einstellung in svB erfolgte oder in die Nicht-Erwerbstätigkeit führte.

Das vorliegende Rechenmodell ist nachvollziehbar abgeleitet und in sich schlüssig. Auch ist es für einige der folgenden Fragen nicht konzipiert, die sich aber dennoch immer wieder stellen.

Nicht ohne Weiteres zuzustimmen ist Ochsens Aussage, die trotz Dynamik hohe Arbeitslosenquote der formal nicht Qualifizierten „signalisiere ein zu hohes Angebot an Arbeitskräften ohne formale Berufsausbildung". Für formal nicht Qualifizierte, Un- und Angelernte, Hilfsarbeiten und Helfertätigkeiten hat auch die neue Arbeitswelt Beschäftigungsfelder. Etwa jeder Vierte verübt ungelernte Tätigkeiten, sogar etwas mehr als vor 20 Jahren (Struck 2018). Nach dem IAB-Betriebspanel, einer repräsentativen, jährlich wiederholten Arbeitgeberbefragung von 16 000 Betrieben, erforderte 2018 die Tätigkeit von bundesweit 25 % aller Beschäftigten keine formale Qualifikation (Senatsverwaltung für Integration, Arbeit und Soziales 2019, S. 46). Auch hier muss sich die Gesamtpolitik um anständige Arbeitsbedingungen, faire Mindeststandards und Mindestlöhne, im Ergebnis gute Arbeit bemühen. Außerdem hängt die (Wieder-) Beschäftigung dieser Gruppe stark vom regionalen und sektoralen

Beschäftigungsstand, von Vollbeschäftigung, der betrieblichen Konzessionsbereitschaft sowie einer Politik „Arbeit aufs Land" ab.

Seit der Finanz- und Wirtschaftskrise 2008/09 nahm die Arbeitslosenquote stark auf jetzt rd. 5 % ab, der Autor erklärt mit den vier tragenden Strömen viel. Klar, die Langzeitarbeitslosigkeit sinkt mangels Neuzugängen. Aber warum hat eine halbe Mio. arbeitsfähiger Menschen nach fast 15 Jahren SGB II trotz „Fördern und Fordern" keinen Tag „normal" gearbeitet? Wie konnte sich trotz riesiger Dynamik am Arbeitsmarkt Langzeitarbeitslosigkeit hartnäckig behaupten? Wurde sie gar durch die Trennung in SGB III- und SGB II-Arbeitslose zementiert? Sehr viele Menschen sind 2005 als arbeitsfähige Sozialhilfeempfänger/-innen von den Kommunen zu deren finanzieller Entlastung in die Arbeitsverwaltung/Jobcenter übernommen worden. Ultralange Arbeitslosigkeit hängt auch mit gesundheitlichen Einschränkungen und Rehabilitationsanträgen bei der Rentenversicherung zusammen.

Natürlich setzt der Autor auf Qualifizierung, auch für die formal noch nicht Qualifizierten. Wer z. B. aus dem SGB II heraus eine Umschulung machen will, lebt weiter zwei Jahre von Hartz IV, nicht gerade motivierend. Nach dem „Qualifizierungschancengesetz" bietet die BA immerhin jährlich 6,2 Mrd. Euro für die Fortbildung Arbeitsloser und Beschäftigter, um sie für den Wandel in der Arbeitswelt fit zu machen. Je kleiner der Betrieb, umso mehr Lohnanteile trägt die BA (aus ihren hohen Überschüssen). Die „Nationale Weiterbildungsstrategie" sieht u. a. einen Anspruch vor, einen Berufsabschluss nachzuholen. Generell braucht es nicht nur einen Beratungsanspruch in der Weiterbildung, sondern einen Rechtsanspruch auf Förderung der beruflichen Weiterbildung, wenn Strukturwandel, digitale Arbeitslosigkeit oder Langzeitarbeitslosigkeit vorherrschen (s. u.).

Angesichts des Umfangs und der Dynamik der Arbeitslosigkeit, insbesondere in ihrer verfestigten Langzeitform, bleibt Unterbeschäftigung zentrales Erklärungsobjekt eines systematischen Ansatzes. Methodisch wichtig ist die Erkenntnis, dass statt Bestandsgrößen die Bewegungsdynamik, statt Querschnitts- vor allem Längsschnittanalysen befriedigende Erklärungen liefern.

15.6 Altern im Betrieb

Altern in Belegschaften von Betrieben und Verwaltungen ist eines der bestprognostizierten und meisterforschten Großereignisse. Denn „die Babyboomer" von 1955 bis 1968 waren längst geboren, die Erwerbstätigenquoten der Älteren enorm gestiegen. Leistungseinschränkungen und gesundheitliche Probleme hatten zugenommen, ebenso eine gewisse Einstellungszurückhaltung gegenüber älteren Langzeitarbeitslosen und der Wunsch nach vorgezogenem Ruhestand, nach 45 Arbeitsjahren auch ohne Rentenabschläge.

Brandl/Guggemos/Matuschek referieren die vielfältigen Reaktionen von Politik, Tarifparteien, Unternehmen sowie Demografieforschern und -beratern. Sie beklagen zu Recht, dass – trotz Altersstrukturanalysen, so es sie gibt –, eher reaktiv statt präventiv, eher einzelfallbezogen statt systematisch gehandelt wird. Sie beklagen „Rezeptionsmangel" trotz vieler Lösungsvorschläge und den Bedarf an Rezeptwissen und minimalistischen

15 Zukünftige Arbeitswelten – Zusammenfassung, Ausblick und Kommentierung

Lösungen. Immerhin haben gut 70 % aller Betriebe unter zehn Beschäftigte, und mit der Betriebsgröße steigt auch ein vorausschauender Umgang der Betriebe mit Altersabgängen. Denn es ist zu entscheiden, ob und welcher Ersatzbedarf besteht oder ob Rationalisierung, Digitalisierung und Automatisierung die geräumten Arbeitsplätze entbehrlich machen.

Die Autoren entwerfen, interdisziplinärem Querschnittsdenken verpflichtet, eine „demografiesensible Firmenkultur": Altersstrukturanalysen, auch nach Funktions- und Aufgabenbereichen, Alternsmanagement mit entsprechender Arbeitsplatzgestaltung, Weiterbildung und Gesundheitsförderung, möglichst orientiert an den Lebensphasen und -lagen der Älteren. Der reiche Ideenpool reicht bis in die Umsetzungsebene von Tarifparteien und Personalvertretungen, über die Schulung von Personalverantwortlichen und überbetriebliche Arbeitskreise bis zur Anregung an die BA, Arbeitnehmer/-innen und Betriebe in vielen Alternsfragen zu beraten. Manche Arbeitsagenturen haben ausgebildete Berater im Arbeitgeberservice, die Betriebe zu Alternsfragen in ihren Belegschaften beraten.

Die etwa im IAB-Betriebspanel belegte hohe Wertschätzung verbliebener Älterer dürfte Betriebe künftig weniger bei deren Einstellung zögern lassen, zumal Förderung winkt. Zusätzliche Anstrengungen wie vorgeschlagen werden viele Betriebe ergreifen, weil partielle Knappheitslagen an Fachkräften, deren Marktlohn sie nicht erwirtschaften, mangelnde Berufserfahrungen der jüngeren Zuwanderer aus der EU und darüber hinaus die unerlässlichen Erfahrungen Älterer, konjunkturelle und Transformationskrisen zu bewältigen dazu nötigen.

Obwohl die Alterungsproblematik schon breit erforscht ist, kann das interdisziplinäre Querschnittsdenken als beispielhaft gewertet werden. Ebenso weiterführend ist die Berücksichtigung der Umsetzungsebene arbeitspolitischer Vorschläge. Hier könnte eine Brücke zum Arbeits- und Sozialrecht gebaut werden, dessen Regulierungen freilich auch umzusetzen sind.

15.7 Personalmanagement 4.0

Sympathisch, weil an W. Brandts „mehr Demokratie wagen" erinnernd, stellt **Jedrzejczyk** auf Demokratisierung in der künftigen Arbeitswelt ab, in der veränderte Führungs- und Organisationsstrukturen möglichst allen Beschäftigten mehr Einfluss auf ihre eigene Arbeit und ihren Betrieb verschaffen. Demokratisierung sei auch eine Überlebensstrategie und eine Antwort auf die bekannten Megatrends.

Statt ausgeklügelter Zielvereinbarungen, Beurteilungs- und Vergütungssysteme und unter Verzicht auf traditionelles Personalmanagement entfalten in diesem Modell motivierte Beschäftigte ihr Leistungspotenzial und ihre Produktivität voll und ganz. Minderleistungen weniger motivierter Kolleginnen und Kollegen werden so ausgeglichen. Teure und unpopuläre Leistungsüberwachungen, allfällige Kontrollen und teure Sanktionen können entfallen.

Die schwerwiegende Kritik als „naiver, nicht rationaler, lebensfremder und schwer realisierbarer Ansatz" wird mit positiven Praxisbeispielen zurückgewiesen, aber nicht voll entkräftet. Dazu sind Machtverhältnisse, Organisationsgrade und Interessengegensätze zu mächtig, Traditionen vorherrschend. Betriebe und Arbeitsplätze sind auch kein sozialer Selbstzweck, sondern abgeleitet aus der Nachfrage nach Gütern und Dienstleistungen sowie der staatlichen Verwaltung und Daseinsfürsorge. Immerhin sieht die Autorin auch im Menschenbild Grenzen der Demokratisierung. Denn nicht alle Beschäftigten benötigen Selbstführung, Autonomie und Verantwortung für ein erfülltes Arbeitsleben. Manche schätzen die Sicherheiten von Organisationen und Hierarchien, wollen keine zusätzliche (Eigen-) Verantwortung oder fürchten um ihren Aufstieg, wenn Hierarchie entfällt. Entscheidend wird wohl bleiben, ob Vorgesetzte usw. ihren Mitarbeiterinnen und Mitarbeitern vertrauen oder nicht.

Es ist aber sehr anregend, die Idee weiterer Demokratisierung an ihren individuellen, organisatorischen und betrieblichen Erfolgsfaktoren festzumachen. Die Übertragbarkeit auf immer mehr Unternehmen wäre zu prüfen und die Attraktivität erfolgreich demokratisierter Unternehmen für immer mehr individualisierte Arbeitnehmerinnen und Arbeitnehmer und Beschäftigungsformen zu belegen. Vielleicht überdenkt einmal jemand den Ansatz für eine BA der Zukunft.

So wie bei den gültigen Grundwerten geht es bei der Personalarbeit um das Menschenbild, das im anzustrebenden Gesamtansatz einigendes Band sein muss. Darin vereinigen sich zugleich individuelle, rechtliche und gesundheitliche Aspekte sowie Fragen der Bildung und Kompetenz, des Berufs sowie der Beschäftigungs- und Leistungsfähigkeit, der individuellen Produktivität, auch als Basis für Reallohnanstieg und kürzere Arbeitszeiten.

15.8 Berufsorientierung

Obwohl sich berufliche Aufgaben und Tätigkeiten ständig, rasch und enorm verändern, nicht zuletzt durch die üblichen Megatrends, hält **Klevenow** an dem „Konstrukt Beruf" fest. Funktion, Job und neumodische, mitunter nichtssagende Bezeichnungen in allen möglichen Stellenangeboten können den hohen Informationsgehalt des Wortes Beruf nicht ersetzen, sei er als Ausbildungsberuf anerkannt, erlernt oder ausgeübt. Die inzwischen hundertjährige Berufsforschung mit Hilfe aller möglichen Wissenschaften hat Fontanes „weites Feld" hinterlassen, Ernten fällt schwer. Zur Entstehung der Berufsforschung des IAB in der BA vgl. Stooß (2007).

Erkenntnisleitend bleibt für den Autor die Multidimensionalität der Interessen, Wünsche, Kompetenzen und Ziele von Personen vor einer Berufswahl mit der großen Vielfalt der spezifischen Arbeitsanforderungen und Erwartungen in Betrieben und Verwaltungen gegenüberzustellen, auf Gemeinsamkeiten zu prüfen und bei Diskrepanzen zu vermitteln. Im Vor- und Umfeld soll die Berufsorientierung unterstützen, beide Seiten – Person und Beruf – zusammenzubringen. In einem „beraterischen Rahmenkonzept" werden die dabei aufzuwerfenden Fragen eingeordnet.

Noch immer fühlen sich viele Jugendliche und ihre Eltern beruflich unzureichend informiert, kommt es bei einem Viertel der Auszubildenden zu einer Lösung ihres ersten Ausbildungsvertrages (s. u.), fehlt es ihnen an berufskundlichem Wissen, hinterlassen rd. 30 % der Jugendlichen in der Selbsterkundung wenig differenzierte und konsistente Angaben, die zudem ungünstige Berufseinmündungen und -verläufe befürchten lassen.

Bei der beruflichen Orientierung und der Wahl von Berufen sind, so der Autor, Brücken mit vielfältigen Funktionen zu schlagen. Zentral ist dabei auf der Personenseite eine „intensive Identitätsarbeit", die Jugendliche und Erwachsene mit ihren Absichten, Wünschen und Erfahrungen zu persönlichen Mustern führt. Sie sind mit Musterbildern zu vergleichen, die aus individuellem Wissen, aus der Berufskunde, aus Arbeitsmarktinformationen und auch Medien stammen. Diese Musterbildung erfordert in der neuen Arbeitswelt mehr Zeit und Reflektion, weshalb Jugendliche und Erwachsene „Moratorien" brauchen, mehr berufliche Umwege gehen und zusätzliche beratende und begleitende Unterstützung im Berufswahlprozess benötigen. Immerhin sieht der Autor die nötige Identitätsarbeit in der herrschenden Beratungskonzeption der BA verankert.

Die Zustimmung zum Ansatz des Autors könnte noch größer sein, wenn der Identitätsarbeit mit dem Ziel der Persönlichkeitsentfaltung auf der Personenseite eine vergleichbar große und weitreichende Anstrengung auf der Seite der Arbeitgeber, der Ausbildungsbetriebe und ihrer Ausbilder entspräche. Die Gegenüberstellung Person – Beruf wird prozessual im Individuum unter Beachtung der Berufswahlfreiheit mit Hilfe der Berufsorientierung und -beratung quasi aufgelöst. Die Brücke besteht ja allermeist nicht aus der Interaktion Bewerber/-in und Betrieb, sondern aus der allerdings unentbehrlichen Vermittlerfunktion der Beratungsdienste. Dass dabei digitale Medien, Lernformen und Informationsmittel hilfreich unterstützen, aber allein nicht ausreichen, wird allgemein anerkannt. Allerdings eröffnen sich in der neuen Arbeitswelt der Berufskunde und den berufskundlichen Informationen über Arbeit und Beruf bleibende und neue Aufgaben. Die Fülle der Berufe muss besser überschaubar werden, auch im dualen Studium.

Die Berufsdimension gewinnt wegen ihrer zentralen Rolle in der Erwerbsarbeit, wegen des Kerngeschäfts der Beratungsdienste, des enormen Informationsgehalts eines Berufsbegriffs und wegen immer notwendiger, vielleicht sogar verstärkter Berufswechsel noch an Bedeutung in einem Gesamtrahmen der künftigen Arbeitswelt. Die Berufsforschung bleibt gefragt.

15.9 Gelingenskompetenzen in der dualen Berufsausbildung

Der seit Jahren mit über einem Viertel unerträglich hohe Anteil gelöster Ausbildungsverträge – 2016 waren das 146.400 – belegt anhaltende Funktionsmängel aller Beteiligten vor, während und auch noch nach der dualen Ausbildung. Immerhin lernen viele Vertragslöser (60 %) später weiter, etwas anderes oder sie studieren. Manchmal geschieht das auf Wunsch der Ausbilder/-innen, mitunter sollen die Erziehungsberechtigten länger, bis zum Ende einer anderen Ausbildung zahlen, mitunter können Minderjährige ihre Berufsschule nur schwer erreichen. Somit sänke die Gesamtabbruchquote immerhin auf ca. 14 %. Aber die anderen haben binnen 15 Jahren nach dem Abbruch ihrer Ausbildung keine Qualifizierung mehr aufgenommen. Mit 2,1 Mio. Menschen von 20 bis 34 Jahren gab es 2018 einen Höchststand fehlender jeglicher Berufsausbildung. Das liegt z. T. auch an den Migranten/-innen, die i. d. R. keine anerkannte Ausbildung haben. Was bestimmt also den enormen Ausbildungsabbruch in diesem so hervorragenden, international gefragten Berufsbildungssystem mit 531.000 Ausbildungsverträgen, das obendrein mit den Hochschulen um Bewerber konkurriert?

Obwohl es interessant und zutreffend wäre, die Handlungsmängel aller Beteiligten und auch Strukturmängel dualer Ausbildung herauszuarbeiten, konzentrieren sich **Ulrich/ Wiench/Frey/Ruppert** auf die Auszubildenden und ihre Kompetenzen. Sie stützen sich auf einen weiten Kompetenzbegriff der OECD (2005). Dabei beschränken sie sich auf überfachliche Kompetenzen und deren Einfluss darauf, ob eine duale Ausbildung gelingt oder nicht. So sehen sie einfache und Helfertätigkeiten abnehmen. Ungelernte hätten keine Perspektive, eine hohe Arbeitslosigkeit, ein erhöhtes Armutsrisiko bis ins Alter, verminderte Teilhabechancen und das größte Substitutionspotenzial, gerade im Zuge der Digitalisierung.

Mittels einer Online-Selbstbeurteilung in den Berufsschulen, an der 16.000 Jugendliche im ersten Lehrjahr teilnahmen, wurden für 2011 bis 2016 deren überfachliche Kompetenzen ermittelt. Sind sie gut ausgeprägt, kann ein Gelingen der Ausbildung erwartet werden, sind sie unzureichend vorhanden, könnte sich ein Ausbildungsabbruch andeuten. Die generellen „Gelingensfaktoren", in der Ausbildung erfolgreich zu bleiben, sind (erwartungsgemäß): Kooperationsfähigkeit, soziale Verantwortung, Konfliktfähigkeit, Selbstständigkeit, Arbeitstechnik und Pflichtbewusstsein. Sie bleiben auch in der neuen Arbeitswelt entscheidend, zumal zukünftige Anforderungen an rein fachliche Kompetenzen riskant, wenn überhaupt hinreichend exakt bestimmbar seien.

Unklar bleibt, wer diese überfachlichen Kompetenzen vor der Ausbildung vermitteln soll, das Elternhaus, die Kita und die Schule? Viele dieser Kompetenzbestandteile werden allenfalls in der Berufsausbildung erworben, sind Ziel der Ausbildung. Der Verdacht einseitiger Schuldzuweisungen an Jugendliche liegt nahe, einige Klagen über deren mangelnde Ausbildungsreife scheinen berechtigt. Die Messlatte hängt für noch nicht oder gerade erst volljährige Auszubildende recht hoch. Man sollte sie mal auf Studierende anlegen und den ebenfalls hohen Studienabbruch untersuchen. Zu vermissen sind in dem Beitrag emotionale Kompetenzen, die in Erziehung, Unterricht, Weiterbildung, Pflege, Beratung, Kundenpflege, Streitschlichtung, Verhandlungen usw. immer wichtiger werden. Sie sind auch kaum digitalisierbar oder durch künstliche Intelligenz ersetzbar.

Die Autoren ermitteln überraschenderweise, dass die Kompetenzausstattung mit ca. einem Zehntel einen Ausbildungsabbruch relativ geringfügig erklärt. Das verweist wieder auf Funktionsmängel und Strukturfragen der dualen Berufsausbildung. Eine lebensbegleitende berufliche Orientierung und Beratung in der BA soll sich gleichwohl an diesen überfachlichen Kompetenzen orientieren. Die Autoren mahnen fundierte Annahmen und Aussagen über den Arbeitsmarkt, die Berufe und die Arbeitswelt der Zukunft an. Viele Beiträge des Bandes liefern dazu Bausteine. Und der ebenso alte wie riesige Forschungsbedarf wäre auch mit Hilfe der HdBA und des IAB zu decken (z. B. Zika et al. 2019). Empirisch wird man es nicht bei Selbsteinschätzungen nach vorgegebenen Kompetenzmerkmalen belassen können.

Wie wäre es mit einer guten Kompetenzanalyse vor der Berufswahl und der Klärung der Fragen, wie zutreffend waren die mitgebrachten Vorstellungen vom Beruf und passen die vorhandenen Kompetenzen zum gewählten Beruf?

15.10 Digitales Lernen

Das Ziel, so der geltende Koalitionsvertrag des Bundes, ist unumstritten: Menschen jeden Alters und in jeder Lebenslage sollen am digitalen Wandel teilhaben, digitale Medien für ihr persönliches Lernen und ihre Bildung nutzen und Medienkompetenzen erwerben. **Freiling/Porath** zweifeln wie andere Autorinnen und Autoren auch, ob fachliche Kompetenzanforderungen einer Arbeitswelt 4.0 exakt und mit dem für deren Bildung nötigen Vorlauf zu prognostizieren sind. Bei den überfachlichen und den emotionalen Kompetenzen mag das eher gelingen. Die Weiterbildungsplattform der Arbeitsagenturen bietet z. B. allein schon über 4,5 Mio. Angebote, viele Offerten zahlreicher Träger kommen hinzu.

Gleichwohl kann digitales Lernen den Kompetenzerwerb in Arbeit und Beruf nicht ersetzen, aber wirksam unterstützen. Zum einen gelingt das mittels individuell ausgerichteter, arbeitsplatznaher und interaktiver Lernformen; zum anderen mit neuen digitalen Medien. Die lerntheoretische Begründung der Unterstützungsrolle digitalen Lernens überzeugt.

Die Autoren erörtern die lerndigitalen Aktivitäten des Bundes. Die beeindruckende Liste könnte noch um Länderinitiativen (Sonderkommission 2017) und um Aktivitäten der Tarifparteien, Kammern und zuständigen Stellen erweitert werden. Zu denken ist auch an neu geordnete Ausbildungsordnungen, z. B. die zu „Digitalisierung der Arbeit, Datenschutz und Informationssicherheit". Fachliche, emotionale und überfachliche Kompetenzen zu erlernen und aktuell zu halten, mag digital zu unterstützen sein. Viele Tätigkeiten werden wie gesagt kaum digitalisierbar oder durch künstliche Intelligenz zu praktizieren sein. Um für alle überall digitale Lernmittel, Lernmedien und Lernformen hilfreich unterstützend in der beruflichen Aus- und Weiterbildung einsetzen zu können, müssten erst einmal alle Schul- und Bildungseinrichtungen am modernsten Netz hängen und die notwendige Medienkompetenz auf- und nachweisen.

Berufliche Bildung, Kompetenzerwerb und -erhalt, Qualifizierung und Weiterbildung sind mit die wichtigsten Bausteine in einem Orientierungsrahmen der neuen Arbeitswelt. Digitale Unterstützung ist dafür sinnvoll, aber allein nicht ausreichend. Medienkompetenz wird wichtiger.

15.11 Bildung von Migranten

Als die drei wichtigsten Erfolgsfaktoren prosperierender Wirtschaftssysteme und Gesellschaften gelten auf Dauer Talent, Technologien und Toleranz (Florida 2002). Der deutsche Bedarf an Talenten und Toleranz wird weiter steigen, weil die genutzte Freizügigkeit in der EU, die Nettozuwanderung aus europäischen Drittstaaten und die Fluchtmigration, vor allem junger Männer, dringend benötigtes Bildungs- und Erwerbspersonenpotenzial hierherbringen wird und weil die Integration der Zugereisten und der „Vernachlässigten" viel Toleranz verlangt. Immerhin erkennt das neue „Fachkräfteeinwanderungsgesetz" die lange bestrittene Tatsache an, dass Deutschland seit geraumer Zeit ein Land auch qualifizierter Einwanderung vor allem in das Beschäftigungssystem ist. Und die neue, 14. koordinierte Bevölkerungsvorausschätzung des Statistischen Bundesamtes besagt, dass die Alterung und Schrumpfung von heute 83 Mio. Einwohnern auf 78 Mio. in 2060 durch „Einwanderung nicht gestoppt, nur abgemildert werden kann".

Conrads/Kohn/Weber untersuchen am Beispiel der Hauptherkunftsländer Afghanistan, Syrien und Iran die Schul- und Berufsbildung von Flüchtlingen, ihre Erwartungen an berufliche Abschlüsse und Aufstiege und ihre Anstrengungen, „Bildungsinländer" zu werden. Sie rechtfertigen die nötigen Investitionen in Sprache, Bildungsverbesserung, Berufsorientierung und Beschäftigungsförderung. Sie fragen, wie „Passfähigkeit" zwischen den Zugewanderten mit ihren Qualifikationen und Berufserfahrungen und den Anforderungen des deutschen Arbeitsmarktes hergestellt und verbessert werden kann. Da die Nachfrage von Betrieben und Verwaltungen trotz Hunderttausender offener Stellen und jährlich über zehn Mio. Einstellungen allein an svB komplex, schwer bestimmbar und wenig weit vorausschauend ist, unterbleibt aber ein Profilabgleich mit Arbeitsplatzangeboten und den betrieblichen Konzessionsbereitschaften und Substitutionspotenzialen. Um eine halbe Mio. stieg in den letzten Jahren die Zahl atypisch Beschäftigter ohne deutsche Staatsangehörigkeit. Bei Migrantinnen und Migranten von außerhalb der EU war ein gutes Drittel in Leiharbeit, Teilzeit oder befristeten Arbeitsverhältnissen.

In reiner Personensicht fordern die Autoren richtigerweise eine spezifische Bildungs- und Berufsberatung für Geflüchtete, die alle Knackpunkte entlang ihrer Biografie umfasst: Sprache, Status, Zugang zu Bildung, Ausbildung und Arbeitsmarkt; ferner Anerkennung von Abschlüssen, mögliche Bildungswege und Berufswahl. Hinzufügen möchte man eine Arbeits- und Betriebsberatung der BA, wo und wie die vorhandenen und entwickelbaren Potenziale der Zugewanderten gebraucht werden. Zu fragen ist auch, was der gemeinsame Arbeitgeberservice von Arbeitsagenturen und Jobcentern zur Beschäftigungsintegration dieser Gruppe beitragen kann. Hilfreich sind auch Betriebsbesuche mit geeigneten Kandidaten sowie Coaching- und Mentoringansätze. Zu Recht fordern die Autoren, die nötigen fachlichen Fähigkeiten der Berater von Flüchtlingen ständig zu verbessern und ihre Professionalisierung voranzutreiben.

Die Autoren erkennen als soziales und ökonomisches Megaziel richtig, dass eine gelingende Integration von Zuwandernden und bislang Vernachlässigten entscheidend ist für die Zukunftsfähigkeit eines sich modernisierenden Arbeitsmarktes und Sozialstaats, Talente und Toleranz vorausgesetzt. Viele der zugewanderten jungen Leute haben wenige Schuljahre, Mädchen oft gar keine. Wie bei der ersten Generation der „Gastarbeiter" der 1960er-Jahre waren sehr viele meist gering qualifiziert tätig, in der zweiten jedoch sehr erfolgreich.

Die Frage, wie eine hoch entwickelte und auch reiche Gesellschaft, die ihre eigene Wanderungserfahrung hat, mit Flüchtlingen, Migrantinnen und Migranten, Nutzern der

EU-Freizügigkeit, geduldeten Ausländern und bislang Vernachlässigten umgeht, sie empfängt, vorbereitet, beruflich und sozial anerkennt sowie in Arbeit und Sozialstaat „integriert", bleibt trotz aller Forschungsfortschritte eine Zukunftsaufgabe. Dabei gehören eine humane Sicht auf die Wanderungsbewegungen und die Probleme einer überalternden und schrumpfenden Bevölkerung in einen gemeinsamen, übergreifenden Forschungsansatz. Er sollte auch die dafür nötigen Leistungen der Betriebe und Verwaltungen einschließen.

15.12 Individualisierung

Ausgehend von einer – zunehmenden? – Individualisierung der arbeitenden Menschen, was richtigerweise ambivalent in ihren positiven und kritischen Ausprägungen gesehen wird, erkennt **Weber** ein Spannungsfeld zwischen individueller und betriebswirtschaftlicher Rationalität. Dem sollen eine andere Personalarbeit und eine neue Beratung entsprechen. Im Mittelpunkt bleibt das Individuum mit seinen spezifischen Kompetenzen, Eigenschaften, Interessen und Ressourcen, die allerdings im Betrieb optimal nutzbar gemacht und eingesetzt werden sollen.

Eine erste qualitative Pilotstudie mit Experteninterviews in 26 mittleren und großen Unternehmen soll in einem zweiten Schritt mit weiteren Personalverantwortlichen auch quantitativ fortgesetzt werden. Hier bietet sich das IAB-Betriebspanel mit seinen 16.000 Antwortbetrieben aller Größen und Branchen in West wie Ost an, im Verlauf die veränderten Reaktionen von Personalarbeit und Beratung auf Individualisierung und Diversität der Erwerbspersonen zu untersuchen. In jedem dritten deutschen Unternehmen ist Diversität in der Unternehmenskultur verankert, die jährliche Arbeitgeberinitiative „Charta der Vielfalt" wirkt, immer mehr Betriebe erkennen darin auch wirtschaftliche Vorteile.

In der Pilotstudie sehen die Betriebe, abhängig von ihrer Größe, Branche, Organisationskultur und Innovationsfähigkeit, Individualisierung entweder als irrelevant für sich, als bedrohlich für die bestehende Personalwirtschaft, als Herausforderung, den individuellen Ansprüchen und Interessen der Mitarbeiter/-innen gerecht zu werden, oder als Chance für eine individualisierte Organisations- und Personalarbeitskultur. Mit repräsentativen Befunden für die gut 5 Mio. Betriebe und Verwaltungen wäre die Verteilung dieser Einschätzungen von großem Interesse, denn so wäre z. B. zu ermessen, welche Brücken von der Individualisierung zur Wirtschaftsdemokratie führen und was ihnen entgegensteht.

Im Individualisierungsprozess kommen ständig neue oder neu eingekleidete Instrumente auf die Personalarbeit zu: Kompetenz- oder Talentmanagement, betriebliches Gesundheitsmanagement, Coaching oder Mentoring für junge oder neue Mitarbeiterinnen und Mitarbeiter, Maßnahmen zur Vereinbarkeit von Familie und Berufstätigkeit, karrierebezogene Laufbahnberatung, sozial verträgliche Maßnahmen, Outplacement, Verwendung von Arbeitszeitguthaben zum Beispiel. Aus den Erfahrungen in den neuen Bundesländern wären viele Ansätze betrieblicher Beschäftigungspolitik hinzuzufügen, die in der digitalen Transformation wieder aktuell werden könnten. Als wichtigste traditionelle Instrumente der Personalarbeit gelten immer noch die Personalrekrutierung, das Talentmanagement und die Mitarbeiterbindung sowie die Attraktivität des Unternehmens für Talente zu erhalten oder herzustellen.

Innerhalb dieser alten und neuen Aufgaben ist Beratung zunehmend wichtig, und zwar für Beschäftigte und Bewerber/-innen in besonderen Problemsituationen, in der Qualifizierungs- und Sozialberatung, bei Elternzeit, Bildungsurlaub und Altersteilzeit sowie bei der beratenden Betreuung.

Dem Autor ist voll zuzustimmen, das Thema Beratung im Kontext Human Resources noch stärker in der Lehre zu verankern.

Sowohl zu den Beiträgen, die sich mit Kompetenzen befassen, wie zu denen, die auf Demokratisierung in Betrieben setzen, wie zu denen über Diversität der Zugewanderten lassen sich Forschungsbrücken bauen, zumal sie neben den behandelten weitere Aspekte der Individualisierung offenlegen. Allerdings werden die Interessenkonflikte zwischen immer mehr individualisierten Erwerbspersonen und einer Arbeitswelt 4.0 nicht so leicht lösbar sein. Denn die individuelle Verhandlungsmacht wird in den allermeisten Konfliktfällen tariflicher, mitbestimmter und arbeitsrechtlicher Regelungsmacht unterlegen sein. Doch profunde Beratung kann helfen.

15.13 Psychologische Handlungsfaktoren

Anhand eines theoretischen Modells finden **Rübner/Höft** mit psychometrischen Methoden heraus, dass die individuelle Handlungsbereitschaft, eine arbeitsmarktbezogene Zuversicht und ein subjektives Belastungsertragen Arbeitslosigkeit überwinden helfen können. Alle drei stabilisieren sich im ersten Vierteljahr der Arbeitslosigkeit, verbessern sich sogar leicht, stärken das Bewerbungsverhalten und den Erfolg bei der Arbeitssuche.

In einer bundesweit repräsentativen Studie wurden telefonisch alle Neuzugänge zur Arbeitslosigkeit (nur Personen über 25 Jahre) vor dem ersten Gespräch in der Arbeitsagentur, wenige Tage danach und zwei Monate später befragt. Bewerbungsaktivitäten werden anhand von Einladungen zu Vorstellungsgesprächen erfasst, tatsächliche Einstellungen nicht. Die Ergebnisse der kurzzeitigen, aber immerhin Längsschnittanalyse sind durchweg erwartungskonform und dürften auch der Agenturpraxis entsprechen. Denn nach dem ersten Gespräch dort und ersten Vorstellungsgesprächen dürften bei vielen Kunden Zuversicht und Handlungsbereitschaft steigen. Soziale Unterstützung und bestehende wie gefühlte Hindernisse, Arbeitslosigkeit zu überwinden, beeinflussen diese beiden Eigenschaften und helfen, das Belastungserlebnis wegen der Beschäftigungslosigkeit zu verarbeiten. Die Sicht liegt auf psycho-sozialen Verhaltenskomponenten und nicht auf der Beschäftigungsfähigkeit (employability).

Den Autoren ist zuzustimmen, dass der übliche Rat zur Lage und Entwicklung des Arbeitsmarktes und der Berufe für eine nachhaltige Beschäftigungsintegration zu wenig ist. In Kenntnis dieser Befunde und Befindlichkeiten kann man nicht mehr nur auf eine schnellstmögliche Vermittlung in Arbeit abstellen. Vielmehr sind berufliche Perspektiven, persönliche Interessen und Ziele zum einen, Sorgen und emotionale Belastungen zum anderen im Wechselspiel psychologischer und sozialer Faktoren einzubeziehen. Vermittelnde

Integrationsarbeit muss Vertrauen aufbauen, das privat-soziale Umfeld und die gesundheitliche Lage erfassen und Teilhabechancen ausloten. Das alles gehört zu einer beschäftigungsorientierten Beratung. Das ist aber auch recht viel verlangt angesichts von jährlich rd. 7 Mio. Zugängen zur Arbeitslosigkeit und insbesondere der remanenten Langzeitarbeitslosigkeit.

Die Untersuchung könnte damit fortgesetzt werden, dass die Veränderung der Einflussfaktoren von konkreten Stellenangeboten mit guter Arbeit, wohnortnah, mit Dauer und Perspektive usw. abhängt. Einladungen zu Vorstellungsgesprächen reichen dafür nicht aus. Was nützt selbst beste Handlungsbereitschaft, verbunden mit viel Zuversicht und hoher subjektiver Belastbarkeit zum einen, beste soziale Unterstützung und keinerlei Hindernisse zum anderen, wenn in der Region hohe oder gar Massenarbeitslosigkeit, Strukturwandel mit Arbeitsplatzabbau und chronische Unterbeschäftigung herrschen? Einfach gesagt, Personen mit gleich guter oder geringer Handlungsbereitschaft bekommen je nach regionalem Beschäftigungsstand Arbeit oder nicht.

Bei aller Individualisierung und Diversität kommen bei Beachtung der gewichtigen psychologischen Einflüsse sehr komplexe Beratungsaufgaben auf die BA zu. Die sind sehr personalintensiv und weiterbildungsbedürftig, brauchen digitale Unterstützung und sind durch künstliche Intelligenz nicht zu ersetzen.

Die individuelle und sozialpsychologische Dimension verdient im Zuge zunehmender Individualisierung und Diversität mehr Beachtung in der Grundlagenforschung. Sie muss die optionalen Reaktionen der Betriebe und Verwaltungen auf diese Vielfalt einbeziehen.

15.14 Controlling leistungsrechtlicher Beratung

Die Autorinnen **Müller-Osten** und **Weinreich** konstatieren angesichts von 4 Mio. erwerbsfähigen Leistungsberechtigten nach SGB II eine Umsetzungslücke zwischen dessen Leistungsrechten und deren tatsächlicher Inanspruchnahme. Der sozialrechtliche Beratungsbedarf könnte durch den Strukturwandel im Beschäftigungssystem sogar zunehmen, z. B. wenn noch mehr prekäre Lebenssituationen entstehen. Der Gesetzgeber hat 2016 die Beratungspflicht der Jobcenter erweitert und konkretisiert. Dennoch bleibt ein konfliktträchtiges Spannungsfeld zwischen der beschäftigungsorientierten Beratung in den Jobcentern nach dem Modell eines aktivierenden Sozialstaates und ihrer leistungsorientierten Beratung nach dem Fürsorgeprinzip. Dem folgen meist Wohlfahrtsverbände, Sozialanwälte und auch Sozialgerichte. Mittels einer unterstützenden späteren „Umsetzungsrichtlinie" soll die genannte Lücke mit Hilfe von Controllingmethoden im Gespräch zwischen Leistungsberechtigten und Beratenden geschlossen werden.

Eine gute leistungsrechtliche Beratung entsteht zuerst in einem möglichst interaktiven Prozess zwischen den Beteiligten und misst sich erst dann am Integrationserfolg. Wegen der Schnittstellen zwischen SGB II zur Renten- und Arbeitslosenversicherung, zum Sozialamt und zu Wohngeldstellen sowie anderen Leistungsanbietern müsste es idealerweise eine allumfassende, ganzheitliche Beratung Hilfsbedürftiger in allen Lebenslagen geben.

Traditionelles Controlling bleibt notwendig, um Effektivität und Effizienz der Maßnahmen und Leistungen zu messen. Da aber Führen über Zielvorgaben und -vereinbarungen die Zielerreichung den Beteiligten überlässt, brauchen sie dafür konkrete Hilfen, gerade in der Leistungsberatung. Die dafür vorgesehenen BA-Standards Informationsvermittlung, Wissenserweiterung und Sachverhaltsaufklärung gelten als zunehmend „anwendungsorientiert digitalisierbar".

Das neue Controlling in der leistungsrechtlichen Beratung soll die Lücke zwischen objektiv bestehenden Rechten und Leistungen und dem individuellen, subjektiven Geltendmachen von SGB II- und anderen Leistungen schließen helfen. Dadurch soll die Fortentwicklung zu professioneller Beratungskompetenz unterstützt werden; und zwar durch

- eine Datenbank ähnlicher, vergleichbarer Fälle
- konkrete Handlungsanleitungen aus den Gesetzen, Entscheidungshilfen und Anwendungsbeispielen
- sachlogisch gegliederte Abläufe des Beratungsprozesses
- Verfahrensregeln für individuelle Ansprüche in bestimmten Fallkonstellationen und für einzelne Gruppen von erwerbsfähigen Leistungsberechtigten.

Zweifellos würde ein solches umfangreiches Hilfsmittel die leistungsrechtliche Beratung unterstützen und verbessern. Sie bleibt aber eine hoch komplizierte zwischenmenschliche Dienstleistung, die Kompetenz, fundierte Kenntnisse und Empathie verlangt. Controllingmethoden dürfen das unerlässliche Vertrauensverhältnis zwischen Kunden und Beratungsfachkräften weder verhindern noch stören. Als Unterstützungsinstrument mag es auch anderen Beratungsdiensten nützlich sein. Das Spannungsverhältnis zwischen „aktivierendem" und „fürsorglichem" Sozialstaat bleibt zu lösen, wenn Hilfebedürftigkeit zu verringern oder zu überwinden ist. Die vier Bestandteile zu füllen und zu aktualisieren, bleibt angesichts von neun SGB II-Novellen und Hunderttausenden Sozialgerichtsurteilen eine Mammutaufgabe. Die Lücke muss auch noch quantifiziert werden, indem die potenzielle Beanspruchung von Leistungen mit der tatsächlichen verglichen wird.

Erträgliche Lebensbedingungen, auch über das SGB II hinaus, herzustellen und dabei die komplette individuelle Lebenslage und -perspektive zu berücksichtigen, erfordert eine fachlich-umfassende Sozialberatung durch Menschen und geeignete Hilfsmittel. Die Ansätze der Autorinnen zu interdisziplinärem Denken und der Hinweis auf nötige Beiträge der Beratungswissenschaften zeigen in die richtige Richtung.

15.15 Ausblick

Bei der beeindruckenden Themenfülle, Methodenvielfalt und Ergebnisdichte denkt man auch an Komplexitätsreduktion. Immerhin kann das Werk zwar nicht als Lehrbuch, aber doch als breit angelegtes Kompendium für Arbeit und Beruf, Bildung und Beratung dienen.

15 Zukünftige Arbeitswelten – Zusammenfassung, Ausblick und Kommentierung

Man könnte es zur Pflichtlektüre im Studium machen und in die Lehre benachbarter Disziplinen einbringen. In der Zusammenstellung dient der Band auch der Wissenschaftskommunikation und der Rezeption sachkundiger Forschung, wirkt also auch in die Arbeitsverwaltung hinein.

Ein Weg, Komplexität zu reduzieren, ist die empirische Überprüfung der Fragestellung, wie sie in vielen Beiträgen auch erfolgt, denn Wahrheit ist konkret. Hier mögen eine intensivere Nutzung von IAB-Ergebnissen und eine engere Zusammenarbeit, etwa mit dem IAB-Betriebspanel, angezeigt sein. Mehrere Beiträge liefern eigene Erhebungen, Auswertungen von Massendaten, Zahlen von Selbsteinschätzungen und Pilotstudien, denen repräsentative Befragungen folgen sollten. Andere beklagen zu Recht den Mangel an Daten, Forschungsergebnissen und überprüften Hypothesen. Hier sind auch Brückenprojekte angebracht, die Sichtweisen zusammenführen. Zu denken ist an ein gemeinsames Verständnis von Kompetenz und Qualifikation, an psycho-soziale Forschung mit medizinischer und Gesundheitsforschung, an arbeitsrechtliche Projekte, die sowohl den Schutz als auch die soziale Sicherung der Arbeitnehmer/-innen und der neuen Beschäftigungsformen zusammendenken. Auch beim Menschenbild, das besonders bei Langzeitarbeitslosen, SGB II – Betroffenen, Ausbildungsabbrecherinnen und -brechern, Ratlosen und Vernachlässigten deutlich wird, sind gemeinsame Ausgangspunkte sichtbar. Die viel geforderte, selten eingelöste Forderung nach interdisziplinärer Zusammenarbeit mag angehen, ein Selbstzweck ist sie aber nicht. Doch gelten interdisziplinäre Ansätze als erfolgreich, wenn sie weit voneinander entfernte Forschungsrichtungen verbinden. Bevor der große Wurf mit einem einigenden Band gelingt, sind wohl kleinere Kooperationsprojekte, etwa zu den genannten Beispielen, angezeigt.

Einen zweiten Weg weist der amerikanische Nobelpreisträger für Ökonomie, Paul Samuelson, mit der Binsenweisheit, jeder habe zwei Augen, um stets Angebot und Nachfrage zu beobachten. Der Arbeitsmarkt ist ein System von Angebot und Nachfrage (Mertens 1988). Also wären vor allem solche Projekte voranzutreiben, die stets beide Marktseiten und ihr Spannungsverhältnis berücksichtigen. Bei einigen Autoren hört es mit dem Hinweis auf Lage und Entwicklung des Arbeitsmarktes auf.

Der dritte vielleicht zu schmale Weg wäre, bei aller Freiheit Forschung und Lehre von HdBA und IAB als in der BA angesiedelt und deshalb hauptsächlich für ihre Aufgabenerledigung zuständig anzusehen. Das Arbeitsförderungsgesetz (AFG) von 1969, das in diesen Tagen 50 Jahre alt wird, führte mal zu so einer engen Interpretation. Forschung und Lehre in einer modernen Dienstleistungsverwaltung müssen aber auch nach vorn schauen. Dazu gehört gerade die Arbeitswelt der Zukunft mit guter Arbeit, beruflicher Qualifizierung und professioneller Beratung sowie sozialer Sicherung. Viele Beiträge machen deshalb weitgehende Vorschläge für die Zukunft der Beratungsdienste der BA. Sie wird personal- und weiterbildungsintensiv sein, unterstützt von digitalen Medien, Lernformen und Lernmitteln. In Dänemark identifiziert sogar ein Algorithmus potenzielle Langzeitarbeitslose, in Österreich werden Chancen Arbeitsloser auf eine Arbeit berechnet und Weiterbildung davon abhängig gemacht. Spiekermann (2019) ist voll zuzustimmen, dass Algorithmen und künstliche Intelligenz nicht besser über menschliche Schicksale entscheiden können als Menschen. An digitalisierten Prozessen verdienen, so Spiekermann, die IT-Branche und ihre Berater/-innen, die Arbeitsverwaltung spart – zunächst.

Vermisst habe ich in allen Beiträgen einen Blick von dem behandelten Thema auf die mitunter besondere Problematik in den neuen Bundesländern, zumal eine Hälfte der HdBA dort liegt und wirkt.

Viele Beiträge verweisen auf die zentrale Rolle fachlicher und gerade überfachlicher Kompetenzen; ich habe die emotionale hinzugefügt. Wenn diese aber im Bildungswesen zu vermitteln oder zu verbessern sind, dann ist es konsequent, im SGB III einen Rechtsanspruch darauf zu fordern, wie ihn z. B. das alte AFG schon kannte. Ein Beratungsanspruch wie im Koalitionsvertrag hilft, reicht aber nicht. Wer von digitaler Transformationsarbeitslosigkeit (oder wie auch immer von Beschäftigungslosigkeit) bedroht ist, bekommt einen Rechtsanspruch auf Förderung der beruflichen Bildung maximal drei Jahre lang (z. B. bei Umschulung) mit 80 % des letzten Nettogehalts als Unterhaltsgeld und Beiträgen zur Arbeitsförderung. Andere Autorinnen und Autoren verdeutlichen Dauerprobleme wie verhärtete Langzeitarbeitslosigkeit, Umsetzungslücken zwischen Anspruch und tatsächlichen Leistungen im SGB II und bei der Integration Zugewanderter. Mit Blick auf eine BA der Zukunft wäre dafür eine Zusammenlegung der Arbeitsverwaltung (Kühl 2018) in einer Hand angebracht.

Versteht man die Forschung und Lehre der HdBA auch als Ausbildung für die Praxis, dann sollten die Beiträge intensiv mit dem IAB und vor allem mit Praktikern der Arbeitsagenturen und Jobcenter sowie mit Masterstudierenden erörtert werden.

Als einigendes Band aller Beiträge kann man sich eine Welt vorstellen, in der Demokratisierung und Mitbestimmung die arbeitsgesellschaftlichen Grundlagen stärken, die sozial-ökologische Modernisierung voranbringen sowie eine talent- und wissensgestützte Industrie- und Dienstleistungsgesellschaft fördern. Dazu gehört ein präventiver Sozialstaat, ein leistungsfähiges Bildungs- und Beratungssystem sowie eine geregelte Zu- und Einwanderung mit toleranzgeprägter Integration.

Literatur

Allmendinger, J. (2019): Das Land, in dem wir leben wollen. Wie die Deutschen sich ihre Zukunft vorstellen. Pantheon Verlag.
Bundesministerium für Arbeit und Soziales (2016): Weißbuch Arbeiten 4.0. Online unter: https://www.bmas.de/DE/Service/Medien/Publikationen/a883-weissbuch.html.
DAK (2019): DAK-Gesundheitsreport 2019. Online unter: https://www.dak.de/dak/download/dak-gesundheitsreport-2019-sucht-pdf-2073718.pdf.
Deutsche Forschungsgemeinschaft DFG (2019): Informationen für die Wissenschaft Nr. 27 vom 13. Mai. Online unter: https://digitalisierung-der-arbeitswelten.de/.
Florida, R. (2002): The rise of the creative class and how it's transforming work, leisure, community and everyday life. Cambridge.
Fuchs, J., Gehrke, B., Hummel, M., Hutter, C., Klinger, S., Wanger, S., Weber, E. & Zika, G. (2018): Aufschwung bleibt, verliert aber an Tempo. IAB-Kurzbericht 21.

Haipeter, Th. & Hoose, F. (2019): Interessenvertretung bei Crowd- und Gigworkern. IAQ-Report 2019-5.

Janssen, S., Leber, U., Arntz, M., Gregory, T. & Zierahn, U. (2018): Mit Investitionen in die Digitalisierung steigt auch die Weiterbildung. IAB-Kurzbericht 26.

Kiziak, T., Sixtus, F. & Klingholz, R. (2019): Von individuellen und institutionellen Hürden. Der lange Weg zur Arbeitsmarktintegration Geflüchteter. Studie des Berlin-Institut für Bevölkerung und Entwicklung, 18.6.

Kühl, J., Pusse, L., Teriet, B. & Ulrich, E. (1988): Bezugssystem für Ansätze einer Theorie der erwerbswirtschaftlichen und kontrahierten Arbeit. In: Mertens, D. (Hrsg.): Konzepte der Arbeitsmarkt- und Berufsforschung. Eine Forschungsinventur des IAB (3., erweiterte und überarbeitete Auflage). Beiträge zur Arbeitsmarkt- und Berufsforschung 70, 35–102.

Kühl, J. (2018): Legt die Arbeitsverwaltung wieder zusammen – Nur eine Verwaltung für ein Problem. In: Siegers, J. & Hagedorn, J. R. (Hrsg.): Handbuch der Aus- und Weiterbildung Nr. 298. Köln.

Mertens, D. (1988): Der Arbeitsmarkt als System von Angebot und Nachfrage. In: Mertens, D. (Hrsg.): Konzepte der Arbeitsmarkt- und Berufsforschung. Eine Forschungsinventur des IAB. Beiträge zur Arbeitsmarkt- und Berufsforschung 70, 17–34.

OECD (2005): Definition und Auswahl von Schlüsselkompetenzen. Zusammenfassung. Online unter: http://www.oecd.org/pisa/35693281.pdf.

OECD (2019): The Future of Work, Employment Outlook. Online unter: https://www.oecd.org/berlin/publikation/employment-outlook-2019.htm.

Senatsverwaltung für Integration, Arbeit und Soziales (2019): Betriebspanel Berlin. Ergebnisse der 23. Welle, Berlin.

Sonderkommission „Ausbildungsplatzsituation und Fachkräftesicherung" von Berliner Senat, Unternehmensverband, DGB, Kammern und BA (2017): Digitalisierung in der Aus- und Weiterbildung. Berlin.

Spiekermann, S. (2019): Digitale Ethik – Ein Wertesystem für das 21. Jahrhundert. Wien: Droemer-Knauer Verlag.

Stanley, I. (2019): Wissen wird mächtiger. In: *Der Tagesspiegel* vom 16. Juni.

Stooß, F. (2007): Berufsforschung im IAB: Start und Ausbau in den Jahren 1967–1976 im Spiegel der persönlichen Erfahrungen. In: Brinkmann, Ch., Karr, W., Kühl, J., Peters, G. & Stooß, F.: 40 Jahre IAB. IAB-Bibliothek 307, 121–159.

Struck, O. (2018): Berechnung nach Mikrozensus des Statistischen Bundesamtes, präsentiert auf dem Abschlussworkshop des Arbeitskreises Arbeitsmarktpolitik: Solidarische und sozialinvestive Arbeitsmarktpolitik, Berlin, 16. Januar. Online unter: https://www.boeckler.de/pdf/p_study_hbs_374.pdf.

Weber, E. (2019): Digitale soziale Sicherung. Entwurf eines Konzepts für das 21. Jahrhundert. Working Paper der Forschungsförderung der Hans-Böckler-Stiftung Nr. 137.

WHO (2019): Definition von Burn-out als berufliches Phänomen, 28. Mai. Online unter: https://www.who.int/mental_health/evidence/burn-out/en/.

Wissenschaftlicher Beirat der Bundesregierung Globale Umweltveränderungen (WBGU) (2019): Unsere gemeinsame digitale Zukunft. Berlin.

Würzburger, Th. (2019): Die Agilitätsfalle. Wie Sie in der digitalen Transformation stabil arbeiten und leben können. München: Franz Vahlen Verlag.

Zika, G., Schneemann, Ch., Grossmann, A., Kalinowski, M., Maier, T., Mönnig, A., Parton, F., Winnige, St. & Wolter, M. I. (2019): BMAS-Prognose „Digitalisierte Arbeitswelt". IAB-Forschungsbericht 5.

Stichwortverzeichnis

A
Abbruch 182
Abhängigkeit, persönliche 61, 62, 64, 65
Abschluss 182
Ältere 119, 129, 132, 135
Alter(n)smanagement 119, 121, 123, 126, 129, 132–135
Altersstrukturanalyse 124, 126, 131
Alters- und Alternsmanagement 118
Amphetamin 83
Antidementivum 85
Antidepressivum 85
Anwesenheit 44–49, 51, 52, 56
Anwesenheitsliste 46
Arbeit
  mobile 61, 68–70, 74
Arbeit 4.0 3, 4, 8, 11, 15, 16, 23
Arbeitnehmerbegriff 59–64, 66–68, 70–75
Arbeitsbedingung 10, 13, 14, 29
Arbeitsbedingungen 4, 6, 8
Arbeitsfähigkeit 10
Arbeitsgestaltung, differenzielle 4, 14, 33
Arbeitslosigkeit 98, 282
Arbeitsmarkwissen 286
Arbeitsrechtslehre 59, 62, 72, 74, 75
Arbeitsuche 287
Arbeitswelt 4–6, 8, 9, 11, 13, 14, 16, 22, 24, 30, 32
Arbeitszeit 124, 125, 132, 133
Aufsichtsratssitzung 52

B
Belastungserleben 284
Beratung 228, 231–233, 240–249
  beschäftigungsorientierte 294
  leistungsrechtliche 299–302, 306, 308, 309, 311, 313
Beratungsqualität 315
Berufsausbildung, duale 180
Berufsberatung 160, 161, 166, 169, 170
Berufsorientierung 159–161, 163, 164, 166, 167, 170, 173
Berufswahl 160–164, 169, 170, 172
Betrieb 42, 119, 120, 127, 129, 132, 134
Betriebs-, Personal- und Aufsichtsrat 43
Betriebsrat 43, 45, 47, 50, 54, 121, 122, 129–132, 134
Betriebs- und Personalrat 53, 55
Bildung 228, 229, 232, 234–238, 240–243, 247–249
  formale 98
Bildungsaspiration 227–229, 236–239, 242
Bildungskapital 227, 228, 230, 231, 233–236, 238, 239, 243, 245–249
Bildungspotenzial 228, 229, 230, 239
Bildungswerkzeug 211
Bundesagentur für Arbeit 120, 122, 134

C
Cognitive Enhancement 78
Controlling leistungsrechtlicher Beratung (ColB) 297, 299, 305, 308, 310

D
Demografie 118, 121, 123, 131–133
Demografieanalyse 123, 124
Demokratisierung 138, 139, 141, 142, 145, 146, 152, 154, 155
Didaktik 218

© Springer Fachmedien Wiesbaden GmbH, ein Teil von Springer Nature 2020
T. Freiling et al. (Hrsg.), *Zukünftige Arbeitswelten*,
https://doi.org/10.1007/978-3-658-28263-9

Digitalisierung 4–7, 10, 12, 13, 15, 16, 18–23, 29, 31, 33, 60–62, 66–68, 71–75, 79, 132
3-D-Lernwelt 216

E
Energy Drink 81
Erfahrung 208

F
Flucht 228, 229, 243

G
Ganzheit 142, 144
Gesetzesreform 42, 56
Gestaltungskriterium, didaktisches 209
Gestaltungsprinzip, didaktisches 213
Gesundheitsförderung 123, 126, 127, 135
Gesundheitsmanagement 133
Ginkgo biloba 82
Gute Arbeit 4, 8
    4.0 6, 10, 15

H
Handlungsbereitschaft 284
Haus der Arbeitsfähigkeit 118, 120, 123, 126
Herausforderung der dualen Ausbildung 180
HRM (Human Resource Management) 257, 261, 263, 267, 270, 275–277
Human Resource Management (HRM) 255, 256, 259

I
Identität 160, 169–173
    berufliche 286
Individualisierung des Lernens 220
Informationssektor 79
INQA 120–123, 130, 134, 135

K
KMU (Kleinere und mittlere Unternehmen) 120, 126, 132, 134, 135
Koffein 81
Kompetenz 180
    überfachliche 181

Kompetenzbedarf 206
Konferenzschaltung 44, 46

L
Langzeitarbeitslosigkeit 295
Laufbahnberatung 257, 261, 264–266, 272–275
Laufbahnforschung, psychologische 282
Laufbahngestaltung 283
Legal Tech 61, 67, 68, 73–75
Leistungsfähigkeit, kognitive 79
Lernarrangement 218
Lernbegleitung 218
Lernen
    individuelles 214
    kollaboratives 215
Lernformen, digitale 213
Lernmedium, digitales 213
Lernortkooperation 218
Lernverständnis, konstruktivistisches 207

M
Management 122, 126–129, 134
Methodik 218
Methylphenidat (MPH) 83
Mitbestimmung 41, 42, 43, 50
Modafinil 84
Modell der Arbeitsfähigkeit 4, 10

N
Neuen Medien 211
Nichtöffentlichkeit 43, 44, 46, 49, 52, 53, 57

P
Personal 131
Personalentwicklung 256, 257, 261–264, 266, 270, 271, 277
Personalmanagement 137–139, 145, 147, 152–154
Personalmanagementfunktion 146
Personalmanagementfunktionen 138, 139
Personalverantwortliche 127, 134
Persönlichkeit 160, 163, 164, 174
Perturbation 208
Plattformökonomie 67–71, 74
Potenzial digitaler Medien 212
Präsenzsitzung 51, 55–57

Prävention von Ausbildungsabbrüchen 188
Professionalisierung 218
Prototypentheorie 4, 16

Q
Qualifizierungsberatung 256, 264, 270, 276, 277

R
RIASEC-Modell 4, 13, 16–18, 33

S
Schlüsselkompetenzbereich" 181
Selbstführung 142, 143, 147, 148, 152
Sinn, evolutionärer 142
Sitzungsprotokoll 46
Sozialstaat 4, 7, 24, 25, 33, 34

T
Tätigkeit, kognitiv anspruchsvolle 79
Tarifvertrag 118, 123, 126
Telefonkonferenz 46
Tertiarisierung 78

U
Übergangswahrscheinlichkeit 103
Umlaufverfahren 45, 49
Umsetzungsplan 286

V
Verschlüsselung 48, 52
Vertraulichkeit 44, 50
Viabilität 209
Videokonferenz 41–43, 45, 46, 48, 49, 51–57, 206, 282, 320
Videoübertragung 42, 56, 57
VUCA-Welt 138, 139, 152

W
Weisungsgebundenheit 64, 65
Wirklichkeitskonstrukt 209

Z
Zuversicht 284
Zuwanderung 227, 228, 229, 230, 249

CPSIA information can be obtained
at www.ICGtesting.com
Printed in the USA
LVHW062138120320
649945LV00007B/491